U0523287

中国社会科学院老学者文库

近代中国世界历史编纂
（1840—1949）

于 沛 ◎ 著

中国社会科学出版社

图书在版编目（CIP）数据

近代中国世界历史编纂：1840—1949/于沛著．—北京：中国社会科学出版社，2021.5

（中国社会科学院老学者文库）

ISBN 978-7-5203-7552-8

Ⅰ.①近… Ⅱ.①于… Ⅲ.①世界史—史学史—研究—中国 Ⅳ.①K091

中国版本图书馆 CIP 数据核字（2020）第 247541 号

出 版 人	赵剑英
责任编辑	张 湉
责任校对	姜志菊
责任印制	戴 宽

出　　版	中国社会科学出版社
社　　址	北京鼓楼西大街甲 158 号
邮　　编	100720
网　　址	http://www.csspw.cn
发 行 部	010-84083685
门 市 部	010-84029450
经　　销	新华书店及其他书店
印　　刷	北京明恒达印务有限公司
装　　订	廊坊市广阳区广增装订厂
版　　次	2021 年 5 月第 1 版
印　　次	2021 年 5 月第 1 次印刷
开　　本	710×1000　1/16
印　　张	42
插　　页	2
字　　数	546 千字
定　　价	238.00 元

凡购买中国社会科学出版社图书，如有质量问题请与本社营销中心联系调换

电话：010-84083683

版权所有　侵权必究

前言 与时代同行的近代中国世界历史编纂

19世纪三四十年代到20世纪中叶，亦即从鸦片战争前后到中华人民共和国成立前，是中国近代历史发展的一个重要历史阶段。鸦片战争是中国社会变化的历史转折点，它开启了中国忧患深重的时代，同时揭开了中国人民反抗外国侵略的序幕。太平天国运动、中法战争、中日战争、维新运动、义和团运动、辛亥革命、新文化运动和五四运动，直至中国共产党成立，以及在中国共产党的领导下，中国人民前仆后继推翻"三座大山"的伟大革命等重大历史事件，深刻地影响了近代中国的历史进程，对中国政治、经济、文化和社会发展产生了广泛影响，近代中国世界历史编纂从萌生到发展也如是，它是历史的产物，应时代的呼唤而生，在其走过的每一步，自然都留有深刻的历史烙印。

历史学以事实为依据，离不开这样或那样的史实，但是历史学绝不仅仅是史实的记载或堆砌，而渗透有一定社会内容的史家的研究深入其中。不言而喻，史学史的研究同理。本书的主要内容，即是在实证的基础上，揭示中国世界历史编纂丰富的内容、生动的历史发展过程，以及这一过程所表现出的某些规律性内容，并努力"论从史出"，通过具体的史实，以彰显这些规律性内容的历史意义和现代价值。这不仅有中国世界史学科的重要学术史价值,更有积极的现实意义。

一

17世纪中叶之后,西方一些国家先后爆发了资产阶级革命,到19世纪三四十年代,欧美主要资本主义国家相继完成了始于18世纪60年代的工业革命,此时,资本主义在世界范围内已成为新的历史潮流。"资产阶级在它的不到一百年的阶级统治中所创造的生产力,比过去一切世代创造的全部生产力还要多,还要大"[①]。此时历史向世界历史的转变,结束了世界各大陆和各大洋彼此孤立的状态。这一转变的动力,主要源于生产的普遍发展、交往的普遍发展和科学技术的迅速发展。当各民族彼此隔绝的历史开始成为世界的历史时,中国的资本主义萌芽虽有发展,但并未达到足以破坏旧的生产方式、实现社会革命的程度,中国徘徊在世界历史潮流之外。

资产阶级为追逐更大的利益,奔走于世界各地,在全球进行侵略扩张和殖民掠夺。19世纪三四十年代,中国的周边国家和地区,陆续成为它们的殖民地或势力范围。中国作为一个幅员辽阔的古老东方国家,自然成为西方列强垂涎和争夺的市场。而此时的清王朝,对18、19世纪世界历史性的大变局却一无所知,仍视外国是"夷狄蛮貊",外国先进的科学技术是"奇技淫巧",而盲目地自诩为"天朝上国"。对于西方列强的侵略,清王朝仅以消极的紧闭贸易作为防范手段。"一个人口几乎占人类三分之一的大帝国,不顾时势,安于现状,人为地隔绝于世并因此竭力以天朝尽善尽美的幻想自欺。这样一个帝国注定最后要在一场殊死的决斗中被打垮:在这场决斗中,陈腐世界的代表是激于道义,而最现代的社会的代表却是为了获得贱买贵卖的特权……"[②] 19世纪三四十年代,清王朝的政治经济社会危机日渐凸显,即使是"康雍

[①] 《马克思恩格斯选集》第1卷,人民出版社2012年版,第437页。
[②] 《马克思恩格斯论中国》,人民出版社2018年版,第70—71页。

乾盛世",也只是"落日的辉煌",是中国封建社会的回光返照。

1840年,急于海外扩张的英国发动了侵略中国的鸦片战争。外国资本主义侵入中国的目的是奴役和灭亡中国,中国的封建统治者为了继续压迫和剥削人民,卖身投靠帝国主义。资本主义、封建主义相互勾结,使中国社会逐步沦为半殖民地半封建社会。鸦片战争后,马克思、恩格斯在分析中国的社会形势时,曾明确指出,西方列强的侵入将使中国的殖民地化加深,并必然引起中国人民的反抗和革命。"成千上万的英美船只开到了中国;这个国家很快就为不列颠和美国廉价工业品所充斥。以手工劳动为基础的中国工业经不住机器的竞争。牢固的中华帝国遭受了社会危机。税金不能入库,国家濒于破产,大批居民赤贫如洗,这些居民开始愤懑激怒,进行反抗","甚至面临暴力革命的威胁"。"但是,有一点仍然是令人欣慰的,即世界上最古老最巩固的帝国……已经处于社会变革的前夕"。[1] 恩格斯还说:"过不了多少年,我们就会看到世界上最古老的帝国作垂死的挣扎,同时我们也会看到整个亚洲新纪元的曙光。"[2]

正是在清王朝迎接"社会变革的前夕",迎接"新世纪的曙光"之际,林则徐率先摒弃"天朝上国"的旧说,力主认清世界的大势。早在鸦片战争前,林则徐即已开始大量收集外国人撰写的报刊书籍,组织了解外国、精通英语的人从事翻译工作。1836年英国人慕瑞在伦敦出版了《世界地理大全》,自1839年下半年至1840年,林则徐依据此书组织编写了《四洲志》,此书由他亲自润色、评述,较完整地介绍了亚洲、非洲、欧洲和美洲(北美和南美)30多个国家和地区的历史、地理、政治、经济、文化、民族、民俗,以及宗教等。林则徐在编纂的过程中不时加入自己的见解,结合当时中国的实际画龙点睛,从历史与现实的结合上给

---

[1] 《马克思恩格斯全集》第7卷,人民出版社1959年版,第264—265页。
[2] 《马克思恩格斯全集》第12卷,人民出版社1962年版,第234页。

人以深刻的启迪。《四洲志》打开了当时中国了解世界的一扇窗户。

《四洲志》被公认为是影响中国近代历史的名著之一。它"具有鲜明的时代精神，体现出时代的特征"，并"站在时代潮流之上，揭示当时社会所普遍关注的问题"。它还"以其丰富的内涵、睿智的思想和深刻的启示，不但给世人提供了行为龟鉴，而且影响到历史发展的进程"。① 笔者完全同意上述对《四洲志》的评价。但这里想要补充的是，《四洲志》还可认为是近代中国世界历史编纂萌生的一个标识，或者说，回溯中国世界史编纂的学术史，首先要从林则徐的《四洲志》谈起。《四洲志》是近代中国世界历史编纂迈出的第一步，关于这个问题，笔者并不是在本著作中首次提及，但经多年思考，至今仍持此观点。②

笔者之所以持这种观点的原因有二：其一，与《四洲志》问世相关的事实，可称为中国世界史的萌生。在《四洲志》之前，国内尚没有见到类似的著作面世。"萌"，植物的芽，草木发芽；亦指"开始，发端"。庄子《齐物论》："日夜相代乎前，而莫知其所萌"。"萌生"，具体指"开始发生"。《国语·越》下："逆节萌生……王姑待之。"注："萌，兆也。"《汉书·礼乐志》："是以诈伪萌生，刑罚无极。质朴日消，恩爱寖薄。"③ 在现代汉语中，"萌生"的基本内容，仍然是"开始发生"，其含义没有任何变化。其二，林则徐是清朝时期的政治家、思想家和诗人，伟大的爱国者和民族英雄。他主张严禁鸦片、抵抗西方列强的侵略，但他同时主张学习西方先进技术和军事等，被称为中国近代"开眼看世界"的第一人。《四洲志》是时代的产物，了解林则徐和林则徐所生活的时代，对于认识《四洲志》的价值，以及为何将其

---

① 罗炳良：《影响中国近代史的名著·总序》，载林则徐《四洲志》，华夏出版社2002年版，第1—2页。

② 参见中国社会科学院世界历史研究所《世界历史》第1册第2章"救亡图存和世界史研究的萌生"，江西人民出版社2010年版，第30—64页。

③ 《辞源》第三版下册，商务印书馆2015年版，第3531页。

作为中国世界史编纂萌生的标志，是十分有意义的。鸦片战争使中国领土和主权遭到破坏，西方资本主义列强打开了中国的门户，中国被武力卷入资本主义世界市场。我们正是在这样一个具体的历史条件下，明确《四洲志》问世和中国世界史编纂的萌生，乃是由特定的历史时代催生的，应该是符合事实的。

毋庸讳言，《四洲志》不是一部世界历史研究性的著作，无论在当时还是在现在都可这样认为，但它却又是近代中国世界历史编纂萌生的标志。之所以如此，除上面已经述及的原因外，还有一个重要的原因，即编纂《四洲志》所体现出的继承中国古典史学经世致用的优良传统，以及编纂《四洲志》所蕴含的以爱国主义为主要内容的民族精神，成为一个多世纪以来的中国世界史编纂（研究）主流的特点和优点。顾名思义，中国世界史编纂的内容自然是从远古到现当代的外国历史，但它所关注的却从不脱离自己的祖国，从不脱离时代的主题。研究外国的历史，并不仅仅是为了了解和铭记外国的历史，而是要从外国历史中获取镜鉴和启迪，回答中国社会发展所面临的现实问题，以开辟中国的未来。总以，研究外国的历史，是为了面对和开辟中国现实和未来。

近代中国的世界历史编纂，始终和近代中国历史的脉搏一起跳动。本书在相关章节的叙述中，有意识地选择了一些有代表性的著作加以介绍。这些著作因时代、研究条件和作者学识等方面的局限，绝非部部是无懈可击的精品力作，但只要实事求是、不存偏见、不脱离具体的历史条件，我们就不难发现这些著作所体现出的中国世界历史编纂的特点和优点。这些特点和优点"根深叶茂"，一直保留至今并与时俱进，并不断被赋予新的社会内容，这是十分令人欣慰的。

二

经过鸦片战争，西方列强"迫使中国开始套上了不平等条约的枷锁。他们用武力打开了中国的门户,为的是要奴役这个古老的国家。使中国沦为半殖民地的各种恶劣制度在这些条约中初步奠定了基础。这场战争和这些条约充分暴露了封建统治者完全没有能力抵抗外国资本主义的侵略。在战前,封建统治者为保卫自己而在对外贸易中设立的种种防范全部崩溃。从此,中国社会不可能不发生历史上从未有过的一系列的变化"①。这些从未有过的变化,不可避免地会影响到中国社会生活的各个领域,近代中国世界历史编纂的萌生与发展,即是其中之一。"中华民族是一个善于反思、自觉反思的民族,重史的传统即可证明。中国有几千年的经验,每到国家与民族面临关键时刻,全社会就会不由得反思既往。……中国从来不拒绝异质文化,尤其是近百年来,在受尽屈辱的同时,既努力向异质文化学习,同时也在反思。"② 这种反思并不仅仅是对自身历史的反思,对外国历史的介绍、学习和研究,自然也是"反思"的内容之一。

鸦片战争后,"中华民族步入二十世纪时,正处在深重的苦难中。甲午战争,是一场备受屈辱的悲剧。却又是一个新的起点。戊戌维新运动推动的变法注定要失败,但决不能因而抹杀它的思想启蒙作用"。"人们常说改称'民国'无非是换了一块招牌,但有没有这块招牌,它的区别不能小看。从结束君主专制制度和思想解放的意义来说,没有辛亥革命,就没有五四运动。"五四运动唤起新的觉醒,"把'改造社会'放在'个性解放'之上,表明人们对问题的认识已从表层向更深层次开掘。俄国十月革命为什么会在中国先进分子中引起如此强烈的反响?原因在于,它正好给了人们正在苦苦思索的问题以一个全新的答案"③。中国共产党的诞生,是近代中国历史发展的必然结果,在党的领导下,中国

---

① 胡绳:《从鸦片战争到五四运动》(上),上海人民出版社1982年版,第82页。
② 许嘉璐:《未央四集:许嘉璐文化论说》,中国社会科学出版社2013年版,第73页。
③ 参见金冲及《二十世纪中国史纲》(上),社会科学文献出版社2009年版,第1—2页。

人民取得了中国近代民族民主革命的胜利，实现了民族独立和人民解放。从鸦片战争到中华人民共和国成立这一波澜壮阔的历史征程中，中国的世界历史编纂萌生后也有了长足的发展。

史学思潮和社会思潮（鸦片战争后的史学思潮自然包括世界历史思潮）相互激荡，相互呼应，并非仅仅存在于近代中国。史学发展的规律性之一是，越是社会发展提出复杂、重大的理论问题和现实问题，社会矛盾加深、社会动荡加剧时，则往往是史学得到迅速发展之时。例如，魏晋南北朝时期，是统一王朝消失，从"三国鼎立""八王之乱""五胡十六国"走向再统一的时代。这一时期政治分裂、民族矛盾和阶级矛盾尖锐，推动了史学的发展并表现出新的史学特点。"一是史家历史撰述的热情高涨，皇朝史撰述出现一代之史至数十家的局面。二是史学反映门阀地主的要求和趣味颇为显著，家史、谱牒、别传的发展都是门阀的政治要求和意识形态在史学上的鲜明反映。三是历史知识和历史经验，为当时现实政治决策提供历史依据和思想基础。史学在宣扬当时的政治思想和道德价值观念方面，发挥着重要的作用。四是魏晋南北朝时期直书与曲笔的尖锐对立，虽然直书是这个时期的主流，但由于政治对史学的种种干预和影响，曲笔作史在魏晋南北朝时期还是很突出的史学现象。五是魏晋南北朝史家忧患意识很深沉，对当时的社会和政治问题十分关注。他们以不同的史学形式对君主及其权力，对民族政策和国家统一等问题进行思考并发表看法，尤其重视对前代兴亡和历史经验的总结和分析，以为现实政治借鉴。"① 魏晋南北朝时期史学的特点，在不同的历史时代自然会有不同的内容，不可简单比附，但这些特点所表现出的"史学与社会"辩证联系，则有其值得深入研究的相通内容。

---

① 李传印：《魏晋南北朝时期史学与政治的关系》，华中科技大学出版社2004年版，第1页。

史学与政治、史学思潮与社会思潮的这种关系，并非中国所独有。长期以来，德国史家兰克和兰克学派，被认为是"按事实本来的样子"叙述历史的历史学家，但何兆武先生认为，这只是表面现象，"不首先深入考察他们指导思想的世界观，则对兰克及其学派的理解仍不免是雾里看花，终隔一层"。他还说："20世纪二三十年代傅斯年主持建立中央研究院历史语言研究所的路数，其意即在师兰克的故智。当时胡适、傅斯年一辈人以为历史学就是史料考据，故有'有一分证据说一分话'的格言。殊不知证据本身是不会说话的；说话的不是证据，而是号称掌握了证据的人。而且'史料即史学'的说法，也是对兰克及其学派的严重误解。兰克及其学派虽然以资料博洽、考据精赅著称，然而他们进行研究的指导思想却是他们内心深处的那种根深蒂固的世界观。"① 第二次世界大战后，西方学术界曾对德国史学传统进行了重新考察，美国史家伊格尔斯指出："那个毫无哲学气味的、不偏不倚的史实搜集者的兰克形象，几乎早就在德国完全消逝了。"伊氏完全同意这样的观点："尽管兰克的理想是客观，但兰克'并没有做到完完全全的客观；他的许多著作都是不自觉地站在他那个时代普鲁士的保守反动的立场上写出来的'。"② 西方学界对兰克和兰克史学所标榜的"客观主义"的再认识，表明即使在西方的学术中，历史认识中的意识形态内容是历史学的基本属性之一，并得到了确认，而这些在近代中国世界历史编纂中则始终鲜明地存在着，这也是近代以来中国世界历史编纂的特点和优点的具体体现。

在本书"救亡图存和中国世界史编纂的萌生""民族危机和

---

① 何兆武：《二十世纪的历史学·译者前言》，载 [美] 伊格尔斯《二十世纪的历史学——从科学的客观性到后现代的挑战》，辽宁教育出版社2003年版，第2—3页。

② [美] 伊格尔斯：《二十世纪的历史学——从科学的客观性到后现代的挑战》，何兆武译，辽宁教育出版社2003年版，第265、255页。

中国世界史编纂的新视野"和"中华民族觉醒和世界史编纂"等章节中，人们可以看到魏源悉夷、师夷以制夷的《海国图志》；世界史编纂先驱王韬的《法国志略》(《重订法国志略》)和《普法战记》，以及《西古史》《俄罗斯志》《美利坚志》等。在近代中国，第一个对日本有真正了解的是启蒙思想家黄遵宪，其代表作《日本国志》表明，他研究日本明治维新史的目的，就是"质之当世士夫之留心时务者"，供国内有志维新之士借鉴，以推动中国的变法改革，图新自强。

甲午战争中国惨败，举国震惊。英国、俄国、德国、法国、美国和日本等帝国主义列强争先恐后掠夺在中国的权益，强行划分势力范围，使中华民族面临着"亡国灭种"的空前的民族危机。甲午战争后，迅即出现了一些有关这次战争的著作，如王炳耀辑《中日战辑》、其弟王炳堃写有《中日战辑·序》，阿英编《中日战辑》，姚锡光编纂《东方兵事记略》等。这些著作的主题之一就是强调"前事不忘，后事之师"，通过对历史的回溯，"当思倭之所以胜，吾之所以败"的原因。

19、20世纪之交，有关世界一些国家"亡国史"的翻译或编译著作明显增多，可被视为"外国亡国史"编纂高潮的出现。据不完全统计，有关埃及、印度、朝鲜、越南、缅甸、菲律宾、波兰等国的亡国史著作，1900后的10年间，至少有50种以上，梁启超系列弱小民族亡国史的著述尤其引人注目，这并非偶然。在梁启超出生的1873年，"美国南北战争平定，重告统一，已经八年，'挤入列强之林'了。日本明治即位，维新成功，已经六年了。苏伊士运河开通，英国握世界海权，已经四年了。普法战争终止，德国一跃为世界巨强，已经三年了。意大利马志尼、区黎波的二杰，进军罗马，以后卒造成意国统一之基，正在这年。这许多列强，此时都成为天之骄子，而合力以对付东亚老朽昏庸而遗产丰富的中国！大者则截肢体，小者则割一脔，而中国就无辜受者'车裂'及'凌迟'之惨刑!"① 正是中国成为列强俎上之肉,只待手起刀落的惨痛事实,使当时一些人认为研读"亡国史",比研读"建国史"更有意义。因为"读建国之史,使人感,使人兴,使人发扬蹈厉。读亡国之史,使人痛,使人惧,使人怵然自戒。虽然,处将亡之势,而不自知其所以亡者,则与其读建国史,不如读亡国史"。②

甲午战争后,近代启蒙思想家严复发表《论世变之亟》《救亡决论》《原强》和《辟韩》等文章。这些文章的要旨是:甲午战争中国失败后,中国社会处于生死存亡的紧急关头。西力东侵、西学东渐,封建的传统社会结构逐渐解体,是不可逆转的时代潮流。中国欲救亡图存,只有顺应而不是抗拒时代潮流,学习和研究西方,除旧更新,变法图强。1897年11月,严复与其志同道合的友人在天津创办《国闻报》,严厉抨击皇权政治,宣传他的资产阶级民主思想。严复后又译《天演论》等西方政治经济思想名著,大力宣传进化论,号召国人学习西方,维新变法,以救亡图存。可以说,进化论输入中国,始于严复。

这一时期,以进化史观为基础的史学著述开始在中国出现。如汪荣宝的《史学概论》(1902)、侯世绾译《新史学》(1903)等。在这些著作(译作)中,日本史家坪井九马三和久米邦武、浮田和民等人的史学思想渗透其间,而日本史家的史学理论与方法,多有欧美史学的背景,所以汪荣宝的《史学概论》等著述,所介绍的实际上是以日本史家为媒介的西方进化论的史学理论,这些使当时中国的学者耳目一新,及时了解了西方以进化论为中心的史学的理论和方法。梁启超将中国传统文化的精华与西方的进化论结合起来,先后完成了《中国史叙论》与《新史学》,在

---

① 吴其昌:《梁启超传》,百花文艺出版社2004年版,第31页。
② 参见1902年《新民丛报》第6号,关于上海广智书局印行的《埃及近世史》的介绍。

深刻批判封建主义史学的同时，提出以进化论为理论基础的"史界革命"，构建与"封建帝王家谱、家史"有别的新的历史学理论体系提上日程。这里需要明确的是，梁启超等中国学者接受进化论，并不是彻底摒弃中国学术固有的一切，用西方文化代替中国的传统文化。"史界革命"是西方进化论与中国儒家经学相结合的"史界革命"，这一结合突破了中国传统史学的许多局限，在近代中国社会剧变的前夜，为新时代撰写新历史奠定了必要的理论基础。

20世纪初，清王朝日益腐朽，帝国主义侵略进一步加深，中国民族资本主义也有了长足发展，中国处在资产阶级民主革命前夜。辛亥革命前后，中国的世界历史编纂主要集中在与外国"亡国史"有别的"革命史"方面。例如，1911年出版的《东方杂志》刊有《纪巴西之乱》《纪墨西哥之乱》《墨西哥乱事记》《摩洛哥事件》《三年中之四大革命》《葡萄牙之政变》《土耳其国近时之状况》等文章。发表这些文章的目的不言自明，若中国的封建统治阶级不汲取教训，那在中国也将"激成大变"，在中国爆发革命也是不可避免的。这一时期，关于意大利、苏格兰、荷兰、希腊、葡萄牙、俄国、菲律宾等国的革命史著作，在中国也都有介绍。

辛亥革命前夜，中国在对世界各国"革命史"的编纂中，法国大革命史、美国独立战争史占有重要的地位。一些青年知识分子称法国大革命"全欧革命之先声"，"近代文明之春雷"，"惊天动地之伟业"。争取"自由、平等、博爱"的法国大革命，激发了他们推翻清王朝封建专制统治的信心，憧憬着在中国实现像法国大革命一样惊天动地的伟业。19世纪中期，林则徐在《四洲志》中，即已简略地提到美国独立战争。其后，魏源撰写的《海国图志》中有关美国独立的内容，是近代中国学者在自己的著述中，最早较完整的介绍。20世纪初，美国独立史的编纂，在中国得到进一步的发展。美国哈佛大学史学教授姜宁著、章宗元译

《美国独立史》，1902年由（东京）译书汇编社出版中文本，在国内受到热烈欢迎，出版三个月后即有再版。美国重要历史文献《独立宣言》，是中国美国史编纂的重要内容之一。辛亥革命期间，《独立宣言》曾至少有五次全文发表，似鼓吹革命、战斗的檄文，在国内社会各界广为流传。

三

在近代中国的世界历史编纂中，中国的世界史教育与其有密切的联系。其主要表现有四：一是中国世界史编纂的主力，无论是研究人员，还是编辑、翻译人才，多在高等学校任职或兼职。二是一些高校或中学教学用的世界史教科书，同时也是优秀的世界史著作，其影响远远超出校园，成为当时中国史学界的精品力作。三是近代中国世界史编纂队伍的形成和发展，离不开国内高等学校世界史专业的培养，尽管其中不乏毕业于中外名校之人。四是世界历史专门人才的成长和发展，也离不开学校（主要是高校），历史教育教学过程中提出的问题，往往成为世界史编纂的新课题，或新的知识增长点，特别是在外国史学理论方法论方面。近代中国的世界历史编纂，与中国的世界史教育相互依存、相互补充、相互促进的辩证关系，在本书中也有具体的体现。

1901年，光绪皇帝诏令全国书院一律改为新学堂，这样，萌生于唐，经五代，兴盛于宋，延续于元，全面普及于明清的书院制度就此结束。近代中国的世界史教育，是中国近代新学制的产物。而"新学制"是由即将到来的新时代所催生。不言而喻，20世纪初的中国世界史教育，不能也不可能脱离时代和社会发展的要求。

早在戊戌变法之前，康有为开始推行资产阶级维新教育时，世界史已是重要的课程之一。在万木草堂，康有为开设"万国政治沿革得失""中国政治沿革得失"，以及"万国史学"等课程。

戊戌变法期间，在梁启超任总教习的湖南时务学堂，《日本国志》《万国史记》《泰西新史揽要》被列为课程的学习内容。1901年，清政府为了维持自己摇摇欲坠的统治，发布"变法"上谕，参照"西法"，实行"新政"。新政的主要内容之一，就是调整教育政策，使中国教育开始步入近代教育的发展轨道。在"中学为体，西学为用"的原则下，新政的教育，明显增加了西学的内容，包括奖励出国留学，开设新式学堂，学习内容广泛的西方文化等，一些新式外国历史的教科书也是在这时面世的，这些都在客观上促进了当时中国世界史教学和世界史编纂的发展。

诞生于1898年的京师大学堂，是中国近代第一所国立大学（1911年辛亥革命爆发，翌年改名为北京大学）。其办学宗旨是中学为体，西学为用，观其会通，无得偏废。特别强调二者相需，缺一不可，体用不备，安能成才。与世界历史学习相关，学习的课程除英、法、俄、德、日语（任选其一）外，还有东西洋伦理史要、美国通史、世界史、泰西各国史、西国外交史、世界宗教史、希腊文明史、科学思想史、外国科学史、外国法制史、欧洲文化史、欧美通史、英国史、德意志近代史、意大利近代史、法国史、法国大革命史、俄国史、中亚民族史、西洋经济史、东洋建筑史、西洋建筑史、西洋史学史、西洋史学名著选读、欧美史学史等。担任上述课程的教师，多是年轻的教授或讲师，如何炳松、张星烺、王桐龄、罗念生、齐思和、梁思成、陈翰笙、姚从吾、张忠绂、向达、陈衡哲等。自20世纪初开始，他们即在中国世界史编纂的园地中一步一个脚印，默默地耕耘着。他们不仅培养了一代代有志献身于中国世界史编纂的青年学子，而且经常有新的世界史著（译）作问世。这些青年教师，对中国世界史学科建设，做出了不可替代的贡献，他们后来多成为享誉海内外的著名学者，对中国世界历史编纂的发展产生了久远的影响。

20世纪初，讲授世界史的高校并非仅仅是京师大学堂一所，但京师大学堂的世界史发展状况,可被视为中国世界史教育的一个缩影,反映了中国世界史教育的方向和发展前景。因此,笔者不吝笔墨,对其有较系统的阐述。京师大学堂的世界史,从一开始就和近代以来中国世界史编纂同步,同样表现出中国世界史编纂的特点和优点。在世界史的教育教学中,世界史的知识体系和理论体系在这里同样受到重视;时代的、社会的局限是客观存在,但悠久的爱国主义传统蕴含在世界史的教学中也是事实。

在20世纪初的中国世界史教科书中,日本的影响十分明显,一些有识之士纷纷表示要尽快改变这种状况,强调要撰写中国人自己的教科书。早在1903年10月19日,《大公报》刊载《文明书局编辑蒙学中外历史教科书约恉》,对直接翻译日本学者的著作作为教科书的做法,提出异议。文明书局的不满,引起了社会各界普遍积极的反应。

北京大学的陈衡哲、姚从吾等教授,在20世纪二三十年代,继续就这个问题发表了许多意见。他们明确提出,中国的世界史教学,一定要使用自己编纂的世界史教材,[①] 以摆脱完全因袭欧美教科书的影响。陈衡哲认为,"我国人研究西洋历史的道路,凡有两条,一是读西洋历史名著的原本,一是读中国人自己的编著或译本"。第一条路应是"一条最简捷最有效的道路",但由于文字等困难的限制,这条路只能成为"少数学者的私径了",于是大多数人只好向第二条路走去。"但第二条路也不是平坦大道。现在我

[①] 例如1920年秋开学时,陈衡哲即已提出,经过一二十年的努力后,我们就可以"用中文著一部欧洲通史和分代史和专史,使国内要研究欧史的人,有条道路可走"。参见《陈衡哲先生演说词》,载《北京大学日刊》1920年9月18日第696号。此外,1937年3月19日,时任北京大学史学系的系主任姚从吾在写给傅斯年的信中写道:东洋史讲座,专讲苏俄,日本与南洋,本我国的立场,注重近代的演变。姚从吾还写道:北大应决定一种治西洋史的态度。现状虽应当维持,将来如何独立研究,也应当预为计划。……我们不应专读欧美人写的上古、中古、近代史为满足,希能直接采用西洋史料,自己编纂西洋史课本。参见姚从吾弟子、台湾大学教授王德毅编《姚从吾先生年谱》,第27页。

国人自己所编的西洋史，在性质及数量上，均尚免不掉贫乏的讥评。国中为历史而研究西洋历史的人，已经不多，加之这一类少数的学者，又大都执教鞭于国内各大学，甚少闭门著书的机会。而西洋历史的材料，在国内更不易得，此尤足增加著书的困难和失望。"① 尽管如此，中国各级学校的世界史教育，不能永远使用外国的教材。经中国世界史学者的长期努力，20世纪30年代后，中国世界史教学，主要使用由中国教授自己写的世界史教科书，逐渐成为事实，中国各级学校的世界史教材编纂揭开了新的一页。

世界史教育，离不开整体性的世界史学科建设，而学科建设则离不开学科建设主体，即师资队伍的成长，包括他们的研究成果，首先是教科书的编纂。世界史教育的发展，推动了中国世界史学者编纂、编译的世界史教科书的问世；同样，也正是这些教科书的问世，推动了世界史教育的发展。世界史教科书大体分为两种情况，一种是在校内或校际使用；另一种则是公开出版，供各校自由选用。这类书中影响较大的有傅运森编写的《西洋史》（即《共和国教科书西洋史》2册，1913），李泰棻编纂的《新编世界史》（1922），何炳松编译的《中古欧洲史》（1924）、《近世欧洲史》（1925）。陈衡哲还著有《新学制高级中学教科书西洋史》（即《西洋史》）上下册（1924—1926）。此外，何炳松也为中学编纂了三部有较广泛影响的世界史教科书。一是商务印书馆1929年出版的《新时代外国史教科书》，二是商务印书馆1933年出版的《初中外国史》，三是商务印书馆1934年出版的《高中外国史》，上下两册。

20世纪初至二三十年代世界史教科书的编纂和出版，反映了当时世界史教育的发展水平，当时，有关世界史的教学标准和教学方法等，也成为世界史教育关注的热点问题之一。1904年，

---

① 陈衡哲：《中古欧洲史序》，载《何炳松文集》第1卷，商务印书馆1996年版，第3页。

《教育世界》刊登了《历史教授法》，计4章，约1.5万字，此文没有署作者名，可能译自日文或德文。1906年，夏清贻编有《历史教授法》，由上海开明印刷部出版。

1928年秋，民国政府组织中小学课程标准起草委员会，请何炳松、顾颉刚和陈训慈三人起草《初中历史课程标准》，《课标》规定：初中历史课的中国史和世界史（主要是西洋史和东亚史）将分别讲授。陈训慈认为，学习世界史，并不能完全脱离中国的实际，因此要讲授"近世中国民族受列强侵略之经过，以激发学生之民族精神，并唤醒其在中国民族运动上责任的自觉"。而学习世界的主要任务有三：一是"研求世界重要各国政治经济变迁之概况，推明今日国际形势之由来，以灌输学生国际的常识"。二是"研求世界主要民族学术文化演进之概况，与中国学术文化演进之概况，使学生略知现代人类生活与现代文化之由来，并激起其继承先业与世界人类共谋进步之精神"。三是"对于各时代之经济状况，特别注意说明现代经济组织与重要社会问题之由来，以揭露资本主义之流弊，阐明民生主义的历史的根据"。何炳松、顾颉刚和陈训慈虽然制定的是《初中历史课程标准》，但有关学生学习世界史的目的和方法，则继承了中国世界史编纂自萌生始即"立足中国、关注现实"的优秀传统。结合20世纪20年代末30年代初的国际国内形势，中国世界史学者先辈编写各级学校世界史教科书时，强调要弘扬的"立足中国、关注现实"优秀传统，有着除世界史教育教学之外的更广泛的意义，并不仅仅限于中学世界史教材的编写。

四

19世纪70年代，马克思主义学说即已开始了在中国的传播过程，这一过程的出现，是近代中国救亡图存，争取民族独立、自由、解放的必然结果。第一次世界大战和十月革命的胜利，使先进的中国志士仁人深刻认识到资本主义的弊端，同时唤起了他们新的觉醒，使社会主义思潮一呼百应。"走十月革命的道路，实践'俄罗斯文明'，成为中国最激进知识分子追求的救国新路。因此爱国主义是他们传播马克思主义的强大推动力，把马克思主义与中国命运紧紧结合起来，成为他们爱国主义的本质特征。"① 这对20世纪上半叶中国的世界历史编纂，产生了重大影响，特别是用唯物史观重新研究世界历史，对于开创中国的未来，有不可替代的重要意义，这些是本书的重要内容之一。

1871年巴黎公社革命爆发后，香港的《华字日报》《中外新报》等报刊，最早对巴黎公社的斗争进行了报道。这时从欧洲归来的王韬和其友人张宗良（香港一家日报的主笔），写了大量的文章，并交给报刊发表。王韬将包括巴黎无产者斗争的文章汇集在一起，编成《普法战纪》14卷，1873年由中华印务总局出版。当时，社会主义思想被译述为"欧罗巴大同""贫富适均"等；而"康密尼党"和"康密尼人"，则从音译，指"共产主义政党"或"共产党人"。

1901年1月，《译书汇编》第2期，译载了日本有贺长雄著《社会党镇压及其社会政策》一文。文中还提到1862年、1866年第一国际伦敦会议和日内瓦会议，以及麦克司（马克思），将马克思、社会主义和国际工人运动联系在一起介绍给中国读者。1903年2月，留日学生马君武发表《唯物论二巨子说》《社会主义与进化论比较》，通过唯物史观和进化论的比较，指出了马克思主义和达尔文主义的本质区别。1905年11月，革命党人朱执信在同盟会机关刊物《民报》上撰写《德意志社会革命家小传》《德意志社会革命家列传》，高度评价马克思、恩格斯的生平事业和《共产党宣言》《资本论》。1906年6月，宋教仁在《民报》撰文《万国社

---

① 田子渝等：《马克思主义在中国初期传播史》，学习出版社2012年版，第15页。

会党略史》，较具体地介绍了马克思主义的阶级和阶级斗争学说。文章认为，现代世界已经出现了两大阶级，即"掠夺阶级与被掠夺阶级"，两者的生活有如"天堂"和"地狱"之分，阶级对立不可避免地会产生阶级斗争。1911年辛亥革命爆发后，《东方杂志》和当时出版的"新智识丛书""马克思研究丛书""社会丛书""新时代丛书"等，也出版了一些有关马克思主义、社会主义的著作。1920年8月，陈望道译《共产党宣言》，由又新印刷所出版，这是《共产党宣言》的第一个中文版全译本。

马克思主义在中国的早期传播与中国世界史编纂的关联及其影响，主要表现在马克思主义学说的唯物史观，为人们认识世界的历史和现实开辟了一条崭新的科学道路。1917年俄国十月革命后，马克思主义在中国得到广泛传播，中国共产党的早期领导人陈独秀、李大钊、蔡和森、李达、瞿秋白、恽代英等联系实际，热情宣传唯物史观的基本原理，使人们对中国和世界历史的认识，进入了一个新的阶段。

1915年9月15日，陈独秀在《青年杂志》（1916年9月改名《新青年》）创刊号上，撰有发刊词《敬告青年》，他用不少世界历史知识，论及现代"新青年"所应具备的进步精神，例如，他在谈到进步、进取，而非保守和退隐时说："吾宁忍过去国粹之消亡，而不忍现在及将来之民族，不适世界之生存而归消灭也"。"呜呼！巴比伦人往亦，其文明尚有何等之效用耶？……世界进化，骎骎未有已焉，其不能善变而与之俱进者，将见其不适环境之争也，而退归天然淘汰已耳，保守云乎哉！"[①] 1919年，李大钊在《新青年》第5、6号上，发表了《我的马克思主义观》，对唯物史观做了系统阐释，特别是马克思主义关于生产力与生产关系、经济基础与上层建筑的基本原理。"历史的唯物论者观察社会现

---

① 《陈独秀著作选编》第1卷，上海人民出版社2009年版，第160页。

象，以经济现象为最重要。因为历史上物质的要件中，变化发达最甚的，算是经济现象。故经济的要件是历史上唯一的物质的要件。"但是，"于经济以外的一切物质的条件，也认他于人类社会有意义、有影响。不过因为他的影响甚微，而且随着人类的进化日益减退，结局只把他们看作经济的要件的支流罢了"。[①] 十月革命后，李大钊发表了《唯物史观在现代史学上的价值》《马克思的历史哲学》《史观》《研究历史的任务》《物质变动与道德变动》《由经济上解释中国近代思想变动的原因》等文章，奠定了中国马克思主义史学理论的基础。

20世纪20年代，是中国马克思主义史学的奠基时期，自然这也是中国马克思主义世界史编纂的奠基时期。1923年，蔡和森在上海大学主讲《社会进化史》，他认真研读了马克思主义经典作家的《家庭、私有制和国家的起源》《劳动在从猿到人转变过程中的作用》《共产党宣言》《资本论》《社会主义从空想到科学的发展》等著作，同时参阅摩尔根的《古代社会》等世界历史文献资料，写成《社会进化史》书稿。《社会进化史》以唯物史观为理论指导，对人类社会发展的历史过程及未来趋势，进行了简明的阐述。蔡和森还依据唯物史观的基本原理，通过分析私有制的产生和演变，论述了资本主义的灭亡和社会主义、共产主义的胜利同样是不可避免的这一唯物主义原理。这是中国人以马克思主义唯物史观写成的第一部社会发展史。1924年8月，该书由上海民智书局出版，到1929年，再版5次，在阐述唯物史观方面产生了重要影响。

1924年，张闻天留学美国归国后在上海中国书局任编辑，将美国历史学家房龙的代表作之一《人类的故事》译成中文，改名为《西洋史大纲》。《人类的故事》，初版于1921年，因内容简

[①] 《李大钊选集》，人民出版社1959年版，第178页。

约，文笔生动，很快在世界各国引起反响，有20余种文字的译本问世。但张闻天对此书提出了严厉的批评。他认为房龙的这部著作远远不是一部"人类的历史"，他说："对于有数千年文化史的中国与印度，只在原书第四十二章内略略说了一点，敷衍了事。不幸就是这一点也已经犯了许多错误！我觉得删去这一章对于读者即没有损失，而且他所说的既以欧美人为中心，倒不如把原书的书名改为《西洋史大纲》，较为近于实际。这就是这部书不称《人类的故事》而称今名的由来。"[①] 张闻天是无产阶级革命家和理论家，他的革命精神在其译著《西洋史大纲》中也有所表现，例如，在原书第五十八章"解放运动"中，只写有法国大革命、工业革命、1848年欧洲革命，而张闻天却在这一章的后面，补写了俄国十月社会主义革命的胜利，热情地歌颂了无产阶级政党领导的社会主义革命。

1925年，张闻天在《西洋史大纲》的"译序"中写道："我们常常听到人家说过去的事情已经过去了，不必去管它，一若过去的事请与我们现在的实生活毫没有什么关系。其实这是错误的。""因为过去是活着在现在而且与未来相衔接的，所以要解决现在实生活中所发生的一切问题，就不能不研究过去的历史。我们要在过去的中间找出人类活动的因果关系与它的根本法则，然后对于未来的建设才有把握。譬如我们知道了上一次的世界大战争是资本主义发展的过程中的自然的结果，那么要终结那样可怕的战争，就不能不竭力打倒现在的资本主义。"[②] 张闻天强调：研究历史，并不是因为对于过去有什么特别的爱好，而在于认识现实，开创未来。

20世纪20年代，李大钊对西方历史哲学的研究在当时的中国思想界独树一帜，他不仅较早开始了对西方历史哲学的研究，而

---

① 《张闻天早期文集》（修订版），中共党史出版社2010年版，第490页。
② 同上书，第488—489页。

且表现出鲜明的时代特点。李大钊不是为学术而学术去进行研究，他研究西方历史哲学的目的，是更全面地阐释马克思主义唯物史观的基本原理，阐释其科学性。

1923年9月，李大钊首先阐释了"马克思的历史哲学"，他通过研究哲学与社会和历史的关系，认为历史哲学有着广泛的内容，而不要人为地"把历史哲学的内容太弄狭了"①。"人类自有史以来，是进步的，还是退化的？人类进化果然是于不知不识中向一定的方向进行呢，还是茫无定向呢？国家民族的命运及其兴衰荣枯，是人造的，还是人们无能为力的？种种事实，纷纭错杂，究竟有没有根本原理在那里支配？这都是历史哲学的事。"② 李大钊认为，马克思的历史哲学与唯物史观即马克思的历史观有着直接的联系，正是这些科学的理论，实现了人类历史认识的飞跃。

1923年8月至1924年7月，李大钊先后完成了《桑西门（圣西门）的历史观》《孔道西（孔多塞）的历史观》《史观》《鲍丹（博丹）的历史思想》《鲁雷的历史思想》《孟德斯鸠的历史思想》《韦柯（维科）及其历史思想》，以及《马克思的历史哲学与理恺尔（李凯尔特）的历史哲学》等著述。李大钊对西方历史哲学的研究，坚持用唯物史观去认识问题、分析问题，不仅在当时，至今仍有重要的理论意义。他强调"欲单从上层上说明社会的变革即历史而不顾基址，那样的方法，不能真正理解历史。上层的变革，全靠经济基础的变动，故历史非从经济关系上说明不可"。"自有马氏的唯物史观，才把历史学提到与自然科学同等的地位。此等功绩，实为史学界开一新纪元。"③ 李大钊的西方历史哲学研究，在中国思想界产生了较大的影响。1936年，郭湛波在《近五十年中国思想史》中写道：关于历史哲学，"李先生是研究历史最有成绩的人，也是

---

① 《李大钊选集》，人民出版社1959年版，第292页。
② 李大钊：《史学要论》，河北教育出版社2000年版，第244—245、247页。
③ 同上书，第342—344页。

唯物史观最彻底最先倡导的人；今日中国辩证法，唯物论，唯物史观思潮这样澎湃，可说都是先生立其基，导其先河；先生可为先知先觉，其思想影响及重要可以知矣"①。作者认为，李大钊历史哲学的两大特点，一是强调历史的现象是变易的，连贯的；同时强调观察历史要得到全部的真相，这些对西方史学思想史的研究，对中国马克思主义史学理论的建设，都做出了重要的贡献。

五

《近代中国世界历史编纂（1840—1949）》，顾名思义是一部断代的中国世界史的学术史著作。既然是学术史著作，那它就应具有任何一门学科的学术史著作的基本特质，即它的全部内容，包括历史叙述以及在此基础上所展开的具体的人物、事件和著述的阐释，都应在考实的基础上展开。就本书来说就更是如此，它离不开近代以来，为推动中国世界史学科发展做出贡献的人和事。尽管这些学者多已驾鹤西去，但他们平凡又伟大的业绩，会永远铭刻在中国世界史编纂的历史上；这些前辈们丰富的史学思想，永远是世界史后学珍贵的学术遗产。至于他们留下的优秀成果，更没有因时间的流逝而蒙尘，而在新的历史时代到来后仍熠熠闪光，一本本扎扎实实的著（译）作，似在无声地述说着中国世界史编纂不平凡的艰难历程。

述及近代中国早期的世界史编纂，"传教士"是不可或缺的角色之一。因为从更广泛的社会历史背景看，"传教士在西学传播过程中，担当了相当重要的角色，大部分时间里是主角。但是，对于传教士在西学传播过程中的作用和地位，传播西学的目的及其对待宗教与科学的关系问题，学术界还缺乏深入的讨论"②，对近

---

① 郭湛波：《近五十年中国思想史》，山东人民出版社1997年版，第117页。
② 熊月之：《西学东渐与晚清社会》（修订版），中国人民大学出版社2011年版，第17页。

代中国早期的所谓"传教士史学"也是如此。

在本书稿中,笔者对来华传教士在近代早期中国世界史编纂中的地位和作用,既没有采取"回避"的做法,也没有采取简单化的做法,即不加分析地全盘肯定或全盘否定传教士史学的意义和作用,而是对这个问题进行实事求是的研究,通过实证来回答来华传教士是如何扮演了"双重角色"。无论说传教士"带来了西方文艺复兴以后的科学与文化……使中国人透过他们见识了西方的物质文明与精神文明","在东西交往史上是有积极意义"[①];还是说传教士是"到中国开疆拓土的第一批人","传教士与商人一直相互依存","传教士+商人=掠夺者",[②] 在本书中都有具体的阐述。

美国传教士丁韪良在各种中外历史著述中,多是以对华友好、友善的形象出现的。他在中国生活了六十余年,曾任同文馆和京师大学堂的西学总教习,是地地道道的"中国通"。1868年10月,他曾在美国远东学会发表题为《中国的文艺复兴》的著名演讲,为所谓的中国"傲慢""野蛮""缺乏创造力"等进行辩护,认为从来没有一个伟大的民族受到如此更多的误解。但是,在述及鸦片战争时,丁韪良却毫不掩饰地认为,"此举是为了捍卫英国皇室的荣誉,以及对中方在试图禁烟时所采取的武断方式进行惩罚。古都南京也只是在无条件接受了璞鼎查爵士所提出的强制性条件之后才避免了沦陷的屈辱"[③]。来华传教士属于一定的历史范畴,对这一特定历史时代的历史现象,简单化的做法是不妥的。当阐释这个问题时,在史料的遴选上,注意国内文献和西方文献并重,除汲取中外学者的最新研究成果外,也包括对传教士的日

[①] 樊树志:《国史概要》第四版,复旦大学出版社2012年版,第319页。

[②] [英]保罗·法兰奇:《镜里看中国:从鸦片战争到毛泽东时代的驻华外国记者》,张强译,中国友谊出版公司2011年版,第3、11、20页。

[③] [美]丁韪良:《中国觉醒:国家地理、历史与炮火硝烟中的变革》,沈弘译,世界图书出版公司2010年版,第124页。

记或回忆录的使用，翔实的史料才更有说服力。

20世纪30年代以后，世界通史、断代史、地区史、国别史、专门史已经有了长足的发展，但毋庸讳言的是上述各方面的研究并不平衡，致使各个方向的学术水平和研究成果的学术价值自然也参差不齐。但是，在统一的"世界历史"学科之下，上述世界史的重要研究方向，毕竟都已有了这样或那样的著作问世，这是不争的事实，总之，中国世界史编纂的框架基本形成了，世界史编纂的主要内容在本书中都有所阐述，具体是：世界通史和史前史、古代中世纪史和近现代史等断代史；西洋史和东洋史等地区史；印度史、暹罗史、蒙古史、日本史、土耳其史、朝鲜史、越南史、印尼史、俄国（苏联）史、英国史、法国史、德国史、意大利史、美国史、澳大利亚等国别史；社会经济史、革命史、政治思想史、文化（文明）史、国际关系史和中外关系史等专门史。无论是世界通史、断代史、地区史，还是国别史、专门史的研究，都是通过历年公开出版的著（译）作体现出来的。这些世界史著述不仅形式不一、学术水平不一，而且装帧装潢也各有特色，无论精美还是粗糙，都留有独具魅力的历史印痕。

自19世纪中叶到20世纪中期，中国世界史编纂究竟有哪些进展？取得了什么成绩？以上诸多的著作做出了令人信服的回答。但是，这些成果，包括马克思主义史家的成果，因时代和历史认识等方面的局限，不可避免地存在着这样或那样的问题，甚或捉襟见肘之处也在所难免。尽管如此，这些成果仍可表现出近代中国世界史编纂从总体上已经达到的水平。至于学术水平的高低，以及如何对其进行具体的评价，自然是仁者见仁，智者见智，是一个可以展开讨论的问题。但是，一个多世纪中国世界史编纂从萌生到发展的史实，以及至今仍然再版的一本本世界史著作等，则表明中国世界史学科的存在是不争的事实，只要没有偏见，这似是不言自明的问题。

笔者之所以撰写《近代中国世界历史编纂（1840—1949）》，不仅仅是要对一个多世纪中国世界史编纂进行一次总结，这只是其中原因之一。这样，似可结束近代以来，包括中华人民共和国成立以来、改革开放以来，海内诸多的《中国史学史》对中国世界史编纂只字不提的怪现象。近代以来的中国史学仿佛就从没有世界史编纂，这种现象不应再继续下去了。

根据国务院学位委员会和教育部公布的《学位授予和人才培养学科目录（2011年）》，在历史学门类下，由"历史学"1个一级学科变为"考古学""中国史""世界史"3个一级学科，也就是说"世界史"成为和"中国史""考古学"并列的一级学科，这着实让世界史学者兴奋不已。但是，人们很快就发现，一个一级学科若没有自己清晰、完整的学术史，这对它今后的发展是不可思议的。近代俄国著名史家克柳切夫斯基说：如果丧失对历史的记忆，我们的心灵就会在黑暗中迷失。这句话可引申到学术史的研究上。失去对学术发展的历史记忆，那学术研究将在"黑暗中迷失"，绝不是危言耸听。作为一级学科的世界史的学科建设，只有清楚了该学科是如何产生的，清楚它已经走过了怎样的道路后，才有可能在学术史的回溯中汲取经验或获得启迪，以避免盲目性，而更自觉更清醒地面对现实，走向未来。只有这样，世界史学科今后的大发展，才不会是一句空话。

然而，由于近代以来历史学科发展的不平衡和历史认识的局限，对中国世界史编纂的研究始终薄弱，这和世界史学科自身的持续发展越来越不适应。迄今为止，笔者尚没有见到一部较系统阐述19世纪中叶以来的中国世界史编纂的学术史，这对当今世界史学科的建设，不能不说是一大憾事。从这个意义上讲，本著作的撰写就尤显必要了。笔者不揣个人力薄承担起这项工作，意在为近代中国世界历史编纂的学术史研究，做一些拓荒性的工作。这也是一名年逾古稀的世界史工作者的责任和使命，尽管"烈士暮年，壮心不已"是如此激动人心，但毕竟年龄不饶人，今后工作的时间会越来越少。我以为尽快完成《近代中国世界历史编纂（1840—1949）》是十分重要的。因为只有当它面世之后，才有可能实现它的学术功能和社会功能，其理论、观点、方法和体例、文献资料的使用等，才能清晰地摆在学界同仁和广大读者的面前，为人们所具体了解，为学术界检验，而不再是空泛地议论。

1927年鲁迅先生述及白话文被"前辈先生非笑"，认为是"幼稚，贻笑大方"时说："至于幼稚，尤其没有什么可羞，正如孩子对于老人，毫没有什么可羞一样。幼稚是会生长，会成熟的，只不要衰老，腐败，就好。倘说待到纯熟了才可以动手，那是虽是村妇也不至于这样蠢。她的孩子学走路，即使跌倒了，她决不至于叫孩子从此躺在床上，待到学会了走法再下地面来的。"① 毋庸讳言，第一部《近代中国世界历史编纂（1840—1949）》远非"纯熟"，自然是幼稚的，然惟其幼稚却又来到世上，是因笔者坚信时光不会倒流，在近一个世纪后的今天，似不会有更多的不如当年村妇的蠢人。

所谓"条件不成熟，不可能研究近代中国的世界史编纂"，不过是无视基本事实的主观臆断。实际上，也没见谁相信这种谬说而自缚手足，"从此躺在床上"。在《近代中国世界历史编纂（1840—1949）》即将付梓之际，笔者热忱地欢迎各界读者的批评和指导，使幼稚的"近代中国世界历史编纂"在朋友们的关爱和帮助下逐渐生长、成熟起来，相信在可预见的未来，近代中国世界历史编纂的学术史研究必将春色满园，百花盛开，一定会有更多更优秀的成果面世。

---

① 《鲁迅全集》第4卷，人民文学出版社2005年版，第15页。

目　　录

引论　历史研究和民族精神……………………………………（1）

第一编　晚清大变局中的世界史编纂

第一章　西学东渐及其对中国史学的影响…………………（23）
　一　大变局前夜的清王朝………………………………（23）
　二　西学东渐中的文化碰撞与交融……………………（28）
　三　中国传统史学的嬗变………………………………（37）
第二章　传教士在华对外国历史的传播……………………（47）
　一　来华传教士的双重角色……………………………（47）
　二　早期传教士报刊中的世界史………………………（55）
　三　"广学会"的世界史传播……………………………（62）
　四　《万国公报》的世界史传播…………………………（71）
　五　李提摩太与《泰西新史揽要》………………………（75）
　六　古代史、国别史和通史……………………………（81）
第三章　救亡图存和中国世界史编纂的萌生………………（91）
　一　魏源悉夷、师夷以制夷的《海国图志》……………（91）
　二　鸦片战争后最初的世界史地著作…………………（99）
　三　时代的使命：走向世界……………………………（109）

四　世界史编纂先驱王韬 …………………………………… (113)
　　　五　黄遵宪图新自强的《日本国志》 ……………………… (122)
第四章　民族危机和中国世界史编纂的新视野 ………………… (129)
　　　一　甲午战争和世界史编纂 ……………………………… (129)
　　　二　日本等外国史家的世界史译著 ……………………… (133)
　　　三　中国史家早期的世界史著述 ………………………… (142)
　　　四　与社会发展同呼吸的中国世界史编纂 ……………… (146)
　　　五　民族危机的警钟：亡国史编纂 ………………………… (157)
第五章　"新政"和中国世界史教育 ……………………………… (174)
　　　一　中国近代新学制中的世界史教育 …………………… (174)
　　　二　京师大学堂等高校的世界史教育 …………………… (178)
　　　三　20世纪初的世界史教科书 …………………………… (196)
　　　四　世界史教科书编纂的新发展 ………………………… (202)
　　　五　世界史教学标准和世界史教学法 …………………… (230)

第二编　中华民族觉醒和世界史编纂

第一章　进化史观和世界史编纂的新发展 ……………………… (239)
　　　一　严复和进化思想在中国的传播 ……………………… (239)
　　　二　以进化史观为基础的史学理论著述 ………………… (249)
　　　三　提倡"民史"反对"君史" ……………………………… (255)
　　　四　辛亥革命和革命史编纂 ……………………………… (258)
　　　五　法国大革命史编纂 …………………………………… (262)
　　　六　美国独立战争史编纂 ………………………………… (270)
第二章　西方史学理论和中国世界史编纂 ……………………… (282)
　　　一　时代的任务：建设中国新史学 ……………………… (282)
　　　二　《新史学》的冲击 ……………………………………… (288)
　　　三　西方史学理论的传播 ………………………………… (291)

四　西方史学理论在中国的回响 …………………… (304)
　　五　史学方法 …………………………………………… (320)
第三章　历史哲学 ………………………………………………… (330)
　　一　西方历史哲学传入和李大钊等人的研究 ………… (330)
　　二　文化形态史观和"战国策派" ……………………… (343)
　　三　中国学者的历史哲学著作 ………………………… (354)
第四章　世界通史、断代史和地区史 …………………………… (363)
　　一　世界通史 …………………………………………… (363)
　　二　史前史、古代中世纪史和近现代史 ……………… (375)
　　三　西洋史和东洋史 …………………………………… (395)
第五章　国别史 …………………………………………………… (417)
　　一　"新时代"和"少年"史地丛书中的国别史 ………… (417)
　　二　《中华百科丛书》中的国别史 ……………………… (421)
　　三　亚洲地区的国别史 ………………………………… (425)
　　四　俄国(苏联)史 ……………………………………… (435)
　　五　英国史 ……………………………………………… (451)
　　六　法国史 ……………………………………………… (453)
　　七　德国史 ……………………………………………… (457)
　　八　美国史 ……………………………………………… (459)
　　九　澳大利亚史 ………………………………………… (462)
第六章　专门史 …………………………………………………… (464)
　　一　社会经济史 ………………………………………… (464)
　　二　革命史 ……………………………………………… (477)
　　三　政治思想史 ………………………………………… (486)
　　四　文化(文明)史 ……………………………………… (491)
　　五　国际关系史和中外关系史 ………………………… (515)

第三编　用唯物史观重新认识世界史的开端

第一章　唯物史观广泛传播和世界史编纂的新阶段 ……… （535）
　　一　马克思主义在中国的早期传播及影响 ……………（535）
　　二　十月革命和马克思主义在中国影响的扩大 ………（547）
　　三　中共早期领导人对人类历史的新认识 ……………（555）
　　四　李大钊史学思想和马克思主义史学理论建设 ……（572）
第二章　用唯物史观重新研究世界历史 ……………………（582）
　　一　唯物史观在现代史学上的价值 ……………………（582）
　　二　世界历史发展的规律性 ……………………………（586）
　　三　从世界历史看中国社会和中国革命的性质 ………（593）
　　四　研究世界历史是为了开创中国的未来 ……………（599）

人名索引 …………………………………………………………（607）
中外人名对照表 …………………………………………………（631）
后记 ………………………………………………………………（638）

引论　历史研究和民族精神

一

在国际学术界，"民族"是一个歧义纷呈的概念，尽管长期说法不一，[①] 但诸多阐释中的基本要素，都包括语言、地域（聚居地）、生产方式、文化传统和价值观念等心理状态的同一性。在中国，"民族"一词出现得比较晚。1903年，中国近代资产阶级学者梁启超（1873—1929）把瑞士—德国的政治理论家、法学家 J. K. 布伦奇利（Bluntschli, J. K., 1808—1887）的民族概念介绍到中国来以后，民族一词便在中国普遍使用起来。布伦奇利认为，民族最重要之特质有八：（一）其始也同居一地。（二）其始也同一血统。（三）同其肢体形状。（四）同其语言。（五）同其文字。（六）同其宗教。（七）同其风俗。（八）同其生计。其含义常与种族或国家概念相混淆，这与西欧的民族概念的影响有密切关系。

在当代中国，一般认为，民族是"人类经历了原始群、氏族、部落的变迁发展，在一定历史阶段形成的有共同语言、共同地域、共同经济生活和表现为共同文化特点基础上的共同心理素质的稳

[①] 例如，美国著名学者本尼迪克特·安德森（Benedict Richard O'Gorman Anderson, 1936—2015）说："我们根本无法为民族下一个'科学的'定义；然而，从以前到现在，这个现象却一直持续存在着。"参见[美]本尼迪克特·安德森《想象的共同体：民族主义的起源与散布》，吴叡人译，上海人民出版社2003年版，第3页。

定的共同体。属于历史范畴"①。这一认识，和斯大林（Иосиф Виссарионович Сталин，1878—1953）关于民族的定义基本是一致的，即"民族是人们在历史上形成的一个有共同语言、共同地域、共同经济生活以及表现于共同文化上的共同心理素质的稳定的共同体"。"同时，不言而喻，民族也和任何历史现象一样，是受变化法则支配的，它有自己的历史，有自己的始末。"② 马克思（Karl Heinrich Marx，1818—1883）、恩格斯（Friedrich Von Engels，1820—1895）、列宁（Владимир Ильич Ульянов，Ленин，1870—1924）早已讲过关于民族这个人们共同体形成的重要理论，但他们没有讲过什么是民族，是斯大林在他们论述的基础上，提出了马克思主义的民族定义。

人类世界是由不同民族共同组成的大家庭。民族是人们在历史进程中自然形成的稳定的共同体；共同地域和共同的经济生活是民族形成的条件；共同的文化心理素质和通用语言是民族长期存在的基本特征。总之，民族的形成既有血缘、地缘的因素，也有物质、文化的因素。明确这些质的规定性，对于科学认识什么是民族是十分必要的。民族不是一个空洞的抽象概念。与民族联系在一起的，是"民族意识"和"民族认同"。"所谓民族意识，是指一个民族共同的自我意识，是一个民族对自身的存在、地位、利益、价值和文化传统的自觉。它的基本内容是颂扬民族精神、民族特性和民族自豪感，强调民族感情的神圣性和民族文化的同质性。这样一种民族意识是主观认同的结果，即民族意识是通过民族认同来实现的。"③世界上任何一个从一个"自在的民族"发展成为"自觉的民族"的过程中，都离不开主观的民族认同。

---

① 《中国大百科全书》第16卷，中国大百科出版社2009年版，第117页。
② 《斯大林全集》第2卷，人民出版社1953年版，第294页。
③ 郑师渠等主编：《历史视野下的中华民族精神》，广东人民出版社2014年版，第4页。

民族和国家密切相连。因国家的基本要素是国土、人民（民族）、文化和政府；从政治地理学的视角看，国家拥有共同的语言、文化、种族、血统、领土、政府，以及历史等，所以民族和国家甚至有时相提并论，相互混淆。但是，应指出的是，自古以来的人类历史表明，"民族"和"国家"却是彼此不能相互替代的。仅举一个最简单的例子即可说明：在 20 世纪初达到鼎盛的大英帝国，由其领土、自治领、殖民地、托管国及其他由英国管理统治的地区组成，人口大约有 4 亿到 5 亿，占当时世界人口的四分之一，其统治面积达到约 3400 万平方公里。第二次世界大战结束之后，随着世界民族解放运动的兴起，殖民体系崩溃，大英帝国逐渐瓦解。但即使是大英帝国鼎盛时期，其版图内的澳大利亚、新西兰、加拿大、南非、印度等，也从不认为自己属于"不列颠"民族。

民族精神，是民族文化的核心和灵魂。这就是说，民族精神作为民族文化的结晶，是和民族文化联系在一起的，民族精神积淀在民族文化中，因此，在讨论什么是民族精神时，不能脱离民族文化空泛地谈，而必须从民族文化和民族精神的关系中去探析和认识。

世界上任何一个民族国家要生存和发展，自立于世界民族之林，都离不开经济力量和文化力量。在这里，文化力量可以被视为"民族精神"的同义词。它是一个民族生命力、创造力和凝聚力的集中体现，其本质与强大的物质力量是一致的，都是一个民族赖以生存、共同生活、共同发展的基础。

民族精神的孕育和生成，是一个历史过程。民族精神表现出明显的历史继承性。同时，它又是成员在生活实践中创造的又不脱离民族发展的社会现实，因此，又表现出鲜明的时代精神，是历史与现实的统一。一个民族的历史发展轨迹及其民族精神，是一个相互塑造的过程，伟大的民族精神与其辉煌的历史进程是相辅相成的。民族精神不可避免地反映出在一定的历史环境中，一个民族所建构的自己独特的生活方式和行为方式，并反映出这个民族的世界观和价值观。

民族精神对民族和国家的延续、强盛和发展的重要功能，主要表现在以下三个方面："精神支柱的功能；凝聚力量的功能；精神激励的功能。"① 民族精神在其形成的历史过程中，其主要内容会历史地渗透在广大民族成员的心理和观念之中，为本民族大多数成员所尊奉和认同，成为民族的精神支柱。民族精神发端于历史，并通过历史积淀和文化遗传而不断强化。它不会随着时间的流逝成为逝去之物；它也不是凝固的，而是随着历史的延伸而发扬光大，不断被赋予新的时代内容。它从古代、近现代直至当代，一直贯穿在民族的社会生活，特别是精神生活中，并产生长远和广泛的影响。很难设想，一个没有强大精神支柱的民族，能够自立于世界民族之林。

民族精神中的凝聚力量，集中体现了民族精神的生命力。一个国家的社会力量如果是分散的，那么这个国家的发展，或迟或早就要出现这样或那样的危机。因为这种分散，首先表明的是其价值观和伦理道德观念的涣散。如何将分散的社会力量整合成为统一的社会力量，这就需要通过民族精神的凝聚力来完成。民族精神的凝聚力直接关系到民族的团结、统一，特别是在民族危机加剧、民族面临生死存亡的关头，它能表现出抗击侵略者的、挽救社会危亡的强大的支撑功能，这些和民族精神凝聚力所体现出的吸引力、亲和力是完全一致的。

民族精神的激励作用，与其价值导向作用同样是十分明显的。民族发展的历史进程中的艰苦奋斗、前仆后继、自强不息、无私奉献，以及厚德载物等精神，都是民族精神的体现。民族精神的

---

① 郑师渠等主编：《历史视野下的中华民族精神》，广东人民出版社2014年版，第11页。

激励作用，凝结成民族自豪感和民族自信心，时时处处自觉地表现出来。在不同的历史时代所产生的这样或那样的民族英雄，既是民族精神的产物，又丰富了民族精神实实在在的内容，在社会生活中直接或间接地发挥着具体的激励作用。任何一个民族的英雄，都是这个民族的民族精神的载体，对于塑造民族精神是不可或缺的。

历史记忆是民族精神传播的主要形式，但是，历史记忆不是固化的、僵死的，它在历史的长河中流动着，历久而弥新。历史记忆在新的历史条件下、新的历史环境中的变化，实则是民族精神在其产生和发展中的变化，在坚持其历史的传统中，显示出新的时代内容。这也就是说，民族精神既是历史的，也是现实的；既表现出历史的继承性，也表现出时代的创造性。总之，民族精神是其传统性与时代性的辩证统一。

民族精神的传统性，首先是民族精神的独特性，即它与其他民族有别的内容，能清晰地表现出这一民族精神的民族特性、价值观念、思维方式、生活方式、心理素质、伦理道德等民族文化本质中的内容。其次，民族精神与民族文化一样，具有超越时代的相对稳定性，且世世代代传承相续，表现出民族积极向上的历史发展趋势。人民书写了历史，是历史的主人，也是民族文化和民族精神的主体，民族精神的人民性包含在民族精神的传统性中。

民族精神的时代性，是相对于民族精神的历史性而言的，是其时代精神的具体表现。就任何一个民族而言，其民族精神在不同的历史时代也往往会有不同的内容，并以不同的形式表现出来。这与民族精神的传统性并不矛盾，民族精神来源于历史传统，并在现实的社会生活中不断发展。如果将民族精神的稳定性理解成守旧不变，那民族精神就会失去动因，失去生命力，日渐萎缩。只有立足现实与重视传统相统一，才能使民族精神生机勃勃地健康成长。

二

1901年，梁启超在其《中国史叙论》中，首次提出了"中国民族"的概念。在"中国民族"的基础上，他在1902年正式提出了"中华民族"，梁启超在《论中国学术思想变迁之大势》一文中写道："上古时代，我中华民族之有四海思想者厥惟齐，故于其间产生两种观念焉，一曰国家观，二曰世界观。"这是"中华民族"一词的最早使用，从上下文来说，梁启超所说的"中华民族"当指汉族，确切地说，指的是古华夏族和从华夏族发展至今，不断壮大的汉民族。他在该文中，针对"黄帝子孙"一词特别注文指出："下文省称黄族，向用汉种二字，今以汉乃后起之朝代，不足冒吾族之名，故改用此。"后直至1922年，梁启超在《中国历史上民族之研究》中写道："凡遇一他族而立刻有'我中国人'之一观念浮于其脑际者，此人即中华民族之一员也。"① 至此，"中华民族"概念正式形成，具有了现代的意义。"中华民族"这个概念的提出和清末屡遭外辱，国势衰弱有关。梁启超在思考中国积弱的渊源时写道：中国之弱小是由于国人没有"国"之"理想"。想要救中国，必须从"拔其本，塞其源，变数千年之学说，改四百兆之脑质"这四方面做工作。② "中华民族"这个概念的提出，即是这方面的具体工作之一。

1905年，梁启超在《历史上中国民族之观察》中，从历史演变的角度重点分析了中国民族的多元性和混合性："中华民族自始本非一族，实由多民族混合而成。"由此，梁启超真正完成了"中华民族"这一概念的革命性创造。他强调中华民族指中国境内的所有民族，汉满蒙回藏等为一家，是多元混合的。

梁启超的"中华民族"理论一经提出，即在社会上引起了广

---

① 梁启超：《饮冰室合集》专集之42，中华书局1989年版，第1—2页。
② 《梁启超全集》第2卷，北京出版社1999年版，第414页。

泛的反响。不少报刊就中华民族的含义展开了热烈的讨论。杨度（1875—1932）在1907年发表了《金铁主义说》一文，对中华民族的含义进行了详尽的解说。他认为中华民族与其说是一个种族融合体，不如将其看作一个文化共同体。文化的一体性、凝聚性和不可分割性造就了中华民族这个大家庭。这样，对"中华民族"的理解，就超越了民族的血统意识，显然从理论与实践的结合上，进一步深化了对"中华民族"的认识。在新文化运动和五四运动之后，"中华民族"一词逐渐普及，研究者日渐增多，在政治、经济、文化等著述中广泛使用。

论及中华民族民族精神的形成和发展时，以下两点首先需要明确：其一，中华民族精神，是中华民族的存在的反映。中华民族精神的形成和发展与中华民族的形成和发展是一致的。其二，中华民族精神的形成和发展与中华文明的形成和发展是一致的，中华民族精神的根和魂，深深植入在中华文明中。综上所述，可以认为，离开中华民族、中华文明的中华民族精神，是无本之木、无水之源的民族精神，实际上也是不存在的。

关于中华民族的起源和发展，国内学术界一种有代表性的观点认为可以分成三个时期：夏至秦汉，为汉民族形成以前时期；秦汉至清，为汉族形成至中华民族形成时期；清朝至今，为中华民族形成以后时期。这样一个基于实证研究结果的认识，有助于从事实出发认识和分析中华民族精神的起源。中华民族的起源和中华文明的起源是密切联系的有机整体。这是中华民族精神起源的基础和前提。秦的统一，南北民族大融合，为汉民族的形成奠定了现实的基础。秦汉时期，是以汉族为主体的中华民族逐渐形成的重要时期。在此之后，又经历了魏晋南北朝时期；唐、宋、辽、金、元和清代的三次民族大融合，形成了牢固的中华民族大家庭。

另有一种观点认为："中华大地上生息繁衍的中华民族的先

民，经历了四次民族大融合，造就了我们现在的这个伟大的中华民族。""先秦时期是第一次民族大融合时期。"魏晋南北朝时期，"中华大地上各民族前所未有的大交融，出现了我国历史上第二次民族大融合"。这次民族大融合的直接后果，"就是产生出一个经济、文化发展到新的高峰的盛唐王朝。辽金元都是少数民族入主中原建立的王朝……三朝都不同程度地行汉法、遵儒学，各族民众书同文、车同轨，互相熏染，出现了我国历史上的第三次民族大融合"。清王朝"将蒙古、西藏、新疆纳入清朝有效统治之下。清康熙废长城而不修……汉族地区与少数民族地区民众的双向流动大规模进行，我国历史上第四次民族大融合完成"。[①] 这种说法，在表述上与前者似有不同，但是在本质上并不矛盾。民族是一个历史范畴。在中华大地上的民族融合是双向的，但占压倒优势的是各兄弟民族融入汉族，以至在今天的中华民族中，汉族占近92%，这在世界上是绝无仅有的。

中华文明有五千多年的历史，"如果说龙山时代或五帝时代还只是初露文明的曙光，只能算是中华文明的前奏，那么夏代就应该是中华文明的开始，商周便是中华文明第一次走向繁荣的时期"[②]。基于这样的认识，可得出中华民族精神是从夏代华夏民族形成开始的。不能肤浅地认为，中华民族精神是20世纪初梁启超提出了"中华民族"之后，才开始形成。在梁启超之前没有人使用"中华民族"这个概念，并不等于在他之前，就不存在"中华民族"这一客观事实。

每个民族都有自己特殊的历史起源和发展历程，同时每个民族又都是多元民族中的一员，彼此之间的交流、交往是他们生存的方式之一。中华民族和中华民族精神形成的过程，是多民族

---

① 陈玉屏主编：《中国古代民族融合问题研究》，四川民族出版社2003年版，第1—2页。

② 袁行霈等：《中华文明史》第1卷，北京大学出版社2006年版，第21页。

（或族群）聚合、交融，直至成为一体的过程。著名考古学家李济（1896—1979）对此有具体阐释，他说："假如我们把现代中国人当成一个像有机化合物一样由多种不同成分组成的庞大单位，并像一位化学家那样对进入其构成的各种元素进行深入分析，我们发现，……至少有10种成分是我们能够区分出来的。他们是：（1）黄帝的后代；（2）匈奴族；（3）羌族；（4）鲜卑族；（5）契丹族；（6）女真族；（蒙古族）；（8）讲藏缅语族语言的民族；（9）（讲掸语的民族）；（10）讲孟—高棉语族语言的民族。"除以上之外，还有戎人、突厥人、尼格里陀人等。[①] 上述论述，写在李济1920年至1923年在美国哈佛大学攻读人类学期间撰写的博士论文《中国民族的形成》（1928年正式出版）中，距今已90多年了。尽管在这期间，中国的考古学、人类学和整个哲学社会科学研究，都取得了重大进展，但这些论述仍给人以深刻的启迪，使人们认识到，构成中华民族的各个民族，都为中华民族和中华民族精神的形成做出了自己不可替代的贡献。正是这样，"在中国这片广袤、丰腴的大地上生活劳作的各族人民，统称中华民族。……民族，泛指历史上形成的、处于不同社会发展阶段的各种人群共同体"。[②] 总之，"中华民族作为一个自觉的民族实体，是近百年来在中国和西方列强对抗中出现的，但作为一个自在的民族实体，则是在几千年的历史过程中形成的"。[③] 人们在论及中华民族时，从不曾忘记它悠久深邃的历史渊源。

民族精神是一个民族的时代体现，中华民族精神是在漫长的社会历史发展过程中逐步形成的，是中华各族人民生活方式、理想信仰和价值观念的浓缩。在新文化运动和五四运动期间，马克思主义传入中国并日渐产生广泛的社会影响，由最初少数先进知

[①] 李济：《中国民族的形成》，江苏教育出版社2005年版，第295页。
[②] 冯天瑜：《文化守望》，武汉大学出版社2006年版，第8—9页。
[③] 费孝通：《中华民族多元一体格局》，中央民族学院出版社1989年版，第36页。

识分子的选择，逐渐成为民族的选择。那种以马克思主义是外来文化为名，认为马克思主义传入中国后，造成了中华民族精神的"断裂"和"变异"的观点，显然与事实不符。因为事实正是马克思主义传入中国以及"马克思主义中国化"，赋予了中华民族精神以新的时代内容，使其在新的历史条件下得到进一步丰富和升华。

中华民族精神，是中华民族在几千年的历史实践中形成的，中国传统文化中的积极内容熔铸其中，成为中华民族精神的优良传统。例如儒家思想中"和"的精神：天人合一，主张人与自然、人与社会、人与人之间的和谐统一。"仁"的精神：宽容爱人，从个人的修养引申到对家庭、社会、国家的仁爱和忠诚。"礼"的精神："礼"是"仁"的外在体现，孔子（公元前551—前479）曾说："克己复礼为仁，一日克己复礼，天下归仁焉"。① 大同精神：天下为公，追求大同理想社会。自强不息的精神："志士仁人无求生以害仁，有杀身以成仁"②，不畏强暴，视死如归。

除儒家思想外，墨家、道家、法家的思想，对中华民族精神的形成和发展，也都产生了重要的影响。例如墨家的"兼爱"精神、"交相利"精神等。所谓"兼爱"，强调"爱人如爱己""爱无差"等博爱胸怀，这比儒家"尊贤有等""亲亲有别"的"仁爱"，显然更胜一筹。墨家还认为，社会上出现的动乱，表明社会上存在着诸多的"不相爱"现象。因此，要消除社会动乱就要解决社会上形形色色的"不相爱"，而使"天下兼相爱""爱人若爱自身"。这样，"有力者疾以助人，有财者勉以分人，有道者劝以教人""天下人皆相爱，强不执弱，众不劫寡，富不侮贫，贵不傲贱，诈不欺愚"③，社会即可安定。与"兼爱"相联系的是"交相

---

① 《论语·颜渊》。
② 《论语·卫灵公》。
③ 《墨子·尚贤下》。

利"思想。所谓"交相利",就是双方在"交往中",彼此都获得利益,亦即"双赢"。墨子(约前480—前420)认为:"天下之人皆不相爱,强必执弱,富必侮贫,贵必敖(傲)贱,诈必欺愚。凡天下祸篡怨恨,其所以起者,以不相爱生也。是以仁者非之。""既以非之,何以易之?子墨子言曰:以兼相爱、交相利之法易之。"[①] 墨家主张通过"兼爱"和"交相利"以解决各种尖锐的对立,既包括人与人之间,也包括社会生活的各个方面,都可以实现和平交往、互利互惠。

一个国家、一个民族的崛起,离不开精神力量的支撑。在五千多年的发展中,中华民族形成了以爱国主义为核心,包含团结统一、爱好和平、勤劳勇敢、自强不息的伟大民族精神,这是中华民族精神的基本内容。

长期以来,各民族之间形成了休戚与共、相互依存的亲密关系,民族团结始终是中华民族的生命所在、希望所在。团结统一是中华民族精神的前提和基础,是中华民族凝聚力的源泉。爱好和平是中华民族精神的重要体现,自远古以来,中华民族就追求"和为贵",追求天人之和、身心之和、人伦之和、社会秩序之和,以及协和万邦、永世和平。勤劳勇敢、坚忍不拔、奋发图强、自强不息是中华民族悠久的优秀传统,贯穿在中华民族漫长的历史进程中,是中华民族精神的脊梁,是我们民族几千年来生生不息发展着的精神动力。

自古以来,中华民族就有爱国主义精神的历史传统,"爱国乃天下之盛事大业"的观念深入人心。爱国主义是动员和激励全国各族人民团结奋斗的一面光辉旗帜,是中华民族精神最稳定的文化基因。国家利益高于一切,舍身为国者荣,卖国求荣者耻,一直是中国人民普遍认可的道德标准,爱国主义是中华民族

[①] 《墨子·兼爱中》。

最深厚的思想传统。在漫长的历史发展中，中华民族从实践中得出了爱国主义是中华民族民族精神的核心的结论。五千多年来，中华民族之所以能够历经磨难而依然巍然屹立在世界东方，就是因为在爱国主义精神鼓舞下，不断提高民族自尊心和民族自信心，形成了民族的强大凝聚力和战斗力。爱国主义是一种巨大的精神力量，是一个民族实现共同的理想、目标的精神支柱。在外敌入侵的民族危亡生死关头，中华民族同仇敌忾，团结在爱国主义旗帜下，前仆后继，同侵略者展开殊死的斗争，民族精神转化为全民族的自强心和自豪感，成为凝聚人民力量，克敌制胜的法宝。一个民族没有振奋的民族精神，不可能自立于世界民族之林。

爱国主义是一个历史范畴，在我国不同的历史发展时期，爱国主义也有不同的具体内容。在我国古代历史上，无数杰出的政治家、军事家、思想家、文学家、艺术家和科学家和民族英雄，以崇高的爱国情怀，铸造了中华民族之魂，谱写了古代爱国主义的壮丽诗篇。19世纪中叶鸦片战争以后，中国自给自足的封建经济逐步解体。中国开始沦为半殖民地半封建社会。爱国主义主要表现为对外反对帝国主义列强的侵略，争取祖国的独立和解放；对内反对封建统治者和买办官僚资本，开展民主革命。推进这种爱国主义运动的社会力量是农民、工人和新型的民族资产阶级。太平天国农民运动，义和团运动，林则徐（1785—1850）虎门销烟，关天培（1781—1841）等一批爱国将领为国捐躯，以孙中山（1866—1925）为代表的资产阶级爱国者发动辛亥革命，就是爱国主义精神的具体体现。

中国共产党的早期领导人，在他们还没有成为马克思主义者的时候，首先是一名真诚的爱国主义者，弘扬中国民族精神是其自觉的行动。例如，1904年，陈独秀（1880—1942）针对沙俄等帝国主义列强侵华的强盗行径写道："唉嗟，这是怎么好呢？我们中国人，又要做洋人的百姓了呵！""俄国无缘无故地占人家的土地，实在无理的很，以为这回中国一定要和俄国打战了。哪晓得中国官，最怕俄国活像老鼠见了猫一般，眼看着他占了奉天，哪敢道半个不字。"这样，其他列强认为，与其中国这个"肥羊""让俄国独得，不如趁早我们也来分一点儿罢。……当作切瓜一般，你一块，我一块，大家分分，这名目就叫'瓜分中国'"。陈独秀指出：当时的中国，"眼见得几千年故国将亡，四万万同胞坐困"①，因此中国人民要齐心协力团结起来，使国富兵强，这样就不怕洋人敢来欺负中国。

中国共产党成立以来，在争取民族独立、人民解放、国家富强的伟大历史进程中，高举爱国主义旗帜，将爱国主义与共产主义相结合，领导全国各族人民推翻三座大山，开辟了中华民族历史的新纪元。新中国成立后，中国共产党领导人民开辟了中国特色社会主义道路，形成了中国特色社会主义理论体系，极大拓展了民族精神的内涵，在引导人们树立正确的世界观、人生观、价值观方面，显现出更加重要的作用。在新的历史条件下，中华民族展现出崭新的精神风貌，成为推进中华民族伟大复兴的强大精神力量。

三

在中华民族精神形成、培育和发展的过程中，离不开民族意识，以及建立在其上的民族观念、民族立场和民族道德等。在这些方面，史学具有不可替代的作用。中国历史是中华民族和中国形成、发展的真实记录，在某种意义上，也是中华民族精神形成和发展的真实记录。中华民族的觉醒，首先是民族意识的觉醒。

---

① 《陈独秀著作选编》第 1 卷，上海人民出版社 2009 年版，第 21、23 页。

当述及近代中华民族民族意识的觉醒时，首先想到的是历史是最好的老师、是最好的教科书。中华民族5000多年悠久的文明史，近代以来中华民族的苦难史、奋斗史、革命史，可以使我们深刻认识浸透着民族精神的历史文化，学习和发扬中华民族精神，进一步增强我们的民族荣誉感和自豪感。

历史学从远古萌生时起，就和人类的活动紧密地联系在一起，和其他各个学科相比，其历史也就更加古老久远。历史学的悠久历史，可追溯到原始社会。那时还没有产生文字，多是通过结绳、绘画或刻木，生动地描述原始民族的历史活动，承载着先人们的历史记忆。在社会生活和生产实践中，用结绳等记事逐渐被象形文字记事所取代。象形文字的出现，预示着史学的萌生和发展。原始社会诸多古老的传说和神话，已经包含了历史学的因素。

在中国古代，史学大体经历了从史官、史书、史事到史学的发展过程。史官最早出现在殷朝，那时没有私人记载历史，只有史官记载史事。殷朝有史官记载史事，对往事的记录、编纂历史，揭开了史学发展的序幕。在史官正式形成之前，史前时期的"黄帝战蚩尤""女娲补天"和"大禹治水"等历史神话传说，已经在口头流传。神话传说自然不是历史学，但这些神话传说反映出古老的历史意识，却是不争的事实。

除夏商周历史文献汇编的《尚书》外，孔子根据鲁国史官的记事作《春秋》，记述了上自鲁隐公元年（前722），下迄鲁哀公十四年（前481）的历史活动，这是我国第一部系统的编年史。西汉史官司马迁撰写《史记》130篇，始于传说中的黄帝，迄汉武帝止，内容是十二本纪叙帝王、十表系时事、八书详制度、三十世家记诸侯、七十列传志人物等，涉及政治、经济、军事、文化、科技、民族、民俗和宗教等诸多领域。《史记》不仅能做到"网罗天下放矢旧闻，考之行事"，而且还表现出"究天人之际，通古今之变，成一家之言"① 的进步历史旨趣。鲁迅赞誉《史记》是"史家之绝唱，无韵之离骚"②，司马迁也被尊称为中国的"史界太祖"。

中国是一个历史悠久的国家，也是一个史学十分发达的国家。梁启超在《中国历史研究法》中说："中国于各种学问中，惟史学为最发达；史学在世界各国中，惟中国为最发达。"③ 历史记述是中华文化的重要载体，中国历史是中华民族血脉的传承。中华史家编纂历史时，主要凭借历代遗留下来的各种史料进行。史料既包括"行为的痕迹"，也包括"思想的痕迹"，其中文字记录的多种形式的史料，是史家编纂历史时经常使用的。例如，二十四史，计3249卷，约有4000万字，其历史记述始于远古传说中的"黄帝"，止于明崇祯十七年（1644），长达4000年之久。二十四史表明，中华民族悠久的历史绵延不绝，从来不曾断裂；中华民族绵延不绝，团结奋进；中华民族凝聚力历久不衰，这也是中华民族精神产生和发展的基础和前提。

科学认识中华民族精神的产生，不能脱离真实的历史过程。例如，欲了解明清之际中国"繁盛与危机并存"这一特点，不能忽略当时社会历史思潮中批判专制独裁的早期启蒙意识的产生。李贽（1527—1602）、黄宗羲（1610—1695）、顾炎武（1613—1682）、王夫之（1619—1692）等，都对封建专制独裁政治进行了尖锐的批判。他们力主破除"尊君"，斥君主为"贼"、为"独夫"；主张变革君主专制制度，废除个人专权，使社会人人平等。黄宗羲通过对历史的回溯指出：上古时并没有君主，"人各得自私，人各得自利"。只是专制制度出现之后，君主以天下为一己之私，"荼

---

① 《史记》，《太史公自序》，载《二十五史》第1册，上海古籍出版社、上海书店1986年版，第359页。
② 《鲁迅全集》第9卷，人民文学出版社2005年版，第435页。
③ 梁启超：《中国历史研究法》，东方出版社1996年版，第11页。

毒天下之肝脑，离散天下之子女，以博我一人之产业"。君主"敲剥天下之骨髓，离散天下之子女，以奉我一人之淫乐"。显然，"为天下之大害者，君而已矣"。正因为君主如此专横跋扈，才有所谓"今世天下之人，怨恶其君，视之如寇仇，名之为独夫，固其所也"。① 明清之际，黄宗羲等反封建的早期启蒙思想，不仅在当时，而且对后来中国社会思想的发展，包括史学思想的发展，产生了重要的影响。

因此，历史学的基本任务，是从宏观和微观的结合上，实事求是地描绘历史过程的真实情景，在某种意义上，这是一种"考实性"的研究，也是历史学作为一门独立的学科的基本特征之一。在这个过程中，人民书写的历史在发展和弘扬民族精神，提升中华民族的人文素质，彰显民族意识、民族性格，以及民族自信心和自豪感等过程中，也都有不可替代的意义。历史记忆是鲜活的民族的历史记忆，向人们展示着伟大的中华文明和中华民族精神。从河姆渡、周口店、黄帝陵、莫高窟、长城、天安门到虎门海滩、三元里、辛亥革命、五四运动，到中国共产党成立、井冈山、长征、卢沟桥、延安、西柏坡，直至新中国成立，改革开放，走上中国特色社会主义道路，生动地表明了中华文明和以爱国主义为核心的中华民族精神源远流长，代代相传，这些是我们民族的珍贵财富和生命源泉。

历史学属于意识形态范畴，古今中外的历史学，都不是抽象的"学术现象"。鉴往知来，是历史学的重要功能。恩格斯曾说："我们根本没有想到要怀疑或轻视'历史的启示'；历史就是我们的一切，我们比任何一个哲学学派，甚至比黑格尔，都更重视历史。"② 以爱国主义为核心的中华民族精神的表现形态之一，是忧患意识，即重视汲取历史的经验教训，强调历史认识要关注现实，

---

① 黄宗羲：《明夷待访录·原君》。
② 《马克思恩格斯全集》第 1 卷，人民出版社 1956 年版，第 650 页。

经世致用。

　　清代后期,中国社会发展处在深刻变革的前夜。经世致用,研究边疆史地成为学术界的新风气。清末思想家龚自珍(1792—1841)在《尊史》《古史钩沉论二》等著述中,力主学术要为现实政治服务。他呼吁"尊史",认为史学和民族兴衰、国家兴亡密切相关,所以"欲知大道,必先为史""灭人之国,必先去其史"。龚自珍认为史官是"职语言、司谤誉"的社会的喉舌,由此可以引申为史学所担当的社会使命和责任。他认为"周之世官大者史。史之外无有语言焉;史之外无有文字焉;史之外无人伦品目焉。史存则周存,史亡而周亡",①进一步阐述了他的史学经世致用思想。龚自珍深刻认识到西方列强侵华造成的严重的民族危机,在《阮尚书年谱第一序》中指出"近惟英夷,实乃巨诈,拒之则叩关,狎之则蠹国"②。龚自珍不是空言史学"经世致用",而是身体力行,潜心于西北边疆史地和东南沿海的研究,表现出史家责任感和使命感的爱国情怀。他通晓蒙古文,撰写《蒙古图志》30卷,写《西域置行省议》和《东南罢番舶议》,主张抵抗外国资本主义侵略和巩固西北边疆;杜绝鸦片泛滥,加强武装抵御列强军事侵略。面对时代的危机,龚自珍开风气之先,警醒世人应以史为鉴。生于忧患,忧患可以兴邦,他率先开展边疆史地研究,赋予了中国史学忧国忧民的新的时代内容。

　　鸦片战争后,中国逐渐成为世界资本主义的商品市场和原料供给地,开始沦为半殖民地半封建社会。中国和世界政治经济的联系,包括在史学观念上,已经无法分离。近代以来中国史学的发展和时代的脉搏一起跳动,不曾脱离时代的主题。一些先进的

---

①　《中国近代思想家文库·龚自珍卷》,中国人民大学出版社2015年版,第154、155、256页。

②　同上书,第132页。

知识分子开始"睁眼看世界",林则徐和魏源(1794—1857)率先摒弃"夷夏之辨"和"天朝上国"的拘囿,实事求是地认识到欧美资本主义国家的发展,已非以往的"蛮夷之邦"。他们力主认清世界的大势,承认西方列强有优于中国的"长技",要"师夷之长技以制夷",救亡图存,展现出将自己的著述和民族命运相联系的自觉的社会担当。

1899年,梁启超撰写《爱国论》,明确提出令当时人耳目一新的"爱国"概念。他说:"国之存亡,种种盛衰,虽曰天命,岂非人事哉?彼东西之国何以浡然日兴?我支那何以菶然日危?彼其国民,以国为己之国,以国事为己事,以国权为己权,以国耻为己耻,以国荣为己荣。我之国民,以国为君相之国,其事其权,其荣其耻,皆视为度外之事。呜呼!不有民,何有国?不有国,何有民?民与国,一而二,二而一者也。"① 梁启超的这种明确区分"君相之国"与"国民合一的国家"的思想,清晰地贯穿在他史界革命的新史学的思想中。

20世纪初,梁启超倡导进化史观,发起了与中国社会发展、时代精神相关的"史界革命"。这场史学革命,同样表现出鲜明的爱国主义精神和深刻的爱国主义内涵。梁启超认为,当时中国史学的陈腐和落后,已成为阻碍中国社会进步的重要原因之一。

中国史学(包括世界史编纂),特别是近代以来所表现出的特点,引起了海外研究者的重视,例如当代德国史家施耐德(Axel Schneider)认为,19世纪中叶之后,中国的史观和史学发生了深远的变化,史学凸显了中国史学学术以外的承担。它"经受了由政治、社会、经济文化和国际形势的遽变而带来的挑战。中国知识分子,尤其是史学家的任务极富挑战性:他们必须寻求一种对于中国历史的新的理解,以使中国历史成为世界历史的一部分,

---

① 哀时客(梁启超):《爱国论一》,《清议报》第6册,光绪二十五年正月十一日。

并使中国在世界民族之林中至少是平等的成员之一"。应该说，施耐德的阐述是符合事实的，他虽然没有明说，但中国史学中的民族精神已跃然纸上。他继续写道：中国历史学家"还必须维护历史的延续性，从而为中国认同提供基础——而这一任务在'延续'过程中则经常发生显著的变化。他们对历史的书写还要满足让中国能与西方比肩（如果不是高于西方）的要求。最后，所有这些只能在历史传统和当时环境之双重背景下实现，使得历史以及历史学家处于一种特别的政治性地位"。[1] 我们不同意西方史家简单地将19世纪中叶鸦片战争以后的中国史学称为"民族主义史学"，因为在西方思想和文化的学术语境中，往往赋予了"民族主义"太多太复杂的内容。但是，中国史家的历史认识和历史书写与对中华民族的兴衰的关注联系在一起，却是基本的事实。

我国重视修史的表现之一，是自觉地将修史与社会发展结合在一起，赋予修史以具体的社会内容和社会意义。我国自上古以来，修史就从来不是空洞、抽象的学术，或仅仅是少数文人兴致所在的个人追求。例如，从秦统一全国到西汉中央集权多民族统一国家的建立，其间意识形态中的大一统思想，对中华文明和中华民族精神产生了深远的影响。中华民族的爱国主义传统历史悠久，源远流长。宋代陆游（1125—1210）说"位卑未敢忘忧国，事定犹须待阖棺"；文天祥（1236—1283）说"人生自古谁无死？留取丹心照汗青"；顾炎武说"天下兴亡，匹夫有责"；林则徐说"苟利国家生死以，岂因祸福避趋之"，他们的爱国主义精神名垂青史，在今天培育和弘扬中华民族精神方面，仍具有重要的现实意义。

---

[1] ［德］施耐德：《真理与历史：傅斯年、陈寅恪的史学思想与民族认同》，关山、李貌华译，社会科学文献出版社2008年版，第238页。

第一编

晚清大变局中的世界史编纂

第一章　西学东渐及其对中国史学的影响

一　大变局前夜的清王朝

19世纪初,英法和美国等主要资本主义国家在完成资产阶级革命后,通过工业革命,使资本主义经济得到迅速发展。英国当时已经成为世界上最强大的资本主义国家,为攫取更多的利润,急欲掠夺海外殖民地,以满足它对商品市场和原料产地的迫切需要。中国作为世界东方的大国,成为它侵略的重要目标。"吸引西方列强不断东来的,是中国富到流油的民脂民膏。据西方学者统计,鸦片战争前的1820,中国人口占全世界人口的三分之一,GDP也占了全世界总额的三分之一。"① 19世纪初的中国,虽然出现了资本主义的萌芽,但依然处于封建社会发展中,封建的自然经济在中国的经济中占统治地位,小农业和家庭手工业相结合,农民可以生产出满足自己需要的农产品和手工业品。英国每年都要从中国进口茶叶和生丝,而其工业产品却在中国没有什么销路。为了弥合英中贸易中的这种逆差,英国向中国大量倾销毒品鸦片。

鸦片起初在中国主要用于医药,每年从海外进口的数量很少。1767年之前,每年从印度输入不到200箱。但自1773年之后,情

---

① ［英］安格斯·麦迪森:《世界经济千年史》,伍晓鹰等译,北京大学出版社2003年版。

况开始发生变化,英国开始将印度生产的鸦片大量输往中国,1839年达4万余箱。英国史家认为,鸦片"在整个18世纪和19世纪,给英帝国提供了滚滚财源"。19世纪时,"英国成为富庶的世界强国和帝国,他的一大半建立在从毒品赚取的金钱上"①。英国的"鸦片贸易"不仅使清政府大量白银外流,银价飞涨,财政危机,而且严重毒害了中国人民的身心健康,是一种赤裸裸的"鸦片侵略"。1838年底,清政府任命林则徐为钦差大臣到广东查禁鸦片。林则徐当时在一首诗中写道:"拜衮人来斗指东,女牛招共客槎通。消残海气空尘瘴,听彻潮声自雨风。下濑楼船迟贯月,中流木柹亘长虹。看公铭勒燕然后,磨盾还推觅句工"②,鲜明地表达了他对禁烟的信心和决心。1939年3月,林则徐到达广州后,与两广总督邓廷桢在人民的支持下,迫使美英烟贩交出鸦片270多万斤,6月在虎门海滩当众销毁,播扬寰宇,取得了禁烟斗争的重大胜利。

  1840年,基本完成工业革命的老牌资本主义国家英国,以"保护通商"为名,发动了侵略中国的鸦片战争。1840年4月,英国40多艘军舰和4000余名士兵开赴中国广东海面,封锁珠江口,第一次鸦片战争爆发。1842年,清政府在英国侵略者的炮口下,被迫签订了丧权辱国的不平等条约《南京条约》,条约规定:中国除向英国赔款二千一百万银圆、割让香港外,并开放上海、福州、厦门、宁波和广州为通商口岸。从此,中国的社会性质发生了重大变化,从封建社会变成了半殖民地半封建社会。1852年1月底,马克思、恩格斯在伦敦就此评论道:"后来英国人来了,用武力达到了五口通商的目的。成千上万的英美船只开到了中国;这个国家很快就为不列颠和美国廉价工业品所充斥。以手工劳动为基础的中国工

---

① [英]蓝诗玲:《鸦片战争》,刘悦斌译,新星出版社2015年版,第Ⅱ页。
② 林则徐:《和邓嶰筠前辈虎门即事原韵》,参见何瑜等《两次鸦片战争诗文选译》,巴蜀书社1997年版,第33—34页。

业经不住机器的竞争。牢固的中华帝国遭受了社会危机。"①

鸦片战争后,外国资产阶级侵入中国,广泛地深入到中国社会生活中,并很快在中国社会生活的重要领域居统治地位。西方列强在中国享有很多特权,如设立港口、"租界",开矿设厂,修建铁路,设立银行、商行,驻扎军队,建造教堂,划分势力范围等。中国的资本主义尽管很微弱,但开始发展起来,与这种新的生产关系相联系,不仅资产阶级,而且工人阶级也开始形成。地主阶级虽日暮途穷,但没有消亡,而是在新的历史条件下与外国侵略者相勾结,以维护自己的利益,农民阶级的生活状况更加恶化。

鸦片战争后,中国社会阶级矛盾空前尖锐,如中华民族与帝国主义的矛盾、人民大众与封建统治阶级的矛盾、工人阶级与资产阶级的矛盾、反动统治阶级内部的矛盾。而这些矛盾中,"帝国主义和中华民族的矛盾,封建主义和人民大众的矛盾,这些就是近代中国社会的主要的矛盾。……而帝国主义和中华民族的矛盾,乃是各种矛盾中的最主要的矛盾"②。这些矛盾日趋尖锐,使清王朝社会发展愈加动荡,革命的条件日渐成熟,促使近代中国革命加速到来。

马克思就英国在印度的殖民统治说:"英国在印度要完成双重的使命。一是破坏性的使命,即消灭旧的亚洲式的社会;另一个是重建的使命,即在亚洲为西方式的社会奠定物质基础。"③ 如果据此就认为,帝国主义列强侵略中国的目的,不是把中国变成它们的半殖民地和殖民地,而是要把封建的中国变成资本主义的中国,这显然是对马克思原意的曲解。马克思关于英国殖民统治在印度的"双重使命"论述依据,是他认为印度社会长期停滞,"从遥远的古代直到19世纪最初10年,无论印度过去在政治上变

---

① 《马克思恩格斯全集》第7卷,人民出版社1959年版,第264页。
② 《毛泽东选集》第2卷,人民出版社1991年版,第631页。
③ 《马克思恩格斯选集》第1卷,人民出版社1995年版,第768页。

化多么大,它的社会状况却始终没有改变"。① 这是从印度的历史和现实出发得出的结论。不能由此就得出马克思关于英国对印度的殖民统治将完成"双重使命"的论述,普遍适用于一切被殖民统治的国家。

马克思从来不曾否定中国封建社会中存在着可以实现自我变革的力量,而对中国的觉醒充满希望。1850 年,马克思在鸦片战争后不久写道:"世界上最古老最巩固的帝国 8 年来在英国资产者的大批印花布的影响之下已经处于社会变革的前夕,而这次变革必将给这个国家的文明带来极其重要的结果。如果我们欧洲的反动分子不久的将来会逃奔亚洲,最后到达万里长城,到达最反动最保守的堡垒的大门,那末他们说不定就会看见这样的字样:中华共和国,自由,平等,博爱。"② 第二次鸦片战争爆发后不久,恩格斯在 1857 年论及中国人民的反侵略斗争时,再次表达了他对中国的未来充满希望,他写道:"过不了多少年,我们就会看到世界上最古老的帝国作垂死的挣扎,同时我们也会看到整个亚洲新纪元的曙光。"③ 不仅如此,恩格斯在《英国对华的新远征》中,对中国军民在第二次鸦片战争期间的表现给予充分肯定:"现在有许多原因使英国人不能指望得到同样轻易的成功。那一次战争的经验,中国人是不会白白放过的。不久以前在珠江的军事行动中,中国人在炮兵射击和防御方法上技术大有进步,以致使人怀疑在中国军队中是否有欧洲人。在一切实际事务中——而战争就是极其实际的——中国人远胜过一切东方民族,因此毫无疑问,英国人定会发现中国人在军事上是自己的高材生。"④ 不难看出,马克思、恩格斯从来没有认为中国和印度一样只有被列强征服后,在

---

① 《马克思恩格斯选集》第 1 卷,人民出版社 1995 年版,第 763 页。
② 《马克思恩格斯全集》第 7 卷,人民出版社 1959 年版,第 265 页。
③ 《马克思恩格斯全集》第 12 卷,人民出版社 1962 年版,第 234 页。
④ 同上书,第 190—191 页。

殖民统治下才会实现社会的根本变革。

鸦片战争后，英、法、美、俄等帝国主义国家，先后强迫清政府签订《南京条约》《望厦条约》《黄埔条约》《瑷珲条约》《天津条约》《北京条约》等不平等条约，中国独立的政治、经济地位开始丧失。1883年，法国发动侵华战争；1894年，日本发动侵华战争；1900年，英、法、美、俄、日、德、意、奥"八国联军"，联合发动侵略中国的战争。19世纪八九十年代，帝国主义列强掀起瓜分中国的狂潮，1901年《辛丑条约》一次赔款白银达四亿五千万两，中国当时的人口是四亿，平均每人要分担一两多的白银。中国面临着"亡国灭种"的现实危险，中华民族的危机进一步加剧。

帝国主义对中国的疯狂侵略和掠夺，其目的是把中国彻底变成他们的殖民地和半殖民地。这造成了中国的贫穷和落后，使广大人民陷入水深火热之中。一个多世纪以来，中国人民为争取自己的自由、独立和解放，同帝国主义及其代理人开展了前仆后继的英勇斗争，除1840—1842年反对鸦片的斗争外，还有太平天国运动（1851—1864）、抗击英法联军（1856—1860）、反教会斗争（19世纪60年代之后）、抗击日军入侵台湾（1874）、中法战争（1883—1885）、抗击英军进犯西藏（1888）、甲午中日战争（1894—1895）、台湾人民抗日斗争（1895）、百日维新运动（1898）、义和团运动（1900—1901）、第二次抗击英军对西藏的进犯（1903—1904）等。

19世纪末，资产阶级革命派既已开始了推翻清王朝封建专制统治的革命运动，其代表人物是伟大的爱国主义者、中国民主革命的先行者孙中山。1894年，他在美国檀香山创立兴中会，发出"振兴中华"的号召。1905年，他在日本东京成立资产阶级政党——中国同盟会，制订了"驱除鞑虏，恢复中华，创立民国，平均地权"的革命纲领。同盟会成立后，由其提出的以资产阶级民主共和国取代清封建专制王朝的观念日渐深入人心，各地革命党人进行了广泛的革命宣传和鼓动工作，并组织了一系列武装起义，这些加速了革命高潮的到来。清王朝内忧外患，处在风雨飘摇之中，预示着一场历史大变局的到来。

二　西学东渐中的文化碰撞与交融

自古以来，中西不乏包括文化在内的诸多联系，各种西方事物传入中国，但这不属于西学东渐的范畴之内。所谓"西学东渐"，特指从明朝末年到近代的西方学术思想向中国传播的历史过程。这个过程可分成两大阶段：一是明末清初耶稣会传教士来华；二是鸦片战争前后到五四运动前后。但是这两个阶段又不是平行、并列的。

西学东渐对中国产生较大影响，则是在鸦片战争以后。正如有论者指出："明末清初的西学传入，其动机因缘不过是耶稣会教士为打开中国的大门而带给中国皇帝的'见面礼'。鸦片战争后的西学传播，不仅因为它伴随着西方的炮舰和商品源源而来，势不可挡，而且在中国社会内部，也具备了接受这种'西学'的需要和条件。从魏源到孙中山这一代代谋求中国富强的先进人士，不断地向西方寻求真理，成为近代中国接受西学的强大的内因；而19世纪60年代以来的中国逐渐兴起的自强运动，又不断地促使了由浅而深的西学知识需求的增长；特别是近代中国资本主义和资产阶级产生与成长之后，西学成为指导中国社会政治、经济和文化变革的主要武器，西学传入中国的速度及深度都大大提高了。"[①]当时，西方的哲学、天文、物理、化学、医学、生物学、地理、政治学、社会学、经济学、法学、应用科技、史学、文学、艺术等大量传入中国。西学不仅对于中国的学术、思想，而且对其政

---

① 王继平：《近代中国与近代文化》，中国社会科学出版社2003年版，第295页。

治和社会经济都产生了重大影响。显然，西学东渐，是和近代中国政治、经济和文化的发展密切联系在一起的。

鸦片战争后，一些知识分子看到了列强的船坚炮利，首先从器物的层面上看到自己的不足，倡导学习西方的科学技术以富国强兵，"中体西用"成为进步知识分子的共识，亦即接受西方文化主要模式。1861年，冯桂芬（1809—1874）在《校邠庐抗议》中，首次明确表述了"中体西用"的思想，是第一位提出这一主张的思想家。继冯桂芬后，1895年4月，沈康寿在《万国公报》上发表的文章首次明确提出"中学为体，西学为用"。之后，孙家鼐（1827—1909）、张之洞（1837—1909）、梁启超等都使用了这个概念。1898年，张之洞在《劝学篇》中进一步明确指出，所谓"中体西用"，就是"中学为内学，西学为外学；中学治身心，西学应世事"，[①] 这被认为是中日甲午战争后，对一种匡时救世的文化观念、文化政策的集中表述。但是随着社会的发展，中国人对西方的认识不断加深，"西用"的范围也超出器物的层面而不断扩大，19世纪末20世纪初，资产阶级革命派已开始鼓吹自由平等、天赋人权，在资产阶级文化价值观的基础上，提出民主共和国的主张。

西学东渐不等于中国传统文化的近代转化，但从历史过程的事实来看，两者之间存在着密切联系却也是不争的事实。西学东渐的主要内容是翻译出版西方各类著作、创办宣传西学的报刊、开设新式学堂、接收中国留学生出国学习等。这些在19世纪下半叶，特别是19世纪60年代后都有明显的发展。

为推动西方著述的翻译工作，中国的洋务派成立了"上海江南制造局翻译馆""北京同文馆"，外国传教士创办了墨海书馆等。译介的内容以自然科学为主，如格致（物理）、数学、化学、农学、博物、气象、地理、天文学、心理学、医学等。此外，对

[①] 张之洞：《劝学篇》，中州古籍出版社1998年版，第161页。

法律、历史、宗教、教育、体育和历史人物传记等方面的著作，也有介绍。张晓编著的《近代汉译西学书目提要》（北京大学出版社 2012 年版），表明自明末至 1919 年汉译西学有 5000 多种，可视为"近代'西学东渐'的如实记录和全面展现"。从这部《书目提要》中，基本可以了解五四新文化运动之前，西学在中国传布的全景。康有为（1858—1927）在《〈日本书目志〉自序》中提出："今日欲自强，惟有译书而已。"这种认识在当时中国的知识界具有广泛的代表性，如梁启超在 1896 年刊印的《西学书目表》中，也同样认为，"国家欲自强，以多译西书为本；学者欲自立，以多读西书为功"。在西学东渐的过程中，西学介绍的内容不断扩大。20 世纪初，大量西方重要的社会思潮、文化思潮相继传入中国，对中国传统文化的近代转变和近代中国的社会发展，产生了越来越大的影响。

宣传西学的报刊，在宣传西方文化，推动西学东渐的过程中，发挥了重要的作用。这些报刊，最早是由在华的外国人创办的，[①] 19 世纪 70 年代以后，陆续开始有中国人自己办的报刊。与书籍相比，报刊所刊登的内容，不仅时效快，而且内容特别丰富，包括政治、经济、文化、科学、教育、哲学、文学、史学、艺术、宗教、伦理、礼俗、婚姻、医药、交通、建筑，以及饮食、服饰和体育等。19 世纪 70 年代初，有线电报传入中国，最先铺设的是来自海外的海底线路。1873 年起，中国内地开始架设电报线路，上海最早开始用电报传递新闻。19 世纪 80 年代后，不少报刊开始派遣驻

---

① 1807 年，伦敦会传教士马礼逊来华，成为第一位基督教新教来华传教士，1810 年，马礼逊开刻由他修订的中文《使徒行传》，1814 年完成《新约》的新译本。1819 年，他与传教士米怜共同翻译完成《旧约全书》，取名为《神天圣书》，于 1823 年在马来西亚的马六甲出版，把《新旧约全书》完整地介绍到中国。到 1842 年鸦片战争结束时，西方传教士出版了中文书刊 138 种，主要有《察世俗每月统纪传》《东西洋考每月统记传》《贸易通志》和《美理哥合省国志略》等。这些书刊是林则徐、魏源等了解世界的重要读物。

外记者。1901年,马可尼(Guglielmo Marchese Marconi,1874—1937)发明了无线电,进一步推动了新闻的快速传播。

近代中国各类报刊,包括外国人在中国办的中、英文报刊有数百种之多,对中国的政治、教育、科学、外交、商业和宗教等方面,都有具体的影响,从中也可看出这些报刊在"西学东渐"中的重要作用。中国著名新闻史家戈公振(1890—1935)在其名著《中国报学史》中写道:外报外刊"几一致为其国家出力,鼓吹资本主义与帝国主义。关于外交问题,往往推波助澜,危害于我国实大。不过以第三者眼光观之,外报于编辑、发行、印刷诸方面,均较中国报纸胜一等,销数不多而甚有势力,著论纪事,均有素养,且无论规模大小,能继续经营、渐趋稳固。是则中国报纸所宜效法者也"。[①] 学界对于如何认识近代外国人在中国办的刊物,多有歧见,但从近代中国鸦片战争后的实际出发,戈公振所说的基本符合事实。

西学东渐的另一重要路径,是创办各类新式学堂。"新学"与"西学"多被混淆,由此可以看到它们之间的联系和密切关系。新式学堂,最初多为专门的技术学堂,如学习外国语言的同文馆,以及武备学堂、机器学堂、水师学堂、船政学堂等。19世纪末20世纪初,随着综合性新式学堂的兴起,新式学堂的课程已经不再仅仅包括自然科学方面了,也开始涉及人文学科的内容,这对于更加系统地全面传播西学有重要的推动作用。例如,1910年京师大学堂开办分科大学,共开办经科、法政科、文科、格致科、农科、工科、商科共7科,设13学门,分别是诗经、周礼、春秋左传(经科);中国文学、中国史学(文科);政治、法律(法政科);银行保险(商科);农学(农科);地质、化学(格致科);土木、矿冶(工科)。这表明,一个近代意义的综合性大学已初步

---

① 戈公振:《中国报学史》,上海古籍出版社2003年版,第142页。

形成。

尽管当时废旧学，建立新式学堂阻力重重，甚至被视为"叛逆"与洪水猛兽，但新式学堂还是陆续建立起来。新式学堂主要分成以下三类：一是在洋务运动中清政府建立的新式学堂，19世纪60年代到19世纪末，建立了30余所，成为鸦片战争后，中国走向世界所需各种专门人才的主要培养基地。[①] 二是来华传教士在中国开办的各类教会学校。在华传教士认为："在中国人这样的民族中，不依靠教育去传播基督教的行动是完全不明智的。异教徒的国家很少有像中国这样文化与国家生活如此密切相关。"[②] 自19世纪30年代到90年代，教会学校有1000余所。这些学校为培养自己在华的代理人，十分重视"中西并重"和"西学中国化"。在课程设置上大体是中学和西学各占一半。三是中国先进知识分子自办的新式书院或学堂，比较著名的有1878年的正蒙书院、1891年的万木草堂。此外，还有陕西的崇实书院、关中书院等。它们的共同特点，是在教学体制、教学内容和教学方法上都体现出"新式"。1876年在上海创办的格致学院则是中外人士合办、中西结合的新式书院。讲授的主要课程有天文、算法、制造、舆图、地质、化学等，英国著名传教士傅兰雅（John Fryer, 1839—1928）、中国数学家华蘅芳（1833—1902）和中国近代化学的启蒙者徐寿（1818—1884）等，都在书院任教。

[①] 19世纪60年代到90年代洋务运动的重要内容之一，是洋务派兴办的"洋务教育"。如何评价"洋务教育"，国内学界有两种不同的观点。其一是：洋务教育是封建的、买办的教育，是半殖民地半封建教育的开端，是反动的、失败的。其二是：洋务教育并非是洋奴、买办的教育，具有维新意义，有明显的进步作用。"洋务教育"开办学堂、派留学生、译西书等，"从中国教育的发展史看……实际上是中国近代新教育的开端，是中国教育发展史上的一个重要阶段"。（参见瞿葆奎等《社会科学争鸣大系·教育学卷》，上海人民出版社1992年版，第486页）。如何认识和评价"洋务教育"，宜作具体分析，这一时期中国的世界史编纂和教育，有明显的发展，则是不争的事实。

[②] ［美］杰西·格·卢茨：《中国教会大学史》，曾钜生译，浙江教育出版社1987年版，第24页。

鸦片战争后,清政府仍以"天朝上国"自居,因此在一段时期内仍然"耻言西学",但在西方文化的冲击下,西学东渐使这种状况难以长久维持。人们此时所看到的,正如恩格斯所言,中国"怎样被英国人、被机器翻转过来,卷入文明之中"。① 1872年,李鸿章(1823—1901)派幼童30名赴美留学,前期主要是官派。继1872年之后,1873—1875年又先后派出三批。自19世纪末,自费留学生开始增多。据不完全统计,1872—1911年间,派遣官费留学生3320人,自费生有数万人之多。洋务运动前后主要是留学欧美;戊戌变法到辛亥革命期间主要是留学日本;清末民初出现了留学美国的热潮;新文化运动和五四运动期间则主要是到法国勤工俭学。留学生主要有官费生、自费生、教会资助的教会留学生、勤工俭学生,以及利用美英退回的部分"庚款"派出的留学生等。

包括"留学"在内的中西文化的交流、交融和碰撞,对于"一个人口几乎占人类三分之一的大帝国,不顾时势,安于现状,人为地隔绝于世并因此竭力以天朝尽善尽美的幻想自欺"②的古老的中国,产生了深刻的影响。近代留学生较突出的三个特点是具有"强烈的使命感和浓厚的政治意识","文化交流的逆差性和文化选择的多样性",以及"'不中不西'的双重文化人格",即"每个留学生'西化'的程度虽然不同,但彻底'化了'的极少,中国文化传统无时无刻不在左右他们的行动"。③ 这三个特点,在某种程度上,与近代中国的世界史编纂的特点高度契合。因此,人们就不难理解,为什么"近代中国的留学潮""留学生运动"和留学生,会对近代中国的世界历史编纂有如此明显的直接或间接的推动作用。

---

① 《马克思恩格斯论中国》,人民出版社2018年版,第131—132页。
② 同上书,第70页。
③ 李喜所:《近代留学生与中外文化》,天津人民出版社1992年版,第2—5页。

中国留美学生最早以学习自然科学为主,后开始学习政治、经济、法律、军事和社会学等。这些留学生归国后,多成为社会生活各个领域的中坚力量,成为西方文化的积极传播者。他们多到当时的新式企业任职,如福州船政局、上海机器局、天津水师、机器、电报、鱼雷局等处。不少人在政界、军界、实业界、知识界等领域崭露头角,成为社会名人,如铁路工程师詹天佑(1861—1919)、开滦煤矿矿冶工程师吴仰曾(1862—1940)、北洋大学校长蔡绍基(1859—1933)、清华大学校长唐国安(1858—1913)、民初国务总理唐绍仪(1862—1938)、清末交通总长梁敦彦(1857—1924)等。在海军就职的20人中,14人成为海军的将领。

中国近代史上首位留学美国的学生是容闳(1828—1912)。1846年在香港马礼逊学堂就读的容闳,深得校长、美国传教士勃朗(S. R. Brown,1810—1880)的赏识。1847年1月初,勃朗校长夫妇因病返美时带容闳前往美国留学。先于麻省预备学校就读,1850年考入耶鲁学院,是首名在耶鲁学院就读的中国人。1854年,容闳以优异的成绩从耶鲁大学毕业,获文学士学位,其后返回中国,曾在广州美国公使馆、香港高等审判庭、上海海关等处任职。在清末洋务运动中,他建成了中国近代第一座完整的机器厂——上海江南机器制造局;组织了第一批官费赴美留学幼童。容闳在他的《回忆录》中,以相当长的篇幅阐述了他如何"苦心孤诣地完成派遣留学生的计划"。他说:"这是我对中国永恒热爱的表现,也是我认为改革和复兴中国的最为切实可行的办法。"[①]他表示,不管有多少艰难坎坷,也不管人生的浮沉盛衰,他都对自己的奋斗目标忠贞不渝。可以看出,容闳四处奔走,对促成官派留美学生做出了重要的贡献。

中日甲午战争前,中国留学日本的学生几乎没有,甲午战争后

---

① 容闳:《容闳回忆录》,东方出版社2012年版,第1页。

情况发生了变化，在 20 世纪初出现了留日的高潮。大批中国青年学生在日本接触到西方资产阶级民主革命思想，面对当时中国几被列强瓜分的严酷现实而渐趋革命。他们在孙中山的领导下，进行了大量的革命宣传和准备工作，特别是组织革命团体。辛亥革命的爆发，与留日学生有着密切的联系。孙中山在《建国方略》中指出：中国的民主革命，"留东学生提倡于先，内地学生附和于后，各省风潮，从此渐作"。① 郭沫若（1892—1978）也认为："中国的革命运动大体是导源于日本留学生。"② 清末"物竞天择"的进化论学说；自由、平等、博爱的天赋人权学说；三权分立学说，以及各种社会主义学说等的传入，无不与中国在海外的留学生有关。

西学东渐并不是单一、单向的西学在中国的传播过程，同时也存在中国文化对西方文化的影响，即文化传播存在着双向性，这是中西文化碰撞、交流和交融的前提，也是近代中国文化形成的基础。在这个过程中，各种政治、经济、思想文化的因素相互影响、相互制约。传教士在给中国带来西方文化的同时，也将中国的传统文化带回西方。法国著名启蒙思想家伏尔泰（Voltaire, 1694—1778）在谈及中国的历史时说道："难道我们不借助中国的编年史，就敢随便谈论中国人吗？……只有中国的编年史确凿无误地记载了中国人的过去，如同人们所说的那样，他把天的历史和地的历史统一了起来。与其他的人民都不同，他们常用日月食和行星的会和期来作为他们的纪元。我们的天文学家，检查了他们的计算后，惊奇地发现：他们基本上是准确的。别的国家创造了寓言神话，中国人用笔和星盘书写历史，书写的简洁性是在亚洲的其他国家中看不到的。"③ 不仅中国的编年史在西方受到一些

---

① 《孙中山选集》（上），人民出版社 1957 年版，第 175 页。
② 郭沫若：《兔进文艺的新潮》，《新文学史料》1979 年第 3 期。
③ 何兆武等主编：《中国印象：世界名人论中国文化》（上），广西师范大学出版社 2004 年版，第 66—67 页。

人的推崇，中国的哲学、法律、文学、戏剧、诗歌、园林，以及科学技术等，在西方有广泛影响，这从某种意义上也是"中学西渐"的过程。

中国的指南针、造纸术、印刷术和火药四大发明传入西方，成为欧洲资本主义发展的重要前提。马克思曾指出："火药、指南针、印刷术——这是预告资产阶级社会到来的三大发明。火药把骑士阶层炸得粉碎，指南针打开了世界市场并建立了殖民地，而印刷术则变成新教的工具，总的来说变成科学复兴的手段，变成对精神发展创造必要前提的最强大的杠杆。"① 恩格斯则指出，"棉纸在七世纪从中国传到阿拉伯人那里，在九世纪输入意大利"。他还认为"火药是从中国经过印度传给阿拉伯人，又由阿拉伯人和火药武器一道经过西班牙传入欧洲"②。中国是世界上文明发达最早的国家之一，她的四大发明，在人类文明史上具有里程碑的意义，腐败的封建制度和西方列强对中国的侵略，使近代中国科学发展大大落后了，但这也掩盖不住"中学西渐"对人类文明做出的伟大贡献。

2004 年，英国学者约翰·霍布森（John M. Hobson）所著《西方文明的东方起源》在剑桥大学出版社出版。作者对根深蒂固的欧洲种族主义偏见提出挑战。这种偏见通常认为：欧洲人早在古希腊时代就开创了其自身的发展，而东方在世界历史发展进程中只是一个消极的旁观者。约翰·霍布森对此持否定意见。他认为事实恰恰相反，欧洲发展的每一个重要的转折点，很大程度上都是通过吸收东方发明（如思想、技术和制度等）而完成的。一些欧美学者认为，约翰·霍布森在自己的著作中"力求重绘世界历史版图"，"证明有众多的非欧洲人民对现代文明做出了巨大贡

---

① ［德］马克思：《机器。自然力和科学的应用》，人民出版社 1978 年版，第 67 页。
② ［德］恩格斯：《自然辩证法》，人民出版社 1971 年版，第 170 页；《马克思恩格斯全集》第 7 卷，人民出版社 1959 年版，第 386 页。

献"。"所谓使欧洲主宰世界的许多发明实际上是从亚洲（通常是中国）扩散到欧洲的，亚洲（中国）直到19世纪仍然和欧洲一样发达。"① 西学东渐的过程，绝非是中国文化"全盘西化"的过程。中西文化在碰撞和交流、交融的同时，会不可避免地发生冲突。中西文化冲突的实际内容，往往是中西价值观差异的冲突，或中西伦理观、宗教观、政治观的冲突。中西文化冲突所涉及的内容十分广泛，历史编纂，特别是近代以来的中国世界历史编纂自然也包括在内。

三 中国传统史学的嬗变

明清之际，中国漫长的宗法专制社会，"已开始步入晚境，社会生活的某些领域逐渐发生了微妙的变态"，包括中国文化出现了由"古学"走向"新学"的初兆。② 这预示着一个天崩地裂的大动荡时代的到来。西学东渐，以及启蒙文化的勃兴，对中国思想文化产生了深刻的影响，古老的历史学自然也在其中。这首先表现在历史观念上的变化，长期据统治地位的"乾嘉考据史学"，在19世纪初明显地与时代潮流相悖，开始走向没落，封建的"历史循环论"等唯心主义和形而上学的历史观受到严重的挑战，代之而起的是重开经世致用史学新风。在"经世致用"史学观念影响下，"通变""博古通今"等史学思想受到越来越多人们的重视，关注中国社会现实的"变易史学"呼之欲出。首先表现为开辟了中国边疆史地研究和外国历史研究的新领域。这些研究的目的主要是从世界历史发展的视野汲取经验，获取历史的启迪，借助历史的智慧，来回答当时中国社会发展所面临的实际问题。

清代后期，中国社会发展处在深刻变革的前夜。鸦片战争前，

---

① 参见［英］约翰·霍布森《西方文明的东方起源》封底，孙建党译，山东画报出版社2009年版。

② 参见冯天瑜《文化守望》，武汉大学出版社2006年版，第229页。

民族危机日渐加重，不少爱国知识分子"不胜其忧危"，寻求新的救国出路。清末思想家龚自珍被誉为"时代的号筒"①，即时代的代言人。他主张的"经世致用"已经被赋予了新的时代内容。毋庸讳言，学术要为现实政治服务，在史学"新风"中有广泛影响。他认为史学和民族兴衰、国家兴亡密切相关，所以史学要有社会担当的责任和使命。史学的经世致用思想，是嘉道时期经世致用思潮的重要内容之一。正是这种社会思潮，揭开了近代中国维新思潮的序幕。

19世纪30年代，清朝著名学者俞正燮（1775—1840）由考据转向经世，编撰有《俄罗斯佐领考》《俄罗斯事辑》《俄罗斯长编稿跋》等文章，此外还撰写有《罗刹》《书〈西域见闻录〉后》《〈异域录〉题辞》等。蔡元培（1868—1940）将他与黄宗羲、戴东原并称清代三大思想家。在上述文章中，俞正燮简明扼要地叙述了俄罗斯国家的起源及历史发展，以及领土疆域、行政区划、宗教信仰和风土人情等。有论者认为，《俄罗斯事辑》等文章在中国较早系统地介绍了北方最大的邻国，可视为一部"俄国简史"。与后来的中国俄罗斯历史研究相比较，俞正燮的这些著述很难说有多高的学术水平，但因其撰写时特定的历史环境，十分重视那些事关社稷安危，与现实关系密切的问题，因此这些著述对中国俄罗斯历史研究有开拓性、奠基性意义。

俞正燮怀有强烈的忧患意识，他从鸦片战争爆发前，国家危机日益严重的事实出发，对中俄关系给予了较多的关注。他的这些著作多是针对现实而撰写的，表现出高度的爱国主义精神。其主要内容涉及俄国侵华，"东南略地，夺雅克萨、尼布楚地"，以及清政府如何自卫反击，划定边界，1689年签订《中俄尼布楚条约》（正式名称为《尼布楚议界条约》）即"（康熙）二十八年十

---

① 《侯外庐史学论文选集》下册，人民出版社1988年版，第244页。

二月丙子，定边界，以额尔古讷河为界，归我雅克萨尼布楚，定市于哲卜尊丹巴胡图克图之库伦，而磨崖刻会议七条，满、汉、拉提诺、蒙古、俄罗斯五体字于黑龙江之吉尔巴齐河东岸，其汉字则行书也"①。俞正燮还列举诸多史实指出：《中俄尼布楚条约》是中俄两国缔结的第一个条约，尽管清政府做了很大的让步，但《中俄尼布楚条约》签订后，俄罗斯为维护一己私利，仍利用和支持中国一小撮少数民族败类进行分裂祖国的叛乱活动。在《书〈西域见闻录〉后》中，俞正燮充分肯定了土尔扈特部于1771年摆脱俄罗斯、回归祖国这一重大历史事件。他认为，并不存在外国人所言的"土尔扈特背叛俄罗斯"，而是土尔扈特"弃俄罗斯而来"，鲜明地表达了他维护国家统一的严正立场。

马克思在论述资本积累过程中的"原始积累"时，曾指出："关于基督教殖民制度，有一位把基督教当作专业来研究的人，威·豪伊特曾这样说过：'所谓的基督教人种在世界各地对他们所能奴役的一切民族所采取的野蛮和残酷的暴行，是世界历史上任何时期，任何野蛮愚昧和残暴无耻的人种都无法比拟的。'"②马克思还认为，英国对中国的鸦片战争等"商业战争"，是资本主义在美洲杀戮土著、在非洲贩卖黑奴、对东印度进行征服和掠夺的继续。英国的东印度公司不仅拥有商业强权，而且也拥有军事的和领土的强权，长期垄断英国对中国的贸易，直到1833年才被取消。此后，英国和西方列强的资本更广泛进入中国，封建的中国已日暮途穷，中华民族面临着越来越严重的危机。这一切不能不引起中国人民的广泛关注。

鸦片战争之前，中国人研究英国的著作主要有萧令裕的《记英吉利》、叶钟进的《英吉利国夷情纪略》和何大庚的《英夷说》等。其中以1832年完成的《记英吉利》影响最大。作者萧令裕

---

① 《俞正燮全集》卷2，黄山书社2005年版，第224页。
② 《马克思恩格斯全集》第44卷，人民出版社2001年版，第861页。

（1789—?），字梅生，清朝淮安府清河县（今江苏淮安市）人，曾在两广总督府担任文案及高级幕僚。他的代表作除《记英吉利》外，还有《粤东市舶论》等，奠定了他在近代史地学派和清代思想史上的先驱地位。萧令裕自幼好学深思，对学术研究产生了浓厚兴趣。他的著述讲求经世致用，关注国运，不仅对英国的自然地理、社会状况、科学技术、武装力量、殖民侵略，以及中英关系的历史等，有较为详细的描述；而且在实证的基础上，揭露了鸦片贸易对中国的巨大损害，即"鸦片流行，竭我赀财，堕我人心风俗，惰我坚甲利兵之器，职谋国是，不得不挽救力操"！鲜明地表达了作者的强国御侮思想。

19世纪30年代，萧令裕已经摒弃了僵化陈腐、脱离现实的经学，重视经世致用的实用学说，此时他已经清醒地认识到了英国对华的侵略扩张政策，同时他也看到了英国欲称霸，以及其与美国、法国、葡萄牙等国的矛盾。他认为，西方列强之间的矛盾可以为我所用，"使相攻击，以夷伐夷，正可抚为我用"。这种"以夷伐夷"的思想，对当时及以后都产生了深远的影响。鸦片战争后，林则徐、魏源等人深入研究世界史地，《记英吉利》成为他们研读的重要著作之一。

1839年3月至1840年11月，林则徐受命任钦差大臣，在广东主持禁烟期间，明显感觉到清廷上下对"夷情"一无所知，沿海与外国人打交道的地方官吏也不例外，如其所言："沿海文武员并不谙夷情，震于英吉利之名，而实不知其来历。"[①] 为了了解西方列强的历史与现实，一改"中国官府至今仍不知西洋"的现状，林则徐大量收集外国人撰写的报刊书籍，积极组织有海外学习或工作经历，精通英语的人从事翻译工作[②]，在不长的时间内编译出

---

① 《东西各洋越窜外船严行惩办片》，《林文忠公政书》。
② 这些译员主要是：在美国受过教育的林问适、在印度受过教育的亚孟、在马六甲受过教育的袁德辉，以及在新加坡学习过的梁进德等。

大量的外文资料。这些资料主要有：根据外国报刊内容编辑而成的《澳门新闻纸》《澳门月报》，在此基础上分别编为《论中国》《论茶叶》《论禁烟》《论用兵》《论各国夷情》等；根据外国报刊书籍编译的《华事夷言》；地尔洼的《对华鸦片贸易罪过论》；滑达尔的《各国律例》，还有德庇时的《中国人：中华帝国及其居民的概况》等。林则徐十分重视外国人对华的评论，例如，他曾较详细地摘译了当时在伦敦出版的英国人指责鸦片走私的《对华鸦片贸易罪过论》。这些对于了解西方列强的国情、习俗，以及对华关系等，有重要的价值。

然而影响最大的则是林则徐根据 1836 年英国人慕瑞（Hugh Murray）在伦敦出版的《世界地理大全》(*The Encyclopaedia of Geography*)，亲自润色、评述，编译成的《四洲志》，它较完整地介绍了亚洲、非洲、欧洲和美洲三十多个国家和地区的历史、地理、政治、经济、文化、民族、民俗，以及宗教等，[①] 因将南、北美洲并为一洲，故称《四洲志》。《四洲志》开风气之先，打开了了解世界的一扇窗户，这是近代中国第一部系统论述外国史地的志书，被公认为是影响中国近代历史进程的名著之一。特别需要指出的是，《四洲志》并非是简单的史地资料汇编，而是在编撰的过程中画龙点睛，不时加入编撰者自己的见解，这些文字或多或少，都明确地表达了编撰者的观点，给人以深刻的启迪。如编译到美国（书中称"育奈士迭国"，部落联邦之意，即美利坚合众国）的相关内容时，将美国的联邦制与中国封建的郡县制进行了比较，肯定了联邦制的可行性和优越性。编撰者写道："传闻大吕宋开垦南弥利坚之出，野则荒芜，弥望无人；山则森林，莫知矿处；壤则

[①] 这些国家和地区主要是越南、泰国、缅甸、印度、伊朗、土耳其；埃及、苏丹、东非、北非、中非、南非和西非诸国；葡萄牙、西班牙、荷兰、比利时、法国、意大利、德国、奥地利、波兰、瑞士、瑞典、挪威、丹麦、英国、俄罗斯；美国、加拿大、智利等。

启辟，始破天荒。数百年来，育奈士迭遽成富强之国。足见国家之勃起，全由部民之勤奋。故虽不立国王，仅设总领，而国政操之舆论，所言必施行，有害必上闻，事简政速，令行禁止，与贤辟所治无异。此又变封建、郡县官家之局，而自成世界者。"[1] 林则徐清醒地了解已经变化了的世界现实，敢于挑战当时根深蒂固的"天朝意识"，认为只有承认自己国家的不足才能警惕外来的侵略，这使其远远走在他同时代知识分子的前列，不愧是近代维新思想的先驱。

19世纪60—90年代的洋务运动，是中国地主阶级中的"洋务派"学习西方科学技术，采用西方军事装备，以使中国"自立""富强"的社会思想和实践，其指导思想是"中学为体，西学为用"。这一口号清楚地表明，洋务派推行洋务运动的目的，首先是为了维护封建制度和清王朝的统治，但是，他们与地主阶级顽固派相比，还是实实在在地做了一些"开明"的事情，如兴办学堂、译书馆，派遣留学生，购买洋枪洋炮装备军队，兴办军事工业和民办工业等。"从洋务运动的兴起到失败，反映在史学上，地主阶级改革派史学退居次要地位，代之而起的是洋务派史学和资产阶级改良主义史学。洋务派史学是为了洋务派办洋务的需要而产生的……反映了洋务派思想和政治主张。洋务运动的破产，出现了王韬、郑观应、黄遵宪等早期改良主义史学家。"他们研究外国历史的目的，是为开展变法维新提供历史依据。"至康有为、严复时，资产阶级改良主义史学已初步形成"[2]，正是在此基础上，梁启超的"新史学"呼之欲出。

《皇朝文献通考》记载，"中土居大地之中，瀛海四环，其缘边滨海而居者，是谓之裔。海外之国亦谓之裔。裔之为言边也"[3]。无视世界各国的客观存在，以及这些国家对人类文明发展做出的

---

[1] 林则徐：《四洲志》，华夏出版社2002年版，第155页。
[2] 吴泽主编：《中国近代史学史》（修订本）下，人民出版社2010年版，第293页。
[3] 《皇朝文献通考》第293卷。

贡献，盲目认为"中国是世界中心"的认识由来已久。这种认识根深蒂固，似乎是一种无须怀疑的定论，甚至反映在魏源《海国图志》、徐继畬《瀛寰志略》等人的著作中。例如，魏源将世界上其他国家称为"海国"，将西方国家称为"西夷"，认为"万里一朔，莫如中华"①。徐继畬则认为"坤舆大地，以中国为主"；中国乃是"万方仰之如辰极"②。

19世纪末，中国国门打开，西学以前所未有的规模和速度涌入中国，使人们对"中国是世界中心"这一传统观念有了深刻反思，鸦片战争后，一改"中国是世界中心"的传统观念，中国人对世界历史与现实的认识，开始有了世界性的眼光，这对近代中国的世界历史编纂，无疑具有重大意义。王韬最早对"中国中心"观点明确提出异议，他指出，传统的观点认为，"自世有内华外夷之说，人遂谓中国为华，而中国以外谓之夷"。这种观点是不可取的。因为它表现出"沾沾自大，厚己以薄人"。在他看来，这种认识的陈腐落后，已经为中国和世界形势的发展所证实。③ 黄遵宪与王韬的观点相同。他说：过去"史臣以内辞尊本国，谓北称索虏，南号岛夷，所以崇国体，是狭陋之见"④。正是这种狭隘的认识，妨碍了中国向外国学习，故步自封，闭关自守，长期处于落后状态。

康有为在批评中国旧史学的弊端时，也述及了这个问题。他认为，中国的史书从来以中国为中心，这种认识已经不适宜时代的发展。1898年，康有为所编《日本书目志》由大同译书局出版⑤。

---

① 魏源：《海国图志·叙》。
② 徐继畬：《瀛寰志略》第1卷。
③ 王韬：《华夷辨》，见《弢园文录外编》第10卷。
④ 黄遵宪：《日本国志·凡例》。
⑤ 大同译书局是维新派的出版机构，1897年由梁启超集股创设于上海，由康广仁经理。该书局成立时即明确"以东文为主，而辅以西文。以政学为先，而次以艺学"，同时强调首译各国变法之书，以备取法。

这部"书目志"所收入的书籍，都是没有译成中文的日文书，因为康有为认为，中国懂英文的人少，而懂日文的人多。列入《日本书目志》的日文历史著作有 11 类，计 560 余种，其中"万国历史"即世界历史 31 种，"各国历史" 35 种。日本史的著作最多，有 204 种。该《书目志》还包括两本史学理论方面的著作，即下山宽一郎所著《史学原理》、铃置仓次郎编译的《历史哲学》。同在 1898 年，罗振玉（1866—1940）在上海创办东文学社时，约请王国维（1877—1927）、樊炳清（1877—1929）参加，罗振玉的目的主要是培养翻译人才，同时也翻译一些日文的学术著作，包括日本历史著作。康有为的《日本书目志》，对罗振玉的东文学社应该是有影响的。

康有为在介绍日本学者的世界史著作时说：以前由于世界各国之间闭塞、隔绝，彼此不通，没有交往，所以导致"史学者只识本国而已，其四裔记载，仅为附庸"。现在情况已经大变，"环球通达"使世界各国之间的联系发生了根本变化，完全可以自由交往，中国和世界联为一体，完全可以通过世界历史背景，来认识中国的历史。在他看来，"地球之国，启自泰西"，"百余年来，为地球今古万岁转轴之枢"的是培根（Francis Bacon，1561—1626）的"创新说"，哥伦布的"辟新地"，以及西方国家的议会制度，"倡民权而君民共治，拨乱世而升平"。对于这一切，他认为应该给予充分重视。至于近代以来的外国史学，他认为更应该给予充分的重视。"万国史学"，为中国旧史学所不能比。[1] 梁启超对于"中国中心"的观点，同样持否定的态度，他认为这是"犁千年之谬论，抉大同之微言"[2]，这种已经过时的观点应该被彻底放弃。

1899 东文学社刊行的书籍，包括世界史著作销路甚好，致使出现了随意翻译该学社的盗版书。这些冒名顶替的书籍制作粗糙，

---

[1] 康有为：《日本书目志》第 4 卷，大同书局 1898 年版。
[2] 梁启超：《春秋中国夷辨·叙》。

内容也多有谬误，东文学社为维护自己的权益和声誉，不得不禀报苏松太兵备道以求得保护。是年5月，该道张贴告示，宣布对东文学社翻译刊行的《支那通史》①等著作，以及尚未发行数十种著作的版权给予保护。如果书贾商铺执意私下翻印渔利，将严惩不贷。在此之前，美国传教士林乐知的《中东战事本末》刊行后，也曾在《万国公报》发表版权保护声明；1897年，苏松太兵备道发布《严禁翻刻新著书籍告示》。这些从另一个侧面表明，19世纪末中国对世界史著作是有较大需求的。

19世纪西学东渐，打破了传统学术以经学为中心的局面，对中国传统史学的影响十分深刻，但是近代中国史学的嬗变，却是一个渐进的过程，特别是历史观念上的变化。乾嘉考据史学的衰落，封建主义的历史观，逐渐为进化史观和资产阶级"新史学"所代替，而在20世纪初，其主要标志是1901年至1902年间梁启超的《中国史叙论》和《新史学》的问世。梁启超举起批判封建史学的"史界革命"旗帜，历数中国旧史学"知有朝廷而不知有国家""知有个体个人而不知有群体""知有陈迹而不知有今务""知有事实而不知有理想"等弊病。这些不仅对中国近代以来的史学发展产生了久远的影响，甚或说它影响到整个中国学术的走向，也不为过。这不仅是因为梁启超的著述内容精彩，同时也是清末知识界求新观念增长，以及进化论在中国受到普遍推崇、影响不断扩大的结果。

19世纪70年代后，来华传教士的史著，更多地采取了西方史学的编撰体例，这对史学撰述体例和近代以来中国史学的发展，

---

① 《支那通史》，日本学者那珂通世用中文撰写，4卷5册，1888—1891年出版，东京中央堂印行。后经藤田丰八介绍给了主持东文学社的罗振玉，认为这是一部适合中国学生阅读的中国通史教材。1899年上海东文学社石印，后多次再版；1902年，湖南书局刻本，六册。此书在中日学术界均获好评。《支那通史》的重要特点之一，是与中国传统史学的体例完全不同，而采用西方的记述体，并以"上世""中世""近世"作为断代的区分。该书的内容，自唐虞迄宋末。

同样也产生了重要的影响。19世纪，传教士在华的出版机构遍布各地，已有较广泛的影响，据不完全统计，19世纪40年代到90年代，他们在华创办了170余种中外文报刊，约占中国同期报刊的95%。[①] 以新教为例，1860年至1890年在华发行的期刊有76种之多，宗教性质和世俗性质的期刊约各占一半，对外国历史的介绍是重要内容之一。

[①] 方汉奇：《中国近代报刊史》，山西教育出版社1981年版，第18页。当时传教士在华的主要出版机构有：澳门花华圣经书房和美华书馆、墨海书馆、香港英华书院印字局、福州罗扎里奥—马卡尔出版公司、宁波传教士协会出版社、宁波三圣教会出版社、上海土山湾印书馆、上海卫里公会出版社、上海格致书院、上海益智书会、上海同文书会（后改为广学会）、汕头英国长老会出版社、福州红衣主教团出版社、台南英国长老会出版社、汉口苏格兰全国圣经会出版社、武昌文华书院出版社等。

第二章 传教士在华对外国历史的传播

一 来华传教士的双重角色

"真正说来,基督教进入中国,应该说是西方人第一次真正发现中国,也是现代意义上的西学东渐和中学西渐的开端——虽然两个文明之间直接或者间接的零星接触,在很早以前就已经出现了……只是在这个时代,西方人才开始真正具有'中国知识'。"[①] 从这一认识出发,近代东西方的交往,始于16世纪中期,是随着世界"新航路的开辟"开始的,在清朝初期有较快的发展。明朝万历年间,耶稣会士、意大利人利玛窦(Matteo Ricci,1552—1610)于1582年抵澳门,翌年到肇庆,最终在1601年(万历二十九年)进京觐见神宗皇帝(1563—1620),获准长住,直至1610年去世。利玛窦并不是最初倡导到中国传教的人,却是最初成功地进入中国的传教士之一。利玛窦来华,对于中国人正确认识欧洲和世界无疑有促进作用。1584年,利玛窦在肇庆刻印了在中国出版的第一幅世界地图《山海舆地全图》。利玛窦是天主教在中国传教的最早开拓者之一,到北京后,他又向皇帝呈献了更完备的《万国舆图》。以后西班牙传教士庞迪我(Jacques de Pantoja,1571—1618)、意大利传教士熊三拔(Sabbathin de Ursis,

---

① 陈宣良:《伏尔泰与中国文化》,首都师范大学出版社2010年版,第50页。

1575—1620）二人又著有《图说》，加以解释，第一次将"五大洲"的概念介绍到中国。1623年，意大利耶稣会传教士艾儒略（Jules Aleni，1582—1649）著《职方外纪》，这是第一部系统介绍外国地理的中文著作。这时，中国人开始准确地知道了世界上有五大洲三大洋，当时所称的"亚细亚""欧罗巴""亚墨（美）利加""大西洋"等，一直沿用至今。这些世界地理知识与世界历史知识的传播，以及对世界历史知识的主动学习，有密切的联系。在当时，地理知识不单纯是自然地理方面的内容，也包括了人文的知识，而历史知识是重要一部分。

清朝初年，耶稣会传教士、比利时人南怀仁（Ferdinand Verbiest，1623—1688）撰有《坤舆图说》。但是这些并没有为当时的中国人所接受，认为这些都是荒诞不经的海外奇谈，坚持认为天圆地方，中国位于其中，并为天下最大。上层统治阶级更是以"天朝上国"自居，而将其他国家都认为是"蛮夷之邦""化外之民"。从明朝末年利玛窦来华到19世纪末的200多年的时间，中国对世界的认识没有什么根本的变化，而西方资本主义国家却在迅速发展中。19世纪末，西欧北美的主要资本主义国家已经进入到帝国主义发展阶段。西方认为中国的"中国中心主义"，是带有"诡辩色彩"的中国优越论的神话。西方的一些论者认为："这种神话是由汉代至宋代的一些著名历史学家虚构出来的。当这种理论发展到可被用于解释中国对外关系的经历时，他便逐渐演变为一种惯用的框架"，"在明末清初，中国在物质和道德方面优于天下的理论，仍是其对外关系的主要构想"①，这种观点在相当长的时间内都有广泛的影响。

如何认识传教士在近代中西文化交流中的作用，这既是一个研究中的实践问题，也是历史认识中的一个重要理论问题。阐释

---

① ［美］费正清：《中国的世界秩序：传统中国的对外关系》，杜继东译，中国社会科学出版社2010年版，第13页。

这个问题的复杂性，就在于这些来华的传教士，就其作为单独的个体来说情况较为复杂。一种情况是，传教士主要出于宗教的信仰来华布道，"传播福音"，同中国的教徒建立了友好的关系，在精神上和物质上能为善男信女提供一些帮助；另一种情况则与前者相反，这些传教士来华负有国家或相关机构的使命，带有具体的政治目的，其所作所为与宗教教义没有任何关系，所谓的联系，往往也是披着宗教的外衣，搜集中国的政治、经济、文化和军事情报。基于上述两种情况，将来华外国传教士的行径都说成是"文化传播"或都说成"文化侵略"，显然有失偏颇。但是，这里应明确指出的是，来华的传教士尽管表现不一，需要我们进行具体的实事求是的研究，但是，这并不能改变这样一个基本事实，即来华的传教士是一个完整的统一整体，仍需要我们对其有一个整体性的认识。

从上述基本认识出发，可以说"传教士在近代中西文化交流的过程中是充当了桥梁的角色的。这种角色的地位在近代中国特殊的社会文化背景中，是其他社会力量所不能代替的"。与此同时，"近代来华的传教士是伴随着西方的大炮与商品而来的，他们是在不平等条约规定的特权的前提下进入中国的……从传教士的总目标来看，他们是有着自己的利益所在的。这就是在文化上影响中国人民，进而影响中国的政治和未来的发展"[1]。应该说，这是对来华传教士"双重角色"符合实际情况的概括。

明代著名科学家、政治家徐光启（1562—1633）的裔孙徐宗泽（1864—1947）在其编著的《明清间耶稣会士译著提要》一书中写道："尝考西士所著之书，在我国学术界上，其影响不限于局部而为整个者也。何以言之？吾国学者自宋以迄明末，其所讨论者为一般空疏之理学，不切实用，无补民生，其弊之所至，养成

---

[1] 王继平：《近代中国与近代文化》，中国社会科学出版社2003年版，第351页。

士大夫萎靡苟安之气而已。"而这种情况,则是在传教士著述西学的影响下才有所改变,"可见吾国整个文化受西士之感应力实浩大焉"。徐宗泽进而提出:"西士所讲之学,所立之说,有起衰振敝之功,回生扶死之效,岂非因其所讨论者,演其影响于国计民生,而为我国整个文化上有其巨大之贡献乎?"① 徐宗泽早年就读于徐汇公学,1907年入耶稣会初学院,后留学欧美,获博士学位后回国,出任上海《圣教杂志》主编及徐家汇天主堂藏书楼主任。上述观点是徐宗泽一家之言,不乏可商榷之处。

对传教士在华的文化或活动,不应全盘否定,但是也不应走到另一个极端,即全盘肯定。"欧洲的罗马教,自明末传入中国后,就称为'天主教'。一种外国宗教传入中国,采取何名,如何采名,本当是一个无甚关系的问题,但'天主教'这一名词,当初却带有站在宗教立场,实际也就是整个的文化立场,轻视中国的一种含义。原来本有人主张采用中国自古以来就有的'上帝'之名,但罗马教传教士认为不为真神所特别眷顾的中国文化中的任何信仰都是'邪教',在这种'邪教'中占有地位的'上帝'一词绝不能用,所以最后他们采取了中国古籍中一个偏僻的神名来规范罗马尊神的名称,就是'天主',而称他们的教为'天主教'。""天主教"一名在中国流行了300多年,它"一向是要逢迎统治阶级,经过统治阶级而巩固自己的势力,进而控制人民,所以初到中国的传教士就以准许'礼天拜祖',来拉拢当时的封建地主阶级"②。向中国派传教士的美英法等西方列强,被一些研究者称为"宗教帝国主义国家",并非是空穴来风。

19世纪30年代,一些传教士"用纯粹的帝国主义家长式用语"说:"中国依然表现得傲慢自大,高不可攀,拒绝任何国家提

---

① 徐宗泽:《明清间耶稣会士译著提要》,上海世纪出版集团2010年版,第3—4页。
② 雷海宗:《中国近代史上的天主教与梵蒂冈》,载雷海宗《雷海宗世界史文集》,天津人民出版社2014年版,第127页。

出的平等相待的任何要求。对这种卑劣的自负感,基督教自己就可以将其有效地摧毁"。现代英国史家蓝诗玲(J. Lovell)具体写道,"传教士成为鸦片贩子的天然盟友:他们初到中国沿海的时候,与伶仃岛的鸦片贩子们住在一起;鸦片贩子沿海出售鸦片时,他们为之充当翻译;鸦片运上岸的时候,他们布道的小册子也随之散发"。"1831年,鸦片贩子们写信给英印政府,要求派遣舰队来中国,对中国当局进行报复,因为中国当局拆毁了英国人非法征用的一个房前花园的一部分。"[①] 1832年,美国传教士裨治文在广州创办主要面向西方读者的《中国丛报》(又译《澳门月报》《中国文库》),该刊的"论坛"也极力鼓吹用武力打开中国的门户,以进行"鸦片贸易"。一些传教士为入侵者出谋划策,说什么"当对手要用武力支持自己的主张时,中国人就会变得温顺、温和甚至友善""只需要一丁点儿挑衅就可以"。[②] 鸦片战争爆发后,一些传教士扮演了更加卑鄙的角色,他们或为侵略者带路,或为侵略者招募汉奸、间谍。鸦片战争后,清政府在列强的压力下对天主教做出"弛禁"的让步之后,"传教成了外国侵略势力渗入中国内地的一个重要武器"[③]。

传教士自己对他们的文化"渗透"和"侵略"行径也从不讳言。例如,美国原在华传教士、历史学家赖德烈(Latourette Kenneth Scott,1884—1968)1900年来华,曾著有《早期中美关系史》《基督教在华传教史》。他就第二次鸦片战争后签订的《中美天津条约》中的"宽容条款"写道:这不仅使传教士而且也使中国信徒归于外国权力的保护之下。这对基督的名并不是很光彩,"教会早已成为西方帝国主义的伙伴"[④]。

[①] [英]蓝诗玲:《鸦片战争》,刘悦斌译,新星出版社2015年版,第7—8页。
[②] 同上书,第8页。
[③] 胡绳:《从鸦片战争到五四运动》(上),上海人民出版社1982年版,第82页。
[④] 参见罗冠宗主编《前事不忘 后事之师:帝国主义利用基督教侵略中国史实述评》,宗教文化出版社2003年版,第5页。

1887 美基督教新教传教士和外交人员、商人等在中国上海创立了出版机构——"广学会",其含义是"以西国之新学广中国之旧学",意在宣扬殖民主义思想,从而影响中国的政治方向。丁韪良(W. A. P Martin,1827—1916)是美国新教长老会的传教士,是中国近代史上著名的传教士之一,在宁波、上海、北京等地传教,曾担任过北京同文馆和京师大学堂的总教习。1897 年 6 月,丁韪良在北京创办《尚贤堂月报》(自第 3 期后改名《新学月报》),主要内容是"时论""新学""新闻""救时",丁韪良通过介绍美国、英国、法国、德国和俄国的历史经验,提出要通过"修律法、兴学校、创机器"等方法,以达到"维新"的目的。在八国联军镇压义和团运动时期,他认为把势力发展到中国的好机会到了,"上帝不允许我们放过这个机会"[①],积极建议西方国家解散中国的军队,摧毁中国所有的兵工厂,以更好地控制清廷。他宣扬他来给中国人民传播福音,但却又认为不能忍受中国的国家独立,认为这是"不可取的"。

英国浸礼会传教士李提摩太(Timothy Richard,1845—1919)曾任广学会的总干事。他在给英国驻上海领事白利兰的信中写道:创办广学会"可以更多地控制主要的大学、主要的报纸、主要的杂志和一般的新读物。通过控制这些东西和控制中国的宗教领袖,我们就控制了这个国家的头和背脊骨"。李提摩太主持广学会长达 25 年之久,出版《万国公报》等十几种报刊。他 1870 年来到中国,1916 回国,在华 40 多年。他主持翻译了一些著名书籍,主要有《在华四十五年》《七国新学备要》《天下五大洲各大国》《百年一觉》《欧洲八大帝王传》《泰西新史揽要》《新政策》等。这些著作对中国社会的影响都很大。

李提摩太在甲午战争、戊戌变法、义和团运动期间,积极活

———
① 参见李平晔等主编《以史为鉴》,宗教文化出版社 2001 年版,第 160 页。

动于上层人士之间，多次建议将中国置于英国"保护"之下，聘请外国人参加政府，企图影响中国社会政治、经济的发展。尽管他"是个很难评说的复杂人物。宣传西学，批评弊政，鼓吹变法，救灾施赈，办学育人，从整体上说，都有利于中国的觉醒与进步；但乘中国之危，屡次企图扩大侵略权益，甚至想变中国为英国的保护国。这是任何一个真正的中国人都不能接受的。看来，称他为'大人'不妥当，称他为'鬼子'也不合适。山西人称他为'鬼子大人'，如果理解为'鬼子+大人'，比较符合实际"①。笔者以为，这一评价不仅完全适用于李提摩太，而且对于评价来华传教士也多适用。诸多来华传教士的经历与李提摩太不尽相同，但作为"传教士"中的一员，其在华的本质内容则是大同小异。

在华传教士对外国历史的传播，大量是通过报刊进行的。近代中国，最早的一批中文报刊，如《察世俗每月统记传》《东西洋考每月统记传》《各国消息》《遐迩贯珍》《中外新报》《六合丛谈》等，都是传教士创办的。有些报刊在海外编辑、印制，但在国内发行，读者还是面向国内。据不完整的统计，从1815年至1948年，仅基督教新教传教士所办的中文报刊，就有878种②，天主教办的报刊还不包括其中。

18世纪以来，传教士在中西文化交流中发挥着重要作用。③在介绍、传播科学知识方面，更是如此。"明清之际，耶稣会士的科学著译约有120种，它们传播了天文、算学、地理、物理、水

---

① 熊月之：《西学东渐与晚清社会》（修订版），中国人民大学出版社2011年版，第487页。
② 赵晓兰等：《传教士中文报刊史》，复旦大学出版社2011年版，第7页。
③ 基督教以较大规模传入中国，一般认为在历史上有四次。第一次在唐代。即"景教"，是基督教中被视为异端的"聂思脱里安派"，明末在西安曾出土"大秦景教流行中国碑"。第二次在元代，称"也里可温教"，亦称"十字教"，是天主教的方济各派和多明我派。第三次在明末清初，称"天主教"（旧教），主要是耶稣会。第四次是近代的天主教和基督教（旧教），后者主要来自英国和美国。前两次规模不大，影响也较小。明末清初以后，传教士在中西文化交流中的作用才不断凸显出来。

利等科学知识。西学的出现曾在当时士大夫的心中激起涟漪,引起他们的遐想。但是,雍正后清朝统治者驱逐传教士,推行闭关政策,西学东来之道遂阻。中国脱离其时世界科技发展的大道,陷于孤陋、停滞和落后。"① 这种状况,直到19世纪中叶鸦片战争前后,才有所改变,尽管倡言西学并没引起清廷的真正重视。近代西学东渐不仅仅是再复,而且表现出新的特点,"传教士史学"尤其引人注目。

在近代中国史学发展历史上,具有特定内容的"传教士史学"和整个中国近代史学的发展,特别是和近代以来中国世界史研究的产生和发展,密切联系在一起。"西方传教士、学者居留中国时所撰写的大量世界史地著作,是中国世界史地研究史上不可忽略的一页。这些研究有益于中国人开眼看世界,了解西方科技知识,同时对中国人的西方研究提供了不可缺少的资料。"② 但是,我们也无须回避传教士和"传教士史学"在华的目的,绝非仅仅是帮助中国人开阔眼界,学习外国历史知识,而首先是和他们自己的国家利益联系在一起的。正如有论者所言:"传教士自己创办的图书出版机构,与中国的社会形势变化紧密相连。这从在华传教士在上海所召开的三次(1877年、1890年、1907年)大会形成的报告中都能够看得出来。1877年,美国传教士狄考文(Calvin Wilson Mateer,1836—1908)指出:'中国与世隔绝的日子已经屈指可数。不管他愿意与否,西方文明与进步的潮流正朝他涌来。这一不可抗拒的力量必将遍及全中国。'19世纪90年代,中外形势发生了重大变动,来自美国的林乐知(Young John Allen,1836—1907)在第二届在华基督教大会上做了《中国发生的变化》

---

① 郑师渠:《十九世纪四十至六十年代在华传教士与西学的传播》,载《近代中国文化问题》,中华书局1989年版,第93页。

② 盛邦和:《东亚:走向近代的精神历程——近三百年中日史学与儒学传统》,浙江人民出版社1985年版,第195页。

的报告，认为中国政府和人民对西方文化已经不是简单的模仿，中国人也在不断地学习，急需了解外国思想，编纂统一的教科书成为首要任务。来自英国的韦廉臣（Alexander Williamson，1829—1890）认为编纂一部包括欧洲、美国、澳大利亚、日本等国在内的当代史是一项重要任务，以满足中国社会的需要。"① 由以上论述不难看出在传教士的使命中，并不排除其政治性质的内容。

二 早期传教士报刊中的世界史

近代中国的报刊，是由传教士最先创办的。1815 年 8 月 5 日，由英国伦敦会传教士马礼逊（Robert Morrison，1782—1834）和米怜（William Milne，1785—1822）② 编辑的《察世俗每月统记传》（Chinese Monthly Magazine）在马六甲创刊。这是近代来华传教士在境外创办的第一份中文期刊，也是第一份具有近代意义的中文期刊，基本上是每月一期，一直延续到 1822 年米怜在马六甲病故前。1815—1822 年，《察世俗每月统记传》出刊 7 卷 74 册，主要内容是神学，《圣经》是重要的论述来源；此外，人道、国俗、朝政、天文、地理、历史、诗歌等，也间有出现。在历史方面，《全地万国纪略》是重要作品之一。1820—1821 年，《察世俗每月统记传》自第 6 卷起，开始连载这部世俗著作，1822 年在马六甲出版了单行本。《全地万国纪略》没有署名，据英国传教士、汉学家伟烈亚力（Alexander Wylie，1815—1887）在《基督教在华传教士回忆录》中考证，其作者是米怜。

---

① 参见赵少峰《广学会与晚清西史东渐》，《史学史研究》2014 年第 2 期。
② 马礼逊，1805 年受伦敦布道会派遣来华抵广州，是基督教（新教）派来中国的第一个传教士。1809 年后在英国东印度公司广东商馆任职 25 年；曾将《圣经》译成中文，1814 年、1823 年先后出版《新约全书》《新旧约全书》；1818 年曾在马六甲创办英华书院，1943 年迁香港；1824 年回国时曾谒见乔治四世，当选英国皇家学会会员。米怜，1813 年抵澳门，协助马礼逊，在澳门、广州均被逐，辗转马来半岛，后长居马六甲，参与创办印刷所、英华书院，发行刊物等事。

《全地万国纪略》由以下四部分组成：《论有罗巴列国》，介绍了28个欧洲国家，如法兰士（法国）、应兰得（英国）、士扁（西班牙）、波耳土加勒（葡萄牙）；《论亚非利加列国》，抨击了奴隶贸易，认为将黑人"如卖马牛一般，真真为大罪大罪！"他还认为以己所不欲施于人，是"大逆于上帝"；《论亚墨利加列国》，在对美洲进行一般性的介绍外，重点叙述了哥伦布（Christopher Columbus, 1451—1506）开辟新航路的事迹，认为这一地理大发现无异于发现了一个"新世界"。此外，在《论亚墨利加列国·论北亚墨利加之列国》中，对年轻的美洲花旗国（美国）的诞生与发展，也有介绍，文中写道：花旗国，其京曰瓦声顿（华盛顿）。此国原分为十三省，而当初为英国所治。但到乾隆四十一年，其自立发政，而不肯再服英王。作者认为美国人"有智有力，其今所有之地为宽大，好为耕种，又盛生各物，又其海边之港为多"。基于此，作者预言"此国于后之世代必为大也"。在《论亚西亚列国》中，介绍了亚洲的47种语言文字，就亚洲的国家，作者认为有文华的，有质朴的，有顺民，又有蛮民，"然若以其现今之势而比上古之势，则知其皆越顺越文也"。这种变化，显然是历史的进步，而作者却认为这是上帝的旨意使然。

《全地万国纪略》介绍了欧洲、美洲、亚洲和非洲的国家、人口、语言、首都和物产后，强调世界各地各国各岛，亦皆为一个上帝原本所造，日日所宰治也。故而全地万国之人，都该合心而敬、合口而称、合力而事此一全能之上帝。在作者看来，世界各国、世界各人种，皆为一个上帝所造。全能的上帝，无所不知，无所不能，充分表现了作者的神学史观。

1833年8月初，郭实猎（Karl Friedrich August Gützlaff, 1803—1851）主办的《东西洋考每月统记传》（*Eastern Western Monthly Magazine*）在广州创刊，后迁往新加坡。这是第一份在中国境内出版的中文报刊，专门介绍外国史地方面的知识，在刊物封面上署名为"爱汉者纂"。郭实猎所编的《古今万国纲鉴》《万国地理全集》和《犹太国史》等，曾在该刊物上连载。《东西洋考每月统记传》1833年创刊后，1834—1835年曾经中断，1936年全年没有出刊，1837年复刊，直至1838年底停刊。

郭实猎[①]，德国传教士，1826年毕业于鹿特丹神学院，后被派遣到东方国家传教，1831年来华。1835年，他被英国驻华商务机构聘用，在商业和宗教活动掩护下，收集中国沿海政治、经济和军事情报。后来参加了中英鸦片战争全过程，曾任英军在舟山的行政长官。在1842年订立《南京条约》谈判时，他为英方翻译之一，后出任香港英国当局中文秘书，客死香港。

除母语之外，郭实猎还通晓英文、荷兰文、中文、日文、马来文和泰文等，这对其在东方国家进行广泛的宗教和社会活动，是有帮助的。在谈到为什么要创办这样一份刊物时，他认为主要的目的是打破中国人的"天朝中心自大意识"。他说："当文明几乎在地球各处取得迅速进步并超越无知与谬误之时——即使排斥异见的印度人也已开始用他们的语言出版若干期刊——唯独中国人却一如既往，依然故我。"[②] 他还说，"尽管我们与中国人有过长期的交往，但是他们仍然自称是世界上第一个民族，而把其他民族视为'蛮夷'。这种盲目自负，严重地影响了居住在广州的外国居民利益以及他们和中国人的交往"，在这种情况下，为了"要让中国人了解我们的工艺、科学和原则，从而清除他们高傲和排外观念"，所以要办这份刊物，说明我们并非是"蛮夷"，"采用摆事实的方法，让中国人确信，他们需要向我们学习很多的东西"。[③] 为了达到这个目的，在中国介绍外国史地，特别是西欧国家的历史

[①] 在中文文献中，"郭实猎"还被译成郭士立、郭甲利、郭实腊、郭施拉、居茨拉夫等。

[②] 黄时鉴整理：《东西洋考每月统记传》影印说明，中华书局1997年版。

[③] 参见《中国丛报》1933年第2卷第8期。

是必要的。

1834年,郭实猎编纂的《大英国统志》出版,这是一本简明的英国历史读物。1838年,他编纂的《古今万国纲鉴》在新加坡出版。这是一部有关世界各国历史的汇编,配有多幅世界历史地图。1856年在宁波再版时,又补充了一些内容,篇幅有所扩大。在19世纪中期,这部著作被认为是内容详尽、可靠的世界历史读物。该书的主要内容是:洪水前期,尧舜帝记,犹太和麦西(埃及)上古史,古希腊史,罗马史,耶稣和基督教的创立,阿拉伯人和伊斯兰教的创立,欧洲蛮族大迁徙,英国、法国、西班牙、以太利(意大利)、荷兰、葡萄驾(葡萄牙)、瑞典和鄂罗斯(俄罗斯)等欧洲国家的历史,美洲史等。这部著作的名称是古今世界史纲,实际上是以古代为主要内容,这些知识今天已经十分普及,但在19世纪末的中国,对于国人了解世界的历史,特别是了解海外还有与中国一样的古代国家,对促进中华民族更加自觉自信地走向世界,无疑是有益的。

在《东西洋考每月统记传》中,《暹略罗国志略》《列国地方总论》《亚非利加浪山略说》《欧罗巴列国之民寻新地论》《葡萄牙国志略》《峨罗斯国志略》《瑞典国志略》等篇在介绍外国地理知识的同时,也不同程度地介绍了外国历史的知识。例如,《峨罗斯国志略》较生动地介绍了俄国彼得一世(Пётр Великий,1672—1725)改革的历史背景及过程、结果。作者首先写到了俄土战争,"彼得罗就安登位,自此以后创立国之业定矣。始操演武艺,不期募兵二万卫躬,率然攻都耳基国,取沿海之城,建战船驶黑海也"。为了保持海战的优势,实现打开俄国出海口,由一个内陆国家变成一个海洋国家的既定战略目标,彼得一世开始了以军事改革为中心的,内容广泛的改革。康熙三十五年(1696),彼得一世"暗离京都,陪公差赴荷兰国,亲手作工,欲学建战船之法。后过至英吉利国,巡观舟务厂"。自西欧返回俄国后,彼得一世平息了反对改革的叛乱,加快了改革的步伐,"加战船,增军营,开国监,推六艺,感化庶民,援流俗而臻于善。虽然其民执古难变,然皇帝定意,强改不好风俗。彼得罗巡观欧罗巴诸国,效法恒学,为万君之魁矣。其国邦广,其权势强,战船四十余只,水手万余,仓充库实,军营超众四方贤士来归。自此以后,峨国在欧罗巴籍势舞权,月益年增,令万国赫畏"。① 这种描述和当时国内其他著述,如魏源《海国图志·俄罗斯国总记》的描述完全一致,反映了中外社会对俄国历史和现实的基本认识。

《东西洋考每月统记传》自创刊之日起,连续 11 期连载了英国传教士麦都思（Walter Henry Medhurst, 1796—1857）撰写的《东西史记和合》。这里所说的"东史"是指中国的历史,主要叙述自盘古开天地,直至明朝灭亡的历史;"西史"是指西方古代史和英国王朝史,主要是叙述上帝造天地,直至英吉利哪耳慢朝的历史。在具体叙述时,采取了"东史""西史"分据上下两栏对照叙述的方法,以此说明中国社会历史的发展同西方各民族、各国家社会历史的发展,"本源为一",是相通的,中国应当加强同世界各国的联系和交往,不要与各个国家隔绝,而"视万国当一家"。为了强化这种认识,《东西史记和合》还印有《大清一统天下全图》《东南洋并南洋图》等地图。

郭实猎《东西洋考每月统记传》的一个重要特点,是在介绍史地及其他知识的同时,注意追溯历史的渊源。古代希腊史诗《伊利亚特》《奥德赛》,意大利探险家马可·波罗（Marco Polo, 1254—1324）,及其他撰写的著名的"旅行记",都出现在郭实猎的笔下。此外,对被称为"西方史学之父"的希罗多都（希罗多德, Herodotus, 约公元前 484—前 425）、著名哲学家亚哩士多帝利（亚里士多德, Aristotélēs, 公元前 384—前 322）的思想和贡献,法国

---

① 黄时鉴整理：《东西洋考每月统记传》,中华书局 1997 年版,第 195 页。

大革命和拿破仑·波拿巴（Napoléon Bonaparte，1769—1821）的兴衰等，也都有文章阐述。由于这份刊物在中国发行，主要是给中国社会各界读者阅读，所以一些文章的内容注意到了和中国历史的联系，例如，在《欧罗巴列国之民寻新地论》中，注意到了汉代以来，直至元代中国与西方各国之间的贸易往来。作者写道："元兴初年间，意大里（意大利）国有二商贾，赴于北京，其人聪明，能通五艺。所以忽必烈帝厚待之，奉龙恩归国。其人细详中国之事，令西洋人仰而异之。"① 这里虽然没有写出意大利商贾的姓名，但是可以看出，显然指的是马可·波罗。郭实猎后来将发表在《东西洋考每月统记传》上的一些文章汇集，编有《万国地理全集》。在这部文集中，较集中地介绍了外国史地知识。魏源撰写《海国图志》，徐继畲（1795—1873）撰写《瀛寰志略》，梁廷枏（1796—1861）撰写《海国四说》时，不同程度地汲取了其中的一些内容。郭实猎在介绍外国史地知识的同时，也向西方介绍中国的历史与现实，如他在1834年编纂的《中国史纲》，1838年编纂的《开放的中国》等。

1853年8月，英国伦敦会所属的英华书院②在香港创办了《遐迩贯珍》。这是一本定期出版的中文刊物，每期印3000余份，在香港、上海、福州等地发行，由传教士麦都思、奚礼尔（Charles Batten Hillier，？—1856）和理雅各（James Legge，1815—1897）先后出任主编。该刊被一些人认作是《东西洋考每月统记传》的继续，不是没有道理的。麦都思办这份刊物的目的，仍然是改变中国的"天朝中心自大意识"；从内容上看，《遐迩贯珍》主要介绍各国史地、宗教、医学方面的知识，和《东西洋考每月统记传》

---

① 黄时鉴整理：《东西洋考每月统记传》，中华书局1997年版，第234页。
② 英华书院，1818年由英国伦敦传教士马礼逊和米怜在马六甲建立。这是新教传教士创办的第一所教会学校。英华书院以推广基督教在华传播为己任，重视中英文教学。无论是华人学生，还是外籍学生，毕业后都以较强的翻译能力闻名学界。

也相近。在外国历史方面，有不少英国史、美国史、中外关系史方面的文章。例如，《英伦国史总略》，简明扼要地介绍了中世纪以来的英国历史；《少年华盛顿行略》，则生动地介绍了美国开国总统华盛顿（George Washington，1732—1799）的少年时代；在《佛国烈女若晏记略》中，较全面地介绍了百年战争中，法国女民族英雄贞德（Jeanne d'Arc 或 Jeanne la Pucelle，1412—1431）重创英军，解救重镇奥尔良的英勇事迹；在《粤省公司原始》和《粤省公司原始后篇》中，则重点介绍了东印度公司创建的经过，主要"业务"活动，以及各种规章制度等；在《西国通商溯源》中，主要记述了中外交通和中外互市的历史。马可·波罗来华的历史是其中的重要内容。此外，《英国政治制度》《花旗国政治制度》等篇，也从历史发展的角度，介绍了英国、美国的宪法和它们政治制度的沿革。

　　如果说《遐迩贯珍》是在香港第一份定期出版的中文刊物，那么，《六合丛谈》则是在上海出版的第一份中文刊物，它在《遐迩贯珍》停刊后不久的1857年1月创刊。它的主编是英国伦敦会教士伟烈亚力（Alexander Wylie，1815—1887），由上海墨海书馆[①]印行。1847年，伟烈亚力被伦敦会派往中国后，即在上海负责墨海书馆的工作，他通晓中、法、德、俄、希腊文和满文、蒙文、维吾尔文、梵文等多种文字，对于西方诸国的历史地理、宗教、自然科学和中国传统文化有较多的了解。墨海书馆是上海有铅印设备的第一家印刷所，它不仅设备先进，而且广交社会名士，成为学术交流重要场所，时人认为，"西人设有印书局数处，墨海其最著者"。

---

① 墨海书馆（L. M. Printing Office），1843年由伦敦布道会设立，是外国传教士最早在上海设立的编译、出版机构，由麦都思、伟烈亚力等先后主持。王韬、郭嵩焘等在自己的著作或日记中，对其都有记述。墨海书馆不仅印刷设备先进，而且广交海内外名士，是近代西学传播中有较大影响的印书局之一。近代著名学者华蘅芳（1833—1902）认为，墨海书馆在近代传播西学中，是承前启后最重要的机构。

《六合丛谈》也是一份综合性的刊物，虽然是由传教士主编，但并没有更多的宗教色彩，主要内容是外国史地、民风民俗和自然科学知识等。关于办刊的目的，编者写道："今予著《六合丛谈》一书，亦欲通中外之情，载远近之事，尽古今之变，见闻所逮，命笔志之，月各一编，罔拘成例，务使穹苍之大，若在指掌，瀛海之遥，如同衽席。"①《六合丛谈》内容较为丰富，既有历史，也有"近事""今事"；既有文化知识，也有中外新闻和商务信息。与《遐迩贯珍》相比，《六合丛谈》似乎有更多的对于外国历史知识的介绍。

三　"广学会"的世界史传播

　　1887年11月，同文书会在上海成立，创始人是英国传教士韦廉臣，他于1855年由英国伦敦会派来中国。1892年，同文书会改称广学会②。该会宣称，"泰西教士，发大愿力扶助中国学子，使皆能 讲明西学。意欲中国速臻盛强，不致落他国之后，而仍为宇内驰名之大国"。他们认为，"近世五洲各国之人，多知讲求新学实为当务之急。……古今不可偏废，中西尤贵兼通。若不通西学，则所讲新学不过得其皮毛，终未能窥其皮毛"。广学会成立后的主要任务是通过宣讲和出版报刊在中国推广西学。从同文书会到广学会，其宗旨是："在中国、中国藩属以及一切有中国人的地方，

---

① 《六合丛谈》1857年第1卷第1号。
② 广学会，清末传教士在中国建立的有较大影响且规模宏大的文化教育机构。通过出版报刊图书，创办学会等方式影响中国知识界，由传教士、外国领事和商人组成。中国海关总税务司赫德任第一任董事长、传教士韦廉臣（1829—1890）、李提摩太先后任总干事。在北京、奉天（沈阳）、西安、南京、烟台等地有专门机构。广学会"出书范围广泛，外国历史及办学校新法影响尤大。如《泰西新史揽要》《列国变通兴盛记》《七国新学备要》《文学兴国策》《自西徂东》等书成为中国维新派议论变法的工具。1889年，广学会发行《万国公报》，林乐知主笔，多载时事论文及中外政治法令，变法成为一种运动，《万国公报》是有力的推动者。"参见范文澜《中国近代史》（上），人民出版社1955年版，第296页。

第二章　传教士在华对外国历史的传播　63

继续出版和发行根据基督教原则编写的各种书籍——特别是为本会能力所许可而又适合于各阶层阅读的期刊。"① 隶属于广学会的《万国公报》，为实践这一宗旨，发挥了重要的作用。

广学会等在中国各省设立考试西学之法，培养西学专门人才。在考试的科目中，除了算学、格致和杂学之外，还包括外国史学。② 具体内容是"希腊国史""罗马史""古史探源""欧洲史""英国史""美国史""十九周史"（19 世纪史）。与史学考试内容相应的，还开有"紧要书目"，即必读参考书目，这些书完全是中文版本的外国历史学著作，主要有《希腊志略》《古史

---

① 《同文书会组织章程》，载《出版史料》1988 年第 2 期。
② 广学会出的历史类图书较多，可见梁启超《西学书目表》（时务报馆代印本 1896 年版）、广学会编《广学会译著新书总目》（国家图书馆藏）、《万国公报》新书书目广告（国家图书馆藏）、熊月之《西学东渐与晚清社会》（上海人民出版社 1994 年版）等。赵少峰撰《广学会与晚清西史东渐》（《史学史研究》2014 年第 2 期），也列表介绍。内容繁多，只举其要。这些书主要是：李思伦白辑译，蔡尔康纂述：《万国通史》前编、续编、三编（1900—1905）；谢卫楼辑译，赵如光笔录：《万国通鉴》（1882）；阚斐迪辑译，徐景罗笔述：《俄史辑译》（1888、1902）；李提摩太著译，蔡尔康笔述：《泰西新史揽要》（1894）；季理斐译，李鼎星笔述：《泰西十八周史揽要》（1902）；季理斐译，李小浦笔述：《大英十九周新史》；李提摩太著译《三十国志要》；李提摩太著，铸铁生（蔡尔康）述：《五洲史略》（1892）；华立熙著译：《近世史略》（1904）；华立熙著译：《古世史略》（1903）；林乐知译，范子美笔述：《德国最近进步史》；林乐知译，蔡尔康笔述：《中东战事全集》（1896—1900）；季理斐鉴定，任保罗译：《振新金鉴》（1903）；林乐知译，范祎笔述：《俄国历皇纪略》（1903）；密里纳著，任保罗译：《埃及变政史略》（1907）；亨德伟良原著，李提摩太鉴定，任廷旭译：《印度史揽要》（1901）；亨德伟良原著，任保罗译：《大英治理印度新政考》（1903）；迈尔著，黄佐廷口译，张在新笔录：《迈尔通史》（1905）；李提摩太著：《列国变通兴盛记》（1894）；葛坻撰，马林译，李玉书笔录：《英民史记》（1907）；华丽士著，梁澜勋译，徐家惺校润：《十九周新学史》（1904）；林乐知辑译，任保罗笔述：《全地五大洲女俗通考》（1903）；李提摩太撰：《欧洲八大帝王传》（1894）；林乐知汇译，蔡尔康辑：《李傅相历聘欧美记》（1896）；具德礼撰：《美国明君言行录》（1904）；沙立士等撰，钟荫棠译：《路德改教始末记》（1911）；译自张伯尔《名人字典》：《世界名人传》（1908）；李提摩太编，蔡尔康笔述：《地球一百名人传》（1898）；仲均安著，蔡尔康审定：《道统年表》（1903）；季理斐译著：《泰西名人事略》（1903）；花之安：《自西徂东》，（1888）；李提摩太著：《百年一觉》（1894）；林乐知：《中西关系略论》（1894）；李提摩太著：《时事新论》（1894）。

探源》《欧洲志略》《大英国志》《联邦志略》和《泰西新史揽要》等。①

1894 年和 1903 年，上海广学会出版李提摩太译《欧洲八大帝王传》（一名《欧洲八帝纪》），这是当时影响较大的欧洲人物传记之一。书中所提及的"八帝"是希腊的亚历山大、罗马的恺撒、日耳曼的沙厘曼、英吉利的亚勒腓、瑞典的伟良、西班牙沙力第五、荷兰伟良和法国的拿破仑。本书虽然是 8 人各自的传记，但这些传记是在较为广阔的历史背景下描述的，所以对于历史上的战争、政治经济和文化发展，以及欧洲文明的进步的梗概等，都有一定的笔墨。有关的历史记述虽然简单，但对于了解欧洲的简明历史还是有帮助的。

《天下五洲各大国志要》，亦称《五洲史略》，李提摩太著，铸铁生述，1892 年广学会出版。② 李提摩太称，他撰写这部著作的宗旨，是"富于教民，强于养民"，通过阐述世界各国益于国富民强的政治经济政策，以为中国提供借鉴。该书通过对英国、法国、俄国、美国、德国、埃及、墨西哥、日本、波斯、暹罗、高丽等 31 国史地和政经的叙述，指出只有重视道德、学问、律法、军法、新学、航海、机器、邮政、报馆、格物、传教、火轮机器、铁路、轮船、电报、德律风（电话）、电学、通商、万国如一家和新学等，才可使国家富强。

1894 年，广学会还出版有李提摩太著《列国变通兴盛记》4 卷，在他看来，这部书涉及俄罗斯、日本、印度、缅甸和安南（越南）等中国的邻国，对于中国有更直接的借鉴意义。书中有关俄国的记载，重点在于阐述彼得一世内容广泛的改革；有关日本的记载，重点在于阐述明治维新，并附载有日本明治初期重臣三条

---

① 广学会、益智会：《推广实学条例》，《万国公报文选》，生活·读书·新知三联书店 1998 年版，第 664—665 页。

② 除 1892 年广学会版外，还有 1897 年总学堂刻本；1902 年浏阳质学社刻本。

实美，以及公有栖川、岩仓具视、伊藤博文四人的传记。书中对印度、缅甸、安南等国的兴衰，以及其在英法列强统治下的悲惨境地也有介绍，意在说明中国只有变法自强才能避免重蹈覆辙。

1894年，广学会出版了李提摩太的译著《百年一觉》。此前，该书曾以《回头看纪略》名，自1891年12月至1892年4月，在《万国公报》连载。《百年一觉》是美国空想社会主义者爱德华·贝拉米（Edward Bellamy，1850—1898）《回顾》的缩译本，1888年《回顾》问世时，曾在欧美轰动一时，很快被译成德、法、俄、意大利和阿拉伯文，广泛流传[1]。这是一部宣扬空想社会主义的著作，主人公伟斯德是美国波士顿的一名青年，1887年昏睡过去后，一觉醒来已经是2000年，期间世界发生了巨变：生产资料公有化，"国家既将土田、矿物、制造、铁路、轮船等事均归国家"；[2] 各行各业统由国家管辖；各国人人平等，没有贫富贵贱之分；所有社会成员21岁前读书，接受教育，21—45岁或做工或为官，45岁以后安闲养老；社会财富极其丰富，需要什么可直接领取，每日就餐可以去公共食堂；社会安定，已经没有犯罪和暴虐。李提摩太将此空想社会主义的美好理想，译作"大同世界"，有助于中国知识界对空想社会主义的理解，使其产生了更大的影响。这在谭嗣同（1865—1898）的《仁学》、康有为（1858—1927）的《大同书》中，以及孙宝瑄（1874—1924）的《忘山卢日记》、黄庆澄（1863—1904）的《中西普通书目表》中，都不难看到。

1898年，广学会提出了《速兴新学条例》，"总而言之，居今日而筹急救之法，必合诸学以定课士之程，交邻国而求永好之方，必惜寸阴，以广育才之道。综其纲领，阙有六端。……此六端者，

---

[1] ［美］贝拉米的《回顾》，原书28章，16万字，《百年一觉》（《回头看纪略》）仅有1万多字，但同样也是28章，基本情节都保留了，有头有尾。

[2] ［英］李提摩太：《回头看纪略》，载《万国公报》第36册，1892年。

皆所以启迪华人，速知各国良法之要策也"。在这"六端"之中，书籍为其首，并且强调"书籍宜亟求善本也"①。在各种书籍中，外国历史学著作占有重要地位，列有26种之多：《希腊治国之法》《罗马治国之法》《游历师该撒记》《当中自宋至明欧洲治国之法》《欧洲历代治国之法》《欧洲今世治国之法》《欧洲治国要道》《欧洲近百年来治法揽要》《欧洲千年来胜事图》《欧洲开辟他洲新地记》《他洲仿行英国制度记》《和蘭国大兴记》《英国内政记》《英国制度改革他洲记》《十二名臣传》《科不登传》《美国制度考》《美洲史记》《哥伦波传》《寻觅新地名人传》《创行新法名人列传》《各国豪杰列传》《治国万全策》《印度十二名臣传》《犹太史记》《回回史记》。这份书目虽然是以欧洲和美国为中心，但也包括了欧美以外地区的历史学著述。

在这份《速兴新学条例》的附录中，列有12类书目，其中第六类为外国历史学的书目，计9种：《全地球史学》《土人记》《太古记》《中世纪》《欧洲史记》《亚洲史记》《南斐洲史记》《美洲史记》《截不西史记》。第七类为"古事考"，计4种：《古事分国考》《古事分类考》《太古谱系考》和《杂考》。广学会在"附录"中写道："今泰西各大国之士人，无不究心于学问。而其所究之舆地，遍地球之舆地也。所究之教化，遍地球之教化也。所究之史学，遍地球之史学也……"② 而中国相比较而言，则明显存在着"闭塞"的弊端，"中国自古迄今，但究心于本国之学。明哲诸钜公及今而犹不速加整顿，亘古著名之大国，将奈之何？总之，人不囿于古，而共知新学之大有关系。国势必浡然而兴。反是以思，断不能知地球今世之事，其何以交地球诸国之人哉？"③ 与上面提

---

① 李天纲编校：《万国公报文选》，生活·读书·新知三联书店1998年版，第604页。
② 同上书，第608页。
③ 广学会：《速兴新学条例》，《万国公报文选》，生活·读书·新知三联书店1998年版，第605、609页。

及的26种外国史学著作相比，附录中所涉及的主要是世界通史、断代史或地区史，是更广范围的世界史著作，其目的非常明确，就是要扩大向中国人介绍"遍地球之史学"，以加强中国和世界各国的交往。

《中东战纪本末》初编，是林乐知多种著述中有代表性的一种，由蔡尔康（1851—1921）笔述。[①] 1896年，即甲午战争结束后的第二年，由广学会印行出版后，在1897年、1900年又有续编暨《文学兴国策》[②]问世，由初编的8卷增加到16卷。这里所说的"中东"，指的是中国和日本，本书的主要内容是中日甲午战争的文献和评论集，内容十分丰富，包括中日两国政府有关的上谕、奏折、电文，以及交战和谈判过程中的原始文件；引用了时人的电报、评论等，这就奠定了这部著述作为历史学著作重要的文献学基础。该书通过具体史料，展现了甲午战争爆发前广阔的社会历史背景；远东国际形势；战争的全过程；战前和战时西方列强的对华政策，以及对中国战败的分析等，在一定程度上触及到了中国社会的弊病。

《中东战纪本末》出版后，广学会曾将此书呈送总理衙门，总理衙门在表示谢意的同时，还给予了"著述渊博，实事求是"

[①] 蔡尔康（1851—1921）字紫绂，别署铸铁生、铸铁庵主、芝绂、缕馨仙史等，上海人。1894年，经沈毓桂、李提摩太推荐成为《万国公报》的华人编辑，并成为林乐知的助手。蔡尔康善经史、诗文，曾在《申报》《字林沪报》《新闻报》工作，有较丰富的办刊经验，与传教士密切合作，主要是由西方传教士口述，蔡尔康笔录，译有多种西方著作。

[②] 林乐知认为中国在甲午战争中失败的重要原因之一是教育落后，而日本恰恰十分重视教育。因此，他决定把《文学兴国策》上下两卷介绍给中国。主要内容是森有礼（1847—1889）公函，以及美国柏林斯登大书院（普林斯顿大学）、哈法德大书院（哈佛大学）等校校长的复函，著名教育家麦高西、欧里德等人的复函，以及《美国兴学成法》等。森有礼，早年留学英国、美国，极力推崇西方文明，曾先后出任驻美公使、驻华全权大使、驻英全权大使。1885年出任伊藤内阁文部大臣，制定并颁布一系列学校法令，奠定了日本近代教育制度的基础。

"发人深省"等好评；李鸿章也认为此书写得很好，望能广为流传。① 与翁同龢（1830—1904）同为光绪皇帝师傅的孙家鼐，对此书也高度赞扬，他在给其侄婿的信中说：该书"其于中国之病源，可谓洞见症结，此中国士大夫所不能知、知之而不敢言者，林牧师皆剀切指陈，在国家可谓忠荩之臣，在朋侪可谓直谅之友，能不钦之敬之、爱之重之！"② 《中东战纪本末》重印多次，总印数达2万册。

《中东战纪本末》内容丰富，可被视为是当时的"当代人写当代史"的代表性著作，因此有现实的资政意义，有助于国人从长期沉浸在"天朝大国的梦幻之中"觉醒。林乐知、蔡尔康在谈及写作此书的目的时说："中东之战衅，起于东而祸中于中。林君爱莫能助之心，见于辞色。蔡君隶籍震旦，尤不禁泣下沾襟。方事之殷，共献良谟，互抒谠论，业既未蒙采用，和局大定，尤冀以见闻所及，效惩前毖后之忠，因撰是书。无讳饰，亦无偏倚。"③ 林乐知在《译序》中表述了类似的观点，希望中国通过甲午战败，能够于国耻中觉醒，幡然变法，由弱变强。对于研究中日甲午战争，书中保存的文献资料弥足珍贵，如王文韶（1830—1908）、盛宣怀（1844—1916）、刘坤一（1830—1902）、李鸿章的奏疏；英国兵部炮兵司主事蒲雷撰写的《东方观战记实》；外国驻华使馆，中国驻外使馆的往来电文等。

书中还有一部分重要内容，是引用了英国、法国、德国、俄国、美国、奥地利、意大利、西班牙、荷兰等国家的四十余种报刊对甲午战争和中国时局的评论，包括措辞极其尖锐的批判。例如，林乐知的《治安新策》是《中东战纪本末》的重要组成部

---

① 《广学会年报第十次》，载《出版史料》1991年第2期。
② 孙家鼐：《覆龚景张太史心铭书》，载《万国公报》第91册，1896年。
③ 林乐知、蔡尔康：《广学兴国说》，《新学汇编》第1卷，广学会1898年版，第52页。

分，在《新策》中，他站在美国传教士的立场上，对中国的国民性进行了批评，认为当时存在着八个方面的弊端，那就是："骄傲""愚蠢""胆怯""欺诳""暴虐""贪私""因循""游惰"。正是这些弊端"祸及国是"，使晚清政府愈加腐败。若再继续因循下去，中国之主权就会荡然无存。

为了应对危机，使国家长治久安，就必须通过"变法"以解决上述问题。林乐知在文章中列举了古代罗马、印度和美国社会发展的重要史实，并将其和当时的中国进行了对比，认为中国应从五个方面进行变法，具体是：意兴宜发越，振奋和弘扬民族精神；权力宜充足，增加国家的实力；道德宜纯备，用西方的天伦、人伦、物伦，代替中国的"五伦"；政令宜划一，实行法治，强调"法律为一国之主"；体统亦整饬，主要指"存仁心，去暴政"，革除妇女缠足、贩卖人口和奴婢制度等。

对于甲午战争期间的一些外交事件，《中东战纪本末》也有涉及。例如，林乐知对俄国参与"三国干涉还辽"事件写道："俄罗斯助华变约，阻日割辽，名为公论之不容，实则私图之自便 绐臂夺食，华人渐见其肺肝。"[1] 这一认识实事求是地指出了俄国参与干涉还辽的真实目的，也有助于国人认清沙皇俄国的侵华本质。19世纪末20世纪初，沙俄侵华野心不死为越来越多的国人所认识，林乐知的评述自然会产生重大的社会反响。

在华人任保罗[2]的协助下，林乐知还编纂有《全地五大洲女俗通考》，并于1903年由广学会印行出版。全书10集21册，另有卷首1册，于1905年全部出齐。该书是广学会的主要出版物之一，装潢极其精美，有插图1400多幅，曾呈送给中国、日本两国的皇后。

---

[1] 林乐知、蔡尔康：《中东战纪本末》，载沈云龙主编《近代中国史料丛刊续编》第71辑，台湾文海出版社1974年版，第654页。

[2] 任保罗，即任廷旭，因信教而改名，《万国公报》的华人编辑。他曾向林乐知学习英文，1892年去过美国，回国后，受到广学会督办李提摩太的重用。

该书的主要内容是斐洲及各处未开化人女俗考；东亚旧教诸国人女俗考；西亚并埃及回教诸国女俗考；西亚基督教犹太国女俗考；南欧希腊罗马旧教人女俗考；欧洲各国长进女俗考；欧洲家规女俗考；美国及美洲诸国女俗考；中国与各国比较女俗考。在卷首介绍了地球的自然情况，以及日月星辰和各民族的教化等。

林乐知与任保罗编纂此书的目的十分明确，就是"以女学之优劣，为万国教化优劣之标准，并以振兴女学为万国教化长进之阶梯"①。他们研究世界各个国家和民族女俗的历史，是为了解决现实的妇女问题，而这又是"兴国第一要事"，美国之所以强盛，原因就是女学发达。"美国所最重者，尤在女学。……美国女人既有此等地位，皆能释放自由，备诸德行，享受平等之权利，岂不能望其家之兴乎？凡家有贤母者，其所生之子女，必能尽成为自主自治之国民。虽谓美国之兴，根本全在于造就女人，亦无不可矣。"②林乐知等所述是否是事实，抑或所推及的道理是否能够成立，可进一步讨论，但他们明确地提出中国的妇女问题，并在世界历史的视域下，联系到个国家和民族的妇女的历史和现实去观察和思考，对于中国社会各界去思考中国妇女的历史和现实状况，还是有一定价值的。

林乐知认为这部著作的主要特点是"上溯千古，下览万国，教化之阶级，政俗之沿革，悉具于编中，都百余万言"③。由于该书的内容并不仅仅限于"女俗"，还涉及世界各个地区、各个民族的历史、地理、民风、习俗、人种、物产等，所以长期以来，也被认为是一部以社会风俗为主要内容的世界历史性著作。在书中，林乐知运用不少社会学、民族学的理论和方法进行分析。关于社会历史分期，他按照社会文明程度进行划分，由未教化、有教化

---

① 林乐知、任保罗：《论女学之关系》，载《万国公报》第179册，1903年。
② 林乐知：《论美国之前程》，载《万国公报》第168册，1903年。
③ 林乐知编译：《全地五大洲女俗通考·凡例》，广学会1903年印行。

和文明教化三个阶段构成,而不是使用"上古、中古、近世"这样通行的概念。

1900—1905年,广学会出版《万国通史》,该书由英国来华传教士李斯伦白(一译兰伯特·瑞斯,John Lambert Rees)辑译,全书3册30卷,约3600页,是晚清规模最大的西洋通史性著作。分前编、续编和三编。《万国通史前编》10卷,由蔡尔康笔述。其主要内容是:太古志、古埃及志、迦勒邸亚述合志、米塔波斯合志(附小亚细亚诸国)、希伯来志、斐泥基志·赫涕志·阿喇伯志、古希腊志、罗马志。各卷有印制精美的地图、插图,书后有"人地诸名"中西文对照表。《万国通史续编》10卷和《万国通史三编》10卷的主要内容,是英法和德俄四国的国别史,分别由徐苰臣、曹曾涵笔述。

四 《万国公报》的世界史传播

1889年2月,曾创办于19世纪60年代末的《万国公报》复刊[①],成为同文书会(广学会)的机关报,仍然由原来的创办人,美国传教士林乐知任主编。林乐知生于美国佐治亚州,早年毕业于家乡的一所大学,美国基督教监理会会员。1859年底奉派来华,次年7月到达上海,开始了在中国近半个世纪教书、办报和译书的传教士生涯。1907年在上海病逝,其间只有短期回国,其余时间都是在中国度过的。林乐知苦心经营《万国公报》,自述与其"相依为命",同时他也由此声名大振。1878年回国时,接受美国爱默雷大学授予的法学博士学位。1900年他处理教会事务回美国

---

① 《万国公报》的前身是《中国教会新报》,1868年9月5日在上海创刊,周刊。创刊时有浓重的宗教色彩,以宣传基督教教义和教会活动为主。后调整编辑方针,增加中文新闻、格致近闻,逐渐演变成综合性的文化刊物。至第300期,1874年9月改称《万国公报》,1907年终刊,其间1883年至1889年曾停刊6年,实际发行时间为28年,共出版677卷册。《万国公报》的办刊宗旨,是推广与泰西有关的地理、历史、文明、政治、经济、宗教、外交、科学、艺术、教育等知识。

时，时任美国总统的西奥多·罗斯福（Theodore Roosevelt，1858—1919）曾向他详细地询问中国的情形。

林乐知和李鸿章、张之洞都有交往。太平天国运动期间，还到南京见过洪仁玕（1822—1864）。他在向中国介绍西学、西政时，注意不脱离中国的实际，关注中国的现实，所以在中国知识分子中，有较大的影响。林乐知的一些重要著述，在梁启超的《西学书目表》、徐维则（1867—1917）的《东西学书录》和赵惟熙（1859—1917）的《西学数目答问》中，都有收录。

在《万国公报》的扉页上印有一行这样小字："本刊是为推广与泰西各国有关的地理、历史、文明、政治、宗教、科学、艺术、工业及一般进步知识的期刊。"这和《万国公报》的英文名称（*The Globe Magazine*）（可以直接译作《环球杂志》）的意思是完全一致的，显然，这是一份以传播西学为主要内容的综合性刊物。该刊在当时受到广泛重视，发行量最高时达 3.84 万份。《万国公报》虽然是一份传教士办的宗教刊物，但宗教色彩却不多，宗教方面的内容越来越少，而社会生活、政事、新闻等方面的内容却是不断增加，因而对晚清中国政治、学术的发展，产生了重要的影响。主要撰稿人除了伦敦布道会的林乐知、艾约瑟（Joseph Edkins，1823—1905）、慕维廉（William Muirhead，1822—1900）、韦廉臣等传教士外，还有英国圣公会的傅兰雅等。在后期除了上述人外，还有李提摩太、丁韪良、花之安（Ernst Faber，1839—1899）、李佳白（Gilbert Reid，1857—1927）、狄考文等在华的知名传教士。

19 世纪末中日甲午战争之后，《万国公报》积极鼓吹"不变法不能救中国的言论"，为了宣传这个道理，援引了不少外国历史的实例加以说明。这样，不少重要的、在当时产生较大影响的外国史地作品，例如花之安的《自西徂东》、林乐知的《中东战纪本末》、李提摩太的《泰西新史揽要》等，首先都是在《万国公报》上连载的。除上述之外,《万国公报》还刊有一些外国历史方面的文章,例如林乐知的《译民主国与各国章程及公议堂解》、艾约瑟的《泰西妇女备考》和《泰西诸国校塾》、马林(Willams Edwards Maclin,1860—1947)等的《各家富国策辨》、林乐知的《〈全地五大洲女俗通考〉序》和《欧美十八周进化纪略》等。

1904年9月,《万国公报》第188册刊登了《欧美十八周进化纪略》。在这篇文章中,林乐知、任保罗概括介绍了"十八周"(18世纪)欧美历史的发展,主要内容包括这一时期欧美国家先进的科学技术、优秀的文化艺术、北美独立战争、法国大革命以及法国启蒙思想家的进步思想等。

文中写道:"欧洲诸国,于本周之改变为最大而最要,所有从前之旧思想,旧制度,皆如为洪水所冲刷,荡然无存矣。其最著进化之端,即是民智大开。其根源皆出于法国。本周之中,法国人才辈出,学术大兴。凡智学、理学、理财学等,皆有杰出之人。如伏尔丹(伏尔泰)、卢骚(卢梭)、孟德斯鸠、提德庐(狄德罗)、康道赛(魁奈)以及各种著述之人,皆著书立说以排政治之专制,以斥教会之横暴。虽不乏太过之词,但欲激动人心亦不得不如是也。综其大大意,不过欲复得其人生固有之权利,久为暴君所攘夺者,即平等自由之利益也。"在文章中,作者特别强调了"天赋人权,贵贱平等,无论何人,皆生而有平等之权,即生而当享自主之福"[1]。文章还谈及"自由之权人固有之,发之于心则为思想自由,笔之于书则为著述自由,宣之于口则为言论自由,寄之于道则为信仰自由,皆自由之权所在也,有国者不得禁之"[2]。在介绍18世纪欧美政体的主要内容时,最后述及的是"国人皆有举官之权,故官若有侵夺国人平等自由之利益者,皆得抗拒之,

---

[1] 李天纲编校:《万国公报文选》,生活·读书·新知三联书店1998年版,第682页。

[2] 同上书,第683页。

官不得视为叛逆。侵夺一人，即是侵夺一国，侵夺一国，即是侵夺各人，人与国不分也"①。在中国封建制度行将崩溃的20世纪初，通过介绍18世纪的欧美历史，广泛传播自由、平等、民主思想，这对中国思想界无疑是十分重要的。

《欧美十八周进化纪略》提出，18世纪欧美历史发展的重要特点，是自由平等思想的蓬勃发展，美国独立战争和法国大革命，是18世纪相互影响的两个伟大事件。文中写道："考欧人平等自由之思想，至本周而大兴。其种初播于法国，其果先结于美国。美人所定独立自主之原政法，从法国得来。大行之后，又回传于法国。法人以美国政体为大表率，其所欲得者，即其本有之公见也。公见维何？即国属于民，政府为民而立，政权必出于民三语而已矣。美之独立，法国军民曾赞助之，迨后功成名就，好消息从美洲飞越大西洋而传入于法人之脑质中，更足激动其自由之思想。虽在田野间之农民（亦为农夫，即佃农也），亦皆有饥渴，求慕平等自主之热忱矣。"② 应该说，作者对18世纪欧美历史特征的概括是较为准确的，这个历史特征具体地通过美国和法国的资产阶级革命体现出来。对于20世纪初的中国来说，了解欧美在18世纪争取自由、平等的历史进程，无疑是有益的，而且也是急需的。

《欧美十八周进化纪略》篇幅不长，但却是一篇内容十分丰富的史学文章。作者不仅介绍了18世纪欧美的政治制度和重大历史事件，而且对于欧美18世纪在科学技术、文化艺术方面所取得的成绩也有较具体的介绍，与仅仅以政治内容为主的史著相比，令人耳目一新，给人留下了深刻的印象。如"法兰克林（富兰克林）之电学，华式之（瓦特）汽机，亚克拉得（卡特莱特）之纺纱架，实开后世无穷之法门"③。在地理学、植物学、剖尸验骨之学、考核地球

---

① 李天纲编校：《万国公报文选》，生活·读书·新知三联书店1998年版，第685页。
② 同上。
③ 同上书，第687页。

大小轻重之学、天文算学等方面也有涉及。显微镜可使"水中极细万不可见之蠕动物,能确知其形状";窥远镜使"去地最远之海王星,望之俨然";电信电话,"虽千万里宛如晤对一堂";轮船轮车"一器能抵千万马匹之力,……日行千里"等,都介绍得很生动。此外,航海之精度表、电气灯、牛痘疫苗、轧花机、照相石印印刷术、电气印书方法、播音台等,也被列为欧美18世纪的新的科学创造。

五 李提摩太与《泰西新史揽要》

李提摩太(1845—1919),广学会英国传教士,生于英国南威尔士的一个农民家庭。早年在家乡读书并参加宗教活动。1869年毕业于威尔士的一所神学院。1870年受英国浸礼会派遣来华,在北京、天津、上海、山东、东北、山西等地45年,同中国社会各阶层人士,有较广泛的联系。1890年应直隶总督李鸿章的邀请,到天津担任《时报》主笔一年多。其间在《时报》发表文章200多篇,多以社论时评为主,后汇编成集,名《时事新论》出版[①]。1891年到上海任同文学会(后改名广学会)总干事,1916年离职返回英国,1919年病逝。他翻译、编撰的作品甚丰,有关世界史地介绍的著作主要有《泰西新史揽要》《七国新学备要》(1881,七国指英国、法国、德国、俄国、美国、日本、印度等)、《时事新论》《中西四大政》《天下五洲各大国志要》(1892)、《八星之一总论》(1892)、《大国次第考》(1892)、《列国变通兴盛记》和《欧洲八大帝王传》等。

在蔡尔康的协助下,李提摩太编译的《泰西新史揽要》(亦称《泰西十九周大事记》),1894年3月至1894年9月在《万国公报》上连载,当时名为《泰西近百年大事记》。1893年,当该书译出部分内容时,曾将片断书稿呈送湖广总督张之洞。张之洞

---

① 李提摩太在华出版的报刊和著作中,除署名李提摩太外,还使用提摩、普若、菩若、普岳、普药、号醒华生、救世子等。

对李提摩太编译的这部书大加赞赏,拨银 1000 两给广学会,表示对此事的支持。1895 年,由广学会出版了《泰西新史揽要》单行本,计 8 分册 24 卷(包括附记 1 卷)。当时正是中日甲午战争之后,举国上下渴求救国、富国的新知,所以在晚清出版的所有西方史学译著中,这部"西译中述"的书销量最大,影响最广,翻版私印者除外,行销达 3 万册①。据张星烺(1889—1951)撰《欧化东渐史》称,这部书先后"卖出一百万部以上。翻版及节本者尚不在内"②。不难看出,这部著作在 19 世纪中国世界史编纂,以至在中国史学发展史中都占有一定地位。

当然应清醒地看到的是,《泰西新史揽要》之所以风靡全国,更主要的是时代使然,是因为这部著作是"述百年以来欧美各国变法自强之迹,西史中最佳之书也",③ 是因为该书的内容契合了时代的要求。《泰西新史揽要》系英国罗伯特·麦肯齐(Robert Mackenzie,当时亦译作马恳西、麦肯西、马肯西、麦肯尼等)原著,原名《19 世纪史》(*History of Nineteenth Century*),1889 年在英国伦敦出版,19 世纪末 20 世纪初曾多次再版。这部著作在中国受到特殊关注和当时国人对 19 世纪的认识有直接的联系。"十九世纪者,欧洲民族主义膨胀之时代也。德意志之联邦,义大利(意大利)之独立,日本之废封建而为立宪,皆此为民族主义有以至之。"总之,19 世纪是一个"种族竞争"的世纪,也是一个"优胜劣败,遂视为天演上之公理"的世纪,④ 这些认识和当时中国所面临的问题息息相关。

---

① 《泰西新史揽要》全书 24 卷 371 节,该书在国内有多种版本,主要是广学会本、上海美华书馆本、三味堂本、紫文书局本等。1895—1902 年间,再版不少于 8 次。此外还有多种盗版本,仅杭州一地就有 6 种,四川则有 19 种之多。2002 年,上海书店以三味堂本为底本再版《泰西新史揽要》,系《近代文献丛刊》之一。三味堂本无句读,上海书店版在句读时,参照了有句读的广学会本和上海美华书馆本。

② 张星烺:《欧化东渐史》,商务印书馆 2000 年版,第 38 页。

③ 梁启超:《读西学书法》,上海时务报馆 1896 年版。

④ 邵羲:《十九世纪列国政治文编·叙言》,教育世界社 1903 年版。

作者以国为经，以事为纬，从进化论的基本观点出发，叙述19世纪欧美各国发展的历史，包括政治、经济、文化、军事、科学技术、国际关系和人口、物产、社会发展等方面。除了欧洲地区史的内容之外，还涉及英国、法国、德国、奥地利、意大利、俄罗斯、土耳其和美国等国的历史，鉴于英法两国19世纪在欧洲的影响最大，如作者所言，英国是"泰西之枢纽也"；法国是"欧洲之乱所由萌，亦治之所由基也"，所以有关这两个国家的历史记述在书中也最为详细。在书的最后二卷，还分别叙述了欧洲教皇和"欧洲安民"。"附记"介绍了欧洲的"会党""欧洲新政""欧洲学校"等。

19世纪末的英国盛行进化论，在其影响下，《泰西新史揽要》宣扬一个国家和民族之所以强盛，主要在于积极进取，不断地弃旧图新，鲜明地体现了进化论的精神。英国历史学家柯林武德（Robin Crearge Collingwood，1889—1943）对此有所论述，他说：《十九世纪史》（即《泰西新史揽要》）"把那个世纪描绘成一个进步的时代，一个从一种几乎无法再加以夸张的野蛮、无知和兽性的状态进步到科学、启蒙和民主统治的时代……随着议会选举改革法案的通过，一道阳光就悄悄射到了舞台上，这是英国历史上最仁慈的事件，它迎来了一个新时代，这时立法的目的就不一律是自私的，而是一律针对着要废除不公正的特权了。当所有的错误都尽可能快地得到纠正时，一个光辉的时代就随之而到了；每个人都很快地变得越来越幸福"。① 柯林武德强调了罗伯特·麦肯齐在书中的结论："人类历史是一部进步的记录——是积累知识和增长智慧的记录，是智力和富祉从低级到高级阶段不断前进的记录。每一代都把它所继承的财富传给下一代，那是它以自己的经验进行了有益的修改并通过它本身所赢得的一切胜利而加以扩大

---

① ［英］柯林武德：《历史的观念》，何兆武等译，商务印书馆1997年版，第212—213页。

的。这种进步的速度……是不规则的,甚至于是间歇性的,……但停滞仅仅是在表面上。19世纪已经证明了的迅速进步超过了一切先例,它证明阻碍进步的屏障已经被推翻了。"① 这个结论对于民族民主革命不断高涨的中国,无疑有历史的启迪意义。

罗伯特·麦肯齐从上述认识出发,去编纂《泰西新史揽要》。在《泰西新史揽要》(《泰西近百年大事记》)中,他介绍了亚当·斯密(Adam Smith,1723—1790)的《国富论》。西方有代表性的经济学思想,由此开始为中国学界所了解,维新派对其尤其感兴趣。严复(1854—1921)的《原富》出版,多被认为是西方经济学正式被介绍到中国来,但这是1894年3月《万国公报》上连载《泰西近百年大事记》以后的事情。《泰西新史揽要》还较为详细地介绍了西方的政治制度,对英国、法国议会的介绍更为具体,如英国议院章程的制定和修改、选举法及人民的权利、人民反对议会的斗争等。这对于19世纪末20世纪初的中国社会各界也是十分有意义的。毋庸讳言,清政府处在风雨飘摇之中,当时的中国正处在历史剧变的前夜。

欧洲国家对教育普遍重视,英国等欧洲大国尤为重视。发展教育是启迪民智的前提,罗伯特·麦肯齐以英国为例写道:"苏格兰一省孩童,有已及入塾之年,而仍纵令嬉戏者,准地方官罚其父母,或重禁之狴犴,其父母之无力教子者,官为别设义塾。而不取其束修。"这样使英国不识字的人数迅速减少,"一千八百三十七年(道光十七年)英民每百人中能执笔以书己之姓名者,仅有五十八人,至一千八百七十六年(光绪二年)每百人中能执笔以书己之姓名者,已增至八十一人矣"②。英国政府教育经费的投入逐年增加,在书中也都有介绍。

---

① 参见[英]柯林武德《历史的观念》,何兆武等译,商务印书馆1997年版,第213页。
② [英]麦肯齐:《泰西新史揽要》,李提摩太等译,上海书店出版社2002年版,第112页。

《泰西新史揽要》在当时明显有别于其他世界史著作的是，这是一部欧洲现当代史著作，而非古代中世纪史，或国别史、专门史著作，有更明显的对现实的观照。它的出版迎合了甲午战争之后，中国知耻思变，急于学习西方的需要。该书的《译本序》写道："此书为暗室之孤灯，迷津之片筏，详而译之，质而言之，又实救民之良药，保国之坚壁，疗贫之宝玉，而中华新世界之初桄也，非精兵亿万战舰什佰所可比而拟也。""明镜足以鉴嫣媸，新史足以究隆替，曷不发箧出书，以为华人泰山大海之助乎？及读英国马恳西先生所著《十九周大事记》（西历以耶稣降世后每百年为一周，今适在十九周中也），则诚新史而兼明镜之资也。中国服官之众、读书之士，其于中国之古训，自己烂熟于胸中，若欲博考西学振兴中土，得此入门之秘钥，于以知西国之所以兴，与夫利弊之所在，以华事相印证，若者宜法，若者宜戒，则于治国读书之道思过半矣。"①应该说，这个《译本序》在回答为什么要译这部著作时，没有丝毫吞吞吐吐，历史的镜鉴作用跃然纸上，赋予了其鲜明的时代特征。

在西方史学界，《泰西新史揽要》并不是学术价值很高的著作，在西方史学史中几乎没有什么地位，类似的著作甚至被认为是"第三流历史著作中最乏味的一些残余"②，但是在中国却不然。这在上述《译本序》的内容中，足可以看出，但有些人却对它在中国为何受到如此重视不解。实际上，此书的史学价值对中国并不重要，最关键的是它通过对西方历史的叙述，向中国人介绍了社会进化理论的具体内容，而且在历史叙述的基础上，提出了一些治国理念，如"知万国今成一大局，遇事必合而公议，直如各省之服皇帝，各人之守王法，各业之听同行"。"知今日兴国

---

① ［英］麦肯齐：《泰西新史揽要》，李提摩太等译，上海书店出版社2002年版，第1—2页。

② ［英］柯林伍德：《历史的观念》（增补版），何兆武等译，北京大学出版社2010年版，第143页。

之道有断不可少者四大端：道德一也，学校二也，安民三也，养民四也。凡精于四法者，其国自出人头地；不精或不全者，不免瞠乎其后；毫不究心者，则更在后矣"①。这些内容对于当时中国的发展，具有十分重要的现实意义。

19世纪末，社会进化理论成为中国重要的社会思潮之一，进化历史观在中国史学发展过程中也日益产生重要的影响，成为一种重要的史学思潮。这样，《泰西新史揽要》为什么会成为晚清翻译西书中销量最大的一部，就不难理解了。梁启超将其列入他的《西学书目表》，认为该书是"述近百年来欧美各国变法自强之迹，西史中最佳之书也"。据李提摩太说，光绪皇帝的老师孙家鼐曾将《泰西新史揽要》带入宫中，为其读了两个多月。②徐维则、康有为、李鸿章、张之洞对这部书都有高度评价。康有为还将其进呈光绪皇帝（1871—1908）。光绪用数月时间认真研读，由此于万国之故更明，变法之志更决。正如广学会对此书所描述的那样："去年我们为中国人翻译了一本最重要的书，就是李提摩太先生翻译的马恳西的《泰西新史揽要》，这本书是很出名的，它被认为是一本权威著作。它吸引了帝国好几位高级官员的注意，特别在北京更受欢迎。最近碰巧李提摩太先生为了教会工作到北京去，他发现士人们都在谈论这本书，把它叫做新学问。他们开始认识到过去不知道这种新学问，他们需要对它关心。"③ 这清楚地表明，这部著作所产生的影响，早已超出了中国史学界，而在整个中国社会发展中产生了积极反响。还值得一提的是，此译书的体例有不少独特之处，"首创了史书翻译的新体例，即一、加中西年对照，便于印证岁月；二、加各国世系；三、加人名、地名事物名对照表。

---

① ［英］麦肯齐：《泰西新史揽要》，李提摩太等译，上海书店出版社2002年版，第1—2页。

② ［英］李提摩太：《亲历晚清四十五年——李提摩太在华回忆录》，李宪堂等译，天津人民出版社2006年版，第239页。

③ 1895年《同文书会年报》，见《出版史料》1990年第1期。

六　古代史、国别史和通史

英国传教士艾约瑟在《希腊为西国文学之祖》中，较多地介绍了古希腊盲诗人荷马的史诗。艾约瑟早年毕业于伦敦大学，掌握英语、法语、德语、希腊语、拉丁语、希伯来语、波斯语、梵语、叙利亚语、日语、蒙古语、朝鲜语、泰米尔语和汉语、满语、藏语和苗语等诸多语种，为其进行传道提供了很大的方便。他在《荷马史诗》中写到了"希腊列邦攻破特罗呀（今译'特洛伊'）事"，以及《以利亚》（今译《伊利亚特》）24卷；《阿陀塞亚》（今译《奥德赛》）24卷等。艾约瑟还专门写有《和马（今译"荷马"）传》等文章，对荷马的史诗给予了高度的评价。艾约瑟认为，"《以利亚》诗，金戈铁马，笔势粗豪；《阿陀塞亚》诗，玉帛衣冠，文法修润。泰西武人喜读之，以为兵书。马其顿王亚历山大以和马二诗，置位枕中秘云"[2]。

在西方史学中，古代希腊历史学家希罗多德被称为"史学之父"，艾约瑟在《黑陆独都传》（今译"希罗多德"）中，对其有较详细的介绍。文章称希罗多德是"希腊作史之祖也"。他的历史学作品经再三修改始成，"作史既成，宣诵于阿伦比亚希之文士咸会，辄魁其曹。会众称贺，声情激越，士居提代闻之，悲不自胜，其感人如此"。文章还分析了希罗多德之所以取得如此重大成就的原因，就是重视对历史遗迹进行实地考察，亲自发掘和考证历史文献资料，"作此史时居于以大利之土里依，先是出游四方，周知列邦山川险要、风土人情、名城废垒、古庙丛祠，靡不遍览，远至黑海、阿拉尔海。在北方之思古退国，又至推罗西顿访彼人事、

---

[1] 马军：《泰西新史揽要·点校说明》，见《泰西新史揽要》，上海书店出版社2002年版，第2—3页。

[2] 《六合丛谈》1857年第1卷第12号。

黑尔古里神之遗迹，又至埃及国，纪埃事颇详。游尼罗河，访埃地上游古道，自埃及而西，至古利奈，纪迦大其人与语之事亦多，疑曾至迦大其地也。又东至巴比伦及波地二名城。足迹所至，手笔甚勤，凡有记载，委屈详尽，实事求是，古来作史者，此为第一"①。艾约瑟指出，正因为如此，希罗多德的史学著作内容可信，为历代人们所喜爱。

艾约瑟1848年来华后，成为英国伦敦会驻上海的代理人。1856年成为墨海书馆的主要负责人之一，后又在烟台、天津、北京等地进行传教活动。在北京期间，被海关总税务司赫德（Sir Robert Hart, 1835—1911）聘为海关翻译。1881开始将15种西方启蒙著作译成中文，即《西学启蒙》丛书，这项工作于1886年完成，由北京总税务司署印行。这套被称为"泰西新出学塾适用诸书"，原是英国麻密伦学院的教科书，内容颇为丰富，在外国史学方面有《希腊志略》《罗马志略》和《欧洲史略》等②。李鸿章、曾纪泽（1839—1890），为这套丛书写了序言，丛书出版后立即在社会各界引起重视。

艾约瑟译的《希腊志略》，另附《纪事年表》。《希腊志略》的原作者是法伊夫（C. A. Fyffe）。该书7卷，叙述了自希腊民族

---

① 《六合丛谈》1858年第2卷第2号。
② 《希腊志略》《罗马志略》等，原属英国麦克米伦公司出版、约翰·爱德华·格林主编的"历史与文学基本读物系列丛书"，所谓"英国麻密伦学院"的教科书，是从"历史与文学基本读物系列丛书"中精选出来的。《希腊志略》《罗马志略》是其中的两种，中文译本1886年在华出版，继1886年总税务司署初版后，又有上海著易堂书局本（1896）、湖南新学书局刻本（1897）、上海盈记书庄本（1898）、点石斋印书局印本（1902）等多种版本。2014年8月，商务印书馆出版了《希腊志略》《罗马志略》的校注本（即《〈希腊志略〉〈罗马志略〉校注》）。山东聊城大学陈德正、韩薛兵教授依据1898年上海盈记书庄本，对两书进行了较全面的校注，王娟老师也参加了部分前期工作。书前有陈德正撰写的《中国最早的古希腊罗马史专著——〈希腊志略〉和〈罗马志略〉》，介绍了两书的概况和编译者的生平等，为读者阅读提供了不少方便。陈德正等《〈希腊志略〉〈罗马志略〉校注》，是国家社科基金项目"西方古典学在中国"的阶段性成果，同时得到山东省"齐鲁文化英才"工程专项资金的资助。

起源至公元前30年罗马征服希腊的历史，7卷的主要内容是："溯希腊人初始""比罗地（伯罗奔尼撒半岛）上古诸事""雅底加（阿提卡）地上古诸事""约年（艾奥尼亚）背叛并波斯战争""雅典中兴与比罗战""斯（巴达）、底（比斯）、马（其顿）三国事略""亚历散大（亚历山大）统辖诸地"。希腊是欧洲文明古国，其政教、文化、风俗、制度等有广泛影响，不少一直影响到今天。阅读此书有助于了解今日欧洲文明的渊源。艾约瑟译《希腊志略》，是近代中国最早介绍古代希腊的国别史著作，它和下面将要论及的《罗马志略》，同是光绪十二年（1886）出版，都是探究中国近代以来世界历史编纂不可忽略的著作。

艾约瑟还译有《罗马志略》13卷，另附《纪事年表》。本书的原作者是克赖顿（M. Creighton），该书所述内容，始于公元前753年，直至1453年土耳其攻取君士坦丁，西罗马灭亡两千多年的历史。《罗马志略》的主要内容是："罗马城古初诸事""罗马如何得意大利全境""罗马人与加耳达俄（迦太基）战""罗马砥属东域""罗马平诸国后转变如何""革氏（格拉古兄弟）出首救时弊""罗马内地战""罗马立帝之始""弗拉分族之诸帝""为军士拥立之诸帝""丢革利典与根斯丹典二帝之世""诸他族人入居罗马"。本书认为，罗马立国是欧洲历史上的大事，其影响至今依然存在，如"开今日各国君民同权、法令至公之运会"。这本书的书名虽然是"罗马"的志略，但实际所包括的内容多超出了"罗马"，欧洲治乱兴衰都包括在内。艾约瑟认为，先阅读希腊、罗马的历史，对于阅读欧洲的历史是十分有益的。

艾约瑟译《希腊志略》《罗马志略》，都有《纪事年表》，这两个《纪事年表》并不是原书就有，而是艾约瑟为方便中文读者而自己编写的。这是中国与希腊、中国与罗马相对照的年表，不仅有古代希腊罗马的史实，也有中国的古史与其对应。例如："纪事目录"中的俄伦比亚会初起；其"中国年份"为周幽王六年；"耶稣降生前年份"则为七百七十六年。此外,《希腊志略》附有"自春秋至战国时希腊地图"等 5 幅地图;《罗马志略》附有"中国西周末时意大利全图"等 10 幅地图。19 世纪 80 年代是中国人世界历史知识相对贫乏的时代,艾约瑟的译作和他编写的年表,以及他所附的地图等,显然对中国读者理解古希腊古罗马是有益的。

艾约瑟 1885 年辑译《欧洲史略》,计 13 卷。① 史略所记述的内容从古希腊罗马直至 19 世纪前半期。依次所述记的内容是:欧洲诸种族、希腊罗马盛衰、欧洲诸国分合始末、基督教源流和宗教战争、法国诸政,以及德意志联盟等。卷八《东西二罗马衰微之世》的十二节是《古学重兴》,主要内容是欧洲文艺复兴。一般认为,这是国内最早对文艺复兴的表述。《欧洲史略》的特点,是每卷末都有一篇"总结",或概括或小结这一卷的内容,这大抵是仿效中国传统史学的体例,在历史史实叙述的基础上要有论赞褒贬,以表明编写者的立场,每卷的总结言简意赅,多给人留下了较深刻印象。

1885 年,艾约瑟又撰有《西学略述》。该书分 10 卷,从 10 个方面广泛介绍了西学的有关内容。主要内容有训蒙、方言、教会、文学、理学(格致理学、论辩理学、性学、欧洲理学)、史学、格致、经济、工艺、游览等。第 6 卷是史学卷,主要内容是"史学考原""释古文以识古文""国富无常""巴比伦古迹""俄立国辟土原委""欧人航海通商立阜""拿破仑成败始末"等。书

---

① 《欧洲史略》系英国麦克米伦公司出版、约翰·爱德华·格林主编的"历史与文学基本读物系列丛书"之一,原作者是英国 19 世纪历史学家弗里曼。2018 年 7 月,商务印书馆出版了《欧洲史略》《西学略述》的校注本(即《〈欧洲史略〉〈西学略述〉校注》)。山东聊城大学王娟、陈德正教授主要依据 1886 年总税务司署刻本,对两书进行了较全面的校注。书前有陈德正、王娟撰写的《中文世界最早的"欧洲通史"和"西方文化史"——〈欧洲史略〉和〈西学略述〉》,介绍了两书的概况和编译者的生平等,为读者阅读提供了不少方便。王娟等《〈欧洲史略〉〈西学略述〉校注》,是国家社科基金项目"西方古典学在中国"的阶段性成果,同时得到山东省"齐鲁文化英才"工程专项资金的资助。

中介绍了古代希腊历史学家希罗多都（希罗多德）、哥伦布开辟新航路，以及意大利航海家亚美利哥·韦斯普奇（Amerigo Vesppuci，1451—1512）的三次美洲探险等，内容涉及巴比伦、波斯、希腊、俄国、德国、意大利，以及美洲国家的历史。在第 10 卷"游览"卷中，也包括不少外国历史方面的知识，如古典时代的海上航行活动，马可·波罗在中国的旅行，中国和西方国家历史上的商业贸易活动等。这部著作和上述提及的 15 种西方启蒙著作，被并称为"西学启蒙十六种"，梁启超的《西学书目表》① 等都将其列入，并给予很高的评价。

美国传教士裨治文（Elijah Coleman Bridgman，1801—1861），亦称高理文，1826 年大学毕业后，经过 3 年多的神学院训练，被派到中国传教。在广东端溪人梁植的协助下，裨治文编纂了《美理哥合省国志略》，1838 年在新加坡分两册刊出。1846 年该书在广州再版，除增加了一些内容之外，还新增了地图。该书在各地印有多种版本，书名也不尽相同，除《美理哥合省国志略》之外，还有《亚美理驾合众国志略》《亚墨理格合省国志略》《亚墨理格合众国志略》《亚美理格合省国志》等。裨治文在谈及为什么要编纂此书时说，他在广东数年，与中国知识分子多有交往，发现"华人不好远游，以至我国风土人情，茫无闻见，竟不知海外更有九州也"。他希望这本著作，能够使中国人"驰观域外之士，必不方隅自封"②。裨治文的这些想法和德国传教士郭实猎的想法，如

---

① 为了介绍西学，提倡变法维新，梁启超编《西学书目表》，并于 1896 年在时务报馆出版。分西学、西政、杂类 3 卷，著录译书 352 种，"西政"类包括史志、法律、官制等内容。附表一卷，著录通商前西人译著 86 种，近译未印著述 88 种，中国人所著与西学有关著述 119 种。后附《读西学书法》一卷。该书出版后在学术界引起广泛反响。各种书目继作不断，大多在梁启超的基础上修改增删。据熊月之考证，晚清的西学书目除梁启超的这本之外，还有傅兰雅的《译书事略》、徐维则的《增版东西学书录》、顾燮光的《译书经眼录》、通雅斋同人的《新学书目提要》、赵惟熙的《西学书目答问》、沈桐生的《东西学录提要总叙》、黄庆澄的《中西普通书目表》等。

② [美]裨治文：《原序》，参见《大美联邦志略》，上海墨海书馆 1861 年版。

出一辙。

该书的主要内容，是对美国历史、地理知识的介绍，内容十分丰富，包括哥伦布发现"新大陆"、北美的早期历史状况、北美独立战争、美国的建立和华盛顿等历史人物，以及建国之后的政治制度、经济政策和文化发展，国民的生活方式、文学艺术等。在地理知识方面，既包括自然地理，也包括人文地理的内容，如美国的地理位置、地势地貌、气候、城市、土著居民、移民、人口、物产和自然资源等。该书出版后，即在中国产生了较大的影响，不同职业、不同社会地位的人们，都可以通过它了解到自己感兴趣的有关美国的知识。魏源撰写《海国图志》、徐继畲撰写《瀛寰志略》时，也都不同程度地使用了该书中所提供的资料。裨治文对此十分得意，同时在上海开始了对这部著述的修订工作，除上面提及的梁植之外，江苏金陵人宋小宋也参加了这部著作的修订工作，修订版于1861年由上海墨海书馆出版，书名改为《大美联邦志略》，作者署名仍为裨治文。

《大美联邦志略》分上下两篇。上篇计18节，是对历史地理知识的概括性介绍，内容依次是：觅地原由、疆域度数、山川平地、邦都道路、天时地气、土产物类、开国原始、民脱英轭、建国立政、设官分职、理刑规制、语言文字、学馆书籍、教化说源、百工技艺、商贾贸易、善举述略、风俗人事。下篇则从自然地理和自然资源方面，分别介绍了美国的41个邦，最后一节为"补余"。这部著作出版后，被编入《西学大成》《西史汇函》等丛书中，在相当长的一段时间内，成为中国人了解美国的重要读物。19世纪末20世纪初，在当时有影响的《史学书目提要》《西学书目表》和《读西学书法》，都提到了这部《志略》。这部著作在美国也同样受到重视。1862年，美国使节来华在京递交国书时，同时还呈上《圣经》和《大美联邦志略》。

英国传教士慕维廉，早年在英国爱丁堡大学学习法律，后对神学产生浓厚的兴趣。大学毕业后,于 1847 年被派到中国,在上海、苏州、天津、牛庄等地传教。到中国后不久,他便很快地掌握了中文,陆续有不少译著问世。慕维廉在中国长达半个世纪,完成各类著作四十多部,在史地方面影响较大的是他编译的《地理全志》和《大英国志》。

《地理全志》上下两卷,1853—1854 年间,由上海墨海书馆印行。上卷 5 卷,较全面地介绍了亚洲、欧洲、非洲、美洲和大洋洲的概况。下卷 10 篇,较具体地介绍了西方地理学的知识。在编译《地理全志》时,慕维廉主要使用了玛吉士的《外国地理备考》、徐继畬的《瀛寰志略》、米纳尔的《世界地理》和《自然地图册》、萨默维尔的《自然地理学》,以及李德的《天文地理学纲要》等。虽然这些著作主要是地理学方面的,但在论述地理学发展史和地理学思想史的时候,也不乏世界历史方面的内容,如古代希腊、罗马、罗马帝国分裂、新航路的开辟、马可·波罗和马可·波罗的游记等。

慕维廉编译的《大英国志》8 卷,1856 年上海墨海书馆印行。该书历史方面的知识就更多些。这本书的主要内容,是慕维廉根据英国史学家托马斯·米尔纳(T. Milner)的著作《英国史记》七卷译出,慕维廉增译一卷。在英国历史叙述中,政治、经济、宗教等方面的内容都有,只是过于简略。除一般性的自然地理状况介绍外,主要内容包括历代英国社会发展中的重大历史事件,以及英国政治、经济、法律、军事、宗教、文化教育方面的制度。为了便于阅读,书中附有英王世系表和英国地图。该书 1856 年在上海出版,有多种版本,如益智书会本、墨海书院刊本、《西学大成》本、各国政治艺学全书本、西史汇函本,以及中西新学大全本等。

慕维廉在《地理全志》和《大英国志》中,都表现出明显的"欧洲中心论",而且无视事实,公然为西方列强的殖民主义政策张目。例如，他认为欧罗巴洲"人物荟萃，学艺绝伦，自古迄今，常推其首"；而亚洲人种则被污蔑为"外则端庄严肃，内实卑屈狡猾"，且"贪婪残忍"。1880年，慕维廉在为1856年出版的《大英国志》补写的《序》中，为英国侵华辩护。作者写道：英国今声名洋益，日长炎炎，市舶扬旗，出于四海，可谓全盛之国矣。作者认为，英国所以强盛，彬彬日上，是上帝使然，即"盛衰升降者之原予上帝"，"读者勿徒资战争之故"。"欧洲中心论"在西方根深蒂固，渗透在社会生活的方方面面，历史著作自然也是如此。

1882年，美国公理会教士谢卫楼（Davelle Z. Sheffield，1841—1913）编著《万国通鉴》5卷，（中国传教士赵如光笔述），由美国长老会在上海开设的美华书馆印行。① 1869年11月，谢卫楼来华，在北京近郊通州办学，先后担任潞河中学和华北协和大学校长。他曾为学校编写、编译多种教材，如《教会史记》《圣教史记》和《政治源流》等。潞河中学的教学内容除四书五经、《圣经》新旧约之外，还包括"西国纲鉴、算法与格致各书"，② 《万国通鉴》就是谢卫楼为讲授"西国纲鉴"所编写的教材。

《万国通鉴》的"引"，可被视为全书的导言，简明扼要地介绍了《万国通鉴》的主要内容。"引"由以下五论组成："亚当至

---

① 据邹振环考证，谢卫楼编著的《万国通鉴》，除上述已经提及的之外，还有以下多种版本：(1) 仅有赵如光中文序言的版本。书后附录"天下六洲图""亚细亚""欧罗巴洲""古希利尼""古以大利"等地图12幅，无英文版自序，无中英人名地名对照索引。(2) 书名题为《万国史论》，又题《历代万国史论》，1898年中秋杭州石印本，附图12幅，同样没有英文版自序，无中英人名地名对照索引。(3) 五卷本，卷首一卷。1902年上海书局本。(4) 1884年（日本明治十七年）由冈千仞训点、四书房发兑的《（订正）万国通鉴》五卷本。冈千仞在《序》中写道："此书成于耶苏（耶稣）教徒，其纪我邦及汉土，极口论驳圣道，特为无谓。唯行今五州普通，各国此书各国讼革，不可不一日讲之。而此书各国理乱兴亡之故，可一览尽其要。其论涉教法，虽属无谓，亦可以观东西风尚之异一至此。诗曰：他山之石，可以攻玉，余于此书亦云。"(5) 福州美华书局1892年出版《（榕腔）万国通鉴》卷一、卷二，由林穆吉译成，榕腔、摩嘉立修订。

② 参见黄爱平等主编《西学与清代文化》，中华书局2008年版，第387页。

洪水后事";"洪水后生民度日";"国度律法与分定人之等次";"古时敬神之道";"东方人民居亚细亚大洲"。"引"以下由四卷组成,其中第4卷,又由上下两部分组成。

第一卷《东方国度》的内容是"论中国事略""论蒙古事略""论日本国事略""论印度事略"。第二卷《西方古世代》的内容是"论犹太国事略""论伊及国事略""论巴比伦和亚述国事略""论玛代国和波斯国事略""论腓尼基人事略""论喀颓基人事略""论希利尼国事略""论罗马国事略"。

第三卷《西方中世代》的内容是"论北方苗人迁移之事""论东罗马国又名庇三提尼国事略""论回回教事略""论喀漏芬及岸朝事略""论英国事略""论日耳曼国事略(撒可森朝、范叩尼亚朝)""论天主教出征(圣战事略)""论日耳曼国事略(侯很斯他分朝,哈配斯布革朝、鲁森布革朝)""论法国事略(喀佩献朝,法勒洼朝)""论天主教分门与两次大议会事略""论葡萄牙国事略""论土耳其国事略""论中世代风土人情"。

第四卷《西方近世代》上的内容是"论在欧罗巴洲数国事体振兴事略""论教会更正事略""论西班牙与西班牙之属国事略""论法国为道战争事略""论英国事略""论瑞典哪威莲国事略""论自更正起百年之间各等学业振兴事略""论在日耳曼国三十年战事""论英国政变事略""论法国事略""论北亚美利加开国事略""论西班牙王位战事""论欧洲北方数国战事""论不国兴盛事略""论英法为争北亚美利加之地战事""论立美国事略""论从法国所出之文字激动多国人心"。第四卷《西方近世代》下的内容是"论哀兰被他国分据俄与土交战事略""论法国民变事略""论英国事略""论法国事略""论在以大利之地数处小国合为一统事略""论日耳曼国复兴事略""论土耳其国事略""论俄国事略""希利尼脱离土权成为自主事略""论美国事略(自洼性吞即位直至现今)""论默希哥事略""论南亚美利加各国事略""论亚非利加州事略""格物之学术兴起"。此外，还附有"论耶稣教之风化"。

《万国通鉴》简明扼要，但内容较为丰富，突出特点是将"东方国度"专列一卷，较详尽地介绍了中国、日本、印度等亚洲国家的历史。有关中国从远古至今的历史，是《万国通鉴》的主要内容之一。"中国事略"包括"上古开国""三皇纪略""大清纪略"；"大清纪略"的下限，直至1875年（光绪元年），距谢卫楼编著《万国通鉴》不过六七年。《万国通鉴》的内容，受时代的局限，其内容如何，自然可以讨论，仁者见仁，智者见智。但《万国通鉴》有三点却是可以肯定的：其一，撰写世界历史应该写亚洲国家的历史，并将其放在与欧美国家同等的地位；其二，中国历史是世界历史的重要内容之一；其三，"通鉴"应是"自古至今"，不存在当代人不能写当代历史的束缚。关于这部著述的历史分期方法，谢卫楼汲取欧美史学的主流观点，将历史分为"古世代""中世代""近世代"，而且叙述中国等东方国家的历史时，和欧美国家时一样，使用了统一的纪年法，如在"中国历史"相关内容的书眉上，标上耶稣纪年。这不仅反映了近代以来西方史学对东方认识发生的变化，而且对近代以来中国的发展，也产生了重要影响。梁启超在《西学书目表》中，在"史志"类列有西洋史书25种，可谓"惜墨如金"，其通史著作中，只列有日本冈本监辅（1839—1904）的《万国史记》和谢卫楼的这部《万国通鉴》。

第三章 救亡图存和中国世界史编纂的萌生

一 魏源悉夷、师夷以制夷的《海国图志》

1840年中英鸦片战争的失败，彻底暴露了清朝封建制度的腐败和清政府的无能。中国被迫签订丧权辱国的《南京条约》，开始沦为半封建半殖民地国家。中国这个"天朝上国"之外还存在凶恶的西方列强，使朝野震动。爱国主义是中华民族的优秀历史传统，国家在危难之时，总有一批爱国志士奋起，为救亡图存奔走国是，为中华民族的爱国主义精神注入了新的时代内容。鸦片战争后，举国上下在深感奇耻大辱的同时，一些人开始重视对外部世界历史与现实的了解，以寻求拯救民族危亡的道路。

清政府长期实行闭关锁国的政策，使其与外部世界几近隔绝。以致鸦片战争爆发时，道光皇帝（1782—1850）还不知道英国的地理位置，对英吉利至回疆各部有无旱路可通、平素有无往来、俄罗斯是否接壤、有无贸易交往等一无所知。资本主义列强的侵略、掠夺，使中华民族面临着"亡国灭种"的实际危险。上层统治阶级中的一些人也急切地开始探索世界大势，企图从中求得"御夷之策"。一股"睁眼看世界"的新思潮由知识界开始，逐渐成为一股新的社会思潮。近代爱国主义的先驱林则徐是"睁眼看世界"的第一人，他和魏源、姚莹（1785—1853）等为其中的杰出代表。中国近代的外国史地研究，是在鸦片战争时期酝酿发展起来的。它顺应了历史发展的潮流,表现出崭新的时代内容。自然,那时还谈不到具有完备学科意义的世界史,更不存在世界史的理论体系和史学方法,一切都是出于反对西方列强侵略的现实需要。

鸦片战争之后,民族危机日趋加剧,内忧外患,进化史观开始传播,救亡图存,复兴中华成为民族的要求。正是在这样的背景下,出现了第一次研究中外史地的高潮。这"不仅冲击了当时学术界沉闷的局面,为中国史学的发展开拓了新的视野、新的局面,而且在介绍和输入西方近代思想文化方面起了重要的桥梁作用,对中国近代思想史和史学史的研究产生了深远的影响"。[1] 外敌频频入侵并不断加剧,民族危机日益加深,是促成这一时期出现研究外国史地的高潮强有力的直接动因。它经历了一个由被动到主动、由不自觉到逐步自觉的过程。在新的历史条件下,这个过程和中华民族的民族意识不断觉醒联系在一起。中国人民迫切要求了解世界的风云变幻及历史渊源,寻求富国强兵的道路。

魏源是著名爱国主义思想家,近代中国第一批"放眼看世界的"代表人物之一。魏源,字默深,湖南邵阳金潭人,15岁中秀才、29岁中举。后屡试不第,直至52岁中进士。曾任江苏东台、兴化知县、两淮盐务司海州分司运判、高邮州知州等职。60岁时被劾革职,64岁时病逝于杭州。魏源一生经过了乾、嘉、道、咸四朝,这一时期,正是中国由封建社会,转变成半殖民地半封建社会的时期,中国社会发展处在深刻的变化之中。鸦片战争的失败,使中国社会深受震动。魏源敏锐地认识到这是中国社会"大变局"的开始,中国社会的发展将出现重大变化。

1842年《南京条约》签订后,魏源在悲愤之际完成了40余万言的《圣武记》。该书14卷,前10卷,主要是回顾鸦片战争之

---

[1] 吴泽主编,桂遵义等:《中国近代史学史》(修订本)上,人民出版社2010年版,第93页。

前清朝的历史。后4卷，主要是魏源自己对军事等问题的论述。《圣武记》完成后，在1844年、1846年又做了修订。魏源针锋相对回答了清廷中昏官对林则徐的攻击，指出鸦片战争发生的根本原因，不是源于林则徐禁烟。魏源认为，"是以后圣师前圣，后王师前王"。他从清王朝的历史中，寻找抵御外国侵略者的武器。落后的满族，正是向明王朝学习之后，才战胜了明朝，夺得了天下。为了战胜入侵敌国，魏源认为除了"以彼长技，御彼长技"，学习外国的先进技术建造坚船利炮之外，还要详尽地了解外国，不能再继续闭关自守，盲目虚骄。总之，"夫制驭外夷者，必先洞夷情"，对外国闭目塞听的状况不能再继续下去了。

鸦片战争后，魏源从战败中汲取教训，认识到"同一御敌，而知其形与不知其形，利害相百焉；同一款敌，而知其情与不知其情，利害相百焉"[①]。因此开始编撰《海国图志》，希望能够做到知己知彼。这也就是魏源所说的："欲制外夷者，必先悉夷情始，欲悉夷情者，必先立译馆翻夷书始；欲造就边才者，必先用留心边事之督抚始。"[②] 他认识到，今日的西方国家，特别是英国，已经不是历史上远远落后于中国的"夷狄"。应该承认他们的长处，同时也承认自己的落后，然后向他们学习，使自己的实力增加，不再受西方列强的凌辱。正是在这种认识的基础上，逐渐形成了"悉夷—师夷—制夷"的思想，先进的中国人开始了向西方寻求真理的过程。应该指出的是，魏源所说的"悉夷"和"师夷"，并非仅指工艺、科技等先进的科学技术，也包括西方的思想文化。

1841年6月，林则徐在发配到新疆伊犁的途中，在京口（镇江）与魏源相会。魏源接受林则徐的嘱托，在林则徐编译的《四洲志》和《澳门月报》等资料的基础上，补充了大量新的文献资

---

① 魏源：《海国图志·原叙》。
② 魏源：《海国图志·筹海篇》。

料，编成《海国图志》50卷本，约57万字，地图23幅，洋炮插图8幅，1843年1月刻印于扬州。① 魏源在诗中记载了此事："万感苍茫日，相逢无一语。风雷惊蛰屈，岁月笑龙屠。方术三年艾，河山两戒图。乘槎天上事，商略到鸥凫。"自注："时林公属撰《海国图志》。"② 魏源在该书的序言中还提及，《海国图志》的来源之一就是"前两广总督林尚书所译西夷之《四洲志》"。当然，这种"来源"并非仅仅是文献资料的来源，也包括林则徐对魏源思想上的影响。两人的爱国热忱在书中得到充分体现。《筹海篇》是《海国图志》的重要内容之一，论析了抵御西方列强侵略的战守策略，其中大量汲取了林则徐的抗英斗争经验。

魏源对于"士大夫不讨掌故，道听途说，其究至于贻误于国家"，③ 十分忧虑。为改变这种状况，他身体力行，著书立说。刊刻于世的魏源《海国图志》50卷本，是中国第一部有关世界史地的著作，揭开了近代中国世界史地研究的崭新一页，其内容使闭塞已久的中国人闻所未闻，开始有了全新的世界概念，对西洋有了整体的了解，④ 该书是中国第一部系统的世界分国志，也是亚洲最完备的介绍世界各国史地知识的巨著。这部著作鲜明地表达了魏源反对闭关锁国、夜郎自大和盲目排外的思想。

在这部被称作当时的"简明世界史"的著作中，包括政治、

---

① 《海国图志》先后有50卷、60卷、100卷不同版本，关于该书的成书年代说法不一，有些说法还似乎矛盾。一般认为，《海国图志》于1842年（道光二十二年）开始编撰，1846年（道光二十六年）完成，历时4年。又，1849年古微堂重刊《海国图志》60卷本叙文最后一段记载："原刻仅五十卷，今增补为六十卷，道光二十七年载刻于扬州。"
② 同上。
③ 魏源：《圣武记》卷十一。
④ 《海国图志》主要通行的版本，有以下9种：1842年木活字本（50卷）；1844年邵阳魏氏古微堂本（50卷）；1849年邵阳魏氏古微堂重刊本（60卷）；1867年郴州陈善圻重刊本（100卷）；1868年广州重刻本（100卷）；1876年魏光焘平庆泾固道署重刊本（100卷）；1880年邵阳急当务斋镌刻本；1887年巴蜀成善堂重刊本；1895年上海积山书局刊本。

经济、军事、科技、历史、地理、宗教、文化、教育,以至风土民情等诸多丰富的内容。刘师培(1884—1919)赞《海国图志》"一改列代四裔传之例,以开国别史之先声,不可谓非中国之新史学也"。① 魏源对中国传统史学体例的改造,使《海国图志》在某种意义上成为中国第一部国别史著作。当时传统史学体例的改变,以及《海国图志》的问世,均有具体的历史背景,反映了魏源所生活的那个时代的要求——"睁眼看世界"的现实呼唤。

《海国图志》与林则徐的《四洲志》相比,内容有了明显的增加。如魏源在《海国图志原叙》中所说,与《四洲志》相比较,东南洋、西南洋扩增了十分之八;大小西洋、外大西洋增十分之六,而且加上图表以为经纬。《海国图志》与《四洲志》一样,对英国的历史给予了充分的重视,这可能与英国是鸦片战争的主角有关。在60卷本中,有关英国的内容增加了3卷,即《广述》3卷,摘录由新加坡人撰写的《英国论略》、颜斯综的《海防采论》、萧令裕的《记英吉利》等。

对英国的关注,不仅仅表现在篇幅的增加上,而且在纪实的基础上较深入地探讨了英国为什么强大,以比照中国,分析中国之所以积弱的原因。魏源认为英国强大的原因之一,是因发展工商业,"不务行教而行贾","佐行贾以行兵","兵贾相资,遂雄"。此外,魏源对英国在海外的殖民掠夺,也有较清醒的认识。在他看来,英国是一个"四海之内,其帆樯无所不到,凡有土有人之处,无不睥睨相度,思胺削其精华"。英国"所以骤致富强,纵横于数万里之外,由于西得亚美利加,东得印度诸部也"。② 应该说,魏源的这些认识,已经开始触及以英国为代表的资本主义列强的某些本质。在《海国图志》中,魏源最早介绍了18世纪末的法国大革命。他写道:"王助亚墨里加战,胜,然其饷银渐减,

---

① 参见江子云等《万国历史汇编》,上海官书局1903年版,"序"。
② 魏源:《海国图志》卷52。

故召爵、僧、民三品会集,以寻聚敛之法,国民弃王,杀之。七年国政混乱,有臣曰那波利稔(拿破仑)者,武功服众。"①

中国史学经世致用的优良传统,在《海国图志》中多有体现,魏源主张研究外国,要与中国的实际相结合,反对脱离实际。如他认为学习西方,不能停留在从欧洲购买先进的机器或武器之上,而是要学习西方先进的技术和大机器生产,建立起自己的民族工业。又如,魏源述及菲律宾、印尼亡国;越南、缅甸抵御外敌,以及日本的崛起等,结合中国当时的现状,都有直接的借鉴意义。他说:"夷烟夷教,毋能入界,嗟我属藩,尚堪敌忾,志东南洋各国第三;吕宋、爪哇,屿峙日本,或噬或駾,前东不远,志东南洋各岛第四。"② 在《海国图志》中,魏源虽然将日本放在亚洲的"东南洋"(主要指今天的东南亚地区和澳大利亚)中叙述,没有更多地展开详尽研究,但这仍可视是开日本史研究的先河。在我国的典籍中,《汉书·地理志》虽最早有日本的历史记载,但太过简单。

魏源是明确提出向西方学习的第一人。他激烈批判封建文化,鼓吹变法图强,重振国威以洗刷鸦片战争失败的国耻。他在历史研究中倡导"经世"精神,力主"史"与"治"相结合,关注国家与社会发展中的现实问题,所以《海国图志》在论述变法图强的思想时,涉及的内容十分广泛。有论者认为:"魏源撰写《海国图志》的目的,绝非为学术而学术,其现实意义尤超越学术之探讨,虽然在史实考订与征引文献上,《海国图志》是当时最具学术价值的著作之一。""《海国图志》无论在视野或文献材料的蒐集,均可视为经世史学的空前巨著。《海国图志》所代表的意义,是嘉道以降(1796—1850)晚清世人走出书房的典型;这种关怀现实的经世史学,是晚清史学发展的重要面向,外国史地引介尤为晚

---

① 魏源:《海国图志》卷41。
② 魏源:《海国图志》,百卷本卷首。

清史学开启一个通向世界的窗口。"① 作者所言极是，魏源的著作所体现出的史学精神和史学旨趣，成为中国世界历史研究的优良传统之一。史学总是要经世的，只是表现出自觉或不自觉，以及在不同的历史观的指导下，"经世"有不同的内容和不同的价值取向而已。

魏源的思想核心是"悉夷""师夷"和"制夷"，如果说"悉夷""师夷"是手段，那么，"制夷"则是目的，即"师夷之长技以制夷"。魏源在回答"是书何以作"时明确指出：是"以夷攻夷而作，为以夷款夷而作，为师夷长技以制夷而作"。这一思想提出后，在中国社会产生了很大的反响，向西方社会学习，寻求救国真理的社会思潮，由此得到迅速的发展。魏源明确西方"有用之物，即奇器而非淫巧"，学习西方的目的是富国强兵抵御资本主义的侵略。"悉夷—师夷—制夷"的思想，是当时爱国主义思想的具体体现。这些志书紧扣时代的脉搏，体现出鲜明的时代精神，具有划时代的启蒙意义。魏源对世界各地的历史地理作了较为详细的介绍。《海国图志》是近代中国第一部系统介绍世界史地的名著。书中提出的"师夷长技以制夷"和变法图强的思想，对近代中国的社会发展产生了重要影响。

魏源还以俄国彼得大帝为例来阐述"师夷长技以制夷"的思想，希望中国也走俄罗斯的道路，通过深刻的社会变革，使国家走上强盛的道路。俄罗斯摆脱鞑靼蒙古人的统治，建立了统一的中央集权国家后，"始抗衡欧罗巴洲各国"，俄国"人犹雄悍，未谙西洋技艺"。到彼得大帝时，他"聪明奇杰，离其国都，微行游于岩士达览等处船厂、火器局，讲习工艺，旋国传授，所造火器、战舰，反优于他国，加以训兵练阵，纪律精严。迨至近日，底利尼王攻取波兰国十部落，又击败佛兰西国王十三万之众，其兴勃

---

① 彭明辉：《晚清的经世实学》，台湾麦田出版2002年版，第197、142页。

然，遂为欧罗巴最雄大国"①。

《海国图志》50 卷本问世后，又经过两次增订，成为 1847 年的 60 卷本（60 余万字）和 1852 年的 100 卷本（88 万字，地图 75 幅，各种插图 64 幅）。在撰写和修订自己的著述时，魏源十分重视历史文献的收集和使用，力争做到翔实准确。《海国图志》引用了 100 多种中外著作，30 多件奏折，以及自己亲自搜集到的一些资料。这些文献资料主要分成以下三类：

其一，历代正史 20 余种，包括《汉书》《后汉书》《魏书》《晋书》《宋书》《南齐书》《隋书》《旧唐书》《新唐书》《宋史》《元史》《明史》等。

其二，中国古代的有关域外的地理著作和其他的有关著述，以明代以后的为主。70 余种；如叶钟奇的《英吉利夷情纪略》、陈伦炯的《海国闻见录》、俞正燮的《癸巳论稿》、汪大洲的《岛夷志略》、王大海的《海岛逸志》、黄可垂的《吕宋纪略》；姚莹的《康輶纪行》等，还引用徐继畬的《瀛寰志略》33 处，约 4 万字。

其三，外国人的著作。主要是明末清初来华传教士的著作，以及鸦片战争前后，传教士的著作，20 余种。主要有利玛窦的《地图说》、毕方济（Francesco Sambiasi, 1582—1649）的《灵言蠡勺》、高一志（Alphonse Vagnoni, 1566—1640）的《空际格志》、傅泛际（Francois Furtado, 1587—1653）的《寰有诠》、汤若望（Johann Adam Schall von Bell, 1592—1666）的《远镜说》、慕瑞的《世界地理大全》、培瑞的《平安通书》、祎理哲的《地球图说》、马礼逊的《外国史略》、马吉士的《地理备考》、裨治文的《美理哥合省国志略》、郭实腊的《贸易通志》。另外还有《圣书》（《圣经》）、《澳门新闻录》《滑达尔各国律例》等。

魏源在香港购得国外出版的地图集，后将其补入 100 卷本的

---

① 魏源：《海国图志·俄罗斯国总记》。

《海国图志》中。因此，百卷本的《海国图志》的突出特点，是对地图的重视，为人们留下了宝贵的世界历史地图的文献资料。这些地图主要来自南怀仁的《坤舆图说》、艾儒略的《职方外纪》、蒋友仁（P. Michael Benoist，1715—1774）的《地球全图》、培瑞的《地球椎方图说》、马吉士（Martins-Marquez,？—？）的《地球总论》等。

  魏源的《海国图志》在中国世界历史研究的学术发展史上，具有重要的地位，虽然这部作品产生于中国世界历史研究的萌生时期，它还谈不到是一部世界历史研究的专门学术著作，但《海国图志》却是近代中国第一批研究外国史地著作的代表作。一些学者对其给予了较高的评价，认为"海国图志是中国近代史学第一部较为系统的世界史地著作。该书不仅奠定了中国近代世界史地研究的基础，而且初步涉及了研究世界史地的理论方法，这在中国史学史上，是前无古人的"[1]。《海国图志》开始注意汲取外国史学的理论与方法，重视对历史事实和过程的描述，而且赋予"海国"于广阔的历史视野，对于东西方国家和地区都有介绍，在介绍的过程中，魏源对历史文献资料进行了大量的考证、辨误和补充，并在此基础上撰写"按语"，发表议论。[2]《海国图志》不仅对中国，而且对中国周边国家也产生了深刻影响。约在1851年，这部著作东渡日本，被日本学者和官员奉为至宝，几经转译翻刻，在日本社会产生了广泛影响，认为这是十分"有用之书"，推动了日本的维新运动。

二 鸦片战争后最初的世界史地著作

  姚莹，字石甫，号明叔、展和，晚号幸翁，安徽桐城人，嘉

---

[1] 吴泽主编，桂遵义等：《中国近代史学史》（修订本）上，人民出版社2010年版，第97页。

[2] 例如，明郑和下西洋的图中，曾将柯枝、古里、小葛兰作为一岛；将小爪哇与苏门答腊作为一州，等等，《海国图志》对这些错误，进行了修正。

庆时中进士。先后任福建平和知县、江苏高邮知州。鸦片战争期间，任台湾兵备道，曾率军民奋力抗击侵台英军，打退侵略军的军舰。1841年8月，英国双桅大船在台海附近触礁搁浅，沿岸官兵对英国入侵者包围截杀，毙命30余人，生擒130多人。还有数人投海自尽。此外，还缴获了航海地图和枪炮等军械。道光皇帝闻讯大喜，认为此事是鸦片战争开战以来从没有过的胜仗。但是，他的爱国行为却为投降派所忌恨，受穆彰阿（1782—1856）等人的陷害，被贬官四川。在此期间，他仍然没有忘记"冀雪中国之耻，重边海之防"。他赴西藏地区进行考察，同时多年还收集有大量有关世界各国的资料，撰写了《康輶纪行》。咸丰年间，被诬陷事得到平反，先后出任广西、湖南按察使，后死于湖南任上。著有《中复堂全集》，保存有他的大部分作品。

姚莹撰写的《康輶纪行》16卷，是鸦片战争之后，介绍外国状况的著作之一。他考证了天主教、回教、佛教的源流；记有英国、法国、印度、俄国、尼泊尔、锡金等国的历史知识；揭露了英国觊觎西藏由来已久，以及英国、俄国在中亚、西亚的矛盾和斗争。姚莹在《康輶纪行自叙》中写道：《康輶纪行》者，"大约所记六端：一、乍雅使事始末；二、剌麻及诸异教源流；三、外夷山川形势风土；四、入藏诸路道里远近；五、泛论古今学术事实；六、沿途感触杂撰诗文。或得之佛寺、碉楼，或得之雪桥、冰岭"。1844—1845年，作者在西藏进行考察，在记述西藏各方面情况的同时，还利用有利的地理位置，对印度等周边国家，以及与这些国家关系密切的英国、俄国等国的历史状况进行了研究。姚莹认为，尽管英国、俄国在中亚一带有利益冲突，但是对中国却都怀有侵略扩张的野心。姚莹从切身体验中，明确指出"闭关锁国"，乃是"误国"之路。坐井观天，无视世界之变局，实际上是愚昧无知，必将招致强敌入侵。他认为及时、准确地了解世界的形势，以及世界形势的演变，是非常重要的，所以他将艾儒略、汤若望、南怀仁等传教士以往所绘制的"世界地图",与最新的世界地图进行比较,以求能够准确地掌握最新的外国史地知识,为此绘制了世界和中国西南边疆的地图。他对林则徐、魏源十分钦佩,在思想上,他们特别是在"睁眼看世界"方面有不少相通之处。

后人在评述姚莹时,说他一生崎岖挫折,但从不趋依权贵,其"生平学问志节,富有极深入世思想,抱拯焚救溺,登天下于席衽之念。端为儒者淑世精神。……重在事功,尤致志于国际实际庶政,典章制度,物产风俗,民生疾苦,以至海疆兵防。俱为当世经世思想家经营筹虑之课题。足以代表清中叶嘉道之世,儒生精神抱负及其志行之所在"①。这有助于人们理解姚莹何以对海外情势始终用心,以及《康輶纪行》何以问世。

梁廷枏撰写《海国四说》,1846年刊行。他热爱祖国,强烈地反对西方列强的侵略,是19世纪中期中国先进知识分子中的一员。《海国四说》是与姚莹撰写的《康輶纪行》同样重要的外国史地著作。这部著作强调每个国家都有自己的特点,没有明确地提出向西方学习的问题,但却明显地表现出反对封建专制统治、反对殖民统治的思想倾向。梁廷枏,字章冉,号藤花主人,广东顺德人,早年从事辞章考据之学,撰有《金石称例》《论语古解》《曲话》及杂剧多种,还在1834年撰写《南汉书》18卷、《南越五主传》等。1834年中副榜贡生,后曾任广州越华、粤秀书院监院、学海堂学长、澄海县训导等职。1835年入广东海防书局纂修《广东海防汇览》。他认为鸦片贸易对中国百害而无一利,"竭中朝尽有之宝泉,贻庶姓无涯之害壑"②,积极支持和参加林则徐的禁烟活动。鸦片战争期间,他在广州积极参加抗英斗争,打击入城的英国侵略者。鸦片战争失败后,梁廷枏致力于著述。他的著作,在一

---

① 王尔敏:《近代经世小儒》,广西师范大学出版社2008年版,第42页。
② 《藤花亭骈体文集》卷一《销烟钟铭并序》。

定程度上反映了鸦片战争后,中国人民对资本主义列强的新认识。

《海国四说》1846 年刊行后,1848 年 4 卷合成。至咸丰时期,稍作修改后重新刊行。该书由《耶稣教难入中国说》、《合省国说》3 卷、《兰仑偶说》4 卷、《粤道贡国说》6 卷组成,主要文献资料来源于西方学者的著作和报刊中的文章。《耶稣教难入中国说》,叙述了耶稣产生、传教及传入中国的情况。《兰仑偶说》,是按照国别史体例编撰的英国史。从上古直至 19 世纪 40 年代,内容包括王朝谱系、政治经济沿革、民族兴衰,以及军事、外交、海外殖民掠夺和文化教育等,不失为一部简明的英国通史。该书一方面按照传统的纪传体,叙述历代统治世系,然后分述地理、宗教、经济、文化和民俗等。另一方面也可以清晰地看到西方史著的影响,在按照编年叙述的同时,分别叙述相关的政治、经济、文化和地理等内容。梁廷枏在《兰仑偶说》中,还提及了中国人很少提及的《大宪章》(亦称《自由大宪章》),是 1215 年英国贵族迫使诺曼王朝失土王约翰(John,1166—1216)签署的文件,17 世纪初,英国资产阶级对其给以新的解释,成为争取资产阶级权利的法律依据。梁廷枏十分赞赏《大宪章》对王权的削弱,认为它是英国形成立宪制的重要历史渊源。

《合省国说》,即美国史,主要是参考了传教士裨治文的《美理哥合省国志略》而写成,时间自新航路开辟,直至 19 世纪 40 年代,内容涉及政治、经济、文化、宗教和地理环境等,包括美洲大陆的开发、欧洲的殖民侵略、美国独立战争和华盛顿的历史作用、民主共和制度等。梁廷枏明显地受到裨治文所表现出的西方历史思想和方法的影响,主要表现为与中国传统史学突出政治史和皇室世袭更迭的不同,阐释的内容十分广泛,包括美洲大陆发现的历史沿革,以及疆域、气候、文化、宗教、习俗、物产、政治制度、经济发展等。梁廷枏还不惜笔墨,对美国的民主共和制有较多的介绍，对总统制、议会和司法制度等，给予了充分的肯定。

《粤道贡国说》，收录了清初至道光年间，从海道到广州贸易和入贡的暹罗、荷兰、西班牙、英国、意大利、葡萄牙等国与清政府的往来文件，以及有关清帝谕旨、大臣奏章等，是一部有较高文献价值的中外关系史文献集。《海国四说》既是有关英国、美国等西方国家的历史著作，同时也是一部清王朝断代的中外关系史著作。

梁廷枏撰写《海国四说》时，已经开始认识到编撰外国历史著作的必要性，同时也明显地感觉到这方面的工作离现实的需要，又差得太远。他曾以英国史为例说："当世立言之彦，偶记见闻，亦堪荟萃，然大率详今略古，穷未得立国之所由来，故译字分歧，且动称千有余年，未免群疑满腹。"① 中国人自己的著作没有，或虽有又多片言只语，没有系统的阐述；而外国人的历史著作，又与中国学术的通例差得太远，所以中国学者撰写外国史，在梁廷枏看来已经是当务之急，不仅如此，他本人还身体力行，对中国的外国史撰写进行了有益的探索。梁廷枏的《海国四说》，对外国历史的认识较之《海国图志》，无疑前进了一步。

鸦片战争后研究外国史地的重要著作还有徐继畬撰《瀛寰志略》10卷，约15万字。1848年刊刻出版。② 徐继畬，字健男，号牧田，又号松龛，山西五台县人，乾隆六十年生于宦官之家，道光年间中进士，选翰林院庶吉士，授编修，迁御史。后在闽粤沿海地区任职十数年，鸦片战争后任福建巡抚。同治年间清政府兴办洋务时，徐继畬因长期关注外国问题，被调往总理事务衙门任

---

① 《海国四说·兰仑偶说自序》。
② 《瀛寰志略》主要通行的版本有：1861年日本阿阳对嵋阁刻本；1868年国内重刻本；1898年上海扫叶山房石刻本。

职，同时主持同文馆①的工作。

1843年末，徐继畬在厦门会晤英国领事时，见到了时任译员的美国传教士雅裨理（David Abeel，1804—1846）。徐继畬从雅裨理那里见到不少精美的外国地图集，这使他对外国史地产生了浓厚的兴趣。徐继畬多次向雅裨理学习外国史地知识，给雅裨理留下深刻的印象，他认为这是他遇到的最喜欢提问的中国高级官员。雅裨理为了传教，曾将《新约全书》等宗教书籍送给他，但徐继畬对这些似不感兴趣。在雅裨理看来，徐继畬对了解尘世各国的状况，比聆听天国的真理急切得多。徐继畬利用职务之便，广泛接触外交官、传教士和外国商人，悉心收集介绍外国史地知识的出版物。

为撰写《瀛寰志略》，徐继畬进行了较长时间的准备。在福建、广东任职，使其有可能阅读大量的西文资料，包括印制精细的外国地图。如本书《凡例》所言，"泰西人善于行远，帆樯周四海，所至辄抽笔绘图，故其图独为可据"。徐继畬还使用了"泰西人杂书"，"有刻本有钞本，并月报、新闻纸之类约数十种"。这些资料，主要是从传教士那里获得的。他对利玛窦、艾儒略、

---

① 清末第一所官办外语专门学校。全称"京师同文馆"。初以培养外语翻译、洋务人才为目的，由恭亲王奕䜣于1861年1月奏请开办。1862年6月开课，直属总理各国事务衙门。同文馆初设英文馆，1863年至1897年间先后增设法文、俄文、算学、化学、德文、天文、格致、日文等馆。招收十三四岁以下八旗子弟，专学外文、汉文，优秀者兼学算学、天文、化学、格物、医学、机器制造、外国史地和万国公法等。1902年1月并入京师大学堂，改名京师译学馆，于次年开学，仍为外国语专门学校。曾把持总税务司45年之久的赫德，对同文馆有深刻影响，他妄称自己是"同文馆之父"。梁启超对同文馆持严厉批评意见。认为它"但教方言以供翻译，不授政治之科，不修学艺之术"，"不事德育，不讲爱国"，使学生"不复之有本国，贤者则为洋佣以求衣食，不肖者且为汉奸以倾国基"。（《戊戌政变记》，《饮冰室合集》）。类似京师同文馆这样的新式学堂，当时还有：上海广方言馆（1863）、广州同文馆（1864）、求是堂艺局（1866）、操炮学堂（1874）、福州电气学塾（1876）、天津电报学堂（1880）、广东实学馆（1880）、天津水师学堂（1880）、上海电报学堂（1882）、天津武备学堂（1890）、新疆俄文馆（1887）、台湾西学馆（1887）、昆明湖水师学堂（1888）、珲春俄文书院（1888）、刘公岛水师学堂（1890）、旅顺口鱼雷学堂（1890）、江南水师学堂（1890）、北洋医学堂（1893）、烟台海军学堂（1894）等。

南怀仁等人资料的引用,多进行了考订或校正,因此较为准确。《瀛寰志略》还征引了 20 余种中国学者的著作,包括顾炎武的《天下郡国利病书》、陈伦炯(1688—1751)的《海国闻见录》等。《瀛寰志略》的成书规模不大,但内容却十分丰富,反映了鸦片战争后中国人对了解外国历史知识的迫切需求。这十卷的主要内容是:卷一:东、西半球、清一统舆地、亚细亚、东洋二国、南洋滨海各国;卷二:南洋各岛国、东南洋大洋海各岛国;卷三:印度、回部四国、西域回部;卷四:欧罗巴、俄罗斯、瑞典、丹麦;卷五,普鲁士、日耳曼、瑞士;卷六:土耳其、希腊、意大利、荷兰、比利时;卷七:佛兰西、西班牙、葡萄牙、英吉利(含英伦、苏格兰、阿尔兰三岛);卷八:阿非利加、麦希(埃及);卷九:北亚墨利、南亚墨利加、北亚墨利加各国英吉利属部、米利坚合众国;卷十:北亚墨加南境各国、南亚美利加各国、巴亚、亚墨利西海湾群岛。

徐继畬花费 5 年的时间,将所得资料悉心编撰,完成了这部著作。全书有地图 42 幅,以图为纲,较系统地介绍了亚洲、非洲、美洲和欧洲近 80 个国家和地区的地理、历史沿革和经济、文化、宗教、风土人情,尤注重美国、英国、法国等国重大事件、商务关系。例如,他对美国开国总统华盛顿有如下记述:"华盛顿,异人也,起事勇于胜、广,割据雄于曹、刘。既已提三尺剑开疆万里,乃不僭位号,不传子孙,而创为推举之法,几于天下为公,骎骎乎三代之遗意。其治国崇让善俗,不尚武功,亦迥与诸国异。余尝见其画像,气貌雄毅绝伦。呜呼,可不为人杰矣哉!"对美国的政治制度,徐继畬写道:"米利坚合众国以为国,幅员万里,不设王侯之号,不循世及之规,公器付之公论,创古今未有之局,一何奇也。泰西古今人物,能不以华盛顿为称首哉!"[①]

[①] 徐继畬:《瀛寰志略》,上海书店出版社 2001 年版,第 277、291 页。

徐继畲在《瀛寰志略》中，十分重视地图的作用，他广泛汲取了新的科学知识，纠正了以往对世界其他国家历史、地理的错误认识。该书因能够"博采前贤著述，正其舛误"，而且"考核甚精"，所以和魏源的《海国图志》一样，被认为是近代中国系统介绍西方各国史地知识最早的两部书。徐继畲的《瀛寰志略》，是"看眼看世界"的重要著作，与绝大多数士大夫不同，他看到了他们看不到、不想看、不敢看的世界，《瀛寰志略》自然就受到他们的诋毁。那些昏庸的官吏自己不愿睁开眼睛，也不许别人睁开眼睛，他们攻击徐继畲"夸张外夷""尤伤国体"，进谗言。

1850年咸丰皇帝（1831—1861）即位后，徐继畲即以在英人入居福州神光寺事件上处理不当为由被罢免，由福建巡抚贬为太仆寺少卿，两年后罢官归里。第二次鸦片战争爆发，清政府继续遭到惨败，民族危机加剧，要求变革的社会思潮不断高涨，徐继畲这时才在同治四年（1865）重新得启用。次年，总理衙门主持重刻《瀛寰志略》，并将之作为同文馆的教科书。此后三十余年间，《瀛寰志略》不断被翻刻，有十多种版本广为流传，成为先进知识分子学习外国，走"自强之道"的必读书。

在对西方的认识上，有论者认为"魏源与徐继畲亦有异同，其一，都虚心追究西事，撰述世界史地；但《海国图志》对英人有敌忾之心，志略则较客观冷静；其二，都筹谋对策，魏源的策略分议守、议战、议款，有完整的体系，其议战'以夷制夷'、'师夷长技以制夷'，前者结盟以抗英人，后者学西方之造船制炮，具有制敌之力，允为重要的战争原则"。[①] 也有论者对徐继畲《瀛寰志略》的史学贡献给予积极评价，认为这部著作"具有虚心、求真、客观冷静、和平仁爱的精神，这些都是中国考证学家的基

---

① 陈存恭：《徐继畲事略及其〈瀛寰志略〉》，载任复兴主编《徐继畲与东西方文化交流》，中国社会科学出版社1993年版，第15页。

本精神，也是中国史家的精神"①。

在19世纪后半期，《瀛寰志略》成为人们了解世界的必读书。19世纪中期，魏源《海国图志》、徐继畬《瀛寰志略》出版后不久，即流传到日本，1861年（日本文久元年）曾有嵋阁本《瀛寰志略》问世，以后又多次翻印，在明治维新前后，在日本产生了十分广泛而重要的影响。日本知识分子从中了解了西方的社会、历史、地理，而且对于促进日本民族意识的觉醒，以及明治维新思想的萌生，都产生了积极的影响。1848年《瀛寰志略》问世时，美国华盛顿纪念碑奠基，美国向各州、世界各国征集纪念物。中国基督教徒赠送的纪念碑上，即刻有《瀛寰志略》上的一段话。②

俄国是中国的周边邻国，与中国接壤长达数千公里，觊觎中国由来已久，对此，中国社会各界的有识之早有警觉。鸦片战争之后，对俄国史的介绍和研究引人注目。早在19世纪中期，林则徐、魏源、姚莹、何秋涛（1824—1862）等人，开始关注俄国问题。1878年，署名鹭江寄迹人，根据俄国的历史学著作，译纂成

---

① 参见杜维运《与西方史家论中国史学》，载任复兴主编《徐继畬与东西方文化交流》，中国社会科学出版社1993年版，第18页。

② 道光二十八年（1848）华盛顿纪念碑奠基时美国向各州、世界各国征集纪念物，宁波地区的一批中国基督信徒在传教士的提议和帮助下，赠送石碑。碑文全文如下：钦命福建巡抚部院大中丞徐继畬所著《瀛环志略》曰，按，华盛顿，异人也。起事勇于胜、广，割据雄于曹、刘。既已提三尺剑，开疆万里，乃不僭位号，不传子孙，而创为推举之法，几于天下为公，骎骎乎三代之遗意。其治国崇让善俗，不尚武功，亦迥与诸国异。余尝见其画像，气貌雄毅绝伦。呜呼，可不谓人杰矣哉！米利坚，合众国以为国，幅员万里，不设王侯之号，不循世及之规，公器付之公论，创古今未有之局，一何奇也！泰西古今人物，能不以华盛顿为称首哉！大清国浙江宁波府镌 耶稣教信辈立石。合众国传教士识咸丰三年六月初七日。该石碑长期被误认为是当时的中国政府，即清政府所赠送。例如，1998年6月，美国第42任总统克林顿在北京大学发表演讲时说："从我在华盛顿特区所住的白宫往窗外眺望，我们首任总统乔治·华盛顿的纪念碑高耸入云。这是一座很高的方尖碑，但就在这个大碑邻近有块小石碑，上面刻着：米利坚不设王侯之号，不循世及之规，公器付之公论，创古今未有之局，一何奇也。这些话并非出自美国人，而是由福建巡抚徐继畬所写。1853年中国政府将它勒石为碑作为礼物赠送给我国。"

《俄国志略》，通过历史的叙述，揭露俄国侵华阴谋，强调对沙皇俄国应严加防范。关于这本书的资料来源，作者说明是"译录其国史之大略"。该书的篇幅不大，但是内容较丰富，对当时的中国有重要的现实意义。其《按语》说："其俄国所留心著意，无非侵占邻国地土为务。比现在形势而论，西边有英法德奥意各国，皆虎视眈眈，断不容他人有侵占之事，行之甚难。若南边虽小，有隙可乘，欲行侵占，英国必起而争之。此又不能如愿，行之亦不易。其稍可注意者惟东边耳。俄国之东界，乃我中国西北境，若不及早设防之，恐将来事机一露，即难收拾矣。俄之行为险诈，居心叵测，若视之兵戎，尚可预防，倘于玉帛礼貌而来，尤属可虑，不知其蓄意如何，更须严防为是。"① 当时的一些人认为，"俄之行为险诈，居心叵测"超过英国，因为在他们看来，英国侵略中国，主要是通过一系列不平等条约掠夺中国的财富；而俄国却是要利用和中国接壤这一地理位置，掠夺中国的国土，扩张沙皇俄国的版图，对此，作者呼吁中国人民要"严防为是"。

张穆（1805—1849），近代的爱国思想家、地理学家、山西平定人。他为揭露和抵御沙俄侵华，致力于西北边疆史地和蒙古史的研究，其代表作是《蒙古游牧记》。在此之前，我国还没有内外蒙古史和西北史地研究的专门著作。张穆撰写这部著作时，强调"缀古通今，稽史籍，明边防"，所以十分重视山川城堡的探究。《蒙古游牧记》史料翔实，考古鉴今，对了解蒙古社会风俗沿革，以及北方各民族间历代的交往关系，有重要的学术意义和现实意义。张穆生前没有将这部著作最终完成，病逝后由其友人何秋涛整理校订、补充，历十年完稿，于1859年付刊。《蒙古游牧记》问世后，即在国内和欧洲英国、法国和俄国都产生了广泛反响，在19世纪末，就已有俄文和日文的译本。

---

① 鹭江寄迹人译纂：《俄国志略》，中华印务总局1878年版。

在林则徐等人的影响下，何秋涛专心注重西北边疆史地的研究，先后完成《校正元圣武亲征录》《蒙古游牧记校补》和《朔方备乘》等著作。其中尤以第二次鸦片战争初期完成的《朔方备乘》最为重要。鸦片战争前后，沙俄侵华扩张日渐加剧，为巩固国家边防，有必要弄清中俄边界的历史和现状，而这在当时恰是空白。何秋涛通过阅读300多种俄国进呈之书和检索大量古文献资料，致力于探求俄罗斯的历史与现实，以及中俄关系的历史，撰写了如《北徼星度考》《北徼水道考》《北徼教门考》《北徼方物考》《乌孙部族考》《汉魏北徼诸国传》《俄罗斯互市始末》《俄罗斯进呈书籍记》《考订俄罗斯国总记》《俄罗斯境内分部表》等文章，使国人对"雄长欧洲""疆土日辟""觊觎中国"的俄国能有一较全面的认识。

何秋涛数年收集、编写撰成的《北徼汇编》，咸丰皇帝看后大加赞赏，赐名《朔方备乘》。《朔方备乘》全书80卷，记述自汉唐到清道光年间中俄关系，被认为是开中国中俄关系史先河的著作，也是清代西北边疆史地学的集大成之作。何秋涛广泛汲取了前人和同时代人的研究成果，在该书凡例中谈到自己写作该书意图时明言为八端，"是书备用之处有八：一曰宣圣德以服远人；二曰述武功以著韬略；三曰明曲直以示威信；四曰考险要以昭边禁；五曰列中国镇戍以固封圉；六曰详遐方地理以备出奇；七曰征前事以备法戒；八曰集夷务以烛情伪"，充分表现了他探究西北边疆史所蕴含的爱国主义精神。

三 时代的使命：走向世界

鸦片战争之后，外国资本大量涌入中国，在中国开设工厂。自19世纪60年代起，清政府中的一些高官，为了达到"富国"的目的，开始仿效西方，采用资本主义的一些生产技术，兴办"洋务"，创办自己的民族工业，同时为"自强"开展"练兵制器"的活动。因这些活动都与西方资本主义列强有密切的联系，所以这些人被称为"洋务派"，主要代表人物有奕䜣（1833—1898）、曾国藩（1811—1872）、李鸿章、左宗棠（1812—1885）、张之洞等。"洋务派"创办的工业首先是军事工业，如军械所、弹药厂、洋炮局、造船厂等，在交通运输业和工矿企业等也兴办了一批工厂。以后随着洋务运动的发展，在缫丝、纺织、煤炭、粮食加工和火柴等行业，也都出现了一批资本主义企业，而且对外国的介绍也不仅仅限于自然科学，[①] 外国史地逐渐成为重要内容之一。从19世纪60年代到甲午战争爆发，主要由洋务派创办的学堂有25所之多[②]，最早的是1862年奕䜣创办的隶属总理衙门的京师同文馆。这些学堂聘请通晓汉语的外籍人士教授外语，对于促进外国史地知识的传播，也有直接或间接的积极作用。例如，京师同文馆八年制课程第三年的课程之一，就是"讲各国地图"，"读各国史略"，"翻译条子"；同文馆译出的著作有《俄国史略》《各国史略》等。

唐宋以来直至明朝，日本等亚洲邻国曾派多批留学生或留学僧来中国留学，但历代封建帝王却以"天朝"自居，从不向外国派遣自己的留学生。16世纪，资本主义生产关系萌生后得到迅速发展，特别是17、18世纪英国资产阶级革命和法国大革命后，工业革命推动社会生产力飞速发展，康乾盛世的清王朝更显出"落日的辉煌"，与欧美资本主义国家的距离越来越大。中国一些有识之士在惊呼这是"几千年未有之变局"的同时，提出要向西方学习以自强求富，19世纪60年代，清廷官员桂文灿（1823—1884）曾上条陈提出派遣幼童到俄罗斯、美国学习制造船炮、铅药、军

[①] 据周昌寿《译刊科学书籍考略》统计：自咸丰三年（1853）到宣统三年（1911），共有468部西方科学著作被译成中文出版。其中，总类及杂著44部；天文气象12部；数学164部；理化98部；博物92部；地理58部。

[②] 这些学校主要有：上海外国语言文字学校（1863）（即上海同文馆，后改名广方言馆），广州同文馆（1864），以后又有福州船政学堂、水师学堂、电报学堂等。

器之法；薛福成（1838—1894）也向曾国藩提出"招后生之敏慧者，俾适各国，习其语言文字，考其学问机器，其杰出者，旌以爵奖"①，但都无下文。

在清政府正式派出留学生之前，也有中国人到外国留学，如容闳1854年毕业于耶鲁大学，他是第一个毕业于美国大学的中国留学生，代表作《西学东渐记》（新译名《我在美国和在中国生活的追忆》）有广泛的影响。毕业前夕，他"已预计将来应行之事，规划大略于胸中矣。予意以为予之一身，既受此文明之教育，则当使后予之人，亦享此同等之利益。以西方之学术，灌输于中国，使中国日趋于文明富强之境"。② 在容闳的积极努力下，1872年，中国派遣了第一批留美学生，他为此感到十分欣慰。

在洋务运动时期，中国进一步对外开放，派遣留学生到英国、法国学习；一些中国知识分子走出国门，亲身体验、了解，进而研究世界各国的实际情况，这些宝贵的感性知识，为他们对外国史地的编撰创造了有利的条件。继1872年，清政府派出第一批留美学生之后，福州船政学堂在1877年、1883年、1886年三批派赴英、法留学生近80人，其中1886年有北洋水师学堂10人一并前往。福州船政学堂的严复，即是这批留学生中的佼佼者。洋务运动的兴起促进了以实地考察为主要特征的外国史地研究，使中国人对世界历史和现实的认识，在原有的基础上已有了新的发展。这一时期中国知识分子对外国史地的介绍和研究，是中国走向世界的具体体现，推动了走向世界这一进步思潮的形成和发展。

徐建寅（1845—1901），江苏无锡人，科学家。其父徐寿（1818—1884）是中国近代化学先驱，自幼受其父影响，酷爱自然科学，

---

① 薛福成：《庸庵文外编》卷三。
② 容闳：《容闳回忆录》，东方出版社2012年版，第20页。

早年在江南制造局①翻译西方自然科学著作，后到天津机器局、山东机器局、福州船政局等地任职。1879年，以驻德国二等参赞名义出使德、英、法等国进行技术考察，采购枪支、弹药、舰船等军事装备。他考察了英、德两国最著名的一些造船厂，经过对比、考证，最后选定德国最大的一家造船厂（伏耳铿造船厂），订造了两艘铁甲舰船，即清政府北洋舰队中的两艘主力舰："镇远"和"定远"号。在欧洲考察期间，他将其所见所闻写成《欧游杂录》2卷。在徐建寅诸多的著作中，这是最有史料价值的一部书。该书将19世纪七八十年代，西方最先进和最有代表性的科学技术和工厂管理方法等，较详尽真实地记录下来，内容涉及造船、机械、枪炮、火药、熔铁、铸钢、采煤、开矿、电器、印刷、水泥和金属加工等。此外，徐建寅在1887年还著有《德国合盟纪事本末》和《美国合盟本末》，在上海出版。1898年，在维新变法、实施新政中，徐建寅出任农工商总局督理。

张德彝（1847—1918），早年毕业于我国第一所外语学校——北京同文馆，曾任光绪皇帝的外语老师。他一生8次出国，到过法国、英国、比利时、荷兰、丹麦、瑞典、芬兰、俄国、普鲁士、日本等国，在国外生活了27年。每次出国，他都写下详细的日记，依次成辑《航海述奇》《再述奇》《三述奇》《四述奇》直至《八述奇》，共约200万字。1870年，清政府派崇厚出使法国，张德彝为随从翻译。

1871年3月27日（同治十年正月二十七日），他先到巴黎租

---

① 江南机器制造总局，简称江南制造局或江南制造总局，又称作上海机器局，1865年9月20日在上海成立。该机构由曾国藩规划，后由李鸿章实际负责。江南机器制造局除进行机械制造外，另附设有广方言馆（语言学校），翻译馆及工艺学堂，用以介绍西方知识，以及培养语言和科技人才，在1868年—1907年之间，译书达160种，除军事科技外，旁及地理、经济、政治、历史等方面，在晚清的知识分子中有较大影响。英国在华传教士傅兰雅曾著《江南制造总局翻译西书事略》（即《译书事略》，《格致汇编》1880年第5—8期连载），该文较详尽地介绍了江南制造局译书的缘由和特点和截至1879年已经出版和正在翻译中的主要著作。

房,3月28日,巴黎公社宣布成立,张德彝目击了这场惊天动地的伟大事件,在《三述奇》的卷二中有详细的记载,为后人留下了宝贵的史料。张德彝记述了普法战争的经过,以及法国政局的演变。他虽将巴黎公社视为"叛乱",但对巴黎公社的战士仍称赞有加:申初,又由楼下解叛勇一千二百余人,中有女子二行,虽衣履残破,面带灰尘,其雄伟之气,溢于眉宇……叛勇不惟男子犷悍,即妇女亦从而助虐。所到之处,望风披靡。居则高楼大厦,食则美味珍馐,快乐眼前,不知有死。其势将败,则焚烧楼阁一空,奇珍半成灰烬。现擒女兵数百,迅明供认,一切放火拒捕,多出若辈之谋。法国学术界一般认为,中国在1927年以前,几乎未见到有关巴黎公社的反映,中国人没有直接观察并记述过巴黎公社。张德彝的《三述奇》彻底否定了这一说法。新中国成立后,张德彝的后人在1951年将其手稿送交人民政府保管,该手稿现存放在北京图书馆,后公开出版①,在海内外引起广泛反响。

四 世界史编纂先驱王韬

这一时期中国的世界史编纂,重要的代表人物之一,是王韬(1828—1897)。王韬,江苏长洲(今苏州市吴中区)人,初名利宾,字兰卿。清末改良主义思想家、历史学家。1849年在上海结识英国传教士麦都思,受雇在墨海书馆从事翻译工作,开始接触西学。1862年,因风传他曾上书太平天国将领献策事发,被清政府通缉,在西人帮助下逃亡香港,直至1884年。避居香港时易名韬,字仲弢、紫诠。在香港期间为英国教士理雅各翻译经书,将《尚书》《春秋左传》《诗经》《礼记》等译成英文,是中国同时参与中西经典互译的第一人。

---

① 20世纪80年代,钟叔河先生主编的"走向世界丛书",由湖南人民出版社和岳麓书社出版时,《三述奇》取名《随使法国记》,编者按照内容重新分卷,并给各卷加了新的书名。

王韬在香港开始关注世界史地情况，以及中外关系，并加以研究。1867—1870 年，王韬随理雅各去英国继续译书，并到法国、俄国等地游历，英法诸国的物质文明、社会制度和思想文化，给他留下了深刻的印象。1874 年，他在香港主编《循环日报》，① 介绍西方社会知识，主张变法图强，强调中国顺应世界之"变"，乃"势所必然"。1884 年，王韬经李鸿章默许自香港回到上海，被聘为《万国公报》特约撰稿人和《申报》编纂主任，同时自办弢园书局。王韬后任格致书院山长，聘请中外教师授课，如英国教士傅兰雅撰有《格致新编》，每周进行幻灯教学。所学课程除外语外，还包括舆图、建筑和理化等。

王韬所生活的时代，近代中国已不仅仅停留在"看世界"的阶段，而是开始走向世界。面对"天地之变局"，王韬力主变革，认为"孔子而处于今日，亦不得不一变"，"穷则变，变则通，知天下事，未有久而不变者也"。他还主张在变革的过程中要向欧洲学习，他说："至今日而欲办天下事，必自欧洲始。以欧洲诸大国为富强之纲领，制作之枢纽。舍此，无以师其长而成一变之道……设我中国至此时而不一变，安能埒于欧洲诸大国，而与之比权量力也哉！"② 在《弢园文录外编》的《重民》《达民情》等篇中，王韬对英国、意大利、西班牙、葡萄牙、丹麦等欧洲国家和美国的政治体制进行了比较，尤其欣赏"君民共主制度"。他认为"君主专制"使君民隔阂、国家贫弱。这种认识，在某种意义上成为推动王韬研究欧洲历史的重要原因之一。

---

① 1874 年 1 月，《循环日报》由中华印务总局改组成立。王韬为主笔，洪干甫、钱昕伯等辅助。除选刊《京报》的文章外，还设有"羊城新闻""中外新闻"等栏目。该报的时论文章多为王韬所撰，1874—1884 年，王韬大部分时间在报社工作，用"遁窟废民""天南遁叟""欧西寓公""弢园老民"等笔名，发表大量政论文章，如《变法自强》《宜索归澳门改》等。此外，《论各省会或宜设新报馆》《论日报渐行于中土》《论中国自设西文日报之利》等文章，论及日报与新闻传播等，也有较大影响。

② 王韬：《弢园文录外编·变法》（中），中华书局 1959 年版，第 13 页。

王韬幼读经史，有深厚的中国传统文化积淀；同时又与西人过从甚密，精通西学，这些是其成为我国 19 世纪研究世界近代史先驱之一的重要原因。其世界史方面的主要代表作有《法国志略》（《重订法国志略》）和《普法战记》。此外还有未刊行的《西古史》《俄罗斯志》《美利坚志》等。研究欧洲历史的目的是"经世匡时"，这在他的著作中多有体现。王韬还著有《泰西著述考》，是明末清初 92 位来华传教士 211 种著述的目录汇编，对每位传教士的国籍、来华时间及主要活动都有介绍。①

　　1867—1870 年，王韬赴欧洲旅居期间，曾经两次到法国，较多地了解了法国的历史、地理、民俗和社会现实，亲自体验了西方资本主义政治制度，以及西方资产阶级的精神生活和物质生活，这一切使他感触颇多。在法国，他会见了法籍犹太汉学家儒莲（茹理安，Stanislas Julien，1799—1873），两人有较密切的交往，在政治思想和学术思想上，不可避免地受其影响。儒莲是法兰西学院的汉学教授，对中国经史研究造诣颇深，曾著有《汉学指南》，并将《孟子》《道德经》《赵氏孤儿》《大唐西域记》等译成西文。王韬与儒莲早有书信往来，见面后进一步加深了友谊，并使王韬有机会就撰写法国史与其进行学术交流。王韬对儒莲十分推崇，曾撰写《法国儒莲传》，对其给予高度评价。

　　在 19 世纪下半叶的中国，已经可以看到一些外国史地著作，但是，这些著作多是外国人自己写的，不仅内容是关于外国的历史和地理，而且所表述的思想感情自然也是属于外国的，如慕维廉的《大英国志》、裨治文的《联邦志略》、阚斐迪（Frederick Galpin，1842—1932）的《俄史辑译》、冈千仞（1833—1914）的《米利坚志》《法兰西志》等。王韬认为这些外国史地作品多有谬

---

①　王韬的主要著作、译作除已经述及的之外，还有《火器略说》《西国天学源流》《西学图说》《西学原始考》《重学浅说》《华英通商事略》《瓮牖余谈》《漫游随录》《扶桑游记》等。

误,颇不以为然,于是就萌生了由自己亲自撰写法国历史的想法。在王韬看来,法国在欧洲是一个举足轻重的国家,"法在欧洲,为千余年自立之国。喜选事,善用兵,欧洲全局视之以为安危。列国于会盟征伐诸大端,无不遣使集议于其都,而法为执牛耳,其国威兵力之足以慑人,盖积渐使之然矣"。不仅如此,王韬对法国的盛衰也有思考,认为这绝非"一朝一夕之故"。"论者但知法之所以盛,而不知法之所以衰,固不得为探本穷源者矣。法之胜。法固有以致之;法之衰,法亦自有以取之,并不得为弱法者咎也。吾愿欧洲诸国以法为鉴焉可也。"① 实际上,法国盛衰的历史经验和教训,不仅对欧洲诸国,而且对中国同样有重要的借鉴意义。

1870年,王韬自欧洲回到香港后,恰遇清政治家、洋务运动主要人物之一丁日昌(1823—1882),希望将丁氏所做的《地球图说》中的《法国图说》部分,"增辑史事,裒益近闻,著为定本"。丁日昌的这部作品,按照当时通行的方法,主要是根据美国人的著作译出,各方面的局限显而易见。王韬于是开始广泛收集史料加以补充,同时加进自己在欧洲的所见所闻,编撰成《法国志略》14卷,1890年重订为24卷,使其内容更加丰富。王韬撰写《法国志略》时,较多地借鉴了日本学者冈千仞的《法兰西志》。该书的体例基本上是纪事本末,所收入的史实也算翔实,因此有重要的参考价值。这一时期中文本有关法国历史的著作,还有傅兰雅的《法国新志》(制造局印),英国陆军统领子爵华耳司雷著、陈佩常译的《拿破仑失国记》(译书公会报印),以及东亚书局译的《法国新历史》等。这些著作虽大都没有正式刊行,但由此仍可看出晚清时国内对法国史已不陌生,还是有较多了解的。此外,还借鉴了日本冈本监辅的《万国史记》,以及《西国近事汇编》等。

---

① 王韬:《法国图说·序》,载《中国近代思想家文库·王韬卷》,中国人民大学出版社2013年版,第58页。

王韬《法国志略》的主要内容是法国上古至拿破仑第三时期，约1600年的历史，这是中国人第一部具有通史性质的研究法国历史的著作。《法国志略》内容丰富，涉及法国纪元以来，政治、经济、军事、外交、自然地理和人文地理等。法国历史上发生的大事，在本书中都有叙述，基本不漏，所以通过本书可较系统了解法国的历史，特别是法国兴衰的历史过程，"为中国之殷鉴"，这也正是王韬编撰《法国志略》的目的。①

王韬较全面地介绍了法国大革命的始末。在纪实的基础上，他有如下评论："共和之政，其为祸之烈至于斯欤？叛党恃其凶焰，敢于明目张胆而弑王，国法何在，天理何存？不几天天地反覆，高卑易位，冠履倒置，纪纲紊乱乎哉？此与英国高门士（下议院）英王查尔斯事相仿佛。古今悖乱之事，固有未甚至此者也。顾迹其祸之由来，不能和众而得民心，自恃居民之上而好恶不与民同，怨之所积，足以亡身……法人弑王而叛党旋覆，英人弑王而高门士亦随灭。不独天道好还，亦可以观世变矣。然则为人君者，其可逞欲而妄为哉？"② 王韬虽然是在撰写《法国志略》，但处处体现出对当时中国现实的关注。

王韬十分赞赏法国"君民共主"的君主立宪制度。这是他矛盾的历史观的具体反映。他在反对君主专制的同时，也强调中国封建社会的"纲常则亘古而不变"，他既反对"政出一人"的专制统治，又反对"视君如弈棋"的"民主之国"的社会改良主张。在他看来，民主共和制度是一切祸乱的根源，使法国"政令倾颇，纪纲坏乱，国人分党，互相仇视，诛戮横加"，所以中国不可以效法。在王韬看来，"专制"和"民主"都不可取，只有"君民共主"才能够"上下相安"，使国家远避动乱之源，稳定发展。这是因为"人君之所以不敢挟其威虐其民，以国宪限其权也。

---

① 王韬：《扶桑游记·冈千仞跋》。
② 王韬：《重订法国志略》卷5。

国民之所以不敢负其力凌其君者,以国宪定其分也。路易既不难挟其威虐其民,则为之民者亦何难负其力凌其君乎哉?故欲其国之永安久治,以制国宪定君民权限为第一义也"。①

王韬的《普法战记》是我国第一部记述欧洲战史的著作。1871年普法战争结束后,王韬从欧洲回到国内,他与张宗良合作编译了不少报刊所载文献资料并将其发表,以后将这些收集在一起,同时又补充其他资料,编辑成《普法战纪》14卷,1873年8月由中华印务总局排印发行,内容包括普法战争发生的原因、主要过程和战后的影响等。1886年,王韬又根据普法军队中的有关文件以及世界各国的相关评论,增补为《普法战记》20卷,对普法交战期间两国的政治、经济、军事诸方面,进行了更深入的论述。王韬致力于丰富《普法战记》的内容,意将普法战争放在更广阔的历史环境中去叙述,正如他在书中《前言》写道:余之志普法战争,岂独志普法哉?欧洲全局之枢纽,总括于此矣。普强法弱,此欧洲变局之所由来也。是书虽仅载二国之事,而它国之合纵缔交、情伪变幻,无不毕具。该书的内容十分丰富,并不仅仅局限在普法两国,而涉及与普法战争相关的欧洲诸国。此时的王韬,对世界的认识开始发生了根本的变化,他认为今之天下,乃地球合一之天下,而不再是普天之下,莫非王土。

在《普法战记》中,王韬意欲总结历史教训。1870年7月19日,法国对普鲁士宣战。普法战争开始后,法军接连败北。9月2日,法国拿破仑三世亲率近十万名法军在色当投降。9月4日,巴黎爆发革命,法兰西第二帝国灭亡。但普军仍长驱直入,1871年1月18日,普鲁士国王威廉一世在法国凡尔赛宫加冕为皇帝,成立了德意志帝国。新成立的法国资产阶级政府请求停战。2月26

---

① 王韬:《法国志略·原序》。

日，双方在法国凡尔赛签订和约。这次战争使普鲁士完成德意志统一，取代了法国在欧洲大陆的霸主地位。对于普法战争胜负的原因，王韬分析道："是故有国家者，得人则兴，失人则亡；得人则若可以为强，小可以为人，振兴之机捷于影响。否则，以普观之，仅抵中国粤东二三省尔，至于生齿殷繁，则又远不能及也，而卒能盟长欧洲，高执牛耳，则人为之也。"他还写道："不知天下大势，惟理可以持之，岂徒尚力哉？苟以力凌人，则鲜不蹶矣。法之已事其明验也。"① 王韬明确指出正是人的因素，才使普鲁士"卒能盟长欧洲，高执牛耳"。

《普法战记》是较系统记述巴黎公社的第一部著作。香港《华字日报》《中外新报》等首先报道了巴黎公社的伟大斗争。王韬与张宗良曾编译有关巴黎公社的内容，交报纸发表，近代中国对于国际工人运动和社会主义学说的最初了解，对于法国无产阶级的惨烈斗争的认识，正是从这是开始的。

《普法战记》卷六记载了，1870年10月31日巴黎的无产者和部分国民军发动推翻国民政府，建立巴黎公社的经过。在该书的卷十二，较详细地记述了巴黎公社遭血腥镇压的情况：1871年"五月二十二日，官军以八万人攻入法京，取悍党六百人悉诛之"。"官军前后擒获贼众甚多，获即击杀，极形残酷。兵刃相接，杀人如麻，积骨成邱陵，流血成沟浍。焚毁庐舍衙署三分之一。……五月二十八日，乱党悉平，谋叛者咸正典刑，胁从概予诛戮。前后共杀六万余人。……凡有贼党过普鲁士军界者，悉遭俘絷，尽去其器械。定乱法军之剿贼也，过于残酷。所擒妇女童稚，苟持械于手者，立置死地，无一毫怜悯心。……擒得贼党，概治以军律，用枪击杀。每次以五十人或至一百人为一队，火枪所拟，溃肠洞腹，碎首裂脑，诛戮亦殊惨矣。"王韬还分析了发生巴黎公社

---

① 《中国近代思想家文库·王韬卷》，中国人民大学出版社2013年版，第59、64页。

运动的原因，他认为这是因为"自主二字害之也。方法国廷臣之转为自主之国也，民间嚣然，皆以为自此可得自由，不复归统辖，受征徭，从役使，画疆自理，各无相制"。"死亡之惨，目不忍睹。呜呼！非自主之一念误之哉！"①王韬因时代和阶级的局限，得出这些错误的认识并非偶然，这与他长期以来对"专制"和"民主"的理解完全一致。

鉴于《普法战纪》还介绍了西方的史地知识，这对于当时的中国来说也是急需的，因此也受到洋务派的欢迎，在一些人看来，这本书可以和魏源的《海国图志》相提并论。梁启超对《普法战纪》给予了较高的评价。在他看来，这部著作是纪事本末体外国史书中值得一读的书。②《普法战纪》《法国志略》和黄遵宪的《日本国志》一样，在当时被不少人列为必读书，这些著作所提倡的学习"泰西之所长"，"不得不变古以适今者"的思想，启迪人们思考当时中国社会生活中出现的一些现实问题，在戊戌变法运动中，发挥了一定的积极作用。

《普法战纪》出版后，很快在日本引起重视。1878年，日本陆军文库将其翻刻刊行，1889年，大阪修道馆再次翻刻。这部著作以"叙事明畅""行文爽快""学识渊博""议论公平"著称，在日本成为畅销书。1879年，王韬应邀赴日本访问。在日本的4个月期间，见到了日本著名的历史学家冈千仞，他们就撰写或编译《法国史》《美国史》《俄国史》等交换了意见。1884年，冈千仞来华访问时，曾将他所著的《法兰西志》《米利坚志》等带到中国。

王韬在日本期间，对明治维新之后的日本有不少亲身体验，对变法维新后的日本增加了许多感性的认识，他开始着眼日本史的研究，编撰成日记体的《扶桑游记》，对明治维新后日本的政

---

① 参见姜义华编《社会主义学说在中国的初期传播》（中国近现代思想文化史史料丛书），复旦大学出版社1984年版，第6—7页。
② 参见《读西学书法》，《质学丛书》第11册，1896年。

治、经济、文化等内容,都有涉及。他充分肯定了日本的明治维新,认为"维新以来,崇尚西学,仿效新法,一变其积习而焕然一新"。他认为日本的可取之处,就在于"贵知所变"。日本虽然是亚洲东方的一个小国,"一旦勃然有志振兴,顿革乎昔因循之弊。其国中一切制度,概法乎泰西,仿效取则,惟恐其人之不深"。日本在向西方学习时,从日本的实际出发,是有选择的,并非是全部"西化",这给王韬留下了深刻的印象。由于能够做到"择其善者,而去其不可者","师其所长而掩其所短",所以近代日本发生了深刻的变化。联系到中国,王韬认为洋务派对西方的学习表面上盛极一时,而实际上"尚属皮毛","有不必学而学之者,亦有断不可学而学之者",且又多操之过急。中国应该像日本一样,通过变法维新,以适应世界在"变"的形势,使国富民强。他还充满自信地说,"不信吾言,请验诸百年之后"①。

王韬的著作较明显地受到西方史学的影响。在 1890 年刊行的《重订法国志略》中,关于法国历史的阐述更加系统完备,对法国开国纪元、王朝更迭、法国大革命、对外战争等都不遗漏。此外,还有法国的疆域总志、巴黎志、郡邑志、藩属附志、广志等,被认为是一部内容丰富的法国史。在《重订法国志略》中,王韬还从实际出发,就中外史学的异同进行了比较,并在自己的作品中,汲取了西方史学历史思维较为开阔,视野较为宽广的优点,从史学理论与方法方面来看,这应该被视为是一种成功的尝试。他说:中国史学"原以专叙历代治乱、沿革得失、天地变异,而于国势民情,则略焉不讲,盖已包蕴于其中矣。西史则间及民间琐事,如发明一事,创造一器,必追原其始,以觇人才之进步、制作之源流焉。此亦记载之所不可废也"。② 这种比较虽然仅仅停留在表面上,没有从广阔的社会历史背景下探讨之所以会有这种差异的原因,但仍然是

---

① 王韬:《变法自强·下》,见《弢园文录外编》卷二。
② 王韬:《法国志略·凡例》。

有积极意义的，因为毕竟通过对中西史学的比较，直接地对中国封建史学的弊端进行了批评。此后不久，在世纪之交，中国史学关于"民史""君史"的讨论，则对中国封建史学有了更深入的批判。

五 黄遵宪图新自强的《日本国志》

黄遵宪（1848—1905）的《日本国志》，40卷50万字，是19世纪另一部史学名著，1895年出版，这是中国人所写的第一部日本通志①，该书涉及明治维新的内容十分丰富，所以也被认为是一部日本明治维新史。"在近代中国，第一个对日本有真正了解，其关于日本的研究在国内产生大影响的人，应该算是黄遵宪"，② 黄遵宪，字公度，号入境庐主人，近代中国启蒙思想家、诗人，广东嘉应州（今梅州）人。光绪年间考取举人。1877年为中国驻日使馆参赞，在日本生活、工作4年多。自1878年开始，他广泛地收集、阅读有关日本的历史文献资料。这时正是日本明治维新后，日本社会处在深刻的变化过程中，"文明变化""殖产兴业""富国强兵"等，给他留下了深刻的印象。

黄遵宪特别注意到，日本知识分子中读中国的著述、研究中国问题的人并不鲜见，他们的相关著述"积屋充栋"；而中国的士人，却"好谈古义，足己自封"，不仅对于欧洲国家，即使是对一衣带水、击柝相闻、朝发可夕至的日本，也视为遥不可及，知之甚少，对海外的认识十分狭隘。黄遵宪认为这种状况亟待改变。

他研究日本的历史，特别是明治维新以来的历史，意在回答中国社会面临的现实问题。该书内容十分丰富，包括卷首的年表和国统志、邻交志、天文志、地理志、职官志、食货志、兵志、

---

① 黄遵宪的《日本国志》，1890年付刊，1895年出版。羊城富文斋初刻本，首卷有李鸿章的《禀批》、张之洞的《咨文》。后有多种版本问世，如羊城富文斋改刻本（1897）、浙江书局重刻本（1898）、汇文书局本（1898）、上海图书集成印书局本（1902）等。

② 钟叔河：《从东方到西方》，岳麓书社2002年版，第204页。

刑法志、学术志、礼俗志、物产志、工艺志十二种志,从各个角度深入系统地研究了日本的历史和现实,特别是明治维新后所实行的各项制度。各志除记述外,均以"外史氏曰"的方式,论述日本变革的经过及得失利弊,并推论及于中国。他认为,"中国必从西法。其变法也,或如日本之自强,或如埃及之被迫,或如印度之受辖,或如波兰之瓜分,则我不敢知"。因此,他编写《日本国志》宣传日本明治维新的目的,就是"质之当世士夫之留心时务者",供国内有志维新之士借鉴,希望中国以明治维新为榜样,推动中国的变法改革,图新自强。

1882年,黄遵宪离开日本,出任清政府驻美国旧金山总领事,行前他给友人的一首诗中写道:"草完明治维新史,吟到中华以外天",[①] 此时他仅仅完成了《日本国志》的初稿。1885年秋,黄遵宪离任回国后,最终完成了《日本国志》,正如他自己所说,"乙酉之秋,由美返华……家居有暇,乃闭门发箧,重事编纂,又几阅览两载而后书成",[②] 即1887年,历时完成了该书的编撰工作。黄遵宪后又出任清政府驻英国、法国使馆参赞,新加坡总领事,直至1894年回国,任江宁洋务局总办。《日本国志》40卷,记述了日本自远古到明治维新,政治、经济、文化发展演变的3000余年历史。

黄遵宪为撰写这部著作,参考了200余种图书,历时八九年。书成后,他便在国内四处奔走,希望能通过总理衙门刊行出版。但是,当时主持总理衙门的庆亲王奕劻等,对主张变法改革的《日本国志》没有兴趣,结果一拖再拖,直至甲午战后《马关条约》签订后数月的1895年秋冬之际才问世。1894年春,黄遵宪曾把书稿寄到法国巴黎中国公使馆,请出使英、法、意、比四国大臣薛福成作序。薛福成披览全书,连声赞叹:"此奇作也,数百年来,鲜有为之者";并欣然为此书作序。薛福成认为:"咸丰、同

---

① 黄遵宪:《人境庐诗草》。
② 黄遵宪:《日本国志·自叙》,上海图书集成印书局1898年版。

治以来，日本迫于外患，廓然更张，废群侯，尊一主，斥霸府，联邦交，百务并修，气象一新。慕效西法，罔遗余力。"今日之日本，"当有可与西国争衡之势"。对于这些，黄遵宪都有较深入的研究，实属不易。梁启超在《日本国志·后序》中写道："中国人寡知日本者也。黄子共度撰《日本国志》，梁启超读之，欣怪咏叹：'黄子乃今知日本。乃今知日本之所以强，赖黄子也。'又懑愤责黄子曰：'乃今知中国，知中国之所以弱在黄子。成书十年久，谦让不流通，令中国人寡知日本，不鉴不备，不患不悚，以至今日也。'"① 对于《日本国志》的学术和社会价值，特别是这本书对于当时中国的现实意义，梁启超给予了充分的肯定。

《日本国志》曾多次再版，为适应维新变法的历史潮流，黄遵宪对《日本国志》进行了修订，不仅补充了新的文献资料，而且增加了议论的内容，使之体现出更鲜明的时代内容。例如，他以欧洲国家的富强和印度的亡国、土耳其的羸弱来说明当今世界"弱肉强食、物竞天择"，以及"相竞而强"的现实，如果中国长期安于现状，不思进取，没有竞争精神，则必蹈印度、土耳其等国家亡国的覆辙。有关明治维新的内容，他补充得最多，就是希望这部著作能够促使中国奋发有为，在变法维新中发挥出更多更大的作用，以适应激烈的"生存竞争"时代的要求。黄遵宪的这些认识，显然受到英国斯宾塞社会达尔文主义的影响。《日本国志》成书在严复《天演论》之前，这也说明进化论思想在中国的传播，以及产生广泛的影响有一过程，② 黄遵宪也应被视为先行者之一。

---

① 黄遵宪：《日本国志·自叙》，上海图书集成印书局1898年版。
② 一般认为，自19世纪70年代起，达尔文的生平和事业开始介绍到中国来。1871年，中国学者华蘅芳和美国传教士玛高温合译出版了英国地质学家赖尔的《地质学原理》。该书介绍了勒马克（拉马克）的"生物之种类皆能渐变"和兑而平（达尔文）的"生物能各择所宜之地而生焉，其性情亦时变"等生物进化论学说。1873年8月21日，《申报》报道《西博士新著〈人本〉一书》。文章中提及的"大蕴"博士，即1859年出版《物种起源》的作者查理士·达尔文。

《日本国志》是一部日本明治维新的历史。由于这部著作编撰的原则，是从借鉴的目的出发，能够通今致用，效法自强，所以有意识地做到了厚今薄古，详近略远，对日本学习西方，实行社会变革内容的介绍，尤其详尽。他洒泪挥毫，字字句句都表达出他满腔的"忧天热血"。为了突出宣传维新观点，黄遵宪在《日本国志》的每一卷都有议论，以"外史氏曰"开头，在史实叙述的基础上，加以评论，直接或间接地提出变法维新的主张，鲜明地表现出中国传统史学经世匡时的特点。在《日本国志》中，被列为首位的是《国统志》，即有关国家政治制度的沿革，特别是有关明治维新和明治维新以后的政治制度、法律制度改革的内容。日本政治制度史和日本法制史，之所以在《日本国志》中占有重要的地位，是由黄遵宪力主在中国实行维新变法的思想所决定的。

　　黄遵宪将中国、日本和西方的法律制度进行了比较，指出中国政治、法律制度的弊端，进一步阐释了向西方、日本学习，以改变中国现状的必要性。黄遵宪指出，"中国士夫，好谈古治"，"喜言空谈"，"重在道德"，"以刑法为卑卑无足道"；"而泰西论者专重刑法"，"其崇尚刑法以为治国保家之具，尊之乃若圣经贤传"。究其原因，黄遵宪同意西方人所说"民智益开，则国法益详"。经过比较，黄遵宪对于"以法治国"甚为推崇，由于日本和西方国家法律严密，所以"天下无冤民，朝廷无滥狱"，[①] 而这恰恰是中国迫切需要的。黄遵宪在《日本国志》完成后，曾写下了著名的《〈日本国志〉书成志感》诗，诗中写道："湖海归来气未除，忧天热血几时摅。《千秋鉴》借《吾妻镜》，四壁图悬人境庐。改制世方尊白统，《罪言》我窃比《黄书》。"[②] 表达了他炽热的爱国主义情感。《日本国志》的价值，并非只体现为它是一部系

[①] 黄遵宪：《日本国志》卷27《刑法志》。
[②] 钱仲联笺注：《人境庐诗草笺注》上册，上海古籍出版社1981年版，第443—444页。

统的日本历史著作，更重要的是努力为处于危机之中的中华民族寻求救亡振兴之道。

《日本国志》还包括《学术志》《工艺志》。在这部分，黄遵宪联系到中国的实际，探讨了近代以来中国科学技术落后的主要原因。他认为科学技术的发展程度，不是一个单纯的、孤立的科技问题，而是与整个国家的实力、能否"富国强兵"有密切的关系。一个落后的国家，不可能有先进的科学技术，同样，一个国家没有先进的科学技术，这个国家也不可能强大。对于落后的国家来说，发展科学技术是当务之急，不可使"实学"荒废；而要做到这一点，就需要学习、借鉴外国的先进经验，"万国工艺，以互相师法，日新月异，变而愈上"。[①] 日本在明治维新后，"发愤图强"，善于学习西方先进的科学技术，所以使国家实力得到迅速发展，走上了"富国强兵"的道路。中国的科学技术在古代曾经辉煌，在世界居领先地位，但是在近代却明显落后了，主要原因有两点：其一，"后世士夫喜言空理，视一切工艺为卑卑无足道，于是制器利用之事，第归于细民末匠之手，士夫不复身亲，而古人之实学荒矣"。其二，故步自封，墨守成规，不加分析地盲目排斥外国先进的科学技术，"不考夫所由来，恶其异类而并弃之，反以通其艺为辱，效其法为可耻"[②]。这样，随着近代以来世界科学技术愈加发展，中国就愈加显得落后，与先进国家的差距变得愈来愈大。

黄遵宪在编纂《日本国志》的同时，写有大量的诗篇，《日本杂事诗》最为著名。他在该书的"自序"中写道："余于丁丑之冬，奉使随槎。既居东二年，稍与其士大夫游。读其书，习其事，拟草《日本国志》一书，网罗旧闻，参考新政，辄取其杂事，衍为小注，串之以诗，即今所行杂事诗是也。"不难看出，《日本

[①] 黄遵宪：《日本国志》卷40《工艺志》。
[②] 黄遵宪：《日本国志》卷40《工艺志》、卷32《学术志》。

杂事诗》不仅有独立的文学价值,同时也因其与撰写《日本国志》有关,而具有一定的史学价值。《日本杂事诗》多有"自注",即简短的说明,其中不乏相关历史信息的短文。《日本杂事诗》和《日本国志》一样,尚未正式刊印前即已有一定影响。

  黄遵宪的诗作虽然与《日本国志》的内容不一样,但所蕴含的爱国主义感情和鲜明的民族主义精神却是一致的。清政府的腐败无能,使海外华侨华工的切身利益无法得到保证。华人对美国西部开发做出了重大贡献,但却在屈辱和困苦中生活。他曾深入到旧金山等华侨华工聚集区,尽其所能维护他们的权益。他在一首纪事诗《逐客篇》中写道:"呜呼民何辜,值此国运剥,颛顼五千年,到此国极弱,岂谓人非人,竟作异类虐,茫茫六合内,何处可依托。"① 悲愤和无奈之情,溢于笔端。

  黄遵宪的《日本国志》问世后,最初并没有引起人们的重视。在甲午战争清政府遭到惨败之后,人们才逐渐认识到这部著作的价值。黄遵宪虽然是在撰写日本的国志,但是却处处呼应着当时中国的社会现实,似乎是要通过对近代日本历史演变的研究,来寻求解决当时中国社会现实问题的答案。黄遵宪研究日本历史时,从来没有忘记中国,他曾经不无忧虑地说过:"日本维新之效成则且霸,而首先受其冲者为吾中国。"② 甲午战争表明,这一预言已经成为事实,使人们对《日本国志》更加重视。1898 年 2—5 月,在资产阶级改良派主办的《湘学报》上,《日本国志》受到推荐,强调"欲变自强者,读此可以鉴矣",③ 与此同时,该报还连载了其中的一些内容,以期引起人们进一步的关注。1898 年 2 月戊戌变法前夜,光绪皇帝要求阅读黄遵宪的《日本国志》不是偶然,这本著作力求做到"求真求实",在此基础上所表现出的"经世"

---

① 《人境庐诗草》。
② 梁启超:《嘉应黄先生墓志铭》。
③ 《湘学报》1898 年 2 月 28 日。

的目的十分清楚，这对于光绪皇帝支持维新变法，显然有直接的影响。

黄遵宪是热诚的爱国主义者，晚年他在给梁启超的一封信中，总结自己的一生时说："自吾少时，绝无求富贵之心……盖其志在变法，在民权……既而游欧洲，历南洋，又四五年，归见当道者之顽固如此，吾民之聋聩如此，又欲以先知先觉为己任，借报纸以启发之以拯救之……及戊戌新政，新机大动，吾又膺非常之知，遂欲捐其躯以报国矣。自是以来，愈益挫折，愈益艰危，而吾志乃益坚。"① 他曾以杜鹃啼血、精卫衔石那样的精神表达自己的爱国之心，如其在诗中所言"杜鹃再拜忧天泪，精卫无穷填海心"。② 黄遵宪是个进化论者，信奉改良主义，但时代的局限并不能掩盖他爱国主义的光彩。

---

① 钟叔河：《从东方到西方》，岳麓书社2002年版，第206页。
② 《人境庐诗草》。

第四章　民族危机和中国世界史编纂的新视野

一　甲午战争和世界史编纂

西方史学最初主要通过一些外国史地著作的编译传入中国，在这些著作中，历史内容和地理内容不分。在中国世界历史研究发展的历史进程中，应该将其视为萌生时期，尚不具备一个独立的科学学科的基本特征。19世纪末，随着西学的进一步输入，和中国传统史学相比，西方史学所表现出的特征，引起国内学者的广泛关注。大量外国史学著作被介绍到中国来，这为人们了解世界各个国家的历史创造了条件，使国人在增加外国历史知识方面，起到了明显的促进作用。

然而，更重要的是，中国学者从甲午战争后中国社会发展的实际出发，开始汲取、借鉴外国史学的有益内容，为解决当时中国社会发展中所面临的"救亡图存"这一时代主题服务，推动了中国世界史编纂进入一个新的发展时期。这是一个承上启下的阶段，世界史编纂表现出不少新的内容和新的特点。

日本原是一个封建割据、闭关自守的国家。明治维新后，随着资本主义的发展，日本走上了对外侵略扩张的帝国主义道路，其狂妄野心是先征服朝鲜和中国台湾，进而征服全中国和全世界。日本侵略中国蓄谋已久，并在一定程度上得到西方列强的支持。

甲午战争以中国战败、北洋水师全军覆没告终。中国清朝政府迫于日本帝国主义的军事压力，于1895年4月签订了《马关条约》。《马关条约》是继《南京条约》以来帝国主义变中国为半殖民地半封建社会的一个严重步骤。

甲午战争中国惨败，举国震惊。英国、俄国、德国、法国、美国和日本等帝国主义列强争先恐后掠夺在中国的权益，强行划分势力范围，掀起了空前的争夺和瓜分中国的狂潮，使中华民族面临着"亡国灭种"的民族危机。《马关条约》"是空前未有的亡国条约！它使全中国都为之震动。从前我国还只是被西方大国打败过，现在竟被东方小国打败了，而且失败得那样惨，条约又订得那样苛刻，这是多么大的耻辱啊！"①人们在悲愤之时也在探究国家积贫积弱的原因，思考挽救民族危亡的道路。

张之洞认为中国出现了前所未有的大事变，在其1895年撰写的《劝学篇》序言中说："今日之事变，岂特春秋所未有，抑秦、汉以至元、明所未有也"，在他看来，这已经危及了民族和国家的生存。为了应对这场危机，张之洞积极倡导派遣青年学生留学日本，认为"入外国学堂一年，胜于中国学堂三年"，"游学之国，西洋不如东洋"，留学日本有诸多好处，可以"事半功倍"，"出洋一年，胜于读西书五年"等。②1896年，清政府派出唐宝锷（1878—1953）等13人留学日本，迈出了近代中国人留学日本的第一步。1903年，清政府正式颁布了《奖励游学毕业生章程》，进一步推动了留日的热潮。毋庸讳言，留日学生并非都有研读历史的目的和要求，但留日学生以日本学术为桥梁，在"西学东渐"，包括马克思主义学说传入中国中所发挥的重要作用，却是无法估量的。

梁启超力主"将世界学说为无限制的尽量输入"③，以启迪民

---

① 吴玉章：《辛亥革命》，人民出版社1978年版，第32页。
② 张之洞：《劝学篇》，中州古籍出版社1998年版，第116—117页。
③ 梁启超：《清代学术概论》，《饮冰室合集》专集之三十四，第65页。

智，可以说，留日学生在实践中大多都是自觉地这样做的。外国史学的理论与方法，以及具体的研究成果，正是在这样的氛围中，以多种不同的形式被大量介绍到中国来。梁启超著《中国史叙论》，初刊于1901年的《清议报》。关于历史的定义和新、旧史学的区别，梁启超受到日本史家浮田和民（1859—1945）《史学通论》和《西洋上古史·叙论》的影响，并引用了德国哲学家埃蒙埒济（1817—1881）的说法。他说："前者史家，不过记载事实；近世史家。必说明其事实之关系。与其原因结果。前者史家。不过记述人间一二有权力者兴亡隆替之事。虽名为史。实不过一人一家之谱牒。近世史家。必探察人间全体之运动进步。即国民全部之经历。及其相互之关系。"① 梁启超的这些论述振聋发聩，令人耳目一新。

在《中国史叙论》中，梁启超使用了日本史学中的"世界史""泰东史"（东洋史）概念。"西人论世界文明最初发生之地有五。一曰小亚细亚之文明。二曰埃及之文明。三曰中国之文明。四曰印度之文明。五曰中亚美利加之文明。而每两文明地之相遇。则其文明力愈发现。今者左右世界之泰西文明。即融洽小亚细亚。与埃及之文明而成者也。而自今以往。实为泰西文明与泰东文明。［即中国之文明］相会合之时代。而今日乃其初交点也。故中国文明力未必不可以左右世界。即中国史在世界史中。当占一强有力之位置也。虽然。此乃将来所必至。而非过去所已经。故今日中国史之范围不得不在世界史以外。"② 梁启超认为，中国史是世界史的一部分，是泰东史发展的"原动力"。但是，近代以来中国的衰落，使得今日中国史被排除在世界史以外。这确实是令人痛心之处，但他对中国的未来，并没有失去信心。

甲午战争结束后，出现了一些有关这次战争的著作，除了传

---

① 梁启超：《中国史叙论》第一节。
② 梁启超：《中国史叙论》第二节。

教士林乐知的《中东战纪本末》初编、续编外,也有中国学者的著述问世,如王炳耀辑《中日战辑》,自1895年开始辑录,并写有《自序》。其弟王炳堃写有《中日战辑·序》,有1896年上海书局石印本。1941年,阿英(1900—1977)编校出版的《近代外祸史》,收有此书,标题为《甲午中日战辑》。"前事不忘,后事之师。"作者在悲愤之际、思考"倭之所以胜,吾之所以败"时,将外国报刊的有关资料汇编为《中日战辑》,使人们牢记国耻,奋发图强。1897年,姚锡光(1857—1921)编撰《东方兵事记略》,史料更加充实,较详细地记述了中日甲午战争的过程。当时,也出现了少量的国别史著作,例如,薛福成的《续瀛寰志略》。薛福成,江苏无锡人,改良主义政论家、外交官,曾出使英国、法国、意大利、比利时。其间广泛收集这些国家和亚洲国家有关资料、文献,并写有出使四国日记。① 几年下来,积累有译稿数十册,编作《续瀛寰志略》。其子薛莹中将其中一部分材料编成《英法意比志译略》,1899年刊行,有关亚洲国家的志略,后也刻印出版。

如果说薛福成出使前,曾在1879年写成《筹洋刍议》(1885年刊行),比较集中地反映了他爱国的外交思想;那么出使诸国后的《出使四国奏疏》《出使四国公牍》《出使四国日记》和续刻等,更具体地表述了他的外交思想。其主要内容是:维护国家主权,反对不平等条约;研究国际形势,警惕新的侵略;抵御和遏止外侮,必须学西方变法自强;自强必须重视外交,重视遴选驻外使节;改革外交机构和人事制度;外交要讲求斗争策略,善于

---

① 薛福成在光绪十五年(1889)至二十年(1894),出使英法义(意大利)比四国,著《出使英法义比四国日记》,其在《日记自序》中写道:光绪十五年,为今天子亲政之初,福成奉命出使英、法、义、比四国,未及行。越明年,二月始抵巴黎,由巴黎至伦敦,四月至伯鲁色尔。又明年至罗马。既已奉宣德意,并撮其事机之大者,入告于朝廷,亦以咨谋询度之余,为日记六卷。大较由考核而得之于昔者,十有五六;由见闻而得之于今者,十有三四也。《出使英法义比四国日记》的主要版本有:1891年无锡薛氏刻本、1892年吴俊书斋石印本、1894年孙溪朱氏校经堂刻本、1897年望龙学社刻本、成都志古堂刻本。

运用国际法；主张对外开放，重视经济调研，以及外交必须注意信息灵捷等。[1]薛福成虽深受曾国藩、李鸿章的影响，但毕竟和他们不同。他更多继承了林则徐、魏源等人的爱国主义传统，表现出捍卫国家利益、反对向西方列强妥协投降的鲜明特点。

二 日本等外国史家的世界史译著

19世纪末20世纪初，外国历史著作在中国大量翻译出版，内容多、发行广，当时十分引人注目。之所以如此，是因为联系到中华民族危机日益加剧的社会现实，这些著作的翻译出版所产生的影响，已经超出了历史学或仅仅学术的范畴，而有其更深刻的社会内容。在这个过程中，1897年，维新派在上海创办的大同译书局发挥了重要的作用，在各国变法、宪法、商务，以至外国史教科书等方面，都有译著出版。梁启超作为译书局的集股创办人曾说：该译书局成立的主要任务，是"首译各国变法之事，及将变未变之际一切情形之书，以备今日取法"[2]。大同译书局在维新运动中开办的同时，商务印书馆也于1897年2月12日在上海开业。近代以来，它在中国文化发展中的作用是多方面的，其中也包括在中国世界史学科建设中的积极推动作用。1902年，商务印书馆编译所在上海宝山路成立。五四运动期间，在王云五（1888—1979）的主持下，对编译所进行了改革，成立了史地部等新的部门。编译所聘请各科专家及学者至百人以上，20世纪在译介外国史学和外国史学理论名著方面，商务印书馆所起的作用是不可替代的。

《俄土战记》，日本人原著，作者不详；由康有为的门生汤睿（1878—1916）译，大同译书局1897年出版。该书的主要内容是介

---

[1] 参见胡代聪《晚清时期的外交人物和外交思想》，世界知识出版社2012年版，第140—146页。

[2] 《时务报》1897年4月22日。

绍 18 世纪 70 年代末俄土战争之后，土耳其沦为资本主义列强殖民地的经过。梁启超为此书作《俄土战记序》，在 1898 年 2 月 11 日的《时务报》发表①。梁启超在序中分析了土耳其衰亡的主要原因，将其归结为以下两点："内治不修"和"外交不慎"。他认为，这和 19 世纪末的中国十分相似。沙皇俄国不仅要侵占土耳其，而且"欲得志于东方者数百年"，其野心始终没有改变。现在西方列强为了争霸，"并心注力于中国"。在民族危机面前，清政府却为了小朝廷的私利，"倚强盗以作腹心，引饿虎以同寝食"，在国难当头之际，让中国人民将"俄土之事，悬诸国门"，时时警觉，这是十分必要的。

《万国史记》是明治维新初期，日本学者冈本监辅依据日本、中国数十种历史文献资料，以西方史学的理论和方法为指导，用汉语编写的世界通史性质的教科书。主要有 1879 年日本刻本；1880 年上海申报馆印本，后 1897 年在上海六先书局出版；在华计有 6 种版本。②除上海申报横排本 10 册外，还收入《富强丛书》，改名为《万国总说》。该书以国家为单位，按照亚洲、欧洲、美洲、海洋洲群岛（大洋洲）顺序叙述。该书虽然篇幅不大，但对世界五大洲各国治乱兴衰的过程和原因都有涉及。《万国史记》讹误不少，但世纪之交在中国学术界广为流行，曾产生较大的影响。梁启超对其评价甚高，认为此书可以使人认识到"大率研求新政新学者胜，拥虚名而无实际者败"，这可认为是"古今不易之理"。梁启超在他自己所编的《史学书目提要》中，把它列为首条。该书的主要内容，是依照亚洲、非洲、欧洲、美洲和太平洋

---

① 1896 年 8 月，维新派的重要刊物之一《时务报》在上海创刊。汪康年、黄遵宪、梁启超等发起创办，梁启超任撰述。中日甲午战争后，"知非变法不足以图存"，"非将教育、政治、一切经国家、治人民之大经大法，改弦易辙，不足以变法"，成为越来越多的人的共识。创办《时务报》，是维新派宣传活动的重要内容之一。

② 在中国的这 6 种版本是：①1879 年在日本出版，10 册合订本；②1897 年上海六先书局线装本，8 册；③1898 年上海著易堂线装本，6 册；④1901 年上海书局石印线装本，6 册；⑤1901 年上海两宜斋石印本，10 册；⑥1895 年，上海读有用书斋版。

群岛的顺序，对相关地区和国家的历史进行了叙述。

除《万国史记》外，19世纪末有多种以"万国"冠名，即世界通史性的著作传入国内，如益智书会的《万国史略》《万国近世（史）》、制造局的《万国史》、译书公会的《万国中古史略》、同文馆的《各国史略》等。尽管有些著作没能公开出版，或传播范围不大，影响小，但这些著作对中国学界和社会各阶层从总体上对世界历史的了解，还是有积极促进作用的。

《日本新史揽要》7卷，原名《国史略》，日本史学家石村贞一的代表作之一，1877年用汉文编成，1899年在中国刊印发行，为石印本。该书是明治维新之后问世的日本通史类著作，编年体，主要内容为神武天皇至明治时代2500余年的日本历史。因该著作被认为有鉴古知今的作用，所以在当时有较大的影响。作者撰写此书的过程中，参证各种图书有560余部之多，并在该书中一一标出，既表现出作者的博学，也表现出作者对学术原则的坚守。

与《日本新史揽要》同时出版的，有日本荻原由之著、刘大猷译的《中等教育日本历史》2卷，教育世界社出版。上卷有总论、太古史、上古史、中古史；下卷有近古史、近世史、今代史。书前附有历代表略、皇室执政系略、谱略等；后附诸国封建沿革。这既是一本历史学教科书，也是一部有价值的纪事本末体的历史学读物。本书内容较为丰富、系统，诸如日本开国、皇室沿革、文武高官的更迭、国家政治经济变革，以及文化文明进步等，都包括在内。

《东洋史要》4册，原名《中等东洋史》2卷，日本历史学家桑原骘藏（1871—1931）编写，1898年出版。经樊炳清译，1899年由上海东文学社刊印发行，这是最早的中文译本，1903年再版。宝庆劝学书舍1903年曾出版4卷本4册。[1] 作者认为：

---

[1] 桑原骘藏的《中等东洋史》其他译本还有：泰东同文局的《东洋史课本》，1904年；科学书局《中等东洋教科书》，周同俞译，1904年；文明书局的《中等东洋史教科书》，周国俞译，1906年；商务印书馆的《东洋史要》，金为译，1908年。

东洋史巍然而与西洋史相班，划然而斡世界史之半者也。在作者看来，"东洋"完全可以与"西洋"相提并论。在历史叙述上，作者"以东亚为经，余部为纬，演绎期间种族之衰亡，邦家之废兴"。

作者还认为，亚洲大陆可以分为东亚、南亚、中亚、西亚和北亚五部分，《东洋史要》的主要特点是以中国本部之大势为枢纽，而参考其四周诸国之兴亡，各族之盛衰，与有关系者。不言而喻，中国史的内容在书中有较详细的阐述，从上古直至中日甲午战争。作者除叙述东亚诸国历史的兴衰外，还对南亚、中亚地区一些国家的历史也有涉及，被认为是有较高参考价值的世界史读本，但书中有些内容是在为日本侵略中国进行辩护，其险恶用心也一目了然。该书将东洋史分为四个历史时期：上古期，从太古到秦统一中国；中古期，从秦统一到唐朝亡；近古期，蒙古族极盛时代，从五代到明末；近世期，欧人东渐时代，从清初到中日甲午战争。

王国维为该著作作序，他在《序》中就历史的科学性问题有所论述，这些观点和20世纪初的中国"新史学"思潮的产生和发展有一定的联系。王国维说："自近世历史为一科学，故事实之间，不可无系统。抑无论何学，苟无系统之知识者，不可谓之科学。中国之所谓历史，殆无有系统者，不过集合社会上散见之事实，单可称为史料而已，不得云历史。"他强调，"就历史上诸般之关系，以解释东方诸国现实之社会状态"，才算得上是"科学之研究"[①]。王国维对于史料和历史学，特别是将历史学作为一门"科学"和史料之间的差异，以及历史与现实之间关系的阐释，有重要的意义，由此可以看到，外国史学的一些理论与方法，在此时的中国已经产生了反响。

---

① 王国维：《序》，桑原骘藏《东洋史要》，东文学社1899年版。

清末民初，荒诞的"中国民族西来说""中国文明西来说"盛行一时。[①] 桑原骘藏的《东洋史要》起了恶劣的推波助澜的作用。桑原骘藏因袭法裔英国人拉克伯里（Terrien De Lacouperie,1844—1894）矮化中华民族的观点，认为汉族是远古时从巴比伦移居而来。受《东洋史要》影响，清末民初一些教科书，都主张"西来"说，虽一些人持此说，是意在反驳西方殖民者所谓的"白优黄劣"论，以激励国人的民族自豪感和民族自信心，但因与事实不符，并不可取。如1905年刘师培的《中国历史教科书》、1908年文明书局的《中学中国历史教科书》、1913年商务印书馆的《中国历史讲义》、1916年中华书局的《历史教科书》等都主张中国民族来自巴比伦。直至20世纪20年代，西来说的影响依然存在。如1923年商务印书馆出版的吕思勉（1884—1957）《白话本国史》仍持这种观点。

《东洋史要》中文本问世后，各地竞相翻印，有多种版本问世，在我国学界的影响不断增长。这部著作当时被认为条理分明、繁简得当，且多有新知识，是阐释东洋历史的"善本书"。梁启超对此书也有较高的评价，是"颇能包罗诸家之所长"[②]的著作。但是，梁启超也对《东洋史要》的主要内容提出异议，他认为，这部著作的绝大多数内容应归于中国史的范畴，而非"东洋史"。他认为东洋史的主人实为中国，即使是中国与东亚各国交往的历史，也应包括在中国史的范围内。

日本松平康国（1863—1946）撰、梁启勋（1879—1965）译《世界近世史》，作新社、商务印书馆、上海广智书局在1902—1903年有三种版本出版，由此可以看到该著作在中国所产生的重

[①] 20世纪上半叶以来，关于中国民族的起源，有埃及说、印度说、中亚细亚和巴比伦说。1894年，拉克伯里撰《支那太古文明西元论》，认为中国民族是从古巴比伦东迁而来。此说得多人附和，成为清末民初有一定影响的观点。

[②] 梁启超：《东籍月旦》，《饮冰室文集全编》卷4。

要影响。① 《世界近世史》5 篇的主要内容是：近世之发端、欧洲宗教改革之时代、欧洲列国至波澜、东亚诸国之变动和欧美自由主义之发动。当时，《大陆报》《新民丛报》和商务印书馆都曾刊登广告推介此书，认为此书记载不惟欧洲，而以欧洲为最详，其特色乃在记事而能有条理、有脉络，不致阅者生厌。赞扬此书是东国史籍中第一善本，皇皇巨帙，诚历史上空前绝后之作。

日本箕作元八、峰岸米造撰，胡景伊、徐有成、唐人杰等译《欧罗巴通史》4 卷，东亚译书会，1900 年出版。原名《西洋史纲》，初版在 1899 年。这是日本学者编写的中学历史教科书。该书的主要内容是：自太古西洋诸国兴亡时代至罗马大一统时代；自西欧混乱时代至国家主义发生时代；西班牙、法兰西对抗时代；革命时代；自神圣同盟迄 19 世纪下半叶普法战争。作者在撰写这本教科书时，明显地表现出受德国历史学家兰克（Leopold Von Ranke，1795—1886）"客观主义"史学的影响。本书的内容较为丰富，始于古代埃及、波斯的兴亡，下至近百年来的欧美大事，详略得当，读毕能给读者较为完整的欧洲通史的印象。1900 年中文版面世时，王国维曾为该书作序，对该著作给予了较高的评价。王国维说："日本理学士箕作元八、峰岸米造两君所著《西洋史纲》，盖模德人兰克 Ranke 氏之作。"在王国维看来，箕作元八、峰岸米造的《欧罗巴通史》是在模仿兰克的作品。究竟是否是这样，尚有待考察，但一般认为，这是中文史学著作中最早提到兰克的。王国维在序中还说："书虽不越二百页，而数千年来西洋诸国之所以盛衰，文明之所以迭嬗，若掌指而棋置。"这部著作涉及大量的人名、地名的翻译，而这些译名在当时并不统一，直至今天也很难统一。但这本书在书眉大多标有西文原文，十分方便读者核查，应该说是做出了好的榜样。

---

① 这三种版本是：1902 年 11 月，作新社版；1903 年 1 月，商务印书馆版，该版本内容较为完整，包括"原例"；1903 年 3 月，上海广智书局版，梁启超写有按语。

1902年，高山林次郎（1871—1902）等著《日本维新三十年史》，经罗普（罗孝高，1876—1949）译，由上海广智书局出版。1902年《新民丛报》第9号曾刊有该书的出版广告，认为以往中国出版日本学者的书，详于政治而略于其他，基本上是旧的体裁，而这本书对于国势民情无一不具备，兼有《资治通鉴》和《文献通考》的长处，是从没有过的日本史著的中文本佳本。《日本维新三十年史》的主要内容是学术思想史、政治史、军政史、外交史、财政史、司法史、宗教史、教育史、文学史、交通史、产业史、风俗史，以及作为附录的"三十年间国势进步表"。1931年11月，上海华通书局编辑"日本研究丛书"时，将这本书的古同资译本收入，由此也可见高山林次郎这部著作的影响力和重要性。1901年，王先谦（1842—1917）撰《日本源流考》，是一部较为特殊的日本史著作。特殊之处并不在于这部著作是由他自印刊行，而在于其内容。王先谦认为，日本明治维新后出现的富强变化，并不是变法的结果，而是因广兴工艺、课农桑、兴办制造业、发展商业的结果。王先谦十分推崇日本的"世王"制度，这个制度历代相传，是日本得以稳定和强大的基础。基于上述认识，王先谦认为中国求强的首要任务不是变法，而是在发展实业。

20世纪初，在我国出现了译介西学著作的高潮，据近代藏书家顾燮光（1875—1949）在1934年出版的《译书经眼录》记载，1902—1904年的翻译著作有533种之多。1902年，江西官报社出版日本学者涩江保著、陈澹然翻译的《波兰遗史》；1907年，江楚编译局出版了刘鉴译述的《埃及近事考》。学部编译图书局以编译教科书为主，同时也出版了一些地志类的译注，如《印度新志》《爪哇志》《苏门答拉（腊）志》《西伯利亚岛志》《小亚细亚志》等。这些作品不是专门的外国历史性质的著作，但多有相关国家的历史内容，尽管这方面的内容比较简单。

德国近代史学虽然兴起较晚，但因其所表现出强烈的民族主义色彩,所以在世界史坛上很快即占有了一席之地,特别是经过兰克及其弟子们的系统阐发和传播,德国史学一度风靡东方和西方,成为19世纪西方史学的主流之一。19世纪下半叶,兰克史学经由法国、英国、美国的一些史家或史学流派,如英国剑桥学派的弘扬,已经在这些国家产生了广泛的影响。

19世纪末,兰克史学开始传入中国和日本。尽管兰克所代表的德国史学所宣扬的是十分狭隘的民族主义,但近代德国史学中的民族主义倾向,却激起了20世纪初正处于民族救亡高潮时期的中国学术界的共鸣。当时不少人都把阐发爱国思想作为历史学的根本任务。梁启超在《新史学》中说:"史学者,学问之最博大而最切要者也,国民之明镜也,爱国心之源泉也。今日欧洲民族主义所以发达,列国所以日进文明,史学之功居其半焉。然则但患其国之无兹学耳,苟其有之,则国民安有不团结、群治安有不进化者。"①梁启超认为,在当时欧美通行的诸学科中,为中国所固有者只有史学。在这里,梁启超坚持中国史学民族主义精神的优秀传统,依然将史学和国家的命运联系在一起,他对历史学爱国主义功能的这种认识是一贯的。

基于此,他认为:"今日欲提倡民族主义,使我四万万同胞强立于此优胜劣败之世界乎? 则本国史学一科,实为无老无幼无男无女无智无愚无贤无不肖所皆当从事,视之如渴饮饥食,一刻不容缓者也。"②正是在这个意义上,梁启超鼓吹的"新史学",也被认为是"政治史学"。他的名著《新史学》,也被一些人认为是政治性的著作。这样说似有些偏颇,但也不能说没有一定的道理,正如有论者结合20世纪初,中国社会历史发展的特点所指出的那样:"清末'新史学'是在近代中、西学术文化自身发展基础上,于十九、二十世纪之交的政治环境当中发生遇合的产物。'新史

---

① 梁启超:《新史学》,《饮冰室合集·文集之九》。

② 同上。

学'在清季风行一时,得到朝野上下的多种回应,这固然要归功于新兴报章媒介和'言论界巨子'梁启超的首倡;与此同时,也离不开清末趋新学人的知识氛围,尤其是当时新学界对于近代国家观念和社会进化论的普遍推崇。"① 梁启超十分重视史学的社会功能,强调史学在认识社会、改造社会中的作用,这在当时有一定的代表性。

毋庸讳言,任何一种有影响的新思想、新思潮,或新观点的提出,都不是随心所欲,凭空发生的。从本质上说,它的社会属性,总会在社会历史背景中找到答案。梁启超的"新史学"自然也不例外。《新史学》是一篇"觉世之文",它所蕴含的"民族精神"被称为"政治",自然也就不难理解了。正是在这个意义上,梁启超的《新史学》被认为是"代表一种民族主义史学的形成和中国史学的彻底变革"。它是19世纪初中国"史界革命"的标识,突出表现为"把史料和对史料的解说结合在一起,以提供行动指南和唤起爱国主义意识"②。总之,梁启超已经清楚地认识到:20世纪初的传统史学,既没有为现在和未来提供指南的能力,也没有促进中国民众的民族意识和保证中国的续存的能力。

"梁启超不容置疑地说史学的目的并非为过去而描述过去,更重要的是通过对进化原理的认识,为解决未来的问题做出贡献,特别是要着眼于人类进化的整个过程。梁启超在有关历史分期问题的想法中更明显表露其进化的史观。"③ 1900年,梁启超开始在《清议报》连载日本社会学家有贺长雄(1860—1921)的《社会进化论》,这是一部完全承袭了英国哲学家斯宾塞(Herbert Spencer,1820—1903)社会进化思想的著作,以致有论者认为这是

---

① 陆胤:《梁启超"新史学"的外来资源与经学背景》,载梁启超《新史学》,夏晓红等校,商务印书馆2014年版,第21页。
② [德]施耐德:《真理与历史:傅斯年、陈寅恪的史学思想与民族认同》,关山、李貌华译,社会科学文献出版社2008年版,第66页。
③ 同上书,第67—68页。

"忠实地抄袭了斯宾塞的社会进化论的著作"。有贺长雄认为，社会学问世之前的历史，不是"以国家之事变，全归于君主一身之所作为"的历史；是"只论一种数种之事变，不涉社会中各种之事变"的历史。他认为，如果没有社会学提供的普通进化之理，那"历史甚难造作"。还认为，斯宾塞的"社会进化之理，理原一贯，无东西之别，苟知其一，据此可知各国进化之大体"，并可以推断"无口碑文献时代的变迁"。① 斯宾塞的社会进化思想，与梁启超的思想产生了共鸣，成为其《新史学》和"史界革命"的思想基础。《社会进化论》的发表，推动了社会进化观念在中国的传播。

三 中国史家早期的世界史著述

在20世纪初期的中国，对世界史介绍、研究的深度和广度，和以往相比，已经有了明显的变化，包括一些世界史学名著，开始传入中国。这不仅对当时，而且对以后中国的世界历史研究，都产生了一定的影响。陕西翰林周维翰撰《西史纲目》120卷，1900年完成，1903年由湖南书局刊行，1901年时，曾由上海经世文社先行出版上古部分20卷。这是一部纲目体世界编年史，其中引用了不少当时所能搜集到的外国史的著述或译著，其中包括中国徐继畬的《瀛寰志略》、魏源的《海国图志》等。《西史纲目》大体反映了当时中国学者对海内外世界历史的研究状况，所能够认识到的范围和程度。

戴彬、任一民编译《亚美利加洲通史》（上下），商务印书馆1902年出版。该书的主要内容是介绍美国独立之前的殖民地时期、独立战争，以及美国独立之后的历史。全书内容较为丰富，由10编组成，编译者对于美国独立战争，以及美国宪法、独立后的国

---

① 参见有贺长雄《社会进化论》，瑷斋主人译，《清议报》第47册，光绪二十六年五月十一日。"瑷斋主人"，一说是康有为的弟子麦仲华。

体、政体等,均给予了高度评价。

罗伯雅从日文转译的《历史哲学》,原作者为美国威尔逊(Thomas Woodrow Wilson,1856—1924),上海广智书局,1903年线装出版。本书书名虽然为"历史哲学",但其内容却与一般意义上的"历史哲学"不同,甚至可以说与维科为奠基人的历史哲学没有什么关系,该书的主要内容为有关世界文明、革命的史论。书中的最后两章,《美国革命论》《今世纪史论》为康门弟子之一罗伯雅所增写。罗伯雅,1899年肄业于日本东京高等大同学校,接受资产阶级启蒙思想教育,深受孙中山、梁启超资产阶级民族民主革命思想的影响。在《美国革命论》中,罗伯雅对美国独立战争和独立后美国的社会政治制度予以肯定,十分赞赏独立战争中提出的"不自由,毋宁死"这一激动人心的口号。他还认为共和战胜专制,乃是"自然之天理"。"北美独立之战胜,非独殖民地人民取胜英政府而已,实可谓共和主义战胜贵族主义之发端。"在《今世纪史论》中,他同样歌颂自由、民主,痛斥专制、独裁,追求自由、民主,认为其已经成为不可阻挡的社会历史潮流。

20世纪初,中国世界史的介绍和研究,已经有了长足发展,除了上述已经提及的内容之外,还应该看到有关世界史内容的通俗史学的产生,即一些"世界史演义"性质的作品问世。这些作品的特点是:"拿通行的话演成书,又浅又显又简捷,就是妇女们、小孩们,一看也明白,不识字的人一听也知道"[1]。这表明鸦片战争之后,国人对世界历史知识的需求不断增长,对世界史介绍和学习的内容,明显地扩大了。20世纪初,中国学术界、思想界对世界历史知识的广泛关注,是在特定的世界形势背景下,当时中国社会发展的客观需要。

高尚缙、沈惟贤编写的《万国演义》,1903年由上海作新社

---

[1] 参见瘠野室主人《万国通俗史·序》。

出版，这是中国人自己编写的世界史通俗读物，在当时影响较大。该书60卷，50万言，作者在《序》中说，撰写此书时，参考了多种世界史著作，"专述泰东西古近事实，以供教科书之用，特为浅显之文，使人易晓"。虽然是通俗作品，但所叙事实却翔实可靠，深入浅出，而非虚诞编造，表现出明确的历史观和历史思想，如强调物竞天择，适者生存的进化史观的影响，认为"那五千年上的人类这一种与那一种相争，这一国与那一国相战，那些强弱胜败的事势，都跳不出这个圈儿呢"！结合中国社会发展的实际，主张取消封建专制，实行君主立宪，认为"这也是时势造成的，如今的时势已和古代大不相同，世界各国没一国不改了政体，国民都有国家思想，除了非洲野蛮、美洲土人之外，还有君主专制的国度么"？① 有些作品还表现出对民主共和的追求，例如认为美国独立是"世界第一的大精神"，"为古今绝大事业"。在美国"这民主国并无皇上，国君由百姓公举，名叫总统，也称伯理尔天德，这总统限做六年满任，任满就要告退，再由百姓公举别人。若是该总统办事妥当，大家舍不得他，再留一任，也可以的，总归一句话，这民主两字，是百姓做主的意思，所以做百姓的个个都可以伸出爱国的权力，大家自由自在快活一生"，② 由此可以看出作者的赞赏羡慕之情溢于言表。

这些通俗作品在看到西方国家一些积极的、进步的现象的同时，针对这些国家在亚洲、非洲的殖民统治，也真实地揭露了它们的罪恶："欧人极讲自由，极讲平等，及到拓地东方，他的蔑视亚人，竟以奴隶相待，岂能算是世界上的公理么？"关于在非洲的贩奴运动，作者写道："这些黑人自非洲出口既遭西、葡两国舟中拘系之苦，及贩至美洲，又为奴为婢，受尽了终身的凌虐，真是

---

① 《俄国立宪史演义》第14回。
② 参见沈惟贤等《万国演义》第44卷；《美国独立记演义》第二回，1903年《大陆报》第3、5期发表，作者名未署，是根据美国学者的口述，直接笔译而成。

有死之日，无生之年，论起这一种人，肤色虽黑，也是地球上一个人种，只因智识未开，不能自振，便为美洲白人所虐使，岂不可怜？"①上海作新社1903年初版的《万国演义》，在1916年再版时，改书名为《万国革命战史演义》，由吴县集古斋发行。如其《序》中所言，全书溯自地质物迹之始，至于五洲剖别，泰东西诸国以次递兴，下迄十九世纪，先后五千年种族之盛衰，政体之同异，宗教之迭嬗，艺学之改良，崖略粗具。主要内容包括地圆说、地质分层、世界各大洲的划分；古代埃及、印度、希腊、罗马的历史；近代英国资产阶级革命、俄国彼得一世改革、波兰被三次瓜分、美国独立战争、拿破仑对外战争、意大利独立、普法战争、德意志统一、日本明治维新等。

20世纪初，关于世界史内容的通俗史学的内容十分丰富，既有以整个世界历史进程为主要内容、世界通史性的，也有以地区史、国别史、专史为主要内容的。但无论是哪一种形式的著作，大体上都能够与当时中国社会发展的特点，或中国社会发展所面临的迫切任务相呼应，因为是通俗性的作品，这种呼应所产生的影响就更为广泛，诸如亡国、改革、维新、立宪、独立、革命等方面的内容在这些书籍中，都可以找到。《万国通俗史》，1904年刊行于《中国白话报》第2、4期上，以后未再刊登，是一部未完成的作品。主要内容包括：人类起源、地圆说、世界五大洲的划分，以及人种的划分等。洗红厂主著的《泰西历史演义》，36回，1906年由商务印书馆编译所出版。此前，曾在1903—1904年的《绣像小说》上刊载，主要内容包括拿破仑自出生直至兵败滑铁卢；英国在印度的统治；拿破仑之后的法国；美国独立的历史；俄国彼得一世的改革等。此外，值得一提的还有《美国独立记演义》，未署作者名，1903年《大陆报》第3、5期刊登。因只刊载

---

① 《万国演义》第55、52卷。

两期，所以内容仅涉及哥伦布发现新大陆，英国在美洲的殖民活动等。宣樊子演述的《美利坚独立记》，1901年刊行于《杭州白话报》第4—10期，较全面地介绍了美国独立战争的经过，对于几次重要战争的描写，更是绘声绘色。《朝鲜亡国演义》，即《李完用卖国秘史》未署作者名，上海世界书局1915年出版。闲闲君（卢天牧）著《三韩亡国史演义》，1915年刊登在《新闻报》的副刊《快活林》上。1919年上海杞忧社出版单行本，主要内容是朝鲜大院君（1820—1898）与闵妃（1851—1895）之争、日本入侵朝鲜、《江华岛条约》、东学党起义、日本干涉朝鲜内政、宫廷政变、闵妃被杀、《日韩合并条约》、朝鲜亡国。不才著《俄国立宪史演义》，中国图书和记1916年出版，主要内容是日俄战争后，俄国立宪的历史，重点内容是末代沙皇尼古拉二世（Николай Александрович Романов, 1868—1918）时期的保皇与立宪之争。

四　与社会发展同呼吸的中国世界史编纂

中日甲午战争的失败使清政府的腐败无能彻底暴露，西方列强视中国为"东亚病夫"，可任意欺凌奴役。正是"东师辱后，泰西蔑视，以野蛮待我，以愚顽鄙我，昔视我为礼教之国者，今等我于非洲黑奴矣，昔憎我为倨傲自尊者，今则侮我为聋瞽蠢玩矣"。[1] 中华民族面临着严重的危机，帝国主义列强急欲瓜分中国。资产阶级改良派为了救亡图存，主张变法维新。他们把史学作为实现这一政治目的的重要工具之一，十分重视发挥史学的经世作用。

1898年的戊戌变法是一场资产阶级改良主义政治运动。康有为、梁启超、谭嗣同、严复等反对签订《马关条约》，号召"变法图强""变法维新"，试图改革政治、经济、军事、教育，实行君主立宪。虽然戊戌变法在百日后被慈禧（1835—1908）腰斩，

---

[1] 康有为：《上清帝第五书》，载中国史学会《戊戌变法》第3册，上海人民出版社1961年版，第189页。

仅为"百日维新",但在全国产生了广泛反响,同时也不可避免地影响到这一时期的外国史学编纂。人们可以清楚地看到,戊戌变法前后,资产阶级改良派为了宣传资产阶级改良主义思想,积极提倡研读外国历史,特别是世界近代历史,借以了解世界的历史与现实,以及世界发展的趋势,以推动变法。

1897年,维新派唐才常(1867—1900)与谭嗣同创办"时务学堂",先后编辑《湘学报》《湘报》,撰有《最古各国政学兴衰考》《各国交涉源流考》《各国政教公理总论》《各国种类考》等,通过对不同国家的历史发展进行比较,论述只有通过变法维新才可以使国家强盛,反之则只能使国家走向衰亡。他通过介绍外国历史发展中的具体史实,宣传维新派的政治主张。《最古各国政学兴衰考》原名《论最古各国政学兴衰之理》,最初发表在《湘学报》1897年5月2日至5月22日。1898年编入《觉颠冥斋内言》时,改为《最古各国政学兴衰考》。该文涉及印度、希腊、罗马、埃及、波斯等文明古国。通过对这些国家的历史兴衰进行总结,指出任何一个国家,特别是历史悠久的古老国家,都应该顺势而"变",随着时代的发展而发展,只有这样,才能繁荣发达;否则就将走向衰败。联系到中国的具体情况,他认为在帝国主义列强侵略中国,急欲将中国瓜分之时,中国应该提倡"新学""实学",通过"变法"一改陈腐衰落的面貌,使国家振兴发展,繁荣富强。

《各国种类考》,发表在1897年9月7日至1898年2月11日的《湘学报》上。本文的主要内容是考察世界各个国家的"强种之术"。这时,唐才常对中国面临着的"亡国亡种"实际危险已经深有体验。他依据英国生物学家达尔文(C. R. Darwin, 1809—1882)的进化论,来阐释中国富国强兵之道。他强调"变则通、通则存、存则强"。中国只有随着世界历史潮流的发展而发展,而不是逆历史潮流而动,才有光明的前途。

唐才常参照日本学者的一些历史著作，写成《日本安政以来大事略述》，1897年8月8日—9月7日在《湘学新报》（《湘学报》）上连载。1898年编入《觉颠冥斋内言》时，改题名为《日本宽永以来大事略述》。他在说明编写《日本安政以来大事略述》的目的时，强调要把它作为在中国实行维新变法的"法戒"，主张在中国实行彻底的变法。对于日本明治维新期间提出的"五誓"，即改革的五条基本方针（"万机决于公论"；"上下一心"；"朝暮一途"；"洗旧习，从公道"；"求知识于寰宇"），十分赞赏，认为"有此五誓，足以兴邦"。唐才常认为，近代日本之所以能够得到迅速发展，主要在于明治维新之后，从日本的实际出发，虚心地学习外国先进的政治制度和科学知识。康有为是近代中国资产阶级改良主义运动的领袖，对外国历史的介绍和研究，成为宣传他的政治思想的重要工具之一。19世纪末，中国面临着严重的危机，必须进行变法维新，否则国家就会灭亡。他提出"能变则存，不变则亡；全变则强，小变则亡"。然而，他所强调的"变"，并不是翻天覆地、改朝换代的革命性变化，而只是"一姓能顺天，时时自变，则一姓虽万世存可也"。所有这一切，都突出地反映在他对外国历史的认识和研究上。

据《康南海自编年谱》，康有为曾编有俄、日、德、英多种变政考，现在见到的有《俄彼得变政记》和《日本变政考》两种，而《俄彼得变政记》则是康有为多种变政考中，唯一公开发表的一种。文章的主要内容，是俄国彼得大帝为改变俄国落后面貌，融入先进的欧洲文明，微服出访瑞典、荷兰、英国、德国和法国，学习西欧国家先进的科学技术、文化教育和资本主义的政治、法律制度，回国后排除各种阻力，断然通过一系列的改革使国家革除陋弊，走向富强。1898年3月，康有为以《俄彼得变政记》进呈光绪皇帝，同年4月收入上海大同译书局出版的《南海先生七上书记》。康有为的《俄彼得变政记》，似和1897年大同译书局印行的《俄皇大彼得变政考》一书有关。

《日本变政考》12卷①，康有为在1898年戊戌变法期间，收集了大量日本学者的著作加以编纂，以编年的形式记载了日本明治元年（1868）至明治二十三年的日本历史，特别是明治政府的各项变法维新措施，并对这些措施的利弊得失加以分析。在此基础上，康有为结合中国当时的实际，阐述在中国进行变法维新的必要性，以及变法的具体建议。本书在1898年夏进呈给光绪皇帝。康有为认为"我朝变法，但鉴于日本，一切足矣"。他强烈主张的变法维新思想，对光绪皇帝产生了深远的影响，对光绪皇帝在戊戌变法中的表现，有直接的作用。光绪皇帝曾表示，"以皆日本施行有效者，阅之甚喜"。光绪皇帝的一些变法谕旨，相当一部分来源于康有为《日本变政考》的"案语"；另外一些则来自黄遵宪的《日本国志》。

康有为还撰写有《法国革命记》《波兰分灭记》《突厥削弱记》等外国史学著作。这些著作从另一个角度表述了实行变法维新的重要性，希望清王朝不要忘记这些国家由盛而衰的惨痛历史教训。如果说俄国的彼得大帝、日本的明治天皇（1852—1912）是通过变法维新，使国家富强，那么波兰、突厥、法国，则是故步自封，最后走向衰亡。

《法国革命记》，1898年进呈光绪，康有为以路易十六（Louis ⅩⅥ，1754—1793）被送上断头台为例，意在说明不肯实行变法维新的严重后果。他认为路易十六是一位好皇帝，只是因不能顺乎民情进行改革维新，所以才被处死。康有为通过法国大革命宣扬资产阶级革命的残酷和恐怖，希望光绪皇帝以此为鉴。他认为与其爆发革命，推翻皇权，不如"立行乾断，不待民之请求迫胁，而与民共之"。这样，就可以采取主动，通过实现君主立宪以"明

---

① 康有为：《日本变政考》进呈本，现藏北京故宫博物院。正文12卷，近年又发现附录1卷。

定立法，君民各得其分"。

《波兰分灭记》1898年夏进呈光绪皇帝本，未曾刊印。主要内容是说波兰虽然是欧洲的一个大国，但是因为政治腐败，致使国势渐衰，不堪一击，最后被俄国等强国瓜分灭亡。康有为撰写此书的目的，是希望光绪皇帝从波兰的灭亡中汲取历史教训，决心实行变法维新，避免波兰的悲剧在中国重演。他说："波兰所以分灭之由，一由其君忍受耻辱，不早英武自强"，"一在其宰相大臣，守旧保禄，苟延旦夕，而甘心卖国"。光绪皇帝阅读此书时，竟"为之唏嘘感动"。

《突厥削弱记》介绍近代土耳其衰亡的历史。土耳其曾在世界上建立过庞大的帝国，只是近代以来因封闭、保守、停滞，才日趋落后，使国家贫困衰落，人民的生活不断恶化。这样发展下去，土耳其不是被列强灭亡，就是爆发人民革命，即"人人思易朝逐君矣"。康有为认为《突厥削弱记》对中国尤其有现实意义，在他看来，"横览万国与中国至近形似，比拟同类，鉴借最切者，莫如突厥矣"。

康有为关于俄国、日本、德国、英国、法国、波兰、土耳其等国的历史著述，强烈地表达了他要求变法的主张。他认为这是抵御列强瓜分中国狂潮的唯一办法。如果中国不变法图强，自强不息，就难逃波兰、土耳其被瓜分的下场。他在上清帝书中提出：中国"能变则全，不变则亡；全变则强，小变仍亡"。[①] 康有为通过对不同类型的外国历史的叙述，意在通过确凿的历史事实表明，中国实行变法维新已经刻不容缓。

1898年戊戌变法失败后，康有为开始了"流离异域一十六年，三周大地、遍游四洲，经三十一国，行六十万里路"的考察生活，其考察着重于欧洲各国政治、历史、民俗，以及文物古迹

---

① 《康有为政论集》上册，中华书局1981年版，第211页。

等。回国后写成《欧洲十一国游记第一编·意大利游记》，1905年由广智书局出版。该书卷首有"总目录"，列有意大利、瑞士、澳（奥）地利、匈牙利、德意志、法兰西、丹墨（麦）、瑞典、比利时、荷兰和英吉利11国的游记，以及3种附录。但实际上，本书出版后，仅在1907年出版了《欧洲十一国游记第二编·法兰西游记》，其他各种书，至今没有面世。据钟叔河著《走向世界：近代中国知识分子考察西方的历史》一书记载，"听说在台湾的梁氏后人，还保存有康氏遗稿，并且曾编印过一本《康南海先生游记文集》"，但至今尚未见到。①

这些著作是康有为向西方"寻求真理"的记录，康氏的游记虽然在某种意义上是"政治游记"，但也有重要的史学价值。如康有为在《意大利游记》中的《奥古士多宫》一节，叙述了公元288年罗马皇帝克里生（即戴克里先，Gaius Aurelius Valerius Diocletianus，250—312）将国家一分为四，导致罗马灭亡，"至今欧洲各国，尚自分裂争战无已"。联系到中国的现实，他认为："中国之退化危弱，由于一统致然；西欧之政艺日新，由于竞争所致。是则诚然。然欧人经千年黑暗战争之世，苦亦甚矣。今读《五代史》，五十余年之乱杀，尚为不忍，而忍受千年之黑暗乱争乎？今中国迟于欧洲之治强，亦不过让之先数十年耳。吾国方今大变，即可立取欧人之政艺而自有之。"在康氏看来，中国的统一是至高无上。康有为反对数典忘祖，"忘己而媚外"，在《罗马宫室不如中国秦汉时》这节中，康有为说，以前听说古罗马的建筑无与伦比，待"亲至罗马而遍观之"，乃知古罗马的建筑不如秦汉时。只是"石渠、剧场之伟大，亦自惊人；然比之万里长城，则又不足道矣"。由此，他提出一个重要的原则"不可不读中国书，不可不游外国地，以互证而两较之"。这样，就"当不致为人所恐吓，而

---

① 钟叔河：《走向世界：近代中国知识分子考察西方的历史》，中华书局2000年版，第408页。

自退于野蛮也"。无疑，这是学习外国的正确态度。

康有为的《法兰西游记》，由"法兰西游记""法国之形势""法国创兴沿革"和"法国大革命记"四部分组成，"游记"只占四分之一，从内容上看，似乎有些文不对题。写作《法兰西游记》的九年前，康有为曾经撰有《法国革命记》进呈光绪，九年后康有为的思想并没有质的改变，那就是极力主张"立宪"而非革命。但在《游记》中，他却大肆渲染法国大革命的恐怖，如杀人如麻："以屠者三百人为一团，每屠者杀百数十人。……尚以行刑迟烦，置囚于大漏舟而沉之，名曰'革命宣礼式'；或对缚合年男女投水中，名曰'革命结婚刑'。凡台刑、水刑死者一万八千余，此外死者三万余。河流皆臭，二百里间水赤。鸟雀集啄人尸，鱼含毒不能食。"康有为这样写的目的，仍然是在鼓吹"立宪"，但却是从另外一个视角来写，强调若不"立宪"，就会发生革命，而革命派又是如何大逆不道，要国人远避之而不追随。

1896年，梁启超完成《变法通议》。在该组基于世界历史实证研究的长文中，他首先通过"五大洲各国"的历史，以说明"不变法之害"，积极鼓吹变法维新。他说："印度，大地最古之国也，守旧不变，夷为英藩矣。突厥地跨三洲，立国历千年，而守旧不变，为六大国执其权、分其地矣。非洲广袤，三倍欧土，内地除沙漠一带外，皆植物饶衍，畜牧繁盛，土人不能开化，拱手以让强敌矣。波兰为欧西名国，政事不修，内讧日起，俄、普、奥相约，择其肉而食矣。中亚洲回部，素号骁悍，善战斗，而守旧不变，俄人鲸吞蚕食，殆将尽之矣……今夫俄宅苦寒之地，受蒙古钤辖，前皇残暴，民气凋丧，岌岌不可终日；自大彼得游历诸国，学习工艺，归而变政，后王受其方略，国势日盛，辟地数万里也。今夫德列国分治，无所统纪，为法所役，有若奴隶；普人发愤，兴学练兵，遂蹶强法，霸中原也。今夫日本幕府专政，诸藩力征，受俄、德、美大创，国几不国；自明治维新，改弦更张，不三十年，而夺我琉球，割我台湾也。"梁启超强调："法者天下之公器也，变者，天下之公理也。大地既通，万国蒸蒸，日趋于上。大势相迫，非可阏制。变亦变，不变亦变。变而变者，变之权操诸己，可以保国，可以保种，可以保教；不变而变者，变之权让诸人，束缚之，驰骤之，呜呼！则非吾之所敢言矣。是故变之途有四：其一，如日本，自变者也；其二，如突厥，他人执其权而代变者也（埃及、高丽等国皆是）；其三，如印度，见并于一国而代变者也（越南、缅甸等国皆是）；其四，如波兰，见分于诸国而代变者也。吉凶之故，去就之间，其何择焉？《诗》曰：'嗟我兄弟，邦人诸友，莫肯念乱，谁无父母！'《传》曰：'嫠妇不恤其纬，而忧宗周之贯，为将及焉。'此固四万万人之所同也。彼犹太之种，迫逐于欧东；非洲之奴，充斥于大地。呜呼！夫非犹是人类也欤！"[1] 梁启超通过阐明世界近代以来具体的历史事实，说明"变亦变，不变亦变"的历史趋势，认为日本、俄国等国正是因为"自变"，才能使国家富强，避免了亡国灭种。

1898年戊戌变法期间，梁启超受到光绪皇帝重用，负责"大学堂译书局"。戊戌变法失败后，梁启超在同年秋流亡日本。1899—1902年，梁启超为介绍西学，在《清议报》[2]《新民丛报》[3] 上撰有大量文章，文章的主题是介绍西方资产阶级的理论和思想，抨击中国数千年的封建专制主义。黄遵宪称颂文章惊心动魄，一字千金，人人笔下所无，却为人人意中所有，虽铁石人亦

---

[1] 梁启超：《变法通议·论不变法之苦》，《饮冰室文集之一》。
[2] 《清议报》，1898年12月在日本横滨创刊，名义上的发行兼编辑是旅日商人冯静如，而实际上由梁启超主持。创刊的目的是"为国民之耳目，作维新之喉舌"。该刊第11册刊有《本报改定章程告白》："本报宗旨专以主持清议，开发民智为主义。"
[3] 1901年底，《清议报》报馆失火后停刊。1902年2月8日，《新民丛报》在横滨创刊，梁启超任主编。他在创刊号《本报告白》中，述及了办报的宗旨：本报取《大学》新民之义，以为欲维新吾国，当先维新吾民。中国所以不振，由于国民公德缺乏，智慧不开，故本报专对此病而药治之，务采合中西道德以为德育之方针，广罗政学理论以为智育之原本。

应感动。梁启超为了更深入地阐述其思想志趣，其中不乏世界历史的内容。19世纪末20世纪初，梁启超这方面的文章主要有：《近世文明初祖倍根（培根）、笛卡儿之学说》《天演学初祖达尔文学说及其事略》《乐利主义泰斗边沁之学说》《泰西学术思想变迁之大势》《地理与文明之关系》《历史与人种之关系》《斯巴达小志》《雅典小志》《匈牙利爱国者噶苏士（科苏特）传》《意大利建国三杰传》《近世第一女杰罗兰夫人传》《新英国巨人克林威尔传》《朝鲜亡国史略》《越南亡国史》等。在这些文章中，梁启超所积极倡导的"世界进化之大理""进化之哲学"和"天演例"等，都有不同程度的体现。梁启超大力倡导"爱国心"，希望通过弘扬爱国主义精神以启迪民智。

在《意大利建国三杰传》中，他赞扬了玛志尼（即马志尼，Giuseppe Mazzini，1805—1872）、加里波的（即加里波第，Giuseppe Garibald，1807—1882）、加富尔（Camillo Benso Cavour，1810—1861）意大利建国三杰，认为意大利建国所取得的重大成就，在于意大利"人人心目中有祖国二字，群走集旋舞于其下，举天下之乐，不以易祖国之苦，举天下之苦，不以易祖国之乐。人人心目中有祖国，而祖国遂不得不突出，不涌现"①。总之，爱国是成就伟业不可或缺的强大精神力量。弘扬爱国主义的精神，这对当时的中国无疑有重要的现实意义。在《斯巴达小志》中，梁启超写道："读斯巴达史而不勃然生尚武爱国之热情者，吾必谓其无人心矣。"他认为"斯巴达实今日全世界十数强国文明之祖师也"，"斯巴达之魂魄历两千余年后"，②将于今日复兴，所以他对斯巴达有较多的介绍，其中包括"立国起原""立法""政体""民族之阶级""国民教育""行政""国势""缺点"等方面较详细的介绍。从某种意义上，《斯巴达小志》可被视为中国的古代希腊历

---

① 梁启超：《意大利建国三杰传》，《饮冰室合集·专集》（四）。
② 梁启超：《斯巴达小志》，《饮冰室合集·文集》（三）。

史研究开山之作。梁启超的《雅典小志》同样具有《斯巴达小志》的价值和意义，在启迪民智、培育爱国主义精神、介绍外国历史知识等方面功不可没。

无论是讲意大利，还是讲斯巴达，梁启超都是论古述今，为了启迪自己同胞的爱国热情。梁启超在《意大利建国三杰传》中强调史学"查往以知来，鉴彼以诲我"，更具有重要的现实意义。从这一基本认识出发，梁启超抒发他自己的爱国主义情感，在20世纪初，还撰写了一些中国史文章宣扬爱国主义精神，如《张博望班定远合传》《黄帝以后第一伟赵武灵王传》《中国国债史》《中国之武士道》《中国殖民八大伟人传》等。

通过对世界历史某些内容的介绍或评说，以关注当时中国面临的严峻现实问题，这类文章在《新民丛报》中并不鲜见。例如，在介绍18世纪法国启蒙思想家卢梭（Jean-Jacques Rousseau，1712—1778）时写道："欧洲古来，有阶级制度之习，一切政权、教权，皆为贵族所握，平民则视若奴隶焉。及卢梭出，以为人也者，生而有平等之权，即生而当享自由之福，此天之所以与我，无贵贱一也。于是著《民约论》，大倡此义……自此说一行，欧洲学界，如旱地起一霹雳，如暗界放一光明，风驰云卷。仅十余年，遂有法国大革命之事，自兹以往，欧洲列国之革命，纷纷继起，卒成今日民权之世界。"① 用西方自由、民主、平等思想，在20世纪初的中国进行思想启蒙，卢梭的学说自然是最好的内容之一。这种启蒙，通过西方思想史中杰出的思想家体现出来，比空泛抽象的说教，往往会更有说服力。

1898年6月，《亚东时报》创刊，册报。该报由日本乙未会主办，日人山根之助（立庵）主编。初为月刊，第六号起改由唐才常主编，第七号起改出半月刊。每册约30页，用日、汉两种文

---

① 中国之新民：《论学术之势力左右世界》，《新民丛报》1902年第1号。

字刊登。该报创刊之时,正值戊戌变法运动期间,表现了同情和支持中国变法维新的态度。1898年9月21日,戊戌政变发生,该报为当时在中国出版发行的华文报刊中,唯一公开表示对戊戌六君子①哀悼,反对慈禧重新垂帘听政的报刊。1898—1900年,《亚东时报》翻译出版了一些世界史的著作。如报馆翻译法国施塞著《列国现状》,介绍了英吉利、澳(奥)地利、匈牙利、德意志、俄罗斯、意大利、西班牙、白耳时、荷兰、葡萄牙、瑞典、哪(挪)威、瑞士、巴尔坤(干)半岛、日本、北合众国(美国)等国的历史与现实,强调变法维新是"天下大势"。《亚东时报》还出版有日本长濑凤辅著、潜地道人译的《英俄争中部亚细亚始末记》,作者认为,英国和俄国是世界上的强国,两强争夺霸权,主要在东亚、土耳其和中亚,这三个地方与两国的盛衰强弱有密切的关系。该书对于英俄在波斯、阿富汗的争夺有较详尽的记述。《亚东时报》不仅翻译了《列国现状》,而且还撰写了《俄罗斯近状》,该书8章,较系统地介绍了沙皇帝系,以及俄国政治经济制度、官制等,在当时被认为是了解俄国的必读书之一。

20世纪初,外国史学编译中的一个重要内容,是关于立宪史的编译,这与当时中国国家政治生活的特点有直接联系。这些编译的著作,意在说明封建专制统治是在逆历史潮流而动,已经奄奄一息,日暮途穷,只有实行立宪才能够顺应世界历史潮流,使国家富强。编译外国立宪史的目的,是在为中国实行必要的社会改良提供外国的历史借鉴。1904—1905年的日俄战争,实行立宪的小国日本,打败沙皇专制统治的俄国,彻底暴露了封建专制统治的腐朽,在国内引起广泛反响。

---

① 戊戌六君子是指1898年(农历戊戌年),以康有为为首的维新派人士发动戊戌变法时,被慈禧太后所逮捕并处死的六名变法派人士,分别为谭嗣同、林旭、杨锐、杨深秀、刘光第与康有为的弟弟康广仁。

1906年，清政府为抵制革命，拉拢资产阶级上层代表人物，下诏预备立宪，国内不少地方成立了立宪团体。康有为、梁启超在海外成立了"帝国宪政会""政闻社"等。国内改良思潮重新活跃。这一社会思潮在历史学领域的反映之一，就是立宪史的编译和研究盛行一时。这些著作或译作主要有《普国变法中兴记》，《京话报》1901年第6期；《日本变法记》，1901年《京话报》；佩弦生著《欧美各国立宪史论》，《新民丛报》1902年第23、24号；英国非立啡斯弥士著《英国制度沿革史》，广智书局1902年版；日本松平康国著、麦孟华译《英国宪法史》，广智书局1903年版，《新民丛报》1903年第31号刊载此书的出版广告，广为宣传；日本细川广世著《日本国会记原》，译书汇编社1903年版；日本工藤武重著、汪有龄译《日本议会史》，江苏通州翰墨林书局1904年版；日本太阳杂志社编、胡源仁等译述《明治维新四十年政党史》，宪政研究社1907年版。此外还有《英国变政小史》，1906年《北洋官报》；《俄国立宪史论》，《宪政杂志》1906年第1期；《日本立宪史略论》，《宪政杂志》1906年第2期；《明治维新过渡史》，1907年《北洋政法学报》；《日本立宪史谭》，1907年《北洋政法学报》。

五　民族危机的警钟：亡国史编纂

19世纪末20世纪初，世界一些国家亡国史的翻译或编译，在当时中国的世界史编纂中，占有重要地位。据不完全统计，1900后的10年间，至少有50种以上，梁启超的系列弱小民族亡国史尤其引人注目。这些著作和当时中国极其严重的民族危机，以及国家独立、民族生存受到严重威胁有直接的关系。因为研究亡国史，有向国人敲响"警钟"的作用。亡国史编纂的主要目的，是用史实说明这些国家之所以亡国的主要原因，在于"因循守旧""不图自强"，希望以此警醒国民，从中汲取教训，引以为鉴。这对于激发中国人民自强自立，反对帝国主义侵略的爱国情感，挽救民族危亡无疑有积极作用。在某种意义上，当时研读"亡国史"比研读"建国史"更有意义。因为"读建国之史，使人感，使人兴，使人发扬蹈厉。读亡国之史，使人痛，使人惧，使人怵然自戒。虽然，处将亡之势，而不自知其所以亡者，则与其读建国史，不如读亡国史"。① 这些著作，不仅在学术上，在外国历史知识的传播上有重要价值，而且结合中国的社会现实，有更重要的社会意义。

1903年5月，陈独秀在安徽爱国会发表演说时，明确指出了"各国必执利益均沾之说瓜分我中国"的严峻现实，呼吁国人要清醒地认识到"各国将来瓜分我中国，其惨状何堪设想！我中国人如在梦中，尚不知有灭国为奴之惨……"针对有些人"只争生死，不争荣辱，但求偷生苟活于世上，灭国为奴皆甘心受之"的现实，陈独秀指出中国人并不是"天然无爱国性"，因此要"将众人脑筋中爱国机关拨动"②。之后，陈独秀先后撰写了《瓜分中国》《说国家》《亡国篇》等文章，进一步宣传他抵御帝国主义列强的爱国主义思想。陈独秀的演讲有一定的代表性，正是在这种普遍的爱国、救国宣传不断高涨的社会氛围中，外国亡国史的编纂，得到迅速发展。

甲午战争之后，帝国主义列强加紧瓜分中国，中华民族面临着空前危机。为了避免中国重蹈埃及的覆辙，一些学者译出了日本学者柴四郎（1853—1922）的《埃及近世史》作为警戒。该书有多种中文译本：玉瑟斋主人译的《埃及近世史》，1900年5月，发表于《清议报》第45期；麦鼎华翻译的《埃及近世史》，由上海广智书局1902年出版。此外还有出洋学生编辑所编的《埃及近世史》，由商务印书馆1903年出版，为"帝国丛书"之一。著者

---

① 参见1902年《新民丛报》第6号关于上海广智书局印行的《埃及近世史》的介绍。

② 《陈独秀著作选》第1卷，上海人民出版社1993年版，第14—15页。

认为，埃及原为独立国家，18世纪中叶沦为英国的半殖民地，"溘然崩溃"，究其原因，"实由借外债而任外人"，结果"一切内权皆归其手"，"坐招外人之干预，反复相寻，遂藩其邦而奴其族"。还有章起渭翻译的《埃及近世史》，由商务印书馆1903年出版，为"历史丛书"之一。又，《童子世界》自1903年4月起，分9期连载了叶锦清译撰的这本书。

麦鼎华认为中国和埃及同为世界文明古国，在不少方面十分类似，欲想研究中国的未来，不可不读埃及的历史。中国的发展前途，完全可以以埃及为借鉴。麦鼎华在其译本的《自序》中，分析埃及亡国的主要原因之一，就是大量向外借债，大量雇佣外国人，让外国人治理自己国家的事情，进而国家主权丧失，为异族所奴役。麦鼎华之所以翻译此书，是因为感叹自己国家"时事之艰危，悲国权之屈辱，用译是书以助戒惧"[①]。希望以埃及亡国的历史作为一剂良药，使中华民族警醒。

张元济（1867—1959），浙江海盐人，光绪年间进士，曾任刑部主事。1897年在北京创设西学堂（通艺学堂）。戊戌政变后被清廷革职。他为1903年商务印书馆版《埃及近世史》写有序言：他认为近代埃及亡国的重要原因之一，是大到国家的"典章制度"，小到"居所服饰"，无不极力迎合欧人欢心，"惟以不获青睐为惧"，结果沦为西方殖民地。埃及的统治者"自亵其独立自主之尊"，使民族自尊心荡然无存，皮之不存毛将安附焉？张元济还指出：帝国主义和民族主义，都是"欧人弱国奸除异族之具"，"欧洲之帝国主义、民族主义已由近东而推至远东，凡与结接为构者，能无履霜坚冰之惧乎？虽然，吾不患他人之以埃及待我，而特患我之甘为埃及也"[②]。张元济认为，当时中国与埃及曾经面临

---

① 《新民丛报》1902年第6期。
② 这篇序言曾在1903年6月10日《外交报》发表，文章的题目是：《读〈埃及近世史〉感言》。

的情势极为相似，中国以"至诚恻坦之意"向西方学习时，切忌盲目照搬，丧失民族自尊。张元济的观点十分正确，在当时产生了较大的反响，且经受了历史的检验。

《埃及近世史》中文本面世后，在中国思想界引起广泛反响。一些人总结埃及亡国的历史教训，已经敏锐地看到，拯救国家于危难中，仅仅依靠少数的志士仁人是不够的，关键是全国人民都要有爱国之心。他们提出，"国之立也，必人人心中有爱国之思想，人人目中有爱国之观念，然后扑者起，废者兴，死者生，亡者存，而埃及人民何如哉？"① 20世纪初能有这种认识难能可贵，对当时救亡图存、自强自立的中国，无疑有重要的现实意义。中国不仅应从中汲取教训，同时还要学习埃及人民的反抗精神，与外国侵略者展开坚决的斗争。对于《埃及近世史》，《东方杂志》《新民丛报》等有较大影响的报刊多有介绍。② 《新民丛报》1902年第9号刊登的广告写道："埃及文明开化最古之邦，今几不国矣。观其近世国权所以外流，实有足令吾华人梦醒者。"当人置一册，以作前车之鉴。当论及埃及亡国的原因时，大多数人认为埃及之所以亡国，并非偶然：其弊在国是不定，舍己从人，一切变法，皆为取悦外人之具。故其事有损而无益，终不免于亡国之惨，诚吾国之殷鉴。

除上述《埃及近世史》外，涉及埃及亡国历史的著述还有一些。例如，日本学者北村三郎著，赵必振（1873—1956）翻译的《埃及史》，由上海广智书局1903年出版，为"史学小丛书"之一。译者在述及翻译此书的目的时，主要是强调埃及亡国的历史教训。认为"其历史可为隆替兴亡之鉴"，"我国人者，唯鉴埃及

---

① 陈怀：《读〈埃及近世史〉跋尾》，《新世界学报》1903年第3期。
② 《东方杂志》，1904年3月在上海创刊，由夏瑞芳、张元济创办，商务印书馆编辑出版。始为月刊，1020年第7卷起改为半月刊。抗日战争期间移长沙、香港、重庆等地继续出版。1947年1月迁回上海，1948年2月停刊，是近代中国存续时间最长的大型综合性刊物之一。《东方杂志》录存有不少重要的文献和史料。

之衰亡，以大奋起，一变外交之局面，则诚国家之幸"。文明书局译刊了《埃及惨状》，文明书局1903年出版该书局译刊此书的目的，是"厥以借镜，庶吾民之早为警觉"①。此外，还有《埃及百年兴衰记》，《经济丛编》1902—1904年连载；《埃及亡国惨状记》，《游学译编》② 1903年连载等。

　　印度是中国周边大国之一。16世纪初，先后遭到葡、荷、英、法等国的侵略，1757年之后，逐渐沦为英国的殖民地，至19世纪中叶彻底亡国。因此，在20世纪初的中国，有不少著述探讨印度亡国的历史教训。英国亨德·伟良（Hunter William, 1840—?）著，任廷旭译《印度史揽要》三卷，1901年由上海广学会和上海美华书馆分别印行，其中美华书馆版有地图。该书三卷的主要内容是：亚利安人兴起，到西徐安人侵入；回教征服印度起，到欧洲人初入印度；最后一卷是英国灭亡印度始末。亨德·伟良于1861年到印度，他通晓梵文，对印度的政治、经济、地理、历史、宗教、民俗等都有较深的研究，在1892—1900年，完成了这部著作。因此，对中国读者来说，这是当时能见到的一部西方研究印度历史的最新著作。夏清馥编译的《印度灭亡战史》，由上海群谊译社1903年出版。该书以英国人的印度史著作为蓝本，将有关内容汇译而成。本书的主要内容始于印度之政略，讫于印度为英国所亡。夏清馥编译此书的主要目的，是希望国人将印度的灭亡作为前车之鉴，使国人在惨痛的历史事实面前猛醒。

　　此外还有日本北村三郎著、程树德译的《印度史》，由东京闽学会1903年出版，为《闽学会丛书》之一；钱瑞香撰《印度灭亡史》，载《童子世界》1903年第4、8、9、12、20、22、24、28、

---

① 《文明书局新书广告》，《中外日报》1902年7月24日。
② 《游学译编》，1902年12月在日本东京创刊，创办人为湖南留日学生杨笃生、周家树、陈天华等，黄兴也参加了编辑工作。该刊由东京游学编译社编辑、长沙矿物总局发行。该刊的学术、历史等栏目，曾发表有《十九世纪学术史》《记十八世纪末法国之乱》《埃及亡国惨状记》《十九世纪欧罗巴历史之壮观》和《史学肆言》等。

32期；陈君衍撰《印度灭亡的原因》，载《童子世界》1903年第29、33期；日本涩江保著、汪郁年翻译《印度蚕食战史》，载《励学译编》1901年第1—10期、1902年第11—12期，文章从历史上对印度的宗教、哲学有较为详尽的介绍；《浙江潮》1903年第1、5期，载有《印度亡国史》，没有署名。文章较具体地分析了印度灭亡的原因，主要是因其"种姓混乱，其语言庞杂，其宗教分立，用使全国之民无统一精神，无爱国思想，在上者沉湎于歌舞而不知有大义，在下者热情于声色而不知有国仇，投国家于半生半死之中，而尚不自知其已亡"。1913年，英国货尔兑奈斯著《印度古今事迹考略》，汪治译，上海广学会刊行。作者曾是英国驻印度的官员，对印度古今都有较深入的了解，全书十章，主要内容是印度的领土、历史、人民、种姓、宗教、英印政府、印度土邦，以及英国对印度统治的计划等。1902年，丁文江译有《亚西亚西南部衰亡史》，主要内容是自上古直至近代，印度、安南、缅甸等国衰亡的历史。作者从多方面记载衰亡经过的同时，而且还阐释了衰亡的原因。1902年第10期《译书汇编》，对此书有所介绍。

关于朝鲜亡国的著作，也有多种。早在日俄战争期间，梁启超即撰《朝鲜亡国史略》，1904年在《新民丛报》连载。日俄战争后，朝鲜亡国于日本，使中国人受到震动。1910年，梁启超又撰《朝鲜灭亡之原因》，他认为朝鲜灭亡的主要原因，在于朝鲜是一个封建专制的国家。国家的命运，全系一家一人之身，朝鲜高官君臣为一己私利，不惜卖国求荣。他认为这尤其值得国人认真思考。梁启超撰有多篇有关朝鲜亡国的文章，[①] 显然，他对朝鲜亡

---

① 这些文章主要有：《朝鲜亡国史略》，载《新民丛报》1904年第53号；《朝鲜亡国史略》（续），载《新民丛报》1904年第54号；《日本之朝鲜》，载《新民丛报》1905年第60号；《朝鲜之亡国》，载《新民丛报》1906年第74号；《日本并吞朝鲜记》，载《国风报》1910年第22号；《朝鲜灭亡之原因》，载《国风报》1910年第22号；《朝鲜贵族之将来》，载《国风报》1911年第6号。

国的关注，着眼点是在中国。1911年，直隶教育图书局出版李芝圃著《朝鲜亡国史》也如此。作者从历史、政治、民俗等方面分析了朝鲜灭亡的原因，认为朝鲜灭亡的主要原因有二点：其一，实行君主专制，没有民主政治，人民不享有自由；其二，缺乏独立自主的精神，对日本侵略者报有不切合实际的幻想，认为日本会"保护其独立"，"保护其领土完整"。作者强调，编撰《朝鲜亡国史》的目的，是希望中国从朝鲜亡国中汲取教训，牢记"国际只有强权，而无所谓公法；和平但凭铁血，而不可恃条文"。此外，还有毛乃庸（1875—1931）译的《朝鲜近世史》，由上海教育世界出版社1903年出版；作新社译刊《朝鲜史略》，由作新社1904年出版；日本吉备西村著、独头山熊译的《朝鲜史》，由上海点石斋1903年出版；大同编译局译刊的《韩国痛史》即《朝鲜亡国史》，由大同编译局1915年出版等。

关于越南亡国的历史著作，同样有多种值得重视，例如梁启超的《越南亡国史》，此书由梁启超根据越南民族解放运动领袖、爱国志士潘佩珠（1867—1940）的自述，编纂而成，① 由上海广智书局1905年出版。该书记述了越南灭亡的经过和原因，法国殖民当局的暴行，以及国家灭亡后的惨状。书中还记述了越南近代历史以及爱国志士奋起团结，摆脱殖民统治及争取独立解放的英勇斗争。作者以越南为例，警醒中国人民，提高警惕，保家卫国，而不是束手待毙。梁启超在该书后附有《越南小志》。其内容除了自然地理之外，还有越南的历史发展概况，中国与越南的关系，法国与越南的关系。梁启超在文中强调，法国侵略越南，同时觊觎中国由来已久，越南亡国，则给中国人民敲响了警钟。

---

① 《越南亡国史》，由越南革命家潘佩珠于20世纪初期写成。当时越南正受法国统治，潘佩珠于1905年到日本求援，并用汉文写成本书（书中采用别号"巢南子"）。潘佩珠与梁启超讨论当时越南政局，并深得其关注。梁启超建议："法人在越种种苛状，举世界无知者，子（潘佩珠）为我言，我为子播之，或亦可以唤起世界舆轮于万一"，梁启超1905年为之作叙，并资助出版。

辛亥革命功臣赵伸（1875—1930）著有《腥风血雨录》，在《云南》杂志1907年第4、5、6号连载。文章的内容之一，为越南爱国者潘承珠的《海外血泪书》，潘承珠在文中分析了越南亡国的原因，以及争取民族独立的愿望。赵伸认为，这对当前的中国人民来说，有重要的现实意义。越南亡国的惨状，以及越南亡国的屈辱历史，有助于治疗中国"三百年来之大病"，加快中华民族的觉醒。此外还有日本引田利章著、毛乃庸译的《安南史》，由上海教育世界社1903年出版；痴庵者的《越南亡国惨话》，载《第一晋话报》1905年第6期；《安南亡国后之痛史》，载《东方杂志》1910年第8期。

19世纪，经过三次英缅战争后，缅甸成为英属印度的一省，被英国占领而亡国。张成清的《缅甸史》，载《云南》1908年第13、14、16号。张成清，号石泉，云南腾越人，精通英语、缅语。他积极参加反帝反封建运动，虽多次被捕入狱，但革命志向不变，继续和英国侵略者及土豪劣绅做斗争。他译编缅甸亡国的历史，目的是揭露英国殖民统治给缅甸人民带来的无穷无尽的灾难，鼓吹爱国主义精神，希望中国人民免蹈缅甸之后尘，振作精神，反帝救亡，拯救国家于危难之中。除张成清的《缅甸史》外，还有秦力山的《缅甸史序》，载《云南》1908年第13号；高黎贡（李根源）的《缅甸灭亡小史》，载《云南》1908年第15号。

1903年，《湖北学生界》第5期、第7—8期合刊发表了《菲立宾（菲律宾）亡国惨状记略》。该文发表后不久，1904年浙江金华《萃新报》创刊号全文转载。该文的主要内容是，菲律宾先后沦亡西班牙、美国的悲惨历史，以及菲律宾人民为争取独立自由所进行的不屈不挠的英勇斗争。作者还对"们洛主义（门罗主义）"的帝国主义侵略、掠夺本质进行了揭露。本文对当时的中国具有重要的现实意义，要求"与阅者诸君，沉观静思，以数其覆车之轨迹"，作为历史的借鉴。

对外国亡国史的介绍，不仅仅涉及中国周边国家或亚非国家，也包括远离中国的欧洲国家，例如波兰。除了前面已经提及的康有为于1898年夏进呈光绪皇帝的《波兰分灭记》之外，梁启超还撰有《波兰灭亡记》发表在1896年8月29日的《时务报》之上。文章介绍了波兰被列强，特别是被俄国多次瓜分的惨痛经历，强调国家只有自立自强才能够生存、发展，将国家的命运寄希望于他人，将会付出惨痛的代价。"不图自强，而欲庇大国之宇下，借他人之保护"，只能加速自己的灭亡。

日本涩江保（羽花生）著的《波兰衰亡史》，在中国至少有三种译本：其一，译书汇编社译刊，《波兰衰亡史》，译书汇编译，《译书汇编》1901年第1期。作者主要是从三个方面，总结了波兰灭亡的原因。首先是政党纷争，相互倾轧，社会思想混乱，使外国入侵有了可乘之机；其次，以俄国为首的外国侵略者时时进行武装干涉，急欲瓜分波兰；再其次，封建贵族专横跋扈，人民处于无权地位，无权参加国家政治、经济生活。其二，上海薛蜇龙（公侠）译本，书名为《波兰衰亡史》，上海镜今书局1904年版。爱国青年柳亚子（1887—1958）为该书作《序》。署名为"中国少年之少年柳人权"。这可能是因为柳亚子当年只有18岁，同时也表明他对专制独裁的痛恶，以及对自由、独立和人权的推崇和追求。该《序》意气风发，慷慨激昂，紧密联系当时中国面临国家沦亡的实际，号召中国人民团结起来，以波兰民族英雄哥修士孤（今译科希秋什科，Tadeusz Kosciuszko，1746—1817）为榜样，为保卫国家和民族，不惜流血牺牲，誓死保卫自己的家园。他希望这本《波兰衰亡史》，能够使"我民族其猛省，我民族其借鉴，我民族其毋自馁"。除上述两种外，第三种是《波兰遗史》，江西官报1916年版，出版者不详。

在介绍、研究外国一些国家亡国历史的同时，不可避免地会使介绍、研究帝国主义列强的侵略史凸显出来，因为导致一些国家亡国的重要原因，就是帝国主义的侵略和掠夺，而帝国主义的所谓"强大"和"富有"，也离不开对落后国家、落后民族肆无忌惮的压榨。了解帝国主义的侵略历史，在20世纪初的中国社会生活中，占有重要的地位。

日本学者斋藤奥治所著《西力东侵史》是一部有较大影响的著作。该书有两种中文版本。一是上海文明书局1903年版，由秦元弼译[①]；另一种译本为林长民（1876—1925）翻译，1903年作为福建留日学生"闽学会丛书"之一出版。当时中国的思想界，对此书评价甚高，认为它是"时下最急需之奇书"，认为它是最新最完备之东西交涉史，"其中如西人东渡考、古代东西关系考、支那开港考、俄罗斯东侵考、耶教流行支那考等，尤与我国有密切之关系"。据《周作人日记》1903年4月9日记载，鲁迅在日本留学时，曾经购得此书，并将它和《译书汇编》等书刊，托人带回绍兴，介绍到国内。

基于对近代以来对世界历史的概括，出版者指出近代以来，"西力东侵，如电如潮，亚洲诸国，俱蒙影响"，而"受影响尤烈者有三"，即日本因能够因势利导，所以"转弱为强"，而印度却顽固守旧，执迷不悟，所以只能"坐以待毙"。中国"有十倍于日本之潜势力，而自暴自弃，恐渐为印度之续"。"同此国同此民也，何为东不如西？""同此东方之国，同此东方之人也，何为中国不如日本？"译者希望中国读者能通过阅读此书，认真思考这些问题。[②] 毋庸讳言，《西力东侵史》中的某些观点，明显地是在篡改历史，为帝国主义侵略中国进行辩护。作者宣称，近代以来，

[①] 上海文明书局1903年出版的《西力东侵史》附有"文明编译印书局发行图书要目"广告。其中介绍了文明书局编辑的《高等小学国史教科书》。编者认为，小学历史教科书"以发育爱国精神为最重要"，所以这些书"于近世国权之得丧，一一加意，务令儿童有所感法"。由此不难看出，20世纪初，《西力东侵史》出版时，爱国主义思潮在国内已有较广泛影响。

[②] 上海文明书局：《新书出版广告》，《江苏》1903年第1期。

是由于中国"数与外国寻衅",或"屡与列强启衅",才导致资本主义列强对中国的侵略。这是赤裸裸的强盗逻辑,但作者译编此书的目的,并不是为帝国主义张目,而是为了使中国人民更加警醒,认清帝国主义的嘴脸。

同盟会员贺良朴(1861—1937)纂著《五洲三十年战史》,1903年由上海作新社印行。书中所述时间始自1873年,终至1902年。贺良朴编译该书的主要目的是,反对帝国主义列强的侵略,唤醒民众救国的意识。他认为近三十年来,"世变日深,中国之危,不可终日"。在译编者看来,20世纪初,中国已经成为帝国主义列强侵略、掠夺的焦点,中华民族面临着严重的危机。因此中国人民不能再"寝处酣嬉,于万国战场之中而不知警"。译编该书,"既以自危,且为同舟者警"。编译者对俄国对华侵略尤其关注。因为"俄罗斯尤为切肤之痛",所以此书"始于俄人之侵回部,而终于俄人之据'满洲'"①。学者张通谟对《五洲三十年战史》给予高度评价:"夫中国者,固中国人之中国也。果能以国事为己事,以国耻为己耻,独立之气塞乎天地,合群之义耀乎日星。"只要"知彼知己,求所恃于公法之外,以耿耿忠义,百折不回之志气,激励我国民,庶几万众一心,且哀且痛且愤,日讲求所以相攻相守之道,扶国民之危于累卵,而不忍自即于沦胥"。②

陈崎编译的《外患史》,是《国耻丛言》之一,由上海时中书局1903年出版。正篇五章,附篇二章。作者搜集了日本各书中有关中国的外文资料,阐述中国一败于英、再败于英法、三败于法、四败于日、五败于八国联军的情况,叙述帝国主义是如何侵略中国的,陈崎在《外患史》的前言中说:天下无外患,不足以兴国,竞争不力者,进步不速。天下无不知外患者,不足以亡国。今日外患亟矣,不知外患者,何茧茧也。深切地表达了忧国忧民,

---

① 《五洲三十年战史·凡例》;《五洲三十年战史·自序》。
② 《五洲三十年战史·序》。

希望中华民族自立自强，屹立于世界民族之林的感情。不难看出，编译者的目的很清楚，即不忘国耻，使人们能够从娱乐升平、如醉如梦中醒悟过来，彻底抛弃享乐主义情绪，自立自强，关注国家和民族的前途。

《外患史》是一部简明的帝国主义侵略中国的历史，包括政治、经济、军事和宗教等方面的内容。具体事实绝大部分取材于日本的史书，但是通过"译者曰"发表议论。例如，就"鸦片战争"，作者写道："鸦片战争，我理也直，我时代也尚壮盛，然而卒至于战而败，败而和，和而失权利，失权利而鸦片之输入不唯不稍减，且复大增盛者何也，和战之谋交换，执策不定，而见事未明也。见事未明，故偶有所利，即以为外人大可侮，于是虚骄之气大张，而主战派大战胜于朝；偶有所不利，即以为外人大可畏，于是矜皇之说大起，而主和派又大战胜于朝。见事未明，故易信于蒙语。至于今日，蒙语尚盈我朝野焉。呜呼！我不知我国之祸将何日已。"在针对日本侵略中国的"译者曰"中写道："日本之未开国也，无异于我国。日本之开国也，亦无异于我国。其政府之昏庸如我，其人民之顽固如我，其外人之欺侮之也亦如我。然而，其能至今日而反大异于我者，何也，蒙昧于前而开明于后也。"《外患史》主要内容包括七篇：五篇为正篇，另有两篇为附篇。正篇内容有贸易、战争、交通和俄国、基督教等；附篇的内容为印度、日本。印度，"怵忘象也"；而日本，"策兴机也"，这些在当时的中国，无疑有重要的现实意义。

沙皇俄国是一个极富侵略扩张的国家，沙皇俄国的历史是一部掠夺各民族土地的历史。早在17世纪中叶，沙皇政府就开始侵入中国黑龙江流域，19世纪中叶鸦片战争后，进一步加快了对中国的侵略扩张，通过一系列不平等条约，掠夺了150多万平方公里的中国领土。所以中国人民对沙皇俄国的侵略尤加关注。

1888年，英国阚斐迪译、宁波徐景罗（又名稷臣，号漪园）

述的《俄史辑译》4册，由益智书会出版。基辅罗斯，是东部斯拉夫人在东欧平原建立起的一个早期封建国家，一般认为882年是基辅罗斯的建国之年。本书的内容始于862年，止于1856年，共77章。该书内容丰富，特别是对于近千年的俄国外交关系的历史叙述，旁征博引，给人留下了深刻印象，诸如"分波兰、弱瑞典、窥波斯、危突厥、战英法"等，均不遗漏。此外，对俄国社会发展沿革情况等，也有记载。译述者认为，俄国是一个极富侵略扩张的国家。《俄史辑译》对"彼得遗嘱十四条"也有介绍，认为这是用心险恶，令世界各国"公惧"的遗诏。

1897年9月17日、27日，《时务报》连载英国人文章《俄人蚕食太平洋迤北边地考》。译者为清驻英国公使馆二等参赞陈贻范，未署原作者名。《时务报》连载此文的用意，在于提醒中国人民不要忘记与中国接壤的虎视眈眈的俄国。文章概述了沙皇俄国侵略中国的历史，包括侵略中国的狡诈手段和烧杀淫掠所犯下的罪行。文章强调，俄国同中国的交往，以不断地"拓土"，无止境地扩张俄国的版图。每当中国内政外交出现危机时，俄国便"乘隙而入，肆意要求，侵割土地"。

日本山本利喜雄著、麦鼎华译《俄罗斯史》，1903年由上海广智书局出版。

出版社在述及为什么要出版此书时写道：彼俄罗斯向为专制政体之国，与我政体相类似，其成败得失，皆可借鉴。且西北利亚（西伯利亚）铁道既成，势力骎骎南下，我国实首当其冲。若瞢于其国势民情，日言抵御，曷当于事。因此，当时出版这部著作的现实意义，在于从历史上了解沙皇俄国的侵略扩张本质。

"新书译丛""外论汇译"是《清议报》的两个重要栏目。《清议报》为旬刊，1900年第42、43册发表有《俄国侵略中国志略》。19世纪末，沙皇俄国为达到扩张领土的目的，对中国的侵略日趋加深，中国的领土完整和国家安全面临着愈来愈严重的威胁。但是对于日益严重的形势，清政府却没有足够的认识。梁启超从日本学者的著作中，将俄国侵略中国的有关章节一一汇编刊于《清议报》，用事实揭露俄国觊觎中国的野心，并公开发表，"以供我国人之省览"。

1900年，《俄国政俗通考》三卷，由上海广学会出版。该书原为印度广学会1893所辑，是英文本，美国林乐知译，任廷旭笔述。上卷为俄国欧洲部分社会生活情况；中卷为俄国欧洲部分的城邑情况；下卷为俄国亚洲部分各民族的生活情况。由于俄国领土辽阔，民族和人口众多，所以本书所涉及的内容也十分庞杂，诸如山川地理、历史沿革、帝王业绩、政治、经济、文化、宗教、城市、教育、法律、军事、交通、贸易、手工工场、农副业，以及民风、国俗、日用衣食等无不叙述，是一部全面了解俄国历史与现实的著作。

《哥萨克东方侵略史》，1902年由上海作新社译刊，原书名为《阿穆尔与乌苏里边区》，1885年在莫斯科出版。20世纪初，在日本出版日文本。中国留日学生将《哥萨克东方侵略史》转译成中文出版。译书出版后，《政艺通报》将日译本的《序》，分三期全文连载发表。中文本1902年10月14日初版，不到两个月，同年12月6日再版。俄国人编撰此书的目的，是为了炫耀沙皇政府的侵略扩张，为俄国侵华急先锋、东西伯利亚总督穆拉维约夫伯爵（Николáй Николáевич Муравьёв-Амýрский，1809—1881）歌功颂德。书中还介绍了被俄国侵占的大片领土的自然资源、地理情况，以及风土人情等。

日本人将其翻译成日文出版，目的是学习俄国人的侵略扩张经验，同时也表明了日本觊觎中国的野心由来已久，欲和俄国争夺在华利益。日文本《序》中写道：夫万国并峙，交通往来彼已利害互异以相凌跞之时，最可恃者，不在兵，亦不在富而在民心之统一，而民心之所以统一，莫过于宗教者。今我邦人士，抱移居殖民之计划,以企伸其志于海外者,虽不乏人,恨无宗教与之并行,以故事业皆无成功。彼得大帝有言,蚕食敌国,先以耶苏教夺民心,然后乘其虚而捣之。窃愿我桑门诸子之闻而奋起也。中国留日学生将《哥萨克东方侵略史》转译成中文出版,是为了唤起中国人民的警觉,既要认清沙皇俄国,也要认清日本的侵华本质。

养浩斋主人译辑《俄国蚕食亚洲史略》,1902年由上海广智书局出版,系《史学小丛书》之一。该书上篇为日本佐藤弘著;下篇为英国克乐诗著。主要内容是记述俄国蚕食亚洲的历史和现实。译者通过此书,希望中国"朝野忧国者鉴"。译者在《前言》中指出:"今之稍识时务者,必曰俄虎狼也。""闭门避虎,不如退而张弓。"译者还写道:"必先知虎之可畏焉,然后能忧之,然后能防之,则谈虎之学,其亦不可以已矣。"1903年,董鸿炜编著《中俄交涉史》,由上海明权社出版。全书11章,从早期中俄联系、中俄尼布楚条约起,至清末俄罗斯参与列强瓜分中国止,较系统地梳理了近代中俄关系史。

日本蕨山生著《俄国经营东方策》,由上海通社1903年译自日文出版,系《通社丛书》之一。主要内容为揭露近代以来,俄国在远东,包括在中国的侵略扩张行径,在一定程度上反映了20世纪初日俄战争前,日益尖锐的日俄矛盾。译者翻译此书的目的,是为了使中国人民通过重温这段历史,提高警惕,不要对俄国的扩张政策抱有不切合实际的幻想。他认为世人都知道俄国野心勃勃,在20世纪急欲称霸世界,首先要把矛头指向中国,而对这一点,我国同胞所知却甚少,特别是清政府中的一些高官,极力主张"联俄",他们在俄国东侵的历史事实面前,应该猛醒了。1903年2月,《直说》第1期刊载有《俄罗斯蚕食中国史》,系统揭露了自1643年以来,沙皇俄国侵略中国的历史。

Y. X. C. 生的《东亚十年外交史》,刊载在《江苏》1904年第 9—10 期。主要内容是中日甲午战争至日俄战争期间，10 余年来，帝国主义列强侵略中国的历史，特别是沙皇俄国为谋求在远东和在华利益所采取的狡诈阴险的外交策略。作者撰写本文的目的，是使中国人民了解国耻，"前事不忘，后事之师"，以此为借鉴，从而奋起斗争，保家卫国。然而，最早论及这些问题的应该是魏源。他在《圣武记》14 卷、《海国图志》100 卷中，较为系统地探讨了俄罗斯历史，以及中俄关系等问题。例如，这两部著作中有《北洋俄罗斯志》《俄罗斯国总计》《西域闻见录》，以及《国朝俄罗斯盟聘记》等内容。

1900 年，俄军在参与八国联军侵华的同时，单独出兵占领中国的东北。《辛丑条约》签订后，俄国拒绝交还它所侵占的中国领土，制造出种种借口拖延撤兵，妄图将其变成"黄色的俄罗斯"，并最终纳入俄国的版图。中国人民开始了以上海为中心的"拒俄运动"。1903 年 12 月 15 日，"对俄同志会"创办《俄事警闻》，至 1904 年 2 月 25 日，共刊出 73 号。1904 年 2 月 26 日，《俄事警闻》改名《警钟日报》发刊，至 1905 年初被查封，共刊出 338 号。《俄事警闻》《警钟日报》两报的主笔和主要撰稿人有王季同（1875—1948）、蔡元培、汪德渊、刘师培、陈去病（1874—1933）、柳亚子、陈独秀、陶成章（1878—1912）、高旭（1877—1925）、柳弃疾（1886—1958）、杜课园、林宗素（1877—1944）等。《俄事警闻》和改名后的《警钟日报》的宗旨始终如一，即"在外侮交乘，国权尽丧，睡狮不醒，累卵可危"的情况下，"博征国际之事状，详揭社会之真相，探索病源，胪举方术，冀以唤醒国民，同支危局"[①]。报纸刊载了不少包括沙俄侵华的外国历史方面的文章。例如《说庚子年俄国夺占东三省的情形》（1903 年 12 月 20 日）、《满洲交涉之历史》（上、下）（1903 年 12 月 21—24 日）；《讲俄国强夺满洲之来历》（1903

---

① 《对俄同志会广告》，见《俄事警闻》第 1 号，1903 年 12 月 15 日；《俄国之狼狈》，见《警钟日报》第 18 号，1904 年 3 月 14 日。

年12月30日）；《美国独立檄文》《法国人权宣言书》《玛志尼少年意大利章程》（1904年1月3日）；《讲俄国夺我们黑龙江近地的事》（1904年1月17—26日）《讲俄国和普鲁士、奥地利两国瓜分波兰的事》（1904年1月27—2月25日）；介绍《再版万国史纲》（1904年2月20日）等。

近代民主革命家宋教仁（1882—1913）撰写的《二百年来之俄患篇》，发表在1911年2月20日—3月4日的《民立报》上。为了对付沙皇俄国加紧入侵中国蒙古和新疆地区，宋教仁依据俄国200年来侵略中国的历史，写成此文。文章揭露了俄国侵略中国的种种事实和伎俩，"以警告国人"不要忘记惨痛的历史。

20世纪初，有关"彼得遗嘱"的先后公布，反映了中国人民对沙皇俄国侵略扩张的本质，有了进一步的认识，中国人民开始警醒，捍卫国家的主权，自觉反对沙皇俄国的侵略扩张。至于"彼得大帝"遗嘱的真伪，至今还是一个有待讨论的问题，但是，彼得一世确实是向自己的继承者指示种种侵略方针的帝王，他的继承者们确实也忠实地执行了他的世界性的侵略方针。有关"彼得遗嘱"，当时在国内有多处发表。主要有：《俄皇大彼得遗训十条》，载1901年9月17日、9月27日《杭州白话报》；《俄皇大彼得遗诏十四则》，载《政艺通报》1902年第20期；《俄皇大彼得遗训》，载《俄事警闻》1903年第3—4期；《俄皇大彼得遗嘱》，载《扬子江》1904年第3期。

俄国彼得一世遗嘱的内容，是关于沙皇俄国不仅要成为欧洲大国，而且要在全球扩张，实现称霸世界的计划。中国社会各界越来越多的人认识到："遗嘱"表明俄罗斯虎狼的志愿，是要吞并全球，振翼一鸣，先据亚陆，窥伺中国，下手为强。自彼得一世以后的俄国历代沙皇，都是按照彼得遗嘱来制订其对外政策，以完成彼得一世所没有完成的计划。沙皇俄国掠夺东北三省大片领土，可被视为执行彼得一世遗嘱的实际行动。

第五章 "新政"和中国世界史教育

一　中国近代新学制中的世界史教育

19世纪末，对外国历史知识的学习，已经成为历史学教育不可缺少的内容之一。康有为等维新派对中国封建主义教育的弊病，以及这种教育所造成的后果，这时已经开始有较清醒的认识。如康有为说："夫才智之民多则国强，才智之士少则国弱"；"泰西之所以富强，不在炮械军兵，而在穷理劝学，……故今日之教，宜先开其智"。他还认识到，"今地球既辟，轮路四通，外侮交侵，闭关未得，则万国所学，皆宜讲求"。① 戊戌变法之前，康有为、梁启超在学堂、书院开始推行资产阶级维新教育，世界史是重要的课程之一。在万木草堂②，康有为开设"万国政治沿革得失""中国政治沿革得失"，以及"万国史学"等课程。

在梁启超任总教习的湖南时务学堂③，《日本国志》《万国史记》《泰西新史揽要》被列为课程的学习内容。张之洞认为：国

---

① 舒新城编：《中国近代教育史资料》（下），人民教育出版社1961年版，第909页。
② 草木学堂，1891年创立于广州长兴里，系康有为讲学场所。办学宗旨是培养兼通中西学说、德智体多方面发展的人才，学生有陈千秋、梁启超、麦孟华、徐勤等，这些人后成为戊戌变法运动的代表人物，1898年停办。
③ 湖南时务学堂，今湖南大学前身之一。1897—1898年，即戊戌变法运动期间由谭嗣同等在长沙创办，得到湖南巡抚陈宝箴、按察使黄遵宪、学政江标等支持。熊希龄任校长，梁启超任总教习，欧榘甲、韩文举、唐才常等任分教习。学堂抨击封建专制主义传统观念，宣传民权和变法维新。

势之强弱在人才,人才之消长在学校,环球各国竞长争雄,莫不以教育为兴邦之急务①。他在奏请变通科举章程时,强调各级学校在"新旧兼学",学习中国史的同时,还要学习外国史,在书院普遍增设包括外国历史内容的历史课。1898年戊戌变法时,光绪皇帝颁布科举新章,明确规定乡会试首场,考试中国史事和国朝政治,而第二场考试时务策论,主要内容则为五洲各国之政,专门之艺,外国历史则包括其中。

20世纪初,帝国主义列强加紧瓜分中国的步伐,使中华民族处于更加危险的境地。"救亡图存""求强求富",彻底改变中国任人宰割的悲惨命运,成为当时先进知识分子的理想和追求。一些先进的知识分子,开始向西方学习,寻求救国的真理,中国封建社会发展处在剧变的前夜。此时中国的世界史编纂,已经有了长足发展。1903年1月8日,《大陆报》的"论说"栏刊载《近世世界史之观念》。文章写道:中国在闭关时期知识未周,见闻不广,并不知有亚洲,遑向世界,故世界史之著,亘古无闻焉。但自海禁开放后的数十年来,西方事物涌入,宗教、贸易、外交、学术、技艺之会通,我国民耳濡目染,则世界之观念,宜其勃然兴起,以成世界史,而沾溉同胞矣。这种情况直接反映在我国的世界史教学、介绍和研究上。

清政府为了维持自己的统治,在1901年发布"变法"上谕,参照"西法",实行新政。在"教育救国"越来越成为社会各界共识的情况下,新政的主要内容之一,就是调整教育政策。梁启超说:"变法之本,在育人才;人才之兴,在开学校;学校之立,在变科举。"② 他的认识在当时有一定的代表性。在"中学为体,西学为用"的原则下,新政增加了西学的内容,包括最终废除科举制,奖励出国留学,开设新式学堂等,这在客观上促进了20世

---

① 参见陈钧等《世纪末的兴衰》,中国文史出版社1991年版,第264页。
② 梁启超:《论变法不知本原之害》。

纪初中国世界史教学的发展。从某种意义上可以说，教育是在"新政"影响下，变革最快、最深的领域之一，一些新式教科书，包括外国历史的教科书正是在这时开始面世的。

如果说20世纪初清政府的教育新政，使"中国教育初步完成了由古典向近代化的转型，开始真正步入近代教育的发展轨道"①，那么，中国的世界历史教育同样是揭开了崭新的一页。世界历史教育与世界历史学科建设密切关联。从本质上说，中国封建主义史学和中国封建社会一样，同样孕育着一场革命性的变革。史学的变革和中国社会发展的剧变一样，从本质上说是时代的呼唤和催生。正是在这样的背景下，中国的世界历史教育有了新的机会和新的有利条件。

清政府的"新政"，首先表现为兴办新式教育，开始制定新的教育行政系统。清政府1901年的诏书规定：除京师已设大学堂，应切实整顿外，着各省所有书院，于省城外均改设大学堂，各府及直隶州均改设中学堂，各州县均改设小学堂，并多设蒙学堂。②1902年1月，吏部尚书张百熙（1847—1907）出任管学大臣，着手建立新的学制系统。张百熙以日本和欧美的学制为蓝本，约请社会知名人士参与研究修订，在1902年8月上奏，经清政府批准颁布，即《钦定学堂章程》，它由《钦定蒙养学堂章程》《钦定小学堂章程》《钦定高等学堂章程》等六项文件组成。这是中国近代教育历史上第一个由国家公布的学制系统，具有法律的意义。因1902年是旧历的"壬寅"年，所以这个学制也被称为"壬寅学制"。"壬寅学制"分三段七级，从初等、中等到高等教育。③ 在这个学制中，外国历史是各级学校学习的内容之一。

---

① 李国钧等主编：《中国教育制度通史》第6卷，山东教育出版社2000年版，第257页。
② 参见朱寿朋《东华续录》，上海集成图书公司1909年版，第1页。
③ "壬寅学制"分三段七级的具体内容是：初等教育分为蒙学堂、寻常小学堂、高等小学堂三级，共十年；中等教育为中学堂一级，共四年；高等教育分为大学预科、大学堂、大学院三级，共七年。

《钦定学堂章程》颁布后，尚没来得及全面实施，便在张之洞的主持下，开始学制的全面修订工作。从1903年6月开始，半年后完成。1904年1月，经清帝批准后颁布，此为《奏定学堂章程》，又称"癸卯学制"。这是近代中国第一个以教育法令形式公布并在全国实行的学制，被认为是中国近代化教育开端的标识。它根据初等教育、中等教育、高等教育等几个阶段的划分，对学校教育课程设置、教育行政及学校管理等作了明确规定。

　　"癸卯学制"规定："立学宗旨，勿论何等学堂，均以忠孝为本，以中国经史之学为基，俾学生心术壹归于纯正，而后以西学瀹其智识，练其艺能，务期他日成材，各适实用，以仰副国家造就通才，慎防流弊之意。"《奏定学堂章程》由《学务纲要》《大学堂章程》《高等学堂章程》等22个文件组成。它提出在"戒袭用外国无谓名词，以存国文，端士风，小学堂勿庸兼习洋文"的同时，也强调中国课程以上，要重视外语的学习，因为"今日时势，不通洋文者，于交涉、游历、游学，无不窒碍。而粗通洋文者，往往以洋文居奇"，所以"中学堂以上各学堂，必生勤习洋文，而大学堂经学、理学、中国文学，尤必深通洋文，而后其用乃为最大"①。这一规定，对于世界历史知识在中国的传播无疑是有益的。一般说来，"史学各科"学习洋文的同时，相关国家的历史也多在学习或关注的视野之内，无论是有意的还是无意的，外国的历史会引起越来越多的人的兴趣。这是外国历史知识在中国早期传播的开始，总之，无论是学习、研究，还是一般的涉猎、了解，外国历史知识在中国的传播作为一个过程，已经开始了。

　　"癸卯学制"也分三段七级，从初等、中等到高等教育共21年。按照"癸卯学制"的规定，从蒙学院、初等和高等小学、中学堂、高等学堂（包括师范学堂）、分科大学堂、通儒院、进士馆

---

① 璩鑫圭等：《中国近代教育史资料汇编——学制演变》，上海教育出版社1991年版，第289页。

都设历史课。从蒙学堂到中学堂的 14 年中，中国历史学习时间为 10 年；外国历史为 4 年。从中学堂开始，中国历史和外国历史开始兼设。中学堂的历史课先讲中国史；然后讲亚洲史，包括日本、朝鲜、越南、柬埔寨、缅甸等国，尤以近半个世纪以来的历史为最重要，特别是今日西方侵略东方诸国之危局；最后讲欧美各个国家的历史。高等学堂、师范学堂的情况，和中学堂基本类似。而在进士馆，不仅以史学为首，而且还以外国历史为主。

在进士馆的 11 门课程中，特别规定史学科要学习"泰西近时政治史、日本明治变法史"，总之，不能无视世界史。有些教科书，就是直接从英文、日文本译出。"中国史学门"的主课，要学习"史学研究法""世界史""中外古今地理""西国科学史"；还要学习外国语文，在英语、法语、俄语、德语和日语中任选其一。"万国史学门"的主课，有些和"中国史学门"的主课雷同，如要学习"史学研究法"、外国语文（英、法、俄、德和日语中任选其一）。此外还要学习"泰西各国史""亚洲各国史""西国外交史""年代学""万国地理"等。这些课程的设置表明，近代中国世界史人才的培养，以及对于世界历史的学习和研究，已经揭开了新的一页。这也是为什么作为一门学科的"世界历史"，在 19 世纪中叶萌生后，能够在社会实践中得到较快发展。应该说，20 世纪初叶的世界史教育功不可没。世界史教育，对世界史学科的发展，有直接的推动作用。

二 京师大学堂等高校的世界史教育

述及 20 世纪初期以来的世界史教学，应首先回溯 19 世纪末京师大学堂的设立，以及大学堂的中外历史教育。1898 年 6 月 11 日，光绪皇帝颁发"定国是诏"，宣布实行变法，因这一年是戊戌年，史称戊戌变法。当时颁布数十条维新诏令，涉及政治、经济、文教、军事等诸面，其内容之一就是设立京师大学堂，并指示京师大学堂是全国各省之首创，规模应宏远，以扩大视听，汲引培育人才。很快又拟定了《钦定京师大学堂章程》(1902)和《京师大学堂章程》(1904)，对学堂制度做了明确的规定。

京师大学堂的建立，标志着绵延1000多年的科举制的崩溃，是中国落后的教育制度向近代化教育转变的开端。京师大学堂（北京大学）不仅是新式教育的旗帜，而且是新文化运动的发源地，五四运动的中心，民主、科学思想及马克思主义在中国最早的传播地。京师大学堂诞生于1898年，"但早在1896年，其筹备工作就已经启动。甲午战争失败之后，光绪皇帝接受了朝野上下'兴学育才'的思想，决定学习欧、美、日的现代教育模式，创办一所新式教育机构和最高学府——京师大学堂，并委派管理书局大臣孙家鼐以官书局为基础开始筹办"，[1] 戊戌变法则为其兴办提供了一个良好的契机。

京师大学堂的办学宗旨是："中学为体，西学为用，观其会通，无得偏废。"特别强调"二者相需，缺一不可，体用不备，安能成才"。所学的功课，则"略依泰西、日本通行学校功课之种别"。具体是每个学生"溥通学"10门都要学毕，"外国语"，英、法、俄、德、日语中选其一，"专门学"10门中选择1—2门。所谓"溥通学"，是指必须要学习的基础课，其中包括"中外掌故学"，以中外历史人物和典章制度为主，大多和中外历史有关。1899年秋，京师大学堂已经设立了与"政治专门讲堂""舆地专门讲堂"并列的"史学专门讲堂"。[2] 1904年1月，《京师大学堂章程》规定：京师大学堂分科大学，分为经学、政法、文学、格致、

---

[1] 郝平：《北京大学创办史实考源》，北京大学出版社1998年版，第1页。

[2] 参见管学大臣许景澄1900年2月18日的奏折：上年六月，臣蒙恩命，暂行管理，因与孙家鼐随事商榷，添派专门教习以广讲授，……分设经史讲堂，曰求志、曰敦行、曰立本、曰守约，计四处；专门讲堂，史学、政治、舆地，计三处。文载北京大学、第一历史档案馆编：《京师大学堂档案选编》，北京大学出版社2001年版，第87页。

医学、农、工、商8科，每科又分为若干门，8科合计46门，其中"文学科大学"分为9门，其中包括"中国史学门""万国史学门"和"中外地理学门"等。这样，中国史、世界史就从一般意义的"文学"中脱离出来。①

1908年，京师大学堂开始筹建分科大学，先在8科46门中筹建5科10门，"文学科"是其中之一，正式设置了"中国史学门"，1909年开始招生②。1910年3月，京师大学堂分科大学开学，这不仅是京师大学堂的一件大事，也是近代中国史学发展历史上的一件大事，中国高等教育中外历史学的本科教育，由此揭开了崭新的一页。

京师大学堂在19世纪末建立之初，就比较重视中外历史教育。当时预备科要学习中外史学，如"中外史制度异同""中外史治乱得失"；仕学馆的史学要学习"中国史典章制度""外国史典章制度""考中外治乱兴衰之故"；师范馆的史学要学习"本国史典章制度""外国上世史""外国中世史"和"外国近世史"。由以上不难看出，预备科、仕学馆和师范馆的历史教学中，外国史占有较大的比重，特别是师范馆中的历史学习，就更是如此。

1903年11月，京师大学堂增设译学馆，以培养专门的外语人才为主，亚洲各国的国别史、西洋史是主要课程之一。在5年学制中，第3—5年的3年中，都要学习外国史。在此之前，京师大学堂译书局经清廷批准，在1902年成立。其主要任务是编译列国史类的教科书，诸如后来翻译的《东西洋伦理史要》《美国通史》《世界史》和《新体欧洲教育史要》等。严复为译书局的总办，

---

① 参见《大学堂章程》，载北京大学校史研究室编《北京大学史料》第1卷，北京大学出版社1993年版，第199页。

② 1909年分科大学文学科开始招生时，只设立了"中国史学门"，没有设"万国史学门"。原因是"由于经费、生源和师资等方面的原因"。参见尚小明《北大史学系早期发展史研究（1899—1937）》，北京大学出版社2010年版，第9页。

副手有林纾（1852—1924）、曾宗巩、魏易（1880—1930）、严璩（1874—1942）等。

在"文学科"的"中国史学门"和"万国史学门"中，中外历史学习的内容就更为丰富了。"中国史学门"和"万国史学门"的学习时间均为3年；在课程设置上，也都以"主课""补助课"两大类为主。"中国史学门"和"万国史学门"毕业前，都要提交"毕业课艺及自著论说"。

顾名思义，"中国史学门"以学习中国历史为主，但也要学习外国史；"万国史学门"以学习外国史为主，但也要学习中国史。这种课程设置既是学习历史知识的需要，也是在实践京师大学堂的办学宗旨。"中国史学门"和"万国史学门"学习的课程如下：

"中国史学门"的主课是：史学研究法、御批历代通鉴辑览、各种纪事本末、中国历代地理沿革略、国朝事实、中国古今外交考、中国古今历代法制考。"中国史学门"的补助课是：四库史部提要、世界史、中外古今地理、西国科学史、外语（英法俄德日选其一）。"万国史学门"的主课是：史学研究法、泰西各国史、亚洲各国史、西国外交史、年代学。"万国史学门"的补助课是：御批历代通鉴辑览、中国古今历代法制史、万国地理、外语（英法俄德日选其一）。①

"中国史学门"和"万国史学门"的学生，除了学习"主课"和"补助课"外，还都另有"随意科目"，即选修课。选修课的内容十分丰富，不仅弥补了学生知识结构的缺欠，弥补了主课设置的不足，同时也结合社会现实的需要，对现实给予必要的关注，以避免学生的学习完全脱离社会发展的现实。例如，"中国史学门"的随意科目有"各国法制史""中国文学""人类学""教育学""金石文字学""古生物学""法律原理学""交涉学"和"国

---

① 参见《大学堂章程》，载北京大学校史研究室编《北京大学史料》第1卷，北京大学出版社1993年版，第103—105页。

家财用学"等。"万国史学门"的随意科目有"外国科学史""外国法制史""中国文学""人类学""教育学""人民财用学""国家财用学""交涉学"和"金石文字学"等。

京师大学堂初始时，与讲授中国史课程的教师完全是中国学者不同的是，讲授外国历史的教师多是日籍教师，如1902年万国史的授课教师是服部宇之吉、严谷孙藏等。1904年，讲授世界史、外国地理的是坂本建一。他们所使用的教材，自然也多是日本学者的著作。以1903年为例：作新社版《世界近世史》，作者是松平康国；上海东文学社版《东洋史要》，作者是桑原骘藏；上海金栗斋版《西洋史要》，作者是小川银次郎；上海东亚译书会版《欧罗巴通史》，作者是箕作元八、峰岸米造。此外，当时授课用书还有日本宏文馆本的《东洋历史地图》，作者是石泽发身。至于中国学者编译的外国史著作中，也不排除源自日本学者，或日本学者转译欧美学者的著作，如戴斌编译的《亚美利加洲通史》。

20世纪初，一些授课的教师，也编纂了一些历史学的讲义，但多是关于中国史方面的[①]，外国史方面，较有影响的主要是服部宇之吉的《万国史讲义》。作者在《提要》中，首先提出了学习世界史的3个基本理论问题，而不是开卷伊始就直接进入历史过程的讲述。这3个问题是：万国史的定义；万国史的开卷时间；万国史的分期。首先探讨这3个问题是十分必要的，直至今天看来也不多余，这些问题与深入学习、研究世界历史有直接的联系。服部宇之吉认为："万国史非一国之史，乃国与国关系之史"；"万国史者，以有史后一个以上之国，生永续的关系之时，为其开

---

① 中国史方面的讲义主要有：屠寄的《中国史讲义》、王舟瑶的《中国通史讲义》、陈黻宸的《中国史讲义》、汪荣宝的《本朝史讲义》。这些讲义多受进化论或欧美新史学，或日本史家的影响，对中国传统史学的弊病提出批评，鼓励多读一些世界史的著作。

卷之始";万国史可分为"太古""中古""近古"和"近世"4个时期。这4个时期的起讫标志是:"自万国史开卷时,至西罗马帝国灭亡"为"太古";"自西罗马帝国灭亡,至发现亚美利加洲"为"中古";"自美洲发现至法国革命"为"近古";"自法国革命至今"为"近世"。需要提及的是,《万国史讲义》并没有完整地讲述从"太古"到"近世"这4个时期,而只有太古史4章。4章的内容依次是埃及与亚细亚诸国之关系、希伯来族全盛之时代、亚西里亚帝国——四大强国崛起、希腊国发达概略。由此4章也可基本了解该讲义的特点,采用西方史学惯用的章节体,思想内容上可看到受进化论的影响。

就当时北京大学讲授世界史的师资来看,[①] 多是讲师,其实力显然要比傅斯年(1896—1950)、钱穆(1895—1990)、顾颉刚(1893—1980)、马叙伦(1885—1970)、孟森(1869—1938)、陈垣(1880—1971)、陶希圣(1899—1988)、蒋廷黻(1895—1965)等讲授中国史的师资要弱得多,但这些讲师,多在海外受过严格的世界史训练,在专业知识和外国语言文字等方面表现出明显的优势。他们年富力强,事业心强,不仅在当时,而且对其后的中国世界史研究,都产生了重要的影响。如当年何炳松(1890—1946)、张星烺(1889—1951)、王桐龄(1878—1953)、罗念生(1904—1990)、齐思和(1907—1980)、梁思成(1901—1972)等讲师,日后都成为著名的学者,对世界历史学科的建设和中国史学发展做出了重大贡献。

对于20世纪二三十年代中国世界史学科的建设,一些年轻教授发挥了十分重要的作用。例如,陈翰笙(1897—2004)1924年10月任北大史学系教授时,只有27岁,是当时北大最年轻的教授之一。他早年就读于美国波莫纳大学、芝加哥大学研究院、哈佛

[①] 1911年辛亥革命爆发后,京师大学堂停学。1912年5月,民国政府教育部改京师大学堂为北京大学,任命严复为校长,北京大学重新开学。

大学研究院和德国柏林大学东欧史地研究所，他在北大开设的"欧美史学史"（西洋史学史）等课程，深受同学欢迎。又如陈衡哲（1890—1976），1890年生于常州武进，是北大第一位女教授，她早年就读于美国瓦沙女子学院和芝加哥大学。她在北大讲授的"西洋通史"和"欧亚交通史"颇有特色，深受学生欢迎。

　　所有这些，可从他们1917—1937年间的任课情况可清晰地看出。[①] 他们当时所授世界史课程之丰富，在今天看来仍有一定的启迪意义。以北京大学为代表，人们不难从中看到中国高等学校世界历史教育的发展状况。中国世界历史教育的体系、教学内容、教材、教学方法，及其教职队伍等已经初步形成，并在教学实践中不断丰富、完善和发展，并为今后的发展奠定了坚实的基础。

表6-1　　　　　　　北京大学1917—1937年世界史课程安排

姓名	职务	任教时间	开设课程
钱维骥	讲师	1918—1919	东洋通史
曹位康	讲师	1918—1919	中国与亚洲诸国交通史
梁敬錞	讲师	1918—1919	西洋史
何炳松	讲师	1818—1922	西洋史、新史学（英文）、西洋中古史、西洋近世史
陈映璜	讲师	1918—1931	人类学及人种学、人类学
杨栋林	教授	1919—1924	西洋通史、欧洲社会变迁史、外国现代史
赵文锐	讲师	1920—1921	西洋近世史
邹宗孟	讲师	1920—1921	日本近世史
张孝年	讲师	1922—1925	日本近世史
徐渭津		1923—1924	西洋上古史、西洋中古史

　　[①] 资料来源：《北京大学日刊》、北京大学各年度史学系课程指导书、北京大学各种职教员名录。参见尚小明《北大史学系早期发展史研究（1899—1937）》，北京大学出版社2010年版，第36—41页。

续表

姓名	职务	任教时间	开设课程
张健	讲师	1923—1924	西洋近世史
熊遂	讲师	1923—1926	欧洲文化史、欧洲中古史、西洋中古史、西洋近世史
刘崇鋐	讲师	1924—1925 1929—1931 1934—1937	欧洲上古史、西洋19世纪史、英国史、西洋近百年史、西洋近世史择题研究
陈翰笙	教授	1924—1927	欧美通史、欧美中古史、欧美近世史、欧美史学史
李宗五	讲师	1925—1927 1930—1934	日本史、日本近世史、西洋近百年史
李璜	讲师	1925—1927	欧洲上古史、欧洲文化史
吴祥麒	讲师	1926—1927	欧洲中古史
张星烺	讲师	1928—1935	南洋史、中西交通史
孔繁霱	讲师	1929—1930	西洋史学史
陆懋德	讲师	1929—1931	西洋通史
王桐龄	讲师	1929—1931	东洋史、东洋通史
陈立廷	讲师	1929—1931	西洋近百年史
毛准	教授	1930—1937	希腊文明史、科学思想史
李飞生	讲师	1930—1931	西洋通史
黄文山	教授	1930—1931	西洋史学史
陈受颐	教授	1931—1936	西洋中古史、近代中欧文化接触研究、文艺复兴与宗教改革、西洋十七八世纪史、西洋史籍举要、近代中欧文化接触史
黎东方	讲师	1931—1932	西洋近代史、法国大革命史
梁思成	讲师	1931—1932	东洋建筑史、西洋建筑史
陈同燮	教授	1932—1935	西洋通史、西洋上古史、西洋近百年史、英国史、欧洲殖民事业发展史、1815年之后之英帝国
聂鑫	讲师	1932—1937	中亚民族史、西洋上古史择题研究、西洋中古民族迁移史、法国史

续表

姓名	职务	任教时间	开设课程
吴正华	讲师	1932—1934	法国革命史
张忠绂	教授	1932—1933	西洋近代外交史
周炳琳	教授	1932—1933	西洋经济史
姚从吾	教授	1934—1937	世界史择题研究
向达	教授	1934—1937	中西交通史、印度通史
罗念生	讲师	1934—1937	希腊文明史
皮名举	副教授	1935—1937	西洋上古史、西洋史学史、西洋19世纪史、西洋史学名著选读
齐思和	讲师	1935—1936	西洋当代史、世界中世纪史
王辑五	讲师	1935—1937	日本史、日本近世史
钢和泰	名誉教授	1920—1923 1934—1937	印度古代史
今西龙	特邀	1922—1923	朝鲜史
李锡禄	讲师	1936—1937	德意志近代史、意大利近代史
卢明德		1935—1937	西洋近古史、俄国史

与上述内容丰富的世界史授课情况相一致，自1917年开始，北京大学史学系招生也逐步正规化，不仅每年招生工作比较稳定，而且考试的范围（含世界史）也逐步确定下来。考试的六门科目是：1. 国文：须通中国学术及文章之流变；2. 外语：英、法、德文任选其一，可直接听讲并笔记，可以国语与外语互译，可作文，并无文法上之谬误；3. 数学：代数、平面及立体几何、平面三角；4. 论理学：了解演绎、归纳的方法及应用；5. 历史：学习过中国通史和西洋通史，其西洋史可用国文或外文作答；6. 地理：中外地理，其外国地理可用国文或外文作答。以"1918年文本科入学实验历史试题"为例，对其进行分析有助于加深对北京大学史学系的了解，也可推而广之，扩大到对我国高校世界史教育一般情况的了解。自然，北大是佼佼者，但仍有一定的参考价值。中国

史试题的内容是：1. 唐刘知几分汉以前之史体为六家，试举其要略。2. 宋朋党争之结果。3. 熊廷弼之三方布置论。西洋史试题的内容是：1. 试述宗教改革、文艺革新两种运动。2. 法国大革命在历史上有何意义并叙述其原因。3. 十九世纪欧洲各邦殆无不见革命之踪迹，而英国独免，其故安在？试申论之。4. 欧战以来世界列邦之关系状况已成若何之局？试推论之。

通过上述历史入学试题，可以看出世界史的内容占有相当比重，而且关注现实问题，当时第一次世界大战尚未结束，但其内容已经进入试卷。自1921年起，北大开始招收史学研究生，既有本校本系的学生，也有本校他系或他校的学生。同年，史学系还开始通过公开考试派遣留学生，如姚从吾（姚士鳌，1894—1970）、毛准（子水，1893—1988）在德国留学多年，回国后在北大任教授，成为世界史的教学和研究骨干。

与本国史相比较，中国的世界史教学和研究显然要薄弱得多，这既有历史形成的原因，也有当时现实的原因，如教学和研究的客观基础、研究条件差，社会需求未知因素多，以及生源、师资缺乏问题等。但是，20世纪初，西方列强已经凭借武力打开了中国的大门，中国已经开始了走向世界的过程，中国与世界的联系（尽管这种联系是不平等的）愈加密切，这就决定了必须要学习世界史。只有了解世界的过去，才能了解今日世界的现实和未来。正是在这样的背景下，京师大学堂时期就规定了史学门中要开设"万国史学门"。但是，提出这个问题和使其最后成为事实，并非一蹴而就，而需要一个过程，而实际上，"万国史学门"最后并没有设立。

与京师大学堂时期相比，1912年的北京大学不再提设立"万国史学门"，而是在"历史学门"下，分设两大类：第一类是"中国史及东洋史学类"；第二类是"西洋史学类"。第一类的课程设置是15科：史学研究法、考古学、年代学、经济史、法制史、外交史、宗教史、美术史、人类及人种学、中国史、塞外民族史、东方各国史、南洋各岛史、西洋史概论、历史地理学。第二类的课程设置是12科，其中有9科与第一类的前9科相同，即史学研究法、考古学、年代学、经济史、法制史、外交史、宗教史、美术史、人类及人种学。其余的3科是：西洋各国史、中国史概论、历史地理学。具体科目从数量上看似少了3门，但教学任务并没有减轻，因为欧美国家的国别史合在一起，内容是很多的。

1913年1月，民国政府教育部颁布《大学规程》，① 其中文科历史学门的课程规定，基本上与1912年北京大学"历史学门"的课程设置如出一辙。由此可以看出北大史学的影响力，也可从中看出当时我国高校历史学科教育的基本内容和所达到的水平。不过应该说明的是，《大学规程》中所规定的世界史课程，从教育部的文件变成各高校的实际授课内容，并不是一帆风顺的。② 从整体上看，诸多世界史的课有被边缘化的趋向，"史学科"越来越像是单一的"中国史学科"。正是针对这种情形，时任北大文科学长的陈独秀在1917年12月的校评议会上，提出了改革史学门课程的意见，中心内容是加强世界史课程的教学。陈独秀的具体意见是：在必修课中增加"西洋古代史""西洋中古史""西洋近代史""东洋通史""日本史""历史研究法"。而在选修课中，增加"中国政治法律沿革史""中国与亚洲诸国交通史""西洋政治史""西洋外交史""西洋文明史""中国历史教授法""西洋历史教

---

① 《大学规程》对大学历史教程作出规范：历史学门分为"中国史及东洋史学类"和"西洋史学类"。"中国史及东洋史学类"的课程是：史学研究法、中国史、塞外民族史、东方各国史、南洋各岛史、西洋史概论、历史地理学、考古学、年代学、经济史、法制史、外交史、宗教史、美术史、人类及人种学。"西洋史学类"的课程是：史学研究法、西洋各国史、中国史概论、历史地理学、考古学、年代学、经济史、法制史、外交史、宗教史、美术史、人类及人种学。

② 例如，北京大学1917—1919年中国史学门的课程表中，就没有"塞外民族史""东方各国史""南洋各岛史""西洋史概论"和"西洋各国史"。而这些外国史课程，都是1913年《大学规程》所规定的。由北大推想到其他地区的高校，情况可能大同小异。这种认识和师资缺少有关，但又不完全是，似和对世界史课程的认识也有关。

授法"等。但是，陈独秀的这些正确意见并没有受到重视。直到1918年下半年，"东洋通史""中国与亚洲诸国交通史"和"西洋史"等世界史课程才陆续开设。从美国留学归来的何炳松主讲"西洋史"，每周六课时，对推动北大的世界史教学，做出了重要贡献。

朱希祖（1879—1944），浙江海盐人。1913年4月到北京大学任教授。他于1906—1909年留学日本早稻田大学，后还任北京师范大学、清华大学、辅仁大学、中山大学及中央大学等校教授，1928年曾发起成立中国史学会。他认为，正是从这时候开始，北大史学系的课程，"始由一国的史学而改为世界的史学"。朱希祖还认为，这是"史学系第一次之改革"。① 这一改革，是在1919年北大"中国史学门"正式改为"史学系"后，才真正完成的。② 这不单纯是废"门"为"系"简单称谓的改变，而是关系到课程设置内容的实质性的改变。自此之后，世界史才在"史学系"中固定下来，而不再是"中国史学门"中可有可无的"另类"。为保证史学系外国史课程的教学，史学系陆续聘请了王徵、杨适夷等讲授西洋上古史和西洋通史。

1919—1921年北大史学系的课程，由旧制课程向新制课程过渡，新旧制课程共存。尽管如此，但仍可从中看到世界史的课程，是如何在"史学系"中占有一定位置的。如"东洋史""西洋中古史论""西洋近世史""日本近世史""印度史""新史学"等，都列在"新制课程"的课表中。这不仅对于北大世界史教学、研究的

---

① 朱希祖：《北大史学系过去之略史与将来之希望》，国立北京大学卅一周年纪念会宣传股编：《国立北京大学卅一周年纪念刊》，第70页；转引自尚小明《北大史学系早期发展史研究（1899—1937）》，北京大学出版社2010年版，第80页。

② 1916年12月，蔡元培被任命为北京大学校长。次年1月到任，开始进行校务改革。陈独秀任文科学长，李大钊任图书馆馆长，胡适、周作人、鲁迅等任教授或讲师。1919年5月，蔡元培辞去北京大学校长职务，但"革新北大"并没有停止。1919年北大开始改革学科制度，废"门"为"系"。同年8月，"中国史学门"改称"中国史学系"，直至1952改称"历史学系"，直至如今。

发展，具有重要意义，而且对于整个中国高等教育，以至整个中国的世界史学科建设和发展，都产生了积极的影响。

北大史学系的新制课程，强调课程设置齐全，培养学生"史学应有之常识"。1924—1925年度的《史学系课程指导书》写道："本系课程，就史学应有之知识，务求设备完全。至于得此常识以后，欲专研究人类全史，以成所谓世界史或溥遍史，或专研究一国史，如本国史及英美法德俄日等国史；或专研究学术史，如政治史、经济史、法制史、宗教史等，则任各生之志愿。此则大学院或研究所之责任，而非本系四年内所能谋及。若就此四年内课程分三组，如本国史组，外国史组，学术史组，各便择一专攻，则史学应有之知识，恐不完备，造就浅薄，颇不适于复杂之史学。此本系课程之组织与他系不同之点也。"① 这样，史学系就要学习诸如人文地理、人类学及人种学、社会学、经济学、政治学等基本科学。还要学习专门的学术史，如中国和外国的史学史、经济史、政治史、法制史、宗教史等。此外还要学习史学的辅助学科或补助学科，如考古学、统计学等。外国语自然也应该包括在内，否则学习或研究外国史就无从谈起。

上述关于史学系要学习"基本科学"、学习"专门的学术史"、学习"史学的辅助学科"、学习"外国语"等思想的具体体现，从史学系1921—1925年各年度所开设的课程中，已经可以看出。② 在

---

① 《史学系课程指导书》（1924—1925年度），北京大学档案馆，BD1919029。
② 1921—1922年度、1923—1924年度略，不一一列举，仅从1924—1925年度史学系的课程即可看出一斑。第一学年必修课：本国通史、欧美通史、本国史学名著讲演、人类学及人种学、政治学、经济学、社会学、外国语；第一学年选修课：地史学、生物学。第二学年必修课：本国上古史、欧洲上古史、社会心理学、本国经济史、外国经济史、宗教史大纲、外国语；第二学年选修课：法律哲学、印度古代宗教史、统计学。第三学年必修课：本国中古史、本国近古史、欧洲中古史、本国法制史、政治史及外交史、金石学；第三学年选修课：本国美术史、西洋美术史。第四学年必修课：本国近世史、欧美近世史、日本近世史、本国史学概论、欧美史学史、欧洲文化史；第四学年选修课：本国文学史、本国哲学史、教育史。

外国史的教学安排中,唯一的国别史就是日本史,这和19世纪末以来,中国和日本的关系有关。甲午战争后,日本侵华野心不死,20世纪20年代以来,日本加快了侵华的步伐。直至1937年卢沟桥事变,中华民族抗日战争全面爆发,东洋史或东洋通史、日本近世史,都是北大历史系的保留课程。

1926—1927年度的《史学系课程指导书》,由李大钊、朱希祖制定。他们在1924—1925年度的《史学系课程指导书》的基础上,就史学系教学的"综合性"进一步提出了明确的要求。指导书强调:今日之史学已经是科学的史学,学习史学,首先要学习基本科学,即人文地理、生物学、人类学即人种学、社会学、政治学、经济学、宪法、社会心理学等。又要学习各种专门史,如政治史、经济史、法制史以及宗教史、文学史、哲学史、美术史等。还要学习中外史学之变迁及治史方法,如本国史学概论、本国史学名著讲演、历史学、欧美史学史等。另外,考古学、统计学等史学补助学科,以及外国语等,都需加强。1926—1927年度的"史学系课程指导书",还就中外汇通及中外史学比较,提出了具体的意见。指导书认为:现代史学,以人类全部之历史为归宿,对于史学,要本国与外国并重,本国史与外国史须汇通观之,务期本国与外国同一时代之历史,详细比较。这些主张无论对中国史,还是对世界史教学与研究的发展,都是有益的,特别是对于相对薄弱的世界史学科建设,尤有特殊的意义。

1931年,朱希祖辞去史学系主任一职,由蒋梦麟(1886—1964)暂时代理,后很快由陈受颐(1899—1978)继任系主任。陈受颐,广东番禺人,早年毕业于岭南大学,1925年留学美国芝加哥大学,获比较文学哲学博士学位。他在北大除主持系务外,还讲授"西洋中古史""文艺复兴与宗教改革""欧洲十七世纪史""中欧文化接触史"等课程,对北大史学系的世界史学科产生了积极的影响。到1937年,北大史学系开设的世界史课程,已有20余种,如西洋史（欧洲史）、西洋中古民族迁移史、中亚民族史、日本通史、美国史、英国史、法国史、俄国史、德意志近代史、意大利近代史、希腊文明史、西洋史学史、西洋史籍举要、西洋史学名著选读、世界史择题研究、西洋上古史择题研究、西洋近世史择题研究，以及科学思想史、思想自由发达史和外国地理等。这些表明，在20世纪30年代中期，北大史学系的世界历史教学已经有了长足发展，已经初步形成了较为完善的世界史课程体系。

北大史学系彻底改变了世界史在"中国史学科"时的配角定位，而成为中外史学兼容的史学系。不过，不可否认的是，世界史与作为"国学"的中国史无法相比，无论在教学的深度、广度，还是师资、教材等方面都如此。因世界史的教材多是原版书，或是根据欧美史家的著作编译而成，所以世界史教学中的"欧美中心论"影响很深。这些弊病在教学实践中逐渐为人所认识，诸多教授对此深感忧虑，也提出一些建议。但是，对于如何去解决这一问题却意见不一，长期在纷争之中。

1902年12月17日，京师大学堂师范馆开学，它是北京师范大学的前身，也是中国近代高等师范教育的起点。[①] 师范馆在京师大学堂中，占有十分重要的地位。各项课程中西学并重。例如，当时的14门课程中，包括伦理学、经学、教育学、习字、作文、算学、中外史学、中外舆地、博物、物理、化学、外国文、图画、体操。这些课程，既注意到较系统地学习基础知识，也注意到结合当时的社会发展实际，关注社会现实问题。这从当时考试的试题中可以看出。例如，外国地理学的考试试题是：昔年俄罗斯据海参崴、英吉利即欲据巨文氏岛。其后俄人租借旅顺口，英人租

---

① 1908年，京师大学堂师范馆改称京师优级师范学堂，独立设校。1912年，改名为"北京高等师范学校"。1923年，更名为"北京师范大学"，成为中国历史上第一所师范大学。1931年，北平女子师范大学并入北京师范大学，1952年，辅仁大学并入北京师范大学。

借威海卫。试明其地之关系；外国史学的考试试题是：欧洲名将三，曰亚历山大，其一曰罕尼伯勒，其一曰拿破仑。三者将略因时各有殊致而亦有所短长。能各疏其梗概否？1903年，京师大学堂刊定《暂定各学堂应用书目》，中外历史是主要内容之一，主要著作是：《普通新历史》，普通学书室1901年版；市村瓒次郎著、陈毅译的《支那史要》，民智书局1902年版；河野通之、石村贞一著的《最近支那史》，振东室学社1898年版；桑原骘藏著、樊炳清译的《东洋史要》，东文学社1899年版；小川银次郎著、樊炳清译的《西洋史要》，金粟斋译书社1901年版；其作元八等著，胡景伊等译的《欧罗巴通史》，东亚译书会1901年版。

学习外国历史，特别是学习中国周边国家的历史，对于启迪民智特别是培育青年学子的民族精神，无疑有重要的意义。京师大学堂师范馆师生学习中外历史，始终同中华民族争取独立、自由、民主、富强的进步事业同呼吸、共命运。

义和团运动期间，沙俄趁机出兵占领了中国东北三省，到1903年，它不仅违约拒不撤兵，而且提出无理要求，试图永久占领中国领土。这激起了中国人民声势浩大的拒俄爱国运动。同年4月27日，上海人民集会声讨沙俄，并通电全国，揭开了拒俄运动的序幕。仅隔三天，即4月30日，京师大学堂师范馆、仕学馆师生200余人也"鸣钟上堂"，集会声讨沙俄。在会上数十人发表讲演，要求清政府拒绝沙俄的无理要求，"言至痛哭流涕，同学齐声应许，震撼天地"。

1908年5月，清政府将师范馆与京师大学堂分离，优级师范科被改为京师优级师范学堂。设公共科和分类科。公共科相当于预科；分类科相当于本科。优级师范科的课程安排中，同样对外国历史给予了必要的重视。第一年是普通科，第二年分科学习，分科为四类：1. 国文和外国语（英、法、德任选其一）；2. 中外历史、地理；3. 物理、化学、数学；4. 博物科，包括动物、植物和矿物、生理、卫生、农学、园艺等。京师优级师范学堂课程安排分为四类,其中第二类以历史地理为主,成为后来史地部的雏形。1923年,又续办国文、英语、史地三部的研究科。至此,北京高师已经成为学科门类较齐全,不仅能培养师范与中等学校师资及教育行政人员,而且能够培养各科专门学术人员的高等师范学校。

1937年2月,北京师范大学学生组织"史学会"编辑出版《历史教育》,这是我国较早的史学刊物,出版后产生了较大反响,安徽、江苏、湖南、四川,远至香港都有人来函索订。刊物的宗旨是:努力实现历史教育的重要使命;培育国家观念与民族意识;提倡历史教育之普及;研讨历史教育之改进。该刊物的主要栏目一是"论著",内容涉及教学方法、教育质量、教学经验、史学方法批评、史源探索、史实考订、史实诠释,以及历史科学研究等;二是"译著",摘译英国、美国主要历史刊物的文章,将西方重要的史学信息,及时介绍到国内来。刊物还有"书评"专栏,对史学新书进行评介。此外,"通讯答问""史学消息""史学会会讯"等栏目也较有特色。5月25日出版第2期后,因不久发生"卢沟桥事变",北师大被迫西迁,《历史教育》也中止出版。

清代末年建校以来,京师大学堂师范馆——北京师范大学对近代中国高等教育历史学科的发展,起了重要的推动作用。李大钊、鲁迅、梁启超、钱玄同(1887—1939)、吴承仕(1884—1939)、陈垣、范文澜(1893—1969)、侯外庐(1903—1987)、白寿彝(1909—2000)、钟敬文(1903—2002)、启功(1912—2005)等名师先贤曾在校执教,对学校弘扬"爱国进步、诚信质朴、求真创新、为人师表"的优良传统和"治学修身,兼济天下"的育人理念的形成,做出了重要的贡献。

国立中央大学,是民国早年一所集教学和研究于一体的现代大学。校史可追溯至清末1902年筹办的三江师范学堂，之后又先后改为南京高等师范学校、国立东南大学、第四中山大学、国立江苏大学、国立中央大学等，1950年改为现名南京大学。1904年11月，三江师范学堂设历史舆地科、理化科、农学博物科等课程，至1911年初，学堂设国文外国语部、地理历史部、数学物理化学部、农学博物部四部，外国历史的讲授占有越来越重要的地位。1929年，学衡派①代表人物之一、中央大学历史系教授缪凤林（1899—1959）曾在《史学襍志》创刊号撰文②，介绍中央大学历史系的课程由国史、西史、东洋史及其他、通论及其他四部分组成。"为课程凡三十，西史类十二种，系雷君海宗所拟"，余十八种包括世界史的课程有"东洋通史""上古史""中古史""近世史""日本朝鲜史""印度及南方诸国史"，以及"中西文化史""中西交通史（西域史附）"和"历史哲学"等。

"东洋通史"是全院的必修课，主要内容是"通贯印度西域朝鲜日本北亚及南方诸国家诸种族史实。遇诸国家诸种族与宗邦有关系时，即顺叙其前后，如衣挈领，纲举目张。亚洲全史，除西亚外，略焉可睹，尤注重其与中国文化上政治上之关系，及其相互间之交涉，与形势之今昔"。在"日本朝鲜史"中，附有琉球和台湾的简史，这是时代使然。这部分的主要内容，"日史于古代详述其开化之经过及与吾国之交通。于中世略志其幕府之兴亡

---

① 学衡派，系五四期间在中国思想文化领域，较有影响的学术流派之一，因1922年初创刊《学衡》杂志而得名，其宗旨是"昌明国粹，融化新知"。主要代表人物有吴宓、梅光迪、胡先骕、缪凤林，以及刘伯明、柳诒徵等，多是欧美留学生。学衡派深受美国人文主义理论的影响，认为新文化运动是"模仿西人，仅得糟粕"。学衡派对于西方"新史学"思想有积极的回应。关于史学的新观念。学衡派认为，考证史料仅仅是历史研究的第一步，于此又需要第二步工作，即是解释史事之原因变化与结果之由来，以及与过去及未来之关系。学衡派力主扩大史学研究范围的新观念，不赞成旧史学仅仅偏重政治史，政治史不足包括人类活动的全部，历史范围当无所不包。

② 缪凤林：《中央大学历史系课程规例说明草案要删》，《史学襍志》1929年第1卷第1期。

及与元明之关系。于近代则特详其改革成功之原因及与吾国之交涉。而各时代之政教风俗附焉"。对于朝鲜史，其内容主要是"略志其自箕氏立国，卫氏兴亡，三国鼎立，新罗一统，及王氏李氏之始末。详述其与吾国政治上文化上之关系及日本侵略之始终"。关于"印度史"，主要"以研究印度文化政治之蜕变，及与中国文化上政治上之关系为主"，主要是"印度时期、回教时期和英领印度时期"。关于南方诸国，除简略地讲述"安南、暹罗、缅甸之沿革政俗及与中国之关系外，兼及马来半岛荷属东印度群岛及菲律宾群岛之略史"。"中西交通史"以研究近世之前中国与葱岭东西诸国文化上经济上及政治上之交通为主，而"中国外交史"，则主要是研究明末迄今的中外关系，特别是"（一）帝国主义之压迫。（二）不平等条约之内容。（三）国权之丧失。（四）外交失败之原因"。以上既说明了20世纪20年代末30年代初，中国高等学校世界史讲授的内容，也反映了中国世界史研究的特点，重视周边国家的历史研究；重视这些国家与中国关系的研究；关注中国的现实，通过对外国历史的研究，回答当时中国社会发展所面临的实际问题。

三 20世纪初的世界史教科书

在20世纪初的中国世界史教科书中，日本的影响十分明显，一些有识之士纷纷表示要尽快改变这种状况，强调要撰写中国人自己的教科书。1903年10月19日，《大公报》刊载《文明书局编辑蒙学中外历史教科书约恉》，对直接翻译日本学者的著作为教科书的做法，提出异议。文明书局的不满，在社会各界得到普遍积极的反应。如东新译社、国学社先后发表《东新译社开办之缘由及其特质》《国学社编辑教科书启》等文章。东新译社的文章认为：译外国教科书以充国民读本，皆于学界之进化，国魂之发达，无丝毫影响，而反生大障碍者也，因此要自己编纂各科教科书。国学社也明确提出要自己编纂教科书:自倾海内,明智之士,亦尝有意于教科书矣。然率勇于译述,而怯于编著,工于谈外情,而拙于言国故。甚或三千年之历史,十八省之地志,亦复求书异域,愤笔抄胥。呜呼!抑可谓穷矣。在当时,编纂历史教科书,要"明内外之大别,发爱国之公心",这成为不少学术团体或出版机构的共识。

在20世纪初的外国历史教科书中,上海文明书局的《蒙学东洋历史教科书》(1903)和商务印书馆的《最新东洋历史教科书》(高等小学校用,1904)是很有代表性的两部历史教科书。上海文明书局在编纂出版《蒙学东洋历史教科书》的同时,还出版了《蒙学外国地理教科书》,如果说后者主要是从自然地理的视角介绍日本,谈及日本位于我国东海,为亚细亚之付岛,由本州、虾夷、九州、四国四大岛及小岛而成,……地震多发;那么,前者则多是日本上古到近世的历史与文化,包括对中日关系的介绍,对日本明治以来学习西方所取得的进步也给予了充分的肯定,其评价与黄遵宪的《日本国志》基本一致。商务印书馆的《最新东洋历史教科书》,同样也反映了中国社会各界对日本历史与现实的基本认识。

和诸多版本的中文"日本史"著作一样,明治维新是日本史学习的重要内容之一。《最新东洋历史教科书》第2册第77课"日本变法",即讲述了明治维新的主要内容和实施过程:"同治七年,明治帝立,与各国立通商约,将军庆喜奉还政权。八年,帝亲会公卿诸侯,设五誓,曰万机决与公论,曰上下一心,曰朝幕一涂,曰洗旧习、从公道,曰求智识与寰宇。九年,置集议院,征诸藩士为议员,迁都东京。十年,废藩为县。十一年,定学制,设银行,初筑铁路,寻颁征令。十二年,帝及士民皆断发,许士民与西人通婚。光绪元年,大久保利通伊藤博文自欧美还,帝令会议于大坂(大阪),因置元老院,设宪法调查会,寻开地方议会,割桦太岛与俄,以易千岛。是时日本民气益张,民权之说蜂起,前仆后继,志在必成。至光绪十五年,卒颁定宪法,行代议制度。"[①]

20世纪初的我国历史教科书中,已经有中国史(本国史)、万国史(世界通史)和西洋史的教科书,还要单独编纂有关东洋历史的教科书,这足以反映出日本对中国影响之大,以及国人对日本的重视。另外,内容所述虽然都是日本的事情,但纪年都是采用中国的纪年,如"同治七年"(1868年,日本庆应四年,9月后改为明治元年)、"光绪十五年"(1889)等。在中日关系的叙述中,编纂者并没有回避历史或现实中存在的矛盾及潜在的问题。《最新东洋历史教科书》第2册第78课的标题,是"日本灭琉球,改约律",叙述了"明神宗时,日本以琉球贡不至,遣岛津家久往征之,……至光绪三年(1877),日本明治帝遣将灭琉球,以其地为冲绳县"这一事实。在历史上,日本曾长期向中国朝贡,直到1871年《中日修好条规》的签订,中日传统的朝贡关系才宣告结束。不仅如此,原来向中国朝贡的琉球也改依附于日本,琉球成为日本的"冲绳县"。联系到19世纪末甲午战争后,20世纪初中华民族的危机日渐加剧,商务印书馆的《最新东洋历史教科书》,给人以深刻的启迪:中国如何自强自立,走上富国强兵之道;中国如何牢记历史的教训,不忘日本觊觎中国的野心,始终是严峻的现实问题。

约在1906年,清政府倡导的"忠君、尊孔、尚公、尚武、尚实"教育宗旨基本形成,以儒学为核心的中国传统伦理道德和文化特质,在20世纪初,也被赋予了一些新的内容,"'尚公'则强调与个人利益相比,公共与国家利益应该优先;'尚武'意在改变重文的民族性格,培育国民的尚武精神;'尚实'是对中国传统文化中注重高谈阔论、脱离实际倾向的修正。这种教育宗旨,在延

[①]《最新东洋历史教科书》第2册,第77课,商务印书馆1904年版。

续数千年的教育思想的基础上,加入了部分公共意识与国家观念等近代教育理念"①。这种变化自然会反映在当时编纂的外国历史教科书中,成为判读各级学校外国历史教科书内容和特点的重要路径之一。

　　当时在外国历史讲授的过程中,与中国相关的大国的历史以及近代以来的历史是重点内容。"凡教历史者,注意在发明实事之关系,辨文化之由来,使得省悟强弱兴亡之故,以振发国民之志气。""癸卯学制"对世界历史的学习,有较具体的规定,提出了产生较大影响的相关的教学原则。如在欧美史的讲授中强调"讲其古今历史中之重要事宜(上古不必多讲);详于大国而略于小国,详于近代而略于远年"。② 1909年,中学的全部课程曾分为"文科""实科"两大类。史学为文科的五大主干课程之一。1—2年级学习中国历史;3年级学习中国历史和亚洲国家的国别史;4—5年级学习外国史。"实科"类的学生,同时也要学习中外历史,自然和"文科"类的学生相比较,会有所区别。这些和"癸卯学制"相比较,并没有什么本质的区别。"癸卯学制"作为近代中国最早的系统学制,对我国的历史教学,包括世界历史教学的影响直至民国初年依然存在。

　　19世纪60年代,京师同文馆开设时,就已经开始了世界历史课程的教学工作,但并不普遍,直至1903年后,大抵经过了40余年的发展,世界历史课程已较系统开设,作为一个制度才逐渐形成。在北京同文馆的带动下,上海、广州、武昌等地,也先后建立了类似的外语学校,除学习外语外,也同时学习相关的史地知识,人们对外国历史的了解明显增加了。在此之前,过去翻译

---

　　① 徐冰:《中国近代教科书中的日本和日本人形象》,商务印书馆2014年版,第73页。

　　② 《奏定中学堂章程》,参见舒新城主编《中国近代教育史资料》(中),人民教育出版社1981年版,第504—508页。

的西方著作多以自然科学著作为主,"新政"开始后,历史著作有了明显的增加,一些官方设立的译书机构也都加入到这个行列。这些机构有:江楚编译局、南洋公学译书院、直隶学务公所、学部编译图书局等。

1902年6月,英国学者摩尔化著《西洋历史教科书》,经出洋学生编辑所译,由商务印书馆出版。这是国内较早出版的由欧洲人撰写的西洋史教科书。同年7月,日本学者本多浅治郎著、出洋学生编辑所译《西洋历史教科书》也由商务印书馆出版。不久,该书又有了湖北兴文社的译本,由上海群益书社出版。1908年,上海广智书局出版了日本坪井九马三著、吴渊明和仲遥译述的《中学西洋历史教科书》。该书虽然名为"西洋历史",但并非完全是欧洲的历史,还涉及古代埃及、巴比伦、腓尼基、波斯、马其顿和北美独立战争的历史。但是顾名思义,欧洲的历史仍然还是本书的主要内容,作者较系统地叙述了自古代希腊罗马时代,直至20世纪初,欧洲主要资本主义国家政治、经济和文化发展的沿革。作者没有回避欧洲资本主义发展过程中对亚洲国家的侵略和掠夺,欧洲文明的形成,有亚洲被压迫国家、被压迫民族的血泪。1909年6月,本多浅治郎著《西洋史》,由百城书社编译,在商务印书馆出版。20世纪初,《中学西洋历史教科书》是我国较早选用的世界历史教科书之一,从日文译成中文出版,可以满足一时教学急需,但行文难免有含混不清和晦涩之处。

1903年,上海作新社编译的《万国历史》出版,作者不详。该书将世界历史分为古代、中世、近世三期三卷。上卷为古代史,记罗马帝国以前;中卷为中古史,记十字军起以前的历史,下卷为近世史,迄于19世纪末。《万国历史》叙述了自上古到19世纪末世界各国的历史发展进程,内容包括各时代各民族或国家的文化发展、地理物产、道德风俗、政治变迁、工商发展、宗教艺术,以及伟人业绩等,使人们可以较清晰地了解自古代以来的世界历史展轨迹。正因为如此，学部在1908年将其列为历史教科书。《学部审定书目提要》称："惟第三卷叙法国之乱，词语太繁，叙东西洋之关系，中间有过当语，必须删改。其余则皆纲举目张，无之离复杂之弊，而于列国形势之嬗变，各种学术之发明，尤能穷原竟委，有条不紊，每篇有总论，有约说，有分图，于教授法亦合作为中学堂外国史教课本。"

1903年6月，日本元良勇次郎、家永丰吉合著《万国史纲》，邵希雍译，由上海支那翻译会社出版。1904—1906年，上海商务印书馆四次再版。1908年，清学部将其定为中学世界历史教科书。该书分上古、中古、近世三编。上古三章的主要内容是古代东洋、希腊、罗马。中古二章的主要内容是黑暗时代、复兴时代。近世二章为宗教改革时代、政治革命时代。这部著作虽然名为"万国"，实际上是以英国、法国、德国、意大利、西班牙、美国和俄罗斯为主。该书内容较为丰富，涉及政治史、宗教史、工艺技术史、社会史，以及哲学、文学史等。这部著作的特点之一是"国家之政、王侯将相之业、战事之胜败"等略讲，而着重于"文明"和"风教"，以及探究"社会之一定法则"，以及社会发展的原因和结果。作者从这个意义上提出，将此书称为《万国文明史纲》也无不可。① 正基于此，梁启超才有此书"最重事实之原因结果，而不拘于其陈迹"的评价。②

《万国史纲》问世后，即在中国学术界产生较大影响。该书出版同时，《中外日报》在7月1日刊登的广告中说："欲知万国文明之变迁，且研究二十世纪之新史体者，不可不人手一编。"1904年，《万国史纲》再版时，《中外日报》在3月24日又为《万国史纲》再次刊登广告，言"是书去年五月间初印二千部，大受一般学者之欢迎，谓原书体制完备，译笔亦复明锐雅洁，于新史学

---

① 参见元良勇次郎、家永丰吉合著《万国史纲·凡例》，支那翻译社1903年版。
② 梁启超：《东籍月旦》，《饮冰室文集全编》卷4。

界放无量数异彩。今复补印二千部，披沙炼金，益求美备，骎骎乎欲与祖国班马骖靳。世之究新史学者，当有同好焉"。既然是广告，就难免有溢美之词，即使是图书广告也难免，但这多是夸张而非凭空捏造，在 20 世纪初的中国，《万国史纲》对推动中国世界历史编纂的积极作用，还是应实事求是给予肯定的。

清政府学部将其定为中学世界历史教科书时，《学部审定书目提要》认为该书"通体叙述简明，颇挈纲领，而于历代之政治、学术，则再三致详，可谓繁简得宜，采撷有法"。该书的欠缺之处，是"近世编挂漏太多，难为完全教科之用。盖近来西力东渐月异岁殊，必须一一讲明，始为有益。查本编说美洲事已至千八百九十三年，而言中英之事，仅至南京条约，似未臻完备。即已全书体例而论，前于希腊罗马既详，言其学术则近世各种学术之发明尤不当无所记载……再本编所纪仅域西洋，题为万国，亦嫌未合"。应该说，清政府学部《学部审定书目提要》对这部书的评价，可谓一语中的，十分到位，《万国史纲》不仅内容缺漏，厚古薄今，而且明明所记仅是"西洋"，却称之为"万国"。明确地指出这部著作的缺欠，对于学生和各界读者正确地理解世界历史，是十分必要的。此外，这部《万国史纲》还有天津东华译书局翻译、出版的版本，具体时间不详，大抵是在光绪末年。

四　世界史教科书编纂的新发展

在 20 世纪初以来的中国世界史教学中，教材问题始终是师生和社会各界关注的热点之一。既然是在中国的各级学校进行世界史教学，那世界史的教科书自然应该由中国的史家、中国的教授来撰写。当然，这也不排除使用少数外国史家的著作，或用于课堂教学，或用于教学参考，总之，对于外国史家著作的使用要有一个合适"度"和"量"，这在当时成为越来越多的人的共识。继 1903 年 10 月 19 日，《大公报》撰文，对直接翻译日本学者的著作为中国世界史教学教科书的做法提出异议,在社会上引起广泛反响后,① 北京大学陈衡哲、姚从吾等教授,在20世纪二三十年代,继续就这个问题发表了许多意见。他们明确提出,中国的世界史教学,一定要使用自己编撰的世界史教材,② 以摆脱完全因袭欧美教科书的影响。1924年何炳松编译的《中古欧洲史》出版时,陈衡哲在应邀为该书写的序中指出:"我国人研究西洋历史的道路,凡有两条,一是读西洋历史名著的原本,一是读中国人自己的编著或译本。"第一条路应是"一条最简捷最有效的道路",但由于文字等困难的限制,这条路只能成为"少数学者的私径了",于是大多数人只好向第二条路走去。"但第二条路也不是平坦大道。现在我国人自己所编的西洋史,在性质及数量上,均尚免不掉贫乏的讥评。国中为历史而研究西洋历史的人,已经不多,加之这一类少数的学者,又大都执教鞭于国内各大学,甚少闭门著书的机会。而西洋历史的材料,在国内更不易得,此尤足增加著书的困难和失望。"③ 尽管如此,中国各级学校的世界史教育,毕竟不能永远使用外国的教材。20世纪初,陈衡哲等中国的世界史学者明确提出这个问题后,经过长期的努力才使之逐渐改观,中国的世界史教科书,主要变为由中国教授自己来写,世界史教材建设揭开了新的一页。

---

① 参见本书第6章第3节《20世纪初的世界史教科书》。
② 例如1920年秋开学时,陈衡哲即已提出经过一二十年的努力后,我们就可以"用中文著一部欧洲通史,和分代史,和专史,使国内要研究欧史的人,有条道路可走"。参见《陈衡哲先生演说词》,载《北京大学日刊》1920年第696号。此外,1937年3月19日,时任北大史学系的系主任姚从吾在写给傅斯年的信中写道:东洋史讲座,专讲苏俄,日本与南洋,本我国的立场,注重近代的演变。姚从吾还写道:北大应决定一种治西洋史的态度。现状虽应当维持,将来如何独立研究,也应当预为计划。……我们不应专读欧美人写的上古、中古、近代史为满足,希能直接采用西洋史料,自己编纂西洋史课本。参见台湾大学教授王德毅(姚从吾教授的弟子)编《姚从吾先生年谱》,第27页。
③ 陈衡哲:《中古欧洲史序》,《何炳松文集》第1卷,商务印书馆1996年版,第3页。

1913年，傅运森（1872—1953）编写的《西洋史》（即《共和国教科书西洋史》），由上海商务印书馆出版，2册，分上下卷，教育部审定，中学使用。一般认为，傅运森编写的这部《西洋史》，是我国第一部自编的世界史教科书。傅运森，字纬平，湖南宁乡人，1897年考入南洋公学师范班第一期，1912年参加编写《共和国新教科书·新历史（高小用）》，后曾受陆而奎、吴稚晖之邀，赴广州武备学堂（黄埔军校前身）任教习。傅运森还编纂有《世界史》上下册，由朱经农、王岫庐校订，初中使用，1923—1925年，由上海商务印书馆出版，这本书还被称作《现代教科书初级中学世界史》《现代初中教科书世界史》《现代教科书世界史》。①

1922年5月，李泰棻（1896—1972）编纂的《新编世界史》，由上海商务印书馆出版，至1929年11月，已经有14版问世，是一部有较大影响的中等学校用书。李泰棻，字革痴，号痴庵，河北阳原县人，1917年毕业于北京高等师范学校史地科，留校任教。后在山西大学、北京大学、北京女子师范大学、中山大学等校讲授中外史学，有不少著述问世，如《西洋大历史》（1916—1919）、《新著世界史》（1920）、《中国史纲》（1922）、《西周史征》（1927）等。李泰棻强调"用万国史体裁编纂"，以叙述世界各国的政治、文明为主，内容包括世界大势的变迁、主要国家的兴亡、人文的发达等。全书由东亚史、西洋史两部分组成。时限上则由上古、中古、近古、近世、现世五期组成，从史前时代直至第一次世界大战结束。

本书的《绪论》由"时之定义""史之目的""史之界说""世界史之纪年""世界史之时期""世界史之人种"六部分组成。文字虽然不多，但提纲挈领、画龙点睛，对于理解这本教材的特点与结构，以及这本教材所阐释的世界史的繁杂内容，无疑是有

---

① 《中国近代中小学教科书总目》，上海辞书出版社2010年版，第576页。

重要意义的。如编纂者强调:"史者,研究进化现象者也",这是广义的定义;"今所谓史者,乃以人为主,故史者,乃研究人类进化现象者也",这是狭义的定义。"若夫研究人类进化,而更阐明其因果关系者,乃史学之定义也。"编纂者认为,史之目的有四,即明变、探原、求例、知来。关于"史之界说",编纂者认为有政治史、文明史、通史、断代史、国别史、万国史等。关于世界史的分期,编纂者认为,"史之趋势,本无间断;强分时期不过便于研究耳"。他认为"就政治社会变迁"为关键,可分为上古、中古、近古、近世、现世五个阶段。此外,编纂者对犹太纪元、巴比伦纪元、希腊纪元、罗马纪元、回教纪元、日本纪元和耶稣纪元等世界史的纪年,也有简单的涉及。关于世界史的人种,本书主要介绍了黄色、白色两种,以表格的形式对分属黄、白人种的诸多的民族做了简单的介绍。

李泰棻《新编世界史》上古史的主要内容是:古代东方诸国、希腊之兴亡、罗马之兴衰、上古文明史略,包括文学、哲学和艺术等。中古史的内容包括中亚诸国之兴替及佛教之传播、西亚诸国之兴替及回教之传播、教皇及日耳曼诸国、教权极盛时代、突厥诸王朝之勃兴及蒙古西征、法兰西及英吉利之进步及百年战争、中世末叶之欧亚诸国、新航路及新大陆之发见、中古文明史略,主要是以文艺复兴以前欧洲的社会情形、文艺复兴的主要内容和影响为主。近古史以欧洲宗教改革始,在本书称之为"宗教革新"。近古史的主要内容是:宗教革新、宗教革新之影响、白人之世界发展(印度蒙兀儿帝国之兴、欧人之亚洲发展、欧人之美洲发展)、法兰西之强盛、俄罗斯之勃兴、普鲁士之勃兴、英法殖民地之争、北美合众国之独立、近古文明史略。科学进步是近古文明的重要内容之一,除科学外,对于文学、哲学和艺术诸方面的辉煌成就也都有介绍。

《新编世界史》的近世部分内容最为丰富,自法国资产阶级革命开始，到20世纪初止，共有22章之多。主要内容是：法兰西大革命、拿破仑之事业、神圣同盟及其反响、法国七月革命及其影响、英吉利宪政之进步及土耳其与埃及之冲突、法国二月革命之影响、拿破仑三世（Napoléon III, Charles Louis Napoléon Bonaparte, 1808—1873）和克里木战争、意大利之统一、合众国南北战争及法国征墨之失败、德意志之统一、俄土战争、三国同盟及俄法同盟、欧洲诸国之东洋发展、安南之兴亡及暹罗之略史、非洲分割、明以前之朝鲜沿革、中古以前日本之沿革、幕府时代之日本、维新时代之日本、维新以后日本版图之扩张、20世纪初欧洲各国之内政外交。关于近世的文明史略，除科学、文学、哲学和艺术的内容外，与"近古"时期相比，增加了"史学"的内容，以介绍英国、法国和德国的史学成就为主。编纂者高度评价德国史家克里斯蒂安·蒙森（Christian Matthias Theodor Mommsen, 1817—1903）、兰克等，特别是兰克，认为"兰氏以史学应用科学的研究之发明，尤为近世所推重云"[1]。现世史以第一次世界大战的历史为主，或者说基本上就是第一次世界大战的历史，主要内容是：各国加入原因及战争经过述略、和会述略、和会议决事项、和会未决问题、欧亚新国、华盛顿会议等。

尽管李泰棻编纂的《新编世界史》是一本中等学校用书，但表现出严格的学术规范，仅以外国译名为例说明："外国名称，仍用本馆旧译；唯战后新名称，有本馆没译出者，取通行译名。并于第一译名后，附以原文，更附《中西名称表》于篇末，以便随时稽考。"这些即使对今天的读者，也是十分有意义的。

《新编世界史》书末有两页广告，分别是"商务印书馆出版世界史书""商务印书馆出版，何炳松编译史书"。广告中所介绍的世界史著述，既可以作为世界史教学的参考书，也可以作为

---

[1] 李泰棻：《新编世界史》，上海商务印书馆1922年版，第232页。

一般的世界史专著来学习或研究。这些广告从一个侧面，反映了20世纪20年代初中国的世界史教学和研究状况，笔者以为值得重视。

"商务印书馆出版世界史书"介绍了汉译《世界史纲》，它由英国韦尔斯（现译威尔斯，Herbert George Wells，1888—1946）著，梁思成等译；《新著世界史》（李泰棻）；英文《欧战时代世界史》、英文《世界史大纲》，以及《万国史纲》《世界大事年表》等。关于韦尔斯著《世界史纲》，广告中强调这是"现代欧美史学界中之唯一名著"，"本馆根据最新版本，特请专家译校，费事至三年之久，书中关于中国之部分，并经梁任公先生等加以订正，内容益见精彩，译笔亦简练畅达"。对于美国索科尔斯基兹（George E. Sokolskyz）的英文《世界史大纲》，也有重点介绍。全书39章30万字，"凡人类演化只经过，东西交通之陈迹，以及现代文化之趋势等，莫不加以有系统只叙述"。与一般西方学者的世界史著述相比，本书有两个明显的特点：其一，"对于吾国文化在世界史中所占位置，书中也有忠实之记载，尤为西文世界史中所罕见。至于文笔之浅显、议论之平允、插图之丰富、专名之汉译，亦非他种史籍所能比拟"。其二，"书中重要之处，并附有胡适之、丁文江、何炳松诸君之讨论及见解，散见注中，均属精审异常，与原著有相得益彰之妙"。应该说，上述两个特点，不仅在当时，就是在21世纪初的今天也是十分有意义的。如何摒弃世界史研究中的"西欧中心论"影响；如何使世界历史的学习和研究走出书斋，不断提高普及世界史知识的学术水平，今天仍是摆在广大世界史学工作者面前的重要任务之一。

在"何炳松编译史书"广告中，介绍了四本与世界史有关的书：何炳松翻译的美国史家詹姆斯·哈威·鲁滨逊（J. H. Robinson，1863—1936）的《新史学》，此系"北大丛书"之一；何炳松翻译的美国史家亨利·约翰生（亨利·约翰逊，Henry Johnson)的《历史教学法》,此系"现代教育名著丛书"之一;何炳松编纂《中古欧洲史》;何炳松编纂《近世欧洲史》。"广告"对这四本书的介绍文字不多,但言简意赅,主要内容是强调《新史学》八篇自成系统,"凡所论列,颇足为我国史学界之参考"。《历史教学法》就史学研究法、史学新趋势、史学新学说等"详加讨论,可资史学界之参证"。《中古欧洲史》"叙述蛮族南下以后,至近世诸国兴起时之各种重要变化,及近世欧洲文明之渊源。材料多取于美国史家 J. H. Robinson 之西部欧洲史"。《近世欧洲史》系何炳松在北大史学系中所用之讲义,述自 17 世纪到大战之 300 年间的欧洲史。全书 30 余万言,对于现代文明之发展情形,叙述特详。

商务印书馆将何炳松的世界史著述与美国著名史家鲁滨逊、亨利·约翰生的著作一并介绍,并非一时兴致所来,而是因何炳松深厚的学术功底和对中国世界史学科的重要贡献。何炳松,字柏丞,生于浙江金华,何家自祖辈北宋何基始治朱熹理学,何基为朱熹的再传弟子,朱学成为何氏家学。何炳松早年就读于金华府中学堂、浙江高等学堂,1912 年,以第一名成绩获得留美学习的资格。自 1913 年 2 月,在美国加州伯克利大学研读政治学、经济学、历史学和哲学,后又考入威斯康星大学和普林斯顿大学研究院。1916 年 5 月,何炳松获得普林斯顿大学论文一等奖。他获得政治学硕士学位后,没有继续攻读博士,同年 7 月回国,后在北京大学、北京高等师范学校、上海光华大学、大夏大学、暨南大学等校执教,为推动中国新史学,特别是中国世界史学科的建立和发展,做出了重要贡献。1917 年,何炳松接到北京高等师范学校、北京大学聘书,从 9 月起,开始在两校上课,讲授西洋文明史、西洋史和英语等。

何炳松编译的《中古欧洲史》,由上海商务印书馆于 1924 年出版。其主要内容,译自美国鲁滨逊《西部欧洲史》前 29 章,以及鲁滨逊、比尔德（Charles Beard，1874—1948）合著的《欧洲史大纲》第1卷。这部《中古欧洲史》，是何炳松1920—1922年在北京大学讲授中古欧洲史的讲义。全书计6卷29章，始于蛮族入侵之前的欧洲，止于1618—1648年欧洲三十年战争。6卷的主要内容是"蛮族之入侵及基督教会之事业""封建制度之发达及民族国家之兴起""皇帝与教皇之争雄及十字军""中古时代之一般状况""学问复兴""宗教改革和宗教战争"。该书的内容十分丰富，包括法兰西王国之发达，中古时代之英国，罗马教皇的兴起，十字军的起源和结果，骑士制度，中古时代的科学、艺术、大学、哲学，百年战争，意大利诸城及近世科学之发端，罗马教皇与宗教大会，欧洲三十年战争，科学时代的开始等。此外，作者对一些重要的历史人物，如罗马教皇、查理曼大帝、马丁·路德等的生平业绩，也有较详尽的介绍。

何炳松摘引了鲁滨逊简明扼要的《西部欧洲史》序言，作为本书的"弁言"，说明这部著作的主要特点："窃以为学者研究欧洲文明发达史时，史材分配问题，最为重要。故余之编著历史，不但竭力以明确为主，而且使之合于现代对于过去事实及制度之轻重观念。本书篇幅有限，故人名及不甚重要之冲突，在普通历史课本中，虽占有地位，余亦略去不提，余并敢删去许多习惯相传之遗闻及轶事，盖此种文字得在课本上占有地位，殆出诸偶然，或仅系习俗相传之故，对于研究历史者，并无深远意义之可言也。"① 由何炳松摘引这段话，不难看出他是完全同意鲁滨逊撰写史书的原则的，这不仅适用于西方国家，而且也适用于中国，甚至对中国史学界意义更大。

本书的《绪论》与"中古欧洲史"的内容有关，但又不完全限于"中古欧洲史"，作者通过"本书之目的""历史之起讫""中古

---

① 《何炳松文集》第1卷，商务印书馆1996年版，第5页。

时代之意义"三节,介绍了史学理论与史学史的知识,自然是从"新史学"的观点出发论及这些问题,有不少精彩之处。如关于本书之目的,作者强调"在于叙述自蛮族南下以后至近世诸国兴起时止之各种变化,以明近世欧洲文明之渊源。……研究历史者,应知过去人类之生活之状况如何?其制度如何?职业如何?事业如何?中古时代,既无币制,经商之方法如何?基督教社会上之势力如何?僧侣之生活如何?有助于人类者何在?凡此诸端,皆吾人应详述者也。故本书之目的,一言以蔽之,在于说明上古至欧洲,如何一变而为近世之欧洲"。① 作者对传统的"历史分期"提出异议,认为机械地将某一事件的"终止"时间,同时又看作是某一事件的"开始"时间,这实际上是不可能的,因为这忽略了历史发展的渐变过程,如18世纪末法国大革命即如是。"人类有保存旧习之倾向,其结果即为历史上所谓'历史之继续'(Unity 或 Continuity of History)。故人类习惯无骤变之迹,亦无骤变之理,此语殆成史学上最重要之原理。"② 关于"中古时代"的历史断限,学界历来有不同的观点。这部《中古欧洲史》指的是,约自纪元后5世纪初年起至14世纪止,前后有千年之久。作者明确地提出,将中世纪概括为"黑暗时代"是不妥的。这样看来,至少在90余年前的中文本《中古欧洲史》中,就已经提出这个问题,而在今天却有人将此作为"创新"观点提出,未免有些滑稽。作者认为,"所谓黑暗时代者,亦未尝无文明之进步及产生。实者当时之活动及发达,与其他各时代等;而近世之文明,亦多渊源于中古",③应该说,这些都是事实,在书中都可找到例证。

何炳松编译的《近世欧洲史》,由上海商务印书馆于1925年出版。该书是何炳松1920—1922年在北京大学讲授近世欧

---

① 《何炳松文集》第1卷,商务印书馆1996年版,第1—2页。
② 同上书,第3页。
③ 同上书,第5页。

洲史的讲稿，主要译自鲁滨逊、比尔德合著的《欧洲史大纲》第 2 卷和《现代欧洲史》。鲁滨逊、比尔德的这两部著作由商务印书馆出版后多次再版，被我国多所大学选作教材，有较广泛的社会影响。

何炳松在述及撰写此书的目的时曾说："在于免除旧籍之通病。第一，不重过去事实，而重古人生活状况，所抱观念，及状况与观念变迁方法之说明。第二，本书以篇幅之半专述二百五十年来之现代史，盖现代史与吾人最有直接之关系者也。"① 在"绪论"部分，作者回顾了中古时代，特别是中古末期的重大历史事件，如"欧洲宗教改革""地理大发现"和"三十年战争"等。除"绪论"外，全书七卷三十四章。各卷的主要内容是：十七、十八两世纪之回顾；十八世纪之状况及改革；法国革命与拿破仑；自维也纳会议至普法战争；欧洲大战以前之改革；欧洲史与世界史之混合；二十世纪与世界战争等。在第七卷"自然科学之进步及其影响"有"新史学"一节。内容涉及史材之应用、历史范围之扩充、未有记载之前之人类、现代史之重要、唯有历史能使吾人明了现在之世界，旧史之缺点等内容。作者认为，"旧史之历史著作中每包有多数与现代生活无关之事实，故读者之兴味索然。吾人编辑课本篇幅有限，其不能遍述一切者势也。著者之目的应仅述其最重要者，以明示人类之如何进步以迄于今。切不可因为过去有此一件事实，吾人遂不得不有此一段文字"。② 这种认识，同在鲁滨逊《西部欧洲史》的序言中所表述的意思完全一致。《近世欧洲史》对旧史学的批判，对当时中国历史学科的建设，有一定的现实意义。

此外，何炳松的《近世欧洲史》一书在当时发行范围之广，也值得一提。除上海商务印书馆总发行所外，其余的分销处还有

---

① 《何炳松文集》第 1 卷，商务印书馆 1996 年版，第 365 页。
② 同上书，第 780 页。

北京、天津、保定、奉天、吉林、龙江（黑龙江）、济南、太原、开封、西安、南京、杭州、兰溪、安庆、芜湖、南昌、汉口、长沙、常德、衡州、成都、重庆、厦门、福州、广州、潮州、香港、梧州、云南、贵阳、张家口，以及新加坡等地。① 这可从另一个侧面看出，在20世纪20年代中期，中国世界史学科教材建设的进展情况，以及世界历史研究的发展状况。

何炳松编纂的世界史教科书，除主要用于高等学校教学使用的《中古欧洲史》和《近世欧洲史》之外，还有以下三部为中学编纂的世界史教科书。一是商务印书馆1929年出版的《新时代外国史教科书》，这是何炳松编纂的第一部高中历史教科书，"经大学院及教育部审定，风行全国"，作者在一定程度上否定了"欧洲中心论"，同时也摒弃了"中国中心历史观"，充分肯定了东方各族人民对世界文明发展做出的贡献，对我国的中学世界历史教学产生了积极影响。二是商务印书馆1933年出版的《初中外国史》。三是商务印书馆1934年出版的《高中外国史》，上下两册。

1933年5月1日，何炳松撰写了《初中外国史》的"编辑大意"，虽然只有一页纸的篇幅，但内容却十分重要。文中写道："旧式外国史总以欧洲一洲为中心，东洋史则以中国一国为中心。欧洲和中国固然为东西两洋文化的重心，不可忽视；但亦不宜偏重。本书很想用综合的眼光，把东西史家向来轻视的西部亚洲史，给以相当的地位。因此对于古代的匈奴与安息，中古的波斯突厥以及南洋诸国，均较寻常课本为详。惟亦不欲故意夸张，给以不应得的篇幅。"② 显然，何炳松的《初中外国史》努力和"欧洲中心论"划清界限，同时，对所谓"中国中心"，也持否定态度。何炳松的这种历史观，在他的各种史学著作中都有不同程度的体现。

《初中外国史》，也被称为《复兴教科书外国史》《复兴初级

---

① 参见何炳松《近世欧洲史》，商务印书馆1925年版，版权页。
② 《何炳松文集》第5卷，商务印书馆1997年版，第3页。

中学教科书外国史》，除"总论"外，由上古史、中古史、近世史、现代史 4 部分，共计 27 章组成。上古史中，实际包括了"史前史"的内容，诸如地球和生物的起源、人类的出现、人种的分布、石器时代的文化等。确如《初中外国史》的"编辑大意"所言，非欧洲地区的历史，特别是"西部亚洲史"在本书中占有一定的篇幅，如印度和波斯的起源、波斯的中兴、佛教的广播和朝鲜日本的开化、回教和哈里发帝国、回教的东传、中古时代的西南亚、元人的西征和突厥人的再起、土耳其和波斯的衰亡、印度和南洋诸国的灭亡、日本明治维新和朝鲜的灭亡、帝国主义瓜分非洲、一战后的拉丁美洲、战后民族解放运动等。

"总论"虽然放在教科书的最后，是第 28 章，但却有对全书"提纲挈领"的作用，其主要意义和作用，不是对世界历史自古至今编年的概述，而在于如何认识、理解这本教科书，以及学习这部世界通史性教科书的意义，特别是学习历史知识以外的现实意义。

"总论"的内容是：本国史和外国史的关系；中外文化的比较；中国民族的责任等。"总论"的文字虽然不是很多，但却有一定的"分量"，体现出中国史学"鉴前世之兴衰，考当今之得失"的优良传统。作者结合日本帝国主义侵略中国的现实，提出"中国民族地位的危险"，"中国民族如果不能自存，那么世界各帝国主义者所藉口的'远东问题'，必要引起许多国际上大规模的纠纷或战争。十九世纪以来的'近东问题'就是前车之鉴。所以中国民族对于自身继续独立生存问题，实在负有重大的责任……中国民族要希望永久生存，他的文化虽不能再和从前一样超过四邻的蛮族，但是至少须和日、俄、英、法等国文明程度相等，才得和列强并驾齐驱，共同维持世界的和平，促进世界文化的进步"。①笔者以为，在《初中外国史》中，专门讲"中国民族的责任"绝

---

① 《何炳松文集》第 5 卷，商务印书馆 1997 年版，第 238 页。

非多余，因为从 20 世纪 30 年代的社会现实出发，这是和教学目的直接联系在一起的。现在我国中学的世界历史教科书，包括高等学校的世界通史教科书中，却很少能见到这方面的内容。究竟应该如何认识这个问题？这似是须从实际出发，有待进一步研究。

1932 年 1 月 28 日，日军突然进犯上海闸北，挑起"一·二八"战事。次日上午，日军战机轰炸中国最大文化出版机关商务印书馆，一时浓烟蔽日，机器尽毁。2 月 1 日晨，大火蔓延到苦心经营 30 余年，藏书 46 万册，荟萃中外书籍善本的东方图书馆，古籍孤本尽付一炬，五层大厦被焚毁一空。日本军国主义对中华民族犯下的滔天罪行，震惊中外。1932 年 10 月 16 日，何炳松撰《商务印书馆被毁纪略》，发表在《东方杂志》第 29 卷第 4 号复刊号上。"一·二八"战事半年后，商务印书馆复业，在印务发行所的门前挂有"为国难而牺牲，为文化而奋斗"的巨幅标语，表达商务同人决心从战火中拯救商务印书馆的决心。1932 年 11 月 1 日，商务印书馆宣布自即日起，商务每日出版新书一种，教科书除外；两年后，又宣布将每日出版一种，改为每日至少新书一种，多则两三种。

1934 年，商务印书馆又出版了何炳松的《高中外国史》，上下两册。这部《高中外国史》教科书，也被称为《复兴教科书外国史》《复兴高级中学教科书外国史》，[①] 受到广泛欢迎。上册到

---

① 1932 年上海"一·二八"事变，日军侵占上海，商务印书馆被炸停业半年后复业。复业后出版的教科书，即被称为"复兴历史教科书"。国难当头，该教科书有鲜明的时代特点，如"我国领土的丧失——西南边境""我国领土的丧失——东北和西北边疆""列强瓜分中国""辛丑条约""日俄战争和中国""列强的投资和影响""经济侵略下的中国民生""日本单独侵略""太平洋的现势和我国前途"等，均是教科书的主要内容。该教科书指出：1896 年后的 4 个年头，沿海良好港湾，都给列强分去，势力范围也多划定。于是，中国受帝国主义的侵迫，简直是待割的俎上肉了。列强的眼光，既群集于太平洋岸的我国，将来万一太平洋有事，我国怎会不卷入漩涡？到那时，我国自甘处于被动地位，那么必遭分割。现在中国唯一的生路，就是全国一致团结，努力收复失地。教科书的这些认识，反映了在日本军国主义侵略下的中国人民共同的心声。

1947年6月，已经出版了53版，下册到1948年10月，已经出版了44版。何炳松的这部教科书受欢迎的重要原因之一，是因内容丰富、系统，是中国学者在研究外国史基础上的"创作"成果，有中国的特色，而非英文教科书片段的拼凑。例如，在中古史中，何炳松专门撰写了"印度和南洋""朝鲜和日本"，意在说明中国时代的世界，是亚洲文化强盛的时代，而欧洲恰恰相反，是处在混乱之中。

何炳松的上下两册《高中外国史》，是一部具有鲜明特点的教科书。他认为，编写历史课本有两难：材料的选择和内容的详略。这两个问题不解决，则难以摆脱"个人成见的支配"，因此首先需要有一个符合科学精神的编写"标准"。他认为，这个科学标准，就是"综合的研究"（synthetic stady）方法。其具体内容是："我们要研究人类文化的演进，我们不应该单单研究人类政治的、经济的、学术的、教育的或者宗教的发展；我们要同时研究人类政治的、经济的、学术的、教育的和宗教的等活动的交互错综的情形。因为人类的文化是政治、经济、学术、教育、宗教等活动的总和；我们倘使单单研究这种种活动的一部分，那么我们对于人类的文化决不能窥见他的全豹。"因此，这套课本"所取的材料和所包的范围就应该以综合研究四个字来做标准，目的在于说明人类全部文化的演进"。[①] 这个"综合研究"，显然是"新史学"精神在撰写历史课本中的具体化，它不仅仅是编纂方法，更是一种新的史学理念，使历史教科书摆脱了以政治、军事内容为主的传统模式，这在80余年前的中国是难能可贵的。

这套《高中外国史》，自然也会在一些具体问题上，遇到对于中国史、外国史的界限划分问题。何炳松提出的标准是："和全世界人类文化有一般关系的事迹，著者的愚见，以为我们应该不分

[①] 《何炳松文集》第5卷，商务印书馆1997年版，第242页。

中外，把它们一律划入本书的范围。本书所以述及中国的石器时代、法显和玄奘辈的西游，中国蚕桑，印刷术和造纸术的西传，以及郑和下西洋的种种事迹，理由就是在此。"①何炳松的这个标准是正确的，因为发生在中国的这些事情所产生的久远影响，已经超出了中国的地域，而具有世界历史的意义，自然要写入世界史。否则，没有这些内容的世界史，充其量也是不完整的世界史。这给我们的思考是，我们在21世纪初的今天，如何去继承何炳松80余年前开创的工作，进一步丰富、完善它，将中国史、外国史有机地结合在一起，写出中国和世界的相互影响，使之更加接近客观历史真理的世界历史。

何炳松在这套《高中外国史》中，明确地提出撰写的"立场问题"。他本以为这是没有必要提出的问题，但他却又非提出不可，原因是"我们试看寻常所谓外国史或世界史，多半是欧洲中心扩大起来的西洋史。欧洲固然是现代世界文化的重心，值得我们格外的注意。但是我们中国人既系亚洲民族的一分子，而亚洲其他各民族在上古和中古时代对于世界的文化又确有很大的贡献，似乎不应因为他们久已衰亡，就可附和欧洲史家的偏见，一概置之不理。因此著者很想在本书中用一种新的立场，把亚洲的匈奴人、安息人、月氏人、突厥人、蒙古人等向来受人轻视的民族，根据他们在世界文化史上活动和贡献的程度，给以相当的位置，而加以叙述"②。何炳松不仅这样说，实际上也是这样做的，这是很可贵的。这套《高中外国史》从理论与实践的结合上摆脱欧洲中心论的影响，进行了有益的探索。自然，欧洲中心论对中国世界史编纂的影响根深蒂固，我们也不能脱离时代和社会的局限，求全责备，用今人的眼光去要求他。

《高中外国史》上册8编的主要内容是：世界人类文化的起

---

① 《何炳松文集》第5卷，商务印书馆1997年版，第242—243页。
② 同上书，第243页。

源、欧洲文化的发轫和亚欧争雄的开始、罗马帝国的兴起和亚欧争雄的继续、印度佛教的广播和罗马帝国的衰亡、亚欧北方蛮族的南下和东方文化的发皇、欧洲的混乱和亚洲北方民族的兴起、中古欧洲的生活和世界形势的转变、欧洲的宗教革命和战争。从这个目录中，即可一目了然看出该书有以下鲜明特点：一是世界古代历史发展，即本书所述从史前史到中古历史的发展中的文化因素，得到了空前的重视，不仅仅是"西洋"的文明，亚洲、非洲和美洲的文明都包括其中，如埃及、巴比伦、印度、米提和波斯、犹太，以及玛雅文明等，都有较集中的描述。二是在实证研究的基础上，论析了欧洲与亚洲历史发展的互动关系，较全面展示了亚洲政治经济文化发展的世界历史地位及影响。如在论述"欧洲文化的元素"时，除提出古代的元素、犹太的元素和日耳曼的元素外，还提到"亚洲的回教徒在中古初期对于保存和传达希腊的文化亦很有贡献"[①]，所以也视他们为欧洲文化中的元素之一。三是历史认识视野的相对扩大，以往绝少涉及或略略一提的问题，在本书中则不惜笔墨，使读者确实有"新史学"的感受。如在"中古时代欧洲人的生活"中，论述了佃奴和地主、城市和同业公所、中古末期的商业、哥特式的建筑。在"中古时代的书籍和科学"中，论述了欧洲各国语言的起源、西欧文学和义侠精神、中古欧洲的学术、中古欧洲的大学和学科、现代科学发明的开端。此外，宗教问题，在书中也有较丰富的内容，如印度佛教、基督教、回教的兴起和发展；中古教会的权势；基督教会的腐化和欧洲的宗教改革，欧洲的宗教战争等。四是在世界历史进程中的欧亚交流由来已久。（当时称"地理大发现"）之前，世界历史的中心在亚洲，如波斯、土耳其、印度、阿拉伯和蒙古帝国的兴起。新航路开辟之后，世界历史的中心转移到了欧洲，欧洲成为世界

[①]《何炳松文集》第5卷，商务印书馆1997年版，第396页。

的霸主，美洲、亚洲和非洲成为欧洲侵略和奴役的殖民地。20世纪30年代，世界历史发展处于新的发展阶段，不仅表现为民族解放运动的发展，也表现为帝国主义国家之间为瓜分世界的争斗加剧。中国是亚洲的一个大国，所以这部教科书中关于亚洲的内容也比较多，这和意在启迪民智、唤醒中华民族的民族意识有关。

《高中外国史》下册6编的主要内容是：世界列强的形成和殖民事业的发展、法国的革命和拿破仑、世界民族运动的猛进和实业革命的产生、世界帝国的造成和帝国主义的发展、国际的竞争和世界大战、现代世界的困难。该书给人留下深刻印象的三个方面的内容是：一是科学技术的进步，如现代的科学和进步的观念；欧洲实业革命（即产业革命，或工业革命）中的科技发明，如纺织机、蒸汽机等；以及后来发电机的发明，钢铁、煤炭、石油业的发展；现代科学的进步，如地球和生物的演化说、化学物理的进步、生物学和医学的进步等。二是包括社会主义在内的诸多革命运动：如英国资产阶级革命中的"光荣革命"、法国资产阶级革命、1848年欧洲革命、俄国1905年革命、俄国十月革命、东方民族的解放运动，如土耳其、北非、埃及、西亚、波斯、阿富汗、印度、朝鲜、暹罗等。三是对中国现实的关注。作者认为：辛亥革命后，"日本认为中国革新，于己不利，因此先则蓄意使得中国分为南北两部，续又加入美国人所发起的国际银团，想把中国的经济利益加以瓜分"。日本的这两个目的都没有达到，但不死心，"日本就专心致志以破坏中国统一，摧残民族精神为他对中国唯一的政策"①。书中辟专节阐述了"二十一条到五四运动""五卅事件""济南惨案的发生""九一八事件的发生""国际联盟调停的无效"等。显然，何炳松没有受所谓"当代人不写当代史"观念的限制，揭露了日本军国主义侵华的过程和本质。

---

① 《何炳松文集》第5卷，商务印书馆1997年版，第899—900页。

陈衡哲，西名陈莎菲（Sophia Chen）或莎菲，我国新文化运动中著名的女学者、作家、史学家，对推动中国世界史学科发展做出重大贡献，1920 年被聘为北京大学教授，我国第一位女教授，人称"一代才女"。陈衡哲祖籍湖南衡山，生于江苏常州武进一书香世家。其祖父陈钟英、伯父陈范、父亲陈韬，都是著名的学者，其母庄曜孚，著名书法家和画家。1914 年清华学堂招收留美女学生，经过考试，陈衡哲成为中国政府选拔的第一批庚款留美的女生之一，在 1915 年入美国瓦沙女子学院研读欧美历史，兼学西洋文学。1917 年 6 月，发表了中国现代文学史上第一篇白话小说《一日》。1918 年获文学学士学位后，又进入芝加哥大学继续学习，1920 年获硕士学位后回国，先后在北京大学、东南大学、四川大学历史系任教。1927 年至 1933 年，她四次代表中国出席太平洋国际学术会议。① 陈衡哲曾出版短篇小说集《小雨点》（新月书店 1928 年 4 月初版，后多次再版），由胡适（1891—1962）、任鸿隽（1886—1961）分别为其作序。1935 年，她在北平出版了英文自传《一个年轻中国女孩的自传》（Autobiography A Chinese Young Girl）。她说："我曾经是那些经历过民国成立前后剧烈的文化和社会矛盾，并且试图在漩涡掌握自己命运的人们中的一员。因此，我的早年生活可以被看作是一个标本，它揭示了危流之争中一个生命的痛楚与欢愉。"陈衡哲在回忆自己备考赴美留学奖学金的心情时说："要是我能获得奖学金，那整个世界都会在我面前开放，就像长夜过后黎明到来一样。"②

---

① 1931 年，陈衡哲曾主编《中国文化论集》，并由中国太平洋关系学会出版，提交给在上海举行的太平洋关系学会第 4 次年会。这部文集被认为是 20 世纪 30 年代，中国知识分子对中国文化的认识和想象。该书内容十分丰富，包括中国文化的诸多方面，如工业、农业、教育、考古、生物、地质、哲学、艺术。主要作者有蔡元培、胡适、丁文江、赵元任、朱启钤、李济、翁文灏、陶孟和等。这部文集，对西方认为中国文化"停滞不前""保守排外""缺乏宗教感情"等观点，提出了批评。

② 陈衡哲：《陈衡哲早年自传》，安徽教育出版社 2006 年版，第 4、168 页。

陈衡哲的著作多在商务印书馆出版，主要有《新学制高级中学教科书西洋史》（即《西洋史》）上下册（1924—1926）、《文艺复兴小史》（1926）、《欧洲文艺复兴史》（1930）等。陈衡哲还发表了一些西洋史论文，如《彼脱拉克与文艺复兴》《基督教在欧洲历史历史上的地位》《纪念但丁》等。

陈衡哲撰《西洋史》上下册在20世纪20年代问世后，长期有较广泛的影响，到1949年新中国成立前，曾连出9版，新中国成立后也多次再版。① 上册的主要内容是古代希腊罗马文化，蛮族和封建时代，近代国家的形成，以及中古文化等。下册的主要内容是：欧洲文艺复兴、宗教改革、地理大发现及对世界的影响，特别是欧洲资本主义对亚洲、非洲拉丁美洲被压迫国家的侵略和掠夺。陈衡哲对西方盛行的欧美中心论已经有所认识，她在书中有意识地克服过分美化欧洲的思想倾向。在她看来，"掠夺"是近代欧洲发达的重要原因之一，对此无须隐瞒，尤其对于中国的青年学生和社会各界读者。她在该书下册的《例言》中写道："上册的编辑犹如闲谈，比如是闲谈隔村张三李四家台上老祖的掌故，下册的编辑，却如演讲本村现存长辈的事业和人品，他们的历史，是都与我们有密切的关系的。"② 在受欧美殖民主义侵略和凌辱方面，近代以来的中国和亚非拉美国家有着共同的历史遭遇，也正是在这个意义上，陈衡哲说近代以来的世界历史，是与我们"有密切的关系"。

在《西洋史》中，可以清楚地看到她极力推崇鲁滨逊的新史学思想，这集中体现在《西洋史》的《导言》中。这篇不长的《导言》，主要从理论上阐述了"研究历史的目的""研究历史的

---

① 新中国成立后，陈衡哲的这部《西洋史》，曾由辽宁教育出版社（1998）、东方出版社（2007）、中国工人出版社（2007）等再版。
② 陈衡哲：《新学制高级中学教科书西洋史》下册，《例言》，商务印书馆1929年版。

态度""历史的范围和史料的选择""史学的进化"和"历史的分期"。陈衡哲不仅仅是从理论上推崇鲁滨逊的新史学,而且在自己的著作中做到理论与研究实践相结合,也体现出美国鲁滨逊新史学的理论与方法。

关于研究历史的目的,陈衡哲承袭鲁滨逊的思想,主张扩大历史研究的范围,在她看来,拿破仑的事业是历史,法兰西农村一个贫苦的妇人的生活状况,也是历史。她说:"我们所要研究的,不是某某皇帝的家谱,也不是武人政客的行述,乃是我们人类何以能从一个吃生肉的两足动物,变为一个代表现代文明的人。因为我们要研究这个人,所以不能不研究他的思想行为,和与他有关系的重要事物;所以不能不研究政治,工业,农业,文学,美术,科学,哲学,以及凡曾帮助他,或阻止他向前走的种种势力。我们不但要研究这些势力,并且还要了解它们的原因和效果。"[①] 陈衡哲还认为,"西洋史"和其他的地区史或国别史一样,都具有"普通"和"特别"两种性质。特别的性质,是某种人、某国人所专有的;普通的性质,是人类所共有的。因此,在了解一部分人的历史时,实际上也了解了自己的一部分。

陈衡哲强调历史学的社会功能,认为历史学"要培养读者分析现代社会上各种现象的能力"。撰写《西洋史》时,正值国内连年军阀混战,她希望她的作品能够"揭穿武人政客的黑幕,揭穿他们愚弄人民的黑幕"。研究西洋的历史,在这方面尤其有重要的启迪意义。"因为我们至少应该使人们知道,国际的混乱状态,不但不是西洋文明的精神,并且是它的一个大缺点。但是把这个状态当作西洋文明的要素的,正大有人在。"陈衡哲明确指出,他编写《西洋史》的原旨,是"要使真理与兴趣,同时实现于读书人的心中。我既不敢将活的历史,灰埋尘封起来,把它变为死物,

---

① 陈衡哲:《西洋史·导言》,中国工人出版社2007年版,第3页。

复不敢让幻想之神,将历史引诱到它的城内,去做他的恭顺奴隶。或者因此之故,我将不能见好于许多的专门历史学家及专门文学家,但我若能藉此引起少年姐妹兄弟们对于历史的一点兴趣,若能帮助我们了解一点历史的真意义,那我的目的也就达到了"。也只有这样,才"能帮助青年们,去发达他们的国际观念,俾人类误解的机会可以减少,人类的谅解和同情,也可以日增一日",①这是一个巨大的责任。

《西洋史》深受新文化运动的影响,在20世纪20年代问世后,一时洛阳纸贵,商务印书馆在一年多的时间里连续再版六次,1929年,商务印书馆第七次再版。《西洋史》在学术界,特别是在青年学生中产生了广泛的影响。陈衡哲的才华和成绩在国内外都有一定的影响。其母校美国瓦沙女子学院的校长曾表示,她的直系后人,可以免试、免费入该校就读。陈衡哲的两个女儿任以都、任以书后即就读于瓦沙女子学院。陈衡哲不仅和胡适,而且和钱锺书(1910—1998)、杨绛(1911—2016)夫妇也是至交,杨绛曾在《怀念陈衡哲》一文中②,深情地回忆起他们的交往。

在论及《西洋史》的写作时,陈衡哲说:"历史不是叫我们哭的,也不是叫我们笑的,乃是要求我们明白它的。我们研究历史时,应该采取这个态度。"③ 应该说,她的这部《西洋史》是从理论与实践的结合上体现了她研究历史的基本原则。陈衡哲善于用中国的成语和古典诗词,帮助读者理解外国历史的变迁④,这和她中西兼具的知识背景,以及其特殊的学术经历有直接的联系。

陈衡哲的《西洋史》上下册共三编,分别是上古史、中古史、近世史。上古史的主要内容是先史时代、埃及古文化、西亚古文

---

① 陈衡哲:《西洋史·原序》,中国工人出版社2007年版,第4、5页。
② 载《杨绛作品精选——散文》(2),人民文学出版社2004年版。
③ 陈衡哲:《西洋史·导言》,中国工人出版社2007年版,第1页。
④ 参见《任鸿隽陈衡哲家书》,商务印书馆2007年版,第110页。

化、希腊历史的背景、希腊古文化、罗马古文化。中古史的主要内容有蛮族入寇时代、封建时代、近代列国的建立、中古文化的回顾。近世史的主要内容有文艺复兴、列国新形势、宗教革命前的欧洲、宗教革命、宗教改革、地理上的大发现及殖民地的竞争、列强政局的开始、法国革命、自拿破仑至梅特涅、1848年后的欧洲、欧洲与世界。不难看出，除政治史的内容外，文化问题和宗教问题在书中占有较大比重，这大抵符合西洋历史进程的事实。据陈衡哲在《西洋史》下册的"著者启事"中所言，在近世史部分，原拟有《美国及南北美洲》一章，后因篇幅超出原定计划，多以临时撤出。她认为，少此一章，终属缺憾，拟再版时加入。

1926年7月，胡适曾撰写书评《一部开山的作品》，对陈衡哲的《西洋史》给予高度评价。文中写道："在史料的方面她不能不依赖西洋史家的供给。但在叙述与解释的方面，她确然做了一番精心结构的工夫。这部书可以说是中国治西史的学者给中国读者精心撰述的第一部《西洋史》。在这一方面说，此书也是一部开山之作。"胡适还特别强调，《西洋史》"是一部合很用气力的著述。它的长处在用公平的眼光，用自己的语言、重新叙述西洋的史实。作者的努力至少可以使我们知道西洋史的研究里尽可以容我们充分历史的想象力与文学的天才来做创作的贡献"。[①] 胡适还认为，《西洋史》下册中的"宗教革命"两章、法国革命一章，格外精彩。这几章作为历史叙述的文字很有文学的意味，叙述夹议论的文字，在白话文里还不多见。历史只有这样写才有趣味，才有精彩，才不是仅仅去抄书，而在记述与判断方面有所贡献。正因为这样，胡适称赞陈衡哲的努力，为史学著作的撰写开辟了

[①] 胡适：《一部开山的作品》，见陈衡哲《西洋史·附录一》，中国工人出版社2007年版，第396、398页。胡适与陈衡哲关系密切，胡适在给友人的信中，曾谈及陈衡哲多次邀请其去她的母校所在地纽约州北部的普济布施镇讲学，与他同舟回国，以及可以深谈等。例如，陈衡哲觉得跟美国人和欧洲人在一起，比跟中国人在一起要自在些。参见周质平《胡适与韦莲司》，北京大学出版社1998年版，第108—109页。

一个新的方向。

因陈衡哲的《西洋史》有不少独特之处，影响最大，所以长期受到学界关注，有论者认为，这是"第一部中国人自己著的西洋史教科书"，陈衡哲的《西洋史》，是西洋史研究中"水平最高的：（1）融会贯通，线索分明。（2）夹叙夹议，有说明有论断。（3）完全用自己的语言文字来写，深入浅出。（4）文笔优美，使人感觉是在看文学书，引人入胜"。① 这些在今天对于撰写历史教科书，仍能给人们以启迪，有重要的借鉴意义。

1929年，中华民国教育部制定颁布《高级中学普通科外国史暂行课程标准》。根据《课标》，历史学家杨人楩（1903—1973）编写了《高中外国史》上下册，1931—1934年在上海北新书局出版，后在此书的基础上曾多次修订、再版，是20世纪30年代，一部在我国有较大影响的高中世界历史教科书。杨人楩强调，这本教科书的内容，以欧洲的历史为主，没有中国历史的内容，但他认为，在讲授时，却应当提醒学生的脑子里有中国。他将这个观点写到该书的《序言》中，意在强调这个问题的重要性。因为学习的内容尽管是外国的历史，但学习者是中国的学生，自然应当有中国的立场和中国的观点。这种观点在教科书中有鲜明体现，这也就决定了《高中外国史》讲外国史但不脱离中国的历史与现实，讲历史，但关注现实的优点和特点。

杨人楩认为，欧洲历史发展的主线，一是"人的发现"，二是"国家的发现"。他高度评价欧洲文明对人类的贡献，如18世纪法国大革命所倡导的"自由、平等、博爱"，可视为"是人类共同的遗产"②，同时也分析了欧洲帝国主义列强产生的原因，认为它是欧洲国家主义极度膨胀的结果。"该教科书自成系统、体例新颖、叙事详尽、分析清晰"，"在当时广受欢迎，它具备了优秀历

---

① 杨翼骧：《中国史学史讲义》，天津古籍出版社2006年版，第156—157页。
② 杨人楩：《高中外国史》（上），北新书局1946年版，第89页。

史教科书必备的若干要素"。如"关注时代""恪守史学专业性""凸显史家修养"。① 杨人楩坚持厚今薄古的原则。他认为世界近代史,"与我们现代生活关系密切",因此对第一次世界大战后的历史给以更多关注。在《战后之世界》一章中,他写道:"大战结束已经十五年。虽然是这么短促的一个时期,可是它离开我们这样近,一切事变之影响与我们现在生活是这样密切,我们不得不多费一些篇幅来记载。"

在 20 世纪 30 年代,帝国主义诸列强中对中国威胁最大的是日本。因此该教科书对一战后的日本有详细介绍,通过对其政治、经济和外交诸方面的深入分析,使学生对日本的历史和现实能有一较系统的认识。该教科书认为,"日本近几十年来的外交,以对华最为重要",书中特别提出与日本侵华有关的二十一条、五卅事件、阻挠北伐、九一八事变和与美国争夺太平洋等史实。在分析了二三十年代日本政治制度的特征时,作者明确指出了日本军国主义势力的迅速发展。如1932年犬养毅遭暗杀,为日本法西斯势力抬头之表示,作者还指出:"法西斯势力在(日本)民间也有所弥漫。"

杨人楩在《高中外国史》下册的《结论》部分,先后叙述了"地中海时代""印度洋时代""大西洋时代"和"太平洋时代",作为全书的总结。作者认为,初中的外国史是按照上古、中古、近世和现代四个时期来写的,而本书则是以"史迹"为单元来写的,所以从上述四个时代来写。本书虽然是一部关于外国史的教科书,但作者在《结论》部分,对中国历史给予了高度关注,文字虽然不多,但多是厚积薄发,画龙点睛之笔。一些观点自然有可商榷之处,但仍给人留下了深刻的影响,给人以深刻的历史启迪。例如,在《地中海时代》中,作者写道:"拿这个时代的中

---

① 参见陈其《杨人楩与民国教科书〈高中外国史〉》,《中华读书报》2013 年 3 月 27 日。

国文化来对照，也可得到相仿佛的结论。物质享用及社会组织在周初（纪元前十二世纪）时已很完备，到了与罗马同时的汉代，较之罗马实毫无愧色。先秦时代的学术，亦可比拟于希腊的黄金时代的文化。"关于中西文化的交流交融，作者也有生动的阐述："中外文化这样为个别的发展，到了相当时期便起了沟通的作用。亚力山大（亚历山大）之东征，留下了不少西方文化的酵母；汉代之通西域散布了很多中国文化的种子。印度佛教的广播，在人类知慧生活中又添了一大因素。中外文化交汇的结果，不仅双方的生活方式发生了相当变化，更在交汇的中心，形成了一种东西混合的文化。"①

杨人楩认为，中古时代由地中海时代转而为印度洋时代。当欧洲停滞时，亚洲的回教徒却异常活跃，先后有阿拉伯人和土耳其人，尤其以阿拉伯人最为重要。而"能以阿剌伯（阿拉伯）人比拟的，这时只有中国。经过比较衰乱的魏晋六朝以后，便是唐代的盛业。唐代不仅发展中国固有的文化，而且光大了外来的佛教；不仅在本国称盛一时，而且开导了朝鲜和日本。五代虽称黑暗，但为期甚短；两宋固不及唐代之盛，然在文化史上亦有其相当地位"②。

在本书中，"大西洋时代"被认为是一个最活跃的时代。因为在作者看来，近世史是现代文化的准备。只要探究近世史的几个主要运动，如文艺复兴、新航路开辟、工业革命等，便可了然。与此同时，还存在着民治主义、民族主义与帝国主义三大潮流，结束旧时代的法国大革命有多方面的意义。作者强调："在帝国主义侵略的诸目标中，竟包含着有悠久文化而组织强固的中国，这也不是突然。就中国进化速度而论，明代的二百七十余年，实是一个最迟缓的时代，几乎在任何方面都不能有远迈前古的成绩。

---

① 杨人楩：《高中外国史》（下），北新书局1946年版，第562页。
② 同上书，第564页。

盛清的武功固很可观,朴学之发达尤足惊人,然以上承明代之专制淫威,益以种族防闲之严密;致使汉民族活动范围益为狭隘,虽有中兴名臣的功业,可是帝国主义已在长驱直入。中国总有落后之叹。"①作者将中外历史结合起来,对外国历史的叙述,表现出强烈的对中国现实的关注,对此应给予充分肯定。

"太平洋时代"是世界现当代的历史,从作者写作的时间算起,也不过是几十年的历史,但作者认为,"但因其为现代人之活动,与我们日常生活息息相关,故须特别重视"。作者在叙述日本、美国、俄国与太平洋的重要意义时,也谈到了中国。作者强调,中国当然是太平洋上的一个"重要分子","中国民族是否能尽其所应尽之责任,全在我们自己之觉悟与努力。就以往的几十年而论,我们应该说声'惭愧'!列强都已没有内战,而我仍几乎整天在内战。对于现代文化之特征——自然科学,我们并没有什么贡献。政治上的纷乱,经济上的落后,社会上的不安定以及学术上的迟缓,使中国做了帝国主义的牺牲者;这只能怪我们没有肩起伟大民族所应有的负担"②。应该说,这段话从世界史的视角生动、准确地概述了当时的中国,至今读起来仍给人深刻的启迪。

在中国世界史学科建设中,为教材编纂做出贡献的还有张荫麟(1905—1942)。1934年9月28日,张荫麟针对学术界轻视历史教科书编写的倾向,在《大公报·史地周刊》发表文章《关于"历史学家的当前责任"》(署名素痴)。文章不长,但却有较大反响。在此前一周,该报曾发表万福曾一文,即《历史学家的当前责任》。文章认为一些史家"每喜高深,耻言平易,如训练学生之方法,改良课本之编辑,悉之诿之学力较浅,素养未深之中等人才"。张荫麟对万文"痛快地"提出这个问题表示感谢,强调"改良历史课本乃改良历史教育的先决问题"。张荫麟认为:"学

---

① 杨人楩:《高中外国史》(下),北新书局1946年版,第566页。
② 同上书,第568页。

生们国史智识之低,良好的国史课本之缺乏要负很大的责任。光拿中学来说罢,要使全国的中学都得到理想的历史教师,那是绝对不可能的,无论教育进步到什么程度;但创造一部近于理想的历史课本,供全国的中学采用却比较的容易。而且有了引人入胜的课本,即使没有很好的教师,大部分学生也容易得益。但若没有好的课本,便是很好的中小学教师,也要感觉巧妇在无米作炊时所感觉的困难"。①

张荫麟在文中还提出编纂史学课本"是不能也,非不为也",因为将系统的历史知识怎样通俗地表现出来,不是一件容易的事情。"这种工作不仅需要局部的专精,而且需要全部之广涉而深入,需要特殊的别裁的组织的能力。"② 关于历史教学中,地图、绘画、模型和历史遗物等的使用;从小学、初中、高中到大学,历史课在各个阶段如何统筹规划等,张荫麟在文中都有涉及。这些对历史学的教材建设,无疑是有积极作用的。张荫麟强调编纂历史教科书的标准有四:(1) 新异性的标准,史事上有"内容的特殊性",可显示出全社会的变化所经诸阶段,在每一阶段之新异的面貌和新异的精神者。(2) 实效的标准,史事上直接牵涉和间接影响于人群之苦乐者。(3) 文化价值的标准,即真与美的标准,文化价值愈高者愈重要。(4) 现状渊源的标准,追溯史事和现状之"发生学的关系",而不取过去史家所津津乐道的"训诲功用的标准"③。

张荫麟,广东东莞石龙镇人,早年先后在广东省立二中、清华大学(中等科、高等科)就读,后去美国斯坦福大学研读西方哲学,兴趣逐渐转为欧洲史、社会经济、现代自然观念和中古哲

---

① 《张荫麟全集》下卷,清华大学出版社2013年版,第1414页。
② 同上书,第1414—1415页。
③ 吴晗:《记张荫麟》,载曾庆榴等主编《岭南史学名家》,中国文史出版社2008年版,第325页。

学，获得学士、硕士学位后，转到经济系攻读社会学博士学位。1933年底启程回国，在清华、北大等校执教，活跃于京都史学界和哲学界，与钱穆、吴宓（1894—1978）、钱锺书、吴晗（1909—1969）、梁方仲（1908—1970）、汤象龙（1909—1998）、容庚（1894—1983）、容肇祖（1897—1994）、商承祚（1902—1991）、徐中舒（1898—1991）、洪业（1893—1980）、顾颉刚、贺麟（1902—1992）、冯友兰（1895—1990）、汤用彤（1893—1964）、金岳霖（1895—1984）等知名教授交往甚密。钱穆认为，"张君天才英发，年力方富，又博通中西文哲诸科，学既博洽，而复关怀时事，不甘仅仅为记注考订而止"①。在钱穆看来，张荫麟是可担当发展"新史学"重任的难得人才。经傅斯年推荐，张荫麟在1935年2月被国防设计委员会聘请编撰中学历史教科书；国防设计委员会后改组，改聘于教育部，负责编纂高小、初中、高中的历史教科书，②对中国历史教育做出了力所能及的贡献。张荫麟在史学理论、中西比较和中外关系、世界史方面，也有著作留世③。惜1942年10月英年早逝，享年37岁，这确如其友人所言："他像一颗划过夜空的流星，以他短促的生命，燃烧出灿烂的光焰，使我们永远不

---

① 钱穆：《中国今日所需要之新史学与新史学家》，《思想与时代》1943年第18期；参见桑兵《晚清民国的学人与学术》，中华书局2008年版，第55页。

② 2013年，清华大学出版社出版《张荫麟全集》，在该书上卷中，作为《中国史纲》的附件，收有《中学本国史教科书编纂会征稿启事》《关于中学国史教科书编纂的一些问题》《关于高中本国史教科书之讨论（二）：复（钱穆）书》《高小历史教科书初稿征评》。这些文字均没有署名，但根据有关事实推断，系张荫麟所作，故收入全集。参见《张荫麟全集》上卷，清华大学出版社2013年版，第190页。

③ 这些文章主要有：《斯宾格勒之文化论》，《学衡》1928年第61、66期；《论作史之艺术》，《国闻周报》1929年第6卷第42期；《历史科学》，《益世报·史学副刊》（昆明版）1939年第23、25、26期。原作者佛娄德（J. A. Froude），与容琬合译，《近代西洋史学的趋势》，《中国青年》1939年第1卷第5、6期合刊，与容琬合译；《明清之际西学输入中国考略》，《清华学报》1924年第1卷第1期；《论历史学之过去与未来》，《学衡》1928年第62期；《历史哲学的根本问题》，《哲学评论》1936年第7卷第2期；《论中西文化的差异》，《思想与时代》1942年第11期；《论史实之选择与综合》，《思想与时代》1943年第18期，以"遗著"的形式发表。

能忘怀他。"① 近年来，张荫麟的多种史著多次再版，以及《张荫麟全集》的出版，就正是这样。

五　世界史教学标准和世界史教学法

20世纪初以来的各类学校，从学生毕业后任职的实际需要出发，还教授"历史教授法"，这门课的主要内容是学习西方的历史教学思想。1901年南洋公学师范所译、日本樋口堪次郎著《统合教授法》，从日本被介绍到了国内。该书的主要内容，是以学科为对象阐述一般的教授方法，1904年，专门的历史教学方法被介绍到了国内。1904年，《教育世界》刊登了《历史教授法》，计4章，约1.5万字。没有署作者名，可能译自日文或德文。1906年，夏清贻编有《历史教授法》，由上海开明印刷部出版，对促进西方历史教学思想在中国的传播，有积极的作用。1919年10月，何炳松在《北京大学日刊》460号开始刊载由其编译的《西洋史教授法之研究》，断断续续登载了33期，至第531号结束。何炳松的这篇文章，由七部分组成：历史是何物；教授历史的目的及价值；欧洲各国学校中之历史教授；美国学校中之历史教授；历史教授法之由个人入手者；历史教授法之由社会入手者；如何能使历史有实在的风味。《西洋史教授法之研究》和他另外类似的著作相比②，发表的时间最早，但其中仍不乏一些真知灼见，如认为历史学是"一种科学"，20世纪史学的发达，就是在科学思想的影响下发展起来的等。

20世纪初年，国学在中国学术界居统治地位，在世界历史方面，尚不具备严格意义的"研究"，因此，在世界历史研究领域主

---

① 张云台编：《张荫麟文集》，教育科学出版社1993年版，第1页。
② 何炳松的4篇著述（译作）是：《西洋中小学中的史学研究法》，《教育丛刊》1922年第2卷第7集；《历史教授法》，《教育杂志》1925年第17卷第2、3号连载；译作《历史教授法》，商务印书馆1926年版，为《现代教育名著》丛书之一；《历史研究法》，商务印书馆1927年版，为《百科小丛书》之一。

要表现为"编译",仍然是以介绍为主。这样,世界史的教学标准和教学方法等,自然也就无从谈起。20世纪初,中国社会阶级矛盾不断激化,各种社会思潮异常活跃,对推动世界史著作的编译和介绍,创造了有利条件。当时的著述虽然质量不高,影响不大,但内容却十分丰富,包括有通史、地区史、国别史、政治史、经济史、思想史、外交史、教育史、学术史和人物传记等,只有有了这些最初的积累,不断推动其发展,日后才有可能去探讨世界史的教学标准和教学方法。

国民政府教育部先后颁布了《中学校令》(1912年)、《中学校令实行规则》(1912年)、《中学校课程标准》(1913年)有关课程设置和学制的规定。这些规定多涉及了中学的世界历史教学。当时规定:第一、第二学年学习本国史,第三学年学东亚各国史和西洋史,第四学年学西洋史。民国初年,世界历史的教学已经成为传播世界历史知识的重要渠道之一。当时所选用的教科书和清末的情况基本相同,大多编译、选译日本学者的世纪史著作,也不排除少数欧美学者的著作或中国学者的著作。

1928年秋,大学院组织中小学课程标准起草委员会,请何炳松、顾颉刚和陈训慈(1901—1991)三人起草《初中历史课程标准》。因当时顾颉刚在广州,故顾颉刚与陈训慈商量后由陈训慈执笔起草。根据规定,《初中历史课程标准》包括目标、时间、教材大纲、教法要点、作业要项、毕业标准六部分,详细规划了有关内容及必须达到的要求,以使学生通过三年的学习,能够对毕业标准规定的各条范围内的简易论文和书籍自行阅读,了解大意,并有"作述问答或短文之能力"。高中历史课程因教授科目未定,而暂缓制定标准。[①] 这项工作对于规范我国中学历史教学,使之标准化有重要的意义。

[①] 参见房鑫亮《何炳松年谱》,载《何炳松文集》第4卷,商务印书馆1997年版,第717页。

《初中历史课程标准》规定：初中历史课的中国史和世界史（主要是西洋史和东亚史）将分别讲授，主要原因是（1）中西民族，在16世纪以前本为个别发展，其史迹关联甚少；（2）世界史之提倡，由来已久，至第一次世界大战结束后而益盛。世界史是全世界的世界史，中国自亦包括其中。但是，自德国兰克以后学者所倡导的世界史，仍然是以欧洲为中心，而置中国和东方为附庸。（3）若实行中外历史混合讲授，实非初中程度的学生所能及，学生无法通晓人类文化演进的共同状况。"据此种种理由，历史混合教法实属困难，至少在初级中学中已无存在之余地。"[①]

陈训慈认为，学习世界史，并不能完全脱离中国的实际，因此要讲授"近世中国民族受列强侵略之经过，以激发学生之民族精神，并唤醒其在中国民族运动上责任的自觉"。而学习世界史的主要任务有三，一是"研求世界重要各国政治经济变迁之概况，推明今日国际形势之由来，以灌输学生国际的常识"。二是"研求世界主要民族学术文化演进之概况与中国学术文化演进之概况，使学生略知现代人类生活与现代文化之由来，并激起其继承先业与世界人类共谋进步之精神"。三是"对于各时代之经济状况，特别注意说明现代经济组织与重要社会问题之由来，以揭露资本主义之流弊，阐明民生主义的历史的根据"。在教学目标中，陈训慈就激发学生"民族精神"的问题，有较多阐发。他认为："民族精神为现代民族生存之要素，而在不平等条约未废除，中国尚未达到国际上之自由平等之前，即国民革命之全功未竟，历史课程尤当注意及此，自十九世纪史学过重政治，德国学者甚且假史学为其倡导军国主义之工具，其流弊既已昭著。"陈训慈强调：我们反对狭隘的民族自大的观念，但在中国的历史教学中，激发民族精神则是"中国民族自图生存之正当要求"。"其目的期在恢复中

[①] 陈训慈：《初级中学历史课程标准答案》，《史学襟志》1929年第1卷第1期。

国民族之国际平等,绝无排外自封之意味。至于教学外国史,尤将以公正的态度,培养互助合作的国际观念。"①

初中历史课将在第三年集中讲授(第一、二年讲授中国史),内容包括史前时代、古代史、中世史、近世史和现代史。现代史自19世纪末叶,直至第一次世界大战后的20世纪20年代,可称是名副其实的"现当代史"。其主要内容包括:19、20世纪间欧洲国际政治大势;第一次世界大战之经过;巴黎和会与国际联盟;俄国革命与苏维埃联邦成立之前后;第一次世界大战后10年来国际政治之变迁;一战后的经济问题与劳工运动;一战后的日本与中国的关系;土耳其复兴与东方民族运动;最近国际政治经济大势;19世纪以来学术的进步。从以上《初中历史课程标准》中有关世界史教学的主要任务及主要内容,特别是世界史教学和激发学生的民族精神关系的论述,以及对资本主义、帝国主义的揭露和批判等,可以看出以爱国主义为中心的中国世界史编纂的优秀传统,在不同的时代仍以不同的形式得以传承和体现。

1922年1月,何炳松在《教育丛刊》第2卷第7集上发表《西洋中小学中的史学研究法》。这篇文章系根据美国亨利·约翰生(Henry Johnson)的《历史教学法》中的第14章《学校的历史同历史研究法》编译而成。何炳松认为,历史教科书中的史实,并非完全可靠。学校教学生学习历史时,还应教他们"如何研究历史";对不同年级的学生,宜有不同的方法。如果对教科书中的事实,不加深究就认为其是可靠的事实,那是十分有害的。"学校中最易忘的科目莫过于历史,但是亦有永久结果的。学生在学校养成了轻信的习惯,就一生没有辨别是非的能力。学生在学校养成了尊重书本的习惯,就一生受书本的限制。这种趋向,虽大学毕业生,亦有免不了的。"何炳松强调:"学

---

① 陈训慈:《初级中学历史课程标准答案》,《史学襍志》1929年第1卷第1期。

校中应该使学生知道什么是历史,同教他们如何去研究历史。不但应该知道历史的事实,并应该知道历史事实之如何断定,如何选择,同如何编辑。"① 应该说,何炳松对中小学历史教学的要求偏高,但这一要求却是颇有见地的,至少在历史教学的方向和目的上,给人以重要启迪,这在20世纪20年代初的中国,尤其如此。

1925年2—3月,何炳松的论文《历史教授法》分两期,在《教育杂志》第17卷第2号、第3号刊载。这篇长文,是何炳松在翻译亨利·约翰生的《历史教学法》的过程中完成的,他汲取亨利·约翰生《历史教学法》的有益内容,结合中国的实际,就在中国如何进行历史教学提出了具体的意见,其主要内容是:注入式与启发式教授法各有好处,不可偏废;不同意把教授法仅仅看作是教科书的使用方法;考试是一种应付环境能力的训练,在教授法中应占有重要的地位。何炳松认为,历史教学的趋势,"在于养成学生自动研究的习惯"。在他看来,"世界上教授最得法的,恐怕要算法国的中小学中历史的老师了。他们上课的时候,先口授一个大纲,令学生笔录下去。录完以后,由教师加以明白的讲解。每一次上课的时候,这样做了二三次,到了下一次上课的时候令学生立在讲台上复讲,全班学生加入讨论"。② 在90年前的中国,提倡师生互动、以培养学生"研究能力"为目标的教授法应该值得肯定,这在今天也没有过时。法国中小学历史老师的教授法,确实值得提倡。

何炳松在论及历史学的教学方法时,十分重视汲取其他相关学科的先进方法,强调历史教学应该有"科学的精神"。"所谓科学的精神就是注重普通的人同普通的事。所以教授历史应该从社会的团体入手。我国学校的教师对于教科书看得很重,所以教科书的选

---

① 《何炳松史学论文集》,上海古籍出版社2012年版,第305页。
② 何炳松:《历史研究法、历史教授法》,上海古籍出版社2012年版,第90页。

择，应该格外慎重，否则便有'失之毫厘，谬以千里'的危险。"①显然，历史教学法，并非仅仅是单纯的"方法"。这里再次提出中外历史教科书的问题，并非多余。就近代以来中国世界史编纂发展的历史来看，各级学校的外国史教科书编纂，始终是重要问题之一。

1924年，西北大学校长傅铜根据陕西省省长兼督军刘镇华的指示，与陕西省教育厅联合筹办了"暑期学校"，邀请北京、天津、广州、南京等地的著名教授前去讲学，王桐龄（北京师范大学）、李济（南开大学）、鲁迅（北京大学）、吴宓（东南大学）、梁龙（广州大学）等，都在邀请之列。在世界史方面，邀请有北京法政大学教授柴春霖讲授"欧洲革命史"；南开大学教授蒋廷黻讲授"欧洲近世史""法国革命史"等；东南大学教授刘文海讲授"近代世界变迁史"。这次暑期学校的讲学对象，"是陕西各县抽来的学员，年龄较大，大约多是教师和教育界的'干部'"②。对于如此阵容的陕西讲学，之后有不少文字记载，特别是纪念鲁迅的文章记载得尤其详细，不再赘述。但从中国世界史教育的视角看，尚有可补充之处，即从1924年陕西省"暑期学校"可看出，在20世纪20年代，中国的世界史教育，无论在师资、教授和研究的内容和方法，以及世界史在历史学科中的地位和影响等方面，都已经发生了有助于其发展的新变化。

---

① 何炳松：《历史研究法、历史教授法》，上海古籍出版社2012年版，第93—94页。
② 李光谟：《从清华园到史语所：李济治学生涯琐记》，商务印书馆2016年版，第83页。

第二编

中华民族觉醒和世界史编纂

第一章　进化史观和世界史编纂的新发展

一　严复和进化思想在中国的传播

西方史学理论比较有系统地输入中国，是在19世纪末以后。不过这种输入起初往往并非直接通过史学本身，而是在吸取近代西方哲学、社会学等学科的理论，为资产阶级政治服务的过程中带入的，其中的一些理论和方法，对传统史学产生过很大的冲击。

严复，福建侯官（今福州市）人，近代启蒙思想家和翻译家，早年以第一名的成绩考入福州船政学堂，开始接受西方科学知识，1877年被选送到英国海军学院留学两年。留学期间，开始关注英国社会制度，着手研究西方资产阶级学术。1879年回国，先后任福州船政学堂教习、天津北洋水师学堂总教习，后升任总办。甲午战争后，深感国势日危，著文抨击封建制度，主张向西方学习。在《论世变之亟》一文中，严复用进化史观批判中国封建"一治一乱、一盛一衰"的"循环历史观"。

将生物进化论引申为社会进化论，是一种宣扬弱肉强食的理论，在此基础上产生的进化历史观也不是科学的历史观，但是，在当时中华民族面临着"亡国灭种"的现实危险的具体历史条件下，资产阶级改良主义者用进化史观批判封建主义史学，希冀借此致力于促进民族觉醒，并为20世纪初中国"新史学"的到来，奠定了理论上的基础。当时"史界革命"的重要内容之一，就是积极倡导进化史观。严复以进化史观分析人类社会的发展，对中国史学在近代的演变有着开凿鸿蒙的作用。

1909年1月，严复撰《泰晤士〈万国通史〉序》，力主历史学应研究人类的进化："左氏固相斫之书，柱下乃家人之语。至若究文明之进步，求事变之远因，察公例之流行，知社会之情状，欲学者毋忘前事，资为后师，用以迎蜕进之机，收竞存之利，则求诸古人著作，或理有不逮，或力所未皇。此十八世纪以降之史家所为远轶前修，而其学蔚为专科，最切于人事而不可废也。"难能可贵的是，严复提倡通史著作，因为通史、长时段的历史记述，有助于认识进化之状况，"言人群者，知事变之来，不独自其相承之纵者言之，必后先因果，倚伏召从，无一事之为偶也，乃自并著之横者观之，亦远近对待，感应汇成，缺一焉则其局不见"。严复明确地提出用"合叙并观"的世界历史眼光去观察中国和世界，这不仅对促进中华民族民族意识的觉醒，并且对推动萌生中的中国世界历史编纂，具有积极的意义。严复说："故欲言一民之质文强弱，一国之萌长盛衰，独就其民其国而言，虽详乃不可见，必繁俗殊化，合叙并观，夫而后真形以出。"这就要求"学者必扩其心于至大之域"[①]。在严复看来，只有在广阔的世界历史背景下，才能认清一个国家的历史。中国自先秦到清朝两千多年的历史，不过是一乱一治的封建王朝更迭，而欧洲的英法等国因脱离封建而日益强盛，这"仅仅前一二百年而已"[②]。因此，只有通过对中外历史的比较，才能看到问题的真谛。这样，世界历史研究就有了用武之地。

严复认为，"司马迁曰：'物穷则变，变则通，通则久。'穷变

[①] 严复：《泰晤士〈万国通史〉序》，载王栻主编《严复集》第2册，中华书局1986年版，第270页；严复：《〈法意〉按语》，载王栻主编《严复集》第4册，中华书局1986年版，第955页。

[②] 严复：《译〈社会通诠〉自序》，载王栻主编《严复集》第1册，中华书局1986年版，第136页。

通久，使民不倦。外国穷而知变，故能与世推移。而有以长存。中国倦不思通，故必新朝改物，而为之损益"。在严复看来，正是由于中国"穷不思变""倦不思通"，才衰落至今不堪一击。严复还认为，国家落后，打了败仗并不可怕，最可怕的是民力、民智、民德的衰败。他以历史上的德国和法国为例说："夫疆场之事，一彼一此，战败何足以悲。今且无论古今，即以近事明之；八百三十年，日耳曼不尝败于法国乎？不三十年，洒耻复亡，蔚为强国。八百六十余年，法兰西不尝破于德国乎？不二十年，旧敝扶伤，裒然称富，论世之士，谓其较拿破仑之日为逾强也。然则战败又乌足悲哉！所可悲者，民智之已下，民德之已衰，与民气之已困耳。"① 严复通过历史的比较，明确地提出解决中国问题的当务之急，是用自由平等之公理开民智、伸民权。只有这样，才能救亡图存。这种认识不仅在学术观点上，而且也在史学方法上给人以启迪：研究历史不能无的放矢，"史之可贵，在以前事为后事之师。是故读史有术，在求因果，在能即异见同，抽出公例"。② 研究外国的历史，是为了更清晰地认识中国的现实，解决中国的问题。

严复"精欧西文字，所译书以瑰辞达奥旨……世谓（林）纾以中文沟通西文，复以西文沟通中文，并称林、严"。③ 19世纪末，严复曾夹叙夹议地译介了英国哲学家赫伯特·斯宾塞（Herbert Spencer，1820—1903）的名著《社会学原理》（一译《社会学研究》)，开始在《国闻报》上连载，1903年全书出版，中译名为《群学肄言》，系统阐释了斯宾塞的普遍进化论原理。④ 严复在

---

① 严复：《拟上皇帝书》，载王栻主编《严复集》第1册，中华书局1986年版，第64页；严复：《原强》，载王栻主编《严复集》第1册，中华书局1986年版，第9页。

② 严复：《政治讲义》，载王栻主编《严复集》第5册，中华书局1986年版，第1244页。

③ 《清史稿》卷四八六《文苑》（三）。

④ 斯宾塞名著《社会学原理》，原书初版于1873年，中文本名为《群学肄言》，1903年《文明编译局》初版后，1903—1919年，商务印书馆再版10次。

《砭愚第一》中，对中国封建史学进行了抨击，认为它"重君史，轻民史"，"前史体例，于国事常载其然，而不载其所由然，于帝王将相之举动，虽小而必书，于国民生计之所关，虽大有不录。故一群强弱治乱盛衰之故，至为难知"。严复认同斯宾塞对于历史动因的确定，即世运进退，不仅仅由圣贤豪杰的行为决定，中国的历史也不应是"人豪之国史"。

严复还认为社会学可以成为科学，认为"今世所称为科学者，非多识博闻之谓，必有天序物则，而因果可以相求者也"。严复将此科学的概念引申到历史学领域，认为历史学也是一门科学。他说："读史而但观古人之事迹，虽考之綦密，必不足以得盛衰治乱之由，惟知求群学，籀其公例者，乃能据往事知来者而。"[①] 这里强调的是历史学不能仅仅停留在考证之上，而在于古为今用，探讨历史发展的真谛。因此，历史研究要通过必要的归纳和演绎等科学方法，去发现历史发展的"公理公例"。

1898年，严复译介英国博物学家托马斯·亨利·赫胥黎（Thomas Henry Huxley，1825—1895）的《天演论》，由沔阳慎始基斋出版。赫胥黎原著《进化论与伦理学》（*Evolution and Ethis*），1898年初版，主要内容是探讨进化与伦理之间的关系，包括绪论和在牛津大学的讲稿。严复依据此书进行意译，对译文进行了增删，同时在每一篇末的按语中，加进了斯宾塞和自己关于社会改造进化的观点。梁启超是最早读《天演论》译稿的人，在《天演论》尚未正式出版之前，他就已经开始对其进行广为宣传，并用进化论的观点撰写文章了。康有为是从梁启超处看到《天演论》译稿的，他读毕十分震惊，赞扬该译著是中国西学第一者也。

一些论者认为，19世纪末严复译介《天演论》，是西方史学输入中国的开始。在此之前，中西史学各自独立发展2000

[①] 严译名著丛刊：《群学肄言》，商务印书馆1981年版，第54页。

余年。① 也有论者对此观点提出异议,认为这种说法承袭了以往习以为常的一贯说法,没有做深入的考究,因为在严复译介《天演论》之前,已经有一些西方史学通过日本介绍到中国。② 这些观点自然都可进一步探讨,但应该指出的是,《天演论》并不是历史学著作,但论述近代中国史学史的著作,无不提及这部著作,因为《天演论》对中国近代史学影响之大,几无其他著作可以替代。

严复在《译〈天演论〉自序》中写道:"大抵古书难懂,中国为尤。二千年来,士徇利禄,守阙残,无独辟之虑。是以生今日者,乃转于西学,得识故之用焉……赫胥黎氏此书之旨本以救斯宾塞'任天为治'之末流,其中所论,与吾古人有甚合者。"20世纪初,进化史观在中国史学发展中风靡一时,追述其主要理论来源,自然离不开《天演论》。《天演论》介绍的不仅是一种新的自然观,而且还介绍了一种崭新的社会观。在进化论者看来,"一切僵硬的东西溶解了,一切固定的东西消散了,一切被当做永恒存在的特殊的东西变成了转瞬即逝的东西,整个自然界被证明是在永恒的流动和循环中运动着"③。自然界是这样,人类社会也如是,君权神授,"天不变,道亦不变"等封建观念,受到前所未有的冲击。

《天演论》问世后,多次从文字到内容进行过修订。1900—1921年,商务印书馆共再版20次。该书是研究达尔文进化论理论的经典著作,严复的按语,应从当时中国社会现实出发加以诠释。他在系统阐释"物竞天择,适者生存"原理的同时,评介中西文化的异同,分析中国社会和民族危机,使中国思想界深受震动。

---

① 参见杜维运《西方史学输入中国考》,《台湾大学历史学报》1976年第3期。他认为,20世纪上半叶西方史学在中国的传播,分为晚清、1912—1937年、1938—1949年三个阶段。

② 参见李孝迁2005年博士论文《西方史学在中国的传播》,转引自邹振环《西方传教士与晚清西史东渐》,上海古籍出版社2007年版,第11页。

③ 《马克思恩格斯选集》第3卷,人民出版社2012年版,第855—856页。

如他所说:"自欧洲学说至于吾国,其最为吾人所笃信者,莫如天演竞争之公例。'优胜劣败,天然淘汰'几为人人之口头禅。"①进化论和进化史观对中国社会的影响,由此可见一斑。

1922年,《民铎杂志》发表署名文章指出:"我们放开眼光看一看,现在的进化论,已经有了左右思想的能力,无论什么哲学、伦理、教育以及社会之组织、宗教之精神、政治之设施,没有一种不受它的影响。"② 西方进化论在中国得到了广泛传播,影响了几代中国人。近代以来中国思想历史发展的事实表明,"从严复的《天演论》译本开始,夹杂了斯宾塞观点的社会进化论在我国成为一种主导思想,'五四'时代几乎没有一个思想家不信奉进化论,尽管他们在其他观点上分歧很大,甚至是属于互相敌对的流派"③。

1931年,赫胥黎著、华汝成译《人类在自然界的位置》,在上海世界书局出版。这部著作作为赫胥黎的代表作之一,就达尔文的进化论思想做了进一步的阐述,表现出作者一息尚存,誓死奋斗,捍卫进化论的精神。本书第一版于1863年问世,书名为《人类在自然界的位置的证据》(Evidence as to Man's place in Nature),第二版在1894年出版,书名为《人类在自然界的位置,及其他人类学论文》(Man's place in Nature and other Essays)。华汝成在中译本的《序》中指出:本书所收《类人猿的自然史》《人类和下等动物的关系》《几种人类的化石》三篇论文,"虽是通俗的讲义,但是内容丰富,说明周到,确乎是研究生物学、人类学、社会学等人不可不读的书"。华汝成强调:"近年来生物学、人类学等作长足的进步,这本著作的内容当然有不满足的地方,但是近代新颖的学术,如没有以前有价值的研究做基本,好似造房子

---

① 严复:《教授新法》,载孙应祥等编《〈严复集〉补编》,福建人民出版社2004年版,第63页。

② 陈兼善:《进化论发达略史》,《民铎杂志》卷3,1922年第5号;转引自《时代与思潮——中西文化交汇》,学林出版社1990年版,第79页。

③ 王元化:《清园近思录》,中国社会科学出版社1998年版,第57页。

一样，没有大石块做基础决造不起房子来的。照这样看来，生物学的进步尽管日新月异，这部赫胥黎的老著作。始终不失却可尊的价值，换句话说，就是不朽的作品。"① 华汝成所言极是，反映出进化论在当时中国思想界、学术界的影响。

赫胥黎自己对这部作品也有较高的评价。他说："真理伟大而能占胜利（Magns est veritas et Praevalebit）！真理确乎伟大，但是就它伟大的程度如何，要经过相当的长年月，才能得到胜利，这是一件不可思议的事情。到 1862 年的岁末，我已把《人类在自然界的位置》一书脱稿，我可说句衷心的话，这本作品的结论并非急就肤浅。我想这论文当然可以出版还想象出版后与其说受人诽谤，不如说还可使人感谢我。"赫胥黎对此书如此自信，表现出他坚持真理的精神，并寄希望于年青一代。他认为，"倘使现代的青年，有和我三十年前一样为真理而努力奋斗的，尽可坚持真理，无须顾虑那狂吠也似的嘲弄、责难"。② 他相信真理必将得到胜利，到那时，一切努力和劳苦都将得到大大的报酬。

中国人开始改变陈腐观念，开始懂得用进化史观观察和研究人类社会，得出与古人不同的结论。这样，20 世纪的学术文化树立起了近代新观念。"《天演论》是中国清末民初进化思潮的活水源头，它的传播对近代中国产生深远的影响……不同区域文化的知识分子被《天演论》传播的生存斗争学说动员起来，使得他们在经世致用的过程中自觉地寻求西方学理的支撑。"③ 此后，不少欧美和日本学者的社会进化论著作，陆续译成中文出版，如马君武（1881—1940）译《斯宾塞社会学原理》（1903）、赵兰生译《斯宾塞干涉论》（1903）、吴建常从日文转译美国吉丁斯著《社会学

---

① 赫胥黎：《人类在自然界的位置·译者序》，上海世界书局 1931 年版。
② 赫胥黎：《人类在自然界的位置·自序》，上海世界书局 1931 年版。
③ 王天根：《天演论传播与清末民初的社会动员》，合肥工业大学出版社 2006 年版，第 280 页。

提纲》(即《社会学原理》)、章太炎(1869—1936)译岸本能武太的《社会学》(1902)、麦仲华译有贺长雄的《社会进化论》,以及欧阳钧译远藤隆吉的《社会学》(1911)等。社会进化理论强调人类社会历史是不断向前发展的,它向"天不变,道亦不变"等封建传统思想,以及中国封建史学的复古观及"一治一乱"的循环史观提出了强有力的挑战。

进化论和进化历史观的广泛传播,还表现在20世纪初的历史教科书上。例如,当时中华书局出版的中学历史教科书即强调,"人类社会活动的发生和演化,是交舞错综式的进行而异常复杂的"。历史是"记述人类社会的活动,而不记述一二个人个别的活动。在这种记述中,我们不要注意非现代事实的铺排,而要注意那史实从古代演变到现代的经过;换句话说,历史是记述史事的动态,而不是记述史事的静态的"。正是从上述认识出发,历史教科书的编者强调,"吾人想明了现代人类社会活动的状况,以及想由此而受得在社会上活动的途径,都非先明了人类各种社会活动的演进的历程不可。但是这种知识,只能从研究历史中得来。所以只有研究历史,才能明白现在,才能发现活动的途径"[1]。这种对历史学社会功能的认识,是建立在进化史观的基础上的。

戊戌变法前后到五四运动期间,进化思潮成为中国众多社会思潮中的主流。进化论日益深入人心,使中国民气为之一变,成为广大爱国知识分子思想解放、变法图强的新的思想武器。进化论作为对社会政治经济生活产生重大影响的社会思潮,同样猛烈地冲击着中国封建史学的基础,这对于更新中国传统史学的观念、知识结构和治学手段,扩大人们的历史视野,以及资产阶级新史学的确立,都起着十分积极的作用。梁启超是进化论的积极

---

[1] 中华书局:《新课程标准适用初中本国史》,参见周其厚《中华书局与近代文化》,中华书局2007年版,第128页。

接受者。他说：他对天演论"循环往复诵十数过，不忍释手"①。不仅如此，他更是进化论的宣传者和实践者。

进化论和进化历史观成为当时新的史学思潮的理论基础，20世纪初，梁启超以进化论、进化史观为理论基础，发起了"为史界辟一新天地"的"史界革命"，揭开了中国近代史学发展的序幕。他认为"史界革命"的意义远超出学术本身，而关系到国家和民族的前途，史学是社会的折射，中国史学的陈腐和落后，是中国社会发展落后的重要原因之一。因此，"史界革命不起，则吾国遂不可救"，不能立于世界之林。梁启超对封建循环史观和进化史观作了明确的区分，循环是"进化有一定之时期，及期则周而复始"，而"进化者，往而不返者也，进而无极者也，凡学问之属于此类者谓之历史学"②。在此认识基础上，他多次阐释其历史进化思想和进化史观，他说："凡人类智识所能见之现象，无以不可以进化之大理贯通之……数千年之历史，进化之历史，数万里之世界，进化之世界也。故进化论出，而前者宗门迷信之论，尽失所据"，而且"天下进化之理，无有穷也，进一级更有一级"。③因此，他强调历史学的性质是"叙述数千年来各种种族盛衰兴亡之迹"，而历史学的精神则是"叙述数千年来各种种族盛衰兴亡之故"④。为了启迪民智，使中华民族避免亡国灭种的惨祸，梁启超用进化论的观点概述了近代以来世界历史进程中的一些规律性内容。

梁启超说："16世纪以来（约三百年前），欧洲所以发达，世界所以进步，皆由民族主义（Nationalism）所磅礴冲激而成。民族主义者何？各地同种族同语言同宗教同习俗之人，相视如同胞

---

① 梁启超：《与严又陵先生书》，《饮冰室合集·文集之一》。
② 梁启超：《新史学》，《饮冰室合集·文集之九》。
③ 梁启超：《论学术之势力左右世界》，《饮冰室合集·文集之六十》；《自由书·成败》，《饮冰室合集·专集之二》。
④ 梁启超：《新史学》，《饮冰室合集·文集之九》。

独立自治，组织完备之政府，以谋公益而御他族是也。此主义发达既极，至 19 世纪之末（近二三十年）乃更进而为民族帝国主义（National Imperialism）。民族帝国主义者何？其国民之实力，充于内而不得不溢于外，于是汲汲焉求扩张权利于他地，以为我尾闾。"① 在梁启超看来，"民族主义"或"民族帝国主义"，都是进化的产物。这些进化了的国家，在一定的历史条件下就要在政治、经济、军事和文化上进行对外扩张，如俄国侵略西伯利亚、土耳其，德国侵略小亚细亚、阿非利加，英国用兵于波亚，以及美国附属夏威夷、掠夺古巴、攘夺菲律宾等。他说，世界上的国家有一百多个，为什么能够屹立于不败之地而左右世界者仅有四五个，原因就在于"进化与竞争相依"，"竞争为进化之母"的结果。西方将人类社会文明进程分成野蛮、半文明、文明三个阶段，中国则处于半文明时期，自然落后，沦为被蚕食、欺凌、宰割的对象。"夫列国并力，不竞争则无以自存。"② 中国只有接受西方的进化思想，通过社会的进化，建设一个强大的民族国家，才能改变现在落后的现状。

进化论和近代中国社会的变革有着直接联系。近代中国民主革命的伟大先行者孙中山领导辛亥革命推翻帝制，积极捍卫共和制度，为改造旧中国立下了丰功伟绩。他的政治思想成为近代中国思想史的宝贵遗产。应该指出的是，社会进化论不仅是孙中山整个政治思想的基础，而且也是他的历史哲学思想的核心。他说，英国生物学家查尔斯·罗伯特·达尔文（C. R. Darwin，1809—1882）《物种起源》一书问世后，"则进化之学，一旦豁然开朗，大放光明，而世界思想为之一变"。孙中山将达尔文的进化思想与其政治理想结合起来，突破了生物进化论和一般社会进化论思想的局限。在他看来，人类历史分为物质进化时期、物种进化时期

---

① 梁启超：《新民说》，《饮冰室合集·专集之四》。
② 同上。

和人类进化时期三个阶段。他强调人类的历史是一个由蒙昧到文明的进化过程,但又反对人类社会进化照搬动物进化过程的观点。因此在人类进化时期,应当用"仁义道德"代替"弱肉强食",用"互助""仁爱"代替"竞争""杀戮",只有这样,才能消灭种族压迫和仇视,实现"天下为公"的美好理想。①

二 以进化史观为基础的史学理论著述

20世纪初,以进化论为理论基础的近代西方史学理论,开始输入中国,并产生了重要的影响。《译书汇编》1902年第9、10期,发表留日学生汪荣宝(1878—1933)编译的《史学概论》,这是国内第一部以"史学概论"命名的著作。汪荣宝,字衮父,号太玄,江苏吴县人,15岁入邑庠,1897年丁酉科拔贡。1898年应朝考,以七品小京官入兵部任职,1900年入南洋公学堂,后留学日本早稻田大学和庆应义塾。1903归国,先为京师译学馆教员、京师大学堂教习;后在清政府任职,先后任民政部左参议、宪法协纂大臣、资政院议员等职。民国成立后曾先后当选为参议院议员和众议院议员。20世纪30年代,曾经出任驻比利时、瑞士、日本等国的公使。

《史学概论》根据日本著名史学家坪井九马三(1858—1936)的讲义《史学研究法》和久米邦武(1839—1931)、浮田和民等人的有关论著编译。这些日本学者的史学思想都来源于西方,如坪井九马三的《史学研究法》,以德国犹太裔史学家伯伦汉(伯恩海姆、班海穆,Ernst Bernheim,1850—1942)②的《史学方法论》为底本,直接体现了兰克学派的史学思想。所以从某种意义

---

① 《孙中山选集》(上),人民出版社1956年版,第141—142页。
② 19世纪中叶,伯伦汉出生在德国汉堡的一个犹太商人家庭。伯伦汉堪称语言天才,在中学时既已通晓古拉丁文、希腊文和英文、法文,立志做一名历史学家。中学毕业后,他先后在柏林、海德堡、斯特拉斯堡、哥廷根大学学习历史。1875年,他在斯特拉斯堡大学,以《洛塔尔三世与沃尔姆斯协定》论文获得哲学博士学位。

上可以说，汪荣宝在《史学概论》中所介绍的西方的史学理论，使中国学者较集中地了解了西方史学的理论和方法。汪荣宝的《史学概论》包括"序论""史学之定义""研究法""历史之分类""关于史学之学科"，即历史学的辅助学科这五部分。在最后一部分，对语言学、古文书学、地理学、年代学、考古学、系谱学、古泉学等都有介绍。该书叙述了近代史学的目的、定义、研究法及其相关学科。编译者说：本论以坪井九马三《史学研究法》为粉本，复参以浮田和民、久米邦武诸氏之著述及其他杂志论文辑译而成。编译者还强调，《史学概论》所采皆最近史学界之学说，与本邦从来史学之习惯大异其趣，聊绍介于吾同嗜者，以为他日新史学之先河焉。

20世纪初，史学和社会、史学和科学的关系，成为学界关注的问题之一，这些在书中也有涉及，关于历史研究的目的和意义的论述，大体反映了当时颇有代表性的认识。作者认为：历史者，记录过去现在人间社会之陈迹者也。人间社会为最复杂之现象，故历史有种种之方面，若政治，若法律，若宗教，若产业，若学术技能，无一非人间社会之产物，即无一非历史之要素。抑人间社会者，进化之物也，进化无极，历史亦无尽；现今人间社会之历史尚在叙述之途中，而未达纳演绎之时代，即历史犹不免为说话之状态，而未能完成其为科学之形体。就此众多之方面与不完全之形体，而予以科学的研究，寻其统系，而冀以发挥其真相者，是今日所谓史学者之目的也。史学之大价值，实在于此。正是从这一基本认识出发，汪荣宝提出不应对古代的历史，"辄以今日之思想解释"。

《史学概论》介绍了当时新的史学方法，即将"纵观法"（时代之顺序、时代之思潮）和"横观法"（文明的起源、国家的产生）相结合，以扩大历史认识的视野，使学术研究的"视线大于对象之全体"；在史学分类上，也愈加清晰：从内容上，可以分为政治史、文明史等；从空间上，可以分为世界史、列国史、国别史、地方史等；从时间上，可以分为朝代史、上古史、中世史、近世史等。

关于史料，《史学概论》强调"不必限于典册"，"实际地理若古建筑若画像若古董乃至歌谣口说遗谶逸谚凡足以代表古来人间之情状者，无不为史学之证据物"。这样，史料的范围就明显地扩大了。"虽败鼓弊履苟为古代之遗物"，也可视为史料。史学作为一综合学科，在其自身发展的过程中，与多种相关学科的联系日加密切，《史学概论》指出言语学、古文书学、地理学、年代学、考古学、系谱学、古泉学等，都是历史学需要借助会通的学科。

早稻田大学教授浮田和民，于1892年至1894年留学美国，研读史学和政治学，1901年，著有《史学原论》（即《史学通论》）。该书是作者在东京专门学校和早稻田大学的讲义。1903年，中译本有六种。① 这六种中译本分别是：［1］侯世绾译：《新史学》，上海文明书局1903年版；［2］李浩生译：《史学通论》，杭州合众译书局1903年版；［3］罗大维译：《史学通论》，上海进化译社1903年版；［4］刘崇杰译：《史学原论》，闽学会丛书之一，闽学会1903年版；［5］杨毓麟译：《史学原论》，湖南编译社1903年版；［6］东新译社同人编译：《史学原论》，1902年11月。② 浮田和民的著作，在20世纪初的中国学术界曾产生了广泛的影响。早在《史学原论》的中文本面世前，章太炎就托人去购买，

---

① 参见俞旦初《爱国主义与中国近代史学》，中国社会科学出版社1996年版，第49页。又据尚小明《论浮田和民〈史学通论〉与梁启超新史学思想的关系》，(《史学月刊》2003年第5期)，浮田和民《史学通论》中译本为5种。

② 2007年，华东师范大学出版社出版浮田和民讲述、李浩生等译、邬国义编校的《史学通论》（四种合刊）。这四种分别是：《史学通论》《新史学》《史学原论》《史学通论》。作者均是浮田和民，译者依次是李浩生、金匮侯世绾、闽县刘崇杰、武陵罗大维。书前有邬国义长篇《梁启超新史学思想探源——代序言》。邬国义对俞旦初说"浮田和民的著作有六种中译本"提出异议，认为第五种、第六种《史学原论》实际上是一种。

认为此书对于修史大有益处，中文本出版后，《苏报》《游学译编》等刊物和闽学会对其广为介绍，认为《史学原论》对于史学宗旨阐发无遗，其中蕴奥，能一取而观之，亦可以定读史之方针矣。

有论者认为，梁启超的一些著作深受其影响，他最著名的《新史学》《论中国学术思想变迁之大势》，便以浮田和民等日本学者的著述为蓝本。"梁启超是最早读日文《史学原论》者之一。1899年秋他已看过此书，并根据其中内容撰写文章。此后他在1902年发表《新史学》，其中《史学之界说》，基本内容即是根据《史学原论》第一、二章相关材料加以论述的。"[①] 此外，刘掞藜（1899—1935）《史法通论》（1923）、柳诒徵（1880—1956）《史学概论》（1926）、卢绍稷《史学概要》（1930）、杨鸿烈（1903—1977）《史学通论》（1939）等，也都不同程度地受到浮田和民《史学通论》的影响。一些史家认为，浮田和民的史学思想，完全可以用来解释中国的历史。

《史学通论》原是浮田和民授课的讲稿，在日本史学界受到普遍关注。该书较集中地、系统地介绍了西方资产阶级史学有代表性的理论与方法。依李浩生译本，该书八章的主要内容是论历史的特质，及历史的范围；论史学之定义，及史学能否成为科学；英雄与时势的关系，什么是有价值的历史事实与历史人物；个人与社会，国家与社会之间的辩证关系；地理位置、气候等自然环境和交通，对人类文明起源与发展的影响；历史上人种的形成，人种与历史发展的关系；历史发展的趋势；史学方法等。《史学通论》不仅在日本，而且在中国受到重视不是偶然的，主要原因是浮田和民在书中所叙述的问题，既是欧美史学界关注的热点问题、前沿问题，及时地传达了西方史学家有代表性的观点；同时这些

[①] 邬国义：《梁启超新史学思想探源——代序言》，见浮田和民《史学通论》（四种合刊），华东师范大学出版社2007年版，第7页。

也是中国学者在建立中国"新史学"过程中,所关注的重要理论问题,从某种意义上说,浮田和民的《史学通论》,成为与中国封建史观进行斗争的理论武器。

例如,李浩生译《史学通论》在第二章讲到"历史之定义"时,论述了"历史是一门科学的问题"。集中体现了在当时正在兴起的新的史学思想。对于历史学是一门科学的观念,浮田和民深信不疑。他说:"今日者生物学、心理学、人类学、社会学俱有进步,则于历史学上大有影响。居今日而犹计历史学之得否成立者,过计也。不观之物理学乎?昔时苏格拉底,以天文物理为神明所支配,非人智之所及。近世纪间,英儒洛克以为物质分子之微细,不可得而穷究。二者皆以物理学为不可成立。然而今日者最完全之物理学不已成立耶?不观之心理学乎?十八世纪间,康德曾断定心理学之不能成立。然而今日者,最完全之心理学,不能成立耶?呜呼,又何疑于历史学也哉!"①

1889年,日本东京帝国大学请德国历史学家路德维希·利斯来日讲学,路德维希·利斯为德国著名史学家兰克的学生。1891年,日本史学家坪井九马三从德国留学归来。德国资产阶级史学思想,被介绍到日本。1903年,坪井九马三著《史学研究法》,结合日本史学的传统,介绍了西方资产阶级的史学理论与方法。这部著作,被认为是揭开近代日本史学发展的标志。

日本帝国大学名誉教授坪井九马三著《史学研究法》,1903年在《汉声》、1907年在《学报》等刊物上摘译发表了部分内容,如《序论》《史学之根本条件》《历史之种类》等。1903年,《汉声》第6期刊译文《史学之根本条件》,后在第7、第8期连载。这篇译文译自坪井九马三《史学研究法》第4卷。

1903年,坪井九马三著《史学研究法·序》说:史学之研究

---

① [日]浮田和民:《史学通论》,李浩生译,杭州合众译书局1903年版,第13页。

法，其由来已久，而成书者甚少。在英国有弗里曼氏，倡言讲史者须先自研究法始，其论既已脍炙人口。继之，德国有伯伦汉氏出，人称穷极研究法。法国之塞诺波氏等著述之，每每在我国人间流传。予虽不敏，讲述史学研究法，已有年所，自信应用科学研究法于史学上聊有所得。因此，为早稻田大学著是书，庶几乎与诸研究者共登研究法之殿堂。

近代日本的史学理论与方法明显地受到西方史学的影响，而中国近代史学的理论与方法和近代中国的"新史学"，又明显地受到日本史学的影响，究其根源，应该看到近代中国的史学实际上是通过作为"桥梁"的日本的史学，以另一种形式受到了西方史学的影响。梁启超曾说，他的不少著作，是参考日本学者的著作完成的。在史学方面尤其可以看得清楚。例如，他在《新史学》中写道："英儒斯宾塞曰，'或有告者曰，邻家之猫，昨日产一子，以云事实，诚事实也，然谁不知为无用之事乎，何也，以其与他事无关涉，于吾人生活上之行为，毫无影响也。然历史上之事迹，其类是者正多，能推此例以读书观万物，则思过半矣'。此斯氏教人以作史、读史之方也。泰西旧史家，固不免之，而中国殆更甚焉。"这段话和浮田和民所著《史学原论》中的一段话十分相近。浮田和民说："斯宾塞曰，'或言邻家之猫，昨日生子，谓之事实，诚事实也，然于吾人之生活上，有何关系哉。历史上事迹，类是者正多，能推此例以读书观万物，则思过半矣'。此斯氏教人以作史、读史之方也。其指摘历史之差误，可谓毫无余蕴。"再如 梁启超在《中国史叙论》（1901）中的一段话和坪井九马三《史学研究法》中的一段话，几乎如出一辙：梁启超写道："地理与人民二者常相待，然后文明以起，历史以成。若二者相离，则无文明，无历史，其相关之要，恰如肉体与灵魂相待以成人也。"而1902年汪荣宝编译的《史学概论》（参考坪井九马三著《史学研究法》，浮田和民《史学原论》）写道："地理与人民相待，而后文明生焉，历史成焉，二者之关系，其亲密殆犹官骸之于精神也。"

三 提倡"民史"反对"君史"

19世纪末20世纪初，中国一些学者提出重视"民史"，反对"君史"的问题，这是西方史学理论传入中国后，在中国史学发展进程中产生影响的直接反映。学习西方资产阶级史学重视"民史"，批判中国封建主义史学，具有鲜明的时代特征，它对20世纪初中国新史学的发展，具有重要的进步意义。

在西方，重视"民史"有其传统。它的出现是和资产阶级反对封建专制制度，鼓吹资产阶级民主思想，要求"自由、平等、博爱"，要求发展资本主义生产关系，建立资产阶级的政治统治联系在一起的。例如，法国启蒙思想家伏尔泰，1756年著有《风俗论——论各民族的精神与风俗以及自查理曼至路易十三的历史》。该书是《路易十四时代》的姊妹篇。他对历史学家只记载帝王将相的政治、军事活动提出严厉批评。在他看来，这些历史学著作，"似乎世界只是为几个君主和效力于君主欲念的那些人而存在，其余的全都被略而不提。在这一点上，历史学家就像他们所谈到的某些暴君，把人类作为献给一个人的牺牲品了"。伏尔泰明确指出，"我的主要想法是尽可能地了解各民族的风俗和研究人类的精神。我把历代国王继承的顺序视为撰写历史的指导线索而不是目的"。[①] 因此，伏尔泰在这本书中，用大量的篇幅描绘了世界各民族的精神和风俗。此外，18世纪英国资产阶级思想家大卫·休谟（David Hume，1711—1776）、19世纪英国历史学家亨利·托马斯·巴克尔（Henry Thomas Buckle，1821—1861）、英国社会学家赫伯特·斯宾塞等，都表述过类似的看法。

[①] [法] 伏尔泰：《风俗论》（上册），梁守锵译，商务印书馆1996年版，第 i 页。

1874 年，英国牛津学派著名史学家约翰·理查德·格林（John Richard Green，1837—1883）出版了《英国人民简史》，以后又将它扩充成 4 卷本的《英国人民史》。这些著作，特别是《英国人民简史》，给作者带来了极大的声誉，有多种文字译本在世界广泛流行。马克思认真研读过 4 卷本的《英国人民史》，并写有读书笔记。该书作者认为，人民是历史的主人，因此历史学著作要反映人民大众的思想感情，历史只能以人民为主体，而不是英雄和伟人。了解了拿破仑，并不等于了解了法国的历史。从上述认识出发，《英国人民简史》这部著作一改传统的王朝体系的结构，将人民群众作为历史主人，并依据重大的历史事件来划分历史时代，如"大宪章"时代、"宗教改革"时代等。

这部著作由英国医生马林和中国人李玉书共同译成中文，1907 年由上海美华书馆出版。当时中文本书名为《英民史记》，作者格林被译为"葛耳云"。编译者结合这部著作，就中西史学进行了比较，明确指出了中国传统史学的不足之处。译者在序中写道：中国史记，汗牛充栋。浩如烟海。然其中所记者，不过君主之仁暴智愚，臣工之忠佞邪正，或一二贤士大夫嘉言懿行而已。至于进化之公理，自有之大义，暨夫人民程度之高下，团体组织之有无，皆阙焉而未之载。故欲使读者考求此数千年来之民德民智，群策群力，竟渺乎其不可得，此亦中国史书上之一大缺点也。若兹编则不然。译者还认为，从书名上就可以看出作者的立意。书名称《英民史记》者，则以国家之立，实由人民之团结而成。故书言民为邦本，本固邦宁；孟子曰民为贵，社稷次之，君为轻，即此意也。20 世纪初，格林《英国人民史》的中文编译者强调：人民是国家的主人，人民要有自立的精神、自立的能力。所谓"天演"，实出于人力，非出于自然。这些认识，不仅对推动萌生中的中国"新史学"的发展，而且对启迪民智，促进民族觉醒，都有积极的作用。

在中国，梁启超最早提出这个问题：他首先提出历史有"君史""民史""国史"三种概念。他认为西方史学比较重视"民史"，而中国封建主义史学却是"君史"盛行。中国各代的历史，"不过为一代之主作谱牒"①。所谓"二十四史，则只能谓之二十四家谱"。此说初见《湖南时务学堂初集》，1897年冬刊于长沙，后在《中国史叙论》和《新史学》中，梁启超进一步阐释了这些观点。他说："近世史家之本分，与前者史家有异。前者史家，不过记载事实，近世史家，必说明其事实之关系，与其原因结果；前者史家，不过记述人间一二有权力者兴亡隆替之事，虽名为史，实不过一人一家之谱牒。近世史学，必探察人间全体之运动进步，即国民全部之经历，及其相互之关系。"② 这些观点至今读起来仍给人以启迪和教益，在当时更是有发聋振聩的作用。

谭嗣同对梁启超的观点表示赞同。他认为，过去的二十四史的每一史的撰述，究其实质，"不过一姓谱牒"，其中很少有民间百姓的生活、教育、工业、农业和商业活动的记载。③ 持类似观点的还有翰林院编修徐仁铸（1863—1900），他说："西人之史，皆记国政及民间事，故读者可考其世。""中国正史仅记一姓所以经营天下保守疆土之术，及其臣仆翼戴褒荣之陈迹，而民间之事，悉不记载"，十七史，"不过十七姓家谱"④。戊戌变法之前，专门介绍西学的《译书公会报》译载了《英史民略》，通过介绍具体的英国史学著作，表示要加强对民史的研究。赵必振将"民权"和"民史"联系在一起，强调没有人民的权利，也就没有人民的历史。他在1902年出版的《日本维新三十年史》的《序》中指出：史之体有三：神权之世，则为神代史；君权之世，则为君史；

---

① 梁启超：《续译列国岁计政要叙》，《时务报》1897年7月20日。
② 梁启超：《饮冰室合集·文集（之九）》，中华书局1989年版。
③ 参见谭嗣同《湘报·后序下》，《湘报》1898年3月18日。
④ 同上。

民权发达之世，则为民史。"三古同轨，万国一辙"，不仅是中国，而且世界各国都是这样。同年，马君武所译的《法兰西近世史》由上海作新社印行。他在《序》中写道，中国唐虞以前之事，不可考矣。尧舜禅让，民政萌芽，夏禹传子而遽斩矣。自是厥后，民贼代兴。故吾中国尘尘四千年，乃有朝廷而无国家，有君谱而无历史，有虐政而无义务，至于今日。他对当时中国史学的弊端，同样是联系到中国社会发展的实际来认识的，这种认识没有回避史学所反映的社会内容，无疑是值得赞许的。

四　辛亥革命和革命史编纂

中国近代的世界史研究发端于鸦片战争时期，人们看到中国这个"天朝上国"之外，还有一个强大的西方存在。为寻求对付列强的制胜之道，找到改变中国落后挨打，以振兴国家的富强道路，一些人开始探究西方的历史和地理，促进了中国世界历史研究的萌生和发展。

在洋务运动时期，世界史研究有了新的发展，对亚洲、欧洲、北美一些国家历史与现实的认识有所深化。20世纪初，随着中国和世界的联系日益密切，以及中国社会发展的客观需求，近代中国对世界历史与现实的认识，更加和对中国的认识联系在一起。1904年，孙中山在《中国问题的真解决》中说："列强各国对中国有两种互相冲突的政策，一种是主张瓜分中国、开拓殖民地，另一种是拥护中国的完整与独立。对于固守前一种政策的人我们无须乎去提醒他们那种政策是潜伏着危险与灾难的。俄国在满洲殖民的情况已表明了这一点。对于执行后一种政策的人，我们敢大胆预言，只要现政府存在，他们的目标便不可能实现。满清王朝可以比作一座即将倒塌的房屋，整个结构已从根本上彻底地腐朽了，难道有人只要用几根小柱子斜撑住外墙就能够使那座房屋免于倾倒吗？我们恐怕这种支撑行为的本身反要加速其颠覆。历史表明，在中国，朝代的生命，正像个人的生命一样，有其诞生、长大、成熟、衰老和死亡。当前的满清统治，自十九世纪初叶即已开始衰微，现在则正迅速地走向死亡……必须以一个新的、开明的、进步的政府来代替旧政府。"① 孙中山的这些认识表明，他对中国现实与未来的思考，已经和世界的历史与现实联系在一起了。

辛亥革命时期的外国史编译和介绍主要集中在世界各国的"革命史"方面，这不是偶然的。这表明在20世纪初的中国，资产阶级革命思潮已经有了进一步的发展。一些知识分子以美国以及西欧国家的资产阶级革命为榜样，使有关国外资产阶级革命的历史著作较多地被介绍到中国来。这一时期有关外国革命史的介绍和研究，带有十分明显的时代特征。它所体现出的时代精神，主要表现为由一般性的介绍和了解，逐渐深入到中国社会发展迫切需要解决的问题中去。中国资产阶级革命派在救亡图存，拯救中华民族于危难之中的过程中，已经逐渐将实现民主共和，推翻清王朝统治的革命提上日程。彻底结束在中国沿袭数千年的封建专制统治，已经成为不可遏止的社会历史潮流。

1912年1月1日，即清王朝灭亡、中华民国成立的同一天，中华书局在上海成立，成为当时仅次于商务印书馆的第二大民营出版机构。中华书局成立之日便明确提出自己的任务：培养共和国国民；采取人道主义、政治主义、军国民主义；注重实际教育；融合国粹欧化。为此，不断地扩大和调整自己的业务范围，努力做到"贩卖西书以输入欧美文化，供学子之钻研；搜集古书以流传国学，引宿儒之注目"②。

为与共和政体的中华民国相一致，中华书局成立伊始即开始编辑出版《中华新教科书》。其编纂原则是：甲，遵守教育部所定教育宗旨，注重道德教育，以实利教育、军国民教育辅之，更以

---

① 《孙中山全集》第1卷，中华书局1981年版，第254页。
② 周其厚：《中华书局与近代文化》，中华书局2007年版，第1、29页。

美感教育完成其道德。乙，阐发共和及自由平等之真义，以端儿童之趋向。丙，提倡国粹以启发国民之爱国心。丁，兼采欧化以灌输国民之世界知识。① 这些原则，特别是"兼采欧化"以加强对国民的世界知识教育，对于世界历史知识的教育和传播无疑是有指导意义的，因为"世界知识"显然也包括世界历史知识。在这方面，中华书局和商务印书馆是完全一致的，反映了辛亥革命后重视学习、研究外国的新变化。中华书局除出版门类齐全的教科书之外，还大量出版包括外国史学在内的社会科学方面的译著，以及莎士比亚（William Shakespeare，1564—1616）、列夫·托尔斯泰（Лев Николаевич Толстой，1828—1910）、巴尔扎克（Honoré de Balzac，1799—1850）、莫泊桑（Henri René Albert Guy de Maupassant，1850—1893）、萧伯纳（George Bernard Shaw，1856—1950）的名著。

《中华书局宣言书》写道：立国根本，在乎教育。教育根本，实在教科书。教育不革命，国基终无由巩固。教科书不革命，教育目的终不能达也。在历史教科书的编纂过程中，"中华书局以积极的态度接受史学新观点，并付诸实践。1913 年，在新编中华历史教科书中，明确提出'采最新史例，略古代而详今世'原则"。"1927 年，随着北伐胜利，国民革命的成功，中华书局及时出版'新中华教科书历史课本'。其材料选择，无论是本国史，还是世界史，'均于古代而详于近代，期使儿童明了现世界之由来，及近代中外的重要关系'。"在教材编写时特别强调"自海通以来，吾国历史，几无一不受世界大势之影响，而创巨痛深者，尤其是帝国主义之侵略；本书于此等处，特为注意"②。不难看出，20 世纪初中国学界所倡导的新史学，在中华书局的历史教科书中都有所体现。

---

① 参见《中华教育界》1913 年第 2 卷第 9 期。
② 周其厚：《中华书局与近代文化》，中华书局 2007 年版，第 123、124 页。

辛亥革命前后，商务印书馆创刊于1904年的《东方杂志》广泛介绍了世界各国革命和革命历史的文章。例如，1911年出版的第8卷第1号中就有《纪巴西之乱》《纪墨西哥之乱》；第8卷第3号中的《墨西哥乱事记》《摩洛哥事件》；第8卷第4号中的《三年中之四大革命》《葡萄牙之政变》；第8卷第6号中的《土耳其国近时之状况》等。这些文章和当时中国社会现实有密切的联系。例如，在《墨西哥乱事记》中，针对墨西哥总统、独裁者狄爱士（今译迪亚士）的专制统治写道，狄爱士认为在墨西哥不能实行共和政治，只能实行专制独裁统治，所以"以共和政体之名，行专制政体之实"，引起革命爆发。作者强调，"夫以狄爱士功业之著，威望之隆，尤以贪权恋栈，轻视民心，激成大变，则谋国者亦可以引为殷鉴矣"。① 这显然有所指，如果中国的封建统治阶级不汲取教训，那在中国也将"激成大变"，中国爆发革命也是不可避免的。

20世纪初革命思潮的盛行和对革命史的介绍，和19世纪末进化论在中国的广泛传播有直接的联系。在当时的中国，"进化"和"革命"是同义词，进化必然将会导致激进的革命的到来。1903年，著名资产阶级革命家邹容（1885—1905）在广泛流传的《革命军》中写道：革命者，天演之公例也；革命者，世界之公理也；革命者，争存之过渡时代之要义也；革命者，顺乎天而应乎人也；革命者，去腐败而存良善也；革命者，由野蛮而进文明也。在他看来出，在中国和世界各国，革命都是进化理论符合逻辑的发展结果。

法国大革命在当时的中国有广泛的介绍，此外，国内还编译有意大利、苏格兰、荷兰、希腊、葡萄牙、俄国、菲律宾等国的革命史著作。这些著作同样是通过对各个国家革命历史的记叙，

---

① 伧父：《墨西哥乱事记》，《东方杂志》1911年第8卷第3号。

阐述反对封建专制统治，发动革命的重要性和必要性。

这些著作主要有张仁普译《意大利独立史》，上海广智书局1903年版；东京留学生译述《义（意）大利独立战史》，商务印书馆1902年版；《意大利建国史》，上海一新书局1903年版；穆湘瑶译《苏格兰独立志》，上海通社1903年版；那顿著、商务印书馆译《苏格兰独立史》，商务印书馆1903年版，《历史丛书》之一；《荷兰独立史》，《江苏》1903年；秦嗣宗译《希腊独立史》，上海广智书局1902年版；《葡萄牙革命史》，商务印书馆1911年版；《俄国革命战史》，上海人演社1903年版；棒时著、东京留学生译《菲列宾（菲律宾）独立战史》，商务印书馆1902年版；中国同时伤心人译《飞腊滨（菲律宾）独立战史》《非律宾（菲律宾）民党起义记》，1901年《杭州白话报》等。

五　法国大革命史编纂

18世纪末法国资产阶级革命，彻底结束了1000多年的封建统治，揭开了法国历史上的崭新一页，由此法国进入了资本主义确立和发展的新时期。辛亥革命前夜，在中国对世界各国"革命史"的介绍中，法国大革命占有重要地位，而且围绕着对法国大革命的认识和评价，不同的政治派别展开了尖锐的思想斗争。

1886年，日本中江笃介（中江兆民，1847—1901）著《革命前法朗西二世纪事》，中国出洋学生编辑所1901年译刊。译者在书前的《弁言》中，阐明了之所以要译刊此书的目的，那就是让人民在了解法国历史的基础上，全面地了解法国大革命。译者强调，18世纪末法国大革命的爆发不是偶然的，而是法国社会历史发展合乎逻辑的必然结果，因为"不有法兰西革命前二世纪事，决不能有法兰西革命。法兰西革命前二世纪事者，法国君臣之昏暴也，政治社会之腐败也，自由平等民主之言论也，大儒孟德斯鸠、福尔特尔（伏尔泰）、卢骚（卢梭）之学说也、革命家希庵

（西哀士）、宓落浦（米拉波）、鲁意德（罗兰）、伍尔玉（韦尼奥）、陆磐斯培尔（罗伯斯比尔）、邓独（丹东）之形状也。凡此皆酝酿法兰西之革命者也，皆锻炼今世界之欧罗巴者也"。1903年7月4日，上海《大陆报》曾经介绍此书，认为革命前的法国专制独裁，社会黑暗腐败，今取支那现象一一比较之，殆其返影。同人夙抱杞忧，不忍默缄，特译此书，以为前车之鉴。

日本涩江保著、冯自由（1882—1958）译《法国革命史》，1900年底开始在《开智录》上连载，1900年12月至1901年3月，译文刊载在《开智录》第1、2、3、4、6期之上。涩江保的《法国革命史》，是在参考德国、法国历史学家有关法国革命史论著的基础上，编写而成。这是中国对法国大革命的最早介绍。该书的主要内容是：封建时代之法国、学者新思想之发达、孟德斯鸠（Charles de Secondat, Baron de Montesquieu, 1689—1755）等人的传记。除重点介绍法国大革命之外，还介绍了卢骚（卢梭）的《民约论》等宣传资产阶级自由民主思想的政治思想。这部著作在中国有较大影响，郑自强在《开智录》撰文写道："西儒尝谓独立、自由、平等、又爱四者为革命之剑，近世之大革命实为历史上增一光辉，为古所未曾有，由黑暗时代忽而成一光明之世界，劈此十八、十九两世纪之文明者，岂非此革命之剑耶？"作者认为，当时的中国"亦正适一大革命之好时代"，所以要"益有志于铸革命之剑"，① 以不辜负时代的呼唤。

涩江保著《法国革命史》，在中国影响甚广，到1903年，这部著作在上海至少有三种译本问世：其一，赵天骥译《法国革命战史》，1903年1月由上海广智书局出版。其二，中国国民丛书社译自日文《法国革命战史》，1903年4月由上海商务印书馆出版，系《战史丛书》中的一种。1911年辛亥革命时，1912年、

---

① 郑自强：《革命之剑》，《开智录》1900年改良第1期。

1913年先后再版。在辛亥革命中，发挥了积极的作用。在该书的《例言》中，作者充分肯定了18世纪法国资产阶级革命的历史意义和伟大功绩。"此革命之目的，在扫除封建之余习，打破门阀之积弊，抱持平等之主义，组织活泼之社会。法民此等目的，就直接上观之，当时固仅达其半；就间接上观之，则实已至于极点。法之所以能确立于世界上者，实以此革命为之母。然则其功固伟矣哉。"作者在该书第一章《发端》中写道："霹雳一声，惊动天地，嚣嚣憎剧，悲绝快绝，法国之革命也。"述及这次大革命的目的，"在扫除封建之余习，打破门阀之积弊，抱持平等之主义，组织活泼之社会。法民此等目的，就直接上观之，当时固仅达其半，就间接上观之，则实以至于极点。法之所以能确立于世界上者，实此革命为之母，然则其功固伟矣哉"。法国大革命的意义，在这里得到了充分的肯定。

其三，人演社社员译《佛国革命战史》，1903年5月由上海文明书局出版。书中较多地介绍了法国启蒙思想家，以及启蒙思想在法国大革命中的作用。作者强调，孟德斯鸠等启蒙思想家宣传资产阶级民主思想，为革命爆发做了必要的舆论准备，正是由于资产阶级民主思想不断深入人心，才使民智大开，民气大变，激发爱国之心，鼓舞革命斗志，取得了革命的胜利。20世纪的中国，犹如18世纪的法国，只有通过革命鼓动，使国民从蒙昧中猛醒，自觉地追求独立、自由、平等的思想，中国才有希望。当时在《江苏》杂志1903年第4期刊有介绍这本书的广告，指出该书"于佛国第一次革命时如何着手、如何进步、如何失败，言之綦详，近者革命风潮大有渡重洋而卷入中国之势，热心爱国之士盖一穷其因果"，强调它对中国有积极的现实意义。通雅斋同人的《新学书目提要》对《佛国革命战史》也有介绍，认为"民智不能开、民气不能变，即有拿破仑之才力智勇，亦不过杀人流血盈野盈城，同遭涂炭已耳"。作者结合18世纪的法国，还指出中国要改变国家"昏沉颠冥、气颓志痿"之势，必须首先改变"国民蒙昧如久寐然"的状况；阅读《佛国革命战史》，有助于培养革命的思想。①

日本奥田竹松著、青年会编辑部编译的《佛兰西革命史》，1903 年由上海明权社发行。"青年会"系留日爱国学生的组织，参与者有秦毓鎏、张继、蒋百里等。《佛兰西革命史》三篇七章，是当时诸多中文本法国革命史中，影响较大的一种。青年会翻译此书的目的，是通过介绍法国大革命如何"破封建之遗习，灭专制之恶政，以树民主平等之新旗帜"，以鼓吹民族革命。作者高度评价了法国资产阶级革命的历史意义，欢呼这场革命给法国、欧洲，以至整个世界所带来的深刻变化。1903 年第 7 期《浙江潮》介绍此书时，认为从此书中可寻找"救吾国之妙药"。此书"欲鼓吹民族主义，以棒喝我国民。改订再三，始行出版。其中叙法国革命流血之事，慷慨激昂，奕奕欲生，正可为吾国前途之龟鉴云云。购而读之，不觉起舞，真救吾国之妙药，兴吾国之主动机关也。爱国志士不可不各手一编，以自策励"。上海明权社谈到为什么要把这本书译成中文时说，因为这本书被认为是"国民奇书"，"凡吾国青年志士有不愿为奴隶而愿为国民者，当各手一册，以朝夕自励"②。《佛兰西革命史》一书的翻译质量较高，也受到普遍称赞，认为该书"译笔之简洁，地名、人名皆悉旧译"，是"近日译界中之少见者也"。

1903 年，《记十八世纪末法国之乱》连载在留日学生主编的刊物《游学译编》第 4、5、6、7 册之上。此文的主要内容是介绍法国大革命爆发的原因和革命的起源。内容摘自诸多日本学者编著或编译的世界近代史和法国革命史著作。文章认为革命爆发的主要原因，在于法国封建王朝"专横骄侈"，大贵族和僧侣享有种

---

① 通雅斋同人：《新学书目举要》，上海文雅书局出版。
② 上海明权社出书广告，《江苏》1903 年第 3 期。

种特权，使社会矛盾不断尖锐。在美国独立的鼓舞下，革命时机渐渐成熟。该文还通过法国大革命，总结了社会历史发展中的一些规律性现象，例如，"阻碍国民之进步者，常益益成就国民之进步；妨害共和之政治者，常益益成就共和之政治"。

1904年6月12日，《时报》在上海创刊，日本人宗方小太郎为名义上的发行人，实际主持者是改良派狄葆贤（？—1921）。他在戊戌变法时与谭嗣同、唐才常等鼓吹变法维新，后逃亡日本，1900年回到国内。《时报》鼓吹清政府立宪的同时，积极传播宪政知识，宣扬主权在民，争取言论、集会和出版三大自由。《时报》创刊后不久，即发表了法国大革命期间的《人权宣言》，并加如下按语："地球各国之宪法，除英国外，大半取则于法国。而法国之宪法之纲领，全在人权十七条。此十七条人权，系千七百八十九年由国会投票决定而宣布者也，故名之曰《人权之宣言》。人权者，犹言人人应有之权利也（此权利系天赋者也，既为人，既为国民，皆有此权利）。"[1]《时报》借法国大革命，抨击使"中国人民蹐伏于专制政体之下"的清政府，给人留下了深刻的印象。

寄生（汪东，1890—1963）著《法国革命史论》，长文约3万余字，连载在《民报》1907年第13、15、16、18号，1908年第19号之上。该文被一些研究者认为是20世纪初，在介绍法国大革命史的专文中，史论性最强，联系中国实际最密切，反清革命旗帜最鲜明的文章，有重要的现实意义。在撰写此文时，作者采用了日本学者奥田竹松著《佛兰西革命史》和河津佑之译本的一些内容，还参考了有贺长雄、本多浅次郎的《西洋历史》等著作。内容始于大革命前社会阶级矛盾日趋尖锐的法国，止于1793年在法国革命的高潮中路易十六被处死。

---

[1] 参见陈玉申《晚清报业史》，山东画报出版社2003年版，第148页。

该著述的主要特点在于密切联系中国的实际,有意识地将中国和法国的封建专制统治进行比较。作者写道:"述法国革命之旨,在与中国一一相较,否则何取乎以异国往事为谈资。故叙清虐史,至于万言,使读者知憼人之诬妄,与革命之真理。"作者认为中国人对法国的封建专制统治,当有更深刻的认识和体会。清王朝封建统治的"虐史"与法国的封建统治者十分类似。"法国当十八世纪,在上者之专制,与夫文士党锢之狱,民以困,议论之沸腾,无一不与中国类。"法国大革命不仅仅只影响到欧洲国家的革命,"欧洲列国之革命,靡不由传播于法者故以法事影响为最大"。清王朝的"政治无一善而有百弊,君相百僚,相与游魂于釜底,安处于风幕而不自救,改弦更张,非可属望,张皇微眇,又无所补于今之世",只有革命才是唯一的出路。从某种意义上说,本文通过充分肯定法国大革命,鼓吹中国进行反清斗争,这实际上是在为推翻清王朝制造革命舆论。此外,文章还有很强的针对性,对康有为等对法国大革命的攻击,给予了有力的批驳。作者认为,康有为《法国革命史论》的要害,是企图阻止中国的反清革命斗争,然而,这只是一厢情愿,法国封建王朝的下场,就是清王朝的下场。

20世纪初,中国知识分子,特别是青年知识分子对西方资产阶级革命的历史,已经有了较多的了解。法国大革命给他们留下的印象尤其深刻,被称为"全欧革命之先声","近代文明之春雷","惊天动地之伟业"。争取"自由、平等、博爱",使他们深受鼓舞,进一步激发了他们推翻清王朝封建专制统治的决心和信心,憧憬着在中国实现像法国大革命一样惊天动地的伟业。

1906年,革命青年柳亚子著文热情歌颂法国大革命的同时,将中国太平天国革命与之相提并论。文章说:"欧洲法兰西大革命,既开十九世纪之新幕,由是而伊大利事件,而匈牙利事件,而奥地利事件,全欧大势为之一变。潮流东渐,遂开巴尔干半岛之风云。而洪氏适以时起,甸南服,欧人大注目于其举动,称之为中国革命军。"① 柳亚子将中国太平天国革命运动,放在欧洲革命的历史背景下加以认识,应该说是颇有见地的,这反映出他认识中国问题时所具有的世界性眼光。在欧洲,马克思在《中国革命和欧洲革命》一文中曾指出:"中国的连绵不断的起义已经延续了约十年之久,现在汇合成了一场惊心动魄的革命。"② 此外,英人吟唎(F. A. Lindley,1840—1873)在《太平天国革命亲历记》中,也对这场革命大加赞扬,认为这是中国所发生的惊人的革命,对其革命精神和历史意义给予高度的评价。

正是在特定的历史条件下,使"法国大革命"在中国的介绍和研究,表现出强烈的时代特点,其表现之一是在 20 世纪初的中国,改良派和革命派在国家政治生活中所表现的两种截然对立的政治主张,都极力通过对法国大革命的诠释来得到表现。

康有为在《法国革命记》(戊戌六月奉旨向光绪进呈)中,认为法国大革命是人类历史上的一场浩劫、一场大的灾难。宣扬"普大地杀戮变乱之惨,未有若近世革命之祸酷"。1906 年 9 月,清政府下诏预备立宪后,康有为在宣传改良派主张的《新民丛报》上发表《法国革命史论》,署名"明夷"。文章为宣传、倡导改良,攻击法国大革命:"譬犹庸医,未识病症,而敢妄用砒霜之毒药,大黄之泻剂,其不毒杀人者幸耳。"革命的结果使"兰玉碎焚,流血横尸","大乱绵于八十余年,流血至于数千万人,不亡国几希"。还认为这种革命是不能在中国发生的,如果爆发这样的革命,"不尽杀四万万人不止。即幸能存者,亦留为白人之奴隶马牛而已"。因为在他看来,革命必然引起自相残杀,致使外国人入侵,亡国灭种。章太炎嘱汪东作《正明夷〈法国革命史论〉》,对康有为进行反驳。认为法国大革命的爆发,绝非是

---

① 柳亚子:《中国灭亡小史》,《复报》1906 年第 6 期。
② 《马克思恩格斯选集》第 1 卷,人民出版社 2012 年版,第 1779 页。

康有为所说的"大劫",而是 18 世纪以来法国王公贵族"骄恣暴戾",失去民心的结果。至于法国大革命"杀人流血",那也是封建统治引起的。还认为"法民既成功而去,继其烈者,必吾中国之民矣"。

1902 年,梁启超撰《近世第一女杰罗兰夫人传》时,曾认为法国大革命之后,法国"演成恐怖时代,长以血迹污染其国史,使千百年后闻者犹为之股栗,为之酸鼻"。但他并不否认法国大革命的世界历史意义。"夫法国大革命实近世欧洲第一大事也。岂惟近世,盖古往今来未尝有焉矣。岂惟欧洲盖天下万国,未尝有焉矣。"① 1900 年 4 月 29 日,梁启超在写给康有为的信中,述及法国大革命时说:"法国革命影响于全欧者多矣。弟子谓法人自受苦难,以易全欧国民之安荣,法人诚可怜亦可敬也。泰西史学家无不以法国革命为新旧两世界之关键,而纯甫难是说,然则此十九世纪之母何在也?(弟子以为法国革命即其母,路得政教其祖母也。)"② 法国大革命"结数千年专制之局,开百年来自由之治"③。在梁启超看来,法国大革命是民族主义潮流的代表。所谓民族主义,就是对内保障公民个人的自由和独立,对外维护国家的自由和独立。法国大革命后,"此一大主义,以万丈之气焰,磅礴激冲于全世界人人之脑中,顺之者兴,逆之者亡"④。之后,"欧洲列国之革命,纷纷继起,卒成今日之民权世界"⑤。他把希腊独立战争,比利时从荷兰的分离,德意志、意大利的统一,匈牙利、罗马尼亚等国的 1848 年革命,均视为法国大革命的连锁反应。岂止欧洲,百年之后,亚洲的菲律宾之敢于同西班牙抗争,非洲的德兰士瓦之敢于同英国抗衡,无一不是法国大革命为肇始的世界民

---

① 《近世第一女杰罗兰夫人传》,《饮冰室合集·专集》第 4 册。
② 《致康有为信》,《梁启超选集》,上海人民出版社 1987 年版,第 136 页。
③ 《近世第一女杰罗兰夫人传》,《饮冰室合集·专集》第 4 册。
④ 《国家思想变迁异同论》,《饮冰室合集·文集》第 3 册。
⑤ 《论学术势力之左右世界》,《饮冰室合集·文集》第 3 册。

族主义潮流的余波。①

清末到民国时期，有关法国大革命的著作，除上述已经提及的之外，主要著作还有支那国民军译《法国第一次革命之风潮》（1903），沈炼之（1904—1992）《法国革命史讲话》（改进社 1914 年版），寿龄编《法国革命史》（商务印书馆 1921、1944 年版），郎醒石、张国人编译《法国革命史》（上海民智书局 1928 年版），威廉·布洛斯著、李季译《法国革命史》（上海亚东图书馆 1929 年版），马宗融撰《法国革命史》（商务印书馆 1934 年版），马迪厄（Mathiez, Albert Xavier Emile, 1874—1932）著、杨人梗译著《法国革命史》（商务印书馆 1947 年版），迪野著、唐虞世译《法国革命史》（中华书局 1948 年版）等。

六　美国独立战争史编纂

然而，在众多的革命史介绍中，内容最多、影响最大的，还是有关美国独立史的介绍。这些介绍，始于 19 世纪中期鸦片战争期间，而后一直不曾中断，只是到 20 世纪初，美国独立史的介绍、研究结合中国社会发展的实际，有了新的内容、新的特点。这种情况出现的原因，首先是由时代的特点和中国的国情所决定。

19 世纪中期到 20 世纪初的半个世纪，是西方列强对中国的侵略不断加深的半个世纪，也是中华民族面临着亡国亡种危机不断加剧的半个世纪。半个世纪以来，先进知识分子和社会各界志士仁人纷纷寻求救国的道路，学术思潮和社会思潮密切地联系在一起，对美国独立史的介绍和研究，是其中最重要的内容之一。美国曾是英国的殖民地，但通过独立战争，建立了自由、民主的国家，成为中国人民学习的对象。美国独立的历史，对中国辛亥革命产生了直接影响。这种影响，在 19 世纪中期至 20 世纪初的美

---

① 参见许明龙《梁启超的法国大革命观》，《历史研究》1989 年第 2 期。

国独立史研究中,都有明显的表现。

19世纪末20世纪初,正值美国城市化进程突飞猛进、社会面貌日新月异,是其社会发展的黄金时期,吸引了中国社会各界对美国的进一步关注。1898年戊戌政变后,梁启超逃亡日本。1903年2月,他从日本横滨起航,开始了美洲之行。他先抵加拿大温哥华、蒙特利尔,又到美国纽约、波士顿、华盛顿、费城、匹兹堡、辛辛那提、新奥尔良、芝加哥、西雅图、波特兰、旧金山、洛杉矶等地游历,历时近九个月。10月回到日本,将日记加工整理出版。

在《新大陆游记》的"凡例"中,梁启超说:"中国前此游记,多纪风景之佳奇,或陈宫室之华丽,无关宏旨,徒灾枣梨,本编原稿中亦所不免。今悉删去,无取耗人目力,惟历史上有关系之地特详焉。"[1] 初到纽约,梁启超写道:"从内地来者,至香港、上海,眼界辄一变,内地陋矣,不足道矣。至日本,眼界又一变,香港、上海陋矣,不足道矣。渡海至太平洋沿岸,眼界又一变,日本陋矣,不足道矣。更横大陆之美国东方,眼界又一变,太平洋沿岸诸都会陋矣,不足道矣。此殆凡游历者所同知也。至纽约,观止也未?"[2] 可见美洲行带给梁启超的震动是极大的。他认为"美国之政治,实世界中不可思议之政治也。何也?彼美国者,有两重之政府……各省政府之发生,远在联邦政府以前。虽联邦政府亡,而各省还其本来面目,复为数多之小独立自治共和国,而可以自存。此美国政治之特色,而亦共和政体所以能实行能持久之原因也"[3]。同时,梁启超也看到了资本主义美国的贫富悬殊,"杜诗云:'朱门酒肉臭,路有冻死骨。荣枯咫尺异,惆怅难再述。'吾于纽约亲见之矣。据社会主义家所统计,美国全国之

---

[1] 梁启超:《新大陆游记》,社会科学文献出版社2007年版,第10页。
[2] 同上书,第49页。
[3] 同上。

总财产，其十分之七属于彼二十万之富人所有。其十分之三属于此七千九百八十万之贫民所有"。① 纽约的贫民窟也是美国贫富悬殊的具体表现，给梁启超留下了深刻的印象。

除《新大陆游记》外，梁启超在开启美洲行前后还撰有《答飞生》（1902）、《答和事人》（1902）、《论俄罗斯虚无党》（1904）等，这些文章表明梁启超的政治思想逐渐发生了变化，他一改以往的观点，放弃了历来的"破坏主义""革命排满"等主张，走向改良主义。1903 年，康有为撰写《与南北美洲诸华商书》，认为中国须实行"君主立宪"而不能革命。章太炎则针锋相对发表《驳康有为论革命书》，章太炎站在鲜明的民主主义立场上，逐条驳斥了改良的谬说，对以后资产阶级革命运动的发展产生了重要的理论影响。

很难具体说，20 世纪初梁启超的《新大陆游记》等著述，以及章太炎对康有为等改良主义的批驳，与当时中国的"美国战争史编纂"有哪些具体的联系。但是，当时中国的社会思潮和时代特征，与"美国战争史编纂"有直接的联系，却是不争的事实。而"社会思潮和时代特征"又不是抽象的，当述及这个问题时，总不会离开康有为、梁启超、章太炎等思想家。

中国知识分子对美国战争史的编纂，并非自 20 世纪初始。19 世纪中期，林则徐在《四洲志》中，简略地提到过美国独立战争。而在中国首先较系统地介绍美国独立战争的，是美国传教士裨治文。1838 年，他在新加坡出版《美理哥国志略》，较多地叙述了美国独立战争的历史，并对《独立宣言》等重要历史文献有较详细的介绍。1861 年，裨治文在上海将此书修订再版，书名改为《联邦志略》。在该书中，有《民脱英轭》专节，介绍美国独立的经过，以及独立战争爆发的原因。此外，对美国的国体以及国家政治经济制

---

① 梁启超：《新大陆游记》，社会科学文献出版社 2007 年版，第 52 页。

度等,也有介绍。协助裨治文完成该书的宋小宋在《叙》中写道:美人"迫于外侮,乃合十三地之人而联之,各立为邦,共为一国,邦有邦君,邦君之上,立一总理者主之,是为国君,其余百官,各有专职,自君以下,皆民选之,取其公也"①。这是中国人民对美国争取独立解放,建立美利坚合众国的早期认识。

1882 年,美国传教士谢卫楼编著《万国通鉴》5 卷(赵如光笔述),主要内容是古代东方诸国、西方古代史、中世纪史和近代史。其中有专章论述"美国事略",较全面地叙述了美国独立战争的经过。1899 年,美国传教士蔚利高,根据美国学者的美国史著作,以及裨治文等的著作,编撰有《大美国史略》(黄乃裳执笔),在福州刊行。该书第 4 卷的主要内容即是美国独立战争。

1873 年日本学者冈千仞、河野通之合译美国学者格坚勃斯所著《米利坚志》,共计 4 卷。中国学者李善兰为之作序,发表在《万国公报》第 322 卷(1875 年 1 月 30 日)。该书内容自 15 世纪末哥伦布新航路开辟,到 1860 年美国共和党候选人林肯(Abraham Lincoln, 1809—1865)当选美国总统止。其中第 2、3 卷的内容,为美国独立战争,有华盛顿领导美国独立战争并最终赢得胜利,以及当选美国首任总统等,记载尤其详尽。《米利坚志》以阐述政治事件为主,对于民族、宗教,以及风土人情等,也有记述。李善兰在序言中,对独立战争,以及美国的政治制度,特别是选举制度,给予了高度的评价。赞扬议立大统领,定例四年一易,传贤不传子,令通国公举。他还对华盛顿十分钦佩,认为他犹如中国远古的尧舜一样,使国家太平,繁荣昌盛。

1896 年,湖南新学书局重新将《米利坚志》排版印行,为"仿日本版刊行",加快了它在中国知识界的流传。1897 年 7 月 20 日,《湘学新报》发表书评文章,对《米利坚志》一书给予

---

① 裨治文:《联邦志略叙》,上海墨海书馆 1861 年版。

高度评价。论者认为，美国独立战争，以及战争后建立起来的资产阶级民主制度，值得进一步研究，因为这对当时的中国社会发展，有一定的借鉴意义。1879年，日本冈本监辅著《万国史记》，上海慎记书庄1897年出版。此外，还有上海申报馆等版本。该书的"美国记"中，对美国独立战争的历史过程，也有较多的记载。

1881年6月，林乐知在《环游地球略述》中，第一次把美国1787年《联邦宪法》，较完整地介绍到中国来。宪法的主要内容是：1.凡立法权柄总由国会中元老绅董两院司掌，即上下两院之大臣也，外职不得逾分办理。2.凡行法权柄总归民主主持，位分正副，率任四年。3.凡国中审判总权归国会之司审总院及所属各官。4.凡邦会所办政务，无论何事，系我同联之邦皆当信以为实，不可是此非彼。5.我国政体既立之后，国会及各邦会之中若有三分之二欲修改政体者，许即会同商政。6.凡我同联之十三邦与英战之时，无论军需公务所欠银两，或借自别款以及居民，或贷从他国，总归新国按数偿还。7.我同联邦内见此政体，若有九邦意属可行，其余数邦纵有意见不合者，我民概行从众，不问其余。①

林乐知还介绍了美国联邦宪法修正案，重点是有关美国人权的内容，主要是：1.公议堂大臣不得行法关系立教，亦不得阻人愿从何数。且不得禁人言论、报馆、登录、聚集、会议，俱奏上闻，求免责备。2.保护邦国实为要务，不得禁民自备洋枪。3.太平之时严禁营兵占据民房，即有征战之秋，若不照律所定，亦不准强入民房。4.不准无故行查民产，拿获人民，搜检书信等。②1878年《联邦宪法》和1790年《宪法修正案》，是美国革命的重要历史文献，以法律的形式确立了共和制，实行民选政府制度，体现了文官政府至高无上的权力，实行"三权分立"，保障人的信

---

① 参见《万国公报》第642卷，1881年6月4日。
② 参见林乐知《环游地球略述》，《万国公报》第643卷，1881年6月11日。

仰自由等权利,还规定了修改宪法的程序等。美国革命不仅"给欧洲中等阶级敲起了警钟"①,将其革命成果介绍到封建时代的中国来,对于启迪民智,在中国迎接一个新时代的到来,无疑是有意义的。

自 1903 年 2 月第 169 册起,美国传教士李佳白长文《列国政治异同考》,在《万国公报》连载 21 期,在对美国、英国、德国、法国、俄国、日本和中国的政治制度进行比较时,对美国的民主制度也有较多的介绍。李佳白,1857 年生于纽约,大学毕业后矢志传教,1882 年受美国北长老会派遣来华,后与长老会发生矛盾,自 1894 年以独立教士身份在华传教。1903 年,在上海成立"尚贤堂",自任总理。在华期间曾任《泰晤士报》《晨邮报》记者,《北京晚报》社长,还曾任英国驻华使馆翻译,主要著作有《中国排外骚乱的根源》《中国一瞥》等。李佳白推崇美国民主共和制度:以总统为例,四年满任,任满则易,而亦有二次复选为民主者。美国民主由诸邦人民公举,即代群黎行政也。李佳白将中美的政治制度进行了比较,认为中国的君主制度最为落后,因为中国之主,出于一氏,世世承袭,乃家也;美国之主,出于众民,贤贤继统,乃官也。中国之主,专制独断,故曰君主,美国之主,代民理政,故曰民主。通过中美从历史到现实的比较,李佳白认为中国要向美国学习,变革现存的政治制度。这样,"岂徒国家幸,亦人民之幸也"。②李佳白在提出中国向美国学习的同时,又认为中国闭塞落后,民智低下,没有建立民主制度的能力,充分反映了宣扬种族偏见的"欧美中心"的偏见。

魏源撰写《海国图志》、徐继畬撰写《瀛寰志略》时,传教士裨治文(高理文)的《美理哥国志略》,为他们所采用。魏源

---

① 《马克思恩格斯选集》第 2 卷,人民出版社 2012 年版,第 83 页。
② 参见李佳白《列国政治异同考》,《万国公报》第 173 册,1903 年;第 169 册,1903 年。

《海国图志》中有关美国独立的内容，是近代中国学者在自己的著述中，最早的较完整、较系统的介绍。魏源不仅仅是单纯的介绍，而且结合具体的史实，提出自己的观点，表述自己的看法。例如，在肯定美国人民团结一致"遂克强敌，尽复故疆"的同时，痛斥英国政府的殖民统治是"无道之虎狼"。

继魏源之后，徐继畬在《瀛寰志略》中，对美国独立战争也有记载。他对华盛顿不设王侯之号，推行民主制度的做法尤加钦佩，所以有较多的记载，并赞扬其为"人杰"。书中写道："华盛顿异人也。起事勇于胜广，割据雄于曹刘。既已提三尺剑，开疆万里，乃不潜位号，不传子孙，而创为推举之法，几于天下为公，骎骎乎三代之遗意，其治国崇让善俗，不尚武功，亦迥与诸国异。"[①] 继魏源、徐继畬之后，1868年，蒋剑人刊刻《啸古堂文集》，内有《华盛顿传》一篇。简要地介绍了其生平事迹，及资产阶级民主思想。

1886年，黎汝谦、蔡国昭合作译刊《华盛顿传》，亦称《华盛顿全传》。该书译自耳汾华盛顿（欧文·华盛顿）所著《佐治·华盛顿传》。该书是近代中国第一本由中国人直接译自美国学者有关华盛顿的著作。该书内容丰富，亦可看作是"美国独立战争"的著作。该书在近代中国思想界产生了广泛的影响，受到中国资产阶级维新派的重视，出版10年后由梁启超主办的《时务报》馆再版。1897年，距黎、蔡合作译刊《华盛顿传》已经11年，时处戊戌变法的前夜。年方19岁的青年学子汪荣宝在《实学报》创刊号发表《书〈华盛顿传〉后》。文章在高度赞扬资产阶级民主选举制度的同时，深刻批判中国封建世袭制度。他指出，"一姓相承"必将祸害国家，使国家灭亡，而贵族子弟，也将有"灭族之灾"。汪荣宝极力推崇华盛顿倡导的民主选举制度，彻底

[①] 徐继畬：《瀛寰志略》第9卷，亚墨利加。

否定了清王朝的封建专制统治,主张国家实行维新变法。

20世纪初,美国独立史的研究,在中国得到进一步的发展。美国哈佛大学史学教授姜宁著、章宗元译《美国独立史》,于1902年由(东京)译书汇编社出版,为《求我斋丛译》之三。该书原书名为《美国史》,共12卷,其中前6卷的主要内容为美国独立之前的历史,故译出后称之为《美国独立史》。这六卷的主要内容是:"觅地之原""殖民之原""殖民地之进境""合众""自立""立宪"。该书出版后受到热烈欢迎,出版三个月后即有再版;后6卷的主要内容为美国独立之后的历史,概述100年来美国历史发展的概貌,自独立战争始,至1902年至,包括宪政、政党、南北战争等。该书1903年也由章宗元翻译成书,书名为《美史记事本末》,为《求我斋丛译》之四。该书八卷,含卷首、卷末各一卷。除以上外,章宗元还译刊有《美国宪法》(《求我斋丛译》之一)、《美国民政考》(《求我斋丛译》之二)。由以上可以看出,章宗元在美国留学期间,对美国历史,特别是美国独立战争的历史,以及美国政治制度的历史,给予了充分的重视,并将其介绍到国内,使国内更多的人对美国独立战争,以及美国资产阶级民主制度所了解。

留日学生杨毓麟(1872—1911),编撰《自由生产国生产日略》,发表在湖南留学生主办的《游学译编》1902年第1、2期,1903年第3期。本书的主要内容是美国独立的简要历史。作者对美国独立战争和美国独立之后建立的社会制度,大加赞扬,热情讴歌,强调追求自由、独立,是世界各国人民共同的愿望。作者在编撰此书时,参考了多种外国史学著作。例如,久松义典的《革命史鉴》、松平康国的《世界近世史》、福山义春的《华盛顿传》等。在本书的《结论》中,作者认为,欲造国民者,必先造其魄力;欲造其魄力,必先造其思想;欲造其思想,必先造其根性。而联系到中国的实际,却使他失望,沉沉大陆,为积秽之周陆,戢戢同胞,为待僵之枯骨。他认为中国缺少诸如富兰克令(富兰克林,Benjamin Franklin,1706—1790)、阿丹士(亚当斯,John Adams,1797—1801)、哲勿逊(杰斐逊,Thomas Jefferson,1743—1826)等英雄人物,所以至今使中国仍然沉寂在黑暗之中,不能"振救"。他对中国的一些"志士仁人"给予了严厉的批判,他们尽管口头上也大讲"自由""民权",但在洋人的百般利诱面前,却卑躬屈膝,放弃了自己的追求和理想,实在是"奇辱殊耻"!

1899年日本涩江保著、中国东京留学生译《美国独立战史》,由商务印书馆于1903年出版,是当时商务印书馆编辑出版的《战史丛书》中的一种。该书上下卷共九编,第一编叙述北美13个殖民地与英国的矛盾;第二至第八编的主要内容是介绍独立战争的经过;第九编是介绍战后美国的内外政策。在书的《序》和《小引》中,作者对美国独立战争给予高度评价:"距今百二十年前,亚美利加十州人民不堪本国之虐政,举兵抗之,苦战七年之后,遂脱其羁绊,建独立之共和国,今乃雄飞西半球,与欧洲各国相对峙者,非北美合众国乎!"美国独立战争"乃可谓之真义战",这次战争"纯由于忧国爱民而起,期间未尝挟一点私心"。

1904年春,商务印书馆在《东方杂志》刊登广告,明确指出了出版这部《美国独立战史》的现实意义:"处此物竞世界,战争为不可容己之事,于以卫国,于以保种,舍是盖未有能自存也。欧人尚武。战术日精,陈迹具在,足资取法,京师大学堂新定章程,高等学堂至第三年即习兵学,专以战史教授,朝廷重武,具有深意,有志之士,异日欲效命疆场,以卫吾国,以保吾种,亦安可不鉴古证今,而预为研究耶?"[①] 1911年辛亥革命时,商务印

---

① 《东方杂志》1904年第1卷第2期。

书馆《美国独立战史》重新修订再版,使该书的再版具有鲜明的时代意义,当时,《东方杂志》在该书的广告中也写道:"世界各国欲脱束缚而登自由,其代价必以铁血。"[①] 译者强调,世界上每个国家争取独立、自由,都要付出流血的代价。《序》中指出,这本书可以"作吾爱国青年的先导"。1912 年、1913 年,先后出版了第三版和第四版,这种"热销"表明,正在揭开历史崭新一页的中国,对于了解美国独立战争的历史是十分迫切的。

《美国独立战史》在 1903 年有两种中文译本。另一本《美国独立战史》由作新社出版,但未署原作者涩江保的名字,译者为"作新社图书局"。作新社的《美国独立战史》,分九编叙述了 1775—1781 年美国独立战争的历史,书末附有美国独立战争大事年表。该书对美国独立战争同样给予高度评价,认为美国独立战争和英国资产阶级革命一样,都具有世界历史性的意义。译者将美国独立战争和当时中国的社会实际相结合,强调独立战争的胜利,是"掷头颅,流颈血所博而来",认为《美国独立战史》是中国有志之士的必读书。

此外,清河译《美国独立史别裁》(群学社 1906 年版)、林獬撰白话体《美利坚自立记》(1901 年第 1—4 期《杭州白话报》)也是较有影响的作品。林獬为《杭州白话报》的编者之一,撰写《美利坚自立记》时署笔名"宣樊子"。一般认为,这是近代中国学者最早介绍美国独立史的著述,该刊刊登此文的目的,就是希望国人向美国人学习,"好替我们中国争争气",即像美国一样,争取实现民族独立,建立民主国家。

对美国重要历史文献《独立宣言》的介绍,在辛亥革命时期外国史的介绍和研究中,占有重要的地位。其间,《独立宣言》曾五次全文发表,在国内广为流传,其意义不言自明。

[①] 《东方杂志》1911 年第 8 卷第 9 期。

1901年5月10日,中国留日学生创办的《国民报》创刊号刊发了《美国独立檄文》。这是在中国最早全文介绍美国《独立宣言》的文献,[①] 表现出鲜明的时代精神,文中写道:"世运日开,文明日进,自今而后,我国人民永脱他国政治之羁绊,而介于宇内强国之间,盖欲全我天然及上帝所赋不羁平等之位置,不得不与彼等相分离,而保我独立之权。""然政府之中,日持其弊,凡暴政滥法相继施行,举一国人民悉措诸专制政体之中,则人民起而颠覆之,更立新政,以求遂其保全权利之心,岂非人民至大之权利,且为人民至重之义务哉。美人之忍受困苦至是而极,今既革命独立而犹为专制政体所苦,则万万不能甘心者矣,此所以不得不变昔日之政体也。"专制"压制之毒,方日增月长,一动一静莫不干涉,以为自由人民应受君主以压制,是可忍孰不可忍也"。《国民报》创刊号发表此文的目的,在于宣传反清革命思想,唤起国民精神,"明我国民当任之责,振我同胞爱国之心"。该报在创刊之时即发表美国《独立宣言》,是想借该宣言表达中国先进知识分子追求自由、独立、民主的崇高革命理想,希望能够像美国人民一样,推翻专制政体,建立自由国家。1903年,支那翻译会社有《译文四种》,其中之一即是《美利坚独立檄文》。其余的三篇译文分别是:《法兰西人权宣言书》《玛志尼少年意大利章程》《噶苏士戒国人书》。1903年,文明书局刊印《美国独立檄文、法国人权宣言书、玛志尼少年意大利章书、噶苏士戒国人书合刻》。编印者强调以上是"政治思想之源泉,最为我国人对病之药"。

1911年11月21日,由孙炳文(1885—1927)任总编辑的《民国报》创刊号刊发了《美利坚民主国独立文》。此文根据美国《独立宣言》全文译出。此系辛亥革命武昌起义后40天,全国不

[①] 在此之前,早在19世纪中叶,魏源在《海国图志》卷59《弥利坚总记》中,曾介绍过美国《独立宣言》的内容,但没有引起国人的重视;梁廷枏在《合省国说》卷2中,也曾介绍过《独立宣言》。

少省份纷纷要求独立。1912年1月11日,《民国报》发表《北美合众国宣告独立檄文》。此时正值1912年1月1日孙中山在南京就任中华民国临时大总统,中华民国宣告成立。

《民国报》在短短不到两个月的时间内,先后两次发表美国独立宣言,不是偶然的。这和当时中国革命的形势有密切的关系。《民国报》在其"简章"中表示,本报"多搜集欧美各国之革命宣言书、建设共和政体布告文,及吾国昔日革命之旧史文件,俾资参考"。推翻清王朝的封建专制统治后,资产阶级在建立和发展"中华民国"时,将美国《独立宣言》中所体现出的自由、民主精神作为借鉴和榜样。孙中山早在1904年著有《中国问题的真解决——向美国人民的呼吁》,该文被认为是中国资产阶级民族民主革命的宣言书,其思想内容和政治倾向,明显地受到《独立宣言》的影响。孙中山说:为了保证人民的生命权、自由权和追求幸福的权利,就必须建立一个新的、进步的、开明的政府,"把过时的满清君主政体改变为'中华民国'的计划,经过慎重考虑之后,早就制订出来了。广大的人民群众也都甘愿接受新秩序,渴望着情况改善,把他们从现在悲惨的生活境遇中解救出来"。孙中山最后对美国人民说:"我们要仿照你们的政府而缔造我们的新政府,尤其因为你们是自由与民主的战士。"① 由此不难看出,《独立宣言》所体现出的民族民主革命思想,在当时中国政治生活中所产生的重要影响。

---

① 《孙中山选集》,人民出版社1981年版,第69页。

第二章　西方史学理论和中国世界史编纂

一　时代的任务：建设中国新史学

西方史学在19世纪得到迅速发展，而原处于领先的中国史学却明显地落后了。一些中国史家在探讨"中国史学何以落了伍"时，认为这并不是"中国史家不争气"。因为"百年来西洋史学之惊人进步，不但是西洋历史家的努力，而且是整个西洋文化进展的结果。历史是一门综合的学问，是整个人生的反映，不能离开其他学术而独立。近一百多年来，西洋文化发生了空前的变化，改变了整个的人生，一切学术思想皆发生剧烈变化，而史学所受的影响尤为重大"。① 对于近代"西洋文化发生了空前的变化"，似可再进一步阐明它所以发生"空前变化"的原因，乃是和西方资本主义的迅速发展联系在一起的。西方史学中平民和一般群众代替君主和贵族成为历史的主人；政治史和战争史，扩大及文化史、社会史。历史研究范围的不断扩大、历史研究基础的愈益雄厚等，反映了资本主义文化的发展，这些在封建社会的中国史学界产生的重要影响，使对中国落后于时代的旧史学改造的呼声愈加高涨。

19世纪末20世纪初，近现代西方文化大量传入中国，历史学

---

① 齐思和：《近百年来中国史学的发展》，《燕京社会科学》1949年第2卷。

的理论与方法也包括其中。这一时期，虽然现代西方哲学是西学东渐的主要对象，但是，一批西方学者有影响的史学理论著作的中文本陆续问世，却也是不争的事实。这构成中国世界历史研究发展史上的一个重要时期——译介时期，大批西方史学理论方法论著作翻译出版，有力地促进了中国世界史学科的形成和发展。当然，在"译介时期"并不排除有一些中国学者的著述问世，甚至是一些十分优秀的成果问世。"译介时期"是总体而言，并不是说所有的著述都是翻译外国人的成果。

20世纪初，对世界历史的介绍和研究已有长足发展，使其在中国史学界的影响不断增加。这时，中国史学界出现了对中国传统史学盲目地否定，而对西方资产阶级史学，包括对西方史家撰写的中国史著作不加分析地肯定的倾向，一些学者对这种盲目地崇拜西方史学的错误倾向提出批评。梁启超说："本国人于本国历史，则所以养国民精神，发扬其爱国心，皆在于是"，不能"望诸他山"。[1] 马叙伦的批评更为激烈，他说："一国必有一国之特性，而后可言特立。""政治、学术、技艺三者皆备"，都适合本国的特点，这样，国家才会强大，言必称外国则是奴性十足的表现，中国人要继承发扬中国传统史学的优秀传统，尽快"改其奴性"[2]。师姜则提出发扬中国传统史学优秀传统，有选择地汲取外国史学有益内容的问题，他说："对于我国固有之学，不可一概菲薄，当思有以发明而光辉之"，"拾其精英，弃其糟粕"，"而对于外国输入之学，不可一概拒绝，当思开户以欢迎之"，"但于我国现势不合者，则无宁舍之而勿顾"[3]。这些在学术上拒斥"数典忘祖"的鲜明态度，至今对我们仍有重要的启迪意义。

五四运动前后，日本史学家坪井九马三、九米邦武、浮田和

---

[1] 梁启超：《东籍月旦》，《新民丛报》1902年第11号。
[2] 马叙伦：《无史辨》，《新世界学报》1902年第9期。
[3] 师姜：《学术沿革之概论》，《醒狮》1905年第1期。

民，英国史学家巴克尔、美国史学家鲁滨逊、班兹（巴恩斯，Harry Elmer Barnes，1889—1968）、塞利格曼（Edwin Robert Anderson Seligman，1861—1939），法国史学家朗哥诺瓦、瑟诺博司等人的代表作相继被译成中文出版。这些主要论述西方新史学的理论与方法论的著作，使不少中国史学家受到震动。同中国封建主义史学相比较，他们认为，只有这些"科学的治史方法"才能使中国史学真正成为科学。从某种意义上可以说，包括史学理论在内的西方史学，是中国传统史学走向现代的一座桥梁。

但是在开始阶段，难免有生吞活剥，脱离中国实际的弊病。如柳诒徵在其《史学概论》中就曾写道："译寄初兴之时，颇有诵述威尔逊、浮田和民之学说者。威尔逊氏之说有广智书局之《历史哲学》，浮田氏之说有进化社之《史学通论》、文明书局之《新史学》，其中所言原理，多可运用于我国史籍，惜译者未尝究心国史，第能就原书中所举四史示例耳。"① 柳诒徵的看法有一定的代表性，包括梁启超在内，当时有不少学者都有类似的看法。研究西方史学理论的意义，关键在于如何汲取有益内容为中国史学建设服务，如何立足于中国史学，而不是盲目地用西方史学否定以至代替中国的史学，这是当时中国史学界面临的一个现实问题。陈寅恪（1890—1969），说"至道教对输入之思想，如佛教摩尼教等，无不尽量吸收。然仍不忘其本来民族之地位。既融成一家之说以后，则坚持夷夏之论，以排斥外来之教义。此种思想上之态度，自六朝时亦已如此。虽似相反，而实足以相成。……窃疑中国自今日以后，即使能忠实输入北美或东欧之思想，其结局当亦等于玄奘唯识之学，在吾国思想史上，既不能居最高之地位，且亦终归于歇绝者。其真能于思想上自成系统，有所创获者，必须一方面吸收输入外来之学说，一方面不忘本来民族之地位。此两种相反而适想成之态度，乃道教

---

① 柳诒徵：《柳诒徵史学论文集》，上海古籍出版社1991年版，第116—117页。

之真精神,新儒家之旧途径,而二千年吾民族与他民族思想接触史之所昭示者也"。① 陈寅恪基于实证所提出的问题及所得出的结论,不仅在当时,即使在今天仍具有重要的现实意义。

1918 年初,北京大学教授蒋梦麟在《教育杂志》第 10 卷第 1 期(十周年纪念专号)上发表文章《历史教授革新之研究》,一些人认为此文可与梁启超的《新史学》媲美。蒋梦麟明确提出要革新中国旧史学。他说:"吾国旧日之历史,以消极言之,则一姓之家谱也,以积极言之,则其范围实不越乎政治道德。夫政治道德,不过历史之一部分而已。若以此范围历史上种种变迁,则推因不远,探源不深,其所测人事变迁之原因与结果,不能恒合乎事实之当然。"在中国史学的教学和研究中,"泥古"的风气很盛,因此,中国史学要革新。而要彻底革新这一切,应"利用西洋近年教授历史之经验,体察吾国社会生活之需要,活用吾国历史之资料"。向美国史学家那样,"扩张历史范围","改变历史方针","革新教授方法",从而改变中国史学的落后面貌,使之得以进步。② 蒋梦麟的观点,实际上反映了当时大多数史家的要求。

1919 年,北京大学进行学制改革,建立史学等 14 个系,代替文、理、法等科,留学日本归来的朱希祖出任史学系主任。朱希祖指出:"我国现在的史学界实在是陈腐极了,没有一种破坏,断不能建设。"③ 在 20 世纪初建设中国新史学的过程中,西方资产阶级的史学理论与方法成为重要的理论武器之一。

1919 年,何炳松被北大史学系聘为教授。北大历史系这时名家荟萃,④ 学术空气浓郁。1920 年夏,何炳松应系主任朱希祖之

---

① 陈寅恪:《陈寅恪集》,生活·读书·新知三联书店 2001 年版,第 285 页。
② 蒋梦麟:《历史教授革新之研究》,《教育杂志》1918 年第 10 卷第 1 期。
③ 朱希祖:《新史学·序》,载鲁滨逊《新史学》,广西师范大学出版社 2005 年版,第 3 页。
④ 这时在北大史学系授课的教师主要有:马叙伦、王桐龄、冯承钧、朱希祖、朱家骅、李泰棻、李大钊、陈汉章、陈翰笙、陈衡哲、程树德等。

约，开始讲授"历史研究法"，以美国史学家鲁滨逊的《新史学》为课本，学生耳目一新，反应热烈，何炳松的课十分受欢迎。20世纪上半叶，特别是在二三十年代"建设中国新史学"的主要内容之一，是用资产阶级的史学批判封建主义的史学，在这个过程中，以鲁滨逊为代表的美国"新史学派"的理论与方法，在中国史学界曾产生广泛的影响。何炳松是最早、最系统地将美国"新史学派"介绍到中国来的中国史家。

何炳松在北大期间，还和胡适、傅东华（1893—1971）、金兆梓（1889—1975）、邵飘萍（1886—1926）、张耀翔（1893—1964）等有密切交往，他的研究工作如鱼得水，很快进入高产时期。1921年1月，何炳松在《史地丛刊》第1卷第2期上，发表译作《从历史到哲学》，此文的原作者是美国哥伦比亚大学哲学教授J. E. 伍德里奇（J. E. Woodridge），系美国实用主义哲学的代表人物之一。作者认为：历史的目的为保存可信记载和提倡了解史事。历史真理是变化的，愈求愈精，愈久愈明。作史有两个标准：用作者当时的观察点去著过去的历史；用古人眼光著古人的历史。伍德里奇认为："要懂得史事，不但困难，而且无穷的，但不是无望的。历史的知识是随时发达的，随时扩充的，随时明了的。"因为"历史这样东西，不但说明过去事实，亦且保存过去事实，使我们可以了解他们。历史著作同古物陈列所不同。陈列所里面，虽然保存了许多古物，但是死的。他所供给的，不过是一种材料。在历史著作里，过去是活的，而且进步的，愈研究他愈明白的因为经过一回的研究，可再使他的范围加广，意义加明，同观察点加准"。[①] 一般认为，伍德里奇的这篇论文，是何炳松第一篇关于史学理论的译著。

缪凤林（1899—1959）对伍德里奇（缪文将"Woodridge"译

---

① [美] J. E. 伍德里奇：《从历史到哲学》，载《何炳松文集》第4卷，何炳松译，商务印书馆1997年版，第506、508页。

作"伍德布里奇")的历史哲学思想也有介绍,撰文《历史与哲学》,就"历史目的"的问题进行探讨,就何谓"求真"发表了自己的见解。伍德里奇教授是美国新史学派的主要成员之一,他强调,无论是用现今的眼光去看过去的历史,使其成为"新眼光中的历史";还是现今的历史学家设身处地用古人的眼光,去看过去的历史,使其成为"旧眼光中的历史",这两种历史观念都有存在的合理性。缪凤林对这些观点表示赞同,他说,历史研究以求真为目的,但所谓的"真"并不是永远不变的,"而所谓真者,初非一定不变,放诸四海而皆准,俟诸百世而不惑也,乃随史之演进活动而演进活动,与史同在时之历程之中,有未可以固执者"①。伍德里奇的历史哲学思想被介绍到中国史学界后,人们开始对历史的"真实性"进行思考。由于放弃了对所谓历史"真实性"的盲目崇拜,人们开始对传统史学所强调的"示真"功能,进行更加理性的深入思考,从而更加关注对历史事实的分析和"解释",这在历史认识方面,显然是一种进步。

1921年2月,何炳松在朱希祖的鼓励下开始翻译美国史学家鲁滨逊的《新史学》,北京高等师范学生江兴若协助他进行,后又得到傅东华的帮助。朱希祖对这件事情十分赞赏。他说:"何先生译了Robinson这部书,是很合我国史学界的程度,先把消极的方面多说些,把史学界陈腐不堪的地方摧陷扩清了,然后慢慢地想到积极的建设方面去。所以何先生译了这部书,是很有功于我国史学界的。"

朱希祖还从更广泛的意义上,谈到了译介西方史学理论和方法论必要性和重要性。他说:"学问是断不可分国界的。我国史学界总应该虚怀善纳,无论哪一国的史学学说,都应当介绍进来。何先生译了这部书,为我国史学界的首唱者,我很望留学各

---

① 缪凤林:《历史与哲学》,《史地月报》1921年第1卷第1期。

国回来的学者,多译这种书,指导吾国史学界,庶几不负何先生的苦心呵!"①但是,朱希祖并不主张全盘西化,而力主进行中国式的历史研究,不能脱离中国的历史和现实。他认为,外人无知,往往曲解我中国历史,为了贬低我灿烂文明,胡诌什么文化西来说,甚至肆意歪曲,摧毁我民族主义思想,妄谓诗人李白是胡人,为外国人,唐太宗、明太祖不是汉族人。好奇之徒,盲从附会,为亲者痛,仇者快。每谈及此,朱希祖都深为痛心,并教诲诸生引以为戒。②他主张正确地汲取西方史学理论方法论,以加强中国史学的理论建设,朱希祖的观点在今天仍不失其积极的现实意义。

二 《新史学》的冲击

对于西方史学理论的译介不乏精品,首推是何炳松翻译的鲁滨逊《新史学》,由商务印书馆1923年出版。鲁滨逊《新史学》1911年纽约初版,书中汇编了美国新史学派代表人物鲁滨逊历年发表的论文和演说,集中体现了以他为代表的美国新史学派的史学思想。在何炳松看来,这些思想"虽然是属于欧洲史方面,但是很可以做我们中国研究历史的人的针砭"③。"新史学派"之新,主要表现在以下各点:倡导的扩大历史研究的范围,"一切关于人类在世界上出现以来所做的或所想的事业与痕迹,都包括在历史范围之内。大到可以描述各民族的兴亡,小到描写一个最平凡的人物习惯和感情";对社会历史现象进行综合研究,用综合的观点来认识和分析社会历史现象;用进化的观点观察历史变化,认为进化论"要比任何其他新的思想更有力于推翻欧洲在上古和中古

---

① 朱希祖:《新史学·序》,载鲁滨逊《新史学》,广西师范大学出版社2005年版,第3页。
② 参见博振伦《朱希祖传略》,载曾庆榴等主编《岭南史学名家》,中国文史出版社2008年版,第142页。
③ 《何炳松文集》第3卷,商务印书馆1996年版,第7、21页。

时期盛行的思想方法",① 强调人类历史是一个持续不断的成长过程；明确指出史学的功能是了解现实，预测未来，人们完全可以利用历史知识造福于社会等，使中国史学家对"科学的历史学"有了不少新的认识，引起了大家对史学理论问题的兴趣和关注。②

1922年，衡如在《东方杂志》第19卷第11号发表《新历史之精神》，较系统地介绍了鲁滨逊的新史学观，并对其给予了充分的肯定。作者认为：鲁滨逊新史学的产生，得益于两个方面，一是自然科学之发展；二是社会科学之兴起。新史学观是一种综合史观，对人类认识历史有重要的意义。鲁滨逊的新史学，对20世纪初中国史学的发展，产生了重要影响。

1921年，何炳松在《新史学·译者导言》中写道："这本书里面最重要的主张，统括起来，就是下面几句话：'研究历史的人，应该知道历史是很古的，人类是进步的。历史的目的，在于明白现在的状况，改良现在的社会，当以将来为球门，不当以过去为标准。古今一辙的观念，同盲从古人的习惯，统应该打破的。因为古今的状况，断不是相同的。'"何炳松还引用当时在华讲学的英国哲学家罗素（Bertrand Russell，1872—1970）的话，为他的上述观点"做一个注脚"。罗素说："中国的文化，向来以孔子学说为基础，而又有佛学的意味掺杂在里面。到了现在，已达到自然剥落的地步。既不能成就个人的事业，更不足以解决目下国内外各种政治问题。盖自千年以来，已呈浸衰的气象，渐渐失其庄严。正如欧洲北蛮南下以前希腊罗马文化失其庄严一样。一味崇拜古人，不问他的价值怎样，这种不好的现象，一定免除不了。

---

① 鲁滨逊：《新史学》，齐思和等译，商务印书馆1964年版，第89页。
② 鲁滨逊在《新史学》中提出的观点，得到中国史家和学界的认同，给予了高度的评价。可参见陶孟和《新历史》，《新青年》1920年第8卷第1号；陈训慈《史学观念之变迁及其趋势》，《史地月报》1921年第1卷第1期；古凤池《历史研究方法之管见》，《史地丛刊》1922年第1卷第3期；衡如《新历史之精神》，《东方杂志》1922年第19卷第11号。

我以为一个时代应该自谋适合自己的道理。祖先的方法，在祖先的时代固然适合；但是不应该把他来适合自己的现在的。"①

何炳松译介鲁滨逊《新史学》时，并不只是为了介绍一本新书，或一种新的历史流派，而是在介绍一种全新的历史观念。这种观念反映了中国史学发展的客观要求，因而在中国史学界，特别是在世界史学者中，产生了积极的广泛反响。陈衡哲在《中古欧洲史·序言》中，对于何炳松的译著给予了高度评价。认为尽管是译著，却也是从中国人的立场出发来进行这项工作的，而不是食洋不化。陈衡哲称赞何炳松凭借其深厚的学术底蕴，以东方人的世界眼光，给了鲁滨逊的史著"一套优美的华服"，②使其在中国风靡一时。这种评价应该说是恰如其分，而非溢美之词。

何炳松译毕鲁滨逊的《新史学》，除请朱希祖作序外，还曾请胡适认真校阅。1924年7月，何炳松译《新史学》由商务印书馆出版后，立即在中国史坛产生广泛反响。这本最初由何炳松在课堂上讲授"历史研究法"的教材，很快成为风靡中国学界的汉译世界学术名著。鲁滨逊《新史学》被认为是"新史学的宣言"，为史家"不可不读之书"。20世纪30年代以来诸多的《史学概论》著作，都不同程度地受到鲁滨逊《新史学》的影响。它的影响历久弥新，直至今天。

1928—1931年，胡道静（1913—2003）在上海持志大学文学院读书时，曾学习了何炳松译鲁滨逊著《新史学》。后来他成为古文献学家、科技史学家，他曾回忆说："青年时代是埋头于做传统的考证文学，越做越与实际疏远，而日本帝国主义的侵略毒焰越烧越凶狠，在国家民族危机的时刻，自然就思考我们做历史学问究竟有什么现实意义以及怎么才能起到作用的问题。《新史学》在

---

① 何炳松：《新史学·译者导言》，见鲁滨逊《新史学》，广西师范大学出版社2005年版，第13—14页。

② 见陈衡哲《中古欧洲史·序言》，《何炳松文集》第1卷第4页。

这个当口给了我们以精神上的支柱,使我们能从封闭状态的学院式研究中冲决出来。"胡道静还回忆起当时发生在中国史坛上的一件难忘的事情:当时日本东洋史学界的一些研究者,如市村瓒次郎等,他们在宋金战争的研究著述中,提出"岳飞乃是一个跋扈的将军,祸由自取,……这激起了我们极大的愤慨,认定日本史学家是在搞他们的'实用主义'史学,用来为日本军国主义服务,我们也要足够的证据来进行反驳"①。胡道静的回忆,生动地说明了新史学的价值和意义。

以鲁滨逊为代表的美国"新史学派",在 20 世纪二三十年代的中国学术界,产生了较大的反响。1921 年,南京高等师范史地研究会创办了《史地学报》,该刊物为宣传、介绍和传播"新史学派"的史学思想,做了大量的工作。例如,译介鲁滨逊及其学生的代表作。报道有关"新史学派"著述出版或举行学术研讨会的消息;编辑"新史学派"的书目和文献汇编等。直至 1936 年,汤朝华撰《现代史学之新趋势》,从鲁滨逊《新史学》出发,阐述现代史学的"新趋势",鲁滨逊《新史学》影响之大由此可见一斑。汤朝华认为:19 世纪末以来,历史学进入了新的历史阶段,其标志是历史学的范围明显扩大了:一是人类利益活动的种类增加,二是人类有史时间延长,三是历史的空间向世界范围增大。与此同时,史学方法与以往相比更为严谨,更加重视对史料的鉴别和选择。史学范围与史学方法的变化,预示了史学发展的新趋势;而这一"新趋势",归根到底并没有脱离鲁滨逊"新史学派"的影响。

三 西方史学理论的传播

除以鲁滨逊为代表的美国"新史学派"的理论与方法之外,在 20 世纪 20 年代后被介绍到国内的西方史学理论名著,还有李

---

① 胡道静:《柏丞先生学思录》,载刘寅生等《何炳松纪念文集》,华东师范大学出版社 1990 年版,第 345 页。

思纯（1893—1960）翻译法国朗格诺瓦、瑟诺博司的《史学原论》，商务印书馆1926年版；张宗文翻译瑟诺博司的《社会科学与历史方法》，大东书局1930年版；向达（1900—1966）翻译美国班兹（巴恩斯）的《史学》，商务印书馆1930年版；黎东方（1907—1998）翻译法国施亨利的《历史之科学与哲学》，商务印书馆1930年版；薛澄清翻译美国弗领的《历史方法概论》，商务印书馆1933年版；陈石孚翻译美国塞利格曼的《经济史观》，商务印书馆1928年版；董之学译班兹的《新史学与社会科学》，商务印书馆1933年版等。此外，林恩·桑戴克（Lynn Thorndike，1882—1965）的《世界文化史》（1930）；班兹的《西洋史进化概论》（1932）也都被译成中文出版。

美国新史学派的代表人物之一班兹在分析新史学的实质，以及"新"的确切性时说："人们一般地认为，'新史学'是一种历史写作的类型，它放弃了历史的傅利门（英国历史学家，1823—1892）对于历史的概念，即满足于把历史看成是'以往的政治'，把一大串故事组织起来而加以说明。'新史学'传统地被解释为一种表达历史的方法，它试图在最广泛的意义上对文明历史的总体进行重建，使它像鲁滨逊教授所说那样，包括'一切我们所知道的、人类曾经做过、想过、希望过或感觉过的事情'。就新史学的范围而论，这种说法大致是适当和正确的。""新史学的纲领，就其兴趣范围而论应该是无所不包的。它记录过去曾经发生的一切事物。按照严格的或文字上的意义，所有过去发生的事物，没有一项被指为是非历史的，而可加以排斥的。"[①] 如果对欧美历史学家来说，"新史学"最重要的是拓宽历史认识视野，扩大历史研究的范围；而在中国，"新史学"最重要的则是它所体现和表述的历史进化思想，而这却是由当时中国的国情决定的。

[①] ［美］巴恩斯：《论新史学》，见［美］鲁滨逊《新史学·附录》，商务印书馆1964年版，第179、187页。

1929年，何炳松与他的学生郭斌佳①合作翻译了绍特韦尔（James Thomson Shotwell，1874—1965）的《西洋史学史》，由上海商务印书馆出版，是何炳松主编的《西洋史学丛书》之一。②绍特韦尔，在加拿大出生的美国历史学家，鲁滨逊的得意门生。《西洋史学史》全书5编27章，是中国最早的西方史学史的译作，意在论述"自希腊至今科学化之史学史"，介绍西方史学的缘起和演变历程。1922年，《西洋史学史》在哥伦比亚大学出版部问世后，在美国学术界受到广泛好评，认为这部著作撮录研究之方法、表示历史之事实、可谓获得相当之成功，然其论述之态度，令人可佩，更超过本书之科学价值。《西洋史学史》中译本问世后，在中国史学界同样受到欢迎。书中所述内容对中国史家有重要的借鉴意义，且译笔流畅，成为"研究史学者不可不读之书"。

绍特韦尔与其师鲁滨逊的《新史学》一脉相承，处处体现《新史学》的基本精神。作者在该书第一章《历史之定义与范围》中写道："历史一词以人类事物为限，此固众无异辞者也。然究其实际则历史之为义殆不能如此之狭。因人类之身心属于动物世界并有种种前因之远在人类范围之外者，同时人生之天然环境，如食料、气候、居住等，亦复为人类史中之一部分也。如吾人更进而以此词专指人类之一种活动如政治等，则极重要之人类精神上

---

① 郭斌佳，历史学家、外交家，生于1906年，江苏江阴人。早年曾就读于上海光华大学，师从何炳松。除协助何炳松翻译绍特韦尔的《西洋史学史》、古奇的《十九世纪之史学与史家》外，还曾独译弗领的《历史哲学概论》。

② 关于《西洋史学丛书》，何炳松在《西洋史学史》的《译者序》中有如下介绍："译者窃不自量，尝思致力于中国史学史之编纂，以期于吾国之新史学界稍有贡献。唯觉兹事体大，断非独立所能奏功。且此种研究为吾国学术上之创举，尤非先事介绍现在西洋新史学之名著不足以资借镜。译者近来所以有编译《西洋史学丛书》之计画，其故盖即在此。译者抱此宏愿业已数载于兹，终以谋生未遑，无从下手。四年之前，译者曾一时掌教于上海光华大学，无意中得一史学同志郭斌佳君其人。郭君本好学深思之士，自愿于课余之暇以全力臂助，译者从事于西洋史学之介绍。译者闻之不禁大喜过望，遂与之合译此新出之名著，盖已费时一载矣。"

之表示亦将屏而不谈,文化,思想,文学,艺术,工程,教育,科学或哲学等,势必见斥。"绍特韦尔强调:"过去之事迹须视为社会发展程序中之一部分,不可目为孤立之事实。盖历史事实者用以组成古今来连绵不绝之相互关系一部也,此相互关系为何,即时间(Time)是已。"① 绍特韦尔的上述认识,既是他对新史学的理解,也是他这部《西洋史学史》的理论基础。

绍特韦尔的著作分五篇和一附录,都是在新史学的精神下展开的,具体内容是导言、犹太史、希腊史、罗马史、基督教的历史;附录是《中古及近代史学》。在导言中,绍特韦尔论及的问题基本是理论问题,如"历史之定义与范围""神话与旧闻之先史""书籍与文字""时间之计量""埃及之纪年史""巴比伦亚述"等。八十多年前,何炳松将这些介绍给中国史学界是十分有益的,一些问题在当时确实有让人耳洞大开的感觉,有些直至今天也仍然有结合研究实践,不断深化认识的必要。附录《中古及近代史学》的主要内容是"历史之解释",强调历史研究不仅要"尽写过去之事",而且要探究"一切事物,何以能发生耶?世界各国之潜力,因何种作用而演成继续不断之事耶?今日之革命,今日之保守党反动,何由而来耶?罗马何以亡?基督教何以兴?封建制度如何开始?……"显然,这里说的"解释",是在历史"是什么"的基础上,回答"为什么",这也就不难理解,在这篇《附录》中,要谈到"历史因果说"的原因了。值得注意的是,作者在述及这个问题时,对19世纪德国著名史家兰克的评析:"兰克以为欲解明一国一时代,必须根据该时代之时代精神(Zeitgeist)近窥之。然所谓时代之精神,断不止该时代瞬息之环境;乃一种决定事物之因表而以心理之创造力为其外形者也。"② 在这里,并

---

① [美]绍特韦尔:《西洋史学史》,何炳松、郭斌佳译,岳麓书社2011年版,第6页。

② 同上书,第231、241页。

没有强调"客观主义",更没有把兰克和兰克学派奉为"客观主义史学"的典范。这样就可以理解,至少在20世纪初的美国新史学中,"如实记述"并不是兰克史学思想的核心;"客观主义"也没有被认为唯一科学的史学方法。

何炳松与郭斌佳合译的绍特韦尔《西洋史学史》,是中国最早的关于西方史学史的译作,阐述了西方史学的产生及演变,从"新史学"的立场,对有影响的各家西方史学流派加以评述。在《译者序》中,何炳松述及翻译此书的目的是将其作为借鉴,撰写中国史学史,以贡献于中国的新史学界。他说:"译者窃不自量,尝思致力于中国史学史之编辑,以期于吾国之新史学界稍有贡献。唯觉兹事体大,断非独立所能奏功。且此种研究为吾国学术上之创举,尤非先事介绍现在西洋新史学之名著不足以资借镜。"何炳松认为绍特韦尔的《西洋史学史》和英国史学家古赤所著《十九世纪之史学与史家》同等重要,对其给予高度评价。联系到他计划主持编译《西洋史学丛书》这件事时,他说:"吾人得此二书,则译者计划中之西洋史学丛书可谓规模粗具矣,岂非平生一大快事哉?"[1] 因为在何炳松等人看来,《西洋史学史》和《十九世纪之史学与史家》这两部著作,基本上可以满足中国各界读者了解西方史学发展历史的需求。

"古赤"(George Peabody Gooch,1873—1968),今多译作"古奇",英国著名历史学家。1910年,他在《剑桥近代史》第十二卷写有《历史科学的发展》一章。后在此基础上,古奇在1913年撰写了《十九世纪之史学与史家》(今译作《十九世纪历史学与历史学家》)。该书问世后,立即受到广泛好评。西方史学名家,如美国的绍特韦尔、英国的乔治·屈维廉(George Macaulay Trevelyan,1876—1962)等对其渊博的历史知识大加赞赏,认为这是"前所未有的鸿篇巨制",对史学的发展"做出了不朽的贡献",使其一时声

---

[1] 《西洋史学史·译者序》,《何炳松文集》第3卷,商务印书馆1996年版,第231页。

名鹊起，跻身于世界一流史家行列。1913年初，古奇述及撰写本书的目的是："总结并估价近百年中历史研究与著作的成就，描绘本行业的大师，追溯科学方法的发展，衡量那些导致撰写名著的政治、宗教与种族影响以及分析它们对当时的生活和思想所产生的影响。在任何文字中，还没有要进行这种概括研究的企图。"① 对这部著作，古奇非常自信，因为该书涉及500多位历史学家，10多个国家和地区，内容十分丰富，包括史家的专著、论文、日记、札记、自传、回忆录和书信等，为古奇之前和古奇同时代的历史学家所难以企及。《十九世纪历史学与历史学家》在50年代曾经修订再版，40余年间又补充了不少有益的内容。这部名著虽然在20世纪上半叶未能有完整的译本问世，但其对中国史学界的影响却是客观存在的。

20世纪20年代，李思纯曾自费留学欧洲，就读于巴黎大学，受教于历史学教授瑟诺博司。李思纯回国后出任东南大学教授。在该校讲授史学方法课的时候，以法国国家图书馆主任朗格诺瓦、瑟诺博司1897年在巴黎出版的《历史研究导论》为教材。在教学的过程中，李思纯将其译成中文出版，书名改为《史学原论》。在当时，这是唯一的一本较系统介绍西方史学方法的专著。

《史学原论》由三部分组成。上篇论述史学的基本知识，包括搜索史料、史学的辅助学科等；中篇论述史学的分析工作，包括历史知识概说和内容鉴定等；下篇为历史研究的综合工作，包括历史构造之概说、史实之汇聚分组，以及历史体例编裁和历史写作等。李思纯认为，这是一本"世不多见"的史学方法专门著作，是一部"讨论抽象史法而体大思精之作"，堪称"首屈一指"。"书虽稍旧，然远西后出谈历史方法之书尚未有逾此者"②，由此

---

① ［英］乔治·皮博迪古奇：《十九世纪历史学与历史学家》（上），耿淡如译，商务印书馆1989年版，第6页。

② 李思纯：《史学原论·译者弁言》，见［法］朗哥诺瓦、瑟诺博斯《史学原论》（上），李思纯译，商务印书馆1933年版，第1页。

不难看出此书在西方史学发展史上的地位和影响。因中国传统史学方法同西方史学方法相距较大，中国史学界对西方"方法论"问题较为陌生，所以该书中文本问世后，引起越来越多的史家对西方史学方法的关注，一些著名的中国史家，如梁启超、傅斯年、何炳松和张荫麟等，都不同程度地汲取其有益营养。

朗格诺瓦、瑟诺博司为《史学原论》所作序言，1897年8月写于巴黎。作者说明他们写作此书的目的，既不是"撮举世界通史之要略"，也不是对"历史哲学"加以补充，而是"意在对于历史知识，考验其状况与方法，说明其性质与界域。对于过去时代，吾人如何而能确认其中若何部分，为有征知之可能者？其中若何部分，为有征知之必要者？何者谓之史料？以历史工作之眼光而处理史料当如何？如何谓之历史事实？如何聚集组合之以为造史之用？无论何人苟从事历史，即不自觉的致力于历史构造之复杂工作，如鉴定构造，分析综合之类。然初学者及绝未一思及历史方法原则之多数人，在其所从事之工作中，惟使用一种天然任意之方法，普通言之，皆非合理之方法，故不能援用之以得科学式之真实。于是吾人能阐发并以合逻辑之推断，说明此真实合理之方法之原理，当不为无用；此等原理，虽于若干主要点上尚未臻完美，然其中若干部分，则今已确定矣"。作者强调，写作《史学原论》，"其所企图从事者，非各种确定事实之撮要，亦非对于世界通史之普通观念立一系统，惟对于历史科学之方法，作一论文而已"。①

1923年8月，李思纯在为该书写的"译者弁言"中，结合中国史学的历史与现实，通过中西比较说明史学方法的意义，以期引起中国史家对史学方法的关注和重视。"夫方法论为肤浅之物，非学术之本身，曾何足取。吾非盲聋，宁敢厚诬中国史学之无方法。惟以吾国史籍浩瀚，史料芜杂，旧日法术或有未备。新有创

---

① ［法］朗哥诺瓦、瑟诺博司：《史学原论》（上），李思纯译，商务印书馆1933年版，第2—3页。

作，尤贵新资。则撷取远西治史之方法以供商兑，或亦今日之亟务。此则译者所由从事之志耳。"① 至于中国史学是否有方法，可以另外讨论，但李思纯先生翻译该书时的目的明确，就是推进中国历史科学的建设，则是应该充分肯定的。

《史学原论》强调历史学不是实验科学，而是从史料出发来解释历史，所以历史学的任务不是总结历史发展的普遍规律。历史研究的基本方法是从史料到史料，只要有历史文献，自然也就会有史学。从这一基本认识出发，作者将"搜索史料"、外形的"考证鉴定""内容鉴定"，以及"历史事实的分类"等作为主要内容。作者通过上述分析，得出以下两点结论：（一）"历史之事，仅在利用史料，但史料之被保存或既亡失，乃为一种机会侥幸之事。故在历史之构造建设中，其主要之情形，惟视机会侥幸之如何以决定"。（二）"有一陈旧之迷误，以为历史之为物，乃于生活行为，供以实用之教训。……对于个人与民众，直接给以有利益之课程。不知人类行为之作成，在殊异之两时代中。鲜有能充分近似，而令此'历史课程'即可直接应用也。然吾人苟以极端反动之说，谓'历史之特别性质，即在无善可言'则殊为错误，盖彼尚有间接之用"。② 这些认识在今天，可能为学界不以为然，但是在多年前的中国，这对于介绍西方史学的方法，推动中国史学方法的研究，则发挥了一定的作用。

《法兰西中等历史教育》和《法兰西高等历史教育》，作为《史学原论》的附篇，对中国史学界了解西方史学，有积极的意义。在法国，中等历史教育始于19世纪，是史学作为"帝王之科学"，向"民众之科学"转化的具体体现。法国高等学校的历史教育，大

---

① ［法］朗哥诺瓦、瑟诺博司：《史学原论》（上），李思纯译，商务印书馆1933年版，第8页。
② ［法］朗哥诺瓦、瑟诺博司：《史学原论》（下），李思纯译，商务印书馆1933年版，第112、115页。

抵始于19世纪中期。法兰西学院、巴黎文科大学,以及高等师范学校的历史教育,充分地表现出法国历史学高等教育的三种性质:一般的历史学的修养、专门的历史学的研究,以及培养历史教学人员等。这对推动20世纪初中国史学的发展,有一定的借鉴作用。

如果说鲁滨逊的《新史学》,是第一部全面论述美国新史学派史学思想的著作;朗格诺瓦、瑟诺博司的《史学原论》是当时唯一一本较系统介绍西方史学方法的专著;那么,班兹的《新史学与社会科学》,则是第一本全面论述史学与社会科学诸学科之关系的专著,1933年由商务印书馆出版该书的中文本。这是当时颇有影响的"大学丛书"中的一本。在这部著作中,最集中地体现了"新史学"倡导的用综合的观点和方法来分析社会历史现象的主张,明确提出了"新式综合史学"的概念。作者具体分析了史学和社会科学相关学科的关系,如心理学、法学、考古学、人类学、社会学、政治学、经济学、伦理学,以及"地理与历史撰述历史解释之关系""科学史与史学""史学与社会理智"等。在20世纪30年代的中国,这些论述使中国史学界对美国以及整个西方的"新史学",特别是"新式综合史学"有了更具体、更感性的了解,一些新的概念或范畴,如"人文地理学""社会心理""历史之心理解释""批评人类学""理智史""历史社会学"等,在当时属于史学发展的前沿问题,这些对当时的中国史学来说多有新意,其影响在中国史学发展史上不难看出。

在分析新史学与社会科学的关系之前,班兹首先在史与论的结合上回顾了"史学之过去",并展望了它的未来。他认为,传统史学虽对人类文明发展做出了重要贡献,但其历史撰述中的"政治崇拜"和"传奇元素"则使其发展停滞,并日渐衰落。史学要发展,必须首先在观念上改变,代之而起的是充满生机的"新式综合史学"。"试观目前之政治派传奇派史学,已感受莫大之威胁。过去之奇异倾向,仅以传统与热情作根据者,将必为现代之批评与综合精神所破坏，斯固不可避免者也。此新精神要求每一习惯或制度，必须表示其存在之可信理由。新史学书籍之数目，现方日有增加。每一重要史学教科书之著作人，至少于其序文中，承认于历史之非军事非政治方面，应加以考虑。甚至极顽固之政治派史家，亦迎合新兴史学之潮流，而侈谈言新史学矣。"① 由此看来，新史学已是不可逆转的发展潮流，所以班兹对"新式综合史学"的性质、目的、贡献和前途进行了阐述。首先，历史研究范围的明显扩大。其一，"人类利益活动之种类，业已增多"；其二，"人类有史时期，已向后推移而延长"；其三，"历史占领之空间，业已增大以故近代史，逐步变为世界史"。② 史学范围的这些扩大，不可避免地导致它要与其他学科协作，历史学将会有越来越多的"同盟军"。

班兹认为，新史学或"新式综合史学"并非海市蜃楼，只是一种有待于未来实现的"理想"。但是，新史学在其发展进程中并非一帆风顺。虽然有越来越多的史家崇尚新史学的历史观，以新史学为理论指导的著作也逐年增加，但是"坚守成规，执迷不悟"，对新史学"全然不理"者也依然存在。正是在这种情况下，班兹以"新史学与社会科学"为切入点，从史学理论与史学研究实践的结合上，大力张扬新史学的理论与方法。班兹对新史学的未来充满信心，他相信，二十世纪的社会科学，包括历史学在内，将获得空前的发展。这对当时转型中的中国史学，无疑有积极的意义。

20 世纪初，随着国际历史科学大会（The Intenational Congresses of Historical Sciences，ICHC）的召开，有关大会的报道和介绍在国内日渐增多。一般认为，1900 年，第 1 届国际历史科学大会

---

① ［美］班兹：《新史学与社会科学》（上），董之学译，商务印书馆 1934 年版，第 10 页。

② 同上书，第 32 页。

在法国巴黎召开,除 1913—1923 年、1938—1950 年,因第一次世界大战、第二次世界大战爆发,大会没有召开外,到 1950 年大会曾召开了 9 届,① 有关对于大会内容的介绍,成为中国学界了解西方史学发展,特别是西方史学理论发展的重要渠道之一。

1905 年,曾执教北京大学、清华大学的教育家黄节(1873—1935),在其著作《黄史·总叙》中提及"柏林史学大会宣言曰:'提倡民族帝国主义,造新国民,为历史家第一要义,否则外族入霸国恒亡'"②。这是在中国文献中第一次提及"国际历史科学大会"。第一次世界大战后,第 5 届国际历史科学大会于 1923 年 4 月在比利时布鲁塞尔召开。3 月《史地学报》报道了大会即将召开的消息,文章回顾了大会以往的沿革,指出各国史学家"讨论学术,互显国史"的内容。联系到美国等国史家积极准备与会的情况,文章"返观我国,学术消沉,历史学者至今犹无团体之组织,恐届时终不能有代表出席"③。大会结束后,后任北京大学教授的向达翻译了与会的美国历史学家利兰(W. G. Leland,1879—1966)的长篇论文,作为介绍这次大会的特稿,在《史地学报》刊出。向达同样表达了中国史学家亟欲与世界各国史家交流,了解外国史学进展的愿望,同时对中国史学界的现状深感痛心。他说:《史地学报》在会前载文曾言,可能中国史家会无一人前往这次大会,"不幸中矣!窃尝谓一国万事零对,都不足悲,唯学不如人,斯乃大耻"。通过大会所反映出的国际史坛的进展,向达表示"吾兹愿吾国学人之有以自勉焉",④ 这也是中国史学家共同

---

① 这九届国际历史科学大会的举办地和时间,依次是巴黎,1900 年;罗马,1903 年;柏林,1908 年;伦敦,1913 年;布鲁塞尔,1923 年;奥斯陆,1928 年;华沙,1933 年;苏黎世,1938 年;巴黎,1950 年。

② 《国粹学报》1905 年创刊号。

③ 《万国历史学会第五次大会一九二三年四月在比京举行》(文章无署名),《史地学报》1923 年第 2 卷第 3 期。

④ 向达:《不鲁捨拉万国历史学会第五次大会纪事》,《史地学报》1923 年第 2 卷第 7 期。

的心声。

1928年8月，第6届国际历史科学大会在挪威奥斯陆闭幕后，陈训慈在《史学襍志》创刊号（1929年3月）就《国际历史学会第六次大会》进行了报道。两个月后，陈训慈撰文《国际历史学会第六届大会纪》在《史学襍志》发表。这篇文章，是根据美国史家杰姆森（1859—1937）发表在1919年1月号《美国历史评论》上的文章编译而成。

陈训慈认为，这次大会虽然没有中国代表参与，"然史学研究之国际合作近况，与各国研究之趋势，当为国内研究治史学者所注意"[①]。这里所说的外国史学研究的"趋势"，自然包括史学理论与方法的研究趋势。这篇文章的主要内容是过去之回顾（1898—1928）；大会之筹备与委员会之工作；出席之代表；开会程序之大略；宣读论文之一斑；大会中之建议与委员会报告；大会中之酬酢与会后之旅行；国际史学委员会之工作；下届大会。这次大会分14组宣读论文，其中第12组的主题为"史学之理论与研究方法"。这次会议论文中的"碑刻的历史价值""现代银行汇兑史""现代欧美之学术团体"，以及会议散发的小册子"历史课本中的民族主义"等，引起与会者的广泛关注。

1933年，在华沙召开了国际历史学会第7次大会，中国史学家仍没有出席。1936年底，时任国际历史科学大会会长、剑桥大学教授田波烈（H. Temperley，1879—1939）应上海沪江大学教授会常务委员康选宜邀请来华，其在华除讲学外，另一任务是力促在中国成立全国性的历史学会，以加强中国史学界和国际历史科学大会的联系。11月中旬，田波烈在康选宜的陪同下由日本抵达北平，并在欧美同学会发表题为《国际历史学会经过及组织》的演讲，与会者有北平图书馆副馆长袁同礼（1895—1965）、清华大

---

① 陈训慈：《国际历史学会第六届大会纪》，《史学襍志》1929年第1卷第2期。

学校长梅贻琦（1889—1962）、中央大学校长罗家伦、清华大学教务长潘光旦（1899—1967）、北京大学历史系主任姚士鳌（1894—1970）、清华大学历史系主任刘崇鋐、辅仁大学文学院院长沈兼士（1887—1947），以及康选宜等40多人。田波烈在演讲中较详细地介绍了国际历史学会和国际历史科学大会的情况，指出各国欲加入国际历史学会，首先应在国内组织全国性的史学会，并由其推举最适宜的史学家组团出席国际历史科学大会。田波烈在北平期间，还与顾颉刚、陶希圣等就加入国际历史科学大会等问题进行了深谈，入会问题将在1938年8月苏黎世举行的国际历史科学大会上决定。由于国际历史学会行政部将于1937年5月在巴黎召开会议，田波烈希望此前收到中国方面的申请，以便在巴黎会议讨论。

1941年6月，朱谦之（1899—1972）在《现代史学》撰文《考今》，论及1938年8月在苏黎世召开的国际历史科学大会。他结合这次大会，明确指出历史学的任务不是"考古"，而是"考今"，治史应以考古为方法，考今为目的。朱谦之有鉴于提交大会的关于"近现代史""法制史""社会经济史"和"历史理论"的文章明显增多，他写道："从所提出各种论文报告之中，已经很明白地告诉我们：'现代史学研究的趋势，在努力使研究工作与现代问题及兴趣发生密切之联系，即在较远古之时代研究上亦然'。"他认为历史乃是时间的学问，时间的意义就是现在。总之，"现代史学的第一职务，乃是怎样理解目前世界历史和中国历史的大转变，换言之，即是'考今'"。[①] 应该说，有关历史与现实的关系，史学的社会功能，以及史家的社会担当等重大理论问题，朱谦之结合苏黎世大会，在这里已经有了十分清晰的阐述。

---

① 朱谦之：《考今》，《现代史学》1941年第5卷第1期。

四 西方史学理论在中国的回响

20世纪初,西方史学理论在中国的回响已非鲜见。这种反响主要表现为此时中国史家对史学理论阐述的内容与中国传统史学相比较,已经大相径庭。或直接对西方史学理论的介绍,或将这些理论直接浸透在自己的著述中,虽然不提"西方",但其内容则是明显源自"西方"。这些都对20世纪初以来中国史学的发展,特别是中国史学理论的建设,产生了重要的影响。

1910年,曹佐熙(1867—1921)著《史学通论》,由湖南中路师范学堂出版。曹佐熙,字摅沧,湖南益阳人,早年在长沙求学。1911年后相继在益阳县议会和湖南省议会任职,参与创办了船山学社。他倡修《湖南通志》,且本人著述甚丰,主要有《清史商例质疑》(1916)、《湖南益阳三峰曹氏通谱》(1919)等。《史学通论》既坚持中国传统史学的理念,又汲取了西方进化史观的新鲜内容,从史的定义和分类、历史学的性质及史学与其他学科的关系、历史学的功用等三个方面,就史学进行了较全面的论述。他认为,"史"与"史学"是两个不同的概念。前者指客观历史或历史典籍;后者则为研究历史,或对历史典籍进行编纂,以及对历史专门人才进行的培养等。

1922年1月,李璜(1895—1991)在《少年中国》第3卷第1期发表《法兰西近代历史学》。这篇文章介绍了19世纪以来法国史学发展的历史及主要内容。作者早年就读于成都洋务局英法文官学堂,后入上海震旦学院,又赴法国留学,高度评价巴黎大学历史学教授瑟诺博司,认为他治史时,十分重视对历史文献的解读,从最细微处着手,只相信遗存的文献所指出的意义,并且在评定往事时也避去今人所有之国家观念、民族观念,或其他仇雠观念,这些观念不惟无益,而且容易变更遗文的意义。作者认为,瑟诺博司的史学思想,深受法国史学家古朗治(又译古朗士、古朗日、库朗热，Fustel de Coulanges，1830—1889）的影响，其代表作《古代城市》《古代法国制度史》等，表现出鲜明的实证主义史学的特点。由此，实证主义史学所倡导的对事实的重视，提倡史学家对史料的批判与审查，使历史研究更为严谨等，对19世纪法国史学的发展，产生了久远的影响。

例如，早年留学瑞士的阎宗临（1904—1978）撰《李维史学研究》①，这是中国史家对古罗马著名史学家李维第一次进行的系统研究。阎宗临，山西五台县人，1924年中学毕业后来京。1925年底，阎宗临赴法勤工俭学，后在瑞士伏利堡（一译"弗里堡"）大学研读欧洲古代史和古代文化专业，1933年获硕士学位，被聘为中国文化讲座讲席。1933年秋，他休假归国，到北京中法大学伏尔德学院代课，并在《中法大学月刊》上发表《巴斯加尔的生活》《波特来尔的研究》等论文。1935年返欧在瑞士伏利堡大学讲授中国文化，同时继续深造，1936年以论文《杜赫德的著作及其研究》获瑞士国家文学博士学位。

杜赫德（Jean Baptiste du Halde，1674—1743）是法国国王路易十四的忏悔神父泰利埃（P. Le Tellier）的秘书，曾撰写有四卷本《中华帝国志》。这部著作在欧洲汉学界有广泛影响，被认为是欧洲汉学研究的奠基之作，是18世纪最全面论述中国的史料。阎宗临博士学位论文的主要内容有以下三个方面：一是介绍17世纪末18世纪初，耶稣会士与中国的关系；二是对杜赫德的主要著作进行了较系统的分析；三是论述了杜赫德及其他耶稣会士的作品对18世纪法国的影响。这篇论文，不仅介绍了来华传教士给中国带来的自然科学知识和西方文明，而且介绍了中国传统文化经传教士走向欧洲对法国的影响，这些影响，无论在法国18世纪启蒙思想，还是在法国大革命中，都可以看到。1937

---

① 见《国立桂林师范学院丛刊》1944年创刊号。

年，该论文在瑞士出版后，经常被引用，受到欧洲汉学界的普遍好评。

阎宗临旅欧十三载，除中西交通及古代史、文化史之外，还研究了巴斯加尔（Blaise Pascal, 1623—1662）、波德莱尔（Charles Pierre Baudelaire, 1821—1867）、歌德（Johann Wolfgang von Goethe, 1749—1832）等，并与法国文豪罗曼·罗兰（Romain Rolland, 1866—1944）有较密切的交往。阎宗临出国前，在北京参加文学社团"狂飙社"的活动，得以结识鲁迅，到法国后与鲁迅也有联系。罗曼·罗兰正是通过阎宗临来研究鲁迅《阿Q正传》等作的，还指导阎宗临翻译了自己代表作之一的《米开朗基罗传》，并为中译本写了序言。1937年，阎宗临谢绝了校方和亲朋好友的一再挽留，于抗战硝烟中回到祖国，先后在山西大学、广西大学、桂林师院、无锡国学专科学校、中山大学、山西大学执教，1978年在太原病故。

在《李维史学研究》中，阎宗临既充分肯定了李维（Titus Livius, 公元前59—公元17）历史思想的进步意义，认为李维能够把握住史实的主要内容，通过心理分析，使历史"再现"；同时也指出其缺点，那就是缺乏严密的史学方法，在历史认识过程中也多表现出非理性的因素等。阎宗临在论文中对史学的功能，特别是社会功能十分推崇，即"在乎供给前例和激励美德和爱国心"。"倘使历史知识是有用的，便在静观过去壮丽的遗址，或者为自己，或者为国家，使众人有所取法。"[①] 阎宗临其他类似的作品还有《16世纪经济革命》，载1946年《广西日报》；《意大利文艺复兴的特质》，载《论坛杂志》1947年创刊号；《欧洲封建时代的献礼》，载1948年《国立中山大学文学院院刊》；《欧洲封建时代社会之动向》，载《民庄时代》1948年第2卷第1期；《论欧洲封建

[①] 阎宗临：《世界古代中世纪史》，广西师范大学出版社2007年版，第185、186—187页。

时代的法律》，载《民主时代》1948年第2卷第2期。① 这些论文共同的特点，是重视对历史过程的理论分析，透过历史的表象探究其历史矛盾运动的动因，而不是就事论事地对历史过程进行一般性叙述。

20世纪二三十年代，西方史学理论与方法被大量介绍到中国来，对中国史学的最大影响主要表现为一种新的历史观对中国传统的历史观念的挑战。这种挑战直接影响到史家对历史的认识与解释。为了深入研究这些问题，中国学者写出了一批史学理论方面的著作。这些著作虽然出自中国学者的笔下，但其内容与功能，却更多地是对西方史家所阐述的理论与方法的重复或补充。这种表面看起来似乎很奇怪的现象，其实一点也不奇怪，这是中国世界史研究译介时期、中国世界史学科发展在这个阶段的整体特点所决定的。

杨鸿烈（1903—1977）撰有《史地新论》《史学通论》和《历史研究法》等。杨鸿烈早年曾先后在国立师范大学、清华大学学习，后在日本帝国大学获博士学位，归国后在上海中国公学、云南大学、河南大学和香港大学任教。他的《史地新论》《史学通论》和《历史研究法》等著作，明显地受到西方史学理论的影响，特别是美国新史学派史学思想的影响。

《史地新论》是作者的一部论文集，1924年8月由北京晨报社出版。书中收入的主要论文有：《今日研究历史学和地理学的一个根本错误》《论历史家和地理家合理的态度》《论历史的分类》《论作史所应具有的两个要点》《中国伪书的研究》《历史上野心家的演进观》《智识阶级历史上所表演的功罪谈》等。

作者在书中对刘知几、章学诚等中国古代著名史家的思想提出批评，而对美国史家蒲卫尔、鲁滨逊、乃特等大加褒扬。他首

---

① 《李维史学研究》等6篇文章，后收入阎宗临《世界古代中世纪史》文集，广西师范大学出版社2007年版。

先强调写作此书的目的,是推翻以前那些利用历史和地理来达到某一目的的学派,洗刷污垢,还其真面目、真价值和真作用。他还就"历史"和"历史学"两个不同的概念进行了区分:"历史"是一种客观地、系统地叙述人类在过去所有行动的记录;"历史学"则是指研究与历史有关的各种理论,搜集、鉴别、整理史料的办法,以及必需的技能与学问。他还主张中国史书应按照西方的方法,进行分类,即分成三类:一是年表类或编年类;二是普通历史类,其中又分为国别史和断代史;三是历史的分析和解释类。《史学通论》于1939年由商务印书馆出版。本书同15年前出版的《史地新论》相比,内容更为丰富,但基本观点并没有发生大的或根本的改变,依然是对西方新史学历史观的阐释。主要内容包括"历史"与"史学"两个概念的解释;史学的科学性质,史学是一门独立的科学;用"今史学"和"昔史学"代替"新史学"和"旧史学",对"昔史学"持严厉批判的态度;史家的责任和史学的功能;史学分类的标准,以及史学和其他科学学科的关系等。

《史学通论》是杨鸿烈的又一代表作,1939年由商务印书馆出版。这是作者在各高校讲课时的讲义,主要内容是什么是历史,历史究竟是怎么回事。从这部著作可看到日本和西方史学对作者以及整个史学界的影响,也可看到当时中国史学界对理论问题关注的内容和重视的程度。《史学通论》七章的主要内容是:导言、史学"科学性质的鉴定"、史学的"今"与"昔"、论历史的正当"目的"、论历史的功用、论历史的分类、论与历史有关系的种种科学。这七章应该说内容是十分丰富的,而且有较强的针对性。当时中华民族抗日战争如火如荼,对于广大史界同人,如何以历史研究为武器,发挥历史学的积极作用,投身于这一伟大斗争中去,作者似也在考虑。但是,由于作者对马克思主义唯物史观不仅不熟悉,反而有误解,简单地将"经济史观"视同为"唯物史观"的一个派别，甚至是它的全部。这样，作者的历史认识就难免出现偏差。

杨鸿烈在《史学通论》中正确地提出了一些问题，但却没能正确地回答这些问题。由于时代的、阶级的局限使然，这些并不难理解。他认为，凡是一元的历史解释都不可靠，他信奉的是"多元综合进化史观"，诸如让·波丹（Jean Bodin，1530—1596）、孟德斯鸠、亨利·托马斯·博克尔（Henry Thomas Buckle，1821—1861）的人种地理史观、斯宾塞、托马斯·亨特·摩尔根（Thomas Hunt Morgan，1866—1945）、赫胥黎、尼采（Friedrich Wilhelm Nietzsche，1844—1900）的生物学史观、西格蒙德·弗洛伊德（Sigmund Freud，1856—1939）的"色欲史观"，都可以与唯物史观等同并论。杨鸿烈著《史学通论》的突出优点，是内容丰富。例如，在"导言"中，作者介绍了大量中外学者关于"历史"和"史学"的论述；他在指出一些人的谬误的同时，提出了自己的观点。在"论与历史有关系的种种科学"这章中，作者论述了语言文字学、年代学、考古学、人类学、民俗学、社会学、政治学、经济学、地理学、文学、哲学、心理学与史学的关系。与杨鸿烈的另外两部著作《史地新论》《历史研究法》相比，《史学通论》能给人们留下更深的印象，原因可能也在此。

李泰棻著有《史学研究法大纲》，1926年由北京武学书馆出版。这部著作由"原史""读史""作史"三部分组成。内容涉及历史的定义、史学的目的、史学与科学、史识、史料、编体，以及历史的因果关系等，表现出作者在西方史学理论方面的较高修养，不仅对德国的兰克学派、以鲁滨逊为代表的美国新史学派的理论与方法多有阐述，而且对法国史学家瑟诺博司、德国史学家伯伦汉等人也十分熟悉，书中有不少引文出自他们的著述，如对鲁滨逊《新史学》第三章进行了全文翻译。李泰棻对日本史家的思想也有介绍，特别是对坪井九马三的《史学研究法》涉及尤多。

在《史学研究法大纲》中，李泰棻还汲取了中国历代史家的史学思想，这可看作是这部著作的又一特点。刘知几、章学诚、梁启超、陈黻宸（1859—1917）等人的史学思想被列入世界史学名家思想之中，这足以表明，所谓中国史学特别是中国古代史学只有实践，没有理论的说法是不能成立的。

《史学研究法大纲》以进化论为理论基础，强调历史研究既要研究"进化之现象"；也要研究历史的因果关系，认为事之相属，必有因果；前事之因，为现事之果；现事之因，为后事之果；因果互乘，递嬗无已。李泰棻同样主张历史研究要广泛汲取多学科的研究成果。在论及经济学时，对马克思主义在历史研究中的作用，做了实事求是的评论。他认为，19世纪以前的史家，不注意永久而且普遍之原动力，至是反能特别注意。开此研究新路者，不能不推马氏也。李泰棻明确反对历史研究中的"欧美中心论"，认为这是败坏"史德"的表现。

何炳松著《历史研究法》，1927年7月由商务印书馆出版。①这部著作是在大量参考法国朗格罗亚（朗格诺瓦）、塞诺波（瑟诺博司）的《史学原理》、德国朋汉姆（伯伦汉）的《史学方法论》的基础上写成的。② 其目的"意在介绍西洋之史法。故关于理论方面，完全本诸朋汉姆，朗格罗亚，塞诺波三人之著作。遇有与吾国史家不约而同之言论，则引用吾国固有之成文。书中所有实例亦如此。一以便吾国读者之了解，一以明中西史家见解之

---

① 何炳松的《历史研究法》有两个版本。除1927年商务印书馆的这个版本外，另一《历史研究法》发表在《民铎》杂志1929年第10卷第1号。该长文后有何炳松写下的【附注】："此系十七年八月七日著者承王云五先生邀请，在上海尚公学校向暑期图书馆讲习所同学所讲的原稿，并承张才快字速记团团员记录成文，兹谨声明志谢。"载《民铎》杂志《历史研究法》的九节内容是：绪论；搜集材料；辨明史料的真伪；知人论世；明了史料的意义；断定历史的事实；比次历史的事实；勒成专门的著作；整理中国史的一个愚见。

② 这两部著作都有中文单译本：[法]朗格罗亚、塞诺波：《史学原理》，李思纯译，商务印书馆1926年版；[德]朋汉姆：《史学方法论》，陈韬译，商务印书馆1937年版。

大体相同。初不敢稗贩西籍以欺国人,尤不敢牵附中文,以欺读者"。[1] 在编译过程中,何炳松从中国史学的传统与现实出发,也有选择地汲取了中国传统史学的有关内容,大量引用了刘知几、章学诚、崔述、王充的相关观点。

何炳松认为,历史的定义有两种:一是"人类过去的活动";二是"人类过去活动的记载","不过现在我们在科学上所谓历史,当然专指第一种人类过去的活动而言,并不是历史的著作,或历史的书籍"。所谓研究法,就是探讨真理的方法。"历史研究法,就是探讨人类过去活动的真相的方法。"[2] 何炳松《历史研究法》全书计十章,除绪论和结论外,主要内容是:博采、辨伪、知人、考证与著述、明义、断事、编比、著作等。何炳松强调,历史研究要关注"已往人群之活动",而且应该是全部的活动,例如政治、经济、宗教、教育和艺术的活动等。他在述及这个问题时,特别强调了"历史所述者,非人类各种活动之静止状态也,乃其变化之情形也。史家所致意者,即此种空前绝后之变化也,非重复之事实也。故历史者,研究人类活动特异演化之学也,即人类特异生活之记载也"。[3] 这是十分重要的,历史正是在不断的"变化"中前进的,史家正是从历史的"非静止状态"到"空前绝后之变化"的过程中,探求历史矛盾运动的动因。史学的功能不在于"资政",而在于向人们提供"正确的历史知识"。

在何炳松看来,现在的所谓历史研究法,同中国传统的"史法"完全不同。从前中国所谓史法专讲"褒贬笔削"这一类话;至于现在的历史研究法和我国向来所谓《春秋》的笔法是不同的。他认为史学的功能主要表现在以下三个方面:其一,"历史为说明现状由来之学,学者果能对于以往陈迹,多所会心,则对于当代

---

[1] 《何炳松文集》第4卷,商务印书馆1997年版,第6页。
[2] 何炳松:《历史研究法、历史教授法》,上海古籍出版社2012年版,第59页。
[3] 《何炳松文集》第4卷,商务印书馆1997年版,第11—12页。

情形，必能了解。穷原竟委，博古通今"；其二，"方今社会科学，日进无疆；然研究虽精，讫未完备。盖徒事直接观察，仅能明白现情，如欲再进而知其趋向之方，悉其演化之迹，则非有历史研究不可。近世研究人类科学者，莫不以历史为其入门之坦途"；其三，也是最重要的，是"培养智慧之功。盖受史法之训练者，辄能遇事怀疑，悉心考证，轻信陋习，藉以革除"。"学者研究之余，深知人类习俗不同，其来有自，……此驱逐成见之有益智慧。""历史所述，为古今社会之变迁，及人事之演化。吾人藉此得以恍然于人类社会之消长盈虚，势所必至。"[①] 何炳松对史学功能的上述认识，显然是有助于扩大史学学习者、研究者的视野，直接或间接地推动了历史学的发展，日积月累，必会使一个国家的历史文化素质，在整体上得到逐渐提高。

何炳松在讲历史研究法时，着重讨论了历史研究与自然科学研究的异同，以及两者之间的关系。他从三个方面将历史研究和自然科学的研究法进行了对比，认为两者的观察点不同；研究对象的性质不同；研究的步骤也不同，故不同意将自然科学的方法引入历史研究，但何炳松认为，历史学作为一门科学却是毫无疑义的。"唯所谓科学，乃有条理之智识之谓。史学之观察点及方法，虽与其他科学不同，然其为有条理之智识，则初无二致。而史学之志切求真，亦正与其他科学之精神无异。故史学本身，虽远较其他科学为不备，终不失其为科学之一种也。"他还特别强调："仅有自然科学，不足以尽人类之知识也，并必须历史知识以补充之。故历史知识之重要，初不亚于研究自然之科学。"[②]

何炳松著《历史研究法》，虽然大量参考了法国朗格罗亚、塞诺波，德国朋汉姆的史学理论著作写成，但其观点绝不是仰承洋人鼻息，一味西化，而是通过中外比较，为中国传统史学的理论方法

---

① 《何炳松文集》第 4 卷，商务印书馆 1997 年版，第 73—74 页。
② 同上书，第 15 页。

论正名。章学诚、崔述（1740—1816）和王充（27—约97）等人的精辟论述不乏出现，这应该是本书的一大特点，也是一大优点。何炳松在介绍西方史学观点时，多以中国史学史上的实例加以说明，通俗易懂，受到中国史界同仁的欢迎。"文如其人"，这和何炳松一贯的爱国主义精神是一致的，绝非偶然。

当时在某些人看来（直至今天也大有人在），中国虽然是个史学大国，历代留存的典籍十分丰富，但理论方法论著作却"寥若晨星"，甚或干脆没有，这可视为中国史学的重大缺陷。何炳松对这种观点进行了批驳。他认为，从史学发展整体上看，史学理论落后，并非是中国所独有。西方史家关注史学理论研究，也不过200来年的事，一些有影响的名著出版，也不过是最近30年的事情。他说："吾国专论史学之名著，在唐有刘知几之《史通》（中宗景龙时作），离今已一千二百余年。在清有章学诚之《文史通义》（乾隆时作）离今亦已达一百七八十年。其议论之宏通及其见解之精审，决不在西洋新史学家之下。唯吾国史学界中，自有特殊之情况。刘章诸人之眼界及主张，当然不能不受固有环境之限制。若或因其间有不合西洋新说而少之，是犹讥西洋古人之不识中国情形，或讥吾辈先人之不识飞机与电话也，又岂持平之论哉？"①

何炳松在《历史研究法》的《序》中，为人们开了一个书单，而且强调如果能将这些书"一一加以悉心之研究，即类起例，蔚成名著，则其承先启后之功，当不在朋汉姆、朗格罗亚与塞诺波之下"。② 这些书是：王充《论衡》、崔述《考信录提要》、姚际恒（1647—约1715）《古今伪书考》、王念孙（1744—1832）《读书杂志》、王鸣盛（1722—1798）《十七史商榷》、钱大昕（1728—1804）《二十二史考异》、司马光（1019—1086）《资治通鉴考异》、李焘（1115—1184）《续资治通鉴长编》、李心传（1166—

---

① 《何炳松文集》第4卷，商务印书馆1997年版，第5页。
② 同上书，第6页。

1243)《建炎以来系年要录》、刘知几《史通》、章学诚《章氏遗书》、顾炎武《救文格伦》、顾炎武《日知录》、赵翼（1727—1814）《陔余丛考》、赵翼《二十二史札记》，以及《四库全书总目提要》等。欲学习或研究中国传统史学的理论，上述著述不可不读，显然，这些著作是经过精心选择的。在与西洋史学理论的比较中，批驳"中国史学没有理论"的谬说，是何炳松的匠心所在，这不仅在当时，即使在近90年后的今天，仍有重要的现实意义。

上述表明，何炳松在介绍西方史学理论的同时，并没有妄自菲薄，盲目否认中国传统史学的理论成就，不仅为其辩护，而且有"与时俱化"的眼界，主动地将中外史学理论加以比较，力求在比较中融会贯通，写出有时代特点的新的史学理论。何炳松的《通史新义》和《历史研究法》，在这方面进行了有益的探索。

何炳松的《通史新义》，1930年由商务印书馆出版。撰写此书的目的是"介绍西洋最新之通史义例，盖因依据各种最新人文科学研究而来，较吾国固有者为切实而适用，足备国内史家之采择，初不敢因其来自西洋，遂奉之为金科玉律也"[①]。该书的主要内容，绝大部分出自法国史学家塞诺波的著作《应用于社会科学上之历史研究法》（《社会科学与历史方法》）。除《自序》和《中国史学之发展》一节，涉及"编年史""纪传体""纪事本末""浙东史学之世系支派"等内容外，其余与塞诺波的专著基本相同，因此从某种意义上可以说这是一部编译作品。

何炳松并非是为了介绍而介绍，为了翻译而翻译，而是自觉地和20世纪初中国新史学的建设，特别是"通史"的建设密切联系在一起，通过学习、研究西方史学的有益内容，服务于中国史学的

---

① 何炳松：《通史新义》，广西师范大学出版社2005年版，第10页。

发展,也正是出于这样的考虑,所以他才加上《中国史学之发展》一节,① 以弥补塞诺波的著作仅有《西洋史学之发展》的不足。针对中国史学研究的现实,何炳松在书中明确提出史料和著作应该分开,中国现时流行的通史义例似是而非,通史不宜独尊。

何炳松希望总结司马迁、刘知几、章学诚等中国史家的史学思想时,有的放矢地介绍西方新史学的"通史义例",在此基础上探讨中国新史学的编撰方法,包括史料的研究方法和通史的撰写原则等。这从何炳松的长篇《自序》中,可清楚地看到他建设中国新的通史的迫切心情。他说:"吾国自清末季废止科举改设学校以来,一般学子及社会中人之需要中外通史借资挹揽,不可谓不亟矣。然迄今已达二十余年,西洋通史之著作虽已有相当之成就,而本国通史之纂辑,则求其能合现代所谓新史学眼光者反寥若晨星焉。此何故耶?岂吾国史才不逮西洋耶?则如清代史家章学诚其人者,其史学见解之卓绝精微,在著者眼中观之,有时且远驾西洋明史之上。《文史通义书教》篇中所论之记注撰述,及《史德》篇中所论之天人之际,即吾人今日新史学上所谓史料与著作之关系及主观客观之辨别也,其精审透辟。即其一例。然而吾人迄今尚无一部差强人意之中国通史焉,则又何耶?著者愚见以为此盖因吾国编纂通史之人尚未能如西洋史家之能利用最新方法耳。此则吾国学术上之环境有以致之,非吾国史家之过也。"② 何炳松把中国通史研究中的不足,归结于"尚未能如西洋史家之能利用最新方法"。是否是这样?自然还可以讨论,但应该充分肯定的是:编纂《通史新义》是为了

---

① 1930 年,何炳松的《通史新义》在商务印书馆出版的同时,曾在法国留学的张宗文,也将法国史学家塞诺波的名著《应用于社会科学上之历史研究法》译成中文,1930 年由上海大东书局出版,书名是《社会科学与历史方法》。尽管张宗文在翻译塞诺波的著作时,兼用"直译"和"意译"的方法,以求译文更加流畅,满足中国读者的需求。但是张宗文的文本和作为著名史家何炳松的文本相比较,则明显逊色,不仅仅是中外文的语言理解与表述问题,更重要的是,何炳松加上长篇《自序》和《中国史学之发展》一节后,《通史新义》已不是一本简单的译著了。

② 何炳松:《通史新义》,广西师范大学出版社 2005 年版,第 1—2 页。

中国史学的进步；对中国传统史学既非全盘否定，也非全盘肯定，重视汲取西方史学理论的有益内容，以丰富和完善自己。这不仅为继续扩大西方新史学在中国的影响开辟了道路，而且对于当时建设中国新史学也有一定的理论意义和现实意义。

19世纪中叶，马克思主义唯物史观的诞生，揭示了人类历史矛盾运动的规律。唯物史观在传播的过程中，常被错误地理解成经济决定论的"经济史观"。这种错误的认识，无论在法国史学家塞诺波的著作中，还是在何炳松主要据塞诺波的著作完成的《通史新义》中，都有具体的反映。在20世纪30年代初的中国，这既是何炳松个人的局限，也可视为时代的局限。例如，《通史新义》中写道：社会主义派别，"其根本观念以为经济组织为一切社会之基础，所谓改良社会即改良经济制度。此说也'马克思信徒'持之尤力，其他社会事实则均置之第二位。不仅理智上及宗教上之事实为然，甚至政治上之事实亦复如此。……据社会主义者之意，所谓'社会的'事实纯属经济的事实。而此辈即应用此种意义于社会科学中，所谓'社会科学'者乃渐变为经济科学之别名矣"。[1] 又如，"社会阶级之兴起，一部分盖原于经济，……然一部分亦原于政治，……是故阶级之划分不尽如社会主义者所主张纯由于经济之关系。阶级制度盖一种混合之制度也。社会之'结构'为一种经济现象与政治现象之产品"。[2]《通史新义》在《社会史之系统》一章中，专门叙述了"圣西门—马克思及其学派"，所谓"马克思取圣西门之观念，据以造成一种特异而普遍之系统以说明一切人类社会之演化。……彼以为足以引起他种变化者实为生产方法之变化，故生产方法之变化实为演化之最后原因"[3]。由何炳松本人和时代的局限，导致的对马克思主义唯物史观的误

---

[1] 何炳松：《通史新义》，广西师范大学出版社2005年版，第5页。
[2] 同上书，第152页。
[3] 同上书，第132页。

读，是这本著作在历史观方面的主要缺陷。

《通史新义》有导言《历史研究法与社会科学》，此外，全书由上篇《社会史料研究法》和下篇《社会史研究法》，计21章组成。在《通史新义》中，何炳松对学习西方史学中存在的一些问题提出批评，阐明了自己的主张。他说："吾国近年来史学界颇受欧化潮流之激荡，是以努力于通史编纂者颇不乏其人。其对于西方史学原理之接受，正与一般政治家、经济学家、新文学家同，一时呈饥不择食活剥生吞之现象。偏而盖全，似是而非之通史义例因之遂充斥于吾国现代之史著中。彼曾习统计学者，以为研究历史应用统计法焉；彼曾习生物学者，以为研究历史应用进化说焉；彼曾习自然科学者，以为研究历史应用因果律焉；彼曾习经济学者，以为研究历史应用经济史观焉；彼曾习论理学者，以为研究历史应用分类法焉。一时学说纷纭，莫衷一是大有处士横议，百家争鸣之概。诚不可谓非吾国史学界复兴之朕兆也。"何炳松认为，上述种种方法"无一足当通史义例之目"。因为"吾辈研究历史，志在通达，则于其名实相符，绝非片面义例所能胜任而愉快"。[①] 因此他强调对西方的史学理论，包括最新的理论与方法，也要有所选择，切不可"活剥生吞"全盘接受。

罗元鲲（1882—1953）著《史学概要》，于1931年由武汉亚新地学社出版。1935年上海开明书店再版时，改名为《史学研究》。这部著作，系根据作者在湖南省立第一高级中学时的讲稿编写。罗元鲲，字翰溟，新化洋溪冷水巷人。曾任湖南新化县督学，积极反对旧史学，拥护新史学。1898年在湖南实业学堂读书，1906年毕业于湖南中路师范学堂，成绩优异，监督谭延闿（1880—1930）留他在学堂服务，他婉言谢绝，回到新化毕生从事教育工作，培养了数不清的有用人才，诸如毛泽东（1893—1976）、蔡和

[①] 何炳松：《通史新义》，广西师范大学出版社2005年版，第7—8页。

森（1895—1931）、蔡畅（1900—1990）、张昆弟（1894—1932）、罗学瓒（1893—1930）、李维汉（1896—1984）、萧三（1896—1983）、周世钊（1897—1976）等，都曾是他的学生。

《史学概要》计三十二章，较全面地反映了罗元鲲的新史学思想，涉及史学的功能；史学的目的；史料的分类、搜集和整理，以及历史编纂和记述，中西史学的演进等。他认为旧史学的弊病，主要表现为重政治，而忽视社会；相信历史循环论，而忽略历史进化理论；历史视野狭窄，在时间上只知道有史时代，而不知史前时代，空间上只知道中国，而不知世界，只重视少数"英雄"，而忽略民众。此外，在历史叙述中还偏于激情，而有失于客观公正。因此，他积极呼吁新史学要"革除旧弊。树立新声"。

卢绍稷著《史学概要》，由商务印书馆于1930年出版。卢绍稷（1899—?），早年在厦门大学、上海大夏大学就读，1949年后在台湾师范大学执教，直至1973年退休。他受其师何炳松的影响，极力推崇西方新史学派的理论与方法。《史学概要》是卢绍稷的代表作之一。作者指出："大凡研究一种学问，必先知门径，……吾人研究史学，若不先知门径，何能承先启后乎？此现今学校（指高中与大学）之所以皆有《史学概要》，《历史研究入门》或《中国历史研究法》一类学程之开设也。"作者认为。，"史学虽系研究人类社会继续活动的迹象之学；然其本身，亦有进化。例如中国史学，至南宋时代起一转变，自北宋以前为旧史学演化时代，南宋以后为新史学时代。又如西洋史学，至十九世纪起一转变，自18世纪以前为旧史学演化时代，19世纪以后为新史学时代。故本书对于中国史学史与西洋史学史，俱做简明之叙述，使读者得知世界史学之趋势"。

卢绍稷在第一章绪论中，写有历史之定义、历史之目的、历史之起源、历史之进化、历史之分期、历史之性质、历史之种类、史学之定义、史学之目的等内容。此外，还有专门章节，讲述西洋史学大要、西洋史学书目、现代西洋史学之发达等内容。正如作者在《序》中所言，"历史之学说，以新史学派所主张最可信。盖其主张进化，而言今古不同，反对以历史为褒贬或作殷鉴之工具，并反对专记人名、地名与事实及时期……关于此派学者，西洋可以美国鲁滨生为代表，中国可以何炳松先生为代表"。[1] 由此不难看出，这部《史学概要》与西方史学的关系应该说是十分密切的，例如作者在阐释自己所提出的"历史之定义"时，除了引用《说文》、何炳松、李守常（李大钊，1889—1927）、陈衡哲、萧一山（1902—1978）等中国典籍或学者的有关论述外，还直接引用了奥古斯丁（Aurelius Augustinus，354—430）、弗里曼、兰克、鲁滨逊、亨利·约翰逊、杜威（John Dewey，1859—1952），以及日本史家坪井九马三等人的论述。

同在1931年6月在北平师范大学《师大史学丛刊》创刊号上，黄公觉发表有《新史学概要》。在这篇文章中，除个别处谈及德国史学家兰普雷希特（Karl Lamprecht，1856—1916）外，全篇都是在介绍美国新史学派史家鲁滨逊及其弟子们的观点，并表示赞同。黄公觉尤其重视历史研究的综合方法，专节阐释"新史学与社会科学之关系"，文章认为，"旧史学是闭门造车的东西。新史学则是与各种科学——特别是社会科学——结婚的产物。若是历史和社会科学一离婚，它就马上变成旧史学了"。黄公觉将新旧史学的分野，以史学是否和社会科学结盟为标示，由此可以看出新史学方法的特点，以及史学的综合研究在当时的意义和影响。

除上述著作外，在胡哲敷（1898—?）的《史学概论》（1935）、李则纲（1891—1977）的《史学通论》（1935）、陆懋德的《史学方法大纲》（1945）、吕思勉的《历史研究法》（1945）等著作中，

---

[1] 卢绍稷：《史学概要》，商务印书馆1930年版，第2—3页。

也都不同程度地阐释或借鉴了西方的史学理论。这种阐释或借鉴，大多考虑到了中国史学的传统和现实。例如，吕思勉在《历史研究法》中，论述的内容甚为丰富，包括为什么要研究历史、历史的历史、史学进化的几个阶段、旧时历史的弊病何在、现代史学家的宗旨、作史的方法、研究历史的方法等，但论述的范围只限于中国史。20世纪上半叶，西方史学理论的译介，对中国史学的发展，特别是对中国世界史学科建设和发展所产生的影响，是不可忽视的。

五　史学方法

西方史学方法与西方史学理论同时传入中国。民国时期，高校历史系普遍开设史学方法论这方面的课程，"史学方法"成为历史学系的必修课。当时的一种有代表性的看法是：学习或研究历史，自当从史学方法开始，史学专业化自然离不开史学方法论的学习。受研究基础和研究条件的局限，当时的教材主要是外国史家的著作。

20世纪二三十年代，在中国学界产生重要影响的有如下译著：何炳松翻译亨利·约翰生的《历史教学法》，由商务印书馆于1926年出版。本书原名为《小学中学中的历史研究法》，于1915年出版，1922年夏何炳松受王云五、朱经农委托翻译。本书16章，内容包括历史教学的原理；史学研究法；史学新学说、新趋势；历史的性质；史料的收集和鉴别；历史学科的目的；课程设置和历史教科书；欧美历史教学的发展过程；历史学同其他学科的关系；历史学科的爱国教育与道德教育；历史教学的教具；历史教学的参考书；辅助活动和考试制度等。为读者使用方便，书末有历史教授法、历史名著指南、图解的材料的目录、参考书选要和对于本书的问题5个附录。所谓"对于本书的问题"，即对本书16章每章的主要内容，以提出问题的形式进行浓缩和概括。

亨利·约翰生是美国哥伦比亚大学师范院历史系教授,美国新史学的践行者。因此,他的《历史教学法》被称作"新史学的"《历史教学法》,似更准确。《历史教学法》第一章开宗明义地回答了"历史是什么",他说:"就广义的说起来,历史是曾经遇到过的无论什么东西。历史就是过去的本身,不管过去是什么。但是过去不能直接观察的。我们所知道的,一定要从时间、机会同人类的远见等,所保存下来的从前状况同事实的遗迹方面研究得来。所以当我们要造成一个历史观念的时候,我们应该注意的就是这种遗迹,研究他们的方法,同研究所得的结果。"约翰生还认为"历史的事实,是单独的事实。可以有一,不能有二的。无论某种事实,它的重要并不是因为它普通,但是因为它单一"。

关于历史学的功能,约翰生强调"自从希罗多德同修昔的底斯(修昔底德)以来到了现在,差不多已有二千余年了,历史著作的能事,好像尽于叙事同垂训的二途。虽然各人的文体各不相同,各人所选择的事实各不相同,各人所特别注意的教训或先例各不相同,各人说明各种事实的哲理亦各不相同;但是总离不开叙事或垂训二种主义以外"。约翰生的《历史教学法》,建立在"历史的科学观念"上,即"历史为科学。历史的根本观念,就是发达的观念,……一直到了近世时代,我们才真正明白这个观念,而且当他为一个重要的观念应用起来。发达包括继续,继续包括一贯"。[①] 这些可以视为美国新史学旗帜下,历史教学方法的基础。

在20世纪20年代的中国,这部著作的积极作用毋庸讳言。1924年12月,何炳松在为该书中文本写的《译者赘言》中,对该书的"新史学"价值给予高评价,认为它"主张进化,主张今

[①] [美] 亨利·约翰生:《历史教学法》,何炳松译,上海古籍出版社2012年版,第1、13、14—15页。

古的不同，反对以历史为褒贬或者作殷鉴的工具，反对专去记忆事实同时期等"。但是，他对哥伦比亚大学校长白脱拉博士为该书写的《编辑者的导言》却不以为然，认为他的某些观点陈旧，与"新史学"相悖。

何炳松在翻译西方史学著作的过程中，常为人名、地名，以及相关学科概念、科学术语的翻译方法所扰，这不仅在当时，直至今天也没有得到解决，特别在外国古代中世纪，以及史学理论方法论的著作中，这个问题就更加突出。1926年，何炳松和程瀛章联名发表《外国专名汉译问题之商榷》。[①] 作者认为，由于音译、意译没有标准；中外语音不同难求适合之字；西方语音各国也不同，所以在汉译时会有许多困难，经常会出现错误。为解决这些问题，何炳松等提出，应决定音译、意译的区别与标准；中西相当之音的汉字须固定，不得随意替换。但是，在汉译的实践中，这些却是很难掌握的。尽管统一外国专名汉译问题，始终是一个难题，但何炳松等文章的发表，对于如何解决这个难题，还是十分有意义的。

1931年，何炳松和程瀛章、张辅良、黄绍绪、许炳汉等共同编写的英汉对照本《百科名汇》，由商务印书馆出版。这是汉译专用的一部辞书，该书收集"西文原名"4万多个、"汉译名词"6万多个，涉及文学、史学、哲学、政治学、经济学、社会学、教育学、法学、宗教学、地理学、音乐、农学、算学、物理学、生物所、医学、地质学、气象学、天文学、建筑学、工程学、航空学等22个学科。为保证该书的权威性，出版社约请了蔡元培、胡适、唐钺（1891—1987）、傅运森、陈翰笙、竺可桢（1890—1974）、翁文灏（1889—1971）、萧友梅（1884—1940）等专家审定。王云五在《百科名汇》的《序言》中，对这部工具书给予了充分的肯

[①] 该文载《东方杂志》1926年第23卷第23号。

定。他认为,"我们觉得在中国还没有编成一部百科全书的时候,有了这样一部比较详备的书,对于有志研究新科学的人总算有一种相当的帮助,省得他们因为一个名词或者一个术语要去查考各种专科辞书或拉丁文的麻烦"。① 这部《百科名汇》虽然不可能完全解决译法统一问题,但与以往学界通用的《标准汉译外国人名地名表》② 相比较,却是前进了一大步,在当时产生了积极的影响。

1937年,德国伯伦汉著《史学方法论》,经陈韬译,由商务印书馆出版。此书原在1889年出版,是较系统阐述西方实证史学的代表作之一。该书中文本问世后,即在国内学界产生了广泛且久远的影响。与以往的同类著作相比,伯伦汉《史学方法论》无论在论述的深度、广度,还是在系统性方面,明显高出一筹。

1875—1883年,伯伦汉在哥廷根大学历史系讲授"历史学导论"和"历史方法学"。这既是他讲课的8年,也是他继续深入研究这些问题的8年。1880年,他撰写的《历史研究与历史哲学》出版,可视为这个阶段的重要成果之一。伯伦汉《史学方法论》在国外有1889年、1894年、1903年、1908年4个版本,共刊印10次。陈韬译的中文本,系根据1903年版译出。它作为欧洲史学名著传入中国,并对中国史学产生影响并不偶然。这部厚积薄发之作是作为欧洲史学的代表性成果之一被介绍到中国来的。这部著作阐述了历史学的概念和本质;方法论,历史方法之特质,方法学之分类;史料学,史料的分类和搜集、史料的考证、史料的综合与编写,强调"探讨解释、结合、综观及叙述等方面之反求作用,兰克氏亦曾致力于其形成,其工作殊不易以数语了之,著

---

① 何炳松等编:《百科名汇·序言》,商务印书馆1931年版。
② 在此之前,商务印书馆为解决外国人名、地名的统一问题,曾聘请余祥森、何崧龄等编有《标准汉译外国人名地名表》,1924年问世后,曾多次修订,1935年的版本较之旧版本,至少增加了1/3的内容。

者惟有承认本书中有关此之诸篇,其中大部分之知识及规例,均系得之兰克氏之实例及启发者"①。伯伦汉史学渊源于兰克,特别是凸显了兰克的史料考辨方法,所以本书对兰克学派的史学思想和史学方法,也有较多的论述。伯伦汉《史学方法论》的最后一章是"综观",具体内容是解释、综结、复述与幻想、一般因素之综观、历史哲学,以及综观之本质(客观性与主观性)。

伯伦汉的史学理论与方法,在近代以来我国的史学理论方法论建设中有广泛影响,如陆懋德、傅斯年、姚从吾、孔繁霱(1894—1959)、张贵永(1908—1965)等史家的著述中,都可以看到伯伦汉史学方法的影响。如陆懋德《史学方法大纲》(独立出版社1945年版)一书的写作思路和研究内容,都可以看到伯伦汉《史学方法论》的痕迹。

傅斯年也十分重视伯伦汉《史学方法论》,该著作是他1929年始在北大教授史学方法导论的一本主要参考书。傅斯年讲授"史学非求结论之学问""中国和欧洲历代史学观念的演变""统计方法与史学""史料论略""古代史与近代史""史学的逻辑"和"史观"等,都可看到伯伦汉史学方法的影响。1934年,姚从吾从德国回到北大,接替傅斯年,继续讲授史学方法。他在德国留学期间深受兰克的影响,在北大讲课时,除讲兰克的史学思想外,另外两位德国史家尼布尔和伯伦汉的史学思想也在讲授的范围之内。"历史学的性质和任务""史料学(史源学)""历史学的辅助学科""欧洲诸种历史观"等,都不同程度地受到伯伦汉史学思想与方法的影响。民国时期,各大学历史系专业在讲授史学方法相关的课程时,其内容基本以伯伦汉的史学方法为主。

傅斯年早年就读北京大学,五四运动学生领袖之一。1918年11月,傅斯年与罗家伦(1897—1969)、徐彦之(1897—1940)等

---

① [德]伯伦汉:《史学方法论》,陈韬译,商务印书馆1937年版,第182页。

发起成立"新潮社",创办《新潮》杂志,介绍近代以来西方的社会思潮,讨论中国社会和学术问题。胡适等将其与欧洲文艺复兴运动相提并论,给予高度评价。1919年夏,傅斯年毕业后考取庚子赔款官费留学生,先后就读于英国爱丁堡大学、伦敦大学研究院,研究学习实验心理学、生理学、数学以及相对论、量子力学等。1923年入柏林大学哲学院,学习比较语言学。1926年冬回国,先后任中山大学、北京大学教授。1929—1934年,傅斯年在北大史学系讲授史学方法,主要内容包括中国及欧洲史学观点的演进、自然科学与史学的关系、史料之整理方法等。在讲述上述内容时,可清晰地看到英国和德国史学理论特别是德国史学理论的影响。傅斯年在讲义中写道:"史学的对象是史料,不是文词,不是伦理,不是神学,并且不是社会学。史学的工作是整理史料,不是做艺术的建设,不是做疏通的事业,不是去扶持或推倒这个运动,或那个主义。"基于此,他认为"史学便是史料学,这话是我们讲这一课的中央题目。史料学便是比较方法之应用,这话是我们讨论这一篇的主旨"。① 从傅斯年的这些观点中,人们很容易看到德国兰克史学思想的影子。

姚从吾的《历史研究法》是他20世纪30年代中期在北大史学系的讲稿。姚从吾,1894年出生在河南襄城,1917年考入北京大学史学系。1923年入德国柏林大学学习,师从历史学家朗克和海尼士,专攻历史方法论及中西交通史等。1929年任波恩大学东方研究所讲师。1931年任柏林大学汉学研究所讲师。他在德国学习十余年,学贯中西,1934在国家危难之时回国效力。他的学术经历和心路历程,自然会在北大史学系的授课内容中表现出来。

姚从吾《历史研究法》的主要内容是:历史学的性质与任务、史源学、历史学的辅助科学和历史学与其他社会科学的关系、欧

---

① 傅斯年:《史学方法导论》,载《傅斯年全集》第2册,台北联经出版事业公司1980年版,第337—228页。

洲近代通行的几种历史观等。"历史研究法"后改名为"历史学研究法",其讲授内容与"历史研究法"大同小异,主要内容是:现代历史学的性质与任务、历史方法论、欧洲史学家所称道的几种历史观、历史学与其他社会科学的关系和历史学的几种辅助科学。除"历史方法论"外,其他其内容在"历史研究法"中,基本都有涉及。姚从吾在该讲义的"导言"部分曾写道:这本讲义"大致以班海穆(伯伦汉)的《历史学概论》为主,兼参考班海穆的《历史研究法历史哲学(教科书)》,鲍瓦的《历史研究入门》,裴德儿的《历史研究法教科书》三书。比较上参用后二书尤多。因为全书是取人成说,又只撮取大要,故拟名'述要'"。①姚从吾强调,探究"历史研究法"要注重将中外相关的史学理论、史料学、史学史结合起来进行研究,同时还要重视历史学与其他社会科学、自然科学和文学等的联系。

傅斯年和姚从吾的讲义表明,在 20 世纪 30 年代中期,西方的史学理论不仅已经传入中国,而且在中国已经产生了一定的反响,研究或学习西方史学已非个别人所为,西方史学的理论与方法,已被写入北京大学等高校的教材和讲义中。

除一些专著外,一些在欧美受过教育的教授在教学实践中,编写了史学理论方法论的讲义,其间自然留有欧美史学理论的印迹,反映出外国史学理论的一些新进展。这些讲义虽大都未正式出版,但因多年使用,所以其影响也不可低估。

2018 年,李孝义编校《史学研究法未刊讲义四种》,作为"中国近代史学文献丛刊"之一,由上海古籍出版社出版。除姚从吾的《历史研究法》之外,《讲义四种》还收有黄人望的《史学研究法讲义》(1914)、柳诒徵的《史学研究法》(1916)、李季谷的《历史

---

① 参见李孝义编校《史学研究法未刊讲义四种》,上海古籍出版社 2018 年版,第 127 页。这里所说的"历史学为四部",指讲义的 4 编:1. 历史学的性质;2. 历史的研究法(即史源学或史料的研究);3. 欧洲近代通行的几种历史观;4. 历史研究的范围。

研究法》（1933）。这分别是他们在北京高等师范学校、南京高等师范学校、北平大学法学院的讲义。编校者认为："本书所收录四种史学研究法未刊讲义，大体可反映国内史学方法论课程的'西化'程度，同时也透示中国史学界摄取方法论知识经历了'坪井九马三时代'向'伯伦汉时代'的转变，这与近代以来国内学术界吸收西学途经日本到直接取自欧美的走向，亦同步一致。"[①] 应该说，编校者的这一判断是符合事实的。

黄人望（1880—1948）早年毕业于日本早稻田大学，1908年回国。1914年受聘于北京高等师范学校，主讲中国史。他的《史学研究法讲义》根据坪井九马三的《史学研究法》编成，除"序言"外，主要内容是史料编、考证编、史论编，简明扼要。柳诒徵的《史学研究法》，主要依据日本学者坪井九马三的《史学研究法》、高桑驹吉的《西洋史参考书略解》等著成。主要内容是历史之种类、史学之定义、史学之材料、史学之补助学科、史料之整理、史事之考证及批评、历史哲学（理论史学）等。李季谷（1895—1968）早年留学日本和英国。1930年曾撰有《历史学与历史学之问题》，在英国《留英学报》发表。他的《历史研究法》的主要内容是：导论、历史的概念及认识、历史的原动力及其发达，以及史料等。

1945年1月，陆懋德（1888—1961）著《史学方法大纲》，由独立出版社出版。陆懋德，字咏沂，山东历城人，中国现代史学家。1911年8月与姜立夫、杨光弼等63人作为清廷的第三批赴美留学学生赴美学习，获威士康辛大学文学学士及俄亥俄大学文科硕士学位。回国后历任清华大学、西北师范学院、西北联合大学、西北大学历史系教授。他著述丰硕，除《史学方法大纲》外，还有《中国上古史》《中国史学史》《美法民政之比较》等。

---

① 李孝迁编校：《史学研究法未刊讲义四种》，上海古籍出版社2018年版，第1—2页。

《史学方法大纲》的主要内容是：第一编："历史的意义""历史的地位""历史的方法"；第二编："史料的收集""史料的类别""史料的运用"；第三编："考证的需要""考证的工作""考证的决定"；第四编："解释的的需要""解释的观点""解释的方法"；第五编："著作的体裁""著作的文艺"和"著作的编制"等。在这部著作中，可见到欧洲史家朗格诺瓦（C. V. Langlois, 1863—1929）、瑟诺博司（C. Seignobos, 1854—1942）和伯伦汉对作者的深刻影响，这些欧洲史家的著述，作为该书的直接引文随处可见。但作者不是不加分析地仰人鼻息，而是强调"无所谓中西，但取其长而求其是"的史学旨趣。陆懋德的观点，在某种意义上可视为对这种理论一种发展。20世纪前半期，实证主义在国内外均占主导地位，大多无视历史解释问题，在国内尤其如此，而陆懋德却在《史学方法大纲》中着大量笔墨"抬高历史解释身价"，他认为，历史解释是历史研究不可或缺的环节。但是，由于时代的局限，陆懋德将唯物史观错误地理解成"经济决定论"，认识不到物质和精神的辩证关系，这不可避免地影响到了他对历史真理的深入探求。

在中国世界史研究的实践中，史学方法问题引起越来越多人的重视，除一些专著讨论这个问题外，也有一些有影响的论文开始涉及这个问题。1931年6月，北平师范大学史学会主办的《师大史学丛刊》创刊。陈垣校长在创刊号上发表《日本文学博士那珂通世传序》，对中国史学界忽视对东洋史学科的综合研究提出批评。他说："从来学者多仅守一隅，罕闻有东洋史学科之综合研究。乃那珂氏独创设之，其说明此科之要领有曰：'东洋历史应以支那为中心，而并述东洋诸国之治乱兴亡，以及支那种、突厥种、女真种、蒙古种之盛衰消长。'谅哉言乎！自是之后，日人对吾国历史研究之进步，一日千里，然吾人对于日本历史尚多漠然视之，奇也！又清代以来，专攻元史者辈出，然能以汉文翻译蒙古史籍者，殆不数见。今那珂氏乃以日文译蒙古文籍，成绩卓著，因蒙古文属阿勒泰语系，与日本文法相同，一语一语直译，无须增减，即可成文，此秘自那珂氏发之，故日人研究蒙古文者渐多。吾人若不急起直追，将来势必借日文文献以考蒙古文献，宁非学界之耻？"在这篇文章中，陈垣不是抽象地单纯地谈史学方法问题，而是将其提高到"将来势必借日文文献以考蒙古文献，宁非学界之耻"这样的高度来认识史学方法问题，给人们留下了深刻的印象。

第三章 历史哲学

一 西方历史哲学传入和李大钊等人的研究

20世纪初，西方历史哲学思想陆续传入中国，影响较大的是美国杜威的实验主义，英国罗素的新实在论和逻辑实证论，法国孔德（Isidore Marie Auguste François Xavier Comte，1798—1857）的实证主义，法国柏格森（Henri Bergson，1859—1941）的生命哲学和直觉主义，德国杜里舒（Hans Driesch，1867—1941）的活力论，德国李凯尔特（Heinrich Rickert，1863—1936）的自然科学与历史科学或文化科学的理论，德国赫尔德（Johann Gottfried Herder，1744—1803）关于人类社会发展进程的历史哲学理论，德国兰普勒希特的文化史观和德国斯宾格勒（Oswald Spengler，1880—1936）的文化形态历史观等。

20世纪初，西方历史哲学思想在中国史学界已引起人们的关注。梁启超说："善为史者，必研究人群进化之现象，而求其公理公例之所在，于是有所谓历史哲学出矣，历史与历史哲学虽殊科，要之，苟无哲学之理想者，必不能为良史，有断然也。"[1] 章太炎曾经指出：历史研究应"深识进化之理，是乃所谓良史也。因是求之，则达于廓氏、斯氏、葛氏之说，庶几不远矣。"[2]

---

[1] 梁启超：《新史学》，《饮冰室合集·文集之九》。
[2] 参见汤志钧编《章太炎年谱长编》（上），中华书局1979年版，第141页。廓氏，即廓模德，今译作孔德；斯氏，即斯宾塞；葛氏，即葛通哥斯，今译作吉丁斯或季廷史，美国社会学家。

五四运动爆发前夕，杜威应其弟子蒋梦麟、胡适等的邀请来华讲学。1919 年，胡适在《实验主义》一文中明确地表述了他在历史认识方面的基本观点："实在是一很顺从的女孩子，她百依百顺地由我们替她涂抹起来，装饰起来。'实在好比一块大理石到了我们手里，由我们雕成什么样'。"①

李大钊较早开始了对西方历史哲学的研究。李大钊，字守常，河北乐亭人，中国共产党创始人之一。早年在日本留学时，开始接受马克思主义学说，1916 年归国后积极参加五四运动，组织北京的马克思主义学说研究会和共产主义小组。李大钊研究西方历史哲学时表现出鲜明的目的性，即不是将其作为单纯的学术，为学术而学术去进行研究，而是通过研究西方历史哲学，通过直接或间接的比较，剖析其理论渊源，更全面地阐释马克思主义唯物史观的基本原理，揭示其科学性。

1923 年 9 月，李大钊首先阐释了"马克思的历史哲学"，他通过研究哲学与社会和历史的关系，认为历史哲学有着广泛的内容。他说："哲学者，笼统的说，就是论理想的东西。理想表现于社会上，或谓以全体而为统一的表现，或谓以部分而为对立的表现。主后说者谓理想之对立的表现者，为政治，为法律，为经济，所以社会哲学云者，有人释为论社会的统一的法则性的东西，亦有人释为政治哲学、法律哲学、经济哲学的总称。""把立于经济的基础上的政治法律等社会构造，纵以观之，那就是历史。所以，横以观之，称为社会哲学者，纵以观之，亦可称为历史哲学。"李大钊还认为，"今欲论社会哲学与历史哲学的关系，必先明历史的概念和社会的概念；今欲明历史和社会的概念，最好把马克思的历史观略述一述。因为马氏述其历史观，却关联历史和社会。原来纵观人间的过去者便是历史，横观人间的现在者便是社会，所

---

① 胡适：《实验主义》，学术讲演会印行 1919 年版，第 29 页。

以可把历史和历史学与社会和社会学相对而比论"。① 李大钊认为，马克思的历史哲学与唯物史观即马克思的历史观有着直接的联系，正是这些科学的理论，把历史学提到与自然科学同等的地位，开辟了历史研究的新纪元。

1923年春，李大钊在上海复旦大学作了题为《史学与哲学》的演讲，明确阐述了史学与哲学的关系。他认为史学可以分成"记述历史"和"历史理论"两部分。"记述的历史的目的，是欲确定各个零碎的历史事实，而以活现的手段描写出来，这是艺术的工作。历史理论的目的，是在把已经考察确定的零碎事实合而观之，以研究其间的因果关系的，这乃是科学的工作。"

李大钊强调，"此外，又有历史哲学一项"。他认为，"历史哲学是研究历史的根本问题的。如人类生活究竟是什么？人类的行动是有预定轨道的，还是人生是做梦一般的？我们所认为历史事实的是真的呢，还是空虚的？人类背后究竟有根本大法操持一切的呢，还是历史上种种事实都是无意义的流转，譬彼舟流不知所届呢？人类自有史以来，是进步的，还是退化的？人类进化果然是于不知不识中向一定的方向进行呢，还是茫无定向呢？国家民族的命运及其兴衰荣枯，是人造的，还是人们无能为力的？种种事实，纷纭错杂，究竟有没有根本原理在那里支配？这都是历史哲学的事"。② 李大钊这里所说的历史哲学研究的主要内容，反映了当时西方历史哲学研究中所涉及的主要问题。

1923年8月至1924年7月，李大钊对西方历史哲学进行了较深入研究，主要著述有：《桑西门的历史观》《孔道西的历史观》《史观》《鲍丹的历史思想》《鲁雷的历史思想》《孟德斯鸠的历史思想》《韦柯及其历史思想》《马克思的历史哲学与理恺尔的历史哲

---

① 《李大钊选集》，人民出版社1959年版，第292页。
② 李大钊：《史学与哲学》，见李大钊《史学要论》，河北教育出版社2000年版，第244—245、247页。

学》等。这些文章,大多收入《史学思想史讲义》。

桑西门(comte de Saint-Simon,1760—1825),今译为圣西门,法国空想社会主义者。他认为人类的历史是一个统一的、进步的、有规律的发展过程。李大钊从"桑西门在社会主义思想史上的地位""桑西门与孔道西、桑西门的历史法则""知识的历史观与经济的历史观""桑西门的'黄金时代'观及其世界的国家思想""桑西门的宗教观及其门徒"等方面,论述了桑西门的历史哲学思想:"历史的现象,如以之为一个全体而观察之,则以个个独立象而表现的诸现象间,必有何等统一,必有何等因果关系。关于此点,历史现象与自然现象无何所择。……不可不以历史为一门科学。这样子历史现象间的因果关系弄得明白的时候,历史的法则便能建立。依此法则,凡历史的过程,均能明快以为说明。不宁惟是,被确立的历史法则,不但说明过去及现在,并且说明将来。即依此亦能预测将来的社会如何,将来的历史阶段如何。这样一来,历史的范围,实亘过去、现在及未来,而为一个一贯的法则所支配。"[①] 孔道西(Condorcet,1743—1794),今译为孔多塞,18世纪法国最后一位哲学家,启蒙运动杰出的代表人物之一,曾积极参加1789年法国资产阶级革命,被称为大革命的"擎炬人"。李大钊对于孔道西历史观的分析,主要是围绕着孔道西的代表作《人类精神进步的史景撮要》(今译作《人类精神进步史表纲要》)展开的。[②] 孔道西将人类文明的历史分成"人类结合成部落""游牧民族""农业民族的进步""人类精神在希腊的进步""科学的进步""知识的衰落""科学在西方的复兴""从印刷术的发明,下迄科学与哲学挣脱了权威的束缚的时期""从笛卡儿,下迄法兰西共和国的形

[①] 李大钊:《桑西门的历史观》,见李大钊《史学要论》,河北教育出版社2000年版,第257—258页。

[②] 该书现译名为《人类精神进步史表纲要》,有生活・读书・新知三联书店1998年版,译者为何兆武、何冰。

成""人类精神未来的进步"10个时代。他认为，历史不是英雄创造的业绩，而是人类理性觉醒的结果。"智识进步的观念，造成社会进步的观念，而留下他的基础。所以孔氏将以智识上的前进，为人种前进的线索，是逻辑的而不可免的。文化的历史，就是启蒙的历史。"①

鲍丹，今译为博丹（Jean Bodin，1530—1596），法国政治学家和历史学家。其主要代表作有《国家论》《历史方法论》。李大钊对鲍丹历史观的特点，做了如下概括：（一）否认人类退落说；（二）他主张今决不劣于古，而且优于古；（三）他认为地球上的人民都有相互共同的利害关系。李大钊还特别强调了鲍丹史学思想的唯物主义倾向，他说，"鲍丹的新历史观，在史学上的贡献，如此其大，我们不能抹煞他的伟大的功绩，而于研索唯物史观起源的时，尤不可遗忘了此人"②。

孟德斯鸠，法国著名启蒙思想家。其主要代表作有《波斯人信札》《论罗马盛衰之原因》和《论法的精神》。孟德斯鸠否定神授天意的历史观，主张用全新的理性观点来解释历史。李大钊认为，这是孟德斯鸠一种新的历史观的表述，是其对历史科学的一大贡献。他说："历史行程，全为普通原因所决定，全为广布而永存的倾向所决定，全为广而深的潜流所决定；而为单独的事变，有限的议论，特殊的制定，任何偶然的、孤立的各个事物，所影响者，实微乎其微，只在次副的附属的程级而已。这是一个开一新纪元的原则。此原则的承认，是历史科学可能的一个根本的条件。驳拒此原则，是无异于宣告那样一种科学是诞妄无稽；是认此原则，便是表明用必要的尽力，历史科学将不难兴起；依此以

---

① 李大钊：《孔道西的历史观》，见李大钊《史学要论》，河北教育出版社2000年版，第276页。
② 李大钊：《鲍丹的历史思想》，见李大钊《史学要论》，河北教育出版社2000年版，第310页。

行，用此以行，即是努力于历史科学的组织。孟氏以其透辟的观察，澈悟此原则；以其后来未或能越过的天才与诚实表明之，于历史科学，实为崇高的贡献。"①

韦柯（Giambattista Vico，1668—1744），今译为维科，18世纪意大利历史哲学家，代表作是1725年问世的《新科学》（全名为《关于各民族共同性的新科学的原则》）。李大钊说："韦著《新科学论》之所谓新科学，以现代的学名名之，可以看作与社会学的名目及其内容相等的东西。他的著作，是由社会学的见地，论究国民的起源、发达、衰颓、灭亡的东西。国民便是此新科学的对象。他把国民的起源、发达、衰颓、灭亡，从人间历史的经验的事实归纳，以图于此树立人类性之道德的原理、政治的原理、权利的原理、法律的原理。这样子得的原理，实为历史的真要素。"李大钊认为韦柯的历史思想带有明显的唯物主义倾向，"以唯物史观的原理或仅由物质的方面解释欲望说的原理为主"。因此，"韦柯是社会学的先驱者，是历史哲学的建设者，是唯物史观的提倡者"，"他的学说很容易适用于进步的概念"。② 李大钊对韦柯历史哲学思想的科学评价，至今仍为学界大多数人所接受。

李大钊在介绍西方历史哲学时，重视用唯物史观的理论去分析问题、认识问题。例如，在《马克思的历史哲学与理恺尔的历史哲学》一文中，李大钊首先深入浅出地阐释了唯物史观的基本原理。他强调"欲单从上层上说明社会的变革即历史而不顾基址，那样的方法，不能真正理解历史。上层的变革，全靠经济基础的变动，故历史非从经济关系上说明不可"。"自有马氏的唯物史观，才把历史学提到与自然科学同等的地位。此等功绩，实为史

---

① 李大钊：《孟德斯鸠的历史思想》，见李大钊《史学要论》，河北教育出版社2000年版，第329页。

② 李大钊：《韦柯及其历史思想》，见李大钊《史学要论》，河北教育出版社2000年版，第337、339页。

学界开一新纪元。"①理恺尔，今译为李凯尔特，德国哲学家，新康德主义历史哲学的主要代表人物之一。他的历史哲学思想是围绕着科学的分类问题展开的，目的是论证文化历史科学相对自然科学的独立性。李大钊指出："依理氏的说，则谓学问于自然科学外，当有称为历史的科学，或文化科学者，此理一察自然科学的性质自明。自然科学的对象，便是自然；自然之为物，同一者可使多次反复，换句话说，就是同一者可使从一般的法则反复回演。……然学问的对象，于可使几度反复回演者外，还有只起一回者，这不是一般的东西，乃是特殊的东西，不是从法则者，乃是持个性者，即是历史。""依理氏的见解，概念构成，没有那样狭的解释的必要，依何等方法改造对象以之取入于主观者即为概念，则与把一般的东西依一般化的方法取入于主观者为概念构成相等，把特殊的东西，依个性化的方法取入于主观者，不能不说亦是概念构成。前者为自然科学，后者为历史学，或历史的科学。"②

李大钊通过分析西方历史哲学思想，进一步坚持并阐释了马克思主义唯物史观的基本原理。1936年，郭湛波（1905—？）在人文书店出版的《近五十年中国思想史》中写道：关于李大钊的历史哲学，"李先生是研究历史最有成绩的人，也是唯物史观最彻底最先倡导的人；今日中国辩证法，唯物论，唯物史观思潮这样澎湃，可说都是先生立其基，导其先河；先生可为先知先觉，其思想影响及重要可以知矣"③。作者认为，李大钊历史哲学的两大特点，一是强调历史的现象是变易的，连贯的；二是强调观察历史要得到全部的真相，这些对推动中国马克思主义历史科学的发

---

① 李大钊：《马克思的历史哲学与理恺尔的历史哲学》，见李大钊《史学要论》，河北教育出版社2000年版，第343—344页。
② 同上书，第345—346页。
③ 郭湛波：《近五十年中国思想史》，山东人民出版社1997年版，第117页。

展,做出了重要贡献。

英国学者罗伯特·弗林特(Robert Flint,1838—1910),旧译为"洛卑耳特·胡南隉",在1893年,曾著有《历史哲学概论》,在20世纪20年代末,郭斌宁将其第一部分介绍到国内来,由新月书店出版,1934年上海黎明书局再版发行。郭斌宁认为第一部分可视为历史哲学的引论,对中国学术界更为重要,之后可再将英法德诸国近三四百年历史哲学体的研究状况,介绍到国内来。郭斌宁就学习和研究外国史学的意义,有较精到的认识,至今仍不失其意义,值得一说。他认为,中国史学虽然"精深宏富,达于极点",但并不是"尽善尽美","没有任何缺憾了"。这样,就要"采人家的东西,以补自己的不足。他们西人的论史的主张,固然很多不切我们中国的,然而精密深刻的见解,真还多着。安知他不能做我们的帮助,纵不能为我们的模范,至少有许多特出的地方,可以供我们参考……我们数千年来闭关自守的中国,应得特别放大心胸,尽量容纳外国的东西。总要放大眼光,博采世间有用的思想学问,使他和国内原有的文化,互相激荡,互相融洽,这才是振兴国体的根本道理"[1]。

罗伯特·弗林特撰写这部著作的主要目的,"在乎推溯人们解释人类历史所具的思想的变迁,换句话讲,就是要说明过去的思想家,对于人类的发展,具什么思想",以及"这种思想的起源蜕变"[2]。研究这些问题,可以认识到以往研究的得失和产生这些"得失"的原因,我们可从中汲取教训,避免走到斜路上去。作者认为,研究历史哲学问题,既是思想的历程,也是历史的历程。

---

[1] 郭斌宁:《历史哲学概论·弁言》,载[英]罗伯特·弗林特《历史哲学概论》,郭斌佳译,上海社会科学院出版社2016年版,第5页。

[2] [英]罗伯特·弗林特:《历史哲学概论》,郭斌佳译,上海社会科学院出版社2016年版,第1页。

这一基本认识决定了《历史哲学概论》要对以下内容给予较多的重视，如历史的目的，历史的两种意义，研究人类历史的发展一定要借助于一切科学，推翻没有历史科学的说法，推翻没有历史哲学的说法，为什么历史同时是一种科学也是一种哲学，以及历史哲学到底起始于何时极难确定，历史哲学是历史本身的发展等。这些问题是20世纪二三十年代中国史学的前沿问题，这本书的出版能引起广泛重视，并不难理解。

1930年，上海辛垦书店出版了法国学者沙耳列·拉波播尔（Charles Rappoport）著《历史哲学》（原书名《作为进化科学底历史哲学》），译者是青锐。译者所以选择将这部著作译成中文，是因为他认为这是一本西方正确的科学的历史哲学著作，是马克思主义的历史哲学，而这样的历史哲学著作在当时却是少之又少。沙耳列·拉波播尔《历史哲学》的主要内容是：什么是历史的法则，历史哲学的性质与可能，学理与方法，历史哲学与唯物史观，历史中支配因子的理论，个人在历史上的作用，主观的方法，社会与自然、历史哲学与社会学，政治思想的进化，社会主义制度是专制的么，马克思主义的哲学，马克思的政治理论，马克思与黑格尔的异同等。

从上述内容可以看出，这是一部意在宣传马克思主义学说的历史哲学著作。正如作者所言，"马克思主义的学说，曾与我们这个时代最重要的社会运动合一，而且决定它的程度和一般的意义。然而近代社会学，则可以说是停留在现代历史之外的。它不给我们解释我们这个时代的社会生活，——也不给我们解释过去的社会生活。它翱翔于实际之上，甚至也是它应该解释的社会实际之上。什么都没有解释的科学，便不是科学了"。作者盛赞"马克思是一盏大的明灯，一个理论的太阳"。强调他的著作，要把"解释'经济决定论'底性质"，当做一件"迫切的事情"，充分重视它在当今世界的进步和发展。"马克思主义的学说应该照耀我们所循行的路。它证明它的力量在自己发展和自己实现之中。"① 这些内容，在沙耳列·拉波播尔的《历史哲学》中，都有具体的体现。在 20 世纪 30 年代的中国，这部著作的出版，无疑有重要的学术和现实政治的意义。

1930 年，法国学者施亨利（Henri Se）著、黎东方译《历史之科学与哲学》，由上海商务印书馆出版。作者认为：历史哲学在法国长期以来进展不大，这和历史哲学的抽象性和玄虚性、黑格尔派理想主义的放纵、法国选择主义的浅薄有直接关系。作者希望他的著作有助于改变现状，这就"不能不考察一下历史概念的三大派（玄学派、实证派、批评派），根据代表他们的黑格尔、孔德及古尔诺的作品。在拿他们来和历史科学对照，我们将要论及此后历史哲学宜取的方向"②。这一基本认识决定了本书的主要内容是：历史哲学之起源；历史的玄学概念：黑格尔；实证派的概念：孔德；历史的批评概念：古尔诺；历史科学论；历史的比较方法；历史的进化观念；我们能否有一种科学的历史哲学等。

施亨利就历史规律性问题指出："历史的使命虽是描写各国各社会的进化，他只能很困难地分开某种潮流、趋势和发展的条件而已。许多著作家所以为的'进化定律'，要断定是不可能的。"他还认为"定定律的能力，似乎一切'人文科学'都不能有"。③这种观点是 20 世纪早期西方史学界重要的观点之一。该书 1928 年在巴黎出版后不久，就被译介到中国来，推进了中国史学界对历史哲学进行更广泛的思考。

20 世纪 40 年代以后，历史哲学的研究有了进一步的发展。这种发展反映了整个中国历史学的进步，特别是在外国史学理论方

---

① ［法］沙耳列·拉波播尔：《历史哲学》，青锐译，上海社会科学院出版社 2016 年版，第 29、42 页。

② ［法］施亨利：《历史之科学与哲学》，黎东方译，上海社会科学院出版社 2016 年版，第 2 页。

③ 同上书，第 150、151 页。

法论研究方面的进步。例如，对英国历史学家、哲学家和考古学家卡林渥德（今译作柯林武德，Robin George Collingwood，1889—1943）的研究。1943 年，王绳祖从哲学史、哲学思想、历史哲学、历史学等方面，对柯林武德的历史思想进行了分析，特别是对他的著名命题"一切历史都是思想的历史"，进行了较详尽的探讨。"如何发现前人的思想呢？唯一方法，是把前人的思想，在我心中，重行想过，使之复原。"① 深入浅出地将柯林武德的历史哲学思想介绍给中国史学界，在当时无疑是有积极作用的，有助于人们深入探究历史，以及认识历史学的真谛。

1947 年初，朱光潜（1897—1986）对意大利哲学家、历史学家克罗齐（Bendetto Croce，1866—1952）的历史哲学思想，从"述要""批评"两方面进行了介绍。克罗齐，意大利哲学家、历史学家。他的历史哲学思想的核心内容，是绝对历史主义，强调一切从精神出发。人类的历史，首先是人类精神的历史，对 19 世纪兰克学派的"如实直说"进行了批判。朱光潜对克罗齐"一切真历史都是当代史"的命题，进行了较系统的分析。在朱光潜的文章中，"当代史"被译作"现时史"，他说，克罗齐的历史哲学思想的一个重要观点，就是一切历史都是"现时的"，而没有所谓"过去史"。"现时史"实际上也是指的过去的历史，一个世纪、一年，甚至一分钟以前的历史，就时间说，其实都是"过去史"，但是，它们并不因此而失去"现时性"。"没有一个过去史真正是历史，如果它不引起现时底思索，打动现时底兴趣，和现时底心灵生活打成一片。过去史在我的现时思想活动中才能复苏，才获得它的历史性。所以一切历史都必是现时史。"② 在这里，朱光潜强调克罗齐历史的现时性，是刻意

---

① 王绳祖：《卡林渥德的历史思想》，《思想与时代》1943 年第 19 期。
② 朱光潜：《克罗齐的历史学》，上海《大公报》1947 年 1 月 26 日。全文分 1 月 26 日、2 月 2 日，两次刊完。

说明历史与现实生活的联系。

克罗齐的上述观点，主要反映在其代表作《历史的理论和实际》一书中。原书1915年用德文出版，后又有意大利文、英文再版。朱光潜在40年代将克罗齐历史哲学思想的主要内容介绍到中国学术界，对于促进中国史学界关注历史认识理论研究有积极作用。朱光潜对克罗齐的研究并不是一味地全盘肯定，如他从历史观的高度，对克罗齐历史哲学思想进行了批评。朱光潜说，唯心主义是一个英雄底企图，却也是一个惨败。应该说，朱光潜对克罗齐历史哲学思想的认识，还是比较全面的。

张贵永，字致远，浙江鄞县人。1929年毕业于清华大学史学系，后去柏林大学研读，以有关菲特烈·赫尔斯坦外交政策的论文，获博士学位。在1932年暑假期间访问伦敦档案馆时，结识了英国著名史家古奇，并与其长期保持联系，1947年曾赴英国讲学，并被聘为伦敦大学史学研究所与皇家国际关系研究所客座研究员。张贵永1934年回国任中央大学教授，讲授西洋史。新中国成立后去台湾，参与创建"中研院近代史所"，为台湾师范大学、台湾大学历史系讲授西方史学的教授，曾在柏林自由大学曼纳克学院讲座，1965年12月23日病故于西柏林。

张贵永的主要著作有《史学讲话》（台北文化出版事业委员会1952年初版）和《张致远文集》（台北"国防研究院"1967年初版）。关于张贵永的西洋史研究情况，可参见2005年王尔敏（1927— ）撰写的论文：《张贵永先生及其西洋史学论述》。[①] 张贵永曾在《我的史学研究兴趣》中忆及其早年在清华大学史学系的学习情况，这些不仅对了解张贵永的学术渊源有帮助，而且有

---

① 该文载王尔敏《20世纪非主流史学与史家》，广西师范大学出版社2007年版，第62—125页。

助于了解当时清华大学以致整个中国世界史学界的一些情况。① 当时他在清华大学学习世界史时，既学习美国史、英国史，也学习西方史学理论方法论，主要的授课教师是留学德国的孔繁霱、留学美国的刘崇鋐（1897—1990），以及美籍学者马隆（G. B. Malone）等。

张贵永对德国哲学家、历史学家赫尔德的历史哲学及相关问题进行了研究。他认为赫尔德的历史哲学思想，可分成三个阶段来认识。第一个阶段，1764—1776 年，主要代表作是《历史哲学拟稿》；第二个阶段，1776—1791 年，主要代表作是《人类历史哲学原理》；第三个阶段，1793—1803 年。这一时期的主要代表作是《促进人文通讯》等。张贵永认为赫尔德历史思想的两个根本观念是"个性"与"演进"。关于个性，"最高尚的情感怕是完全个人的，至少在各民族间不会一律的"，"个性不能模仿，童年不能由成人仿效，原始人不能给文明人，一个民族不能给另一民族模仿"。关于演进，张贵永认为赫尔德的早期演进思想，只能说是生物的形式，但给了历史研究一种新的思想，这"就是形成，得像诗那样领会，当作最内心的需要，决不是机械的……人类历史变迁的连锁，是能穿过民族与时代文化的。启蒙运动的贡献，就是要想明了人类文化的一统情景。但以他们天赋权利与机械的思想工具，不能达到认识目的。现在赫尔德以其新获得的思想利

---

① 张贵永写道："为了想彻底了解中国衰弱的病根，并探求西洋文化的根源，就在大学第二年，选修'西洋近代史'，并且花了整个寒假的时间，把德国民族史家特勒起克（Treitschke）所著的七大本《十九世纪德国史》读完，还作了一篇报告，同时，对于康德、费希特、黑格尔的著述，也浏览了不少……大学第三年，我选修了西洋古代史，对于西方的古代文化、古典精神，发生了极大的兴趣，这是一个很大的转变。""德国历史学派之中，十九世纪语文考证学派，用科学方法研究历史……兰克（Ranke），即是因此成功的第一流西洋史学家；以研究罗马碑铭石刻而奠定史学界地位，并以《罗马史》荣获诺贝尔奖金的蒙姆森【蒙森】（Monmsen），这两位十九世纪的德国史学家，则曾以历史研究所，训练学生运用科学方法研究历史，他们的弟子，甚至再传弟子，多半都在日后的史学界，崭露头角。我就是在这些德国史学家的研究精神的熏染下，决心到德国去研究史学。"以上见张贵永《我的史学研究兴趣》，《新时代》1962 年第 10 期。

器，进入柏拉图与新柏拉图的世界观，感觉世界与自然都是活泼有生命，导源于上帝精神"。张贵永说，"赫尔德对于历史的成就，根据他个人的演进，像是玫瑰花那样，最新鲜美丽的是在初期。一经盛开，就显现过时，到了第三阶段，则已衰谢"。① 这种评价，大体反映了当时中国学者对赫尔德历史思想的认识程度。

二 文化形态史观和"战国策派"

在20世纪上半叶，特别是二三十年代，我国学者译介的西方历史哲学思想虽显薄弱，但仍有不少有影响的论文问世。② 西方历史哲学思想的输入，对当时中国史学的发展产生的影响不可低估。而这些影响中，最为直接的则应属文化形态史观。20世纪初，德国历史哲学家斯宾格勒在其代表作《西方的没落》中提出文化形态史观。英国历史学家汤因比（Arnold Joseph Toynbee，1889—1975）在多卷本《历史研究》中继承并发展了这个理论。斯宾格勒将生物学概念引入历史研究之中，认为文化是一有机体，每种文化都不能逃脱如春夏秋冬一样的自然周期，但不同的文化，这

---

① 张贵永：《从英国先期浪漫主义到赫尔德的历史思想》，《国立中央大学文史哲季刊》1943年第3卷第1期。

② 除上述提及的外，主要还有刘叔琴的《唯物史观在历史哲学上的价值》（《东方杂志》1924年第21卷第1期）；景幼南的《历史哲学初稿》[《史学杂志》（成都）1929年第1期]；景昌极的《历史哲学》[《史学杂志》（南京）1930年第2卷第2期]；光涛的《历史哲学》（《现代学术》1931年第1卷第1期）；阎焕文的《历史主义的历史哲学》（《新社会科学季刊》1934年第1卷第3期）；刘真如的《历史哲学与社会哲学》（《中山文化教育馆季刊》1935年第2卷第1期）；朱谦之的《黑格尔的历史哲学》（《史学专刊》1935年第1卷第1期）；贝叶的《论自然哲学与历史哲学》（《自修大学》1937年第1卷第2辑第10号）；刘国钧的《历史哲学之需要》（《斯文》1941年第1卷第12期）；黎东方的《论唯物辩证派之历史哲学》（《时代精神》1941年第5卷第1期）；刘檀贵的《唯物史观在历史哲学上之价值》（《时代精神》1941年第5卷第1期）；张荫麟的《论传统历史哲学》（《思想与时代》1943年第19期）；张展的《黑格尔的历史哲学》（《现代西北》1943年第4卷第6期）；张聿飞的《理性与历史哲学》（《史地丛刊》1947年第2—3期）；杨人楩的《克罗齐历史哲学中的自由概念》[《大公报文史周刊》（上海）1947年4月16日]等。

个过程的长短也不相同。任何一种文化在从盛到衰的过程中，必须通过汲取外来文明因子而重生。文化形态史观还主张文化不分优劣，反对种族主义。

自20世纪20年代，文化形态史观开始传入中国。[①] 1923年，李思纯在《学衡》杂志上发表《论文化》，文中谈到斯宾格勒的《西方的没落》。李思纯说："历览古今东西文化变易之迹，综合以得四种现象。一曰生；二曰住；三曰异；四曰灭。""论文化之盛极必衰，衰极必亡，而持论最有力者，有德国现代哲学家斯宾格勒氏。斯氏有感于欧洲文化之趋于死亡，常冥思默想而成一书曰《西土沉沦论》。其书体大思精，证例繁富，历引希腊罗马及东方古国先代文明其发生滋长及衰败灭亡之曩例，更辅以历史学、社会学、生物学之观察，最后断定欧洲文化之现已趋于灭亡。斯氏之着笔为此书在欧战前，脱稿于欧战中，而刊行于欧战后。一时风行之盛，势力之伟，其在战后之德国，盖与安斯坦氏（今译爱因斯坦）所为相对论并称。"[②]

1927—1928年，张荫麟译美国学者葛达德等的《斯宾格勒之文化论》，发表在《国闻周报》第4卷第48、49期；第5卷第10、21—23、30—34期（1927）和《学衡》第61、66期（1928）。在《学衡》杂志第61期张荫麟的译文前，有约3000字的"编者识"，对斯宾格勒的史学理论做了比较详细的介绍。据王敦书（1934— ）考证，该"编者识"为吴宓所写，主要内容为两部分：其一：介绍斯宾格勒及美国学者葛达德、吉朋斯合作撰写的《斯宾格勒之文化论》；其二，对斯宾格勒的理论加以评述。该文在《学衡》杂志上发表后，使《西方的没落》在中国为更多的人所了解，一些人认为这是一部"文化史的杰作"。

[①] 参见王敦书《斯宾格勒的"文化形态史观"在华之最初传播》，《历史研究》2002年第4期。

[②] 李思纯：《论文化》，《学衡》1923年第22期。

综上所述，可以认为李思纯是我国介绍斯宾格勒的第一人，但近年也有论者对此提出异议，认为"1919年德国魏玛共和国建立，我国宣布结束对德战争状态，此后有大批知识分子留学德国。《西方的没落》出版后在德国学界引起巨大的反响，然后波及整个西方学术界，这部书成为当时讨论的一个热门话题。德国的学术动态在身临其境的留德学生中间得到了回应"①。例如，1920年宗白华（1897—1986）赴德国留学，先后就读于法兰克福大学、柏林大学。在学期间，宗白华在1921年2月11日《时事新报》的副刊撰文《自德见寄书》，文中写道："德国战后学术界忽大振作，书籍虽贵，而新书出版不绝，最盛者为相对论底发挥和辩论。此外就是'文化'的批评，风行一时两大名著，一部《西方文化的消观》，一部《哲学家的旅行日记》，皆畅论欧洲文化的破产，盛夸东方文化的优美。"这里所说的《西方文化的消观》，就是斯宾格勒的《西方的没落》。此外，当时同在德国留学的魏嗣銮（1895—1992）、王光祈（1892—1936）、张君劢（1887—1968）等，在1921—1922年先后撰文在《少年中国》《申报》《改造》等报刊发表，文中也都提及了斯宾格勒的《西方的没落》。由此，"以目前所发现的史料来看，最早向国人介绍斯宾格勒的《西方的没落》应是'少年中国学会'的留德学生，如宗白华、魏嗣銮、王光祈"②。这种基于文献提出的观点，近年为越来越多的人所接受。

斯宾格勒的《西方的没落》问世后，即在中国学术界不断产生广泛的影响。1937年抗日战争全面爆发后，在中国史坛出现了以"文化形态史观"为理论基础的"战国策派"，主要代表人物有林同济（1906—1980）、雷海宗（1902—1962）、陈铨（1903—1969）、

---

① 李孝迁：《西方史学在中国的传播》，华东师范大学出版社2007年版，第241页。
② 同上书，第250页。

何永佶（1902—?）等①。他们因1940年4月在昆明创办《战国策》杂志（半月刊）②，1941年12月初又在重庆《大公报》创办副刊《战国》，并在这些报刊上论述自己的历史学理论而得名。③一般认为，《战国策》是集政治、经济、军事、历史、文学等内容为一体的综合性杂志，但是在抗日战争期间，它不可避免有鲜明的现实政治色彩。

1940年4月《战国策》第2期《本刊启事（代发刊词）》中写道："本社同仁，鉴于国势危殆，非提倡及研讨战国时代之'大政治'（High politics）无以自存自强。而'大政治'例循'唯识政治'（Real politics）及'尚力政治'（Power politics）。'大政治'而发生作用，端赖实际政治之阐发，与乎'力'之组织，'力'之驯服，'力'之运动。本刊如一'交响曲'（Symphony），以'大政治'为'力母题'（Leitmotif），抱定非红非白、非左非右、民

---

① 在战国策派刊物上发表文章的还有：沈从文、费孝通、贺麟、朱光潜、吴宓、冯友兰、冯至、王赣愚、洪思齐、王迅中等40余人。不能因为他们曾在战国策派的刊物上发表过文章，就认为他们属于战国策派。他们的文章多与战国策派的观点没有联系。有一说认为吴宓是战国策派，高等教育出版社1959年3月曾出版《中国现代文学史参考资料》下册，该书收入汉夫的《"战国派"的法西斯主义实质》，文章在举例时涉及吴宓，认为他宣扬了最反动的妇女理论；2013年2月云南人民出版社出版的《战国策派文存》（张昌山主编）收录了吴宓的《改造民族精神之管见》，也认为吴宓属于"战国策派"。吴宓否认自己属于战国策派，有关内容可以参见《吴宓日记》和《吴宓日记续编》。2014年12月17日，徐茜在《中华读书报》发表《吴宓真是"战国策"吗?》，文章认为，吴宓虽然一度与战国策派诸子过往甚密，也在战国策派刊物上发表过文章，但根本思想的分歧决定了这只是特定机缘下的偶然交会，将"战国策派"的标签贴在吴宓的身上是一场历史的误会。

② 《战国策》杂志，1940年4月1日—1941年7月20日，共出版发行17期，开始是半月刊，自第13期起改为月刊。《战国策》停刊后，主办者在渝版《大公报》开辟《战国》副刊，从1941年12月3日起，至1942年7月1日止，每周一期，共出刊13期。1942年《战国》副刊停刊后，战国策派继续宣传他们的主张，如仍有林同济编《时代之波：战国策论文集》（在创出版社1944年版），林同济、雷海宗等《文化形态史观》（大东书局1946年版）出版。

③ 1941年1月，"战国策派"同仁，将昆明版《战国策》上的文章集录，刊行于上海版《战国策》，但只陆续出版了几期。

族之上、国家至上之主旨，向吾国在世界大政治角逐中取得胜利之途迈进。此中一切政论及其他文艺哲学作品，要不离此旨。"这种政治色彩表现在"战国策派"的各种学术主张中，历史观也不例外。战国策派以德国斯宾格勒的"文化形态史观"为理论基础，对中国和世界各国的历史与文化进行比较研究，称自己是"比较历史家"，他们把世界反法西斯战争比附为"战国时代"，受到严厉的批评。

雷海宗，历史学家，河北永清县人。1919年入清华学堂，1922年毕业后留学美国芝加哥大学，研读历史和哲学，其导师为世界中古史和史学史著名教授詹姆斯·汤普逊。1927年获博士学位，博士论文题目是《杜尔阁的政治思想》，同年归国，历任南京中央大学、武汉大学、清华大学、西南联合大学和南开大学教授。曾发表《殷周年代考》《历史的形态与例证》《古今华北的气候与农事》等重要论文，代表作为《中国文化与中国的兵》，病故后人们整理出版的著作有《西洋文化史纲要》《伯伦史学集》和《历史、时势、人心》《雷海宗世界史文集》等。

雷海宗通过实证来探究"历史的形态"。他认为历史是多元的，是在不同的时间与不同的地域各个独自产生与自由发展的。这许许多多时间空间都不相同的历史单位，经过多人与多方的探讨，虽无人否认他们各有特殊点，然而历史进展大步骤的共同点，现在已逐渐成为学者所公认的现象。雷海宗强调这种"公共点"，就是历史的形态。雷海宗从"文化形态史观"出发，将世界文明分为埃及、巴比伦、中国、印度、希腊罗马、伊斯兰和西欧7个自成体系的区域，而且认为这7个区域在历史发展的过程中，具有明显的共同点，即都历经封建时代、贵族国家时代、帝国主义时代、大一统时代，以及政治破裂与文化灭亡时代这5个阶段。关于这5个阶段的存在时间和具体内容、特点等，雷海宗撰写了《历史的形态——文化历史的讨论》，刊载在《大公报》1942年4月2日副刊《战国》第10期。

雷海宗认为，一种文化经历了完整的 5 个阶段，称作"一周"。欧美的历史在进展中，尚未结束，而其他的已经逝去的伟大文化都曾经经过一周的发展，包括兴起、极盛、衰落，直至灭亡。不过中国是例外，中国的文化经历了两个周期的发展，这也是雷海宗对中国文化发展特点的概括。他提出，中国文化的第一周，是从盘庚迁殷到公元 383 年淝水之战，这是华夏民族创造文化的时期。中国文化的第二周，从淝水之战到抗日战争。这 1500 年间没有发生质的变化，只是在宗教、哲学、文艺等方面，发生了真正的演变。雷海宗以淝水之战为界，将中国文化分为两周。如果说第一周的终点是淝水之战，那么第二周的终点，就是抗日战争。他强调，抗战时期的中国正处于第二周与第三周的中间时代，固然混乱痛苦，但正是重建中国文化的绝好时机。他希望中国能在这次战争中奋起，在中国文化新的一周开始时再现辉煌，创造奇迹。

林同济，福建福州人。早年在北京崇德中学毕业，后考入清华学校高等科。20 岁赴美留学，研读国际关系和西方文学史，兼及哲学。1928 年起，先后获得密西根大学学士学位、加利福尼亚大学硕士学位、博士学位。其后在密勒士大学及加利福尼亚大学讲授中国文化史。1934 年回国后，先后在南开大学、西南联大和复旦大学等校任教。林同济早年深受尼采的影响，是一位民族主义者。1930 年他曾撰有《日本对东三省的铁路侵略：东北的死机》一书，认为日本帝国主义侵华已经迫在眉睫，很快为 1931 年九一八事变所证实。

1946 年 5 月，林同济、雷海宗合著的《文化形态史观》出版，这部著作汇集了两位作者在《战国策》杂志、重庆《大公报》副刊《战国》发表的文章，集中反映了战国策派的史学思想。林同济撰写了其中的"卷头语""形态历史观""民族主义与 20 世纪""战国时代的重演"；雷海宗撰写了"历史的形态与例证""中外的春秋时代"等。这部著作集中体现了林同济崇尚武力的精神，在他看来，中华民族只有经过战火的淬砺才能翻身解放。此外，雷海宗的"历史警觉性的时限"作为附录也一并收入。"战国策派"试图用西方文化形态史观等理论，构建一个解释近代中国文化生存环境与出路的理论框架，在中国史学界引起了争论。否定者有之，肯定者有之。

陈铨，四川富顺县人。早年入清华大学西语系学习，1928年毕业后赴国外深造，先后获美国奥柏林大学文学硕士、德国克尔大学哲学博士学位，留学期间多受尼采哲学的影响。1934年回国后，先后在武汉大学、清华大学、西南联大任教；抗日战争胜利后在同济大学、南京大学任教。抗战期间还曾任重庆正中书局总编辑。陈铨对中国传统文化的了解，较之林同济、雷海宗有明显的差距。他主要热衷于宣传德国哲学家尼采和叔本华（Arthur Schopenhauer，1788—1860），特别是尼采的思想，在《战国策》杂志上先后撰有《尼采的思想》《尼采与女性》《尼采的政治思想》《尼采的道德观念》《尼采的无神论》等。因纳粹将尼采视作法西斯主义的先驱，所以陈铨也背上了"宣传法西斯"的恶名。1940年5月，陈铨在《战国策》第4期发表《论英雄崇拜》，遭到严厉批评；后于1942年4月21日，在《大公报》的《战国》副刊又发表《再论英雄崇拜》，回复学界的批评，继续坚持他的观点。

陈铨唯心史观的具体表现是英雄史观。他认为是少数人的意志，即英雄的意志创造历史；时势不一定造得出英雄，而英雄必可造时势。从这一认识出发，陈铨蔑视人民群众的历史创造力，颠倒人民群众和英雄人物的关系，认为没有英雄的群众，犹如没有牧人的一群绵羊。他还认为，应该无条件地崇拜英雄，培育英雄崇拜的风气，是当时中国最急切地问题，只有这样才能发扬中华民族的潜在精神。陈铨的观点发表后，当即受到李心清[①]、沈从

---

① 新中国成立后，李新清曾任中共中央华南分局宣传部长。

文（1902—1988）、贺麟（1902—1992）等人的批驳，[①] 李心清认为，这是反动的唯心史观。沈从文则指出：若真正以一个人具神性为中心，使群众由惊觉神秘而拜倒，尤其是士大夫也如陈先生描写的无条件拜倒，这国家还想现代化，能现代化？贺麟强调，陈铨的文章里面，尤其不能令人同意的，就是他似乎认为英雄崇拜和民治主义是相反的。

何永佶，广东番禺人，早年从清华大学毕业后，去美国哈佛大学研读政治学，获博士学位；学成归国后，先后出任北京大学、中山大学、重庆中央政治学校、云南大学教授。抗日战争期间，他作为战国策派的一员，力主在"战国"期间，国家的一切都要为抗战服务。受西方政治制度的影响，何永佶的政治理想是在中国建设美国式的民主政治。何永佶在战国策派刊物上发表有较大影响的文章是：《政治观：外向与内向》《蜚腾之死》《论大政治》《偷天火者》《反对与反叛——答联大某生》《富与贵》《中西人风格之又一比较——"活着"和"天召"》等。其主要著作还有《为中国谋国际和平》（商务印书馆1945年版）、《中国在戥盘上》（观察社1948年版）等。1940年4月，何永佶在《战国策》第1期撰文写道：希腊哲人希路卡拉塔士（今译为赫拉克利特）有一句名言千古传诵："战争为万事之父！"而支配中国政治的儒家正宗哲学，多么不同！儒家满口讲仁义，讲道德，讲尧舜，讲谐和，讲大同，充满了"雍雍和和"的气象，无半点"战争意识"。孔子于食，兵，信三样宁肯不食，宁肯无兵，而不肯失信。这种道德观，是我国的长处，也是我们在现世界中的吃亏处。何永佶的这一认识，在他的其他著述中，多有体现。他认为中国古代法家的思想，与希腊相近，如商鞅把国家的一切归结于战争，可称为"全能主义者"。

---

① 参见李心清《〈战国〉不应作法西斯主义的宣传》，《解放日报》1942年6月9—11日；沈从文《读英雄崇拜》，《战国策》1940年第5期；贺麟《英雄崇拜与人格教育》，《战国策》1940年第7期。

1940年2月，雷海宗的《中国文化与中国的兵》，由商务印书馆出版。这是一本论文集，主要内容包括《中国的兵》《无兵的文化》《中国的元首》《中国的家庭》《中国文化的两周》和《此次抗战在历史上的地位》等。作者认为，历史研究的首要关键，即历史研究的第一步，是"断定文化的体系"。世界历史可以分成七个文化体系，中国是其中之一；第二步则是对不同形态的文化进行比较。"一个文化区由成立到统一，大致不能少于1000年，不能多于1500年。"从这一认识出发，中国四千年的文化早就应灭亡，但是作者却"独具二周说"。作者认为，中国当时"正在结束第二周的传统文化，建设第三周的崭新文化"，但是，"二千年来，中华民族所种的病根太深，非忍受一次彻底澄清的刀兵水火的洗礼，万难洗净过去的一切肮脏污浊，万难创造民族的新生"。但是，抗战以来，中华民族却表现出惊人的潜力，所以，"最后决战的胜利却有很大的把握"。1946年，林同济、雷海宗、陈铨著《文化形态史观》，作为"在创丛书"的一种，由大东书局出版。该书的主要内容是形态历史观、历史的形态与例证、民族主义与二十世纪、中外的春秋时代、时代的重演、外交：春秋与战国、大夫士与士大夫：国史上的两种人格型、士的蜕变、官僚传统：皇权之花、中饱：官僚传统的一面、文化的尽头与出路、历史警觉性的时限等。

抗日战争时期，战国策派是活跃在大后方，并有一定影响的思想派别。"战国策派能产生一定影响的原因，很可能在于他们关于实行集权的主张，迎合了国民党政府的需要；在于他们注重战争，坚决抗战的激烈言辞，对热血青年能够产生鼓舞作用；在于他们揭露时弊、反对贪污中饱等言论，符合大多数人对政治进步的要求；在于他们讨论的中国文化建设问题，是许多知识分子长期关注的问题。"[1] 但也应该看到的是，即使是20世纪40年代，在"战国策

---

[1] 陈哲夫等主编：《现代中国政治思想流派》下卷，当代中国出版社1999年版，第357页。

派"最为活跃的时期,它也被左翼学者彻底否定,认为他们的理论是在宣传法西斯主义,为国民党专制独裁统治张目。如《群众》杂志第 7 卷第 1 期（1942 年 1 月）发表文章《战国策派的法西斯主义的实质》,认为战国策派是法西斯主义的团体,其成员"完全是希特勒法西斯侵略主义的应声虫"。郭沫若、潘梓年（1893—1972）、胡绳（1918—2000）等,都持此观点。①

1958 年,雷海宗被错划为"右派分子",史学界又开始了对"战国策派"的批判。如 1959 年《历史研究》第 1 期发表袁英光《"战国策派"反动史学观点批判》,可视为这方面的代表作。② 80 年代改革开放后,情况开始发生变化。除一些作者继续在政治上、学术上持彻底否定的观点外③,还有较多的作者开始对"战国策派"一分为二,在对其学术观点提出批评的同时,也在某些方面给予肯定,而且无论是肯定还是否定,都是在学术探讨的范围内进行,而不是政治上的批判。④ 有论者指出:"与其说他们是一个

---

① 参见郭沫若《把精神武装起来》,《救亡日报》1938 年 5 月 12 日;梓年《中国抗战与法西斯斗争》,《群众》第 2 卷第 20 期;胡绳《论反理性主义的逆流》,《读书月报》第 2 卷第 10 期等文。

② 袁英光还撰有《"战国策派"反动史学观点批判——法西斯史学思想批判》,《华东师大学报》（人文科学版）1958 年第 2 期。文章认为:战国策派成员是潜藏在高校和文化界的法西斯分子;他们的主张,是为"配合国内外法西斯匪帮的政治军事阴谋"而"蠢动起来"。战国策派是法西斯流派。

③ 这方面的文章主要有:马功成:《"战国策派"的反动实质》,《四川师院学报》1984 年第 2 期;尹达主编:《中国史学发展史》,中州古籍出版社 1985 年版;高军等主编:《中国现代政治思想评要》,华夏出版社 1980 年版;丁守和主编:《二十世纪中国史纲》,河南人民出版社 1994 年版;马金科等编著:《中国近代史学发展叙论》,中国人民大学出版社 1994 年版;林茂生等主编:《中国现代政治史》,黑龙江人民出版社 1984 年版,此书将"战国策派"列入"法西斯主义思潮"。

④ 这方面的文章主要有:王敦书:《雷海宗》（现代已故史学家传之一）,《中国历史学年鉴 1982 年》,人民出版社 1982 年版;张和声:《文化形态史观和战国策派的史学》,《史林》1992 年第 2 期;郭国灿:《中国人文精神的重建》,湖南教育出版社 1992 年版;侯云灏:《雷海宗早期史学思想研究》,《史学理论研究》1992 年第 3 期;张广智:《二十世纪前期西方史学输入中国的行程》,《史学理论研究》1996 年第 1 期。

法西斯主义思想组织，倒不如说是一个有着某种共同思想旨趣、文化体系的学术沙龙、文化圈。""翻检了昆明版与上海版的全部《战国策》半月刊，可以肯定地说，没有一篇歌颂德、意、日法西斯主义的文章，更不存在参加法西斯团体问题。总之，不存在一个所谓法西斯主义学派。"[①] "历史已经证明，他们是一批可敬的爱国知识分子。今天人们对这批人的重新认识，是中国改革开放以来，消除极'左'思潮的初步结果。"当然，这并不否认战国策派理论上的缺陷，如"明显带有偏激色彩"，"反对民主政治，对战争不分正义与非正义"等。[②] 此外，还有人提出，对战国策派的主要成员不能统而概之，对他们要做具体分析，如何永佶热烈拥护民主政治，曾对中国的民主建设提出许多好的建议。

1995年，温儒敏、丁晓萍等编《时代之波——战国策派文化论著辑要》，由中国广播电视出版社出版。编者在代前言《"战国策派"的文化反思与重建构想》中，从"战国时代的重演"与民族性格自审、意志哲学的移用与文化重建的构想、狂飙运动的借鉴与五四运动的反思、民族文学运动的提倡等方面，对战国策派的主要理论进行了较深入的分析。编者认为："'战国策派'，（是）一个在史学革命尝试与文化重建构想中极富理论个性的学派。其理论个性正突出体现于对五四以降各种新文化构想的超越，中外文化比较的视野使他们具有较完备的思想系统，而战时所集中暴露的文化积弊又促使他们增强了理论的锋利批判力。可惜因为处在战争年代，社会接受偏重现实性政治性，加上'战国策派'的理论表述毕竟不成熟而且有些怪僻，很容易就被目为异端。"但是，"重读这些写于半个多世纪前的文字，仍然觉得有锐气，有个性，虽然不无偏颇，特别当论涉时政又不免暴露其偏狭的党派性，

---

① 郭国灿：《中国人文精神的重建》，湖南教育出版社1992年版，第218页。
② 陈哲夫等主编：《现代中国政治思想流派》下卷，当代中国出版社1999年版，第358、359—360页。

但从学理的层面来看，他们关于文化思考所引发的诸多问题，至今也还是新鲜的"。①

近年的讨论渐趋深入，一种观点认为，"林同济、雷海宗、陈铨、何永佶等人与二十世纪初期的严复、康有为、梁启超、蔡锷（1882—1916）和新文化运动时期的鲁迅、吴虞（1872—1949）、李大钊、郭沫若等人，在思想上如出一脉。这一思潮的主线，是对近代中国积贫积弱的改造意识，其敏感、其偏激、其深刻，如出一辙。抓住这一线索，实际上也就是从一个侧面观照着近代中国流行于知识分子中的激进主义与自由主义思潮，也从一个侧面观照了近代中国救亡与启蒙双重变奏下的社会现实"②。2013 年，曹颖龙等编《民国思想文丛·战国策派》时认为，战国策派"对中国的文化命脉问题进行了深刻的思考，这一文化思考既契合了以往学者试图清除中国文化积弊的探求，又引入了世界文化竞存的新视角，带有强烈的危机感和时代特征"。"从'战国策派'的'文化形态史观'理论来看，他们的思想与汤因比的理论更为接近，但同时也受到斯宾格勒的影响。他们依据'文化形态史观'所创建的具有中国特色的文化形态理论，具有毋庸置疑的文化意义与史学意义。"③ 看来，如何评价以"文化形态史观"为理论基础的"战国策派"的讨论，今后还会继续进行下去。

三 中国学者的历史哲学著作

西方历史哲学在中国译介所产生的重要反响之一，是中国学者历史哲学方面专著的问世。1926 年，上海泰东图书局出版了朱谦之（1899—1972）的《历史哲学》，这是一部以阐释进化史观、

---

① 温儒敏等编：《时代之波——战国策派文化论著辑要》，中国广播电视出版社出版1995年版，第2页。
② 魏宏运：《战国策派思潮研究·序》，见江沛《战国策派思潮研究》，天津人民出版社2001年版，第5页。
③ 曹颖龙等编：《民国思想文丛·战国策派》，长春出版社2013年版，第2、12页。

生机史观为主要内容的著作。朱谦之，福建福州人。民初入福建省立第一中就读，在中学时已经熟读古代经史，曾自编《中国上古史》，并发表《英雄崇拜记》等小册子。17岁以福建省第一名考取北京高等师范学校，后改入北京大学法预科，积极参加"五四"爱国运动，鼓吹"劳动人民神圣"。1921年离京南下，1924年任教于厦门大学，后赴日本留学研究历史哲学。回国后先后在暨南大学、中山大学、北京大学任教。《历史哲学》曾是作者1925年在厦门大学授课时的讲义。

朱谦之受杜里舒等西方新生机主义（新生命主义）哲学思想的影响较大，这些在《历史哲学》中有明显的反映。他不隐讳《历史哲学》对"杜里舒、柏格森、麦独孤、鲍尔文等都有很多的借重，还有孔德、克鲁泡特金，都曾给我很多有益的见解"[①]。朱谦之提出的"生命史观"即"生机主义史观"，力主生物学和社会科学相结合，如新生机主义和实证哲学的结合。他在《序》中强调，撰写此书的目的，就是要进一步论述历史的进化问题。旧史学和新史学的区别，就在于旧史学只重视政治史，而新史学则重视"全部的人类事迹"。所谓历史，就是叙述一种生机活泼的动物——人类——在知识线上的进化现象，使我们明白我们自己同人类的现在及将来。历史的原动力在于"生机"，而非是经济的、地理的因素。人类的历史就是本能与环境宣战的生机主义的历史。朱谦之将自然史和人类世界的历史合一，鼓吹"一元的历史哲学"，在阐述历史发展进程时，使用"堆积"和"进化"的概念等。

朱谦之认为，人类历史叙述的是知识线上的进化，人在生机力的推动下，造出了知识线上伟大的复杂的系统，如宗教、艺术、道德、政治、法律、经济、科学等。正是由于知识线的进化，人类才得以进化。在他看来，历史的原动力，决不在于施行残忍政治和激

[①] 朱谦之：《历史哲学》，上海泰东图书局1926年版，第1—2页。

成民族仇怨的强权阶级，或少数的英雄，而在全体社会的知识线上的活动的体相。从这一认识出发，人们应该有勇气，将一向占据历史中枢的帝王、贵族、军阀们，赶在"进化史"的外面。

关于"历史哲学"，他说中国"从来没有一种真正意义的历史科学，更不要说到《历史哲学》了。……司马迁以下差不多都是把历史来奉承专制君主的，更不消说是没有历史哲学可言，所以我今天在这里讲《历史哲学》，还算做中国史学界里的破天荒的一桩事"。在他看来，历史哲学是要通过历史事实，来寻求历史发展、进化的原理。"历史的发展是进步的，与时俱变的；但却不是偶然的，无定的；在他一个整个的活泼的历史里，却自然有个历史的定律。"① 朱谦之通过欧洲学者的历史哲学思想，从史学史、哲学史、历史观与历史方法等方面，探讨了历史哲学诸问题。

朱谦之十分重视历史哲学的方法论研究，在其《历史哲学》的第三章，较深入地探讨了"历史哲学的方法"。朱谦之认为，历史哲学方法有三：一是"发生的方法"，即"无论什么东西，都有一段发展和进化的历史在。所以我们着手研究任何问题，要使他格外成功具体的系统的知识，那就非用发生式（Genetic Mode）的方法研究不可"。二是心理的方法。"心理的方法，是研究人类的全体行为和行为中最重要的动机的。他和生物学很有关系，并且可以说就是生物学方法的一支。""我们要打算明白人类的历史，必须先明白人类的行为；然要研究人类的行为，是不可单以内省他自己的心理现象为根据的。"三是社会的方法。"从进化的眼光看，人类历史只能当做一种生物社会进化了的形式，所谓社会学，也不过是生物学的一分支罢了。"② 朱谦之的这些认识，和他当时所信奉的哲学历史观有直接的联系。在他看来历史哲学的上述三种方法，就是生物学的方法——生机主义的方法。有了这些方法，

---

① 朱谦之：《历史哲学》，上海泰东图书局1926年版，第30页。
② 黄夏年编：《朱谦之选集》，吉林人民出版社2010年版，第176、180、186页。

"才能给人类的历史以一个确实的科学的基础"①。

1932年至1946年,朱谦之出任中山大学史学系主任和研究院历史学部主任。在此期间,他先后完成的专著有《历史哲学大纲》(民智书局)、《孔德主义与黑格尔主义》(民智书局)、《历史学派经济学》(商务印书馆)、《黑格尔的历史哲学》(商务印书馆)、《文化哲学》(商务印书馆)、《中国思想对于欧洲文化之影响》(商务印书馆)、《扶桑国考证》(商务印书馆)、《孔德的历史哲学》(商务印书馆)、《现代史学概论》(中山大学出版社)、《太平天国革命文化史》(中华正气出版社)、《文化社会学》(中华正气出版社)、《哥伦布前一千年中国僧人发现美洲说》(中山大学文科研究所历史丛书)、《中国文化之命运》(广东文化事业公司)等十多部。这些著作的内容多有新意,文献资料丰富,在学术界普遍产生了良好反响。

国难当头,朱谦之并不是"两耳不闻窗外事,一心只读圣贤书"。他积极投身于抗日战争。1935年"一二·九"运动、1936年11月"七君子"事件发生后,朱谦之积极组织学生声援,参加抗日救亡运动。1935年6月,《何梅协定》卖国行径昭然于天下后,朱谦之和中山大学357名教职工立即联名发出《本大学告全国同胞书》,揭露这个协定的实质是南京政府对日本侵略的"节节败退、唯命是从、丧权辱国";呼吁全国"四万万众,一齐起来,勇猛抗敌,拼命救亡",并表示"同人等愿牺牲一切,为民前锋,宁为玉碎,不为瓦全,愿我同胞,奋起共图"。1937年七七事变发生后,朱谦之先后担任广东民众御侮救亡会国立中山大学工作团第二团、第三团的团长。1938年五四运动爆发19周年纪念日到来之际,朱谦之在师生集会上发表了《抗战与五四运动》的长篇讲演。他说:在当前国难比"五四"时更为严重的

---

① 黄夏年编:《朱谦之选集》,吉林人民出版社2010年版,第190页。

情况下，大家更要发扬"五四"时的"反帝抗日"精神，以挽救国家和民族的危难，英勇地肩负起发扬和扩展"五四"精神的使命。

1930年，著名教育家和哲学家景昌极（1903—1982）撰写的《历史哲学》，在《史学褉志》分两期刊出。1903年，景昌极生于江苏泰县，早年曾就读于南京高等师范学校、南京支那内学院。毕业后曾任沈阳东北大学哲学系、历史系教授，讲授西洋史；后在成都大学、国立中央大学、浙江大学、武汉大学、安徽大学、江苏省立泰州中学和扬州师范学院任教。

景昌极的这篇《历史哲学》，是一篇简明扼要但内容又较系统的对"历史哲学"有启蒙性质的文章。这在20世纪30年代初中国学界对"历史哲学"尚显生疏时，本文的意义不言自明。景昌极首先探究"何谓历史哲学"，他说"所谓哲学，最普通义，为根本问题之研究。兹所谓历史哲学者，谓对于人事变化中根本问题之研究"。[①] 他强调文章中所涉的历史哲学，主要是"偏重人事"，而不是"他生物或无生物"，如物质演化史及地质史等。

从上述认识出发，景昌极介绍了国际学术界历史哲学的主要派别，即一是"神学的历史哲学，其特色在以神旨或天心，解释人事变化之要因趋势及归宿问题"。二是"玄学的或玄想的历史哲学，其特色在误以臆想为事实，或误以合于部分事实之理论为足以概括全部事实"。三是"科学的或实证的历史哲学。其特色在不以事实迁就臆想，不以臆想遽为定论"。景昌极当时即已指出，历史哲学是一门综合性的学科，不少学科与之相近，对这些学科的了解，有助于学习历史哲学，这些学科主要是历史学（特别是史学理论与方法）、社会学、哲学和伦理学等。

景昌极专章探究了"人类历史与其他生物历史之异同"，主要

[①] 景昌极：《历史哲学》，《史学褉志》1930年第2卷第2期。

内容包括"程度之差与种族之差——演化说与发生法""人类之大同于他生物者——所谓本能之歧义""人类之特异于他生物者——意识或称智慧思想理性等之发达""智慧之功过"等。在景昌极看来,"凡事物必考其历史,溯其源流,明其因果,斯曰发生法"。随着人类知识的积累和进步,"昔所认为天经地义一成不变者,在见其递嬗蜕化之迹,于是各科学术,咸气象一新"①。"演化说"即在此基础上产生。这一学说继往开来的第一部名著,即为达尔文于1859年出版的《物种起源》。他还认为,意识或智慧,各种判断力(综合或分析)、推理、记忆、想象等为人类所特有,于是有了传记历史、文学艺术、玄学神学,于是才知推求因果。

关于历史观,景昌极认为"学者观察人事之变化,各于纷纭繁复之因果网中析取一类'因',而说明其重要原因,成所谓史观"。②史观,主要有神意史观、地理史观、伟人史观、经济史观,以及"智慧史观"和"唯识史观"等。至于"综合史观或社会心理史观",因其"不认历史上有可以析取之要因,其谓历史现象为社会心理之表现着,非以历史现象为果,而以社会心理为因也"③。尽管它自称为"综合史观",但景氏认为,这实际上不是历史观。

对30年代初中国的学术界而言,"历史哲学"是一个相对陌生的问题,研究基础十分薄弱,因此景昌极在他的这篇长文中难免介绍性的东西较多,如在《史事变化之法则阶段与趋势》一章中,涉及"时间与变化""变化之法则——论所谓辩证法""变化之阶段""变化之趋势——退化进化与轮化""造化与幼化"等。在《史事变化之理想或当然问题》一章中,涉及"必然与当然""自然与文化""斗争与进步""和平渐进与革命""组织与自由""社会有机体说"等。上述论述中,不仅对于一些术语的译介、使

---

① 景昌极:《历史哲学》,《史学襍志》1930年第2卷第2期。
② 景昌极:《历史哲学》,《史学襍志》1930年第2卷第3、4期合刊。
③ 同上。

用，而且其内容的论述，都不可避免地表现出作者的时代和历史认识的局限，但是，作者也提出了一些至今从正面或负面仍有研究价值的问题，启迪人们去深入思考。例如，关于历史进步，景氏写道："进步之要素，在终和且平，在共存共荣，其方法则应以渐进为经，以革命为权，由小康而趋于大同。吾非欲故为不彻底之论，实缘史事变化，其底本不可骤彻，或者无底可彻。"① 关于历史进步过程中，"渐进"与"革命"的关系，景昌极的认识在当时有一定的代表性，也在一定程度上反映出西方历史哲学观点对中国学界的影响。

1938 年，翦伯赞（1898—1968）的《历史哲学教程》由新知书店出版，次年 8 月再版，后多次重印。这部著作，是中国马克思主义史学发展史中的一部里程碑式的作品。翦伯赞，湖南常德桃源县人，维吾尔族。当代中国著名历史学家，社会活动家，中国马克思主义历史科学的奠基人之一。1924 年赴美国加利福尼亚大学研读经济学，早年曾参加过五四运动、北伐战争，大革命失败后，开始用马克思主义观点研究中国社会历史问题。先后发表了《中国农村社会之本质及其历史的发展阶段之划分》《前封建时期之中国农村社会》等，参与中国社会性质的论战。他还与吕振羽合著了《最近之世界资本主义经济》，揭露日本帝国主义侵华的滔天罪行。抗日战争胜利后，先后在上海大夏大学、香港达德学院、北京大学历史系任教。

《历史哲学教程》的写作背景，既和作者在 20 世纪 30 年代参加中国社会史论战有关，同时也和 1937 年七七事变发生后，中国社会发展所面临的新的政治形势有关。翦伯赞说："现在，我们的民族抗战，已经把中国历史推到崭新的时代，中华民族已经站在世界史的前锋，充任了世界史转化的动力。为了争取这一伟大的

---

① 景昌极：《历史哲学》，《史学襟志》1930 年第 2 卷第 3、4 期合刊。

历史胜利,我们认为决不应使理论的发展,落后在实践的后面;反之,我们认为,必须要以正确的活的历史原理,作为这一伟大斗争的指导,使主观的努力与客观情势的发展,相互适应。因此我在今年二月,便开始改写这本《历史哲学教程》。"显然,翦伯赞撰写这本《历史哲学教程》有很强的目的性和现实针对性。因为他清醒地看到了当时"隐藏在民族统一阵线理论与行动阵营中的'悲观主义'、'失败主义'等有害的倾向,都有其社会历史根源;因而从历史哲学上去批判过去及现在许多理论家对中国历史之一贯的错误见解,及其'魔术式'的结论,是我们一个不可逃避的任务"[①]。他始终强调,在这样一个伟大的历史变革时代,不应该埋头于经院式的历史理论的玩弄中,而应该投身于伟大的现实斗争。

该著作坚持以马克思主义唯物史观为理论指导,一些章节即是对唯物史观基本原理的具体阐释,如历史发展的规律性为题、经济基础和上层建筑的辩证关系问题等。在《历史哲学教程》的《绪论》中,分析了历史科学的任务、历史科学之史的发展、历史科学的阶级性等。作者明确指出:"历史科学是具有阶级性的。如果抹杀了历史科学的阶级性,这就等于否定历史自身,使之离开现实的真理,从而历史就不但成了背离对现实的指导任务的游戏,而且无异把人类全部历史变成一种神话。"[②] 该书其他各章的主要内容是历史发展的合法则性、历史的关联性、历史的实践性、历史的适应性,以及关于中国社会形势发展史问题等。《历史哲学教程》体现了鲜明的时代精神,专节撰写了"胡适、顾颉刚等的见解及其批判""陶希圣的见解及其批判""李季的见解及其批判""郭沫若的见解及其批判""吕振羽的见解及其批判""佐野袈裟美的见解及其批判"等,就中国社会政治、经济发展的重大理论

[①] 翦伯赞:《历史哲学教程》,河北教育出版社2000年版,第3、4页。
[②] 同上书,第55页。

问题，提出自己的观点，力图做出马克思主义的回答。1939年，《历史哲学教程》再版时，增加"再版代序"，题为《群众、领袖与历史》。作者增加这部分内容的原因在于强调人民群众在历史进程中的伟大作用，特别是联系到俄国十月社会主义革命和中国正在进行的抗日战争，进一步阐释人民群众创造了历史，具有重要的理论意义和现实意义。

第四章 世界通史、断代史和地区史

一 世界通史

20世纪初,在西方史学理论和西方历史哲学被介绍到中国的同时,西方关于世界通史、地区史的研究成果,也相继被介绍到中国。这些研究成果,具体体现了西方史学理论方法论的理论和原则,并以实证的方式,通过一定的历史现象或历史过程表现出来,因而在史学界和社会文化生活中,产生了更大的影响。世界通史、断代史和地区史的译介,大体通过以下三种方式表现出来:首先是将外国史学名著直接翻译成中文出版;其次是由我国的学者在外国史学名著的基础上,以"编译"的方式写成书稿,虽不是逐字逐句全文翻译,但基本上保持了原著的基本内容。最后,也有中国学者自己撰写的书稿,但无论是理论或方法,或体例,均来自西方史家。这是中国世界史学科发展过程中,不可逾越的一个阶段,即以译介为主的阶段。但是,这并不排除中国学者写出自己的著作,特别是在这个阶段的后期,即20世纪40年代末50年代初,中国学者一批有特点、有影响的成果相继问世,如周谷城(1898—1996)的多卷本《世界通史》等。

较早介绍到中国来的世界通史性著作有如下几部:一是德国驾尔布勒志著《世界通史》,由上海镜今书局于1903年出版,译者不详,三卷,合一册。二是德国布列著《世界通史》上下册,1903年8月和10月相继由上海通社出版。梁启超对这部著作给予很高评价:此书在欧洲极负盛名,已重版十余次,美国人译为英文,亦重版六次。叙事简洁,便于记忆,英德等国学生每听课,恒携带之。[①] 同年12月,此书有了中文新版本,即署名德国布勒志著、日本和田万吉译、叶瀚重译的《世界通史》3卷,由上海镜今书局于1903年出版。另一部是陈建民、梁思成、向达等译,梁启超等校订的英国赫·乔·韦尔斯的《世界史纲》,1927年由上海商务印书馆出版。还有一部是日本上田茂树著、柳岛生(即杨贤江,1895—1931)译的《世界史纲》,1928年由创造社出版部印行。

这几部世界通史性著作在中国产生了不同的影响。德国布列著《世界通史》上下册,由古代史、中古史和近世史三编组成。贺绍章为该书写有序例,参与翻译的有马幼渔、廖浥亭、范均之等。同年《浙江潮》第6期的图书广告中,介绍了布列著《世界通史》中文本的特点:该书"以德文原书为本,而参校英译,和译二书。考订增删,期归完善,凡人名、地名及各种名词,均依我国旧译沿用既久者,及近时著名新译本所酌定者,悉心校正,前后一致,且悉以英译本文按次增列,以便检查,而复于篇末加以按语,觉其时势,述其变异,提其纲要,而抉其脉络,实历史界空前绝后,最占特色者也"。关于这两个版本,一般认为,上海通社出版的主要依据德文翻译成中文的两卷本,质量更好些。

韦尔斯的《世界史纲》,原著最初在1920年出版,作者在世时,先后在1923年、1930年、1940年修订再版。该书的全名是:《世界史纲——生物和人类的简明史》,简明扼要地叙述了地球的形成、生物的起源和人类的起源,最初的文明,直至第一次世界大战。韦尔斯不仅是历史学家,而且是英国著名的小说家、记者

[①] 参见张晓《近代汉译西学书目提要》,北京大学出版社2012年版,第352页。

和社会学家。主要著作还有《时间机器》《星际战争》《波里先生的历史》《人类的劳动、财富和幸福》等。20世纪30年代，曾投身于政治活动，分别会晤斯大林和罗斯福。1920年访问苏维埃俄国时，曾会见列宁。

《世界史纲》上下册39章，出版后在欧美曾风靡一时。该书《导言》称："所谓世界史者，非直集合吾人习见之国别史而已，乃国别史之首经斟酌损益者，且临以不同之精神，施以不同之精神，施以不同之方法者也。"作者从宇宙天体、生物进化、人类起源开始，一直写到第一次世界大战结束漫长的历史进程，强调从"广阔的整体"考察世界历史，一改世界史是国别史汇纂的写法，使广大中国读者有耳目一新的感觉，在当时有较广泛的反响。

《世界史纲》的主要内容是：人类以前的世界、人类的形成、最初的文明、犹太，印度和希腊、罗马帝国的兴亡、基督教和伊斯兰教、蒙古帝国、列强的时代、近代帝国主义的浩劫等。由于这部著作"不过是对过去百年内地质学者、古生物学者、胚胎学者和任何一类博物学者、心理学者、民族学者、考古学者、语言学者和历史研究者的大量活动所揭示的现实的初始图景加以通俗的叙述"，[①] 所以拥有较多的读者，有广泛的影响。但是，这并不能掩饰这部著作和其他西方各类"史纲"所表现出的通病，即明显的"欧洲中心论"或"欧洲中心主义"倾向。韦尔斯认为，"几乎每一个人在头脑里都已经有了一种没有表达出来的世界史纲……绝没有一本写出的世界史纲是没有倾向性的"。[②] 事实正是如此，只不过韦尔斯等西方史家心目中的世界史，就是西欧北美白种人的历史。他们撰写世界史纲的倾向性，就是仅写欧美的历史就足够了，这显然是不符合历史事实的。

[①] ［英］赫·乔·韦尔斯：《世界史纲》，吴文藻等译，人民出版社1982年版，第6页。

[②] 同上书，第11页。

1928年3月，雷海宗先生写有《评汉译韦尔斯著〈世界史纲〉》发表在《时事新报》上。这可能是他在美国获得博士学位归国后公开发表的第一篇文章。雷海宗对韦尔斯的《世界史纲》提出尖锐批评，认为这是一部"专门发挥某种史观的书"，作者韦尔斯是"西洋著作界一个富有普通常识而缺乏任何高深专门知识的人，所以在他的脑海中'历史'一个名词就代表'西洋史'，而他的历史观也就是他以西洋史为根据所推演出来的一个历史观"。雷海宗针对当时中国学术界的现状指出，"中国现在一切的学问艺术都仰给于外人，那是无可讳言的。但只有少数人能直接读西文；其余的人都靠着这少数人的介绍。所以这少数人的责任是非常重大的。他们如不介绍则已，若介绍时则宜细心考虑——要考虑某著作本身的价值，二要考虑读者的资格。二者都考虑妥当之后，方可介绍一本书。不可因某书在西洋因西洋的特别情形而风行一时，我们就非介绍到中国不可。《史纲》……无史学的价值，我们不可把他当史书介绍与比较易欺的国人"。因此，雷海宗强调，"我们所要注意的就是无论怎样《史纲》并不是历史；研究历史时，最好读别的书，对韦尔斯的书愈少过问愈好"。[①] 雷海宗对"欧洲中心论"的批评，反映了当时进步历史学家的共识，这与那些认为"外国的月亮都比中国的圆"的人相比，形成了鲜明的对照。

日本上田茂树著的《世界史纲》，写于20世纪20年代初。上田茂树，日共党员，日本马克思主义历史学派著名历史学家。中文本译者柳岛生，是杨贤江的笔名。杨贤江，浙江余姚人，中国马克思主义教育理论家，1919年10月，他经邓中夏（1894—1933）介绍，参加了以改革社会为宗旨的"少年中国学会"，同时参与发起的还有李大钊、毛泽东、张闻天（1900—1976）、恽代英（1895—1931）等，杨贤江被选为南京分会书记。次年，他

[①] 雷海宗：《评汉译韦尔斯著〈世界史纲〉》，《时事新报》1928年3月4日；转引自《伯伦史学集》，中华书局2002年版，第613—614、619—620页。

与李大钊、恽代英等7人被选为"少年中国学会"的评议员。1923年,加入中国共产党,曾翻译恩格斯《家庭私有财产及国家之起源》,参与了五卅运动和上海三次工人武装起义的组织工作。大革命失败后,他到日本隐蔽,继续进行革命活动,并从事社会科学的研究及翻译工作。1929年5月,他秘密回国,与潘汉年(1906—1977)、李一氓(1903—1990)、朱镜我(1901—1941)等组织"中国社会科学家联盟",编辑《新兴社会科学丛书》,积极投身于粉碎反动派的文化围剿斗争中。在白色恐怖下,工作环境十分恶劣、繁重,他积劳成疾,于1931年逝世,年仅36岁。

上田茂树的《世界史纲》,表现出鲜明的唯物史观立场,是杨贤江在日本隐蔽时翻译出版的。1928年4月12日,杨贤江在简短的《译者序》中,明确地指出了他翻译这部著作的目的。他说:"这本书是专门译给中国的青年看的。生活在这个社会转换期前夜的中国青年,他们之负有何种重大的使命,已是用不着明说的事。"杨贤江强调,这部著作可认为是中国青年改造旧世界的精神武器。他说:他们"认识这个世界从古以来的真面目,理解目下这个世界所以形成的过程,更预定这个世界未来进路的方向;换言之即帮助他们获得在实行革命——社会变革的一种武器,一种把握,一种心得"。杨贤江认为,这部著作是一部"新"的世界史纲。之所以说它"新",是因为它不是站在统治阶级的立场上,为维护统治阶级的利益来写世界史,而是"站在我们的立场——被剥削被榨取阶级的立场来写述",[①] 这从《世界史纲》的主要内容可以清晰地看到。《世界史纲》简明扼要地叙述了世界历史的发展,并将这一变化视为政治制度、社会经济和文化思想互为关联而发展变化。该书绪言"阶级社会之历史研究法"的主要内容是:历史是什么、历史的材料、支配阶级之历史与被支配阶级之历史、

[①] 柳岛生:《世界史纲·译者序》,参见[日]上田茂树《世界史纲》,上海文艺出版社2006年版,正文前。

历史的看法、唯物史观之理论与实际、历史阶级之效果。

《世界史纲》第一章"地球之进化与人类之由来"的主要内容是：宇宙的创造、生命的起源、地球的变动、生物的进化、人种的祖先、进步的速度。第二章"原始人之社会与劳动"的主要内容是：人类的成长、狩猎人之群、氏族社会的组织、母权时代的结婚制度、共动与共有、原始共产制与进步。第三章"财产之起源与初期文明"的主要内容是：家族与私有财产、牧畜与农业、父权革命、阶级与支配、战争与奴隶、古代文明。第四章"希腊与罗马之国家"的主要内容是：国家制度、希腊的兴起、雅典之民主的文化、罗马的政治组织、对外侵略主义、斯巴达卡斯的暴动、基督教、帝国的分裂。第五章"封建制度与基尔特组织"的主要内容是：黑暗时代、神圣罗马教会、领主与武士、土地与农奴、中世诸国的勃兴、十字军的意义、手工业的发达、基尔特与都市、封建主义的没落。第六章"自由思想与资产阶级革命"的主要内容是：第三阶级与国民、列国的兴盛、货币经济与集权国家、商业资本的政治思想、宗教革命、英国与议会、美国的独立、法国革命、拿破仑时代、神圣同盟。第七章"科学的发达与产业革命"的主要内容是：古代文明的没落与复兴、文艺复兴、科学的胜利、工业的发展、机械的发明、工场生产制度、产业资本与工银奴隶。第八章"资本主义与劳动阶级"的主要内容是：自由主义经济学，资本主义列强的发达、竞争、恐慌、战争，社会主义与马克思，工会的起源，第一国际，巴黎公社，各国的无产阶级运动，阶级斗争的进展。第九章"世界大战与俄国革命"的主要内容是：资本主义最后的阶级——劳动阶级与帝国主义、大战的动机与经过、布尔什维克革命、无产阶级独裁政治、中欧革命的失败、凡尔赛和会与国际联盟、资本主义的世界与苏维埃俄罗斯。第十章"历史的发展与社会主义"的主要内容是：战后之经济的复兴问题、劳农俄国的建设事业、灭亡阶级与新兴阶级——

第三国际、转换期的世界、未业是属于谁的。

从以上内容不难看出这部《世界史纲》的明显特点是对国际社会主义运动的历史，如"资本主义与劳动阶级""社会主义与马克思、第一国际、巴黎公社、各国的无产阶级运动""布尔什维克革命""苏维埃俄罗斯"等，给予了较多的关注和马克思主义的阐释。而这些内容，在20世纪二三十年代的中外世界史著作中多不提，如果提及，也常遭诋毁或歪曲。上田茂树在《世界史纲》的《绪言》中指出：以往的历史，是整军经武、穷兵黩武、阴谋篡窃、侵略剥削的历史，而不是人类发展发达的历史。只有马克思主义的唯物史观才能科学阐述人类的历史。"科学的社会主义之父，又为世界被压迫阶级导师的卡尔·马克思更是个这种顶难的真的历史研究大事业的创造者。因为他定出有名的历史观之公式，可以作为开始这种研究又完成这种研究的一贯的方针，而且自己还留给后人以应用的范型。"① 应该说，这部《世界史纲》就是接受马克思所创立的唯物史观历史研究"范型"的产物。

除上述德国布列著《世界通史》、英国赫·乔·韦尔斯的《世界史纲》、日本上田茂树著《世界史纲》外，以下几部世界通史性的著作，也值得一提。

1902年，日本石川利之编《世界通史》，在东京日清书馆以汉文10册线装形式出版，同年，上海中外书会出版。1903年，美国史学家威廉·斯因顿著、张相译《万国史要》，由杭州史学斋石印出版。该书对世界历史采用了上古、中古和近古的分期方法。一编、二编为上古史（古代史），内容是从远古到西罗马灭亡，包括古希腊罗马，以及古代东洋诸国，如埃及、巴比伦、腓尼西亚、印度、波斯帝国等；三编为中古史（中代史），内容是自西罗马灭亡到十五世纪末的史事。下编应该是近古史（近代史），但未见刊

---

① ［日］上田茂树：《世界史纲》，柳岛生译，上海文艺出版社2006年版，第3页。

出。《万国史要》的内容较为丰富，包括地理、人种、文明、商业，以及政教兴废等。

1905年，美国迈尔（Philip. Van. N. Myers, 1846—1937）著、黄佐廷口译、张在新笔述的《迈尔通史》（Myers' General History），在山西大学堂译书院出版。原书1900年在美国出版，是美国高校主要的世界通史类教科书之一。该书一册分上中下世记，上世记三卷，曰东方各国记，曰希腊记，曰罗马记；中世记二卷，曰黑暗时代记，曰中兴时代记；近世记二卷，曰宗教改革时代记，曰国政改革时代记，迄至19世纪下半叶。英国传教士李提摩太在山西大学堂授课时，即以此书为教科书使用。中文本《迈尔通史》，不仅将西方史学和中国传统史学的相关内容结合起来，在体例上受到好评，而且夏曾佑（1863—1924）还为该译本加工润色。该书被认为文字清新茂美，而且"举数体而兼备之"，如"上世诸记，国别体也；大事诸记，纪事本末体也。凡有影响于历史之人物，上自帝王，下至杂役，或表，或附见，则纪传之体具焉。强国帝王，著其统系，为之年表，各国学问艺术之源流，国制民风之得失，择其要者，具著于篇，则表志之体寓焉"。

美国历史学家卡尔顿·约·亨·海斯（C. J. H. Hayes, 1882—1964）、帕克·托马斯·穆恩（P. T. Moon）、约翰·威·韦兰（J. W. Wayland）著《世界史》，1948年由刘启戈译成中文出版。海斯是哥伦比亚大学的教授，穆恩和韦兰的老师。穆恩也曾任哥伦比亚大学的教授。韦兰为弗吉尼亚州麦迪逊学院教授。第二次世界大战期间，海斯出任美国驻西班牙大使，其主要著作还有《近代欧洲政治文化史》《唯物主义一代（1871—1900年）》《美国和西班牙》，以及《西方文明史》等。《世界史》最初在1932年出版，是美国大中学校广泛使用的一部教科书。其间几经修订和再版，在西方史学界有广泛影响，是一部在西方有代表性的世界通史性著作。本书始自"文明的开端"，下限到第二次世界大战结束。

这部《世界史》同韦尔斯著《世界史纲》一样,表现出西方史学中根深蒂固的"欧洲中心论"。作者毫不掩饰地表白,自古代希腊罗马时代以来,白种人始终是"历史的主角",而非白种人,则是"白种人的负担",是"落后种族"。该书第十一编的标题就是"白种人的负担"。作者认为,"的确,要引导千百万的陌生人走上欧洲文明和进步的道路,是一个负担,而且是一个沉重的负担"。[1] 书中有对中国历史的描述,但从"欧洲中心论"出发,轻描淡写,只有"中国及其智者"一章和"古代中国""中国的觉醒""中国的困难"三小节。即使在这不多的内容中,也是在歪曲、篡改中国的历史。例如,中华民族在世界历史上的伟大贡献被一笔抹杀,即使在古代,西方在科学技术和思想文化方面,也是领先于中国;鸦片战争的爆发,是由于西方要做生意,而中国官吏"态度傲慢"所致;极力为西方列强的侵略行径辩护,将美国侵略者美化成中国人民的"朋友"。

1902年,出洋学生编辑所编《世界大事年表》,由普通学书社印行。该书记述了公元前722年到1902年,近两千年间中国、日本和世界历史的大事。1914年,商务印书馆出版了傅运森编著的《世界大事年表》,后又在1929年、1933年、1937年多次再版。这部年表所收内容,包括远古时期的"黄帝元年"至公元1937年的中外历史大事。据商务印书馆考证,这部著作是我国第一部"中外年历及史事综合为表"的著作。对于历史事件均用中西两种历法标记,中国历法标甲子及历代帝王年号。编者从史料和文献的实际出发,在选材上基本上采取了详今略古的方针。"古今史实,上古既苦荒远,近代又甚繁杂,故三皇五帝之时,或数十年而无一事可记。至于近代,一岁之内往往要事垒见,势难概录。本书于上古多从阙疑,不敢滥列以误阅者。于近代以限于篇幅,

---

[1] [美]海斯等:《世界史》下册,刘启戈译,生活·读书·新知三联书店1975年版,第1060页。

只能举其最重要而略其余。"① 编者对近代以来涉及中外关系的历史事件充分重视，如1840年有"英军侵宁波"、1852年有"俄将占领黑龙江口，我国抗议"等记载②。

20世纪初到30年代，中国学者撰写或编译的世界通史性的著作，主要还有美国德巴利著、陈寿彭译《万国史略》，江楚编译官书局1907年版；李泰棻《新著世界史》，商务印书馆1924年版；王昌谟《世界各国志》，商务印书馆1925年版；刘叔琴《民众世界史要》，上海开明书店1928年版；何炳松《外国史》，商务印书馆1929年版；陈其可、朱翎新《世界史》，世界书局1930年版；曹剑光《世界史表解》，枫林书店1931年版；李季谷《高中外国史》，商务印书馆1931年版；杨人楩《外国史》，北新书局1932年版；周传儒《新建设时代世界史教本》，北平建设图书馆1932年版；唐幼峰《外国史纲要》，上海重庆书店1932年版；沈自元《世界新史纲》，上海中学生书局1933年版；殷祖英《世界史》，上海文化书社1934年版；金兆梓《高中外国史》，中华书局1934—1935年版；叶云瑞《世界史表解》，上海东方文学社1936年版；李尚春《外国历史表解》，中华书局1936年版；朱鸿禧、李崇厚《外国史》，商务印书馆1937年版。此外，还有教育部编审会的《世界史》，北平新民印书馆股份有限公司1939年版。

20世纪40年代，我国继续又有一些世界通史性的著作问世，例如张锦光的《世界史纲要》，天津工商大学附中1947年版；梁文坛的《外国史纲要》，北平光华书局1947年版；方豪的《外国史大纲》，上海中正书局1947年版；黄维荣的《外国史》，上海商务印书馆1947年版；傅彬然和覃必陶的《外国史》，上海开明书店1948年版等，而其中影响最大的则属周谷城的《世界通史》（三册），该书堪称是20世纪上半叶，中国世界历史编纂的集大成

---

① 傅运森：《世界大事年表·例言》，商务印书馆1937年版，第1页。
② 同上书，第350—351页。

之作，商务印书馆1949年版。

周谷城的《世界通史》，是我国第一部有现代科学意义的《世界通史》。周谷城，湖南益阳人，当代中国历史学家，社会活动家。早年毕业于北京高等师范英语部。积极参加五四运动。1920年春，赴湖南长沙，在湖南第一师范任教。自1927年起，先后在上海复旦大学等校任教。1928年，周谷城先后翻译了亚诺得的《战后世界政治之关键》、尼林的《文化之出路》等，由上海春秋书局、新宇宙书店分别出版。以后又著有《近代欧洲政治演变之动力》，1938年11月发表在《史论丛书》第3辑。1943年翻译了《新英国与新世界之建设计划》《美国和战后世界之关系》，由独立出版社出版。所有这一切，都为周谷城撰写自己的《世界通史》做了必要的准备。

周谷城的这部著作，在史观、理论、方法、内容等方面和韦尔斯著《世界史纲》不同，和海斯等著《世界史》也不同。撰写此书时，周谷城虽参阅的外文资料达100多种，其中包括国际史坛上有影响的名著，例如12卷本《剑桥古代史》、14卷本《剑桥近代史》，以及斯密兹25卷本的《史家世界史》等，但该书却与上述著作中宣扬的"欧洲中心论"反其道而行之，努力凸显不同国家、不同民族和不同文明的特征，及他们彼此之间的关系。本书上起初民时代，下迄资本主义时期。在第一篇中，作者列举了尼罗河文化区、西亚文化区、爱琴文化区、中国文化区、印度河流域文化区、中美文化区六个远古文化区，对各个文化区的政治经济发展、阶级关系、文化特征等，都有较全面的分析，包括古代东方的各种文明，认为它们都是各自独立发展的文化系统，为人类文明的发展做出了不可替代的贡献。这一认识是这部著作的核心内容，决定了它重大的学术价值和理论意义。

在《世界通史·弁言》中，周谷城从四个方面就"什么是世界通史"，进行了基本的理论阐释。他说："一、世界通史并非国别史之总和。……本人不认国别史之总和为世界通史，故叙述时，力避分国叙述的倾向，而特别着重世界各地相互之关联。""二、欧洲通史并非世界通史之中心所在。欧洲学者著世界通史，偏重欧洲，情有可原；且十五世纪以后，欧洲人在世界各地本也非常活跃。但十五世纪以前，所谓世界活动，几乎只限于亚、欧、非三洲之间，因此我们断不能忽视亚洲及欧亚之间的活动。故书中叙述，力求平衡，期毋太偏重于某一方面或区域。""三、进化阶段，不能因难明而予以否认。世界各地历史的演进，无不有阶段可寻。……著者虽力避机械的公式主义之嫌，然进化阶段，却不能抹煞。故凡可以指明之处，必予指明。""四、概括的叙述不能转为抽象的空谈。……由描写到概括，由具体到抽象，这是合乎科学上之经济的原则的。但黑格尔把抽象的'理念'，作为具体的事情之所由生，先具体的事情而存在，则是我们所不能苟同的了。我们很重概括的叙述，但不能离开具体的事实而作抽象的空谈。本书的篇、章、节、目，都是从具体事情中概括出来的，但并不是抽象的观念。"[①] 周谷城的上述认识，至今仍具有重要的理论意义和现实意义。他突破了"欧洲中心论"的束缚，强调世界各地区之间的相互联系，主张将世界历史作为一个整体进行研究。这对中国的世界史建设有开拓性的作用。

在《世界通史》中，周谷城以相当大的篇幅论述了中国社会历史发展的轨迹，以及这一过程中的某些规律性的内容。在众多的世界通史性的著作中，周谷城的《世界通史》独树一帜，将中国历史写入，也招致了一些人的指责，认为这种撰写方法宣扬的是"中国中心论"，而且还是"汉族中心论"，实际上，这些指责完全置客观的历史事实于不顾，是根本站不住脚的。

20世纪80年代初，复旦大学历史系接受教育部的安排，准备

---

① 周谷城：《世界通史》（上），河北教育出版社2000年版，第3—4页。

编写《世界通史》，周谷城接受了历史系的邀请，同意参加这项工作。但是，编写新的《世界通史》并非易事，所以先将周谷城的3卷本《世界通史》影印出版。周谷城在"影印本新序"中，重申了他关于《世界通史》的四点基本主张，同时分析了他自己编写这部《世界通史》的体系，那就是"在消极方面，完全排斥了以'西方为主体'，以'西方外为附庸'的偏向；在积极方面，力求突出世界史在发展中各部分的'日趋联系'，从而得出一个比较完整的'有机统一体'。这个'有机统一体'分而言之就是：第一篇远古文化之发展，第二篇亚欧势力之往还，第三篇世界范围之扩大，第四篇平等世界之创造。只惜第四篇因时间仓促，未及写完，只列举了目录。我的写法未必很好，但与西方或欧美学者的写法完全不同"①。这种不同，主要表现为历史观念的完全不同，周谷城写的是中国人心目中的世界史，而非对欧美学者撰写的世界通史的重复或复制。周谷城的《世界通史》的体系，是中华民族民族精神在世界通史编纂中的具体体现，至今仍有重要的理论意义和现实意义。

二 史前史、古代中世纪史和近现代史

20世纪上半期，中国世界史研究译介时期的史前史、古代史研究和世界近现代史研究相比，相对薄弱，而且还差得较多。据史前考古学家裴文中（1904—1982）介绍，直至20世纪40年代，"史前史"才正式列入大学课程之中②，所以有关史前史研究的内

---

① 周谷城：《世界通史》第1册，商务印书馆2005年版，第2页。
② 1940年12月，裴文中在《史学年报》第3卷第2期发表《中国史前学上之重要发见》，文章指出：无论在中国还是欧洲，史前史（史前学）研究都是比较晚近发达的一种科学。在中国史前学之开始，也不过是近二十年之事。至于史前学列入大学课程之中，更是以本年在燕京大学开始。裴文中在文章中没有论及中外学者的外国史前史研究。他认为，近20年来，中国史前史研究最重要的发现有4个：其一，1921年安特生发现仰韶期彩陶文化；其二，1923年桑志华和德日进在河套发现"旧石器时代之遗址"；其三，1926—1930年，发现"周口店中国猿人之遗骸及遗物"；其四，1933年发现"周口店山顶洞"。

容并不多，如有，一般都合并在世界古代史的研究范畴中。1935年，美国学者摩尔根享有世界声誉的名著《古代社会》，经杨东莼（1900—1979）等人翻译，由商务印书馆出版。（"摩尔根"当时被译为"莫尔甘"）但是，译者所根据的原文本是一种不完善的本子，存有明显的缺点，如该本注释中引用希腊罗马古典著作之处，只有章节号码，并无引文，而摩尔根的原著是有引文的。这是个删节本，对读者，特别是对中国读者十分不方便。[1]尽管如此，这部著作在"各种发明和发现所体现的智力发展""政治观念的发展""家族观念的发展"和"财产观念的发展"四编中，以唯物史观为理论指导，深刻阐述了作者对人类原始社会发展规律的认识。摩尔根指出："现在，我们可以根据有力的根据断言，人类一切部落，在野蛮社会以前都曾有过蒙昧社会，正如我们知道在文明社会以前有过野蛮社会一样。人类历史的起源相同，经验相同，进步相同。"[2]《古代社会》在20世纪30年代被介绍到中国来，是十分有意义的。

1881年5月—1882年2月，马克思曾研读《古代社会》，写下了十分详细的笔记，对其给予高度评价，并准备进行认真研究，但直至逝世没能完成这项任务。恩格斯正是依据马克思《摩尔根〈古代社会〉一书摘要》，完成了具有重要意义的《家庭、私有制和国家的起源》的写作。恩格斯在1884年曾说："在论述社会的原始状况方面，现在有一本象达尔文学说对于生物学那样具有决定意义的书，这本书当然也是被马克思发现的，这就是摩尔根的《古代社会》（1877年版）……摩尔根在他自己的研究领域内独立地重新发现了马克思的唯物主义历史观，并且最后还对现代社会

---

[1] 1977年，即《古代社会》出版100周年之际，商务印书馆出版了杨东莼、马雍、马巨的新译本。这个新译本以哈佛大学出版部1964年刊行的版本为主，同时参考了英国麦克米兰公司1877年初印本和美国世界出版公司1967年的重印本。

[2] ［美］路易斯·亨利·摩尔根：《古代社会》，杨东莼、马雍、马巨译，商务印书馆1977年版，第 i 页。

提出了直接的共产主义的要求。"① 恩格斯的这段话，无论是在 1935 年《古代社会》中文本初版问世时，还是在 80 多年后的今天，对于我们全面理解摩尔根的《古代社会》，都具有重要的指导意义。

克洛特著、俞松笠译的《世界幼稚时代》，1932 年由商务印书馆出版。这是一部以人类原始社会为主要内容的著作。在这部著作中，作者提到了"'历史以前'的时代"这样的概念。作者所要讲述的是"人类的故事"，包括"生物的一致，人类在动物当中的地位""人类在地球上的极大年龄""人类最初的需要""崇拜自然""信仰魔术和巫术""原始宗教""献祭和祈祷"等。此书没有更多的理论阐释，但是对于传播和宣传原始社会的知识，还是有益的。

苏联历史学家波克洛夫斯基（Pokrovsky，1868—1932）编的《世界原始社会史》，1935 年由卢哲夫从日文译成中文，上海辛垦书店出版。与俄文原著比较，日文本有较多的删节，卢哲夫将其译成中文本时，尽可能根据原著加以补充。《世界原始社会史》是苏联《马克思主义世界史丛书》之一，在波克洛夫斯基主持下，由苏联人类学家、史学家卑科夫斯基、拉维特尼卡斯、波里士珂夫斯基等 10 余位共同撰写完成。波克洛夫斯基对苏联马克思主义史学建设做出过重要贡献，其《俄国历史概要》曾受到列宁的好评。此外，他还著有《自远古的俄国史》《俄国文化史纲》《世纪沙俄的外交和战争》《世纪俄国革命运动史纲》《马克思主义和俄国历史发展的特点》等。

《世界原始社会史》由人类的起源和社会的发生、氏族制以前的社会、氏族社会三编组成，编写者对人类早期历史、原始社会结构、经济形态、语言符号以及原始艺术和宗教等方面进行了系统探讨。该书的具体内容包括：人类的起源、氏族制以前的社会

---

① 《马克思恩格斯全集》第 36 卷，人民出版社 1975 年版，第 112—113 页。

之生产力和社会关系、语言的发生、宗教的发生、原始的艺术、氏族社会的生产之发展、母系氏族与父系氏族、氏族社会的宗教和艺术等。卢哲夫在1935年10月24日的《译序》中指出：原始社会史的研究，是不可或缺的。因为要把握现实，预测将来，就必须先清算过去；过去的历史当然从原始社会起，所以我们的研究亦宜从原始社会起。但是，对于当时能见到的有关原始社会问题的中文本著作，卢哲夫认为都有较大的缺陷，他说：近数年来国内出版界虽然出了一些研究原始社会问题的书，但除了一二译本之外，大多数是芜杂的材料的堆砌，不必说站在科学的哲学立场来分析原始社会，一般简直连立场亦说不上，作者们便自以为高蹈、超越、没有成见，其实他们已不知不觉地，或者有意地尽了堵截历史前进任务。由此看来，卢哲夫译《世界古代社会史》并非心血来潮，而是有着鲜明的目的，是为学科的健康发展，尽一份学者的责任。联想到"堵截历史前进任务"的人在近80多年后的今天并没绝迹，只是表现形式不同而已，这使得人们对译者就更加肃然起敬。

  1898年戊戌变法的失败，表明日本明治维新自上而下的社会政治变革方式，在中国行不通。同年9月，戊戌政变发生后，谭嗣同、林旭等6人遭捕杀，维新派官员陈宝箴（1831—1900）、黄遵宪等数十人被罢免，康有为、梁启超遭通缉。政变发生后梁启超躲入日本使馆，后流亡日本，着手鼓吹"新民"等理论，以启发民智、救亡图存。流亡期间，他有机会大量阅读了日本学者关于西方历史与文化的著述，并多以日译西学为媒介，并结合当时中国的国情，有选择地将其介绍到国内来，以启迪对当时中国所面临的问题的思考。他认为："不知己之所长，则无以增长光之大；不知己之所短，则无以采择补正之。语其长，则爱国之言也；语其短，则救时之言也。"[①] 为寻找"救时之言"，梁启超进行了

[①] 梁启超：《论中国学术思想之大势》第3章，《全盛时代》。

中外历史与现实的对比,有关古代的希腊历史即是重要内容之一,如《生计学学说沿革小史》(1902)、《论希腊古代学术》(1902)、《亚里士多德之政治学说》(1902)、《雅典小史》(1902)、《斯巴达小志》(1902)、《格致学沿革考略》(1902)、《泰西学术思想演变之大势》(1902)等。这些文章的主要特点,是用进化论的观点来阐释斯巴达和雅典的历史,借以宣传他的君主立宪理论。此时的梁启超已经接受了进化论思想,认为进化理论可以开民智、鼓民力、强国家,而竞争则是进化的基本动因,他说:"因并立竞争,不得不鼓励人才,扩张国势,于是予人民以言论思想之自由。故哲学、文学,极盛于时,为此后世界开无限之智慧,辟无限之境界。"[①] 这直接影响到梁启超的历史观,或谓进化史观在他的历史认识中占有越来越重要的位置。

在有关希腊历史的著述中,梁启超的重要观点之一,是强调古希腊人因建立民主制度和具有进取精神而强大,从而称雄于世,并影响至今。他在述及撰写《雅典小史》的原因时说:"国无大小,要在其国民所以用之者何如耳。今日言世界史者必啧啧道希腊。希腊之地,不足以当吾一小省也。"但"古代希腊者,今世欧洲之缩本也。吾以为古代希腊之雅典,又今世欧洲之英国之缩本也。其为海国也相类,其以商务致富强也相类,其思想发达也相类,其民以自由为性命也相类,其由专制政治进为贵族政治由贵族政治进为完全之人民政治也相类。其进之以渐也相类"。他还认为,"十九世纪正,雅典文明出伏流之时代也,岂惟英国,即今日世界上诸有名誉之国,皆移植雅典之花以自庄严者也"。[②] 梁启超在《亚里士多德之政治学说》中,着重阐释了亚里士多德的国家学说,认为国家的出现有其历史必然性;在国家中,国民分成三种,即"不可谓之国民""非完全之国民"和"真国民",梁启超

---

① 《饮冰室合集·文集之四》。
② 《饮冰室合集·专集之十六》。

认为当时中国的国民，属于"非完全之国民"，即没有真正充分地享有民主。他还把国家比喻为人的身体，认为人民则是血液，强调人民在国家中的重要作用，只有人民真正享有民主，才可能实现"主权在民"。

梁启超对古希腊历史的介绍，贯穿着历史进化的思想。1902年，他在《新民丛报》上先后发表了《论学术之势力左右世界》《天演学初祖达尔文之学说及其略传》《进化论革命者颉德之学说》等，集中介绍了进化论思想和进化史观。梁启超盛赞英国社会学家、统计学家颉德（Benjamin Kidd，1858—1916）是进化论之传钵巨子、进化论之革命健儿。梁启超接受了进化论思想，并成为他救国图强的重要思想基础。

1906 年，王树枏（1851—1936）撰《希腊春秋》，这是我国较早有关古代希腊的著述。此书分八卷，叙述自公元前 2089 年至公元前 145 年（希历 632）希腊历史在社会、民族、文化、风俗等方面的重大事件。作者所强调的是希腊以弹丸之地，但语言文字，几遍三洲，学艺法律之事，开瀹后人，天下万代继世之君因革变通，未有能出其范围者，希腊对世界文明的发展具有重要影响。在作者看来，古代希腊犹如中国的尧舜时代，这也正是他要写《希腊春秋》的主要原因。他说："西人述史断自希腊。希腊者，欧洲之唐虞也。中国言治者，祖述尧舜，宪章文武；欧洲言治者，祖述希腊，宪章罗马，比物此志也。"① 尽管古代希腊距今遥远，很多事情已经说不清楚，犹如我们说尧舜禹汤时代的事情一样，但是这并不妨碍我们对它们的研究。

王树枏，号陶庐，清末学者，直隶新城人，光绪年间进士，曾出任新疆布政史、清史馆总纂。除本书外，其主要著作还有《希腊学案》《陶庐文集》等。作者在《序》中写道："西国之史

---

① 王树枏：《希腊春秋》，岳麓书社 2012 年版，第 1 页。

无专书，自海岛诸国交通以来，海内文人博士始网络西国旧闻，广为翻译，以饷天下学者。于是古今政学兴替醇疵之故，始稍稍著名于世。余向为希腊、罗马《春秋》二书手稿半散毁，不复完具，近复重为搜辑成《希腊春秋》八卷，其人名帝号则以日本冈本监辅译文为定本，而附注其不同者以备阅者考订。"① 这样，在年代的表述上就出现了同样一个历史事件，三种纪年方式并存的记载：如"周威烈王十一年，丙寅西元前四百十五年，希历三百六十二年，雅典水军至各拉西，同盟军来会，共战舰一百三十四艘，饷械船五百，敢战之士五千人"②。从这一个方面，也可看出中国世界史编纂萌生时期的一些特点。不仅在选题上，在内容的阐释上，即使在年代的表述上，也都有明显的中国印痕。

1922年，缪凤林著《希腊之精神》，以古希腊的精神文化、古希腊的启蒙文化、古希腊的思想家及民族精神为主要内容，阐述了希腊的古典文明。他认为，"所谓不随民与国而俱去者何耶？曰希腊之精神是已"③。作者从"入世""谐合""中节""理智"四方面展开论述。所谓"入世"，是说"希腊人性以其入世故，感此世之可贵，觉希望之无穷，斯努力于各种学术之攻研，斯孜孜于制度文物之更张，结果所致，蕞尔片土，道为西洋文明之星宿海。此则治西史者所最宜注意之一事，而亦希腊入世精神之最可赞美者"。所谓"谐合"，其内容十分丰富，是古希腊文明的重要内容。主要包括神与人的谐合，个人与国家的谐合，身体与心灵的谐合，美术与道德的谐合，以及有理想与现实、快乐与道德、法律与自由、义务与权力的谐合等。所谓"中节"，"意谓处世接物守中而不趋极，有节而不过度，为上述谐合之一部，而希腊人

---

① 王树枏：《希腊春秋·序》，岳麓书社2012年版，第1页。
② 同上书，第94页。
③ 缪凤林：《希腊之精神》，《学衡》1922年第8期。以下缪文的引文均出此，不另注。

生活之基础也"。如古希腊的哲学"无不以中节垂训",强调"使财毋过奢,亦无过吝,凡事守中最为善";"人之求恬静也,当由适中之快乐,与均衡之生涯,过与不及皆足覆人,而使人心不宁者也"。在古代希腊,人们主张物质享受,但又不流于纵情恣欲。所谓"理智",是强调"爱美""爱智""爱理"。"理性,永存者也"。古希腊人所谓"吾人应随理性之所以",在当时有广泛的社会影响,意在强调人的行为,"当以理性为依附"。"有机体之灵为三,曰植物之灵,具消化生殖之力,植物有之;曰感官之灵,具肉欲活动之力,百兽有之。人则除此二灵外,别有理性之灵。人之所以为人,即以有此理性之灵。"古代希腊虽然已经逝去,但"希腊精神"却已流入世界各国,成为世界之公产。

卢文迪(1910—1982)著《希腊史》,由中华书局于1936年出版,系舒新城主编的《中华百科丛书》之一。该书的主要内容是:希腊的地理和爱琴文化、希腊民族的形成及其城邦政治、工商业的发达与民主运动的兴起、初期的希腊学艺、波希战争与雅典的隆盛、比黎格里(伯里克利)时代的文化、希腊的内乱、比罗奔尼苏(伯罗奔尼撒)战役以来的文化、亚历山大的世界帝国及其分裂、希腊化时代的精神生活、希腊文明的影响。这些内容,大体涵盖了古希腊民族之由来,及其经济政治文化的活动,可以满足初学者和一般读者的需要。

这部著作有以下两个特点,一是在取材上"对于经济的演进,社会政治关系之变化,精神文化的发展,均同时兼顾,尤注意于经济、政治、文化间的彼此关联,以示历史发展之统一性"。"二是对于古希腊之史事,尤其文化方面史事,直接影响于近代的,均随时连带叙述,以说明近代文明之渊源,此亦即吾人研究古代历史之目的。"[①] 这部著作的这两个特点,应该说也是这部著作的

[①] 卢文迪:《希腊史》,岳麓书社2011年版,第4页。

优点，如作者所言重视历史发展的统一性和连续性，强调"吾人研究古代历史之目的"是关注现实之举，更应充分肯定。作者认为，"希腊文明的繁荣时代离我们现在虽已有二千年之久，但它所遗留下来的学问、艺术、精神的以及国家的自由的理想，却依旧支配着现代人们的生活，而现代人所正在竭力争取的真理、自由和正义，二千年前的希腊人，也老早在那里奋斗着争取着了"。联系到当时的中国，作者认为，"我们中国在闭关时代所受西洋文化的影响尚浅，但自鸦片战争以后，西洋文化却滔滔不绝的流入了，在整个西方文化中占重要位置的希腊文明，也跟着来影响我们之精神的和物质的生活"。总之，"希腊文明在世界历史上即占有独特的意义，所以我们现在来研究希腊的历史，决不是多余的事"。[①]无论是在当时，还是在现在，这并不费解。

卢文迪的《希腊史》，通过实证的希腊历史研究，再次深刻阐明了历史认识的经世致用之用。研究历史，包括研究世界历史，研究世界远古的历史，都是为了认识现实，开辟未来。这也正是19世纪中叶以来，中国世界历史研究萌生以来始终不变的表现，只是在不同的历史条件下，表现的形式有所不同而已。

1948年，棠棣出版社出版了焦敏之（1906—1992）编的《古代世界史纲》。这部著作是根据苏联史学家 A. 米修林（今译 A. 米舒林）的《世界古代史》编译而成，本书曾作为苏联中等学校高年级世界史教科书使用。编者没有采用米舒林《世界古代史》的导言，而由自己作序。在《序》中不是简单地介绍该书的内容，而是结合中国史学界的现状，从理论的高度对包括中国在内的古代史研究中的重大理论问题提出了自己的见解。例如，关于奴隶制问题，他认为"本书已明白昭示，古代社会，即奴隶所有者社会，是普遍存在于古代东西各国的。那些在自己的历史著作中，

[①] 卢文迪：《希腊史》，岳麓书社2011年版，第1页。

否认,阉割或忽视了古代奴隶制这一普遍社会形式的历史家们,是犯了极严重的错误"。他还认为,米修林的《世界古代史》,在论述古代中国的历史时,可能因资料所致,与论述其他古代东方国家相比相对薄弱。焦敏之认为,中国古代史研究至少有以下三个问题值得思考:"我怀疑人们将中国殷商时代时做奴隶制,而不把它当作氏族公社到奴隶制的过渡期";"各家对中国奴隶制到封建制的过渡,也没做圆满的说明";"秦汉可能是完成的奴隶社会。生产技术水准很高,奴隶在生产中广泛运用,并且是大规模的。希腊,罗马繁盛时代亦不过如此"。[1] 这些问题及结论无论在当时还是在今天自然都可以讨论,但由此确实可以清楚地看出,对于外国史和外国史学理论的研究、介绍,往往是和中国史学的建设和发展联系在一起的。

1947—1948年,阎宗临撰有《希腊罗马史稿》,系未刊稿。[2] 该书稿历史叙述简洁、清晰,但内容十分丰富,诸如爱琴海历史的开始,阿卡亚人与特洛伊战争,古希腊形成与社会演进,希腊向外拓殖,希腊公元前7、前6两世纪之转变,波斯帝国的建立,波希战争,雅典海上帝国的称霸,希腊内战与国际纠纷,中地中海的拓殖,罗马初始,地中海文化的趋向,马其顿兴起,亚历山大帝国,亚历山大帝国瓦解后的演变,罗马海权的发轫,地中海精神的转变,罗马海权的成功,罗马侵略与社会危机,恺撒与独裁,奥古斯都,罗马帝国的裂痕,罗马开拓西方,安敦尼王朝,后期罗马帝国,基督教的创立,帝国衰落,西罗马灭亡等尽收其中。阎宗临认为,"希腊罗马的共同点,便是环境相同,都是海洋蕴育成的。他们集合了许多不同的民族、语言与习惯,以个人为基点,以求与自然与人类配合,如何和谐,如何不损其基本的特

---

[1] 焦敏之:《古代世界史纲》,棠棣出版社1948年版,第1、3—4页。
[2] 《希腊罗马史稿》未刊稿,后收入阎宗临《世界古代中世纪史》文集,广西师范大学出版社2007年版。

质"。他还结合基督教的创立、罗马帝国衰落和西罗马灭亡的史实指出:"基督教结束了古代的文化,同时保存了古文化最后的部分:集体中不毁个体,实利中不忘正义。由此,我得到一个结论,希腊罗马史给予我们的教训:个体与集体不能相违,经济与文化不能脱节。"① 这些认识自成一家之言,对于从理论与实践的结合上理解希腊罗马的历史,无疑是有益的。

1937年,商务印书馆出版了何鲁之(1891—1968)撰《欧洲中古史》。计七编,始自欧洲的蛮族直至文艺复兴,从政治、经济、文化和社会发展诸方面进行了论述。从该书的框架结构来看,基本上沿袭了西方史学教科书的体例,但强调了历史过程描述的系统性和简约性,为读者提供了一个清晰的历史发展脉络,避免了为烦琐的编年叙述所累。

除上面已经谈到的之外,较有影响的世界上古、中古史的译著或编著,还可以举出一些。如占部百太郎著,陈时夏等译《罗马史》,商务印书馆1903年版;李泰棻编著《记录以前的人类史略》,北京文化书社1927年版;何用斯著,曹仪孔译《古代东方》,商务印书馆1931年版;海士等著,伍蠡甫等译《上古世界史》,世界书局1934年版;殷格兰著,唐道海译《奴隶制度史》,新生命书局1935年版;摩勒、德斐合著,陈建民译《近东古代史》,商务印书馆1936年版;早川二郎著,谢之群等译《古代社会史》,耕耘出版社1942年版;斯特鲁威著,焦敏之编译《古代东方社会》,上海大孚出版公司1948年版。

世界或地区、国别的近代史(近世史),是近代以来中国世界史编纂的主要内容之一,其涉及内容的深度和广度,以及科学水平,随着社会的发展,在实践中不断进步。1903年4月,浙江留日学生主办的《浙江潮》第3期发表《最近三世纪大势变迁史》,

---

① 阎宗临:《世界古代中世纪史》,广西师范大学出版社2007年版,第70—71页。

在第 6 期、第 7 期连载。这篇文章是对近代欧洲政治、经济、文化、社会的宏观介绍,被认为是欧洲 18、19 世纪史纲。主要内容包括:法国大革命、欧洲工业革命、殖民主义、民族主义、平民主义、社会思潮,以及重要历史人物,如张伯伦、罗斯福、德皇和发明家爱迪生等。

1932 年,北平京城印书局出版有张仲琳(1886—1962)著《西洋近世史》。这是中国学者较早撰写的世界近代史著作。作者认为,"吾国近十数年来,治史学者。所著与所译之西洋史教科书,为数不少;但自北伐成功后,各大学最近之研究史学趋势,既分时代,复划国别;于专门之内,再设专题研究,或专代研究;界限愈趋而愈狭,学术愈专而愈精;于是各中学所需之精确完善参考书,与各大学所要之专门教科本,实属刻不容缓"。[①] 这部《西洋近世史》正是在这样的背景下问世的。主要内容包括法国大革命、自维也纳会议至普法战争之间的历史等。虽然书的封面标明"全一册",但从内容上看,只能认为这是《西洋近世史》的第一册,远没有包括欧美近代史的主要内容。

张仲琳,湖北省江陵县人,为明代政治家张居正(1525—1582)后裔,早年就读于英国爱丁堡大学研读西洋史,归国后在北京师范大学、北京大学、河南大学,以及武昌、南京等地的大学讲授西洋史。作者在撰写这部作品时,认真研读并汲取了外国学者的研究成果,如"剑桥之近世史各卷,海氏近世欧洲政治社会史两卷,弗利克之世界史,非乌特之世界史等";此外,对中国世界史学者何炳松、李泰棻、陈衡哲等人的作品,"靡不殷勤讨校,撷取众长,以为是书。期必尽心而后已"[②]。这部作品的价值和意义除了传播历史知识外,依当时一些学者的意见,还表现在推进了中国史学的学科建设上。在该书的《序》中,

---

① 张仲琳:《西洋近世史》,北平京城印书局 1932 年版,第 1 页。
② 同上书,第 2 页。

蒙文通在历数中国传统史学的弊端后写道："夫中国旧为史学发达之国，由今之情观之，最近以往，又将为史学迈进之时，而最急切赖资借鉴之西史絜要专著，寥落不可多得，是非一大缺恨欤！"而张仲琳的这部著作，则解决了这个难题，他"以数年精力，为西洋近世史一书，都约数十万言。悉本西儒各家原文，采其事实，而裁其偏见，不尚空论，删削一切不经之说，惟以说明事实为归，决无穿凿附会之词"①。正因为如此，自该书问世至今，它所体现出的一些历史研究或编纂的原则，仍然没有过时，有一定的现实意义。

张仲琳在撰写这部著作时，应该说对20世纪初叶以来的西方史学发展，进行了较为深入的研究，而非仅仅是历史编年的汇集。他认为，最近三十年西方史学发生了大的变化："欧战之前，西洋史家，偏重政治，尤详君主，究其流弊，非变为一性家谱，即成为政治专书；……欧战以还，西洋史家，偏重文化，而于社会与经济等方面，讨论尤详；……近十年来，泰西史家，力矫其弊，乃将政治、社会、经济、文化、教育、学术、宗教、实业等，冶为一炉，同时并重，且采用'综合研究法'将其间相关联之错综各点，综合而讨论之，借以说明全体人类文化演进之事实与程序，使政治与文化俱重，人民与元首同尊，团体与个人并列，而要以全民政治及国利民福为归。"② 应该说，张仲琳的认识是正确的，他不仅认识到了20世纪以来西方史学的深刻变化，而且努力在自己的作品中表现出来。

1933年，世界书局出版了卡尔顿·约·亨·海斯和帕克·托马斯·穆恩合著、姚莘农（1905—1991）译、詹文浒（1905—1973）校的《近代世界史》。尽管是一部断代史，却在中国各界有广泛的读者。中国学术界认为，这部著作搜集广博，却无散漫支离之弊，

---

① 张仲琳：《西洋近世史》，北平京城印书局1932年版，第1—2页。
② 同上书，第2页。

实为"沟通史中之佳作"。作者在《序》中强调:"本书不是节略或修改它种史书而成的,乃是一部崭新的著作。"之所以如此,是"我们实因受了大战和现在的新欧罗巴的启示,故能把过去四百年间的史实,在它们的启示之下,演成一个簇新的故事"。作者强调这部《近代世界史》,"因为受了民主政治的深刻的影响,所以民主政治的勃兴一点,可以说是我们的中心题旨。但是,我们虽然注意于政治,我们并没有忽略社会和经济的要素"①,对于欧洲经济和社会的发展,同样进行了内容广泛的讨论。

这部著作虽然名为《近代世界史》,但所涉及的内容却比一般意义上的"近代"要宽泛得多。第一卷为"背境与发轫",自"早期文明的回顾"开始,对古典文明、中古的商业与财政、资本的发展、自然科学的进步及在中世纪末的实用化、中古的宗教,以及国家观念的流行等,进行了历史的回溯。作者认为,在了解世界近代历史之前,这种"古代史的鸟瞰"是必需的。《近代世界史》以下各卷的内容分别是:专制时代(16、17、18世纪)、大革命之蜂起、民主时代、白种人的责任。

由以上内容不难看出,这部著作和他们与约翰·威·韦兰合著的《世界史》,在理论与方法上有着十分密切的联系,应该说是"始终如一"的。首先是"欧洲中心论"根深蒂固的表现。为什么要提出"白种人的责任"呢?因为在作者看来,"从古代希腊和罗马起,以至现在,人类历史上的主角,都是欧洲的白色人种。这个欧洲,乃是五大洲中的最小的一个,亦就是我们所称谓新文化的发祥地"。什么是"白种人的责任"呢?就是要"率领几万万人走向欧洲的文化道途",欧洲是理所当然的世界中心。当然,海斯等在谈到这个问题时,也不得不承认,不幸的是,"他们负起这种责任的原因,常为自己的私利起见,对于几万万人的利益,

---

① [美]海斯、穆恩:《近代世界史》,姚莘农译,世界书局1933年版,第1、3页。

往往置诸脑后不加理睬"。①

书中虽然讲到19、20世纪时,"远东不进步的黄色人种"和"非洲的黑人""如何经历挣扎,终于受欧洲人的管辖",但却是为侵略者张目,为强盗辩护。例如,在讲到两次鸦片战争时,只是讲"中国政府因为自傲悠久的历史和仇视外人的缘故,所以无论其为教士或为商人,都不表示欢迎。中国的皇帝和他的傲慢的官吏,很坚决的关上他们的门户,拒绝这种'洋鬼子'";而英国等西方列强之所以发动战争,是因为英国商人"不愿意放弃这种有利的商业,且因愤恨中国官吏",或者是"中国方面侮辱了英国的国旗,又杀死了法国的教士,就此激怒英国和法国"②。这些历史记述向中国读者介绍外国历史知识时,也同时在散布"欧洲中心论",在中国学术界也产生了一些消极的影响。

1946年10月,苏联社会科学院编、杜克展译《近代新历史》,由读书出版社出版。本书是苏联大学历史教科书,全书3篇12章,重点叙述了以法国大革命为中心的近代历史,从法国资产阶级革命至普法战争和巴黎公社时期的世界近代史。具体内容是法兰西革命前夜的欧洲和北美、18世纪的法国资产阶级革命、法国和欧洲其他国家等。1947年9月,该书又改为《近代史教程》第1册,由太岳新华书店出版;第2册于1947年由华北新华书店出版。

1949年1月,林举岱著《西洋近代史纲》,由上海杂志公司出版。从这部著作中,已经可以清楚地看到苏联史学的影响,可以说,这是一部基本按照苏联世界史史学体系编撰的世界近代史著作。作者以1789年法国大革命作为世界近代史的开端,以1917年俄国十月革命作为世界近代历史的结束。普法战争和巴黎公社运动,是区分世界近代史前后两个阶段的标志性事件。这种历史

---

① [美]海斯、穆恩:《近代世界史》,姚莘农译,世界书局1933年版,第433页。
② 同上书,第433—434页。

分期方法，对中国世界近代史的学习和研究有较大的影响，新中国成立后很长时期内，基本没有什么改变。

在世界通史、断代史和地区史的译介中，欧洲史是重要的内容之一。20世纪初，国内较早介绍欧洲史的著作是北村三郎等著、国民丛书社译的《欧洲列国史》，1903年由上海新民译书局出版。关于欧洲史的研究和介绍，自古至今贯通在一起讲得不多，主要是通过断代的形式来讲。如欧洲古代史、欧洲近代史等，尤以阐述"欧洲近代史"的较为突出，这可能与欧洲是近代世界资本主义发展的中心有关。

1933年，美国海斯著、余楠秋（1897—1968）、谢德风（1906—1980）、吴道存（1905—1995）编译的《近代欧洲史》上卷，由黎明书店出版。下卷名为《现代欧洲史》，蒋镇翻译，1935年出版。海斯的这部著作，是海外著名的欧洲史名著之一，为多所大学选用的教材，风靡一时。在中国，当时已经或即将有更多的大学选用这本教材。30年代以来至40年代初，海斯这部著作完整的中译本，还有以下两种：其一，黄慎之译《近世欧洲政治社会史》，上海民智书局1933年版；其二，曹绍濂译《近代欧洲政治社会史》，国立编译馆1935年出版上卷，1940年长沙商务印书馆出版下卷。

1933年，世界书局还出版了美国历史学家、纽约大学教授沙比罗（Jacob Slwyn Schapiro）著，余楠秋、吴道存等译的《欧洲近代现代史》。原著写于20世纪30年代初。在欧美诸国多作为大学教材使用，广泛流行。沙比罗是美国新史学派代表人物之一绍特韦尔的学生，这部著作同样表现出美国新史学派的理论与方法。1929年5月，沙比罗在《序》中谈到了这本书的主要特点，即对于"新产业革命""帝国主义与殖民地的发展"，以及"科学的发展"等与现实关系密切的问题给予特别的关注，而科学的发展"并非仅述及19世纪科学发展的概况，且对于科学的精神也加以哲学的阐明"。① 这部史学著作的特点，大体与它问世时的时代特点一致，反映出第一次世界大战后国际政治与世界科学发展的特点和趋势。

该书的主要内容是18世纪末叶的欧洲、民族主义与民主政治、政治与社会的改革、科学社会和经济的运动、欧洲的向外发展、世界大战的前后等。译者余楠秋等认为，这些内容体现了鲜明的时代精神。沙比罗在初版的序言中曾说："19世纪的历史而不解释各种显著社会运动，如社会主义、工团主义、女权运动等，是不完备的，这种运动影响于各国整千整万人的生活和理想，因此我叙述这种运动的篇幅很多。"余楠秋等对此十分赞同，他说："哥罗采（克罗齐）说：'每部真正的历史是现代史。'因为当时的人受当时思想的影响，而表现于字里行间。"② 因此，这部著作对于当时中国的广大读者也是十分有益的，不仅有重要的学术意义，而且在20世纪30年代的中国，有更为重要的现实意义。

《欧洲近代现代史》专章叙述了"产业革命"和"科学革命"。沙比罗将其作为影响社会历史进程的重要因素进行考察，这无论在当时的欧美，还是在中国史学界都是值得重视的新的历史视野的开拓。在《产业革命》一章中，作者探讨了家庭工业制、机器的发明、（蒸）汽机、钢铁、运输的革命、交通的革命、工厂制度和进步的时代等。不仅分析了英国的产业革命，以及产业革命为什么首先在英国发生，而且还分析了法国、德国和美国、俄国的产业革命。作者从"多数人的闲暇""普遍的娱乐""生活标准的提高""民主政治的进展""国际主义的进展"等方面，分析了产业革命的后果。作者认为："人类进步的速度因产业革命而大开快车。在以前，进步异常缓慢，许多人简直不知道进步之发生。

---

① ［美］沙比罗：《欧洲近代现代史》，余楠秋等编译，世界书局1933年版，第1页。

② 同上书，第8页。

所知道的变迁,只是暴寇的侵略、瘟疫的发生或地震和大火的天灾。因之,大家都存保守观念,……"如果说农业社会是"静"的,那么工业社会则是"动"的,到处都是"旧习惯打破,新关系建立"。

《欧洲近代现代史》论述了产业革命对人类生活产生的深刻影响,包括对历史学的影响。"关于历史,更用新眼光来解释。从此历史不仅叙述战争、围困、条约、朝代、宪法、政党等,更涉及关于社会与经济情形如何影响某一种人民生活与性格之解释",可以更清楚地看出"经济变迁如何影响政治发展"①。"科学革命"对中国史学界在当时更是一个全新的概念,在探讨这个问题时,作者从科学进步、科学昌明在文化上的意义、天文学与普通力学、光学、电学与磁学、热学与能学、化学与科学的原子论、地质物理学与地质学、生物学——进化论等方面进行了分析。此外,还专章分析了"新产业革命与新农业革命"。作者强调19世纪科学革命的成果,是人类历史的最大进步。在它的推动下,"十九世纪工业的影响引起社会和经济的革命;在各种影响于现代全世界文化潮流的原动力中,这是最大而最重要的原动力"②。应该说,这一认识至今仍有重要的现实意义,在当时的中国就更是如此。

特别应该指出的是,作者在《欧洲近代现代史》中,比较具体地叙述了国际工人运动、马克思主义和社会主义思潮、列宁和俄国十月社会主义革命等。在20世纪30年代的中国,这一切对大多数读者来说是较为陌生的,因而也就更有学术价值和现实意义。作者认为,"社会主义是产业革命的结果"。"社会主义是近代社会运动中最广大的运动,也是最有意义的运动。对于现社会的秩序,抨击不遗余力。社会主义是人生哲学,政治行为的计划,

---

① [美]沙比罗:《欧洲近代现代史》,余楠秋等编译,世界书局1933年版,第45、46页。

② 同上书,第530页。

并且是将来目标的誓约。"马克思主义是"科学的社会主义"。马克思是"近代社会主义的鼻祖"。他是"19世纪的伟人，……他有超人的才智，博学，创造力深，思想敏锐，并且还有文学的天才。这位学者、哲学家兼革命家是一个严正不曲，意志坚强，魄力远大的人"①。关于列宁，作者认为，"在俄国革命史上，决没有谁比列宁更伟大，……他既不是多虑的思想家，也不是梦想的理想家，而是一个勇敢有为的、冷淡的、实际的人"。而十月革命，使"俄国从一个反动的国家，忽然变为一个革命的国家，这是自法兰西革命以来，欧洲史上最重要的事件"②。《欧洲近代现代史》的作者、译者可能无意，但客观上却为第一次国共合作破裂、大革命失败后的中国人民了解马克思主义、了解俄国社会主义革命提供了具体的史实。

王绳祖（1905—1990）著《欧洲近代史》（上下），原是作者在金陵大学历史系授课的讲义，1935年由商务印书馆出版。该书是《大学丛书》中的一种，被多所大学作为教科书使用。为撰写这部著作，作者参阅了数百种西文著作，被公认为是上乘之作。南京大学教授历史的贝德士（Bei Deshi, Miner Searle Bates, 1897—1978）为该书做《序》说：《欧洲近代史》"论其品质，宜为此类书中之佳者。盖王君著作，系根据积年之讲授经验而成，其内容搜罗甚丰，而述事遣词，亦易于领会。书中所述，不持一方成见，不标任何学理，惟以冷静头脑，研究事实，作精确之记载而已。余甚望此书能引导读者，能更充分了解今日之世界，对于中国教育，有一真正之贡献"，③ 对其给予充分肯定。王绳祖在《自序》中谈到了撰写这部著作的原因，主要是因为国内大学讲授《欧洲

---

① ［美］沙比罗：《欧洲近代现代史》，余楠秋等编译，世界书局1933年版，第610、611、614页。

② 同上书，第823、833页。

③ 王绳祖：《欧洲近代史》，商务印书馆1935年版，第2页。

近代史》时，要么使用原文教本；要么使用中译本，中国学者自己撰写的不过三四种，于是萌生了写作《欧洲近代史》的愿望。

王绳祖在书中阐述了18世纪末到20世纪30年代之间的欧洲史。全书由18世纪末年至1870年的欧洲、大战以前的欧洲（1871—1914）、欧洲的向外发展、国际关系、战争与和议、战后的欧洲等6卷26篇组成。书后有《简要参考书目一览》，为准备更深入研究欧洲近代史的人士提供了不小的方便。贝德士虽对华友好，但作为西方学者，却时时处处流露出"欧洲中心论"的观念。例如，他在《序》中极力强调欧洲在世界上的重要地位，以至"欧洲之历史近渐成为世界史"①。但是，在王绳祖的著作中却并非如此。《欧洲近代史》有"十九世纪以来几项知识的工艺的进步"一节，内容包括探险、天文、化学、物理、地质学、生物学、医学、新能力与新交通工具等。作者同时对马克思、马克思主义和唯物史观等多有阐述，认为马克思主义为"一个历史哲学，一个社会发展之理论，一个经济学原则，一个社会革命之策略"。作者还认为，"唯物史观影响及于社会科学者，不可磨灭。今日谈社会科学者无不注意经济之发展故有人称氏为社会科学中之达尔文。氏之所言，揭露资本主义制度之丑恶，为社会改良运动，树立一有系统之政纲。十九世纪后期，各国多有社会法令，以改进工人生活。社会主义虽未完全实现，然氏之著作，对于社会改造运动之功，实至伟大也"。② 由上不难看出，无论是对19世纪科学技术新成就的介绍，还是对产生于19世纪的马克思主义的评述，对于20世纪30年代的中国史学界，以及社会各界都是十分必要的。

1929年初，世界书局出版了朱公振编的《近百年世界史》，这是一本体例特殊，有普及性质的世界史著作。该书不是按照历史编年，而是按照专题的形式撰述一百余年（1829—1929）的世

---

① 王绳祖：《欧洲近代史》，商务印书馆1935年版，第1页。
② 同上书，第299、301页。

界历史，即《近百年各国革命》（葡萄牙、俄罗斯、德意志、奥地利、土耳其、希腊）；《近百年世界战争》（克里米亚、美国南北战争、普法战争、俄土战争、美西战争、日俄战争、巴尔干战争、第一次世界大战）；《近百年各国兴亡》（希腊独立、比利时独立、日本明治维新、意大利统一、德意志帝国建立、巴尔干诸国独立、大战后的新兴国、英灭印度、缅甸沦亡、法灭越南、非洲宰割、朝鲜被并）；《近百年同盟协商》（三帝同盟、德奥同盟、三国同盟、俄法同盟、英日同盟、英法协商、法班协商、英班协商、日法协商、日俄协商、英俄协商、国际联盟、非战公约）；《近百年重要会议》（柏林会议、海牙万国和平会议、巴黎和会、华盛顿会议）。

除上述内容外，书前有《近百年世界趋势》，强调"现在的时代，是世界大通，万国洞开的时代，决不能闭关自守，故步自封，……对于世界的近百年史，也不容不求深切的了解，彻底的明白"[1]。该书的最后一章是《近百年世界大事年表》和"人名中西对照表""地名中西对照表"，以及"本书参考举要"，为读者提供了不少方便。

三　西洋史和东洋史

20世纪上半叶，特别是在20世纪初，在中国世界史的介绍和编纂中，"西洋史"占有重要地位，有不少著作问世。在中国的世界史研究中，西洋史占有越来越重要的地位。这不仅是因为"西洋"诸国的国际地位和历史影响明显强于其他地区或国家，研究基础和研究条件也有自身的优势；同时也和中国学术界，特别是史学界对于研究西洋史意义的认识有关。一些学者提出，研究西洋史和中国社会现实的发展关系密切。因此，研究或学习西洋史，

---

[1] 朱公振：《近百年世界史》，世界书局1929年版，第1页。

"当以中国为中心"。1941年,齐思和曾在《西洋史教学之基本问题》中,专节论述"以中国眼光治西洋史"。在他看来,欲使西洋史有助于国人了解中国的外交问题和国际地位,有助于对中国文化的深刻认识,其前提是"须以中国人之眼光治西洋史是也。盖史事之本身虽一,而关于史事之叙述,则以史家时地之不同,其于事实之去取,往往相去甚远。……吾人如欲实现西洋史教育之功用,自须以中国之需要为选择之标准。以吾国背景与西洋之悬殊,与夫吾人需要之特殊,则吾人于西洋之取材,其差别当较英法间为尤甚矣"[1]。这种认识在当时有一定的代表性,这也是中国世界史研究优良传统的具体体现。

《新民丛报》1901年第32号,曾刊登小川银次郎著《西洋史要》的出版广告。该书由樊炳清等译,由金栗斋译书社于1901年出版。广告赞扬小川银次郎的著作叙列之翔实,译笔之高洁,洵如侯官先生所谓信、达、雅三长者。各省官私学校多取以为教程,故初印数千部,转瞬即罄。兹更大事修辑,取东西洋史乘之良者十数种,采择菁华,熔铸其中,方诸初版,益臻完善。《西洋史要》两册,另有版图一册。小川银次郎将西洋史分为"上世史""中世史""近世史""现世史"4期,内容依次是:自上古至日耳曼人入侵罗马;自日耳曼人入侵罗马至寻获新世界之前;自寻获新世界后至法国大革命;法国大革命后至普法战争。

1908年,此书被定为中学教科书。《学部审定书目提要》称:此书与桑原骘藏《东洋史要》相等,其宗旨体例一如彼书,其中所述如波斯等国在亚洲中、埃及等国在非洲中,以其以自古与欧洲各国有关系,不得不编入,而标其目曰古代东方诸国,极为分明。凡治史学当详今略古,中外皆然。学者观此书则于西洋历史之变迁大势得其概要,可进而观西洋诸大国最近之历史及各专门

---

[1] 齐思和:《西洋史教学之基本问题》,涵雅堂书店1941年版,转载于李孝迁编著《中国现代史学评论》,上海古籍出版社2018年版,第557—558页。

之史书矣。在此书被定为中学教科书之前,京师大学堂在 1903 年,已经将此书审定为学堂用书。

日本本多浅志郎编著的西洋历史著作,在 20 世纪初的中国有更大影响。他的中译本主要著作有三种,其中最主要的是《西洋历史教科书》,该书有多种中文版本,除《西洋历史教科书》外,书名还有《高等西洋史教科书》《泰西史教科书》《西洋史》等,曾由百城书舍、广智书局、东京导文社、上海群益书局等出版社出版。《西洋历史教科书》最早由出洋学生编辑所翻译,1902 年由商务印书馆出版。该书强调以世界文明的进步为标准,来划分不同的历史时代。全书分六篇,主要内容分别是古代史:人类文明的第一步,美索不达米亚、古埃及以及古代希腊罗马。中代史:人类文明的第二步,从罗马帝国瓦解到西欧诸国的文艺复兴。近代史:人类文明的第三步,自欧洲文艺复兴到北美的发展。这部分内容较多,约占全书的二分之一。最后是"最近世代",以 19 世纪的历史为主,止于普法战争。该书曾得到梁启超的好评,他认为此书"大抵日本人所著西洋史,可充吾国教科之用者,莫良过此书矣"[①]。图书广告介绍此书时说:该书援引甚详,事实不漏,古今大事尤能了然。可视为教科书中最新最善之本,为学校中第一要书。此外,本多浅志郎的《中等西洋历史课本》,张相编译,东京东亚公司 1906 年版;他的《西洋史》,百城书舍译,上海商务印书馆 1909 年版,全书二册,为高等学校教学参考用书,在当时也有较大的影响。

一般认为,"西洋"指西欧或西欧、北美,但是,对"西洋"的理解和限定却不一:有的仅限于今天的西欧,有的则更广泛些。例如,湖南湘潭梁焕均编辑的《西洋历史》,1906 年在日本东京出版,印刷者是池田辰次,印刷所为东京九段印刷所。这部著作

[①]《饮冰室合集·文集之一》。

主要是根据日本学者野村浩一的口授,同时参考已经出版的《西洋通史》编辑而成。不言而喻,这是一部由中国学者较早编译的《西洋历史》之一。

除正文之外,梁焕均编辑的《西洋历史》还附有"人命地名对照表""世界史表解""中西年号表"。该书第一编为上古史,主要内容包括"古代东方诸国""希腊""罗马之兴起""罗马帝国"。第二编为中古史,主要内容包括"人种之移动及回教之勃兴""神圣罗马帝国""十字军及其时代之欧洲""国家主义之发达""东欧之状态"。第三编为近世史,主要内容包括"德之宗教改革及内治外交""三十年战争""英国之革命""法兰西之隆盛""俄罗斯之勃兴""普鲁士之勃兴""北美合众国之独立"。第四编为最近世史,主要内容包括"法兰西革命及共和政治""拿破仑时代""神圣同盟及其反抗""七月革命及其影响""二月革命及其影响""法兰西第二帝政""北美合众国及墨西哥""德意志统一事业之大成""俄土战争及其后果""伯林(柏林)会议后之欧洲""欧洲列国对于阿非利加之政策""列国之亚细亚政策""极东(远东)问题"等。在"十九世纪之文化思潮"中,作者对西方史学作出评价,认为"牛布尔(尼布尔)著《罗马史》与他历史家议论不同,能自立新派,一新史学界之面目。兰该(兰克)以根本历史材料创科学历史"①。

从以上内容不难看出,20世纪初"西洋"的含义十分宽泛。包括埃及、腓尼基、希伯来、巴比伦、亚西利亚、波斯、亚剌伯帝国、俄罗斯、波兰、蒙古、土耳其、墨西哥、南非、印度、中亚诸国和日本、中国、朝鲜等,而这些国家的历史,大多是不包括在"西洋"历史的范畴之内的。因此,梁焕均编辑的这部《西洋历史》,在某种意义上也可以说是一部简明的"世界史"。

---

① 梁焕均:《西洋历史》,东京九段印刷所1906年版,第237页。

在《西洋历史叙例》中可清楚看出，作者编辑这部著作的目的是和 20 世纪初中国的现实联系在一起的。所以本书也不是简单的编译，而是在编译的过程中，有选择地表述了一些中国学者有代表性的观点。一方面，戳穿欧洲文化"优越"的神话，"近百年来，欧洲文化武力之进步臻于极盛，西力东渐，当之辄靡，咸以为神奇不可及也。其实百余年前，去我国今日不甚相远，特我国人不推求其本末，遂诧为神奇耳。执柯伐柯，夫岂有他"；① 另一方面，在一些与中国有关的具体史实的叙述上，从中国人的立场出发，而不是仰西方人鼻息，人云亦云。例如，在第 107 节《美国对我国》中，有关于"门户开放"政策的叙述："美国于 1899 年，向驻美之英、俄、德、法、意、日各公使提议开放支那。至 1900 年 3 月，各国皆赞成。其主义以自由平等为主，无论何国皆得于中国土地，自由通商，惟不得妨害东洋平和，然于我国主权已丧失殆尽矣。"②

此外，《西洋历史》还表现有以下两个特点值得重视：其一，在对外国历史的叙述中，注意和中国的现实联系起来，当然，并不是也不可能事事联系，但必要的联系还是有益的，这是古代中国史家认识和介绍外国时一贯的做法，是值得彰扬的好传统。例如，关于日俄战争的后果，书中写道："由是俄国数十年之极东经营遂皆丧失，日本代之霸于亚东。夫欧洲人种之与他人种相接触也，数百年未曾败创，仅一度被成吉思汗之征服。自成吉思汗以至于今而始，有日俄之役。故是役不独为日俄两国之胜负，实亦欧亚两人种之胜负也。今入二十世纪方六年，而即有此惨战，则本世纪之情状不可预知，要之，东亚之盛衰亦独视我国何如耳。"③ 这种联系实有画龙点睛之妙。其二，重视对现实生活中的重大事件的记述和评价，并将其纳入当代史的研究领域。例如，日俄战

---

① 梁焕均：《西洋历史》，东京九段印刷所 1906 年版，第 1 页。
② 同上书，第 220 页。
③ 同上书，第 230 页。

争发生在 1904—1905 年，而本书在 1906 年初问世，这显然不存在所谓"当代人不写当代史"的问题。

20 世纪初，日本赖川秀雄著《西洋通史》有两种中译本。一是 1906 年日本东京富山房版，3 册，1907 年第 2 版；另一是章起渭的编译本，由傅运森校，于 1911 年由商务印书馆出版，2 册，1912 年、1913 年和 1916 年曾多次再版。这部著作对赖川秀雄著《西洋通史》有较多的增删，分古代史、中世史、近世史和最近世史四编。主要内容包括欧美各国的历史发展及殖民政策；西方列国间的战争以及日俄战争等。赖川秀雄在该书的序言中写道：日本帝国将一跃而与欧美列强伍立于最光辉之地。为国民者不可不熟读西洋史，觅其文化发展之次序，国民隆替之状态，及欧美现时之大势，俾确知日本所处世界之位置也。赖川秀雄著西洋史的目的十分明确，章起渭编译此书也不是随心信手拈来，弹丸之地的日本且如此，那么中国呢？这些给中国读者以启迪，留下了深刻的印象。此外，本书对远古以来的文化科学发展也给予了必要的关注，如文学、史学、美术、建筑及自然科学等，都有涉及。书末附有"中西名称对照表"，方便了中国各界读者。这部著作在历史叙述的基础上，还探讨了西洋通史的一些理论问题，是 20 世纪初在中国影响较大的一部西方通史著作。

赖川秀雄著《西洋通史》第 4 编以较多篇幅论述了西方史学。1908 年 6 月 26 日，《学报》（第 11 号）将其中主要内容编译为《百年来西洋学术之回顾》发表。在传播西方史学知识的同时，也扩大了赖川秀雄著作的影响。顾名思义，这篇文章可被视为"百年来西方史学史大纲"。《百年来西洋学术之回顾》充分肯定了牛布尔（今译尼布尔，Niebuhr George，1776—1831）和兰该（今译兰克）的史学贡献和影响。文中写道：德国史学界，最初以科学的研究法号召一世者，当推牛布尔。牛布尔"所著《罗马史》，其记载之周密而正确，其识想之新奇而高远，一变从来罗马史学家之旧说，学者宝之"。在作者看来，牛布尔对德国史学的进步功不可没，而兰该的贡献则更大。"兰该，世界史学界之泰斗也。"他为柏林大学教授后50年，循循善诱，始终不倦。而教授之暇，则入柏林图书馆，以其明确的头脑，遍览奇书珍籍。此外，兰该还在普鲁士政府的资助下，在维也纳和意大利各地旅游，搜集诸古文书记录，作成以科学的研究应用于史学之基础。

兰该的主要著作有《十六七世纪之土耳其及西班牙帝国》《罗马教皇史》《宗教改革时代之德意志史》《普鲁士史》《世界史》等。有些著作"指实证谬，功最高焉"，有些著作则是"一生精神之所结果"。作者强调，兰该史学特长有四：搜集之勤一也，宅心之公二也，学识之高三也，断案之确四也。有兹四长，而兼有流畅、锐达、活泼、明易之文以行之，其独步千秋，宜哉。在《百年来西洋学术之回顾》这篇文章中，赖川秀雄对其他著名德国史家也有介绍，如施罗塞尔（August Ludwig von Schlozer, 1735—1809）、德罗伊森（Johann Gustav Droysen, 1808—1884）、特赖奇克（Heinrich von Treitschke, 1834—1896）、蒙森、兰普勒希特等，也有不同程度的介绍。他认为：德国史学界如春雷既震，万绿齐发，潜心敬学之士，以次辈出。这篇文章，确实使中国学界切实看到了这种蓬勃景象。

20世纪初的西洋史著作，虽然以日本学者的著述为主，但也开始有中国学者的著作问世，尽管这些著作有明显的编译、编纂的痕迹。如傅岳棻（1878—1951）编纂的《西洋历史教科书》[①]。编纂者深受进化论的影响，全书明显地表现出以进化史观为理论指

[①] 傅岳棻编纂的这本书，原名《西史课程》，1906年由山西大学堂出版，该书的主旨是，通过对西洋史的含义，以及上古、中古、近古和现世纪的探讨，阐发人类文明进化精神。1908年，《学部审定书目提要》称："西史译本极多，而繁芜谬劣可备教科之用者甚少。是编杂采诸书，抉择精当，编次亦多合法度。泰西史家最重批评，编中案断多俊伟自惠之论，足以开浚学生智识，于中外交通，考证详确，尤为各本所无。惟分目稍简，而篇幅太长，微嫌不便教授，未附图表亦为疏漏。"后，此书在1909年，由商务印书馆改为中学《西洋历史教科书》再版。

导，通过不同文明主要是欧洲文明的演变，叙述历史的发展。作者在书中对"文明"的理解，表现出明显的时代特点或局限，所述内容主要是政治变革和政治发展、外交政策和战争、军事扩张等。

傅岳棻《西洋历史教科书》由西史概要、上古史、中古史、近古史、现世史五卷组成。第一卷的内容包括西洋历史与自然环境、地理环境及人种的关系；第二卷的主要内容是东方国家，埃及、腓尼西亚、波斯、希腊、罗马的上古历史；第三卷中古史的主要内容是黑暗时代、中兴时代；第四卷近古史的主要内容是宗教改革和国政改革时代；最后一卷是现代史，所述内容主要是19世纪下半期到20世纪初，即日俄战争前夕的历史。这部西洋史，除包括英国、法国、德国、俄国等欧洲国家的历史外，也包括古埃及、日本等非欧洲国家的历史。最后还值得一提的是，这部著作较早明确地提出中国人学习世界史的问题，认为学习世界历史，"实有以助国民之进步，而长治教之能力"。应该说，在1909年能提出这个问题，是难能可贵的。

除上面已经提及的著作之外，20世纪初较有影响的西洋史著作，有日本长谷川诚也编、陈亮译《西洋历史问答》一卷，上海时中书局1903年版；英国默尔化著、出洋学生编译所译述《西洋历史教科书》二卷，商务印书馆1902年版。全书由古代、中世、近代、最近四部分历史，以及泰西政教沿革和历史兴衰等六部分组成。

除傅岳棻等的著作外，20世纪前20年中国学者的西洋史著作，主要还有李蕖仪、梁柏年的《西洋史》，湖北法政编辑社1905年版；吴葆诚的《东西洋历史教科书》，上海科学书局1906年版；祝震编撰、胡宗懋校阅的《最新中等西洋历史教科书》，上海南洋官书局1906年版；秦瑞阶的《西洋普通历史教科书》，上海文明书局1907年版；伍光建编《西洋纪要》第一编，商务印书馆 1910 年版；章起渭的《西洋通史》，商务印书馆 1913 年版，以及李泰棻的《西洋大历史》（1916—1919）、《西洋近百年史》（1920）等；其中，李泰棻的著作影响更大。

李泰棻在世界史、中国史和中外史学理论方面，都有较有影响的成果问世。在世界史方面，除《西洋大历史》《西洋近百年史》外，他的主要著作还有《欧战史要》（1920）、《新编世界史》（1922）等。《西洋大历史》，上卷 1916 年刊印、中卷 1917 年刊印、下卷 1918 年刊印，由北京武学书馆出版。1921 年 7 月，《西洋大历史》增订第三版出版。1930 年 12 月，中华书局出版增补第五版，补充了有关第一次世界大战和战后国际关系的内容。1930 年中华书局版系定本，全书 4 卷，100 多万字。该书原是李泰棻在北京大学授课时的讲义，他广泛汲取了国外世界史研究的新成果，涉及政治、经济、军事、文化、宗教和外交等，内容十分丰富。这是一部通史性的世界史著作，自古代埃及、希腊始，直至第一次世界大战结束，在当时堪称是一部史学巨作。《西洋大历史》对西洋历史的批评也颇有见地，为学术界所瞩目。《西洋大历史》四编的具体内容是：第一编为上古史：埃及、希伯来、腓尼基、波斯、希腊等地区的历史；第二编为中古史：日耳曼诸国、突厥诸王朝、英法诸国和教会的历史；第三编为近古史：航海新发现、文艺复兴、宗教改革、欧洲各国的发展及美国独立；第四编为近世史：法国大革命，意大利、普鲁士、俄国的兴起，美国的发展，欧洲列强的殖民活动，第一次世界大战等。

陈独秀、李大钊、章士钊（1881—1973）等为其作序。李大钊在《〈西洋大历史〉叙》中写道："西史一书，本为常识所需，而当欧风东渐、汉士革新之时，尤宜资为借鉴。求之坊肆，乃无善本之可寻，即间有一二，亦皆病未详备，无足供研考。李君独能于颠沛流离中，斐然成兹制，钜以饷学者，是又安得无感哉？爰书数语，以壮其奋进之志，冀其益加奋励，自跻于世界作者之林。"① 李大钊结合当时中国社会发展的特点，对撰写此书的意义，予以充分肯定，并对作者大加鼓励。《西洋近百年史》，由"政治"和"文明"两部分组成。"政治"部分的主要内容起于拿破仑第一次战败后召开维也纳会议，止于第一次世界大战后巴黎和会。"文明"部分的主要内容，为近百年来科学、文学、哲学、史学、艺术的发展，以及国际学术的交流等。编者编纂本书的目的，是希望读者"在最经济的时间内，得全窥西洋政治文明只大概"。

1924年，北平文化书社出版了张仲和著《西史纲要》上下册。顾名思义，本书的主要特点是用提纲挈领的方法，将复杂的历史过程通过"原因""事实""结果""影响"等依次论列，整理出专条，给人以清晰明了的印象，便于记忆。例如，对于"希腊罗马文化"一节中"希腊文化"的叙述，由以下7方面的内容构成：1. 希腊文化发达之原因；2. 文学；3. 哲学；4. 科学；5. 美术；6. 宗教；7. 希腊人对世界文化之贡献。而这七方面的内容，又都可以一层层地细化、具体化。例如"文学"，由以下三方面的内容构成：1. 诗学；2. 戏曲；3. 史学，然而，并没有到此结束。"诗学"又包括叙事诗、抒情诗等；"戏曲"，又有喜剧、悲剧等。"史学"又包括"赫洛德（希罗多德）""脱克底提（修昔底德）""色诺芬"……，总之，《西史纲要》就是这样层层剥开，每"层"文字并不多，开门见山，直触主题，很有特点。

在这部著作中，"西洋"的概念，较之约20年前出版的《西洋历史》中的"西洋"更为具体，主要指西欧和北美，不再包括亚洲、非洲和南美洲的一些国家和地区。但是，作者写有专章论述"东西接触时代"和"东西融合时代"，对于不同民族文化的交流与交融，给予了一定的关注。

《西史纲要》由上古史、中古史、近古史、近世史四篇组成。

---

① 李大钊：《〈西洋大历史〉叙》，见《史学要论》，河北教育出版社2000年版，第216—217页。

上古，始于史前时代，止于西罗马灭亡；中古止于地理大发现；近古止于美国独立；近世始于法国大革命，止于第一次世界大战。该书在编辑工作中，在注意重要史实叙述时，均列出参考书，以备查阅，这些参考书主要是19世纪末以来的欧美和日本史学家的著作；此外，编辑者还十分重视图表的编排和选配。上册的图表有28幅；下册的图表有35幅，计63幅。这些图表的种类大体有以下四种：其一，地图，如"罗马帝国最大版图""十九世纪之欧洲图"；其二，帝王世系表，如"英国王系表""法国王系表"；其三，年表，如"西史纪年表""中古史对照年表"；其四，其他，如"推拟之猿类与人类系统表""战后之新兴国表"等。

1929年，王纯一（即杨匏安，1896—1931）编译的《西洋史要》，由上海南强书局出版，有精装、平装不同的版本，曾经多次再版，在当时是一部影响较大的西洋史著作。杨匏安，广东香山县人，中共中央委员，1931年7月在上海被国民党政府逮捕。他在狱中忠贞不屈，同年被蒋介石下令在上海龙华杀害。《西洋史要》一书的写作背景是中国处于一个大变革的时代，在政治上，虽然大革命失败后，国民党实行专制统治，但在思想文化上，五四以来形成的各种思潮并起的局面依然存在，马克思主义已经得到了深入而广泛的传播，尤其是唯物史观得到广泛传播。在这种背景下，《西洋史要》一书以鲜明的马克思主义唯物史观的观点问世，自然受到了各界读者的广泛关注。

作者注重以唯物史观为理论指导，撰写西洋史著作。在论述1848年德国革命时，专写一节介绍"马克斯（马克思）与恩格斯"。文中写道："马克斯及恩格斯创造了唯物史观，他们认为由生产力的发展而决定的社会经济生活的发展，就是历史进程的基础。……物质生活的生产方法就决定了生活的一切社会的，政治的，及精神的过程。唯物史观中最重要的一点，就是阶级斗争的学说。经济发展是人类分成阶级的基础，一为统治阶级，一为被统治阶级,而这两个阶级中间,发生不断的斗争。所以说,一切人类社会的历史,就是阶级斗争的历史。"在介绍唯物史观的同时,还较准确地介绍了马克思的革命生涯,例如,"一八四七年六月一日,正义同盟及各种共产主义的组织召集大会于伦敦,建立'共产主义同盟'(The Communist Lergue)。在大会通过的章程第一条说:'同盟目的,在推翻资产阶级,获得无产阶级的统治,废止旧的,建筑在阶级对抗上的资产阶级的社会,建设无产阶级无私有财产的新社会。'九月,发行共产主义杂志,在第一期封面写着,'全世界无产阶级联合起来'!以替代昔日'人类都是同胞'的口号。同年十一月三十日至十二月八日,又召集第二次大会,通过马克斯及恩格斯起草的'共产党宣言'。一八四八年二月,共产党宣言用欧洲各种文字公布于世。共产党宣言是马克斯主义主要原则的第一次有系统的叙说,也就是第一个共产党的党纲"[1]。作者在叙述具体的历史过程之前,更多地是从理论上分析了"封建时代""商业资本时代"和"农民战争"。无论是理论分析还是具体史实的叙述,都比较重视阶级分析的方法,重视革命斗争和工人运动在世界历史进程中的地位和作用,意在强调人类社会的历史是阶级斗争的历史。作者特别强调,第一次世界大战之后,"工人运动已脱离欧洲的闭关性,变成全世界的运动,广布于殖民地与半殖民地国家中了"[2]。在当时,这种认识是难能可贵的,它不仅概括了第一次世界大战后国际工人运动蓬勃发展的事实,而且指出了它的特点,即工人运动已经具有"国际的""世界的"性质。

作者虽然没有明确说明是依据哪些著作编译而成,但编译的痕迹却可清楚地看出。这部著作反映了 20 世纪 30 年代中国世界史编纂的水平,王纯一汲取了不少进步历史学家的研究成果,和

---

[1] 王纯一:《西洋史要》,上海南强书局 1929 年版,第 327—328 页。
[2] 同上书,第 533 页。

上面述及的两部西洋史著作（《西洋历史》《西史纲要》）相比，两者虽然相差的时间并不长，但无论是体例还是内容，都有了很大的变化，这种变化是国外史学发展在中国世界史学科中的一种折射。在《西洋史要》中，所使用的一些概念和术语，如商业资本、农民战争、资产阶级革命、法国大革命、工业革命、资产阶级、无产阶级、英国宪章运动、空想社会主义、马克斯（马克思）恩格斯的科学社会主义、1848年革命、民族解放运动、巴黎公社、帝国主义、军国主义、资本输出、第一国际、第二国际、第三国际、国际联盟等，至今仍在沿用，这些概念在20世纪20年代末的规范，对中国世界史研究的发展和世界史学科的建设，具有重要的意义。

和以往的西洋历史著作相比，王纯一编译的《西洋史要》的一个重要特点是对各国民族解放运动、国际工人运动、欧洲国家的革命运动不惜笔墨，有较多的介绍，如法国、英国、波希米亚、中国的农民战争；19世纪初叶的工人运动，英国宪章运动、西欧的民族解放运动、第一国际时代的工人运动、第二国际时代的工人运动及社会主义运动第一次世界大战后欧洲的革命运动等。

在《西洋史要》中，不仅仅是对历史过程的描述，而且对这个过程有一定的理论分析，特别是用马克思主义理论进行分析，这在中国第一次国内革命战争刚刚失败后不久，给人们留下了较为深刻的印象。例如，在第五章《英国工业革命》中对"无产阶级"的分析："工业发展，同样的也形成了无产阶级。……正如恩格斯所说，出现了'工业革命最主要的产物——无产阶级'。那时工人生活情形，异常恶劣，处在残酷的资产阶级的威权之下，一点也没有保障，他们在资产阶级的企业中，只能忍受一切苦痛，如很长的工作时间，很低的工资，家庭的破坏等。"又如揭露资本家用"延长工作时间"的方法剥削工人，"马克斯（马克思）说：'机器即是提高劳动生产力（即缩短生产一种商品所必需的劳动时间)之最有力的工具,所以机器就成为资本手中延长工作日,超过一切自然限制之最有力的工具了。'他又说:'机器使用愈久,产出商品愈多,而机器对于每一件商品所附加的价值部分也愈小,这就是资本尽力延长机器每日的活动的充足理由。'要有资本家为要增加收入,也尽可能的延长工人工作时间,有些工人竟做14钟点至16钟点的工作,但资本家仍不满足,所以采用夜工的制度,在某几种生产部门的工人,竟有昼夜不得休息。"

论及对女工和童工的剥削时,书中写道:"机器能令厂主以不太熟练或完全不熟练的工人,去替代那些熟练的工人。马克斯(马克思)说:'机器既使筋力成为不重要的,于是他就变成雇佣很少筋力或身体发育未成熟而四肢比较柔软的劳动者之手段了,因此妇女劳动力及儿童劳动成为资本家应用机器中的第一句话',第一个工厂的历史,便造成了闻所未闻的剥削女工及童工的历史。"[1]1919年五四运动之后,马克思主义在中国广泛传播,这种情况在王纯一编译的《西洋史要》中,也得到了具体体现。

编译者不仅在第五章《英国工业革命》中,应用马克思主义进行分析,而且在其他各章节中,如"英国宪章运动""法国一八四八年革命""德国一八四八年革命"等也是如此。例如,在"马克斯(马克思)论德国革命的教训"一节中写道:"马克斯根据一八四八年革命经验,指出其中错误,并规定无产阶级在德国及欧洲将要到来的革命中,应采取的策略。他特别注意到工人必须有独立组织,在思想上和组织上都不能和民主主义的资产阶级混合。除了正式的民主党外,一定要建立独立秘密的或公开的工人政党,而且要把每个团体变为工人组织的中心,然后无产阶级的地位和利益才不会受资产阶级的影响。"[2] 限于篇幅,引文不能太长,但仅就这短短的分析,仍可以清楚地看出马克思主义在该

---

[1] 王纯一:《西洋史要》,上海南强书局1929年版,第144—146页。
[2] 同上书,第342页。

作品中的深刻影响。

　　20世纪上半期，中国的世界史虽然以译介为主，但是，也不排除一些研究者已开始独立地提出自己的观点，如世界书局1933年出版的余协中（1898—1983）撰写的《西洋通史》，作者为南开大学和河南大学的历史系教授。此书体例与一般教科书没有大的区别，但在世界中古史的分期方面，作者却将公元476年作为上限，1520年为下限。又如吴祥麒著《西洋上古史》，由国立华北编译馆1942年出版。作者早年在日本和英国研读史学，深受西方新史学的影响。他针对当时盛行的"英雄史观"提出异议。他说："历史不当偏重国王君主、英雄豪杰、国家政体制度及内外战争，应更留意于人民全体的生活。举凡人民住屋器具、服装食物、教育职业、宗教迷信、宴乐发见发明等类，无一不为历史研究之资料。"① 这种认识，在他的著作中努力体现出来，这在当时实在是难能可贵。例如，关于希腊文化，首先分析了"希腊人与其以前旧文化之关系"，然后依次分析了希腊的建筑、雕刻、绘画、诗文、戏剧、历史学、哲学、自然科学等，史料翔实，内容丰富、具体，在书中占有较多的篇幅，给人留下了深刻印象。冯承钧先生在《西洋上古史叙》中写道："国人治西史者虽多，概皆据彼西人述作，译为吾国文字。而融会贯通，独出新意，为西史之编著者，为独少也"，② 而本书的出版则在一定程度上弥补了上述不足。

　　作为中国世界史研究的早期成果，还需要提及的是中共早期领导人之一张闻天（1900—1976）《西洋史大纲》1924年的译稿，尽管这部书稿直到约80年后，2003年7月才由上海辞书出版社出版。

　　1924年，张闻天留学美国归国后在上海中国书局任编辑，将美国历史学家房龙（Hendrik Willem Van Loon, 1882—1944）的代

---
① 吴祥麒：《西洋上古史》，国立华北编译馆1942年版，第1页。
② 同上。

表作之一《人类的故事》(*The Story of Mankind*) 译成中文,但一直没有出版,存放在上海辞书出版社图书馆(其前身为上海中华书局图书馆)。房龙的《人类的故事》,初版于 1921 年,因内容简约,文笔生动,很快在世界各国引起反响,有 20 余种文字的译本问世。房龙在该书的《序言》中说:"历史是'时光老人'在过去年代的无数领域中间修筑起来的巨大的'经验之塔'。要爬上这座古老建筑结构的顶端以便一窥全豹确非易事。……在这里,我把打开历史之门的钥匙交给你们。等你们回来的时候也就会明白我何以如此热心。"[1] 但是,张闻天却对此提出严厉的批判。他认为房龙的这部著作远远不能认为是一部"人类的历史",他说:"对于有数千年文化史的中国与印度,只在原书第四十二章内略略说了一点,敷衍了事。不幸就是这一点也已经犯了许多错误!我觉得删去这一章对于读者即没有损失,而且他所说的既以欧美人为中心,倒不如把原书的书名改为《西洋史大纲》,较为近于实际。这就是这部书不称《人类的故事》而称今名的由来。"[2] 这种对"西欧中心论"的深刻批判,至今仍然有重要的现实意义。张闻天是无产阶级革命家和理论家,他的革命精神在其译著《西洋史大纲》中也有所表现,例如,在原书第五十八章"解放运动"中,只写有法国大革命、工业革命、1848 年欧洲革命,而张闻天却在这一章的后面,补写了俄国十月社会主义革命的胜利,热情地歌颂了无产阶级政党领导的社会主义革命。

1925 年,张闻天在重庆完成《西洋史大纲》"译序"。对当时的中国读者说来,这篇不长的"译序"的价值,似远超出这部书稿本身。张闻天在译序中,明确地阐述了如何认识历史,以及治史的目的和方法等,被认为是张闻天的重要论著之一。张闻天写道:"我们常常听到人家说过去的事情已经过去了,不必去管它,

---

[1] 房龙:《人类的故事》,胡允桓译,生活·读书·新知三联书店 1988 年版,第 5 页。
[2] 《张闻天早期文集》(修订版),中共党史出版社 2010 年版,第 490 页。

一若过去的事请与我们现在的实生活毫没有什么关系。其实这是错误的。""因为过去是活着在现在而且与未来相衔接的,所以要解决现在实生活中所发生的一切问题,就不能不研究过去的历史。我们要在过去的中间找出人类活动的因果关系与它的根本法则,然后对于未来的建设才有把握。譬如我们知道了上一次的世界大战争是资本主义发展的过程中的自然的结果,那么要终结那样可怕的战争,就不能不竭力打倒现在的资本主义;这样我们对于未来的活动有了方向,对于未来的希望有了信心,一切成功也就在这种地方打下了基础。""可见研究历史的人并不是因为他对于过去有什么特别的爱好。"①

20世纪20年代,张闻天在文学、历史和国际政治等领域,有多种译作。1922年6月26日、27日,《民国日报》副刊《觉悟》分两期发表了署名"闻天"的《元始文明之由来及其影响》,这篇译文的原作者是Marvin,《元始文明之由来及其影响》是其著作《欧洲哲学史》的片断。译文文章共分5节,标题分别是:元(原)始文明之久远;文明之兴趣和生长的原因;元(原)始的信仰与风俗——后来文明的源泉;文明中间古风的存留;结论。文章强调:文明变化和进步这样的困难的事实就是暗示我们说,人类无论在哪一期间所要面对的进步之最大危机与障碍物,是保守主义却不是激进主义,是惰性却不是精进性,是团体的约束却不是个人的创造,是老的与习俗的易于接受,而不是考察与发明。张闻天原准备将Marvin的《欧洲哲学史》译完,但因准备赴美国勤工俭学,两个月后即赴美,所以就此停顿了下来。

在20世纪二三十年代,除前已提及的张仲和、王纯一、余协中、张闻天等人西洋史的著(译)作外,还应该提到傅彦长(?—1961)的《西洋史ABC》,世界书局1828年版;谢康的《西洋史

---

① 《张闻天早期文集》(修订版),中共党史出版社2010年版,第488—489页。

提要》，世界书局1930年版；王心石的《世界史》，上海神州国光社1931年版；邢鹏举的《西洋史》，上海师承书店1934年版；李季谷的《西洋史纲》，世界书局1935年版。此外，在20年代前出版的一些西洋史著作，在二三十年代也有一些再版，如李泰棻的《西洋大历史》《西洋近百年史》等。

1922年，徐则陵（即徐养秋，1886—1972）撰《近今西洋史学之发展》，在《学衡》发表，它虽是一篇论文，但对了解20世纪初西方史学的新进展，有重要的意义。徐则陵，江苏金坛人。中国历史学家和教育家。他早年先后就读南京的金陵大学、美国伊利诺伊大学、芝加哥大学和哥伦比亚大学。徐则陵1920年回国后，在南京高等师范学校、金陵大学任职，讲授世界史。他除担任金陵大学中国文化研究所所长外，还担任了外交部条约委员会专门委员，从事中国外交史的研究。

《近今西洋史学之发展》的要点是：其一，近百年来社会科学的勃兴，与史学相关最切者即后进之人种学。历史不独取材于是，本人种学家研究所得解释史象者，亦不乏其人。史家通过考古发掘，可窥见原始人生活之一斑，而再造过去，其中得益于人种学的帮助。其二，西洋史学近今的重要发展，大多与古文字学有关。埃及的神书、巴比伦的楔形书，以及新近发现的赫泰书，都是理解古代文明的密匙，通过对古文字的研究，可了解古代文明的奥秘。解读埃及草书，使埃及学自成一门学问，只有精于此，才有可能研究埃及史。20世纪前20年，在小亚细亚两河间地北部，陆续发现赫泰人石刻等遗址，包括砖书两万板。对这些文字意义辨认的不断深入，可加快弥补历史编纂内容上的空缺。其三，简明扼要但又较完整地介绍了西洋史学的最近进展，如古代希腊罗马史研究、教皇教会史研究、宗教革新（改革）史研究、德国普鲁士学派研究、英国牛津学派和剑桥学派研究、美国马汉海权海军史研究、法国浪漫主义史学研究，以及对法国的《史学杂志》和研究机构的介绍等。

徐则陵的《近今西洋史学之发展》信息量大，对于20世纪20年代相对闭塞的中国史学界，较具体了解外国史学的新进展，自然是十分有益的。徐则陵早年在美国多所大学就读，为其有的放矢地介绍和评价西洋史学，提供了现实的有利条件。徐氏在广泛介绍"近今西洋史学"后，指出百年来西洋史学的特征有二："曰任情，曰崇实。二者皆十九世纪两大思潮之表现。"他认为，这是浪漫主义和实验主义对于史学影响的结果。"浪漫主义以想象、感情、本能解释人生，轻将来而重过去，其见于史学者则有法兰西史家之打破古今界限，从今人性情上领会古人，普鲁士史家之爱国若狂，感情浓厚。"至于"实验主义惟事实是为，无征不信，其见于史学者则有朗开（兰克）之倡考订之学，与各国学者之罗掘古物，搜集典籍"，重视"原著"。徐则陵认为，介绍西方史学，不能忘记史学与其他学科不同的学科特点，历史研究要"祛除情感，以事实为归"。只有这样，史学才能成为"有造于研究人事之学术"[①]，并在这方与其他区学科相比，表现出自己的优势。

和西洋史方面的著作相比，东洋史著作明显要少。王桐龄（1878—1953）著、商务印书馆1922年出版的《东洋史》（《新著东洋史》）二册，为这方面有影响的著作之一。王桐龄，中国现代历史学家，河北任丘人，先后在直隶大学堂、北京大学师范馆、日本第一高等学校、日本帝国大学学习史学，是我国第一个在国外攻读史学而正式毕业的学人。曾任北京师范大学、清华大学、北京大学教授，《东洋史》约40万字，是其代表作之一。

王桐龄在《东洋史》的《序论》中首先探究了东洋史研究的范围、人种和地理，对"西洋史等于世界史"的说法，提出批评。他写道："西洋史学家，动谓西洋史为世界史，其说非也。……

[①] 徐则陵：《近今西洋史学之发展》，《学衡》1922年第1期。

亚东民族，在历史上，绰有价值。欧人一笔抹杀之大不可也。""然则合东洋西洋各民族之历史，组织成一世界史可乎？曰：不可。世界史者，研究全世界国与国关系者也。东洋各国，孤立东亚，与西洋各国关系绝少或竟绝无焉，欲合一炉而陶铸之，恐无水乳交融之望也。"①《东洋史》从远古的传说时代写到明朝时期。在该书的绪论中，作者对"世界史"的概念进行了厘定："世界史者，研究地球上各民族自古迄今互相竞争、互相融合、演成今日之社会状态所经过之阶级者也。而世界史又分为两部，一东洋史，……二西洋史……"《东洋史》的内容，以汉族为主，而满、蒙、西藏、朝鲜、日本、安南、暹罗、缅甸、印度、中央亚细亚各民族辅之。此外，还涉及亚速、波斯、安息、叙利亚、阿拉伯、希腊、马其顿等西亚和欧洲古国。全书分三编，分别是上古史，述汉族的萌芽时代；中古史，述汉族的全盛时代；近古史，述各民族的变迁。

王桐龄著《东洋史》问世后，也曾遭到批评，甚至是彻底否定的颠覆性批评。例如，1926年12月，《学衡》第60期发表南京大学历史系缪凤林撰《评王桐龄〈新著东洋史〉》，认为该书"大抵以桑原氏书为本，杂抄各史四夷传及日人历史课本而成，芜秽缺谬，实无何种价值"。尽管如此，王桐龄的《东洋史》却只字未改，反而一版再版，并被用作课本，发行量有增无减。1929年11月，《史学襍志》创刊时，缪凤林将此书评重新发表，再次申明他的观点："书肆印行之国史课本多矣，简陋缺谬，十占其九，然以错误而论，恐犹以此书为最。王君主讲北平师大，闻即以此书为教本，谬种流传，不知伊予胡底也。"缪凤林重发书评时有一附记写道："忽忽三年，王君书一再重版，未见有所更正，仅再佈之本志。"缪凤林认为王桐龄有关中国史的阐述也有错误，"杂

---

① 王桐龄：《东洋史》，商务印书馆1922年版，第3—4页。

抄坊行教本与日人著作","有国史常识者,即阅而知其误"。①,这大抵反映了当时的实际情况,面对社会上"芜秽缺谬"的史著,具体地指出其问题所在,总比哑然失语或随意吹捧要好。

有关亚洲历史的著作虽然相对要少,但仍然可以举出一些,如北洋陆军编译局《亚洲各国史》,甘肃官报书局1908年版;伍瑶光著《亚洲各国史》,广东粤东编译公司1909年版;沈清尘、顾谷宜著《东亚史》上下,中央陆军军官学校政治训练处1935年版;奚尔恩、张立志编著《远东史》,商务印书馆1935年版;李长传著《南洋史纲要》,商务印书馆1947年版。1948年,上海读书出版社出版了古柏尔等著、吴清友译《殖民地、附属国新历史》,在该书中,也有一些亚洲国家历史的研究和介绍。

20世纪上半期,在中国世界史研究的译介时期,所谓"当代人不写当代史"的认识,在当时并没有太大的影响。因为不少世界史著作的下限,都和作者或译者完稿的时间十分接近。例如,J. H. 甲克孙(杰克逊)著《欧战后十五年史》,所述内容自1918—1932年。在1933年就已经由萧赣译成中文,由商务印书馆出版。俄国十月革命,以及十月革命胜利后,列宁、斯大林(书中译为史达林)与苏联,新经济政策、苏联宪法、建设社会主义五年计划等,在书中都有较多的介绍。此外,有关意大利、德国、法国、捷克斯洛伐克、波兰、匈牙利、奥地利、英国、西班牙等国的战后状况,以及1929年开始的"世界之危机",被认为是战后"和平之破坏",也都有所介绍。作者认为,20世纪初,"世界兴盛之新纪元,似将开始。但实际上,则世界方陷于经济低落之域,为有史以来所仅见"。② 在日益严重的世界性经济危机面前,共产主义理想、国家主义理想和国际(主义)理想,都有所表现。这种

---

① 缪凤林:《评王桐龄〈新著东洋史〉》,《史学襍志》1929年第1卷第5期。
② [英]J. H. 甲克孙:《欧战后十五年史》,萧赣译,商务印书馆1933年版,第131页。

对第一次世界大战后15年历史的及时总结,表现出对当代历史或当代问题的关注,这与中国传统史学的经世思想有不少相通之处。但是,"经世史学"的传统,近代以来在我国并没有得到很好的继承和发扬,甚至还有极力扩大史著和现实之间距离的倾向。J. H. 甲克孙著《欧战后十五年史》中文本,其内容如何可以暂且不谈,仅就其对当代社会历史进程的关注来看,这对当时中国世界历史学科的建设,也是有积极意义的。

第五章　国别史

一　"新时代"和"少年"史地丛书中的国别史

在中国世界史的译介时期，"国别史"的译介是重要内容之一。"国别史"，并非是对世界上的每一个国家的历史都要介绍，而是在当时中国社会发展和学术发展，首先是世界史学科发展的背景下，有所选择地介绍。国别史译介所涉及的国家主要是以下三种类型：其一，欧美大国，这和这些国家的国际地位与他们在现实国际生活中的重要影响有直接关系；其二，中国的周边国家，中国和这些国家自古以来交往频繁，联系密切。了解这些国家的历史不仅是学术的需要，也是社会发展的需要；其三，被认为是有"热点"问题的国家，如苏联于1917年俄国十月社会主义革命后，成为世界上第一个社会主义国家，其政治、经济和文化政策引起人们的浓厚兴趣，在当时一些人的心目中，有不少"谜"有待认识。关于"国别史"作品的形式，大体有两种形式：直接从外文著作译成中文；广泛引用外文文献，编译而成。

1928年，由著名学者蔡元培、吴敬恒（即吴稚晖，1865—1953）和王云五等主编的"新时代史地丛书"，在商务印书馆开始出版。编辑出版这套丛书的目的，是将"新时代必要之知识供给于一般读书界"，多用流畅的白话写成。丛书分社会进化史、社会运动史、革命史、政治运动史、各国现代史、国际问题、国际运动史、战史、外交史、帝国主义侵略史、经济史等类。在这套丛书中，有一些是世界历史研究的著作，如金兆梓撰述的《法国现代史》（商务印书馆1928年版）；张世禄（1902—1992）撰述的《德国现代史》（商务印书馆1929年版）；郑斌撰述的《世界各国新经济政策》（商务印书馆1928年版）；刘秉麟（1891—？）撰述的《世界各国无产政党史》（商务印书馆1929年版）；陈叔谅（即陈训慈，1901—1991）撰述的《近世欧洲革命史》（商务印书馆1929年版）等。①

国别史是"新时代史地丛书"的主要内容之一。这些著作虽然篇幅不是很大，但却是较系统的著作，以近代现代的历史为主，但有时也兼论及古代中世纪的有关内容。撰述者在译介外国学者的作品的基础上，广泛汲取了国外学者的研究成果。因篇幅的限制，对于许多问题都没有展开叙述和分析，多是提纲挈领，点到为止，对一些理论问题的认识也较为肤浅，甚至在史实的描述上是完全错误的，这大体上反映了当时中国世界历史研究的状况。

张世禄撰述的《德国现代史》由19世纪以前之德意志；19世纪初德国之民族精神；维也纳会议后德国之自由与统一运动；

---

① 世界历史方面的著作，除上面已经提及的之外，商务印书馆的这套丛书还有其他著作，从这些书目中，也可看到当时中国世界史学科发展的水平。这些书主要是：林定平、邓伯粹《各国劳工运动史》（1928）、张辅良《国际智识合作运动史》（1928）、陈叔谅《世界大战史》（1928）、向达《印度现代史》（1929）、何子恒《现代欧洲各国侵略史》（1931）、童致桢《帝国主义史》（1931）、陈其鹿《资本主义发展史》（1931）、陈铎《日本现代史》（1931）、高鲁《最近欧洲外交史》（1931）、唐庆增《国际商业政策史》（1933）、陈捷《回教民族运动史》（1934）、孙智奥《美国现代史》（1935）、吴清友《苏联建国史》（1937）。此外，还有多部中外关系方面的著作，如陈博文《中日外交史》（1928）、束世澂《中法外交史》（1928）、唐庆增《中美外交史》（1928）、黄孝先《帝国主义侵略中国史》（1928）、陈博文《中俄外交史》（1928）、王钟麒《中日战争》（1930）、束世澂《中英外交史》（1933）、陈觉《日本侵略东北史》（1934）、周景濂《中葡外交史》（1936）、张星烺《欧化东渐史》（1934）等。

普鲁士排奥之成功；普法战争与日耳曼联邦帝国之成立；德国统一后之内政与外交；过去德国帝国主义之发展；欧战中之德意志与其新共和国之发生；欧战后近年德国之局势等内容组成。

撰述者对马克思主义的产生及对德国历史的影响，也有分析。撰述者认为，19世纪前半叶为理想主义极盛时代，而"至后半叶，忽变而为唯物主义，如马克思之经济学说，乃出于中世以来阶级制度之研究也。于是国家主义之思潮，忽转变而渐趋于社会主义之途径矣"。"自马克思拉萨尔诸人之后德国又为世界上社会主义之发源地。而工商业进步之神速，与人民教育之普及，虽常为帝政所利用，而亦足以促进社会主义之实现；于是人民所要求不特在政治上之自由与平等，更进而为经济上之改革。"撰述者还认为，"以黑智儿（黑格尔）之历史哲学，与马克思之阶级斗争学说，一般德人遂认人类战争为促进文明必要之工具。此次欧洲大战，未始非实现社会民主主义所必经之阶级？而战争之初起，德国社会民主党亦一致主战者，殆亦以此也欤"？[①] 马克思主义的阶级斗争学说与黑格尔的历史哲学，属于不同的意识形态体系，在本质上没有丝毫相同之处，张世禄的认识显然是错误的。可以看出，当时一般知识分子对马克思主义的了解极其有限，这种认识有一定的代表性。

金兆梓撰述的《法国现代史》，首先对法兰西第三共和国之前的法国，进行了历史的回溯。内容包括法兰西国家的成立、封建制度的消灭及英国势力的排除、王权之盛与法国大革命爆发、法兰西第一共和国和普法战争等。以后的主要内容是：共和整体之确立；社会经济改革和社会主义；法国帝国主义的发展；法国与欧洲政局，以及第一次世界大战后法国的政治和经济等。考虑到

[①] 张世禄：《德国现代史》，商务印书馆1929年版，第7—8页。

《法国现代史》在1928年出版，这部著作实际上是法国的现代史和当代史。

在《法国现代史》中所讲的"社会主义"，指的是空想社会主义，而非马克思、恩格斯所创立的科学社会主义。撰述者认为，法国大革命之后，特别是1830年后法国工业革命的进行，使无产阶级和资产阶级之间的阶级对抗日趋激烈。激进的思想家为了解决这些问题，"因是而有社会主义产生，亦因是而法国遂为社会主义之发祥地。法国社会主义之大师固为圣西蒙（圣西门）与富利耶（傅立叶）……"① 撰述者认为，法国的社会主义政党，可以为成两派："马克思派"和"非马克思派"，但是对这两派的本质内容却缺乏具体的分析。在对第一次世界大战后的法国政治进行分析时，谈到"法国共产党，即社会主义者中马克思派，现已脱离法国社会党而受莫斯科共产党总部之指挥，在法国颇亦取公开运动，1924年且在国会占得二十六席矣"。在这部著作中，科学社会主义则用"集产主义"或"共产主义"表述②。关于法国帝国主义的发展，是从法国商业概况及其商业政策、18世纪法国殖民事业之成败、法兰西第三共和国时期帝国主义的发展等方面进行叙述的，其中也涉及对于中国的侵略。如1884年中法战争、1898年取得滇越铁路铺设权及沿路一带矿山开采权等，以及强行将广州湾作为租借地，开辟蒙自等地为通商口岸等。

1923年10月，商务印书馆开始编印"少年史地丛书"，自1924年开始陆续出版，其中有一些是世界历史方面的著作，直至30年代中期仍在出版。这些著作中有徐寿龄编《法国革命史》，1924年11月出版，但大多数是译著。主要译者有沈性仁、胡苏民、藤柱、高仲洽、顾德隆等，主要作品有《人类的故事》《世界的大河与文化》《日本小史》《印度小史》《加拿大小史》《希腊

---

① 金兆梓：《法国现代史》，商务印书馆1928年版，第56页。
② 同上书，第118、61页。

小史》《苏格兰小史》《罗马小史》《罗马社会史》《法兰西小史》《美利坚小史》《埃及小史》《爱尔兰小史》等。尽管读者对象是"少年",但著作或译作内容还都是较认真的。如房龙的《人类的故事》,2册,共572页。主要内容是:人类舞台的创始、我们最初的祖先、历史以前的人、埃及的象形文字、尼罗河流域、埃及的历史、美索博达米亚人、苏曼利亚人、摩西、腓尼西亚人、印度欧罗巴、希腊民族、希腊都市、希腊的自治政府、希腊人的生活、希腊的戏剧、波斯战争、雅典与斯巴达之对抗、亚历山大大王、罗马与迦太基、罗马之崛起、罗马帝国、拏撒勒的耶稣、罗马的灭亡、教会的兴起、穆罕默德、查尔斯大帝、诺斯人、封建制度、中世纪的骑士制度、教皇与皇帝的对抗、十字军、中世纪的都市、中世纪的自治制度、中世纪的世界、中世纪的商业、文艺复兴、地理大发现、宗教改革、宗教战争、英国革命、势力均衡、俄罗斯之兴起、俄罗斯与瑞典之抗衡、普鲁士之兴起、商宗制度、美国革命、法国革命、拿破仑、神圣同盟、大反动、国民的独立、机械时代、社会革命、大解放、科学时代、艺术、殖民地的扩张与战争、一个新的世界等。这表明,当时青少年的世界历史读物,已经不乏外国史学名著,这可从一个小小的侧面,看出当时中国世界历史编纂的总体情况。

二 《中华百科丛书》中的国别史

1933年,舒新城(1893—1960)主编有《中华百科丛书》100册,由中华书局出版发行。舒新城,学者、出版家,湖南溆浦人。1917年毕业于湖南高等师范本科英语部,先后在长沙、南京、成都等地任教。1925年返回南京,专心于近代教育史方面的研究。1930年1月,舒新城出任中华书局编辑所所长。"中华百科丛书"是舒新城担任编辑所所长之后,最先提出的选题计划,目的是满足中学生课外阅读或失学青年自修研究之用。舒新城在《总序》

中，提出了三项编写要点：（一）日常习见现象之学理的说明，（二）取材不与教科书雷同而又能与之相发明，（三）行文生动，易于了解，务期能启发读者自动研究之兴趣[1]，该丛书出版后即大受欢迎。《中华百科丛书》的主要内容之一是国别史。《意大利史》（吴绳海）、《俄国史》（娄壮行）、英国史（余子渊）、《法兰西史》（冯品兰）、《德国史》（卢文迪）、《美国史》（姚绍华），以及《中西交通史》（向达）、《社会主义史纲》（刘炳藜）、《世界产业革命史》（周伯棣）、《近代中日关系史纲要》（左舜生）、《希腊史》（卢文迪）、《罗马史》（吴绳海）等，均是该丛书的选题。

吴绳海编《意大利史》由中华书局于1935年印行。作者在《自序》中指出："严格意味的意大利国家的历史，当然是应从革新运动时代起到建设成一个完全独立国家后的历史，但这仅祇是十九世纪以来的事实，在这时期以前，这一个半岛上所发生的西洋史中最重要的史实，例如：罗马大帝国的建设，以及中世纪黑暗时代以后的文艺复兴时代等等光辉的历史撇开不提，决不是一部完整的意大利史。"[2] 作者还认为，尽管罗马史、文艺复兴史等在专门史中已经多有专门研究，但这些内容在这本意大利通史性的著作中，仍要较系统地阐述。从这一认识出发，本书的主要内容是意大利半岛的地理与人种；罗马帝国之大势及其灭亡；中世时代之意大利；意大利诸都市国家之盛衰；意大利之文艺复兴；近世意大利之建国，以及现代意大利等。

意大利现代历史的叙述，包括意大利建国后之大势、意土战争、欧洲大战与意大利、法西斯主义意大利四节。作者在最后一节着墨最多，内容涉及第一次世界大战后的意大利、法西斯主义的特征、法西斯党的建立和发展、慕索利尼（墨索里尼）获得政权，以及法西斯主义政府的内外政策等。关于"法西斯主义的特

---

[1] 舒心城：《中华百科丛书总序》，《意大利史》，中华书局1935年版，第4—5页。
[2] 吴绳海：《意大利史》，中华书局1935年版，第3—4页。

征",作者写道:用极简单的文字说明什么是法西斯主义,是一件极不容易的事。因为法西斯主义没有严密的理论体系。法西斯主义者从不斤斤于"主义的理论",而更重视如何去行动。"慕索利尼的意见是永远正确的,慕索利尼的命令是绝对服从的,这就是法西斯主义的唯一特征。这样特异的主义在政治方面则采取极端的国家主义,独裁主义。"① 吴绳海编《意大利史》1935年问世时,书末附有中华书局的新书广告,其中有世界史著作四种:王文彝译著《罗马兴亡史》、娄壮行编《俄国史》、郑寿麟著《德国志略》、常乃惪编《德国发达简史》。② 从这份广告中,可见当时中国世界历史的介绍和学习之一斑。

娄壮行编《俄国史》由中华书局于1936年印行。作者在《自序》中,简明扼要地说明了撰写这本著作的目的和意义。他说:"1917年俄罗斯大革命后,建设了一个苏维埃社会主义共和国联邦。它和我国接壤,故和我国的关系,是非常密切的。它在现代国际社会占着很重要的地位。可是这一个政治集团,在我国大多数人的目光中,依然是没有认识清楚。崇拜它的视它为唯一的'理想国',嫉视它的则把它看作'洪水猛兽'一样可怕。"作者

---

① 吴绳海:《意大利史》,中华书局1935年版,第188页。
② 《罗马兴亡史》分三编,第一编为"传疑时代的罗马",主要内容是罗马之人种、住地、社会组织、宗教观念,以及王政时期的重大历史事件。第二编为"共和时代的罗马",主要内容是罗马人的生存竞争,进而为意大利半岛之征服,复由意大利征服,以及扩张其武力欧亚非三洲的经过,最后从政治、经济、社会、伦理等方面,分析其在共和末期内讧的原因。第三编为"帝国时代的罗马",分析了奥古斯都以来的帝国政治,以及帝国衰亡内外原因。《德国志略》较详细地阐释了德国的历史地理情况,凡史地、人口、宗教、民族、交通、军事、语言、教育、文学、礼俗等,都有涉及。该书选有插图45幅,可谓图文并茂,有助于读者深入浅出地了解德国的历史与现实。《德国发达简史》是一本简明的德国通史,所叙述的内容自日耳曼蛮族迁徙时代起,到20世纪30年代初德奥关税协定止,中经查理曼帝国、神圣罗马帝国,简明扼要地阐释了中古封建时代德意志的政治经济发展概况。对近代以来的宗教改革、德意志统一运动,以及统一后的经济发展,第一次世界大战期间及战后的德国历史发展的特点,都有较完整的叙述,有助于读者系统了解自古代以来的德国历史。

认为，"苏维埃社会主义共和国联邦的政治组织，自有其物质的基础，它所以能建立这样的政治制度，也自有其历史的背景"。撰写这本书的目的，就是从历史方面着手，使广大读者了解苏维埃俄国的本质和由来。作者在《编辑凡例》中还特别强调："罗曼诺夫皇朝的专制政治是酿成1917年大革命的一个动力"；"革命后的经济建设是根本改造苏联旧有的社会组织的，故本书于最后二章中，特指出其特质和成绩，以示苏联实体之伟大"。① 这些不仅对于当时的读者了解和深入学习苏联史十分有益，而且对于提高青年人知识和品德修养，也是有帮助的。

这部《俄国史》计12章，内容始于罗曼诺夫皇朝以前的上古时期，到苏联实施社会经济发展的第二个五年计划止，涉及沙皇俄国的内外政策、近代以来的俄国政党、1905年革命、第一次世界大战期间的俄罗斯、1917年十月革命、苏维埃俄国的建立及社会主义建设等。这本《俄国史》的明显特点是"厚今薄古"，作者对俄国资产阶级民主革命和十月社会主义革命，以及苏俄（苏联）的社会主义建设等，有较多的介绍。

例如，有专章阐述苏联两个五年计划的成就。"以建设社会主义为目的的苏联，要建设社会主义是绝不能以农业生产做基础的，它的基础是要工业化。第一个五年计划，就是根据这客观的要求而决定其中心基本任务为'变农业工业国为工业农业国'的计划。"1928年开始实施第一个五年计划，"在政府和人民共同努力之下，这资产阶级视为梦想的计划，却在四年中就一一实现了"。"第一个五年计划的基本任务是建树苏联的大工业基础，用自己最进步的工业技术来供应全部的国民经济，借以逐渐脱离对列强的依赖。第一个五年计划建设的结果，使苏联奠定了巩固的技术改造的基础。但为建设完全的社会主义社会，消除城市和乡村的分

---

① 娄壮行：《俄国史》，岳麓书社2011年版，第4—5页。

歧状态和消灭劳心和劳力的差别起见，又于第一届五年计划完成的那一天，开始实施第二届五年计划。"① 作者论述两个五年计划的成就时，并不是简单地进行定性分析，而是通过一系列确凿的数据加以说明，因此有较大的说服力，使人们真切地感受到苏联通过两个五年计划，在重工业、机械制造、电力、煤炭、石油、有色金属，以及农业集体化、教育、社会保险和居民物质生活改善等方面，所取得的重大成绩。

三　亚洲地区的国别史

20世纪上半叶，有关中国周边国家历史的著作，和"西洋史"或欧美国家历史的著作相比，数量要少一些，而且问世也稍晚，这可能和亚洲史研究在国内外特别是在国内都较薄弱有关。下面将要提及的泰国和印度的历史，可能会清楚地说明这一点。

1928年8月，陈恭禄（1900—1966）著《印度通史大纲》由上海良友图书公司印行。陈恭禄，江苏省丹徒人，中国著名历史学家。早年就读扬州美汉中学、南京金陵大学，毕业后在金陵大学、武汉大学任教。其著作除《日本全史》外，主要还有《印度通史》《中国近代史》等，一些著作曾重印再版多次，在当时的学界影响很大。

《印度通史大纲》共27篇，首先叙述印度名称的由来，地理形势的影响及其史料与民族；其后依次叙述印人的印度时代；回人的印度时代；英人统治印度的时代。书后附录《印度大事年表》以供读者参考研究之用。全书附有地图5幅，依次是印度地势图、阿育王之疆域、1605年之印度、1795年之印度、现代印度帝国区域图。

作者在《自序》中写道：印度系亚洲文化最发达的古国之一；

---

① 娄壮行：《俄国史》，岳麓书社2011年版，第75—77页。

秦汉以来，中印交往日渐频繁。但是，"今于我国求一较善之印度通史，而不可得；学者偶尔言及印度者，乃多错误。作者遂有编辑印史之志愿；其目的则所以应今日知识界之需要，供给印史之常识于普通读者，而助其了解印度状况也"。① 在撰写过程中，作者广泛汲取了英美和印度史家的研究成果，特别是牛津大学的《印度通史》。牛津的这部著作，被公认为是"东方各国史中最善之本"。

印度长期为英国殖民地，争取种族平等、民族解放是本书论述的重要内容之一。作者写道："印度地在亚洲之南，英国远在欧洲之东，而印度乃统治于相去万里，地隔重洋之英国；自其文化言之，殊少相同之点，而进化颇早之印度，反居于治于人者之阶级；其人深受种族不平等待遇之刺激，心目之中，谓其排挤于劣势之地位，而乞怜于英国。"作者强调，"取消种族不平等之待遇，实亚洲民族之正当要求也！"② 这已经不仅仅限于印度一个国家了。作者持有这种态度并不奇怪，因为20世纪20年代末的中国，当时还是一个半殖民地半封建社会，中国和印度有着相似的遭遇，同样也面临着争取民族解放的历史任务。

1947年，英国吴迪著、陈礼颂译的《暹罗史》，由商务印书馆出版。吴迪在初版的原序中写道："以欧洲语文而历述古代以至比较近代期之暹国史，若本书者，尚属初次尝试之作。"作者努力把自己作为暹罗国人的朋友来撰写这部著作，以克服对暹罗国的偏见。作者强调："暹人自有其权利以缅怀其祖国光荣之往史。关于此点谅必受世人坦然之认可。"③ 原著于1926年初版，1933年再版。该书除《导论》外，共分16章，主要内容包括泰族古代史、11世纪中叶迄14世纪初戌可太皇朝列帝、14世纪中叶迄16世纪中叶阿瑜陀耶皇朝列帝、18世纪末叶迄1933年却克里皇朝史

---

① 陈恭禄：《印度通史大纲》，上海良友图书公司1928年版，第1页。
② 同上书，第212—213页。
③ [英]吴迪：《暹罗史》，陈礼颂译，商务印书馆1947年版，第1页。

略。在《导论》中，作者主要分析了《暹国史》的各种译本、碑铭、初期欧洲关于暹罗史的权威作家，以及可资参考的现代著作。此外，对于暹罗名的音译体制也进行了说明。由于研究泰国历史的著作甚少，所以这部著作的意义就格外重要，对了解泰国的历史有较大的帮助。

《多桑蒙古史》是一部用法文撰写的历史巨著，其第一卷初版于 1824 年，后又据施密特的《蒙古源流》德译本、俾丘林的《元史》前三卷俄译本作了较大补充，全书于 1834 年至 1835 年在海牙—阿姆斯特丹出版。1936 年，经中国历史学家冯承钧（1887—1946）翻译，由商务印书馆出版。本书作者瑞典学者多桑（C. d'Ohsson，1780—1855），国际著名东方学家。译者冯承钧，中外交通史家。其通晓多国语言文字，并精通中国史籍，在历史学和考古学等方面都有较深的造诣。《多桑蒙古史》对蒙古民族十三四世纪时，在中亚、西亚以及欧洲的活动史实都有详细的叙述。全书分七卷，前三卷记述自成吉思汗至元末时的事迹，后三卷专言伊儿汗国的史事，并附带言及钦察、察合台两汗国。

多桑精通欧洲诸国语及土耳其、波斯、阿拉伯、亚美尼亚语，又得以利用巴黎所藏东方文献，全面地检查了有关蒙古史的穆斯林文献，充分利用了波斯、阿拉伯以及拉丁、亚美尼亚等各种文字史料，并利用了宋君荣、冯秉正翻译的汉文史料。作者广泛使用了丰富的原始资料，并标明出处，因此长期以来此书一直是学者们了解蒙元史全貌和有关资料（特别是波斯、阿拉伯文重要史料）的主要参考书，在中外学术界都有较高的评价。

20 世纪 40 年代中期，上海正中书局出版了多种有关中国周边国家或地区的历史著作。如洪涤臣的《亚洲各国史地大纲》、王迅中的《日本的历史》、胡锡年（1913—1996）的《日本近代史》、李志纯的《印度史纲要》、吴绳海（1905—1985）的《印度民族史》、丘守愚的《东印度与华侨经济发展史》、杨幼炯（1901—1973）的

《苏联建国史》等。这些著作虽然大都是由中国学者完成的，但仍然主要依靠对外国史学著作的"编著"。例如，李志纯编著的《印度史纲要》，主要是"以牛津印度史教本为蓝本，参证剑桥印度史及其他英印学者著作，经时年余，方获粗成"[1]。这部著作是李志纯客居印度时完成的，大量使用了外国的文献资料。

《印度史纲要》始于史前，止于东印度公司时代印度亡国。在《绪论》中，作者介绍了印度的地理概况、民族概况和上古时期的文化概况。因为作者认为这些对于推动印度历史的发展产生了十分重要的影响。作者对印度文化，特别是印度古代文明十分推崇，认为它和中国文化一样在人类文化发展的历史上，"各自独树一帜，并延续至今，价值犹存"。"世界再造，有待中印文化的复兴与交流，中印关系将日臻密切，恢复晋唐中印文化的往还至为必要。"针对西方列强污蔑包括印度在内的东方国家为"野蛮之邦"，作者明确表示"独爱慕称颂之不已"，同时基于历史事实，指出"印度文化已灿烂之时，欧洲方面仍在原始状态，以马亨佐达罗的文明时代，远望欧陆，只能认为野兽"[2]。正是由于带着这样的认识来写《印度史纲要》，所以在历史叙述上表现出鲜明的感情色彩。例如，对于"印度亡国"，作者写道："印度究是印度，印度固未曾亡，其所亡者政府，国亡而文化仍在，……印度人败于战场，而未败于文化。"[3] 印度是中国的重要邻国，但有关印度通史性的著作却十分缺少，这部著作在一定程度上弥补了这方面的不足。

张君劢（1887—1969）著《印度复国运动》，于1942年由商务印书馆出版。张君劢早年在日本和德国留学。1915年回国后曾出任上海《时事新报》总编辑和国立政治大学院长等职。《印度复国运动》一书，由上下卷组成。上卷的主要内容摘译自尼赫鲁

---

[1] 李志纯：《印度史纲要》，正中书局1947年版，第2页。
[2] 同上书，第1、259页。
[3] 同上书，第257页。

著《世界历史之瞥见》，名为《近一百五十年之印度》。主要内容包括"英国在印度之胜利""印度之战争与暴动""印度工业之穷途""印度农业之死路""英国治理印度""印度之觉醒""世界大战前夕之印度""世界大战中之印度""甘地领导下之印度""1920年前后之印度与社团纠纷""印度之和平的反抗"等。下卷为最近英国与印度谈判的情况，及相关文件，文献资料较为丰富。长篇《尼赫鲁传》计10节，在书后作为附录。张君劢在《凡例》中，明确表述了撰写《印度复国运动》的初衷。他说："上卷可以考见今日以前之印度，下卷为印度独立之前奏，两种作品之性质虽不同，然其中自有精神一贯之处。"他特别指出了这部史著的现实意义："上卷为印度领袖自述印度之苦况，吾国人当引为鉴戒者。尼氏自述其国情之语，等于菲希德（费希特）氏告德意志国民书，同以亡国之痛苦告国人。此亦为译者用意所在，更加跋语以伸其义，幸国人察焉。"[1] 本书后有"英汉译名对照表"，为阅读和研究提供了不少帮助。

1942年，边理庭编著《新土耳其建国史》作为"建国史丛书"之一，由重庆独立出版社出版。该书封面、封底和正文，均使用粗劣的毛边纸，反映了抗日战争期间物资的匮乏与学者学术研究的艰辛。除绪论外，该书的主要内容是土耳其兴衰的回顾、欧战后的土耳其、建国的领袖凯末尔、建国的国民党、建国的军事与外交、建国的政治、建国的教育与文字改革建国的经济及建设。作者强调，土耳其位于亚洲、欧洲和非洲的交界线上，土耳其问题是近东问题的关键。"自欧洲大战到最近，对内休养生息和平建设，对外维持国际间的均势，使列强在他身上不能有所冀求。他的建国的过程，多少与中国有些类似。我们可以从他那里——特别是外交上，得到不少借镜。"[2] 显然，研究新土耳其建国史的历

---

[1] 张君劢：《印度复国运动》，商务印书馆1942年版，第1页。
[2] 边理庭编著：《新土耳其建国史》，重庆独立出版社1942年版，第4页。

史，是为了回答中国所面临的问题，或今后将要面临的问题。

正是从上述认识出发，该书的最后一章是"新土耳其建国对于我们的启示"。这一章所涉及的主要问题是"伟大的领袖""组织严密的党""军事与外交""政治建设"等。在作者看来，"奄奄一息的土耳其现已成为了一个现代化的国家"，世界上任何一个国家不敢不刮目相看，"其足以发吾人猛省者实在不少"。土耳其已经洗去了"近东病夫"的徽号，而中国过依然被人称为"病夫"。土耳其建国史给中国重要的历史启示，主要是领袖要有"救国救民的宏愿""伟大的胸襟""大无畏的精神"；要建立像土耳其国民党一样组织严密的党，辛亥革命之所以没能彻底完成历史使命的原因之一，就是"孙总理起初发起组织的兴中会同盟会几经改组还是不很严密"，"党内不革命的分子为数众多"。作者还认为，"革命是推翻统治阶级打倒帝国主义的工作，非先储备武力不可，所以军队的训练非常重要"。凯末尔十分重视训练军队，这一点与中国革命有相似处。"我们民国十三年以前的数次革命，都是假借军阀的武力，所以革命不能彻底。"

作者认为，"外交是军事的辅翼，军事在求自力，外交的目的在求兴国。土耳其建国之成功，与其谓得力于军事，无宁为得力于外交，他最能利用环境，察言观色，以收渔人之利"。土耳其在外交上的种种"机警巧妙之处，实在值得效法"。作者不同意因土耳其是个小国，所以他的建国过程就不值得中国参考的说法。"我们的人力物力，较之土耳其不啻百一之比，则我们进行建国工作的凭藉，高于土耳其更为优越。如果我们有这样优越的凭藉，如果建国大业不能成功，只能归咎于我们的不努力不能怨天而尤人！"[①] 由以上不难看出，编撰《新土耳其建国史》，出版"建国史丛书"的目的是和中国社会的现实，以及中国社会发展所亟待解决的问题

---

① 边理庭编著：《新土耳其建国史》，重庆独立出版社1942年版，第154、155、159页。

联系在一起的。以《新土耳其建国史》为例可以看出，在抗日战争中，中国世界历史编纂的社会功能得到了更加充分实现。

近代以来，中国学者在日本史及其他方面的日本研究，陆续有一些重要成就问世。① 除黄遵宪《日本国志》(1887)、《日本杂事诗》外，1917 年，戴季陶 (1891—1949) 曾在《民国日报》上连载《观察日本》、1919 年在《建设杂志》上发表《我的日本观》，后在上述著作的基础上，1928 年完成《日本论》，较深入地探讨了神道、武士道对日本民族性格形成的影响，认为日本人性格的构成，既有传统的武士道精神，也有近代商人的根性。周作人 (1885—1967)《日本管窥》(1935—1937)，则更注重从日本的民俗、文化和风土人情等方面分析日本民族的特质。

陈恭禄《日本全史》由中华书局于 1927 年出版。《日本全史》共 24 篇。前 6 篇介绍了日本的地位、民族的由来以及社会之演变等内容。其余各篇分述江户幕府之制度、文学、通商、武士及其归政之原因；维新后之内政外交：首述归政后之政策，立宪之运动，宪法之内容，内阁议会之冲突，海陆军之扩充，工商业之发达，经济之状况，外交之政策及中日战争；战后藩阀政府的

---

① 据林昶调查，在日本帝国主义侵华不断加剧的背景下，20 世纪 30 年代出版的各类日本研究丛书有 50 多套，其中南京日本评论社出版的《日本研究会小丛书》每周一种，共计出版了 83 种；此外，还有《反日帝国主义丛书》《日本国情研究丛书》《日本知识丛书》等。专门研究日本的刊物也迅速增加，30—40 年代，这样的杂志约有 30 种。日本军国主义、军国主义、法西斯化，以及武士道、大和魂等，是研究的重点。这些丛书或刊物，并不是专属史学类，但大多都涉及历史渊源的追述，因此直接或间接都对当时国人对日本历史的认识，有所帮助。例如，在"七七事变"前夜，《宇宙风》杂志在 1936 年 9 月 16 日的第 25 期，刊出《周年纪念倍大号，日本与日本人特辑》，封面引用了戴季陶的"知己知彼，百战百胜，无论是怎样反对他攻击他，总而言之，非晓得他不可"。这一期的主要撰稿人有郭沫若、周作人、郁达夫、林语堂、丰子恺、谢六逸、徐祖正、付仲涛、尤炳圻等。主要文章有《日本民族的二三特性》《唐代的日本留学生》《从历史上所见的日本文明》《关于日本人对中国人的态度》《日本明治大正史漫画》等。参见徐冰《20 世纪三四十年代中国文化人的日本认识——基于〈宇宙风〉杂志的考察》，商务印书馆 2010 年版，第 12—13、36—38 页。

内政外交，日俄交涉及其战争；继叙明治末年国势之膨胀，侵略中国，兼并朝鲜，亲善俄国及日美问题；19世纪末20世纪初，日本的内政外交，以及其国内等重要问题。

陈恭禄认为，日本学者研究中国的著作很多，而在中国找一本有较高水平的日本史著作，却十分困难。这种情况给作者留下深刻印象，成为他撰写《日本全史》的动因。关于本书的写作，作者在《自序》中写道："日史上自民族之迁徙，下迄今日，其间事实，至为繁杂。作者不能一一述之，自有删遗。惟念史者所以记民族间各不相同之演进，若述其一切活动，则与社会学无异，事实上殊不能行。历史学者，取其不同之事实而书之；其目的则将人类已往之知解告知读者，使其深明今日之状况困难所由来，而将有所改革，趋于进步。是以历史书籍之价值，首在其材料之丰富可信；及作者有批评指导之能力，将其所得之史料，慎密选择，编纂无关系之事实，而能贯通，推释其故，使读者明知当日之状况：此历史学者公认之标准也。中国史家，知此者鲜。作者无所凭依，轻于一试，自知其不能如标准所定，惟愿他日有识力较强者能为之耳。"[①] 撰写《日本全史》时所用参考书，多为中日英美学者所著。作者在使用时强调：较其所载之事实；核其言论之是非；研求学者之才能知识，著书之目的，著于何时何地，受何影响及有无偏见，然后始敢取材。至于评论，毫不为其所拘。为便利读者购参考书之计，谨将重要书籍，略加批评列于后，编写成《参考书目》。由此也可以看出作者严谨的学风，以及中国世界历史编纂的不断发展和进步。

关于日本历史类的著作，除上述之外，还有缪凤林的《中日民族论》（1929）、陈德征（1899—1951）的《日本民族性》（1928）、蒋百里（1882—1938）的《日本人——一个外国人的研究》（1938）、

---

① 陈恭禄：《日本全史》，岳麓书社2013年版，第3页。

周幼海（1922—1985）《日本概观》（1945）等。缪凤林的长篇论文《中日民族论》，写于1928"济南惨案"发生后，① 刊于1929年3月《史学襍志》创刊号。作者写道："去岁济案爆发，余时任中大日本史课，……而国人对于日本之研究，最不经心。"但是作者认为，研究中日关系、中日民族十分重要，可视为"今后中国民族生死存亡之关键"。作者指出：济南惨案已经过去一个多月了，我们在悲愤之余想到，日本的人口，加上他所侵占的朝鲜、台湾，不足我国的1/4，土地则不足我国的1/12，但日本却能"独霸东亚，杀伐侵陵，恣所欲为"。中国虽然有"广土众民，徒供异族扬武逞凶之资。欲图旦夕苟安，权且悉操之人，以言雪耻御辱，膺惩寇盗，其难盖犹登天"，而对中日民族的本质进行比较研究，则有助于就上述问题求出答案。缪凤林强调："国人今后不欲雪耻则已，如欲之，必先知耻。知耻奈何，亦曰耻其不若人者，勉力以求若之或胜之而已，此不必以日人为师也。师吾中山先生足矣。先生革命四十年，富贵不淫，贫贱不移，强暴如英帝国主义，亦无一日与之言妥协。"他从历史到现当代对日本民族本质的研究，有鲜明的现实指向，并对国民政府提出严厉的批评："虽日日言革命，人人言革命，而依赖自汙腐化，苟且不负责任，私而忘公一如往日，不独国耻不能雪也，中国民族，且将澌灭以尽，而先生有之，亦当痛哭于九原，泪尽而继之以血也。"② 缪凤林认为中华民族的复兴并非无望，关键是政府和各级官吏不能沉溺于高谈阔论，而要有所行动。

---

① 济南惨案又称"五三惨案"。1928年第二次北伐进行期间，日本恐怕中国一旦统一，就不能任其肆意侵略，竭力阻挠北伐进行。日本以保护侨民为名，派兵进驻济南、青岛及胶济铁路沿线。1928年5月1日，国民革命军克复济南，日军遂于5月3日派兵侵入中国政府所设的山东交涉署，将交涉员蔡公时割去耳鼻，然后枪杀，又将交涉署职员全部害杀。北伐军撤出济南后，日军于5月11日上午入城，开始惨绝人寰的大屠杀，中国民众被焚杀死亡者，达1.7万余人，受伤者2000余人，被俘者5000余人，血流成河，惨不忍睹。

② 缪凤林：《中日民族论》，《史学襍志》1929年第1期。

1931年，江苏省立教育学院开始编印"日本研究小丛书"，出版有包括历史类著作在内的图书，如《日本的历史》《日本侵略我国史略》等20多种。同年，上海华通书局开始编印"日本研究丛书"，至1931年陆续出版。这套丛书的主要著作有：徐孔僧译《日本社会史》，重野安绎著《日本维新史》，查士骥编译《六十年来日本经济发达史》，崎正治等著、古同资译《日本维新三十年史》等。在日本人看来，黄遵宪、戴季陶和周作人，是中国人"日本通"中的三杰，但是，他们却无法与王芸生（1901—1980）编著的《六十年来中国与日本》相比，这部作品开辟了研究日本和中日关系史的新路径，至今仍具有重要的学术价值和重要的现实意义。

朝鲜是中国的近邻。朝鲜近代历史上发生的壬午兵变（1882）、甲申政变（1884）是其历史发展过程中的重大事件，在朝鲜国内外都有广泛影响。这两次变乱，是朝鲜各种社会矛盾激化的结果。壬午兵变是一次具有反封建、反侵略性质的武装暴动。起义士兵和汉城市民攻入王宫，推翻了闵妃外戚集团的统治，推戴兴宣大院君李昰应上台执政。甲申政变是朝鲜发生的一次流血政变。这次政变由以金玉均为首的开化党主导，并有日本协助。政变的目的是脱离中国独立；提出有资本主义色彩的政纲，改革朝鲜内政。1929年5月，陈裕菁在《史学襍志》载文探究了《朝鲜两次变乱之文件》，文章有较重要的史料意义。

这些史料，主要是根据光绪年间《申报》的有关内容，分类整理而成。陈裕菁说："朝鲜壬午甲申之变，与我国关系至大。顾五十年来（壬午距今四十七年）记载寥落。方彼东邻，宁无愧色，不自揣度，妄思有述。……兹先搜集其中文件多通，汇为一编，为治近代史者之一助。读者俟之，吾将陆续以原料为供，或亦史界所不废乎。"① 关于壬午兵变的文献，有以下6种：朝鲜致日本

---

① 陈裕菁：《朝鲜两次变乱之文件》，《史学襍志》1929年第2期。

照会；吴长庆等安抚朝鲜军民示；朝鲜国王罪己谕；吴长庆严禁勇丁滋事告示；朝鲜国王陈情表；朝鲜王招辑军民谕。关于甲申政变的文献，有以下10种：朝鲜王咨李傅相文；朝鲜金督办致日本竹添公使照会；金督办致竹添公使函；竹添公使致金督办函附照会两件；竹添公使复金督办函；赵督办致竹添公使照会；竹添公使致赵督办照会；日使与朝鲜督办为使馆随员生死事往来公牍；朝鲜派全权大臣使日事往来公牍；朝日为缴还照会及保护公约事往来公牍七通。上述文献，陈裕菁原以为大多断断续续出自《申报》，比较凌乱，但经整理后，他却发现其中一些不乏为"秘闻"，对于研究朝鲜壬午兵变和甲申政变有独特的价值。

有关亚洲国家的历史著作，特别是中国周边国家的历史著作，还可举出一些有一定影响的作品，如向达撰述《印度现代史》，商务印书馆1929年版；共丕耶达吗銮拉查奴帕著、王又申译《暹罗古代史》，商务印书馆1930年版；曼谷《日日邮报》编辑、王又申译《暹罗现代史》，商务印书馆1932年版；戈·埃·哈威（G. E. Harvey）著、姚楠（1912—1996）译注《缅甸史》上中下，商务印书馆1940年版；哈图维著、李田意等译《缅甸史纲》，国立云南大学西南文化研究室1944年版；补庐等编译《日本综合二千六百年史》，南京国立编译馆1941年版；田口卯吉著、余又孙译《日本开化小史》，商务印书馆1942年版；茹科夫著、胡明译《日本历史讲话》，耕耘出版社1949年版；王任叔（即巴人，1901—1972）著《印尼社会发展概观》，上海生活书店1948年版；梅公毅（1909—1995）著《越南新志》，中华书局1945年版等。

四　俄国（苏联）史

1939年初，何汉文（1904—1982）著《俄国史》，由商务印书馆出版。何汉文，别号何雪山，1904年出生，湖南省宁乡县沙田乡人。1926年秋通过考试，由国民党湖南省党部选送入苏联莫斯科中山大学学习，曾任国民党中央党部编审处处长，国民政府监察院监察委员，湖南省经济委员会主任。1928年至1937年的十年间，先后撰写出版了《中俄外交史》《俄国史》，还写出了一部四五十万字的清代政治制度稿本。1945年抗战胜利后，何汉文查办了一些国民党政要的贪污案件，当时被各界誉为"铁面御史"。

这部《俄国史》从追溯俄罗斯历史着手，由元代成吉思汗西征写到1932年中苏复交，作者不仅对十月革命经过、苏联的成立有较为详尽的撰述，而且对俄罗斯的建国、发展、勃兴、变革等方面也有较详细的介绍。作者广泛使用了中文、俄文、英文和日文的文献资料，而且早在1926年在莫斯科留学时，就开始了文献资料的收集和整理，回国后主持《苏俄评论》，这些都是为了保证这部著作在探本求源，溯及往史时条理清晰，并且用丰富的史料进行深入论述的切实保证。何汉文的《俄国史》是国人撰写俄国史的首批著作之一，其学术水平在当时的同类著作中，明显处于领先地位。

《俄国史》的"绪论"，主要阐述俄国的自然环境、民族构成，以及俄国史之特点；其余各章的主要内容是：建国前之俄罗斯、基辅王国、蒙古人统治时代之俄罗斯、俄罗斯之复兴统一、莫斯科王朝之绝灭与罗曼诺夫王朝之产生、俄罗斯之欧化、18世纪中叶之俄罗斯帝国、18世纪末叶之俄罗斯帝国、19世纪初期之专制政治与革命运动、俄罗斯与欧洲、俄罗斯与东方、农奴解放、19世纪中叶之内政与外交、19世纪下半期之革命运动、19世纪末叶之外交、日俄战争、20世纪初年之解放运动、资本主义之发展及其危机、俄罗斯与欧洲大战、1917年之大革命、战时共产主义时期之苏联、新经济政策时期之苏联、五年计划时代之苏联等。

孙科（1891—1973）在"序一"中，首先指出了撰写这部《俄国史》的现实意义。他说：俄国"与我国壤地相接者，百万余里。

三百年来，人事往还，息息相通。两国关系，盖已至密。而自苏联革命建国以后，社会主义之建设，突飞猛进。以经济之发展言，仅两次五年计划之所成就，迨已超过资本主义一世纪之所为。遂使社会主义之基础，深于经济建设之中，而益臻巩固。此不独帝国主义者失其借口，即主张一国不能实行社会主义者，亦失其根据"。孙科充分肯定苏联社会主义革命和建设所取得的成绩后，联系到中国的现实指出："我国自辛亥革命，忽忽二十七年。总理所垂示之三民主义，既未获实现，帝国主义之窥伺且日亟，自去岁抗战军兴，举国团结，一载以来，已与日敌以甚深之打击。而来日工作，依然艰巨。凡苏联建国之所为，无往而不足资吾人之借镜。则苏联历史之研究，宁可忽视耶？"① 由此可清晰看出，在这部《俄国史》中，苏联社会发展对中国的"借镜"作用，特别是对抗日战争中的中国的"借镜"作用，是十分明显的。梁寒操（1898—1975）在本书的"序二"中，也表达了同样的意思。他说"吾国自辛亥革命以还，徒以国事蜩螗，遂致种种落后，今遭日敌非常侵夺，全国人士，如一或留心苏联近世史实，要非我取镜之前驱耶？然则何君之作，又未可仅作苏联史传观也"。② 何汉文著《俄国史》对中国的现实关注，不言自明。

何汉文认为，他的这部著作，"是以中国人的立场来写俄国历史，同时以中国青年学生为阅读的主要对象，所以对于俄国史中与远东有关的事迹，也比较叙述得详尽"。作者还认为，近代以来俄国和我国的历史关系太密切了，但是国人对俄国史却缺乏了解，甚至很漠视，不能不说这是一种缺憾。他希望能通过这部著作引起国人，特别是青年人对俄国史的重视，"因为从历史教训的昭示，中俄关系是分不开的，中俄两大民族在未来的人类历史中，分担有重大的责任，两大民族只要能各自了解自己所处的地位和

---

① 何汉文：《俄国史》，人民出版社2013年版，第1页。
② 同上书，第2页。

所负的责任，彼此互相尊重，互相提携，不相猜疑，不做蠢事，自然会于世界和平，人类幸福，都有重大的意义和影响。因此，两大民族对于彼此历史的内容和特殊性的互相明了，自然是很需要的！"① 无论从孙科等人的序言，还是作者自己的表述，都可看出这部《俄国史》强烈的现实关注和鲜明的时代精神。在中华民族的抗日战争中，中国的世界历史研究，尤其要承继和发扬这种精神。

第一次世界大战后，苏联成为世界上第一个社会主义国家。在资本主义世界的包围中，苏维埃俄国——苏联成为谜一样的国家。20世纪上半叶，直接从外文翻译或中国学者撰写的苏联史、俄国史的著作，有多种问世。除下面将要述及的俄国（苏联）史著作外，当时中国的报纸杂志上，对新生的苏维埃俄国的历史与现实，包括政治、经济和文化等也多有介绍，商务印书馆的《东方杂志》尤其突出，② 从中不难感觉到当时整个中国学术界的气氛。

1928年，上海太平洋书店出版了日本山内封介著、卫仁山翻

---

① 何汉文：《俄国史》，人民出版社2013年版，第3页。
② 1918—1921年，《东方杂志》有关俄国（苏俄）的主要文章有善斋：《述俄国过激派领袖李宁》，第15卷第3号（1918年3月15日）；君实：《俄国社会主义之变迁》，第15卷第4号（1918年4月15日）；雁冰：《克鲁泡特金之俄事观》，第17卷第2号（1920年1月25日）；心溟：《俄国之真相及其将来》，第17卷第3号（1920年2月10日）；雁冰：《俄国人民及苏维埃政府》，第17卷第3号（1920年2月10日）；邵振清：《俄国新政府之过去现在未来》，第17卷第10号（1920年5月25日）；罗罗《劳农俄罗斯之改造状况》，第17卷第10号（1920年5月25日）；君实：《劳农共和国与理想社会》，第17卷第18号（1920年9月25日）；颖水：《评论罗素游俄之感想》，第17卷第20号（1920年10月25日）；陈嘉异：《李宁之乌托邦》，第17卷第23号（1920年12月10日）；罗素：《布尔塞维克底思想》，第17卷第24号（1920年12月25日）；化鲁：《克鲁泡特金与俄国文学家》，第18卷第4号（1921年2月25日）；幼雄：《劳农俄国的文化设施》，第18卷第8号（1921年4月25日）；愈之：《罗素新俄观的反响》，第18卷第8号（1921年4月25日）；昔尘：《农业之社会主义化》，第18卷第13号（1921年7月10日）；松山：《第三次国际共产党大会之经过及各国劳动运动之现在地位》。除上述外，《东方杂志》还有文章对苏维埃俄国的政治制度、农业政策、劳动制度、领袖人物、电气化、文化艺术、外交政策等进行了介绍。

译的《俄国革命运动史》。1926年2月，山内封介在《序》中谈及撰写这部著作的原因，是因为"俄罗斯自帝政时代至革命后的现在，几乎是社会问题的一大实验室。实际上，关于社会问题的理论，差不多完成于英法德各国，而其理论之大胆的实验，多行于俄罗斯"。特别是"1917年的革命以来，俄罗斯这实验室，更引起世界一般人的注视，认为20世纪趣味之中心，都期待着更在此实验室中发见出什么新的真理，表现出什么新的真理"①。作者认为，这样的著作在日本国内应该是第一部，这是一个"大事业"。卫仁山之所以翻译此书并将其介绍给中国，则是因他认为"俄罗斯革命，是法兰西大革命以后最伟大的革命，其影响于全世界的民众之重大，决不减于法兰西大革命，……俄罗斯革命是数世纪以来俄国的民众运动，与19世纪的科学的进步与其所发生的社会主义思想及社会主义运动的一个重大的表现"。此外，更为重要的是，"在现在中国革命的进行中，对于俄国革命的真实了解确是非常需要，但是中国人现在对于俄国革命所知道的确实太少了"。②卫仁山的这段话，1928年4月20日写于巴黎，即蒋介石（1887—1975）勾结中外反动势力屠杀共产党人，大革命失败一周年后，这使人们对这部《俄国革命运动史》中文本的面世，有了更深刻的理解。

在翻译的过程中，译者发现原书"有许多地方被削除了"，于是就尽力将其弥补，但仍有一些地方不能补齐，只能"仍付阙如"。至于为什么原书有不少地方"被削除"，译者限于当时的社会环境没有说明，其实这并不难理解。笔者以为，也可能是同样的原因，这部《俄国革命运动史》只写到1917年二月革命止，而对于十月社会主义革命只字未提。《俄国革命运动史》计分为5

---

① [日]山内封介：《俄国革命运动史·原序》，卫仁山译，上海太平洋书店1928年版，第1—2页。
② 同上。

卷,主要内容是:"农民与劳动者之盲目的叛乱时代,与大资产阶级智识阶级觉醒时代(18世纪60年代至19世纪20年代)";"小资产阶级智识阶级之革命运动时代(19世纪20年代至60年代)";"男女学生革命时代(19世纪60年代至80年代)";"无产者之革命运动时代(19世纪80年代至90年代)";"各阶级之包围攻击时代(1901年至1917年)"。尽管这部著作只写到1917年二月革命止,但是,列宁及俄国布尔什维克党所领导的革命运动,在书中都有较详尽的叙述。如俄国社会民主工党的成立、劳动解放社、俄国社会民主工党第二次代表大会、布尔什维克与孟什维克、1905年革命和劳动群众的觉醒、劳动代表者苏维埃、莫斯科起义等。这些作为历史的经验或借鉴,或历史的启迪,对处于大革命失败后的广大中国人民说来,确实是十分必要的。

1930年,上海心弦书社出版了俄国博克老夫斯基(今译波克罗夫斯基,Михаил Николаевич Покровский,1868—1932)、日本石川一郎著,潘既闲译的《俄国革命全史》。这是一部体例较为特殊的俄国史著作。之所以如此,是因为这部著作并非是两位作者合作的产物,而是译者"集两个人的著作而成的。虽然是两个人的,但他却前后一贯,紧接而成。不但如一个人所作的一样,并且我们还可以看出各个研究历史所注意的特点"①。该书的前11章,从十二月党人的革命运动到俄国二月革命,系出自苏俄著名马克思主义历史学家博克老夫斯基之手,而自第12章到结束,则出自日本学者石川一郎的另一部著作。不过也不完全是这样,如《俄国革命全史》第7章关于"1905年革命"是译者潘既闲自己撰写的。潘既闲认为,1905年革命是俄国史中的一件大事,几乎家喻户晓,所以在博克老夫斯基的著作中,就叙述得较为简单,而且偏重于理论分析,具体的历史过程写得很少,不适宜俄国以

---

① [俄]博克老夫斯基、[日]石川一郎:《俄国革命全史》,潘既闲译,上海心弦书社1930年版,第1页。

外的读者阅读。所以潘既闲将博克老夫斯基的著作译成中文时，为适应中国广大读者的需要，便补写了以历史过程为主要内容的"1905年革命"。潘既闲在补写这部分内容时，参考了潘文鸿译《一九零五至一九零七年俄国革命史》（上海中外研究学会出版）。这样严格说来，上海心弦书社1930年出版的《俄国革命全史》是由三个国家的三位学者共同完成的。

潘既闲对博克老夫斯基的著作给予了高度评价。首先可使中国历史学家"学习怎样以唯物主义的眼光去研究历史的发展"，而博克老夫斯基的这部著作则可认为是"非常重要的研究法的讲义"，因为他的历史研究法是"科学的方法"。潘既闲认为这对中国史学界是非常重要的，因为当时的历史研究处于"一塌糊涂的状态"，亟待"从数千年唯心主义的腐儒学者压迫之下解放出来"。①其次，20世纪30年代的中国，第一次大革命刚刚失败，反苏反共言论甚嚣尘上，"虽然我们现在以至以往的过去，都听说了关于苏联之'洪水猛兽'，'共产共妻'，'暴虐'，'残杀'之种种骇人听闻的消息，看见了许多关于苏联之'危机四伏'，'内部破裂'，'面包恐慌'的新闻，但这个国家为什么依然能存在，壮大，发展，而最近还有闻所未闻的'五年经济计划'，'七小时工作制'"？编者认为："糊涂是人类最大的敌人，盲从是文化上最可耻的事，只有研究与考察，这是我们应有的判断事物的方法。"编者还认为，这部著作为人们研究苏联的历史与现实，提供了许多宝贵的文献资料。这些"确是中国一般出版界中很少有的"②。

《俄国革命全史》的内容十分丰富，主要包括19世纪"十二月党人革命运动"、农奴"解放"与革命运动、民粹派的革命运动、俄国马克思主义者的革命运动、俄国1905年革命、第一次世

---

① ［俄］博克老夫斯基、［日］石川一郎：《俄国革命全史》，潘既闲译，上海心弦书社1930年版，第1—2页。

② 同上。

界大战前夜的革命运动、1917年俄国二月革命、十月革命、俄国国内战争、军事共产主义和新经济政策等。作者基于事实对于这些重大历史事件和过程的描述，对于人们系统了解俄国贵族革命、资产阶级民主革命和无产阶级社会主义革命的历史，无疑是有积极意义的。例如，关于十月革命，作者认为十月革命的成功，不能证明托洛茨基不断革命论的正确，却"完全证明列宁主义的成功"，关于十月革命的性质，自然是"无产阶级的社会革命，但是因为十月革命是由资产阶级革命彻底胜利而转变过来的，所以在十月革命中间，同时还带有资产阶级革命彻底的胜利……，如十月革命解决了土地问题及民族问题"[1]。作者强调："无论帝国主义是怎样侮辱苏联，无论资产阶级的学者是怎样证明布尔什维克主义、社会主义是走不通的道路，但是在布尔什维克党领导下的苏联，经济的建设，政权之巩固，是我们在任何一个资本主义国家所看不到的现象，除非他是个否认事实有意侮辱的造谣者。"[2]该书通过具体的历史事实，有力地揭露了统治阶级反苏反共的谰言。译者潘既闲对《俄国革命全史》给予高度评价，他认为：这本书的价值是十分可贵的。因为从十九世纪开始，叙到一九三零年，这样的俄国革命全史，这是中国出版界上的第一本著作。仅只就这一点说，译者已经很满意地愿意将这本书贡献于一般青年读者。

《俄国革命全史》虽然是阐述始于19世纪百余年的俄国革命史，但也涉及了史学理论方法论的问题，当然不是泛论，而是结合本书的实际内容有的放矢地展开。例如，上篇第一章卷首写道："研究历史这一门科学，我们应该特别注意现代史。所有一切从事新发明的人，总要希望他没有谬误发生。马克斯（马克思）主义

---

[1] ［俄］博克老夫斯基、［日］石川一郎：《俄国革命全史》，潘既闲译，上海心弦书社1930年版，第333页。

[2] 同上书，第411页。

者，不管其说的什么或写的什么，纵使论及最古的石器时代，也不能不从他与现代的联系着想。因此，我们常受许多资产阶级的教授所攻击。我们必须要注意与现代的联系。这并不是我们自己悬奇惊人，实在非如此不可。我们敢大胆说一句，只有从现代着想，才能估量以往。"[1] 在 20 世纪 30 年代初的中国，这一认识不会有太多的拥护者，甚至会招致一些人的激烈反对。但是，这个问题的提出，如此明晰的阐释，无论是对史学界同人，还是对一般读者，都有重要的启迪意义。

美国耶鲁大学历史特约研究员佛那特斯基著《俄罗斯现代史》，于 1933 年由陶樾译成中文，交上海黎明书局出版。译者认为，这部著作的优点是"字句既然流畅明达，所述事实又都负责可靠，佛氏纯然用一种客观的眼光，好像在显微镜的下面，细查俄罗斯的过去状况，其长处是极不抹杀苏维埃制度的优点，也不隐饰它的许多缺点"[2]。这部著作，是译者将佛那特斯基著《俄国史》的一部分，主要是第一次世界大战后的内容先行译出，改名为《俄罗斯现代史》出版。原著的初版于 1929 年初问世，1930 年再版。再版时补充了一章，主要内容是"新经济政策的实施和终结"。

这部《俄罗斯现代史》是名副其实的"现代史"，始于 1914 年的第一次世界大战，止于 20 年代末，大约 15 年时间的历史。时间虽然短暂，但却是俄国—苏维埃俄国—苏联历史发展日新月异的时期。生动、复杂和丰富的历史事件、历史过程给人们留下了许多值得思考的问题。书中对于"布尔什维克派成功的原因""反革命运动的爆发和红军的发展""苏维埃经济政策的特质""苏维埃国家的最高权力""共产党在苏维埃国家的地位""苏联公民的权利""苏维埃政府的外交政策""第三国际""列宁的继承者

---

[1] ［俄］博克老夫斯基、［日］石川一郎：《俄国革命全史》，潘既闲译，上海心弦书社 1930 年版，第 1 页。

[2] ［美］佛那特斯基：《俄罗斯现代史》，陶樾译，上海黎明书局 1933 年版，第 6 页。

及托洛茨基的反对",以及"苏联第一个五年计划"等,都有分析和叙述。这些问题,不仅是中国的世界史学者,而且社会各界读者都普遍关心的。

1937年,商务印书馆出版了佛那次基著、周新译的《俄国史》。该书是王云五主编的"万有文库"中的一种。"佛那次基"与上面提及的《俄罗斯现代史》的作者"佛那特斯基"是同一个人(George Vernadsky),只是译法不同而已。此外,《俄罗斯现代史》与《俄国史》后半部分的一些内容,也大同小异。

1932年12月25日,蔡元培先生曾为《俄国史》作序。由此推断,1937年商务印书馆"万有文库"版之前,该书可能已经有其他的版本,但至今笔者未能见到,只能存疑待查。佛那特斯基的《俄罗斯现代史》,在书前虽然有5篇《序言》,但与蔡氏无关。

蔡元培在《俄国史》的《序》中指出:"俄国是共产主义的实验者,他所根据的是马克思的学说,马克思是德国人,他的著作是在英国发表的,然而,英德等国,都不能行他的政策,而俄国乃首先实行,且行之十余年,倍受欧美各国反对,而尚未失败,这决非偶然的事。"之所以会如此,蔡元培认为,这和"俄国地理的优势,民族的特性,经济演进的状况,政府压迫与人民反抗的惨史,哲学文学美术上特有的刺激,旁薄酝酿始发而为经济革命的急先锋"等有密切的关系,所以他特别强调,"我们想认识现在的俄国,不可不读俄国史"①。蔡元培还认为,将《俄国史》介绍到中国来,有特殊的意义,不仅因为中俄两国有漫长的边境线,而且俄国十月革命后,中国社会发展深受其影响,所谓"容共""清共"和"剿共"等,都与此有关。

佛那次基著《俄国史》的主要内容是:俄罗斯国家的起源、

---

① [美]佛那次基:《俄国史》,周新译,商务印书馆1937年版,第1页。

与草原之斗争、草原管辖下之俄罗斯、15世纪中叶至16世纪之末的俄罗斯、17世纪之俄罗斯、18世纪时之俄罗斯帝国、18世纪及19世纪上半俄罗斯之社会及经济的发展、18世纪及19世纪上半俄罗斯之精神文化、迄19世纪中叶俄罗斯对内对外政策之发展、19世纪下半期时俄罗斯之对外及对内政策、第一次俄国革命与立宪政治、自19世纪中叶迄欧战期间俄罗斯内部的发展、欧战中之俄罗斯、俄国二月革命、俄国十月革命、共产政府的组成、内战、苏维埃政府之经济政策、苏维埃俄罗斯政治之结构、迄1924年苏俄之对外政策、列宁病故后苏维埃之对内对外政策。除以上主要内容外，"苏维埃俄罗斯之学术及教育状况""苏维埃俄罗斯之教会""俄罗斯人国外之逃亡"等，作为"附录"，也略有介绍。

在《导言》中，作者分析了俄国历史发展的特点："俄罗斯历史中最惊人的事实就是这种人数的激增以及其领土的异常扩张。"作者还认为，"从地理的立场看来，俄罗斯人是突厥蒙古人的继承者。从文化的立场看来，他们是拜占庭帝国的继承者。俄罗斯文化发展上最重要的一件事，便是在第九、十世纪时由拜占庭人使他们的转向基督正教，那时，拜占庭的文化正达到它最灿烂的时期"。[①] 而在《结论》中，则重点分析了列宁逝世后，苏联在政治经济诸方面所面临的"危机"。这些"危机"主要表现为不能解决复杂的经济问题，其中最为严重的，"是工业与农业的生产不能与不断增加的人口的需要相应"，"生产与消费不能平衡"。但是苏维埃政府不愿意承认"现实许多工业制度的缺陷"，而将此归因为"实在的或假定的现政体的敌人中的若干不逞之徒"。于是，就发生了1928年春，南俄顿尼茨流域煤矿工程师的审判事件。11名工程师中，5人被处死；另6人由死刑改为10年有期徒

---

① [美] 佛那次基：《俄国史》，周新译，商务印书馆1937年版，第11—12页。

刑。在农业方面，问题则更为严重，主要是用强迫的手段"征收谷物"，"引起了农民对于当局的极大的反感"。"苏维埃政府在这时可以用为解决他的困难的唯一的方法，似乎只有在俄罗斯经济制度中实行某种程度的'资产阶级'的改革。"① 这些分析和介绍可视为一家之言，自然可以展开讨论，但能够提出一些重要的理论问题加以分析，对推动俄国史研究的深入发展，特别是对于一些重大理论问题的思考，无疑是有益的。

1942年，正中书局出版了杨幼炯编著的《苏联建国史》。1941年7月，作者在《序言》中说："近年来世界风云变幻，使整个的世界都在重新创造与再建之中。我国今日又适逢民族建国的新机运，……略述苏联革命建国之特征，作为我国借镜之资。语云：'他山之石，可以攻玉。'这就是作者撰述本书的微意。"作者认为，近代以来的革命建国可以分为三大时期："十七八世纪的英法革命是民主主义与自由主义的革命建国思想之典型；则十九世纪下半期中欧各国如德、意的统一运动，实为民族主义与军国主义之典型；而苏联的革命建国，则是开了社会主义建国运动的新局面。"② 杨幼炯为《苏联建国史》写作《序言》时，正逢1941年6月22日，德国背信弃义向苏联发起突然袭击后不久，苏联卫国战争爆发，所以作者说，"本书草成，适当苏联建国再受阻挠之日，作者更深切的给予无限的同情"③。作者写于《序言》中的这些文字，对于读者全面理解这部著作是有帮助的。

《苏联建国史》的主要内容是：开国前之俄罗斯、19世纪以来俄国革命之经过、一九一七年十月革命与苏维埃政府之建立等。与一般的苏联史或俄国史的著作相比较，本书的主要特点是比较

---

① [美]佛那次基：《俄国史》，周新译，商务印书馆1937年版，第517—520页。
② 杨幼炯：《苏联建国史》，正中书局1942年版，第1页。
③ 同上书，第13页。

重视理论分析和理论概括，除各章节的具体内容外，在书前的长篇《序言》中也可看出这一点。作者分析了俄国十月革命胜利后不久，苏维埃俄国出现危机的原因。作者认为，出现危机的主要原因是"粮食问题未能得适当解决"；"工业管理之不善"；"在商业方面，……不承认私人商业及贸易的自由，一切企业归国家经营"。关于苏联的计划经济，作者也进行了分析，他认为这是在"近时世界经济思潮中，投下的一块千钧巨石，给予世界各国的经济现势，以一种巨大的刺激与影响。……近年来美国产业复兴的经济运动，也未始不是这种经济政策的反映"。关于苏联第一个五年计划，作者认为这"不仅是苏联的一大经济尝试，也可以说是人类全体经济生活中的一大社会主义的实验"。通过五年计划实现工业化和农业的社会化，提高生产率和产业合理化等，虽然和资本主义国家相似，"但在本质上颇有差别"[①]。这些分析实际上提出了一些与现实生活关系密切的理论问题，从历史与现实的结合上进行探讨，可以引起人们更多的思考。

1945年9月，《苏联历史讲话》由解放区的读者书店出版。作者为苏联历史学家舍斯达科夫，译者为我国著名的马列著作翻译家、编辑出版家张仲实（1903—1987）。在众多的苏联历史著作中，这是很有特色的一本。这种"特色"不仅表现为书籍的装潢极其简陋，纸质粗劣，油墨不均，而更主要的是表现在书籍的内容方面。1941年4月20日，张仲实在延安写有《译者序言》，对于读者了解这部作品很有帮助。译者认为，这部作品有三个优点。"第一，观点正确。"这本《苏联历史讲话》，是作者根据苏共领导人斯大林、日丹诺夫（Владимир Жданов，1896—1948）和基洛夫（Серге́й Миро́нович Ки́ров，1886—1934）1934年关于历史学的讲话编写而成的，而且这本书通过了苏联政府教科

---

① 杨幼炯：《苏联建国史》，正中书局1942年版，第6—8页。

书审查委员会的审查。"第二，内容有系统"，从原始社会到第二个五年计划止。苏联境内各民族的每一重要历史发展阶段，以及每一重要历史阶段的重要历史事实，都简明扼要地讲到，可以使人一目了然。"第三，文字浅显，简洁"①，不像一般历史著作那样平铺直叙，呆板无味。译者认为，在当时的解放区，大家都在认真学习《联共（布）党史简明教程》，因为这是"研究马克思列宁主义的宝库"，如果能够先读读这本《苏联历史讲话》，对于学习《联共（布）党史简明教程》无疑会有很大的帮助。

舍斯达科夫著《苏联历史讲话》的主要内容是：社会主义的祖国在太古的时候；基也辅国；蒙古征服者权力下的东欧；俄罗斯民族国家的成立；俄罗斯国家的扩充；17世纪的农民战争与被压迫人民的起义；18世纪的俄罗斯乃是地主商人的一个帝国；沙皇的俄罗斯乃是欧洲的宪兵；资本主义在沙皇俄罗斯的增长；俄国第一次资产阶级革命；俄国第二次资产阶级革命；俄国的伟大的十月社会主义革命；外国的军事干涉与内战；复兴全国经济的和平工作的开始；苏联是胜利的社会主义之国。应该说，苏联历史进程中的重大历史事件，这里基本都包括了，但这不是一本严格意义上的学术著作，而是一本通俗的、普及性的著作。不过在极其艰苦的战争环境中，在解放区能够出版这本《苏联历史讲话》，已实属不易。

20世纪40年代，苏联史学在延安的传播和延安当时是中共中央所在地有直接的关系。1941年8月，延安出版的《解放》周刊第134期，发表了《怎样写历史》一组文章，其内容包括苏联人民委员会和联共（布）中央1934—1937年在《真理报》刊发的5份文件，主要内容是：1. 苏联党和国家关于苏联国民教育讲授本国历史的决定；2. 对苏联党和国家这一决定的介绍；3. 斯大林、基洛夫、日丹诺夫对《苏联历史》教科书纲要的意见；4. 斯大林、基洛夫、

---

① ［苏］舍斯达科夫：《苏联历史讲话》，张仲实译，读者书店1945年版，第1页。

日丹诺夫对《近代史》教科书纲要的意见；5.苏联政府为悬赏征求优秀的中学三、四年级教科书特设的评定委员会的决议。《解放》周刊在刊发《怎样写历史》的"编者按"中指出：斯大林同志、苏联党和政府，十分重视历史教育。在历史教育中，不能用抽象的理论代替具体的历史事实的讲授。在历史教科书中，不能只讲抽象的公式，或只讲社会经济形态抽象的定义。总之，不能用抽象的社会学的规式讲授历史，而应当依照年代的次序，讲述最重要的历史事件和事实，只有这样，学生才能正确地分析和正确地总结历史事件。这些论述虽然讲的是历史教科书，实际上涉及历史研究和历史学习的一些基本理论问题，在延安引起了广泛的关注和影响。

1946年，侯外庐著《苏联历史学界诸论争解答》，由中苏文化协会研究委员会编辑出版，上海建国书店发行。该书是郭沫若主编的"中苏文化协会研究委员会研究丛书"中的一种，主要内容是"关于社会发展史指导律的问题""关于亚西亚古代社会的法则问题""关于亚西亚生产方法通用于古代中国的问题""关于苏联新社会发展的法则问题"等，另有附录是"关于社会主义下生产关系与生产力适应的论争"。该书的出版引起了国际学术界的重视，郭沫若曾将其赠送给苏联对外文化协会经济组主席格莱科夫（即格列科夫，Б. Д. Греков，1882—1953），格莱科夫十分重视，他在给郭沫若的复信中说，"承你赠送你主编之《苏联历史学界诸论争解答》（侯外庐著）一书，兹特以苏联对外文化协会历史与经济组之名义向你致谢。此书现正由通识中文之同人加以研究，并感莫大之兴趣，因此事证明中国历史学家对于俄国历史之兴趣颇高，并证明我两国人民之正在增长中的友谊在科学的领域中获得其优美之表现。本组为答谢起见，特送上《历史问题》杂志两册，其中载有现时苏联历史学家所解答之各种问题"[①]。

[①]《郭沫若学刊》1988年第4期。

1946年3月，侯外庐读到格莱科夫给郭沫若的信函后，致信给格莱科夫，他说："读了你给郭沫若先生的信，知道你和你们的学者对于拙作《苏联历史学界诸论争解答》一书之注意，感到'莫大兴趣'，而谬誉为'中苏友谊在科学的领域中获得其优美之表现'我是十分欣慰的。此书在中国古代史方面有些发现，从前托米克拉舍夫斯基参赞亦送赠拙作《中国古代社会史论》一书，希望一并能获得贵国学者的批评，使我进一步加深研究，那对于中苏文化学术的交流就更有益了。关于我的这部分研究，最近美国学者曾和我商量如何译成英文，在没译出之先，我更期待经你们的教益，得到订正。"① 格莱科夫收到侯外庐的信后，很快就有回信。5月，侯外庐给格莱科夫写了第二封信："我拜读了你的来函，深深感激你对于我的书发生过分的推许。在前些日子我已经看到你给郭沫若先生的信，那封信说我这书是'中苏友好在科学领域内之优秀表现'，我正为这一评价所惶惑，你这封信又说把我的书由贵国的学者翻译出来，以供研究，我于是更加不安了！""……我的书，关于'亚细亚生产方法'的论证，不久以前也被英国学者李约瑟（Joseph Terence Montgomery Needham，1900—1995）先生访问过，关于中国古代史论断，去年也曾得到阳翰笙先生的推荐，谓将在美译成英文出书，现在又得到你的信，倍加使我觉得：没有学术环境，还可以继续研究的。然而，我比不上鲁迅的精神，吃下干草，可能挤出牛乳来，没有到四十岁的我，已觉得衰老了！""为了报答你的赠书，我送给你两卷我的近著《中国近代思想学说史》，并希望得到你的批评。"② 从侯外庐的著作《苏联历史学界诸论争解答》，以及他和苏联史学家的通信中可以看出，20世纪40年代，苏联史学，以及历史研究中的马克思主义学派，在中国已经有了长足发展，无论在理论上，还是在具体的研

---

① 《新华日报》1946年3月18日。
② 《中国学术》1946年第1期。

究成果上，都已经产生了一定的影响。

五 英国史

在英国史方面，首先应该指出的是，英国著名历史学家屈维廉的代表作《英国史》，1934年由商务印书馆出版，三卷中文本，60余万字，译者为钱段森。当时屈维廉被译作"屈勒味林"。屈维廉早年毕业于剑桥大学三一学院，曾任剑桥大学近代史讲座钦定教授、三一学院院长。1924年，屈维廉应罗威尔学会的邀请，在波士顿讲授英国史，《英国史》即是在此基础上撰写而成，1926年出版。该书出版后即获得广泛好评，被认为是"近十年来英国最伟大的著作"。

钱段森在《译者序》中指出，他认为最好的"英国史"著作有三种，"一为伽地纳的《学生用的英国史》，二为格麟的《英吉利人民的短史》，三即我现在所译的屈勒味林·乔治·马可雷的《英国史》"。三位作者都是英国的一流历史学家，三部著作各有别人不可取代的特点，但是，"屈勒味林的《英国史》一出版，而最佳单本历史之誉便舍它莫属"①。这种评价并不过分，屈维廉的《英国史》至今仍可被认为是一部优秀的英国通史方面的著作。

《英国史》除"绪论"和"结论（1901—1918年）"外，由以下6卷组成：种族的混合，自最古迄诺曼征服；民族的造成，自诺曼征服迄宗教改革；文艺复兴与宗教改革及海权，推铎尔时期；国会的自由及海外膨胀，斯图亚特时期；海权华族政治及工业革命的初期，自乌得勒支迄滑铁卢；机器时代的海权及民主政治的趋近，汉诺威王朝的后期。不难看出，这部著作的内容十分丰富，从不列颠民族的产生，直至第一次世界大战结束；不仅如此，还重视对英国历史进程中的一些重大理论问题的探讨，如

---

① ［英］屈勒味林：《英国史》，钱段森译，商务印书馆1934年版，第1页。

"国会"在英国社会历史发展中的作用和影响；工业革命和英国社会发展；海洋等自然地理环境和英国的历史与现实；英国和欧洲大陆的关系等。这样，这部著作的意义就远远超出了一般英国历史知识的传播，而能够在英国实证的历史研究的基础上，提出问题和回答问题，特别是那些被普遍关注的"热点"问题。屈维廉的《英国史》三卷中文本出版后，中国学者编撰的英国历史方面的著作也陆续问世。

余家菊（余子渊，1898—1976）著《英国史》，由中华书局于1935年出版。主要内容是鸿蒙初辟之英格兰、英吉利王国诞生、英国国家组织之发展、社会政治转变时期、都铎尔王朝与宗教改革、斯都亚王朝之统治及英国政权之下移、18世纪的英国、19世纪英国的外交、19世纪英国之内政、19世纪英国之学术、欧战前后的英国、今日之英国。

作者在《自序》中写道："我们读一国的历史，是要了解其政制、风习、思想、民性的来源和变迁；是要了解其国家的发生、滋长、扩大，乃至衰亡；是要了解其国民之所欢欣乐道；是要了解其国民之所珍贵宝重；是要了解其国民之所哀痛悲悼。总言之，是要透视其心情，了解其行径。然后说得上判断它的未来，决定自己之所当师法。"① 但是，在这样一本《英国史》中确实很难做到。尽管如此，作者还是想继续朝着这样的方向努力。考虑到这部丛书的整体特点，这本《英国史》"许多连篇累牍的记载都一概不采，而有些足以发人深思的小事，反转列入"②。但是通观全书，应该说英国历史上的"大事"大多涉及了，只是有些简略而已。例如，在第一章"鸿蒙初辟之英格兰"中，专门介绍了与英国历史发展关系密切的"地理背景"和"海外交通"。除了民族、宗教、政治、经济、外交外，也有专章介绍和分析近代英国的学

---

① 余子渊编：《英国史》，中华书局1935年版，第1页。
② 同上。

术，如边沁（Jeremy Bentham，1748—1832）的学说、密尔（John Stuart Mill，1806—1873）的学说，和斯宾塞、达尔文、赫胥黎的学说，以及英国的文学和史学，如拜伦（George Gordon Byron，1788—1824）、司各特（Scott Walter，1771—1832）、卡莱尔（Thomas Carlyle，1795—1881）、马考莱（Thomas Babington Macaulay，1800—1859）等名家的学术思想等。编者认为，"他们的著作，都反映着时代的潮流，而放出异彩"，[1] 强调学术思想是社会和时代的折射，体现出鲜明的时代精神。在 20 世纪 30 年代的中国，这部著作对青年读者较系统了解、学习英国史应该说是有较大帮助的。

六　法国史

冯品兰（1894—1984）著《法国史》，由中华书局于 1936 年出版。《法兰西史》以法兰西的地理和民族为开端，贯穿法兰西的社会、文化、经济、宗教、政治和外交，展示了法兰西的成立、发展、繁盛乃至衰亡。主要内容包括封建时代的法兰西、民族国家成立后的法兰西、大革命后的法兰西。本著作最后分析了大战后法国在欧洲及世界的地位，以及法国与中国的关系，主要是 19 世纪末 20 世纪以来，法国在政治和文化方面对中国的影响。

作者在《自序》中写道："现在有许多史家对历史多抱怀疑态度，不但对古代史的记载，多所怀疑，而别有所论列，别有所辩证；即对现代史的叙述，亦认为不可靠性很多。这因历史的记录，不是将一切过去的事实，用摄影器或留声机的方法客观地忠实地记载下来。不然，历史的叙述所费之时，怕与历史的实演所费之时相等。现在所谓'历史上的事实'，多经过了一度主观的解释、选择、排列、润色。这种依主观造成的历史，实在和小说相

---

[1]　余子渊编：《英国史》，中华书局 1935 年版，第 130 页。

差无几。这种与小说相类的历史,也可信以为真吗!怀疑至于极端,则历史根本被否认……这种唯史是信的态度,在学术研究上自有不少缺陷。""不过历史上某特殊的断片的个人或团体行动的纪录,容或有主观的成分,而整个的系统的全宇宙全人类以至全文化的叙述,终不能不说是客观的实在,不容置疑。事实告诉我们,宇宙、人类、社会、文化之所以达于现阶段,都不是突如其来,而有悠久的历史变迁。假如不相信历史的存在,即无异于不信现实的存在。因为现实原是历史的延长,要了解现实,不能不追溯历史。"① 这段话不是一般的有感而发,而是对国内外史学界多有歧义的"什么是历史事实""历史事实的客观性"等问题的回答。尽管这部《法兰西史》是普及性的世界史作品,但在正文前却深入浅出地论述了史学理论中的前沿问题,这对于我们正确理解这部著作,以及理解一般意义的史料的客观性和主观性等问题,无疑都是十分有意义的。

1941年,沈炼之编著的《法国革命史讲话》,由福建永安改进出版社出版,这是中国第一部系统研究法国大革命历史的著作。沈炼之,1904年生于温州,当代中国历史学家。1926年留学法国研读历史学,获里昂大学人文博士学位。留学期间,专程拜访法国著名史学家马迪厄教授,认真听完马迪厄教授关于法国大革命史的全部课程。他学成回国后先后出任北京师范大学、南京地政学院、暨南大学、浙江师范学院和杭州大学等校教授。《法国革命史讲话》包括法国革命前的"旧制度"、反对"旧制度"的新思想、法国革命的导火线——财政问题、1789年的三级会议、七月十四日、《人权宣言》、欧洲君主的干涉、第一次共和、恐怖时代、新十一月九日事变等章节。他在回答为什么在抗日战争期间写这部著作时曾说:"大革命史太感人了,中国需要爱国抗战的革命精

---

① 冯品兰:《法兰西史》,岳麓书社2011年版,第5—6页。

神。""我是怀着满腔怒火与激情写这本书的,只希望中国的热血青年从法国革命精神中汲取力量,发扬爱国主义精神,奋起抗战,以拯救中华民族!"①

抗日战争胜利后,法国研究"大革命史"的著名史家马迪厄的作品,也开始被较为系统地介绍到国内来,其影响不仅仅在于作品的内容,也包括他的史学观念、史学思想和史学方法,应该说,这一影响是多方面的,是较为广泛和长远的。马迪厄著、杨人楩译注的《法国革命史》②,1947年由商务印书馆出版,以后又多次修订再版,如商务印书馆1964年再版的精装本。译者认为,马迪厄著《法国革命史》是法国革命史方面最优秀的著作,"久已成为世界名著之一。他把法国革命这幅巨画表现给我们。当时的政治、宗教、经济、外交、军事各方面的重要事变,都包含在这幅画里。我们欲了解法国革命必须读这本书。因为再没有一本书能告诉我们这些我们所欲知道的东西"③。这确实是一部享有世界声誉的史学名著。正如马迪厄所言:"本书是根据大量文献而写的,其中有些是未经印行的文献,而且是用一种独立的批评精神来解释的。"作者特别强调要区分"学识考证"和"历史著作",这是两个截然不同的概念。前者"在于搜求及收集过去的文献,将其一一研究,将其排比,以期表明真理,历史著作则在于重建与表现。前者是分析的,后者是综合的"。④ 这部著作主要由"王政之倾毁""吉伦德党与山岳党"和"恐怖时代"三卷组成。当

---

① 楼均信:《沈炼之教授生平业绩》,见楼均信选编《沈炼之学术文选》,杭州大学出版社1998年版,第2页。

② 马迪厄的《法国革命史》是闻名世界的法国大革命研究专著,该中译本问世之前,国内已经有如下关于法国大革命的译本:[法]马德楞:《法国大革命史》,伍光建译,1928年;[德]威廉·布洛斯:《法国革命史》,孙望道译,1929年;[德]考茨基:《法国革命与阶级斗争》,刘隐译,1930年。

③ [法]马迪厄:《法国革命史》(上),杨人楩译注,商务印书馆1947年版,第1页。

④ 同上书,第4页。

人们阅读这部著作时，会明显感觉到注释特别多，而且又非常详尽。这些注释大多是译者杨人楩先生加上去的。因为他认为该书对中国读者说来，生疏的地方太多，必要的注释是不可缺少的，尽管他曾感叹"译书难，加注更难"。

杨人楩先生是当代中国历史学家，湖南醴陵人。1926年毕业于北京师范大学英语系，1934年夏，通过中英庚款留学生考试，入牛津大学奥里尔学院研读世界史。1937年抗日战争全面爆发后回国，先后在四川大学、西北联大、武汉大学、北京大学任教。除马迪厄的《法国革命史》，1930年翻译出版了克鲁泡特金（Пётр Алексéевич Кропóткин，1842—1921）的《法国大革命史》，1931—1932年由上海北新书局出版；戈特沙尔克的《法国革命时代史》，1943年由重庆南方出版社出版。作为《法国革命史》的《附录》，除"法国革命大事表""指券贬值表""共和国二年革命历对照表"外，杨人楩还写有《法国革命史研究概况》《马迪厄与法国革命史之研究》等，系统介绍了一个世纪以来西方学者对法国大革命的研究状况，以及主要史学家、主要成果和主要史学流派等。这项工作的主要意义，不仅仅是介绍一般性的历史知识，而在于介绍法国革命史研究中的一个重要学派。

这里需要特别指出的是《法国革命史研究概况》，这是杨人楩先生研究法国大革命学术史的一篇力作。这篇长文由上、下两篇组成。上篇是"政治争论的时代"的研究状况，包括1789—1815年，到普法战争后的情况，计6部分；下篇为"科学研究的时代"，从新史学时代概观，到有关法国大革命的专题研究，计7部分。作者认为，"19世纪是西洋史学最发达的时期"，在法国亦如此，在法国大革命历史的研究中也有所表现，足以看出"今日史学界的空前极盛时代"[①]。杨人楩在文章的结论处概述了法国革命

---

① ［法］马迪厄：《法国革命史》（下），杨人楩译注，商务印书馆1947年版，第483页。

史研究的主要成绩，主要表现在"革命的性质""革命爆发的原因""革命的演变"，以及"政党之争""恐怖政策的提出及实施、恐怖政策的性质"等内容上。上述有关研究法国革命史概况的介绍，对于中国读者阅读马迪厄的《法国革命史》，以及更深入、更全面地了解法国大革命，以及了解世界各国研究法国革命史的概况，都是十分有益的。

七　德国史

1933年1月，陶森著、康选宜译的《德国史》由商务印书馆出版，此书系"史地小丛书"之一。该书虽然篇幅不大，只有139页，却是一部从古至今的德国史。按照历史编年叙述，主要内容包括从部落生活到国家生活（公元元年—814）、进步与再衰落（814—973）、教皇与皇帝之争斗（1024—1437）、中古时代的社会生活（1100—1400）、宗教改革（1517—1648）、普鲁士的创造者（1620—1786）、拿破仑战争（1790—1815）、新帝国的产生（1815—1871）、俾士麦（俾斯麦）世代（1871—1888）、从帝国到共和国（1888—1914）。在上述诸多内容中，"中古时代的社会生活"应该是较有特色的一章，这里所说的"社会生活"包含较广泛的内容，诸如音乐、诗歌、戏剧、文学、哲学、教育、宗教、建筑，以及13—14世纪的"骑士"等，都有涉及，特别是对"盗贼骑士"抢劫财物、奸淫烧杀等恶习，有具体的描述，而且强调这些恶习"是封建组织生长出来的，……是封建的条件给予大量乡村人民的苦痛和耻辱"[1]。《德国史》止于1914年第一次世界大战前夜。作者认为，这本书写到这里是适宜的，"因为此后为大战所创造的政治情势，与伴随而来的经济关系与社会关系，尚不能使之有定形的进入历史

---

[1] ［德］陶森：《德国史》，康选宜译，商务印书馆1933年版，第45页。

里面"。① 作者认为，对于这些问题的阐释，尚有待诚实的历史学家日后论析。

卢文迪著《德国史》由中华书局于1936年印行。本书上溯德意志民族的形成，下迄希特勒执政，叙述了德国社会发展的历史过程。作者认为，德国政治事象之生灭，不仅历史与现实一脉连续，且为具体的政治、经济和文化的条件所决定，故本书亦注意经济和文化的发展，以阐明政治演化的由来。德意志民族在中古时代，虽已建立神圣罗马帝国，然其国家的统一，却远较英、法各国为迟，及其统一以后，又复以帝国主义的面貌，欲称霸世界，引起世界大战爆发，其原因何在？作者对德意志民族的回溯、封建时代的德意志、宗教改革时代之德意志、普鲁士的崛起、19世纪初德意志国民的觉醒、德国文化的灿烂时期、德国统一运动的成功、德国帝国主义与世界大战、大战后的德意志、希特勒的崛起及其政策等，进行了探讨。

对德国挑起世界大战的原因，作者不同意简单地用"德意志人好战"来解释。作者认为，不应该忘记"德国是统一最后的国家。我们以为，资本主义发展到帝国主义阶段时，若不开拓殖民地，以弱小民族的血来滋养自己，便不能生存。德国处欧洲的中部，西面是拉丁民族的法兰西，东边有斯拉夫民族的俄罗斯，北方海上，又遇到强大的英帝国，而在德国以帝国主义面貌出现于世界时，殖民地已几为各先进国瓜分殆尽，因而，它不能不在巴尔干开拓势力而伸手于中央亚细亚。这便是世界大战的由来"。②应该说，这种认识比用"德意志人好战"来解释德国挑起世界大战的原因，更符合实际。

卢文迪还认为，德国是欧洲的一个重要国家，研究它的历史，却和今日和明日的世界有密切的关系。学习德国史，有助于了解

---

① ［德］陶森：《德国史》，康选宜译，商务印书馆1933年版，第137页。
② 卢文迪：《德国史》，岳麓书社2011年版，第5页。

德国的现状和未来。鉴于德国文化有独特的色彩，所以本书特辟一章加以叙述。如在"德国文化的灿烂时期"一章中，阐释了德意志国民文化的发达、狂飙时代的德国文学，以及伟大的哲学体系等，这些都给读者留下了深刻的印象。

八　美国史

1929年，商务印书馆出版了美国著名历史学家俾耳德（比尔德，BEARD，Charles Austin，1874—1948）与巴格力（William C. Bagley，1874—1946）合著、魏野畴译述、向达校订的《美国史》。俾耳德是美国新史学派的代表人物之一，常年任教于美国哥伦比亚大学，与鲁滨逊过从甚密。1933年曾出任美国历史学会主席。主要著作有《政治经济基础》《美国文明的兴起》等。巴格力，美国著名编辑，教育学家。主要著作有《教育过程》等。译者魏野畴（1898—1928），陕西兴平人，曾参加五四运动，1923年加入共产党，中共早期宣传活动家，中共陕西党组织创始人之一。1927年"八七会议"后，魏野畴任皖北革命军事委员会总指挥，起义突围时被俘，后被敌人杀害。他的主要著作还有《中国近世史》《政治经济学原理》等。

1918年4月19日，俾耳德在《序》中，具体说明了撰写这部著作的缘由，以及这部《美国史》区别于其他美国历史著作的特点。这些论述虽然是在10年后才通过中文版《美国史》传达到中国史学界，但是它并没有失去能够给人们以启迪的积极意义。俾耳德强调，撰写《美国史》的目的是"使历史成为活的历史"，使学生明白"为什么研究历史"，因此，他们这部《美国史》注意"选出美国史中与我们时代有关系并能帮助阐明我们时代的一些重要事实"，[①] 表现出很明确的目的性。这样，就得"牺牲"一些重要的

[①] ［美］俾耳德等：《美国史》，魏野畴译，商务印书馆1929年版，第1页。

史实,删去一些在其他教科书中经常会遇到的史实或史料。

总之,俾耳德等极力主张要写一本"现代"的美国史,而不是仅"引人奇异与愉快"的美国史。从上述基本认识出发,作者认为"印第安人的生活习惯及印第安人的战争,必须占很小的一个地位"。美国"过去的成绩、遗传、理想——这些都是激发那般开造'将来'的人的源泉。要把这些东西给下代明明白白的知道,便是本书的根本目的"。[①] 由此不难看出,早在20世纪20年代,在一些美国历史学家的心目中,即已不存在所谓"纯粹"的历史学,事实也是如此,历史与现实的密切联系,明确的目的性和社会功能的实现,在这部《美国史》中生动地得到体现。

俾耳德与巴格力合著的《美国史》,各章由以下内容组成:美国史在欧洲的发端、探险的勇士、在美洲设立英国人的殖民地、美洲殖民地土著人、欧洲列强间关于北美洲的竞争、美国独立前的生活劳动与自由、美国独立的原因、美国独立战争、美国宪法、第一次政治上的大冲突、美国领土的扩张、西部广大土地的归结、困难的外交:1812年的战争与美洲拉丁民族的关系、三十年的国内政治(1815—1845)、西向太平洋岸、工业革命、工业革命在美国人生活上所起的大变化、美国政治上民主主义的发展、19世纪前半期平民教育的发达、南北部间政治上的大冲突、南北战争、南部的善后、南部的新兴、远西部的发达、移民内徙、资本的组合与劳工的组合、政党与政治问题、外交外交——美国跻上世界强国之列了、通俗教育的进步、新民主政治、新世纪的开幕、欧洲大战等。

由以上可以看出,这确实是一部"现代"的美国史,即这是一部避免了暗淡无色记载的神秘的历史著作,而是体现了当时美国社会需求的美国通史,并不仅仅是内容丰富。为了增加感染力,作者十分重视历史叙述的趣味性,例如,在第一章"美国史在欧

[①] [美] 俾耳德等:《美国史》,魏野畴译,商务印书馆1929年版,第2、3页。

洲的发端"中写道:"美国是世界上一个顶少年的国家。'宣布独立'以前的好多世纪里,在欧洲、亚洲和北非洲,就有许多强有力的国家,生了许多的帝王、贵族、僧侣、教师、商人、技巧的工匠和农夫。当1776年7月4日,悬在菲列得尔菲亚的老'自由钟'传出新美国的消息的时候,我们的东方姊妹共和国——中国——已经是几千年的'文明之邦'了。"① 对于青少年和一般读者说来,这无疑会使大家留有更深刻的印象,会对了解美国的历史产生更多的兴趣。

1937年,特勒味连(George Otto Trevelyan,1838—1928)著、陈建民译的《美国革命史》,由商务印书馆出版。该书收入王云五主编的"万有文库",计12册。《美国革命史》是19世纪末20世纪初以来,国内出版的众多外国或世界革命史著作中的一种。该书的内容在不少方面与一般的美国通史著作相近,但内容以美国独立战争为中心展开。全书除"附录"外,计38章,内容始自"茶税、英国对美之政策、殖民地总督、英国与殖民地之社会状况",到美国独立以及独立后社会发展状况,最后一章为"波马社、普鲁士之腓特烈、佛兰克林在巴黎、法国条约"。《美国革命史》的突出特点,是各章节的注释相当完整、详尽和规范。不仅仅是说明引文的出处,同时对于正文中所涉及的一些内容,多有引申,以补充正文中的不足。"附录"收入12篇,包括《华盛顿答戈登书》《1780年10月华盛顿致特兰布尔书之一段》等,② 有一定的文献价值。

姚绍华著《美国史》由中华书局于1936年出版。作者叙事与分析并重,以简明方法叙述美国成立之由来及其社会、政治、经济之演化和发展。作者认为:研究外国史之目的,在于明白世界之现状以及其与吾人现实生活之影响。故本书编辑时,第一,注

---

① [美] 俾耳德等:《美国史》,魏野畴译,商务印书馆1929年版,第1页。
② [美] 特勒味连:《美国革命史》,商务印书馆1937年版,第1557、1569页。

意现代美国之由来，第二，注意美国与现代世界经济、政治的关系以及其对于吾国之重要影响。① 在对美国历史发展的叙述中，对每一重大历史事件的叙述，都分析其由来与发展，以及影响等，注意历史过程的完整性。

该书的主要内容是美洲之发现及其原始文化、英国殖民地的发展、美国的独立、建国时期国策的树立、美国经济的发展及南北战争、资本主义美国的猛进、帝国主义的美国、美国与世界大战、黄金国的外交与内情等。鉴于美国为世界资本主义之王国，美国历史中最堪注目者，就是它的经济发展，故《美国史》取材亦偏重于经济史料，这可视为这部《美国史》的明显特点之一。此外这部著作的附录和索引，即参考书附录、美国历任大总统表附录、美利坚合众国地理面积表、中文名词索引、西文名词索引等，也为读者提供了很多方便。

九　澳大利亚史

在国别史的译介中，还应该提及骆介子（1902—1998）撰写的《澳洲建国史》。骆介子，湖北蕲春人。早年就读九江同文书院、武昌文华大学。1926年北伐战争爆发后投笔从戎，参加了北伐革命军，1929年投考外交部，被录用为驻澳大利亚领事馆主事，后升任副领事、领事。1934年考取英国剑桥大学，研究国际政治，获法学博士学位。这里所说的"澳洲建国史"，即是"澳大利亚建国史"。作者说："吾国人士对于欧美各国政治经济及社会问题，研究者颇多，著述亦甚丰富。而对澳洲问题，研究者似不多见，坊间尤罕有关澳洲之书籍出版，学者每引以为苦。"② 事实确实如此，在多年后的今天，这种情况似乎也没有根本改变。因此，《澳洲建国史》的出版，在当时对国人了解澳大利亚的历史，确实有

---

① 姚绍华：《美国史》，中华书局1936年版，第4页。
② 骆介子：《澳洲建国史》，商务印书馆1944年版，第1页。

积极的意义。

《澳洲建国史》的内容较为丰富，且系统性强，文字也流畅，这是作者常年生活在澳洲，日常对澳洲的历史重视研究，注意文献积累的结果。该书的主要内容包括澳洲大陆的发现、澳洲殖民的开始、澳人自治的过程、联邦政府的建立、澳洲与英帝国的关系、澳洲与第一次世界大战、澳洲领土的开展、澳洲近年之建设等。在结论中，除了主要从理论上，从"澳洲之建国精神与物质条件""澳洲对内对外之传统政策""澳洲今后的国际地位"等方面，对澳洲的历史发展进行概括外，还有专节叙述中国与澳洲的关系。书后附有《澳洲建国大事年表1770—1936年》，为读者研究澳洲的历史提供了不少的方便。

在国别史的介绍和研究中，介绍与其有关的中国历史或现实方面的内容，是中国史学的一个好传统。这在《澳洲建国史》中，有具体的体现。关于中澳关系，作者认为自1851年澳洲发现金矿后，大批华工越海南渡，前往金矿工作。因华工"性甚勤俭，工作效率既高，所索工资又少，……同时并因种族上之成见，认为如允华人长久杂居于其社会，势将混乱澳人之白种血统，并降低其文化标准也"，[1] 于是各邦制定限制华人入境条例。到19世纪末，"排华"愈演愈烈，澳洲工党将"抵制华工"同"八小时工作制"同列为政治斗争的口号。1901年联邦政府成立后通过"白澳政策"，使华工的地位更加悲惨。第一次世界大战后，在澳华侨的地位有所改善。这和华侨自身素质的提高有关，同时和战后中国国际地位的提高也有关。作者认为，1941年，两国正式交换使节后，中澳邦交始渐臻于亲密，对于中国与澳洲关系的顺利发展，充满信心。这种历史与现实相结合的历史研究，有助于历史学的社会功能得到最大的实现，对中国史学的健康发展，无疑有积极的推动作用。

---

[1] 骆介子：《澳洲建国史》，商务印书馆1944年版，第235页。

第六章 专门史

一 社会经济史

在 20 世纪上半期中国世界史著述的译介中，"专门史"的译介始终占有重要地位。这是因为和西方史学理论、西方历史哲学、国别史和世界通史、断代史和地区史的译介相比，专门史和专题史的译介和中国社会的发展及中国史学的发展，似乎关系更为密切。因此，专门史的译介，往往表现出对现实更多的关注，表现出更明显的"问题意识"，即通过相关问题的译介，从外国的或世界历史的视角，来直接或间接地回答现实生活中提出的这样或那样的问题。这从译介的具体内容，如政治史、经济史、文化史、外交史和中外关系史的研究内容中不难看出。

社会经济因素在人类历史进程中的作用，愈来愈清楚地为人们所知，这决定了历代史家对经济史的关注。20 世纪上半期，我国对外国经济史译介所涵盖的内容很广。有古代的，也有近现代的；有世界范围的，也有地区或国别的；有泛指整个经济领域的，也有特指某一经济部门的。

1940 年，比利时历史学家亨利·皮雷纳（Henri Pirenne，1862—1935）著《中古欧洲社会经济史》，作为"汉译世界名著"

之一①，由商务印书馆出版发行，译者为胡伊默。皮雷纳早年在比利时、德国和法国求学，后在列日大学、根特大学任教，直至1930年退休。该书所涉及的内容，始于罗马帝国末期到15世纪中叶，将西欧社会经济发展的一般状况，进行了概括性的描述。作者强调要把欧洲这一广大区域作为一个整体进行观察，不仅要描绘历史进程中的各种经济现象，而且要分析其基本性质。而对于中古时期经济发展最为迅速和最为完全的国家，如意大利和尼德兰等，则给予更多的关注。除《导论》外，《中古欧洲社会经济史》各章节的主要内容是商业的复兴、都市、土地与乡村诸阶级、13世纪末期以前的商业、13世纪末期以前的国际贸易、都市经济与工业管理、14、15世纪的经济变革。

在《导论》中，皮雷纳主要讲古代世界经济均衡的破坏，这是了解自11世纪起发生在西欧的经济复兴的前提。探讨中古欧洲社会经济发展的历史时，作者对都市（城市）的作用进行了较深入的分析，这对于深入了解商人与市民阶级的产生，以及中古时期欧洲经济发展的过程和特点，是十分有益的。作者认为，随着11世纪以来西欧经济的迅速发展，城市不再是"各教区教会行政的中心"。经济的发展和"商业的复兴很快地完全改变了它们的性质。这种变动的最初征兆，在10世纪的下期就可以看出"。"农业社会中出现了新兴的城市，这里的商人与工匠对农业社会的本质差别，是他们的生活再不是由他们对土地的关系来决定。在这方

---

① "汉译世界名著"，系商务印书馆重要的大型学术丛书之一，1932年推出，由1920年蔡元培、胡适、蒋梦麟、陶梦和主编的《世界丛书》发展而来。1932—1950年，陆续编辑出版250余种，包括文学、史学、哲学、心理学、社会学、政治学、经济学、法律学、教育学、地理学等学科。1982年，该丛书改名为"汉译世界学术名著"，继续分辑出版。20世纪30年代，出版的世界历史类主要有：［德］穆拉莱耳著，叶启芳译《婚姻进化史》（1835年8月）、［法］赛罗博著，陈建民译《中古及近代文化史》（1935年12月）、［德］柯侥著，吴觉光译《经济通史》（1936年1月）、［英］莫瓦特著，王造时译《现代欧洲外交史》（1935年10月）、《近代欧洲外交史》（1936年2月）等。

面，他们形成一个离开土地（deracines）的阶级。"① 这个阶级就是市民阶级，由于他本身是商业复兴和经济发展的产物，所以大的商人自然也就成了市民阶级的领袖。"15 世纪以前与 15 世纪过程中，都市是商业与工业的唯一中心，……在都市与乡村间，有一种显著的分工，后者仅从事于农业，前者则从事于商业与工艺。"② 城市和市民阶级的出现，为 15 世纪后资本主义的萌生和发展，准备了条件。

1924 年，商务印书馆出版了美国著名学者阿格（Fredcric Austin Ogg）著《近世欧洲经济发达史》的中文本。该书译者李光忠在翻译的过程中，得到了梁启超先生的鼓励，克服困难，将全书译出。他在《译者序》中谈及翻译此书的缘由时，明确指出这是和改变中国的贫弱联系在一起的。他认为为了发展国家的经济，认真学习经济学是必要的，但是他"以为就中国现状而论，中国人应当在读经济学之前，先读欧美经济史"。这和欧美人恰好相反，"欧美人生长于经济发达的社会中，平日耳濡目染，对于工业时代的经济状况，已经大致明了，所以不妨先读经济学而后读经济史"。总之，他认为"近世欧洲经济史的知识不仅是国人研究经济学的基础，而且是此时中国国民应具备的一种常识"③。译者认为，阅读、学习此书的另一层意义，是"近百五十年来欧洲列强勇猛精进的历史而观，我们更可得一大原则——世无包医百病的药，无百年不敝之法，只有'自强不息的精神'是国家社会进步的源泉。译者所以不辞固陋，辄贡此书于国人"④。显然，翻译和出版《近世欧洲经济发达史》，不仅有学术上的价值，更有超出学

---

① ［比］皮雷纳：《中古欧洲社会经济史》，胡伊默译，商务印书馆 1940 年版，第 36、37、40 页。

② 同上书，第 146 页。

③ ［美］阿格：《近世欧洲经济发达史》，李光忠译，商务印书馆 1924 年版，第 1—2 页。

④ 同上书，第 3 页。

术的现实社会意义。

在我国，一些科学名词术语的译名不能统一，影响到学术思想的讨论、交流和传播。这个问题在 21 世纪初的今天仍没有从根本上解决，在 20 世纪 20 年代，在中国学术界则更为突出。因此，在《近世欧洲经济发达史》的正文前，有译者李光忠撰写的《名词释义》，包括"重要译名释义"和"术语译名释义"两类。前者主要有"革命""运动""保储""能率"和"提高一般人的生活标准"等；后者主要有"市集""工场""罢工""解雇"等。每一名词释义前，都附有英文原文。例如"Revolution（革命），从一种制度变更到完全不同的另一种制度，便叫做革命。换句话说，'革命'即是'进化'之成熟。只须这种变更完全实现了，便是革命成功了……"① 这些名词解释，在今天看来似乎没有必要，但在当时，从社会和学术的实际特点和现实语境出发，这些解释却绝非多余。

《近世欧洲经济发达史》所述内容，始于 1789 年法国大革命，止于 1914 年第一次世界大战爆发。主要内容包括 19 世纪欧洲经济发展的历史背景；1815 年以来，欧洲的农业、工业和商业；欧洲经济发展中的人口和劳动等。作者对欧洲经济发展中的重大事件，给予了普遍的重视，如对英国工业革命和俄国农奴制改革等，都有较充分的论述。本书的重要特点之一，是不局限于对欧洲经济发展过程的叙述，而对于与欧洲经济发展有直接关系的各个国家的经济立法以及相关的经济学理论等，也都有介绍和分析，如重商主义、百年来英国的劳动立法、欧洲大陆各国的劳动组织、德国的社会保险制度、法国和英国等国社会主义的兴起，以及欧洲社会保险的传播等。这里所讲的社会主义，更多的是说马克思主义诞生之前的空想社会主义，如奥文（即欧文，Robert Owen，

---

① ［美］阿格：《近世欧洲经济发达史》，李光忠译，商务印书馆 1924 年版，第 1 页。

1771—1858)、圣西蒙（即圣西门，comte de Saint-Simon, 1760—1825)、富利耶（即傅立叶，Jean Baptiste Joseph Fourier, 1768—1830）等人的社会主义理论等。

1929年，日本学者住谷悦治（1895—1987）著、熊得山（1891—1939）译《物观经济学史》，由上海昆仑书店出版。熊得山早年参加辛亥革命，后献身共产主义事业，为中国共产党的早期党员之一，1929年3月著《社会主义之基础知识》，由新生命书局出版发行。《物观经济学史》的主要内容是经济学史研究的基本理论与方法；产业革命与资本主义的发展；重农学派与古典经济学派等。在这些问题的阐述中，也涉及了唯物史观问题。例如：马克斯（马克思）的社会观念与经济学史之发展的理解、在唯物史观上经济学说的特殊地位、从唯物史观出发对重农学派的理解、马克思对马尔萨斯（Thomas Robert Malthus, 1766—1834）人口原理的批判等。在阐述这些问题时，作者大量引用了马克思主义经典作家的著述来说明，认为，"要想理解资本家的社会乃至国家形态的本质，以及该时代的阶级意识的时候，若是从表现所谓有普遍化的，永久性质的姿态的那些神，慈悲，正义。博爱，爱国心，善与恶的宗教上，道德上的诸原理出发，或是从高尚深远的哲学上的诸概念出发，或是从所谓公平的法律上的诸形态出发，结果，都是毫无所得的。反之，若是从经济意识形态——资本，商品，价值，价格，货币，工银，利润，地代等出发，而探究资本家时代的阶级意识，则更为容易，而且精确"。正是因为这样，"所以在唯物史观上，可说是对于最根本的生产关系之研究，并经济意识形态发展史的经济学史的研究上，给予了重要的特殊地位"[①]。这些论述虽然不甚准确，但确是在强调社会存在决定社会意识这一原理。1933年，熊得山还翻译了山川均著《唯物史观经济史》（上册，资

[①] [日] 住谷悦治：《物观经济学史》，熊得山译，上海昆仑书店1929年版，第60页。

本主义以前经济史），由上海昆仑书店出版，对前资本主义时期的经济发展，进行了历史唯物主义的分析。

1932年，英国爱丁堡大学经济史讲师亚搭尔·葆尼（M. A. Birnie）著《近世欧洲经济史》，沈光沛、李宗文将其译成中文，由上海民智书局出版，为该书局编辑的"经济名著丛书"中的一种。译者说："中国现在的大患，就是国民经济的破产。我们羡慕欧洲的经济发展，应当积极步着欧洲诸先进国的后尘，努力效仿，以图自强。……中国今后总不免走到由农业蜕化为工业发展的时代，那么欧洲工业诸先进国家，已在实行的许多方策，可为我人参证做一部分的采纳。"之所以选择葆尼著《近世欧洲经济史》，而不选择其他学者欧洲经济史的著作，是因为这部著作"在乎说明近世欧洲经济发展的特质，就是工业制度之兴起与及其扩张，并详述工业革命以后欧洲社会经济所起的变化"[①]。由此不难看出本书的特点，这在以下15章的目录中也可清楚地看出：工业革命、农业革命、交通革命、商业革命、商业政策之变迁、货币银行及投资之演进、社会主义与社会问题、政治上之劳动运动、产业上之劳动运动、合作运动、盈余分配与劳资合伙、工厂法、救贫法、社会保险、最近欧洲经济大势。关于"社会主义"的经济理论问题，既讲了英法等国的空想社会主义理论，也讲了马克思主义的科学社会主义理论，同时将两者进行比较，进行了原则的区分。

葆尼所重视的不是对欧洲经济发展一般过程的描述，而在于理论上的描述。正如作者在《导论》中所言，近代欧洲经济的发展，"就是工业制度的兴起与扩张，……这种变化，对于经济上的关系，本来很密切的，但因此所产生的社会关系，更觉得有深切的重要性。所以改变近代欧洲大陆本来面目的革命，是一种双关

[①] ［英］葆尼：《近世欧洲经济史》，沈光沛等译，上海民智书局1932年版，第1—3页。

的性质——同时经济的、也为社会的"①。正是这样一种基本认识，决定了本书在写作时内容和形式的特点。就理论色彩和学术含量来看，与其他同时代的欧洲经济史著作相比，本书明显要胜过一筹。

1940年，彭迪先（1908—1991）完成了《世界经济史纲》书稿，几经辗转磨难，直到8年后才由生活·读书·新知三联书店正式出版。和以往出版的经济史著作相比，这部著作的特点主要表现在《概论》中，有专章论述"经济史的方法论"，侧重从理论上分析了历史和历史学、历史观（自然条件的历史观、英雄史观、政治史观、第三史观、唯心史观和唯物史观等）、经济史的意义、经济史上时代的划分等。

彭迪先认为，"我们划分各时代的阶段的标准，不能够是交换、分配、消费等次要的经济现象，却应该把重心放在生产上，故与生产过程内的生产力之发展同时并进的生产关系，不能不是区划各阶段的标准。根据这个标准而建立的阶段说，把一直到现在为止的历史，划分为下列四个时代：1. 原始共产社会；2. 古代社会；3. 中世封建社会；4. 资本主义社会或有产者社会"②。在这里，作者显然强调的是以"经济关系的发展"作为划分经济发展阶段的标准。他认为这种划分的真正意义，在于所划分的时代，"使其具有当作一个时代的特征，指出和其他时代的相互关系，而且在研究的时候，也有该时代特有的问题和方法"③。这种认识贯穿本书的始终，决定了《世界经济史纲》的基本框架。《世界经济史纲》第一篇的主要内容是原始共产社会、古代奴隶社会、中世封建社会、资本主义社会。作为这一篇的"附论"，讨论了有关"亚细亚的生产方式"诸问题。第二篇重点论述了各国资本主义发展的历史，如英国、法国、德国、美国、俄国、日本等国资本主

---

① ［英］葆尼：《近世欧洲经济史》，沈光沛等译，上海民智书局1932年版，第1页。
② 彭迪先：《世界经济史纲》，生活·读书·新知三联书店1949年版，第31页。
③ 同上书，第25页。

义发展的一般概况、特点、工业革命情况，以及后果和影响等。如果说第一篇、第二篇主要是对历史过程的描述，是一种实证性的历史概述，那么，第三篇"结论：资本主义的发展及其矛盾的严重化"，则更偏重于理论分析，主要内容是资本主义的发展及其基本矛盾；资本主义的最高最后阶段——帝国主义；第一次帝国主义世界大战和资本主义世界的矛盾的尖锐化，以及资本主义的总危机阶段等。鉴于世界资本主义经济体系在世界上的重要地位和影响，这一切对于从理论与实践的结合上了解世界经济发展的特点和趋势，是有益的。

1935年，商务印书馆出版了美国明尼苏达大学教授格刺斯（Gras）撰写、金陵大学农业图书研究部主任万国鼎（1897—1963）教授翻译的《欧美农业史》，这是一部很有特点的世界经济史学方面的著作。其特点表现为，该书不是描写欧美农业发展的一般过程，而是阐述与这个过程相关的一些重要的欧美政治经济制度，以及这些制度对社会历史进程的影响。万国鼎之所以要译介此书给中国学术界，重要原因之一是"人类生活以经济为基础，经济以农工商业为主位，而吾国以农立国，农业史自应占史学中之重要位置。所惜者，吾国之史学家未尝注意及此也"[①]。另一原因，是撰写一部《中国农业史》的想法由来已久，但困难甚多，始终未能如愿，通过翻译此书，以其作"顾问"或"向导"，为今后完成《中国农业史》做必要的准备。

《欧美农业史》首先从经济进化中的几个时期、古代罗马的田制史、中古的采地，以及乡民的反抗和斗争等方面分析了古代的农业情况。关于近代欧洲的农业，重点放在英国。这可能是因为欧洲农业经济的发展中，英国的农业发展更有典型意义，影响也更大。这部分的内容，主要包括英国的圈地运动和英国的农业

[①] [美]格刺斯：《欧美农业史》，万国鼎译，商务印书馆1935年版，第1页。

革命。在理论的探讨上,重点分析了法国的重农学派。这是因为"英国人当他们经过方法的革命时,把农业放在科学的基础上,法国人当他们的著作家颂扬农夫及其工作时,把农业放在理论的高台上"。① 欧洲农业经济获得发展的同时,其农业经济学理论也同时获得了长足发展。

格剌斯作为美国的学者,重点介绍和分析了美国的农业情况,主要内容是土地所有权的历史、美国农业发展的几个重要阶段、美国的畜牧业、美国农业发达的原因和结果。无论是美国经济史,还是欧洲国家的经济史,作者都是将其放在广阔的社会政治历史发展的背景下进行探讨,而不是将其作为"纯粹"的农业经济,仅仅是经济活动的探讨。例如美国农业的大规模垦殖,农民的迁徙,都是和美国边疆、边界的开发与拓展联系在一起的。此书对于当时的中国史学界无疑是有益的,不但可以弥补中国学者在这方面知识上的不足,而且在理论与方法上,确实有可值得借鉴之处。

1936年,商务印书馆开始出版"各国社会经济史丛书"。主要有内田繁隆著、陈敦常译《日本社会经济史》(1936年6月),堀经夫著、许啸天译《英国社会经济史》(1936年6月),猪谷善一著、张定夫译《美国社会经济史》(1936年7月),山口正太郎著、陈敦常译《意大利社会经济史》(1936年8月),加田哲二著、徐汉臣译《德国社会经济史》(1936年10月),小林良正著、顾志坚译《俄国社会经济史》(1936年11月),此外,还有伍纯武(1905—1987)著《法国社会经济史》等。

商务印书馆当时编辑"各国社会经济史丛书"的重要原因,是因为"人类社会之演进,由于各时代生产方法的改良。生产方法一经改良,随即影响到生产组织及生产关系的变迁,换言之,即社会经济构造的改变。社会经济构造一经改变,社会中一切上

---

① [美]格剌斯:《欧美农业史》,万国鼎译,商务印书馆1935年版,第209页。

层建筑如政治、法律、道德、宗教、艺术、科学等，便都随着或急或缓地变动起来。所以社会演进之基本的原因，为其经济基础的改变"。这一认识符合历史矛盾运动的基本事实，反映了客观的历史真理性内容，作者虽然没有直接说明其理论来源，但是人们并不难看出马克思主义唯物史观的深刻影响。正是从这样的认识出发，作者强调"社会演进之基本原因即为其经济基础的改变，故欲彻底地了解人类社会的发展过程，先必须认识人类社会之经济发达史。同样地，如其我们要对于法国社会有所探讨，我们也就必须先来研究法国社会经济发达的历史了"[①]。这一研究以实证性研究为主，运用了大量历史文献资料和统计图表，而不是用空泛的概念进行推理或说教，因而有较强的说服力。

《法国社会经济史》作为"各国社会经济史丛书"之一，内容较为丰富，涉及工业、农业、商业、矿业、运输业以及金融业等。该书时间跨度也大，上限为古代高庐，下限直至1936年。发生在18世纪末的法国大革命在书中占有重要地位，全书九章，前三章为前资本主义时期的法国社会经济；第四章为法国大革命及第一帝国时代之社会经济；再以下五章分别是复辟王朝及七月王朝时代的法国社会经济；第二共和与第二帝国时代的法国社会经济；从普法战争到第一次世界大战的法国社会经济；第一次世界大战中的法国社会经济；第一次世界大战后的法国社会经济。

《法国社会经济史》的重要特点之一是广泛汲取海外学者的研究成果，大量使用了翔实的政府文件，如历年的《法国国家统计公报》《法国劳工部公报》《法国实业报告》《法国统计月报》和《世界经济年鉴》等。这些文件较为系统和完整，对于阐释法国自古以来社会经济发展的某些规律性内容有重要意义。例如，第一次世界大战期间法国的人口、人口就业、农业、工业、商业状况，

[①] 伍纯武：《法国社会经济史》，商务印书馆1936年版，第1页。

包括小麦、大麦、黑麦、马铃薯、葡萄、煤炭、生铁、制糖、皮革、宝石、化工、木材、建筑、棉纺织、交通运输、对外贸易等，各种数据较为丰富，这对于分析和认识战时的法国经济，特别是分析当时法国社会经济的性质有重要意义。

作者认为，"资本主义极度的发展，则必有独占市场的必要，所谓辛迪加等组织，无非是要独占或扩张国际和国内的市场的机关"。"各工业国为因争夺殖民地和国际市场，便走上了军国主义的途程。数百万的军队，数十亿的军事预算，就成为必要，各国的资源遂受金融资本的统帅，以做争夺殖民地与国际市场之抗战而准备。结果，等到国际上的平衡一旦破坏时，空前的国际战争就此开幕了。"在作者看来，第一次世界大战就是这种性质的战争，是"帝国主义国家利害交错所引出的结果"。在战争中，"法国的社会经济生活，……遇到了空前的、非以前诸次革命时所能比拟的打击"[①]。这些分析依托统计文献，是一鲜明特点。

在 20 世纪上半叶，苏联经济和苏联历史一样受到重视，对于苏联经济也有不少译作和著作问世。不仅仅是苏联的经济和历史，几乎苏联所有的问题都能引起人们的兴趣。这从 20 年代末中华书局的出版物中即可以看出：如周宪文（1907—1989）编《苏俄五年计划概论》；顾树森（1886—1967）编《苏俄新经济政策》；刘炳黎等编译《苏俄经济生活》；顾树森编《苏俄农业生产合作》；山下德治著、祝康译《新型俄国教育》；顾树森编《俄国新教育》；斯密司夫人著、蔡咏裳等译《苏俄的妇女》等。同样在 20 年代末，上海民智书局出版了尼林著、杜佐周译的《苏俄的教育》；意斯门著、汉钟译的《史达林（斯大林）与杜洛斯基（托洛茨基）》。同是 20 年代末，上海太平洋书局出版有山内封介著、卫仁山译的《俄国革命运动史》；苏柯罗夫著、朱应会译的《俄

[①] 伍纯武：《法国社会经济史》，商务印书馆 1936 年版，第 250、251 页。

罗斯的革命经过》；李待琛、刘宝书合编的《革命后之俄罗斯》（上下）；布施胜治著、半粟译的《苏俄的东方政策》；布雷斯福德著、胡庆育译的《苏俄政治之现状》；司格特·尼林等著、蒋国炎译的《苏俄的经济组织》等。这些著作所阐释的并非仅仅是抽象的学术，而表现出这样或那样的意识形态色彩。如布施胜治著、半粟译的《苏俄的东方政策》，用事实揭露了日本染指东方的野心。

1928年，郑斌撰述的《世界各国新经济政策》，作为吴敬恒等主编的"新时代史地丛书"中的一本，由商务印书馆出版。在这部著作中，苏维埃俄国的新经济政策是主要内容之一，其中包括苏俄土地国有政策及各国之新农民政策、苏俄之实业国有政策及各国之新实业政策、苏俄之劳动自由政策及各国之新劳动政策等。因受时代和理论、方法的局限，作者对各种政治经济学说的认识有很多的误解，所以对苏俄新经济政策的本质内容和社会意义也不能有正确的、符合实际的认识。例如，作者在《序文》中写道："现代之资本主义经济组织，虽有斯密亚丹始料所不及之流弊，其与生产之发达，国富之增进，确有不可埋没之功绩。社会主义新社会秩序，不必诉于阶级争斗而后建设，在社会进化中已实现马克思学说之一部。"[1] 对于苏俄实行新经济政策的结果，作者认为是"恢复商业金融租税手续费及消费合作之活动。而共产党治下经济信用之破坏，财产权之侵害，致租税制度不得不根本解决。乃设农民税，累进所得税，消费税等"[2]。对于这表面现象背后所蕴含的历史内容，则无从谈起。

1927年12月，中华书局出版了顾树森编《苏俄新经济政策》，该书是《欧游丛刊》中的一种。该书各章的主要内容是：苏俄试行共产政策与失败的经过情形、苏俄改行新经济政策的决心、苏

---

[1] 郑斌：《世界各国新经济政策》，商务印书馆1928年版，第2页。
[2] 同上书，第53页。

俄新经济政策的基本原则与经过情形、苏俄对内的新经济政策、苏俄劳动新法典的内容、苏俄工厂委员会的组织、苏俄工厂委员会对于生产组织工厂管理工资问题的关系、农业政策、商业政策、租税政策、苏俄关税政策、保险政策、苏俄金融机构及纸币制度、苏俄对外的新经济政策、苏俄在共产主义时代的合作运动、苏俄新经济政策的过渡、新经济政策下面消费合作组织、消费合作运动最近的发展等。

顾树森在说明为什么要编写《苏俄新经济政策》时，丝毫也不掩饰其政治上的目的。他说："所以编这书的目的，大概有下列数条：（一）要使大家知道不论赞成与反对共产主义，都应该知道苏俄实行共产政策的失败和中间经过的情况，然后赞成的人，不致再为人利用，而反对的人，也得有所依据。（二）要知道他们试行共产政策失败以后，就用新经济政策来补救。（三）要知道他们的新经济政策，就是允许恢复一部分资本主义的余地。（四）在他们国内尚不能试行的共产政策，何以再要来推行于我国，这是我们很应该细细研究的。（五）……"[①] 这种情况和大革命失败，蒋介石和中外反动势力加紧绞杀中国革命的社会形势有关；同时也清楚地表明，中国世界史学科的建设和世界史研究，从来就不曾脱离中国社会发展的具体环境。

苏联学者史迁宾著《苏联经济小史》，经什之、林秀合译，1949年由生活·读书·新知三联书店出版。原著完成于1947年，即十月社会主义革命胜利30周年前夕。作者强调，十月革命的胜利和社会主义经济制度的建立，使苏维埃国家的经济发生了天翻地覆的变化，并不断加强和巩固社会主义制度。该书的主要内容包括革命前的俄国经济状况；战时共产主义和新经济政策；苏联计划经济：第一、二、三个五年计划；苏联卫国战争和战时经济；

---

① 顾树森：《苏俄新经济政策》，中华书局1927年版，第2页。

第四个五年计划和战后国民经济的恢复等。作者认为,"无论是战争的艰难岁月,还是德国人所造成的破坏,都没有能够使苏联人民从他的历史道路上折回。……建设共产主义,需要工业生产的巨大发展,以保障公民的各取所需。因此不难理解第四次五年计划以及战前的几个五年计划,目的都在于首先发展生产工具的工业,因为扩大社会主义再生产的基础,都建筑在这里"。① 在这里,作者具体回答了为什么苏联要优先发展重工业的原因。

外国经济史研究,是中国世界史研究的重要内容之一。这在中国世界史研究的编译时期,就已经明显地表现出来。对外国学者有关世界经济史研究成果的介绍,不仅有助于传播这方面的历史知识,而且有助于中国世界史学者借鉴外国经济史研究的理论与方法,开展外国经济史的研究。除上面已经涉及的著作外,一些较为重要的译作和著作还有韩呐著、臧启芳译:《经济思想史》,上海商务印书馆1925年版;野村兼太郎著、徐文波译:《世界经济发展史论》,商务印书馆1934年版;施亨利著、郭汉鸣译:《十八九世纪欧洲土地制度史纲》,正中书局1935年版;周传儒编著:《西伯利亚开发史》,正中书局1943年版;佛尼威尔著、王泰译:《缅甸社会经济史纲要》,商务印书馆1944年版;基特著、李泽彰译:《经济思潮小史》,商务印书馆1945年版。

二 革命史

20世纪上半期,无论在中国还是在世界范围内,革命斗争风起云涌,世界历史进程处于深刻变革时期。在中国,从辛亥革命到中华人民共和国成立,中国人民不仅结束了两千多年的封建君主专制;而且在中国共产党的领导下,推翻了"三座大山"的反动统治,建立了人民政权。20世纪上半期还爆发了两次世界大战,

---

① [苏]史迁宾:《苏联经济小史》,什之等译,生活·读书·新知三联书店1949年版,第138页。

俄国十月革命和欧洲社会主义革命，以及亚洲、非洲、拉丁美洲民族解放运动蓬勃发展，对人类历史进程产生了深刻的影响。在这种特定的历史条件下，世界政治史，特别是与世界各国革命斗争有关的世界历史研究普遍受到重视，是不难理解的。

1925 年，上海民智书局出版了邵元冲（1890—1936）讲演集《各国革命史略》①。邵元冲，浙江绍兴人，同盟会会员，曾任孙中山大元帅府机要秘书，后任国民党中央宣传委员会主任委员。西安事变时，死于士兵枪击中。该讲演集计有七讲：各国革命史略绪论；美国独立运动；法国大革命；德国的革命运动；俄国革命史略（上）（下），以及现在各国革命运动的趋向。

1926 年，邵元冲首先阐述了为什么世界上会发生革命运动，以及在中国为什么要研究世界各国革命的历史。"社会上为什么有革命运动发生呢？无非因为有革命的需要。为什么有革命的需要呢？就是因为大多数的人感觉到社会或政治的不良，要想改进他，所以就发生革命运动。"在中国要研究各国革命史，"无非是想把各国革命运动发生的原因，及其经过的情况，加番研究，作我们革命的参考资料；但我们研究的时候，始终不可把我们的三民主义忘掉，因为我们要以三民主义的革命为本位，用三民主义者的眼光，去研究各国革命的情况，然后才知所取舍，才能得到实际的益处"②。这表明，他强调研究各国革命的历史也有一个"立足点"的问题，那就是不能脱离中国的实际。至于中国的"实际"是什么，邵元冲的认识是否正确，那是另外一个问题。邵元冲在七讲之中，有两讲谈到了俄国革命问题，内容分别是十月革命胜利的经过和十月革命之所以能够胜利的原因。由此可见他对俄国革命的重视。他认为，这"好比法国在十八世纪中产阶级的革命

---

① 1927 年 2 月，新文书局出版吴毅编《世界革命史》。该书由两部分组成。第一部分即是《邵元冲讲演世界革命史》，另一部分是《孙中山先生在神户之演讲》。

② 邵元冲：《各国革命史略》，上海民智书局 1925 年版，第 1—2、11 页。

运动,给世界的影响多么大。现在俄国无产阶级的革命也是给世界同样大的影响。加以俄国无产阶级的革命又是成功的革命,更能使世界各国注意。现在俄国又大倡国际平等,主张各个弱小国家联合起来,一致抵抗帝国主义,因此欧战中的战胜国也受了很大的刺激和影响"。[①] 不难看出,他对俄国十月革命给予了充分的肯定。

1927年,作者在《各国革命史略》结束前,总结了各国革命史的经验教训,那就是"革命要以民众为基础,不是为少数人的需要";"革命要有确定不变而且显明的主义";"革命的主义要按照社会的实情和经济政治的状况而决定";"革命党人加入了革命团体之后,一定要服从主义,并且要有最大牺牲的决心"。[②] 作者所总结的四条教训也是从中国当时"大革命"的实际出发提出的。

1928年,上海民智书局还出版了张廷休(1898—1961)编的《近代革命史概要》。这部作品计八章,内容分别是英国革命、美国革命、法国大革命、法国二月革命、俄国革命、德国革命、土耳其革命和中国革命。将中国革命和欧美资产阶级革命一并写入世界近代的历史中,是这部著作的一个明显特点,而且对中国革命的阐述,并不是如有些著作那样,认为其仅仅是一种可有可无的"陪衬",而是有实实在在的内容,如中国革命的三个时代、洪杨的排满运动、辛亥革命、三民主义的完成、国民革命之开始、军阀崩溃概述、帝国主义是革命的最后敌人等。作者认为,"从全部世界的历史看起来,中国革命必定可以达到最后的目的,现在已经成为极其显明的事实,无论帝国主义者怎样横施压迫,其现实之期已不在远,且因现实而致帝国主义发生最后的崩溃,亦在

[①] 邵元冲:《各国革命史略》,上海民智书局1925年版,第123页。
[②] 同上书,第144—145页。

意料之中"。① 但是，作者受时代和阶级的局限，并没有看到中国革命的领导力量、革命的动力和革命的前途，甚至对中国共产党领导的人民革命进行攻击。

1921—1922 年，希腊、土耳其战争期间，英国史学家汤因比曾以《曼彻斯特卫报》记者的身份，在当地进行采访。战后，汤因比等撰写了有关希腊、土耳其战争及土耳其革命的著作。程中行（1903—1990）在此基础上编译有《土耳其革命史》，1928 年由上海民智书局出版。外国学者撰写的革命史方面的著作，多以欧美国家为主，而对东方国家则很少提及，如果提到，经常提到的则是土耳其革命。这部《土耳其革命史》，由历史背景、1919—1922 年革命、新土耳其共和国三部分组成。1924 年 4 月 20 日公布的《土耳其共和国宪法》，作为附录印于书后。

程中行认为，"革命者，不得已之事也，一国而至于革命，必其陈旧现存之物，无一而足保存，无一而足改良，革命而能成功，无论其旋成而即败，或一成而不败，皆足以示一国陈旧之物，其本身已无存在之价值。革命之主义，不胫而走全国深入于匹夫匹妇之心，动足以号召全国，静足以隐系一部分人之风会者，皆可以示革命主义之本身，早有不可磨灭者存在，其不忘主义，即不忘国家"。编译者的这些议论并非无的放矢，而是有明确的指向，即中国当时的社会现实。"数年以来，国人但知土耳其革命之成功，而不明其成功之所自，国人但忧吾国革命之尚未成功，而不能通力协赞成功之原则。是书本旨，虽在敷陈土耳其革命之事迹，而国人读是书者，不可不于其成败之点，反复三致意焉。"② 不回避历史学的社会功能，努力将历史与现实联系起来，提升历史学著作的现实感，这大体较普遍地反映了一些革命史译介的撰述者或译者的初衷。

---

① 张廷休：《近代革命史概要》，上海民智书局1928年版，第167页。
② 程中行：《土耳其革命史》，上海民智书局1928年版，第3页。

陈叔谅撰述的《近世欧洲革命史》，作为"新时代史地丛书"中的一种，1929年由商务印书馆出版。本书自18世纪法国大革命起，到第一次世界大战后欧洲的革命运动，包括社会主义革命运动止。其中还包括1848年欧洲革命、德意志民族统一运动、意大利统一建国、俄国十月革命与苏维埃政府成立等。作者首先分析了近世欧洲革命的背景，这就是"专制制度之发达""社会阶级之不平等""教会的势力及其反动""改造精神与新思想之发展"等。

这部《近世欧洲革命史》的撰写，同样是和当时中国革命的形势联系在一起的。作者认为，研究外国革命史的目的之一，就是"为供尽力本国革命事业之参考……吾人今日欲为中国革命的破坏与建设，故当详审本国社会与历史之背景，但外国过去之经验，自万不能整个移用，但或可为吾人所取法，或可为吾人覆辙之戒。则外国革命史亦大足为中国革命运动参证之资也"①。作者认为，无论是欧洲的民权思想、民治之革命、民族主义潮流、民族革命运动、社会主义思想和社会革命运动等，"他山之石"，对中国革命都有可资借鉴之处。"中国之革命，方在进展之中，凡所以完成吾民族之独立，达到民权之实施，实现民生之安足，自有待于国民继续之努力。此固当斟酌本国之情形，不能盲从欧美，要亦宜利用他人之经验，惩他人之覆辙。"总之，撰写这本著作的目的，是促进"中国革命伟大之成功"②。这再次说明研究世界各国革命史，反映了当时中国社会发展的客观要求。

1932年，中华书局出版了杨幼炯著《近世革命史纲》，这是九一八事变日本侵华后，出版的一本介绍世界革命史的著作。作者从民族革命、民权革命、社会革命和中国革命等方面，论述了从17世纪到20世纪20年代的世界革命历史。1938年9月，即中国人民抗日战争全面爆发后不久，上海光明书局出版了平心著

---

① 陈叔谅：《近世欧洲革命史》，商务印书馆1929年版，第5页。
② 同上书，第192页。

《各国革命史讲话》，后多次再版。作者明确指出，这部著作的撰写和伟大的抗日战争直接联系在一起。他说："革命史是过去革命斗争的总结，他的最大作用在于激励被压迫大众为变革人类历史及改造自己命运而奋斗，贯通丰富的战斗经验与战斗教训，使革命指导者与革命大众有所借鉴。目前我们是在进行神圣的民族义战，根据'抗战即革命'的真理，我们自然有取法过去革命的必要。固然，我们要着重地研究中国的革命传统，但是外国革命历史同样也能给我们以许多珍贵的启示与教训。因此学习和研究世界各国的革命，对于了解推动中国的民族革命战争，实有重大的帮助。"①

平心努力将农民战争、资产阶级革命和无产阶级革命的经验教训，直接服务于抗日战争。与上面论及的多部著作一样，这部研究外国革命史的著作，同样表现出中国世界史研究关注现实，努力实现世界史研究社会功能的传统。作者认为，农民战争是资产阶级革命的前奏，各国农民流血斗争，成为资产阶级革命的前驱。所以首先对法国、英国、波希米亚、德国等国的农民战争进行了研究，包括农民战争的意义，以及农民战争失败的原因。农民战争虽然没有完成历史变革的任务，但却动摇了封建社会的统治，为资产阶级革命的胜利创造了条件，因此，农民战争的历史意义，是不能淹没的。然后，作者依次论述了尼德兰革命、英国革命、美国革命、法国革命、德国革命、俄国革命和土耳其革命。"产业革命史"作为书的"附编"列于书末。产业革命，即我们今天说的"工业革命"。作者认为，在世界近代历史进程中，产业革命占有极其重要的地位，并产生了十分深远的影响，与许多国家的社会革命、政治革命都有着密切的关系。

平心著《各国革命史讲话》的重要特点，是对各种革命的性

---

① 平心：《各国革命史讲话》，上海光明书局1946年版，第1—2页。

质进行了明确的区分，例如，对于英国革命，指出"它不仅是英国社会政治的一个重要转折点，而且替世界资产阶级革命划了一个新纪元"。对于俄国十月革命，作者强调，这是"马克思列宁所主张的无产阶级专政第一次在人类历史上实现了"。而土耳其革命，作者则认为它表现出"民族解放战争"的性质，这是一场"民族革命和民主革命"。① 这表明，在历史叙述的基础上，一些作者已经开始重视理论分析，并对重要的社会历史现象做出价值判断，这无论在当时还是现在，都是应当肯定的。

1939年2—9月，陈昌浩（1906—1967）著《近代世界革命史》第1卷和第2卷，由延安解放社先后出版。第1卷的主要内容是英国革命、法国大革命、19世纪上半期的劳动运动；第2卷的主要内容是1848年法国革命、1848年德国革命、18世纪到19世纪欧美民族运动。作者认为，本书对于每一次革命运动，都详细地说明了它的政治经济根源、当时各阶级的立场及作用，它的结局及留给后人历史经验和教训。近代世界革命史和科学社会主义的发生、发展有密切的联系，本书是学习或研究这个问题再适当不过的教科书。

1949年5月，新中国书局再版了《近代世界革命史》，署名程浩。这是在新中国成立前夕出版的，和这一时期的一些学术著作一样，带有特定历史时期鲜明的时代特征。在《绪论》中，作者援引马克思主义经典作家《德意志意识形态》《社会主义从空想到科学的发展》《政治经济学批判》《共产党宣言》《什么是马克思主义》等著作的有关内容，就唯物史观的基本原理，进行了较为系统的阐释。文中写道："马克思的历史唯物论，显示了科学思想的最伟大的收获，在此时之前，关于历史和政治方面完全被蒙蔽和武断的观点所统治着，从此方能用完整的、严谨

---

① 平心：《各国革命史讲话》，上海光明书局1946年版，第23、166、181、187页。

的科学理论以代之。"在研究近代世界革命史的诸多历史事件和重大理论问题时,"就是用这个马克思的科学的唯物史观。只有用这个方法,才能正确地认识这些革命史,才能正确地获得其中的经验教训"①。作者在回答为什么要研究近代世界革命史,特别要研究资本主义时代的欧美资产阶级革命史时,明确指出,"就是为了中国今天的革命,同时也为了中国将来的革命。……根据中国国情,使我们只能恰当的运用那些过去各国革命中可以运用的经验教训,来帮助我们中国今天彻底完成资产阶级民主革命,将来走上中国的社会主义与共产主义社会,这是非常必需的"②。这部著作再次表现出中国史学重视"经世致用"的优良传统。

程浩《近代世界革命史》的内容和上面提及的一些著作有些不同,有如下特点:其一,除了阐述近代以来的英国革命、法国大革命、德国革命以外,对于19世纪上半期欧洲的工人运动,以及18—19世纪欧美民族运动等,也给予了较多的关注,如英国宪章运动,法国1830年七月革命,以及波兰、匈牙利、斯拉夫的民族运动,爱尔兰问题等。意大利统一、德意志统一、美国独立,均被纳入"欧美民族运动"的范畴内进行论述。

其二,对马克思主义的产生和发展,较之其他著作有较系统的阐述,如作为马克思主义产生历史背景之一的空想社会主义,1848—1849年的工人运动及马克思、恩格斯的运动,以及马克思主义的民族问题等。作者强调:"马克思主义是科学的社会主义共产主义:它发现了人类社会发展的一般规律,证明了人类社会之走向共产主义社会是必然的、不可避免的;它发现了资产阶级社会经济运动的规律,从中揭穿了剥削的实质——剩余价值律并昭示了无产阶级解放运动的方法和道路;它发现了各种社会、国家、民族的一切解放运动的特殊规律,而把这一规律与无产阶级解放

---

① 程浩:《近代世界革命史》,新中国书局1949年版,第5页。
② 同上书,第9页。

运动的规律联系起来。"①

其三，除《绪论》外，每章后面都有《简短的结论》，就这一章的内容进行简要的概括，这种形式可能受了当时苏联历史学著作的影响。这些简短的结论，一般不是对历史过程的概述，而是在本章所述内容的基础上，进行必要的理论概括。例如，第二章，法国大革命，作者在《简短的结论》中重点从理论上分析了法国大革命的意义："第一，彻底肃清了封建制度、廓清资本主义自由发展的途径。无论是十七世纪的英国革命，或无论是十九世纪德国革命，都没有像法国这样痛快淋漓地把封建制度打得粉碎。""第二，动摇与破坏了当时封建欧陆的社会基础，……使十九世纪以来欧陆均卷入革命的漩涡中。""第三，把反封建压迫与反民族压迫合流的斗争都干到了尽头。""因此，马克思、列宁都认为法国大革命是完成了的资产阶级革命，而且是资本主义发展史上之最彻底最伟大的革命。"② 全书六章，每章后都有这样理论概括性的"简短的结论"，这对于从整体上提高对世界近代历史的理论认识，是十分有益的。

世界各国的革命史，只是中国世界史研究译介时期政治史研究的主要内容之一，并不是全部的内容。但是，其他内容的一些著作，也往往和"革命史"的著作有直接或间接的关系。这从20世纪20年代以来的一些政治史著作中，可以清楚地看出。1929年，商务印书馆出版了刘秉麟撰述的《世界各国无产政党史》。这里既包括国际性的无产阶级政党的历史，如第一国际、第二国际、第三国际等；也包括欧美一些主要国家的无产阶级政党的历史，如英国、法国、德国、美国和俄国等国。此外，还有奥地利、匈牙利、丹麦、瑞典、挪威、比利时、荷兰、瑞士、意大利、波兰、芬兰、捷克斯洛伐克、西班牙、葡萄牙、罗马尼亚、保加利亚、

---

① 程浩：《近代世界革命史》，新中国书局1949年版，第209页。
② 同上书，第139—140页。

日本、南美各国无产阶级政党、澳洲和南非等地的无产阶级政党及其革命运动。在阐述德国无产阶级革命历史时,简要地介绍了马克思、恩格斯的革命活动,"一八四七年,他们同著《共产党宣言》,为近世革命派社会主义的经典。一八四八年革命之时,他们二人又相率回国,创办《新莱茵报》,极力为工人主张应有之权利。革命失败而后,此报亦被封禁,马克思亦被逐出境外,终其身作伦敦城之寓公,以撰其不朽之大著作《资本论》"①。这种介绍不仅过于简略,而且还有失实之处,但这在当时的中国,仍是有一定意义的。

三 政治思想史

1920 年 10 月,高一涵(1885—1968)编《欧洲政治思想小史》由中华书局出版。该书的主要内容是探讨了古希腊时期、中世纪时期,以及西方近现代时期的政治思想,对欧洲现代社会影响较大的社会契约论、社会主义、无政府主义等涉及尤多。高一涵,安徽六安人,早年毕业于安庆安徽高等学堂,后赴日留学,在明治大学攻政法。1916 年 7 月回国与李大钊同办《晨报》,经常为陈独秀主编的《新青年》撰稿,并协办《每周评论》,系新文化运动的主力之一。1918 年入北京大学编译委员会工作,兼任中国大学、法政专门学校教授。1924 年 8 月,高一涵在北京大学《社会科学季刊》第 2 卷第 4 号发表《唯物史观的解释》,主要内容包括唯物史观的公式、唯物史观的公式的略解、唯物史观的必然性、唯物史观与人为的势力等。高一涵原来对唯物史观的认识有误解,认为它是一种宿命论,后经研究发现"马克思的唯物史观对于个人的努力的问题,并没有十分轻视"。正是基于此,高一涵撰写了这篇文章。他对唯物史观强调对"社会环境与人类思想"关系的

---

① 刘秉麟:《世界各国无产政党史》,商务印书馆 1929 年版,第 57 页。

分析十分赞赏。

1926 年，高一涵经李大钊等介绍，加入中国共产党。新文化运动中追求现代民主政治者有两派，一派转向马克思主义，一派仍坚持西方传统民主主义理念，高一涵属于后一派。1927 年"四·一二"后，蒋介石大肆捕杀共产党员，高一涵脱党，避居上海，任上海法政大学、吴淞中国公学教授。新中国成立后任南京大学教授、政治系主任、法学院院长等职。著有《政治学纲要》《欧洲政治思想史》《中国御史制度的沿革》等书，译著有《杜威的实用主义》《杜威哲学》等。

1926 年，高一涵著《欧洲政治思想史》由商务印书馆出版。《欧洲政治思想史》出版前，胡适曾为其校正一遍。该书内容丰富，包括希腊政治思想史、罗马政治思想史、中古政治思想史、近代政治思想史等。涉及的著名思想家有柏拉图（Plato，公元前 427—前 347）、亚里士多德、斯多葛派、伊壁鸠鲁（Epicurus，公元前 341—前 270）、波利比奥斯（Polybius，约公元前 200—前 118）、西塞罗（Marcus Tullius Cicero，公元前 106—前 43）、塞内加（Lucius Annaeus Seneca，约公元前 4—65）、托马斯·阿奎那（Thomas Aquinas，约 1225—1274）、但丁（Dante Alighieri，1265—1321）、马基雅维利（Niccolò Machiavelli，1469—1527）、博丹（Jean Bodin，1530—1596）、格劳秀斯（Hugo Grotius，1583—1645）、霍布斯（Thomas Hobbes，1588—1679）、洛克（John Locke，1632—1704）和孟德斯鸠等。

1922 年 10 月，作者在该书的"上卷序"中曾写道：研究思想史本来就是一桩难事，而研究政治思想史尤其是一桩难事，原因有二：其一，研究社会科学和研究自然科学不同。自然科学只能以事实变理想，不能以理想变事实；社会科学却能以理想变事实，不能以事实拘理想。就因为政治理想可以变更政治情状，所以政治思想家对于同一个问题，各人有各人的见解，各人有各人的解决方法,后来便生出议论纷起的结果。其二,自然界的变迁进化大概都有事实可见;独人事界的变迁进化,由于事实者很少,由于心理动作的地方很多,故别种科学在18世纪以前都已成为科学,独社会学发达在自然科学之后,多半要仿照研究自然科学的方法去研究它,才有点头绪。尽管如此,这部著作在当时和后来,仍有广泛影响,改革开放以来,上海书店出版的"民国丛书"、东方出版社出版的"民国学术经典丛书",都收有这部著作。

1934年,万良炯编著的《近代欧洲政治思想述评》,由商务印书馆出版。这是一部政治学思想史方面的著作,以介绍、分析和评述近代以来有影响的政治思想流派为主要内容,包括法兰西18世纪的改革思想;18世纪英国的保守及激进主义者;德国、英国唯心论派的政治思想;重农学派;进化论派。各种社会主义派别的政治思想,是本书的主要内容之一,如乌托邦社会主义、国家社会主义、马克思主义社会主义、费边社会主义、修正派社会主义,以及工团主义、同业社会主义和安那克社会主义等。

万良炯在对马克思主义社会主义的分析中,重点谈到了马克思的"历史哲学",他说:"马氏的历史哲学,是说社会变迁的原始动力,就是任何时代的经济生产制度为适应这种制度的需要,一切其他社会力的形式,都会有意无意地来调整他们自身。法律、宗教、政治、哲学,凡此种种的由来,是人类藉以向自然取得必须生活的方式对于人们心理的反应。"[①] 这里是对唯物史观基本原理的阐释,大体反映了30年代中期,我国学术界对马克思主义认识的一般水平。作者对各种流派的社会主义进行分析后指出:只有俄国的多数派(布尔什维克)社会主义"在根本上还是马克思主义的性质,并且成分中含马克思元素最多"。"他们的领袖列宁

---

① 万良炯:《近代欧洲政治思想述评》,商务印书馆1934年版,第126页。

和其他党员，都是绝对遵奉马克思学说。他们的思想和马克思的理论，简直没有什么多大两样"，[1] 这种认识应该说是基本正确的。在《近代欧洲政治思想述评》中，马克思主义是作为"近代欧洲政治思想"中的一种被评述的，作者并从马克思派历史观、马克思派经济学、马克思派国家论等方面，分析了马克思主义的产生和发展。

1947年，马克斯·比尔著《社会斗争通史》5卷，由神州国光社出版，该书由叶启芳翻译，作为"世界历史名著丛刊"出版。该书的主要内容，涉及古代社会斗争史、中世纪社会斗争史、近代农民斗争及乌托邦社会主义、近代社会斗争与社会思想，以及现代社会斗争史等。该书认为：一部人类史本来就是一部斗争史。古代人类与自然斗争，中世纪人类与封建社会斗争，近代人类与资本主义及帝国主义斗争。作者强调，本书以唯物论为武器来分析人类血痕斑斑的斗争。不但使人们明白我们过去的社会，是在怎样的一种苦痛艰难的形式中生长、发展、形成，并且指示出如何去争取未来世界的光明。

《社会斗争通史》的主要特点，不仅表现为较完整系统地叙述了自古代中世纪开始，到第一次世界大战结束时，世界主要地区和国家的社会斗争的历史，而且对与其相关的一些重要的社会政治思想和理论，也有具体的介绍。例如，第三卷对乌托邦社会主义，即空想社会主义的介绍，不仅有英国的空想社会主义者及他们的学说，而且还有意大利、法国的空想社会主义者及其代表作的介绍，如康柏内拉（Tommaso Campanella，1568—1639）的《太阳之城》（《太阳城》）、卢梭的《人类不平等论》（《论人类不平等的起源和基础》）等。在第四卷中，则对英国亚当斯蛮（亚当·斯密）、边沁、李嘉图（DavidRicardo，1772—1823）的

---

[1] 万良炯：《近代欧洲政治思想述评》，商务印书馆1934年版，第129页。

经济思想；法国重农学派，圣西门、傅立叶的社会理想，蒲鲁东（Proudhon, Pierre—Joseph, 1809—1865）的社会主义思想等，进行了阐述。在第五卷中，对马克思主义有较系统的阐述，各节的主要内容是"马克司（马克思）在社会主义之重要""马克司和黑智耳（黑格尔）之辩证法""唯物史观""阶级斗争""马克司经济学之要素""进化与革命""马克司与昂格思（恩格斯）之友谊""共产主义同盟之设立及其规约""德国共产主义的反响"等。此外还有专节论述"列宁与列宁主义"。作者认为，马克思的理论，"克服一切其他的社会主义体系，而成为一般社会主义者和觉悟的劳动阶级之共同根据。自此之后，社会主义便成为劳动阶级最为关切之事件，而劳动阶级又成为政治学上一个重要问题"。他还认为，"当社会民主党在战后的资本主义动摇中，变而为拥护祖国之改良主义政党之时，革命的马克司主义却复活于社会主义国际之内。其开山始祖及前锋战士实为列宁，他是布尔塞维克（布尔什维克）学说，政策，及组织之领袖"。[1] 这些分析，在当时对于正确认识马克思列宁主义是有益的。

外国政治史的著作出版较多，除上面已经提及的著作之外，较有影响的还有朱枕薪编译《俄国革命史》，商务印书馆1923年版；杨幼炯著《俄国革命史》，民智书局1928年版；金果永等著、高峰译《西方革命史》，新宇宙书店1929年版；周鲠生编《近代欧洲政治史》，商务印书馆1933年版；海斯著、曹绍濂译《近代欧洲政治社会史》，商务印书馆1940年版；李长之著《波兰兴亡鉴》，重庆独立出版社1941年版；刘谷著《欧洲法律思想史》，独立出版社1943年版；赵兰坪撰《社会主义史》，商务印书馆1928年版。

---

[1] ［德］马克斯·比尔：《社会斗争通史》第5卷，叶启芳译，神州国光社1947年版，第57、203页。

四　文化（文明）史

中国是一个历史悠久的文明古国，自古以来对文化问题就十分重视。1919年"五四"期间，发生了东西文化问题的论战。这场论战始于1918年9月，《新青年》主编陈独秀对杜亚泉（1873—1933）、钱智修（1883—1947）和佚名发表在《东方杂志》上的文章进行了尖锐批判。"这场论战就其在文化史上的意义来说，是远远凌驾于以后发生的科玄论战、民族形式问题论战等之上的。"参加人数之多、涉及问题之复杂、延续时间之长、影响之广泛，"在我国现代思想史上是空前的。这场论战第一次对东西文化进行了比较研究，对两种文化传统作了周详的剖析，对中西文化的交流提出了各自不同的看法，实开我国文化研究之先河"。[①] 这时，东西方文化问题成为突出的论题。

一些人认为，中国文化的复兴，包括中国学术文化的复兴，当务之急是借助西学以摆脱旧学的束缚，这样，外国文化和外国文化史日益引起人们的兴趣，进一步推动了对外国文化史的研究和介绍。1902年，梁启超在《论中国学术思想变迁之大势》的"总论"中写道："盖大地今日只有两文明：一泰西文明，欧美是也；二泰东文明，中华是也。二十世纪，则两文明结婚之时代也。吾欲我同胞张灯置酒，迓轮俟门，三揖三让，以行亲迎之大典。彼西方美人，必能为我家育宁馨儿以亢我宗也。"[②] 梁启超的这种认识，在一定程度上反映了中国知识界对欧美文化的态度，有一定的代表性。当然，这绝不是主张对西方文化全盘照收，而是"尽吸其所长以自营养，而且变其质，神其用，别造成一种我国之新文明"。他相信"数十年以后之中国，必有和泰西各国学术思想

[①] 王元化：《杜亚泉与东西文化问题论战》（代序），见许纪霖、田建业编《杜亚泉文存》，上海教育出版社2003年版，第3、10页。

[②] 梁启超：《论中国学术思想变迁之大势》的"总论"。

于一炉而冶之，以造成我国特别之新文明以照耀天壤之一日"。①

1903年，中国学者王师尘将日本学者家永丰吉著《西洋文明史之沿革》译成中文，由上海文明书局发行。而家永丰吉为美国文学博士，有美国的教育背景，因此本书所阐释的内容，在一定程度上反映了西方文化史研究中的主流观点。书前有赵必振撰写的中文版的《序文》。文中指出："本书述诸家之学说最为精详，而其大纲，则以为世界文明之发达，不外乎三种思想，即所谓进步思想、人类统一思想、自由思想是也。三大思想，皆为进化之原因，其论精粹，其书多为吾国人所未言。"②他希望通过将西方文明思想介绍到中国，以启迪民智，促进中国文明的发展。作者认为，介绍西方文明，必当介绍西方历史哲学，"观其与历史哲学之关系。历史哲学何？推究历史之原因，而表明人类社会发达之法则者。虽不能与文明史等视，亦或有一二相同"③。这样，作者以较多的篇幅介绍了义佐（基佐，François Pierre Guillaume Guizot，1787—1874）、黑额尔（黑格尔，Georg Wilhelm Friedrich Hegel，1770—1831）、孟德斯鸠、孔德、桑西磨（圣西门）、傅利耶（傅立叶）、达尔文等人的学术思想，此外，对姜伯坦（冉·波丹）、泼士塞（鲍修埃）、狄尔哥（杜尔哥，Anne-Robert-Jacques Turgot，1721—1781）、芙德尔（伏尔泰）、孔朵绥（孔多塞，Condorcett Marquis，1743—1794）、维多库潺（维克多·库赞）、爵福累（乔弗罗）、米刻烈（米细勒）、奇吕（以得加·基内）等法国学者的文明史学思想也有不同程度的介绍。作者在此基础上强调，"文明史所以发现者，固由进步思想、人类统一思想、自由思想三者互

---

① 梁启超：《论中国学术思想变迁之大势》，第2节："佛学渐次发达之历史"。第4节："中国佛学之特色及其伟人"。
② [日]家永丰吉：《西洋文明史之沿革》，王师尘译，上海文明书局1903年版，第2页。
③ [日]家永丰吉：《西洋文明史之沿革·绪论》，上海文明书局1903年版，第1页。

相结合而成者也。由上古而追讨之，次第发达，以迄今日"①。在作者看来，人类文明社会并不是空洞的、虚无缥缈的杜撰，它有实实在在的内容。文明社会发展到今天，离不开"进步""统一"和"自由"三种思想的发展。这种认识十分重要，在当时和后来都有一定的影响。

1902年，《西洋文明史之沿革》中文本还在翻译过程中，留日学生杨毓麟（1872—1911）已经阅读了该书的日文本，即撰文介绍此书。他写道："历史家有言：文明史之发达，必要三思想之成长。第一为进步之思想，第二为人类统一之思想，第三为自由之思想。余尝掩卷而思之，种族之所以进步，人类之所以统一，必视其自由思想程度之高下以为之衡。"② 这些论述在封建社会的中国，有很强的现实针对性。在清朝末年，辛亥革命爆发前夜，《西洋文明史之沿革》在启迪民智方面，不仅对中国史学界，而且对社会各界都有一定意义。

1903年7月，日本高山林次郎著《世界文明史》，由作新社翻译出版。③ 除绪论外，本书由三编组成，内容分别是非文明史的人类、东洋之文明、欧罗巴。三编共计19章，涉及人类社会政治、经济、文化、宗教和学术诸多方面的内容，被认为是了解人类文明社会发展的"善本"。《新民丛报》第36号曾刊有这部著作的广告，对《世界文明史》给予高度评价："世界文明愈趋愈进，然皆有所自来。是书分纪东西洋各国政教学术，循流溯源，凡有今日文明之证者，无不备载。展卷读之，不啻萃全世界民族之精华，供吾赏玩。即欲去野蛮而进文明，亦可以识其途径。负文明思想者曷取读之。"梁启超对此书也有较高评价，认为该著作

---

① [日]家永丰吉：《西洋文明史之沿革》，上海文明书局1903年版，第62页。
② 杨毓麟：《自由生产国生产日略述》，载《游学译编》第1册，1902年。
③ 同年，这部著作还有商务印书馆的译本出版。该译本曾以《世界文明史提纲》名，在1903年第3—7期《大陆报》（2月7日—6月5日）连载，后在1905年收入作新社出版的《政法类典（甲）历史之部》。

内容丰富，可以增长人们读史之识，只可惜仅叙述到 18 世纪就戛然而止，有些可惜。

中国古代典籍不乏有关文化现象的记载，但主要部分仍脱离不开帝王将相史，而非在"民史"中。"五四"前后，在新文化运动的推动下，蔡元培在北大实行循思想自由原则，取兼容并包主义。无论各种学派，苟言之成理，持之有故，尚不达自然淘汰之命运者，虽彼此相反，而悉听其自由发展的原则，越来越成为学界先进分子的共识。伴随着中西文化论战，一批西方人所著的文化史著作被翻译成中文，推动了我国对世界文化史的学习和研究。

1926 年，刘炳荣撰写的《西洋文化史》在上海太平洋书店出版。作者在《弁言》中谈及如何认识历史的真相时，涉及了历史观的问题，首先是唯物史观。作者写道："或曰历史为'自然律'（Physical Law）所支配，此唯物史观之所由起也。或曰历史为'心理律'（Mental Law）所支配，此'唯心史观'之所由生也。研究历史以前者为出发点，则必注意环境之影响；而'地理史观''经济史观'，因之而生焉。研究历史以后者为出发点，则必注意人之行为；而'道德史观''宗教史观'，又因之以起焉。"①在这里，作者将地理环境、经济因素和唯物史观联系在一起；而将道德、宗教等和唯心史观联系在一起。这种认识正确与否尚可讨论，但人们可以清楚地看到，在 20 世纪 20 年代，在中国史学的著作中，如何从唯物史观的基本原理出发，去认识历史的"真相"，即历史的本质内容，已经引起了一些学者的重视，并进行了有益探讨。

《西洋文化史》是一部内容广泛的文化史著作。从时间上看，包括上古、中古和近代；从地区上看，包括埃及、巴比伦、希伯来、腓尼基、波斯、希腊、罗马、阿拉伯、西欧、北美等；从内

---

① 刘炳荣：《西洋文化史》，上海太平洋书店 1926 年版，第 2 页。

容上看，则更加丰富，包括文化类型、社会制度、经济形态、兵役制度、宗教、文学、史学、经济学、地理学、哲学、教育、艺术、建筑、民俗、天文学、地质学、物理学、化学、医学、动植物学等。作者认为，史学著作和历史教学，多以政治为主，"无暇多谈文化，致减少学者之兴味，实属一大缺点，补偏救弊，则另编文化史尚矣"。① 正是从这一认识出发，他的文化史著作，广泛汲取了国内外学者，特别是国外学者的研究成果，内容不仅丰富，而且在当时来说，还有不少新的东西。例如，近代文化对于史学的介绍：包括英国、法国、德国、美国等国的史学家及他们的代表作。

德国史学主要介绍的是尼布尔和兰凯（兰克），关于兰克，书中写道："……一方熏陶后进，一方于柏林图书馆，悉心研究，发见关于史学上，古文书籍甚多，后得政府给费，历游维也纳、罗马、法兰西各名胜地，搜集古文书籍，归国后，充政府机关主笔，直言不惮，致遭人忌，退职，又专心于史学，著有《罗马教皇史》《宗教改革时代之德意志史》《普鲁士史》《十六七世纪法兰西史》等，名以大噪。而八十一岁时，更著世界史，历数各国政治文明之变迁，及指摘他书之谬误，无愧杰作也。"② 对兰克这样的介绍应该说大体正确，在20世纪20年代的中国能做到这点亦属不易，不能苛求近百年前的学者，一定要如今人那样去分析兰克史学思想的局限性。

20世纪20年代，"文化形态史观"开始传入中国。在此前后，一些有代表性的西方文化史著作，如桑戴克著《世界文化史》、威尔斯著《世界文化史》、瑟诺博司著《中古及近代文化史》、海脱斯赖著《西洋文化史》、霍伦德著《世界文化史要略》、贺益兰（J. S. Hoyland）著《世界文化史要略》、J. E. 斯温（J. E. Swain）著《世界文化史》等，先后被译成中文出版。这些著作，或是作为教材，或是作为一般的世界文化史读物，都对中国的世

---

① 刘炳荣：《西洋文化史》，上海太平洋书店1926年版，第4页。

② 同上书，第27页。

界史学科建设产生了积极的影响。

海脱斯赖著《西洋文化史》，宋桂煌译，1935 年 11 月由商务印书馆初版，本书是"史地小丛书"之一。1926 年 1 月，英文本原著第一版在伦敦出版，后再版。1927 年，海脱斯赖在该书再版的《序》中，明确指出了撰写这部著作的目的与本书的特点。他说："造就公民便是教育的目的，而历史知识实是公民资格之必不可少的基础。""这本小著的目的，便是探溯构成今日公民在其中生活的总环境——理智的与道德的——欧洲文化的起源与发展的主要现象。著者深望读者能因本书而获得人类自最古的'石器时代'以至今日的发展的向上趋势的概念；尤其是人类对于环境的力量及因袭的习惯的控制力日益增进的概念。著者所侧重是过去的状况，而非过去的事变。"

限于篇幅，作者不得不将西洋文化发展史上的一些重要内容割爱，而对于古代希腊的政治、法制给予了更多的关注，因为这是"足以解释世界现状的重大史实"。此外，古希腊的艺术、文学和哲学，对于 20 世纪的人类社会也有重要的意义。关于中古时代，作者给予了充分的重视，而非有些著作那样以"黑暗时代"为由一笔带过。海脱斯赖认为："中古时代显然是很为重要的，因为近代文化中有许多伟大的制度均渊源于中古时代。因种种理由，封建制度与农业领地曾经特别注意。因农业之发明，划界定居的社会才得以成立。"关于近代，作者"认为对于 16 世纪的宗教运动与宽容精神的发展，应予以相当的叙述"；此外，"经济方面之工业革命及政治与社会方面之法国革命，足为研究现代史者的一基本准备"。海脱斯赖在《序》中还特别强调，他的著作"虽然篇幅有限，却曾努力探溯欧洲文化的演进之迹，而此种演进实为人类共同努力的结果"。[①] 毫无疑问，这一认识是完全正确的，欧洲

---

① ［英］海脱斯赖：《西洋文化史·序》，见《西洋文化史》，宋桂煌译，商务印书馆 1935 年版，第 1—6 页。

文明的成就和辉煌，不仅仅属于欧洲，而且是全人类的共同财富。

《西洋文化史》内容丰富，全书14章，分别阐述了原始人类、父权社会、希腊人的城邦、罗马、中古时代封建制度、中古时代寺院制度与建筑、文艺复兴与宗教改革、宗教宽容与启蒙运动、海上势力、商业的发展、工业革命、"旧制"与法国革命、民族主义与民本主义、欧洲的和平运动。"论美国历史"作为该书的《备考》，列在全书的正文之后。这部分内容来自《剑桥近代史》第七章。主要内容是说："美国历史的过程大部分离开欧洲进步的主流而独立，但美国对于西洋所做的伟大工作，亦需加以特别申述。""在思想方面，美国因为能首先成功一个伟大的联邦共和国，所以自初期即对于欧洲各国发生了影响。但是美国史上的重大关键，宁是经济的，而不是政治的。美国人的注意系集中于人口、资本，及组织的逐渐发展，以求能对于该国伟大的天然资源得到充分的利用。因铁路的建设，遂有西部和南部的广大的生产区域，复以此故，遂能成功经济的统一。因于一八六〇年顷采用农业机器，遂使西部农业产地能应付欧洲市场日益膨胀的需要。"《备考》对美国的科学、教育和文化也给予高度评价，认为"美国对于西洋文化的进步的贡献，大部分必须求之于应用科学方面；但是美国人政治的与宗教的理想亦曾时时对于欧洲的思想与实际情形发生深厚而影响。而在教育的实施上，美国科算曾居先导地位"[①]。《备考》将美国的相关内容集中叙述，弥补了正文中缺少美国内容的缺陷。阐述"西洋"的文化史，显然不能没有美国文化的内容。

海脱斯赖著《西洋文化史》书后，有一内容较为丰富的《西洋文化进步一览表》，从"物质进步""政治与宗教""艺术与思想"和"地理发现"四个方面，以表格的形式，介绍了"耶稣纪

[①] ［英］海脱斯赖：《西洋文化史·序》，见《西洋文化史》，宋桂煌译，商务印书馆1935年版，第248页。

元前约 3700 年青铜时代发端于克里特",到 1914—1918 年第一次世界大战结束期间的西洋文化发展情况。此外,书末还有《英汉名词对照表》,包括人名、地名和政治、经济、军事、文化专有名词,为读者提供了不少方便。

贺益兰(J. S. Hoyland)著《世界文化史要略》,由上海北新书局于 1930 年出版,译者是杨人楩。这是一部适合教学的简明世界文化史,计九章,内容依次是:历史之起源、文化之意义;印度与中国、基督教及回教、希腊、罗马、中世纪、国家主义、国际主义、回到希腊与近代运动。译者认为:"历史的事实是客观的,研究历史的人却不免带着几分主观的见解,本书的作者自也不是例外,这就是本书的一个缺点。"① 笔者以为,这对作者似有些苛求,实际上哪一部史著不是这样呢?并非英国史家贺益兰所独有,问题的关键是,如何认识和处理客观的历史与史家带有主观的历史认识之间的辩证关系。

杨人楩认为,这部著作有如下三个明显特点:"作者认为,文化是人类社会之整个的活动,是朝着一个最高目标——人类全体——进行的过程;不仅是些琐碎的物质文明。""这部书的编著之得法与条理之清晰,是少见的。"这仅从目录中,就可以一目了然。"本书于上古史及中古史的叙述最好",② 如对罗马社会的变化,叙述得简而不漏;对欧洲封建社会的兴起与灭亡,分析得尤其详尽明了。

美国学者 J. E. 斯温著《世界文化史》上下册,沈炼之译,1943 年、1944 年由福建永安"文选社"出版发行;1947 年 3 月,该书另有北京开明书局版。斯温在第一章首先阐述了"历史的一般性和特殊性",分析"历史的内容"的各种不同的观点,以及历史的功用等问题。在他看来,历史有许多不同的定义和应用。

---

① [英]贺益兰:《世界文化史要略》,杨人楩译,上海北新书局 1930 年版,第 2 页。
② 同上书,第 4 页。

广义来说，是考究人类自最初出现以来的一切行动和思想，并记载有意义的进步或退步。它企图估量人类在科学、美术、文学、哲学、建筑、社会学、政治、战争、宗教和法律各方面的发展。它尽可能地对一切直接或间接影响人类的事物作一完整的描述。《世界文化史》正是在这方面进行了尝试。

《世界文化史》关于16世纪以后的描述，与当时同类的著作相比，有不少新意值得重视，其主要内容是：民族文化的发展（1500—1789）、从法国革命至世界大战、20世纪的文明和文化动向。作者认为，16世纪初是一个新时代的开端，在这时起，出现了"新时代的征象"。"过渡时期，约在16世纪的开端，在西欧文明史上，显然有一个变化。被称为中古的一切状况在逐渐消灭中，可称为近代的许多事物慢慢地出现了。新的和旧的事物同排地存在着。新的非常迟缓地才取得优势，所以经过了许多年之久，这些变革才被看出来。封建制度和贵族制度的衰落，同业公会制度失去了重要，以及教会制度的衰微使人们思想和行动可以更为自由。"作者强调，在诸多的"新时代的征象"中，"有两件事情却特别重要：十字军和探险及发现的旅行"。[①] 因为十字军除了宗教影响外，还有更广泛的经济、文化影响；而新航路的开辟，使"文明从内海时代演进到了大洋时代"，一个新世界引起了西欧人的广泛重视，"一个新时代露出了曙光"。[②] 除上述两件事外，文艺复兴、宗教改革、民族主义和政治制度、近代经济学说和资本主义的兴起、文学艺术、宗教和哲学、科学技术，以及启蒙精神等，都在作者的研究视野之内。当然，这些研究明显地表现出根深蒂固的"欧洲中心论"，尽管标题是"世界文化"，但所研究的范围，却主要是意大利、西班牙、荷兰、英国、法国和德国等欧洲国家。

---

① ［美］J. E. 斯温：《世界文化史》下册，沈炼之译，文选社1944年版，第1页。
② 同上书，第5页。

J. E. 斯温认为，从法国革命至世界大战是"国际文化的开端"。在 18 世纪两件最伟大的事件是工业革命和法国革命。"我们怀疑历史上是否还有其他任何一件事情对于人类全体曾发生这样深刻的影响。……这两件事情都是一连贯的久已开始的变革的顶点，他们所发动的力量，到现在还是有效的。"① 作者在论述法国革命、工业革命、农业革命、欧美政治制度、国际关系的同时，分析了这一时期的文学艺术、科学教育、宗教和哲学等。在论及 19 世纪的经济和社会动向时，J. E. 斯温有专节分析"社会主义"，从莫尔（St. Thomas More，1478—1535）、巴贝夫（Francois Noël Babeyf，1760—1797）、圣西门、欧文、傅立叶的空想社会主义，到马克思、恩格斯发表《共产党宣言》，以及马克思撰写《资本论》等，都有介绍。作者明确指出，现代的科学的社会主义的基础，是马克思恩格斯创立的剩余价值学说和唯物史观。

关于 20 世纪的文明和文化动向，实际上只限于 20 世纪初期，以第一次世界大战结束后的政治、经济、文化为主。1917 年俄国十月革命，以及十月革命后建立的世界上第一个社会主义国家苏联，在 20 世纪初的世界引起广泛关注。作者认为，苏联的建立是对传统的彻底挑战，是法国大革命之后最重要的历史事件。"俄国人在几年之中建立了新的生活方式和新的思想方式的标准。他们是否将来在俄国成功，如果在俄国成功，他们是否将来为外面的世界所接受，这要等时间来判断"。② 随着 20 世纪科学的进步，作者有了撰写"新科学"一节的可能，诸如普兰克（普朗克）的量子力学，爱因斯坦的相对论等物理学的最新成就，在书中都有简明扼要的叙述。

明治初年，受法国基佐、英国巴克尔史学思想，以及英国斯宾塞的社会学理论的影响，日本的文明史学得到较大的发展。日

---

① ［美］J. E. 斯温：《世界文化史》下册，沈炼之译，文选社 1944 年版，第 108 页。
② 同上书，第 288 页。

本资产阶级早期史学，此时的主要代表人物有：福泽谕吉（1834—1901）、田口卯吉（1855—1905）等。19世纪末，日本的文明史学逐渐传入中国。康有为在1896—1897年所刊的《日本书目志》中，列有不少日本文明史的著作：如《文明要论》（未写作者）、田口卯吉的《日本开化小史》、福田久松的《日本文明略史》、物集高见的《日本文明史略》等。除上述内容外，在这本书中，作者还比较广泛介绍了明治维新后在日本出版的日本史、世界史，以及其他国别史的著作。这些著作，主要是根据欧美学者的著作编译而成。在这本书目中，表现出康有为对包括文明史在内的世界史研究的重视，在他看来，研究世界史应有明确的目的，这就是借鉴历史经验教训，将其作为"药石"，以解决中国的现实问题。20世纪初，日本文明史著作的中文本在国内不断出现，主要有中西牛郎的《支那文明史论》，1901年上海普通学书室译本；田口卯吉的《中国文明小史》，刘陶译，1902年由上海广智书局出版；白河次郎、国府种德合著《支那文明史》，1903年由上海竞化书局出版等。

中西牛郎的《支那文明史论》是中国最早译自日本的文明史著作，全书10章，主要内容是：汉族文化起源，汉族文化之最大原因，社会基础之家族，政权及法制、哲学及文学，孔子及儒教，对汉族文化发达上有形之敌，对汉族文化发达上无形之敌，支那帝国之将来，现时我邦讲究汉文学当变其法等。这部篇幅不大的著作，虽然涉及内容不少，但主要还是集中在"推论支那人思想之性质，风俗政治变迁之理由"① 这两方面。田口卯吉的《中国文明小史》原名是《支那开化小史》，主要内容是远古到周代，春秋战国到秦一统天下，秦王朝灭亡和汉兴亡，三国两晋南北朝，隋唐五代，宋元，明朝兴亡。本书作者田口卯吉与福泽谕吉齐名，

---

① 参见《普通学报》1901年第3期，《支那文明史论》出版广告。

是日本文明史学派的代表人物之一。田口卯吉在书中提出:"中国人民常苦于专制政治之弊害,从周以前数千年间,埋没于封建乱离之祸害时代也。从秦以后,二千余年,沉沦于专制政治之腐败时代也。……然其于政治,则未有别开生面而越于专制政治之外者。不然,则以四亿人之邦国,何至如此之境也。呜呼!支那人民自苦久矣,何不于专制政治之外,开一大活眼,以致其幸福哉!"① 20世纪初的中国,处在大变革的前夜,这些议论对促进中国人民的觉醒有极大作用。《中国文明小史》多次再版,在中国有较大影响。白河次郎、国府种德合著《支那文明史》的主要内容是世界文明之源泉及支那民族,原始时代之神话及古代史之开展,支那民族自亚细亚来之说,学术宗教之变迁概论,政治上之观念及君主政体之发展,历数地理之发达及变迁,建筑土木之发达及变迁,文字书法及绘画之发达及变迁,支那之应用欧罗巴印刷术,音乐杂剧及乐器之发达及变迁,金属之使用及舟车等。这部著作,与前述中国文明史不同之处有二:一是更加注重观念形态的文化,与一般的以政治史为主的通史性著作,有了较明显的区别;二是将中国文化的发展,放在更广阔的历史背景下展开叙述,对中外文化交流给予了一定的关注。

巴克尔是英国著名的实证主义史家,其代表作是二卷本《英国文明史》。该书写作于1857—1861年,20世纪初,有多种中文本出版。有人认为,这是一部没有完成的著作,因为巴克尔的志向是研究世界文明的历史。这两卷仅仅是他计划撰写的专著的一个绪论。这部著作的主要特点,是在英国文明史的背景下,用较大的篇幅探讨史学理论方法论问题,如论研究历史之方法、论人事之有定程、人事受制于心灵及身体之公例、不明天然理学者不能言历史,以及论物理之影响及于社会之组织及国民之品行,以

---

① [日]田口卯吉:《中国文明小史·总评》,刘陶译,上海广智书局1902年版。

及宗教、文学及政治的影响；历史、文学的起源等。这些似与英国文明史有些遥远，但却为后人了解19世纪中期西方史学理论方法论研究中的一些热点问题和重大理论问题，留下了宝贵的资料。鉴于"文明"这个概念的含义十分宽泛，从来就多有歧义，所以巴克尔在书中写有上述内容，也可理解。

1878年，此书日文本出版，由日本史学家田口卯吉翻译。在中国，既有从日文翻译的，也有从英文翻译的。最早介绍巴克尔的是1902年译刊的《泰西政治学者列传》，署名为"中国广东青年"。该《列传》中有一篇《邈克尔传》，即《巴克尔传》。巴克尔，在当时还被译作"伯古路""白格尔""勃克鲁"等。20世纪初，至少有四种中文本或节译本对其广为介绍,[①] 影响广泛，直至1936年和1946年，仍然有胡肇椿的译本在商务印书馆出版。1903年6月，巴克尔的《英国文明史》最早由南洋公学译书院刊印面世。有论者认为，除南洋公学译书院的这个译本外，至少还有以下四种译本：1. 林廷玉通过日译本转译的《文明史论》；2. 王建祖译《英国文明史》；3. 1906—1907年《学部官报》第3—28期，刊载魏易节译的原书前三章，名为《文明史》；4. 1936年、1946年，胡肇椿译《英国文明史》上中册。[②] 南洋公学译书院的译本由五篇组成，其内容是原书第一卷"概论"的前五章。第一篇：总论史学考证之原，人事齐次之理暗处。第二篇：论天然物理于人群组织、个人品质上所施之感格力。第三篇：心理学家考察心理之法。第四篇：论心德、心慧，析心理为二，曰德，曰慧，探讨二者之间的关系。第五篇：论宗教、文字、政府三者范移治化之力。

---

① 20世纪初，《英国文明史》的四种中文译本是：(1) 1903年南洋公学译书院译刊；(2) 1903年通过日文转译，见上海新民译印书局的新书广告，载1903年9月《政艺通报第15号》；(3) 王建祖译《英国文明史》；(4) 魏易译《英国文明史》，1906—1907年在《学部官报》第3—28期连载。

② 参见俞旦初《爱国主义与中国近代史学》，中国社会科学出版社1996年版，第58—59页。

朱谦之在《历史哲学》（上海泰东书局1926年版）、《历史哲学大纲》（上海民智书局1933年版）等著述中，对巴克尔都有涉及，针对中国学界对巴克尔用统计学的方法研究历史提出的批评，朱谦之为巴克尔进行了辩护，对巴克尔历史研究中的统计学方法给予肯定。后在《现代史学概论》中，朱谦之继续持这种观点，强调历史统计学介绍的是统计学在历史研究中的应用，它是比较法在历史研究中的运用，属于历史研究的特殊方法。他说："我们如果能如巴克尔在《英国文明史》第一章所说，以统计方法为发现历史进化法则之一个重要工具，那么我们可以说这种补助方法，实在再好也没有了。"[①] 又据近年新披露的文献介绍，傅斯年在1931年左右，曾翻译了巴克尔《英国文明史》第一卷的前五章，同时还亲自撰写了《地理史观》。傅斯年早年在欧洲受巴克尔实证主义史学思想的影响，回国后对其仍在关注。[②] 这也可从一个侧面，看到巴克尔史学思想在中国的影响。

巴克尔对史学和科学的问题，有较详尽的论述。他认为，写作这部著作的目的，就是使历史学跻身于科学的行列之中，使历史学能为人们承认是科学，努力使史学和"唯意志论"和"历史宿命论"划清界限。他十分重视并努力探求历史研究中的"公理公例""通例"，即规律和法则等。在他看来，"考古事，究陈迹"等，无非就是要探究客观存在的"人事变更之至理公例"。历史学家没有发现、认识到"公理公例"，并不等于不存在"公理公例"。人类社会的存在及其发展，取决于物质条件和精神条件，从这一基本认识出发，就要求历史学家对历代繁杂的社会历史现象，"悉数研察，以寻求相通之故"。这样，历史研究就可以克

[①] 朱谦之：《现代史学概论》，载《朱谦之文集》第6卷，福建教育出版社2002年版，第19页。
[②] 参见王汎森《中国近代思想与学术的谱系》，河北教育出版社2001年版，第330页。

服盲目性，改变不加选择地将史料编纂在一起的现象，使"作史者，必本此以取材，其书始为合于哲理"。这样，历史学才可被认为是科学。① 巴克尔对人类历史进程的客观规律性深信不疑，致力于寻求历史发展的规律，强调历史运动过程，皆为"因果相接"，这对于当时中国正在兴起的"新史学"，无疑有重要的积极作用。新史学提倡"民史"，反对"君史"；重视历史进程中的因果关系；重视研究历史发展的"公理""公例"；重视探讨历史与科学的关系，以及重视文明史的研究等，多与巴克尔的这部著作有关。

古奇认为，巴克尔的著作，"可以列入最有吸引力的历史著作之林。他的雄心是要对政治和文化的整个广袤领域进行比较和归纳，以此为坚实基础把文明史从编纂转化为一种类似科学的东西"。巴克尔的著作，"在许多读者的生活中标志着一个时代，并为历史的社会学调查方法提供了极大的推动力"②。确如古奇所言，巴克尔史学思想的重要内容之一，是强调对历史学的科学性质、历史自身规律性的探讨，努力使历史学成为如其他自然科学一样的学科，使历史学成为一门科学。巴克尔说："吾人将何恃以为史乎？欲兴一空前绝后之举，殚精竭虑，使史学一门与他类问学之考求精确者，不相上下，以免学者偏畸之弊斯可矣。今是书悉本此意，虽所成就者与所存想者，未能尽符，而吾仍望吾史之成就，或媲美格致家之成就。"③ 巴克尔为将历史学能取得媲美自然科学所取得的成就，做出了积极的努力，在中国也产生了久远的影响。

除上述有关文明史研究的作品外，还有以下一些著作值得重

---

① 参见《英国文明史》，1903 年南洋公学译书院译本，第 1 篇、第 5 篇；《学部官报》1906 年第 7 期。
② [英] 古奇：《十九世纪历史学与历史学家》下册，耿淡如译，商务印书馆 1989 年版，第 876 页。
③ [英] 巴克尔：《英国文明史》第一篇，南洋公学译书院 1903 年版，第 3 页。

视。1921年，蒋方震（即蒋百里）著《欧洲文艺复兴史》，由商务印书馆出版。蒋方震，浙江海宁人，著名军事学家，曾任保定陆军军官学校校长、中央陆军军官学校校长等职。他师从梁启超，与章宗祥、蔡锷关系密切。1936年"西安事变"发生后，他曾出面斡旋张学良与蒋介石的关系。1937年初和秋冬之际，他曾先后撰有《国防论》和《日本人——一个外国人的研究》。针对"恐日者"，他写道："……千言万语，只是告诉大家一句话，中国是有办法的！"他还认为，日本的黄金时代已经过去，"胜也罢，败也罢，就是不要同他讲和"。

《欧洲文艺复兴史》是作者游历欧洲时所著。梁启超与其同往，谓之"求曙光之路"①。《欧洲文艺复兴史》在1920年12月北京初雪时写毕，梁启超亲自为此书作序，对其给予高度评价。他认为这部著作的成就，"一曰人之发现，二曰世界之发现"，是一部"极有价值之作"。梁启超自问："吾民族其已有此发现耶？否耶？吾甚难言之。虽然，亦在乎求之而已亦。吾侪处漫漫长夜中垂二千年，今之人皇皇然追求曙光饥渴等于百里者，不知凡几也。……吾国人诚欲求之，则彼之前躅，在在可师也。然则此书者，吾不敢径指为百里所得之曙光，然吾有以窥其求曙光所由之路也。"② 蒋方震曾言，他的这部著作系根据法国学者白黎许的讲演写成，但梁启超认为并非如此，而仅仅是取材而已，因为他本人和蒋方震同时听取了白黎许的讲演，该书的结论则全是蒋方震深思熟虑后提出的。

《欧洲文艺复兴史》1921年面世后，在国内学界立即引起轰

---

① 1918年11月，第一次世界大战结束，是年岁末，梁启超、蒋百里、丁文江、张君劢等前往欧洲，一年多的时间，梁启超一行先后访问英国、法国、比利时、荷兰、瑞士、意大利和德国，参观议会、市府、教堂、商会、工厂、银行、学校、社团、博览会、剧院、名人故居、风景名胜和古战场。所到之地，或发表讲演，或交流学术。当时，美英法三国操纵的巴黎和会正在举行，对梁启超等产生了深刻影响。

② 蒋方震：《欧洲文艺复兴史》，商务印书馆1921年版，第1—2页。

动,在14个月内即出版3版。《欧洲文艺复兴史》的主要内容包括意大利文艺复兴、法国文艺复兴、北欧国家的文艺复兴,以及宗教改革,"新教之流布及旧教之改良"等。作者强调,在当时的中国研究欧洲文艺复兴,主要基于以下两个原因:其一,"以近世之文化言,则各种事业皆以文艺复兴为其发祥地,……近世之政治学术,苟一一穷其源而溯之,实无不发轫于此十四五六三世纪之间"。其二,"以今日中国之地位言,则社会蝉蜕之情状实与当时欧洲有无数共同之点"。① 为了对文艺复兴进行综合研究,必须进行必要的准备,而历史知识即是其中之一。

《欧洲文艺复兴史》并非仅仅是一般性的介绍,而是在对历史知识介绍的基础上,进行必要的理论分析。至于这些分析是否可取、有哪些可取,这是另外一个需要讨论的问题,但作者确实注意到了理论分析,这在当时的中国史学界,以至在今天都是应该提倡的。例如,作者曾就法国的文艺复兴与意大利的文艺复兴进行了比较:"法之文艺复兴,与伊大利(意大利)异。伊则继承罗马希腊而来,而法则继承伊大利而起,环境不同故色彩自异,而自成为法国的文艺复兴。"作者进而阐述法国、意大利文艺复兴的特点,以及这些特点形成的原因。"伊大利之发达也,以商业商之为性,重贸迁,利交通,故眼界宽而性情易变。而法之立国则以农业之为性,重保守,多粘着,故不好新奇,而对于外来之潮流,抗力较强。故复古之风,在伊则流行一时,其势甚猛,而为时甚短。而在法则其流甚缓,其力甚深,接触南化以来,迟至半世纪始能吸收,而潮流之方向遂变。"② 应该说,在这种分析过程中提出的问题,往往比结论更加重要,有助于研究的进一步深化。

《欧洲文艺复兴史》是"共学社史学丛书"中的一种,这在

---

① 蒋方震:《欧洲文艺复兴史》,商务印书馆1921年版,第2页。
② 同上书,第54页。

该书的封面中即明显标出。共学社是 1920 年 4 月由梁启超、蒋方震、张东荪（1886—1973）等发起组织的学术团体，主要任务是"培养新人才、宣传新文化、开拓新政治"，这些都将通过"编译各书"完成。① 自 1920 年 9 月到 1935 年 7 月，"共学社史学丛书"下分 17 分类丛书，如"马克思研究丛书""时代丛书""社会丛书""文学丛书""史学丛书""罗素丛书""政治丛书""教育丛书"等，共出版图书 83 种。该丛书以译著为主，但也有少量著作。《欧洲文艺复兴史》即是其中之一。"共学社史学丛书"除《欧洲文艺复兴史》外，还有考茨基（Karl Kautsky, 1854—1938）著、陈溥贤译《马克思经济学史》（1920），易家钺《社会学史要》（1921），易家钺《西洋家族制度研究》（1922），考茨基著、徐六几等译《人生哲学与唯物史观》（1922），朱枕薪编译《俄国革命史》等。

此外，陈衡哲还写了《文艺复兴小史》，1926 年由商务印书馆出版。此书篇幅不大，但却有不少理论分析。例如，关于文艺复兴运动兴起的原因，她认为有三个方面，第一个原因，也是最基本的原因，"是欧洲人民对于中古文化的反动"；第二个原因，"是因为到了第 14 世纪时，中古开化的日耳曼民族的事业，差不多已经成功"；第三个原因则是"个性的复活"。② 《文艺复兴小史》不仅仅是对有关文艺复兴知识的介绍，而是探讨个中原因。尽管这种探讨也是一种"介绍"，大多依据外国学者的观点，但毕竟还是注意到了理论的阐释。

1934 年，法国著名历史学家瑟诺博（瑟诺博司）的《古代文化史》，经陈建民译成中文，由商务印书馆出版，为商务印书馆当时出版的"汉译世界名著"中的一种。原著问世于 20 世纪初，书前有王尔德 1906 年撰写的《编者小序》和詹姆士同年写的《绪

---

① 丁文江、赵丰田：《梁启超年谱长编》，上海人民出版社 1983 年版，第 909 页。
② 陈衡哲：《文艺复兴小史》，商务印书馆 1926 年版，第 22—24 页。

言》。该书的装潢也比一般的书籍精美，除硬皮精装，书脊烫金，湖兰色封皮外，还有一深灰色护封，古香古色。

该《古代文化史》始于史前，止于公元4世纪末，内容十分丰富，基本反映了20世纪初西方学者对世界古代文化史研究所达到的水平。史前，顾名思义，主要是探讨了史前史的主要内容，包括史前古物学、粗石器时代、磨石器时代、青铜时代、铁器时代等。而4世纪末，主要内容是罗马帝国的衰落，以及教会与国家关系中的一些变化等。各章的主要内容是文化之起源、历史与记录、东方古代史、亚述人与巴比伦人、印度之雅利安人、波斯人、腓尼基人、希伯来人、希腊与希腊人、希腊之宗教、斯巴达、雅典、希腊人之战争、希腊之艺术、东方之希腊人、希腊之末年、罗马、罗马宗教、罗马城、罗马之征服、被征服之民族、罗马生活之变化、共和国之颠覆、如日中天之帝国、罗马之艺术与科学、基督教、后期帝国等。

作者认为，史前史可以分为四个时代：粗石器时代、磨石器时代、青铜时代、铁器时代。但是，"一国之人民先后利用粗石、磨石、青铜及铁，但天下万国则非同时处于同一之时代也，埃及人用铁之时，希腊人尚处于青铜时代而丹麦依旧用石。美洲磨石器时代之终止，适在欧人来美之时。其殖民地中，即有骨器及石器与穴居之人所用者相似。是故此四时代非标识人类生活之时代，而乃标识每国文化之时代也"。[①] 这种认识是本书重要的方法论原则之一。在分析其他的问题时，也都渗透其间。通过比较，可将孤立的个案分析有机地联系在一起，努力从整体上勾勒出古代世界文化发展的生动图景。

关于外国文化史的著作，除了已经提到的之外，还有一些值得重视，特别是桑戴克著《世界文化史》。桑戴克著、陈廷璠

---

① [法] 瑟诺博（司）：《古代文化史》，陈建民译，商务印书馆1934年版，第9页。

(1895—?)译《世界文化史》(上),由重庆书局1930年出版。此外至少有3种译本,具体内容如下:桑戴克著、倪受民译《世界文化史》,世界书局1935年版;桑戴克著、冯雄(1900—1968)译《世界文化史》,商务印书馆1936年版;桑戴克著、陈廷璠译《世界文化史》,中华书局1941年版;支那翻译会社编译《东洋文明史》,支那翻译会社1903年版;塞诺博(司)著、陈建民译《古代文化史》,商务印书馆1934年版;羽田亨著、郑元芳译《西域文明史概论》,商务印书馆1934年版;福利德尔著、王孝鱼(1900—1981)译《现代文化史》,商务印书馆1936年版;武田丰四郎著、杨錬译《印度古代文化》,商务印书馆1936年版;麦唐纳著、龙章译《印度文化史》,中华书局1948年版。

在上述著作中,以桑戴克著、冯雄译《世界文化史》的影响最大,是当时商务印书馆"大学丛书"之一。作者桑戴克系美国著名历史学家,早年曾先后就读于卫斯理大学、哥伦比亚大学,1905年获博士学位。毕业后在哥伦比亚等高校任教,讲授中世纪史。除本书外,主要著作还有《中世纪欧洲史》《文明小史》《法术与实验科学史》等。冯雄,字翰飞,江苏南通人。早年毕业于唐山交通大学,后在商务印书馆任职,编著《大学丛书》等四十余种。冯雄学识渊博,藏书多达万册,其中有《永乐大典》《四库全书》等。他除翻译本书外,还著有《蜀中金石志》《景岫楼读书志》等。

桑戴克著《世界文化史》,共8卷42章,作者旁征博引,厚积薄发,较详细介绍了史前的初民文化、近东古代文化的进展、古代希腊罗马文化的兴衰、远东文化、近东中世纪文化、西方文化的复兴、近代初期,以及今世文化之本原等内容。全书系统而简明扼要地叙述了整个人类进化的历程,以及各民族、各时期不同的文化发展阶段,着力探讨各种文化的起源、演进和结局,以及各种文化间的相互影响。该书知识性、学术性、可读性兼备,是其在学界影响广泛,经久不衰的重要原因。

桑戴克十分重视文化史研究,认为"文化史之研究,最为切要;不仅借知今日文化之由来,且欲改正今日文化发展之程途,亦惟有从此定其趋向。当一民族或全世界发生大变化之际,或在新文化初开之时,常人易为热烈感情所驱使,或执兼爱之说,或守为我之旨,或心中横梗有偏见误解,遂有盲目无识之举动发生。其结果成为倏忽之变化,使一时才智,蔽塞聪明,为害有未能逆睹者。然在有史学修养之人,穷究今古,用心无颇,持学者批评态度,守史家严正眼光,自能识文化发展之程途,而预测其变迁所底止;必中之言,群氓固当奉若南针矣"[①]。在世界文化史研究中,桑戴克能自觉克服"欧美中心论"的影响,十分难能可贵,尽管他的这种"努力"并不彻底,仅是一种意识的表露,还远谈不到摒弃"欧美中心论"。他在该书的《序》中写道:"余于今世文化之本源,力求阐明真相,不欲但凭想象感情,妄下断语。凡念及今世文化,虽以欧罗巴及亚美利加为主,然须知论世界文化全部,决不能舍远东文化,故吾书述其本体,并考其与泰西文化关联之情形也。"[②]《世界文化史》的第4卷,是《远东之文化》,由"至释迦时止之印度""自西元前500年至西元800年间之印度""至孔子时止之中国""中国文化之完成"等构成,内容十分丰富。确如作者所言,撰写世界文化史不能没有东方国家文化史。

关于"东洋"或"东方"文化史研究的著作和西方同类的著作相比,要少得多。1935年,日本学者滨田耕作(1881—1938)著、杨錬译的《东亚文明的曙光》,由商务印书馆出版。本书是作者根据在京都大学的三次讲演写成,主要内容是中国、朝鲜和日本早期文明的发展状况,以及中国文化对朝鲜和日本文化的影响。除

---

① [美]桑戴克:《世界文化史》,冯雄译,东方出版社2014年版,第2页。
② [美]桑戴克:《世界文化史·序》,冯雄译,东方出版社2014年版,第2页。

上述著作外，杭苏编《欧洲文化变迁小史》，中华书局 1930 年版；张国仁撰《世界文化史大纲》，上海民智书局 1931 年版，也都是有一定影响的外国文化史著作。

2001 年，上海古籍出版社出版了雷海宗撰写的《西洋文化史纲要》，这部作品也可以作为对 20 世纪上半期"专门史译介"成果的介绍。因为《西洋文化史纲要》作为一部"作品"，虽然在 21 世纪初问世，但其真正"出生"却是在 20 世纪 30 年代。当时，雷海宗在武汉大学等校讲授"欧洲通史"和"西洋史"等课程，这部书稿正是雷海宗病逝近 40 年后，后人根据当时的讲课提纲编写而成。《西洋文化史纲要》所涉及的内容，始于公元 5 世纪，止于 20 世纪初。全书除去《序论》外，计分 5 编 51 章。每章末均有外文参考书目，合计有 300 余种。该书的主要特点是体系完整、子目详尽细致；打破国别界限和王朝体系，以全局的眼光将西洋文化作为一个有机整体进行考察，以论述西洋文化的酝酿、形成、成长和发展的各个阶段与变化；着重探讨阐发西洋宗教、哲学、科学、文学和社会科学的嬗变发展及各个流派的兴替，19 世纪尤为详尽。[①] 这虽然是一部从未正式发表的书稿，但拂去历史的尘埃，其价值至今依存，可认为是中国世界史译介时期的重要成果之一。

阎宗临虽然是以讲授欧洲古代中世纪史为主的教授，但有不少重要的欧洲文化史研究成果问世。1941 年，广西建设研究会出版了他的文集《近代欧洲文化之研究》，其主要内容是近代欧洲思想之悲剧、近代德国的研究、意大利文化构成论、俄国革命与其文化、英国文化之特质、抗战与文化等。在此文集出版后，他又撰写了《论法国民族及其文化》（1943）、《西班牙历史上的特性》（1943）、《巴尔干历史的复杂性》（1944）等文章，由于这些文章

[①] 参见王敦书《〈西洋文化史纲要〉导读》，见雷海宗《西洋文化史纲要》，上海古籍出版社 2001 年版，第 14 页。

与《近代欧洲文化之研究》文集中的文章内容相近,所以后人也将这些文章归入《近代欧洲文化之研究》文集中。这部文集通过对欧洲文化特征的概括,集中反映了作者关于文化理论的思考,"更为重要的是作者不仅对欧洲文化的总体特征给予了概括,而且对其进行了深刻的批判",[①] 其目的是要警惕对西方文化进行盲目的顶礼膜拜,以替代我们自己文化的错误倾向。

1944 年,阎宗临的《欧洲文化史论要》由文化供应社出版。除《绪论》外,其主要内容是研究欧洲文化史的出发点、埃及文化与自然、中亚文化略述、古代希腊文化之特点、古罗马精神、欧洲文化的转型期、中古文化及士林哲学之研究、16 世纪新时代的分析、法国旧制度时代家庭情况、《民约论》与法国大革命、论浪漫主义、社会主义的发展、近代欧洲文化与机械等。阎宗临对欧洲文化史较系统的研究跨越几千年,可以较准确地认识欧洲文化的特点。为此,他在《论要》中还专门研究了埃及和中古的文化。这对于研究古希腊罗马以来的欧洲文化也是有益的。除上述论述欧洲文化的著作外,阎宗临在 1947—1948 年还撰有《欧洲史稿》(未刊稿)[②]。

阎宗临的欧洲文化史研究,有现实的关注和指向,表现出鲜明的时代精神。他说:"近代欧洲文化的变动,始于 16 世纪,其可注意者有三:个人意识的觉醒,国家思想的发展,追求无穷的进步。""人非万物之灵,只不过万物中之一'物'。于是'物竞天择'的理论,遂成为不易的铁则。"结合第二次世界大战爆发后的欧洲,他说:"我们看到许多醉人的名词,如自由与繁荣,流为一种虚幻的术语,实质上只是一种自私的卫护,激乱了人与人、

[①] 任茂棠等编:《阎宗临先生诞辰百周年纪念文集》,山西人民出版社 2004 年版,第 22 页。

[②] 2007 年,广西师范大学出版社出版阎宗临《欧洲文化史论》时,将《欧洲史稿》收入其中。将《欧洲文化史论》由 4 部分内容组成。除《欧洲史稿》外,其余三部分内容是:《近代欧洲文化之研究》《欧洲文化史论要》和《帕斯卡传略》。

人与物的平衡，其结果便是否认人类原有的理性。我们静心观察，近代欧洲昌荣的国家，受机械文化的支配，将'人'解体，形成阴暗的悲剧，这不是科学的错过，这是文化不以人为基调必有的现象。对此，我们应有一种新的认识。"① 阎宗临对一些欧洲人和国人的言论十分气愤，他说，一些欧洲的学者"以为中华民族是无望的，将她列在三等民族，仅较强于非洲的黑人。我们固非天之骄子，但我们亦非昏庸腐溃。许多欧洲人误解中国的历史与社会，认中华民族是低能，这实是一种侮辱"。而一些中国人也"失掉了对自己民族的自信，一切都是欧洲好的，我们应当整个的学他们。他们并且举日本为例，佐证他们这种扣盘扪籥的理论。他们不知道猴子学人；任它千像万像，它仍然逃不脱是个猴子"，② 阎宗临爱憎分明的爱国情怀表现得一目了然。

1940年，阎宗临在抗日战争期间，曾论及中国文化与法国大革命的历史联系。他说"近代历史的演变，以法国大革命（1789年）为其推动的主要因素之一。而法国大革命，又受中国文化的影响。所以当时耶稣会将中国文化介绍到欧洲，实有非常重大的结果"。他认为："17世纪末，法国开始研究中国文化，其结果形成法国大革命，一直到今天，欧洲人仍然感受他的影响。"③ 阎宗临的这些观点，在欧洲也得到不少人的认同，例如，有学者认为："中国哲学书籍，是我们了解良知的伟大力量。如果我们本着良知，即这种著述会使我们明白人类自然的法则，较诸近代法学家的著述，更为重要。"④ 联系到中国人民抗日战争，阎宗临坚信"日本是必败的"，它之所以会失败，"文化的矛盾亦是重要的因素之一。在文化史上没有再比日本可怜的，他们没有创造，只有

---

① 阎宗临：《欧洲文化史论·自序》，广西师范大学出版社2007年版。
② 阎宗临：《欧洲文化史论》，广西师范大学出版社2007年版，第97页。
③ 阎宗临：《中西交通史》，广西师范大学出版社2007年版，第41、58页。
④ 同上书，第42页。

模仿，而这种模仿又是何等皮毛。……他们只是些有组织的封建土匪，用新式武器，摧残人类罢了"①。阎宗临深刻揭示了日本军国主义的本质，以及日本侵略者必然失败的可耻下场，这些都为后来的历史发展所证实。

五　国际关系史和中外关系史

20世纪30年代前后，帝国主义列强侵华步伐加快，"中华民族到了最危险的时刻"。这一时期，世界历史研究领域中的国际关系史研究，特别是中外关系史研究得到较大的发展。这些作品主要有蔡恭晟《中美关系纪要》，中华书局1930年版；张忠绂（1901—1977）《英日同盟》，新月书店1931年版；王芸生《六十年来中国与日本》，天津大公报社1932年版；周鲠生（1889—1971）《近代欧洲外交史》，商务印书馆1932年版；束世澂（1896—1978）《中英外交史》，商务印书馆1933年版；张忠绂《欧洲外交史》，世界书局1934年版；柳克进《近百年世界外交史》，商务印书馆1934年版；袁通丰《战后各国外交政策》，商务印书馆1934年版；邵循正（1909—1972）《中法越南关系始末》，《清华大学研究生院毕业论文丛刊》1935年内部发行，后公开出版；束世澂《法外交史》，商务印书馆1938年版；蒋孟引（1907—1988）《中英关系：1856—1860》（博士论文），1939年；王绳祖《近代欧洲外交史》，商务印书馆1945年版；陈复光《有清一代中俄关系》，云南大学，1947年等。此外，蔡元培的《中美外交史》、唐庆增的《中美外交史》在20世纪20年代末也先后出版。

这些作品大多表现出中国史学经世致用的传统。例如束世澂《中英外交史》所述内容，始自元朝至元二十二年（1285），蒙古阿鲁浑汗始通使西欧，止于1927年，汉口、九江收回英租界，英

---

① 阎宗临：《欧洲文化史论》，广西师范大学出版社2007年版，第98页。

美军舰炮轰南京,时间跨度大,通贯古代、近代和现代。作者将中英关系分为三个阶段。"元明至鸦片之战为第一期,是为中英交通时代。自江宁结约(1842)至片马设县(1922)为第二期,是为权利掠夺时代。自五卅惨杀至今日为第三期,是为英人态度恶化时代。"作者认为,"综观英国对华政策虽有时改变,然另有其一成不变之政策,与其变者双管齐下。此政策为何?即蚕食我国边地是也。在第一期中,英人即已一面交通西藏,干预哲孟雄事,夺锡金地,一面割缅甸三州之地。第二期中灭缅甸,灭锡金,攘片马,西藏四川云南今皆在其势力包举之中,值我国扰攘,益与以蚕食之机,后患将不堪设想,此尤为国人所宜注意者也"。[①] 作者强调,综观中英关系之历史看今后之发展趋势,实令人担忧,是否能平等相处,当拭目以待。

在《中法越南关系始末》中,邵循正使用故宫博物院编《清光绪朝中法交涉史料》和1883—1885年法国的外交黄皮书有关文件,以及第一次世界大战后公布的《法国外交文书》(1871—1914)等文件,打破了西方人垄断撰写中外关系的局面,写出了当代中国人自己撰写的中外关系史。邵循正用确凿的史事,揭露了法国侵华的卑鄙手段,驳斥了法国为侵略中国、越南所编造的种种谎言。

《中法越南关系始末》的主要内容是法国自16世纪侵入越南,以及在越南建立"支那交趾殖民地"、1874年法国强迫越南签订柴棍(西贡)条约并借机否认中越宗藩关系、和战交错的中法战争(1884—1885)。具体内容涉及法国在越南势力权利的起源;北圻问题的由来;中国之宗藩关系问题;法国的观望、中法的和平交涉、中法之明交暗战、中法之乍和乍战、海疆之骚扰、北圻战事之再起,以及各国的调停和巴黎和约等。这部著作不仅奠定了

[①] 束世澂:《中英外交史》,商务印书馆1933年版,第202、206—207页。

邵循正在近代中外关系史研究中的学术地位，而且以翔实的历史文献，对西方学者歪曲中国人民热爱和平、反对侵略斗争的历史进行了批驳。作者在探讨"中法越南关系"的历史时，并非是对历史过程的概述，或仅仅是史料文献的堆砌，而是将自己的观点渗透其中，寥寥数句，表现出鲜明的历史判断的标准。例如，在阐述"中国之宗藩关系问题"时，作者写道："在中西交涉未繁之时，数千年中，东亚之和平与秩序均赖此制度维持。迨西力东渐，此东亚国际家庭，遂嫌散漫。中国此时应负责任逐渐修改此制度，以适应复杂之环境。然当局无此毅力与眼光，遂坐视藩属为人宰割，此则可慨者也。"[①] 1956年夏，邵循正先后撰写《我国南沙群岛的主权不容侵犯》《西沙群岛是中国的领土》，在《人民日报》发表，[②] 即是他的史学旨趣的一贯体现。

日本侵略者发动侵略我国东北的九一八事变后，天津《大公报》的编辑方针之一，就是"明耻"，通过介绍1871年签订《中日修好条规》至1931年九一八事变的中日关系史料，"以为警醒国人之助"，揭示九一八事变的由来。这个栏目定名为"六十年来中国与日本"，指定由王芸生负责。这样，九一八事变发生3个多月后，王芸生在《大公报》开始连载长文《六十年来中国与日本》，连载长达两年半之久。

《六十年来中国与日本》首篇文前冠以前事不忘，后事之师！国耻认明，国难可救！王芸生在首篇的《前言》中写道：吾人试考六十年来之中日外交关系，当可了然于强弱进退之所由来。语

[①] 邵循正：《中法越南关系始末》，河北教育出版社2002年版，第51页。
[②] 这两篇文章先后发表在《人民日报》1956年6月5日、7月8日。邵循正在文章中明确指出："我国在南中国海上的岛、屿、滩、礁，数目很多，达到150个以上，分布的地区也很广。这些岛屿按照位置划为东沙、西沙、中沙和南沙4个岛群。我国对这些岛群，长期以来，具有无可争辩的主权。我国史籍的记载和历次有关的对外交涉都充分证明了这一事实。"西沙等群岛，"至晚从13世纪开始就不断地出现在中国历史、地理等载籍中"。

云：前事不忘，后事之师。爰自同治十年中日订约，以迄最近之日本侵华经过，搜集政书，分纪始末，使一般国民，咸知国耻断非突然，自反乃能自强，明耻教战，或非无裨。迨甲午一战，中国遂大暴露，赔款割地，自是日本渐为强国，中国则日衰。庚子后，日人在华之势力，亦日益伸张，迄今又三十余年，日本着着进步，窥伺之计无穷，而中国则积弱之势，每况愈下，迄今东北三省复又不战而失守，谁实为之，孰令致之，览兹篇首，庶知耻而怀奋焉。

《大公报》"六十年来中国与日本"专栏的刊出，得到史学界同人和社会各界读者的大力支持，不少人无私提供相关史料。① 中国人民以史学为武器，通过对确凿历史事实的回溯，揭露了日本帝国主义始终不变的侵华本质。这是一部集中日关系史料与学术研究于一体的史论专著。这篇长文连载一段时间后，1932年开始由《大公报》陆续结集成七册巨著，仍定名为《六十年来中国与日本》。该书直接征引历史档案和外交文书资料所占篇幅超过四分之三，疏证和史论的部分不足四分之一，清晰地勾勒出在19世纪末20世纪初纷繁复杂世界格局下，中日关系60年来的历史演进脉络。

《六十年来中国与日本》汇编成书后，在日本引起学界、政界和军界的广泛关注。一些日本人认为：《大公报》是中国一份具有悠久历史的全国性大报，如此大规模地宣传中国屈辱的外交史，是在唤起中国民众对日本的不满情绪。日本立即组织相关专家翻译此书。1933年3月，波多野乾一和长野薰合以《日支外交六十年史》为题翻译了该书前4卷。内田康哉为此书撰写了"序言"，认为这部著作"得资料于中国之秘库，旁征博引，略近所期之完璧。盖辛亥革命后二十年，以往藏于清舍，不出库外之档案，亦

---

① 为王芸生提供史料者，有学者、政府官员，也有前清遗老。例如，曾任驻日公使的李盛铎将其保存的中国驻俄使馆档案中，关于中俄东三省交涉的珍贵史料，都交给王芸生收录书中。

陆续公开之际，不迟滞地利用之，足见本书之价值"。末广重雄也在日文本的"序言"中指出：日本"实以对之外交最为紧密重要，虽无须赘言，但许多外交专著中，惟专论日支外交者极少，而如本书详审精密者，殆可谓皆无。如此论著，首先于他国出版，乃不堪惭愧且当惊异之大事。本书深采资料于前清朝廷秘库、军机处、外交部、执政者秘柜，且广泛涉猎编纂内外文献，实乃理当推崇之伟业"。应该说日人的这些评价并不过分，实事求是地指出了《六十年来中国与日本》的特点和价值。

《六十年来中国与日本》的写作跨度，原为1871年中日两国签订《中日修好条规》至1931年九一八事变的中日关系史料。第七卷只写到1919年，还有12年未及写作。因时局动荡等原因王芸生就此放下，直至新中国成立后几经磨难，才在20世纪70年代末，将1920年至1931年中日关系史用大事记的形式续上。在新版《六十年来中国与日本》一书即将付梓之时，王芸生带病撰写了一篇8000字的"修订导言"。在新的历史时期，《六十年来中国与日本》在中日关系研究方面，继续发挥着重要的作用。

1934年，鄂裕绵编著的《近代远东外交史》，由世界书局出版。这是一部与中国近代史关系密切的国际关系史著作。鄂裕绵在谈及编写这部书稿的缘由时说："清季以还，我国政教不修，民众不团结，科学文明落后，百余年来，日在俄、法、英、美、意、日各国的宰割下，与印度、缅甸、安南、朝鲜比较，我们中国早该成了列强的殖民地吧，但百余年于兹，我们中国却至少在名义上还是独立存在的。这是为了什么缘故呢？我常渴望有一部著作，给它一个原原本本的说明。""这本书虽题名为远东外交史，其主要部分，仍是列强侵略中国史。但各国应付中国的政策，仍以远东大体形势转移为转移，所以于此叙述，亦不宜仅限中国局部。"[①]

---

① 鄂裕绵：《近代远东外交史》，世界书局1934年版，第1页。

从上述认识出发，鄂裕绵确定该书的主要内容由以下三部分组成：其一，中日开关以前的远东情形，包括中国、日本和印度的基本情况。印度是亚洲南部国家，位于"南亚"，但为什么在"远东"外交史中写入，却不得而知。其二，变化中的中国、日本与印度。这些"变化"主要表现为鸦片战争——中国被迫开关；中国的外患——英法联军；美国迫使日本开放门户；日本明治维新；印度的灭亡与中印间的纠纷等。其三，远东的国际关系，具体内容包括列强在华的情况、日本称霸远东、英国和俄国在远东的争斗、中日甲午战争、日俄战争、辛亥革命和列强对华政策、第一次世界大战和华盛顿会议等。

《近代远东外交史》着重分析了列强为自身利益，在远东既相互勾结，又相互争斗的特点及趋势。第一次世界大战后，俄国、德国和法国的在华势力，被美英日三国所代替，"在中国从事宰割。国际政治舞台上的诡计与阴谋，从此可见一斑了。不知自强而徒想依赖他人的中国军阀政客们啊，要从列强的压迫下，救出中国，只有自强！"① 自强自立，是中国唯一的出路。抗日战争全面爆发前夕，这种认识的历史阐释无疑有重要的现实意义。

1937年7月，在中国人民抗日战争全面爆发之际，商务印书馆出版了美国学者莱丹著，温浩斯增订，王造时（1903—1971）译的《美国外交政策史》。1936年7月，即该书出版一年之前，王造时在《译者序》中写道："我们读过这书之后，看见人家（美国）在一百五十年的短时间内，由十三州向英国革命独立起，一步一步，强盛起来，向外发展，到现在不但奄有四十八州，并且独霸南北美洲，雄视太平洋，执全世界的牛耳，他们的感想，尤其是经过这五年来的剧变，又将如何！"这不仅仅是译者个人的感想，而是在相当大的程度上，反映了民族危机日益加剧的中国

---

① 鄂裕绵：《近代远东外交史》，世界书局1934年版，第232页。

人民的普遍心情，给人们以现实的历史启迪。这正如译者所言：将《美国外交政策史》"介绍给中国的读者，特别在这个外交关系紧急的时候，或许不是一件无意义的事吧"①。原著问世于20年代，莱丹曾有增订再版此书的计划，但因病故去，未能完成，后由温浩斯教授完成此事。30年代初增订的《美国外交政策史》不仅增加了近十年新的内容，而且补充了有重要价值的历史地图，如"1775年的北美""至1850年的扩张版图"等，其被公认为是美国外交史的标准大学教科书，是一部具有一定权威的"信史"。

作者在《引言》中，重点介绍了本书所使用的主要参考资料，这应该是本书值得重视一个特点。尽管书中已经有了详尽的注释，但作者认为将重要的几本书加以介绍，仍然是必要的。这些著作主要有摩尔：《国际法总汇》8卷，美国政府印刷局，1906年；威廉·马洛：《1776至1909年美国与其国家间所订各种条约、专约、国际条例、议定书与协定》2卷，美国政府印刷局，1910年；麦克慕来：《1894至1919年各国与中国以及关系中国之各项条约与协定》2卷，喀内基氏国际和平基金，纽约，1921年；《美国参议院公报1789—1901年》32卷；《1789—1901年美国参议院外交关系委员会报告汇辑》8卷，美国政府印刷局，1901年；华敦：《美国的革命外交通讯》6卷，美国政府印刷局，1989年；《大陆会议公报1774—1789年》，美国政府印刷局，1904—1922年；顿尼·阿尔：《法兰西参加成立北美合众国史》，5卷，巴黎，1886—1892年；斯蒂文司：《1773—1783年欧洲档案内馆与美国文件的影本》25卷，伦敦，1889—1898年；《1783—1789年美国外交通讯》7卷，华盛顿，1833—1834年；威廉·孟宁：《关于南美国家独立事件的美国外交通讯》3卷，喀内基氏国际和平基金，纽约，1925年；海珊：《1828—1861年美国外交公文索引》3卷，喀内

---

① [美]莱丹：《美国外交政策史》，王造时译，商务印书馆1937年版，第1—2页。

基氏纪念馆，华盛顿，1914—1921年；《1861—1899年美国外交通讯与外交关系已刊各卷总索引》，美国政府印刷局，1902年；理查孙：《历任总统的咨书与公文》10卷，美国政府印刷局，1896—1899年。这样的书目还有一些，限于篇幅，不再列举。这些重要的参考书，在20世纪30年代对中国读者，特别是世界史学习者和研究者有更特殊的意义，不仅使人们了解到这部美国外交史的学术含量，熟悉在外交史研究中如何应用原始的档案文献，更重要的是为中国世界史学者研究美国史或国际关系史，提供了重要的信息和索引，对今后类似问题的研究，以及世界史学科的建设，有积极的借鉴意义。

《美国外交政策史》从1788年法美联盟写起，直至1933年底为止。主要内容包括共和的原理与理想、对于旧世界的挑战、边界的完成与海洋的瞰视、联邦的保全、加勒比与太平洋上的发展、欧洲方面的干涉、美国在欧战后等。这部作品也涉及了美国对华政策，在对这些政策的阐释上，同样表现出体现美国利益的主流观点。例如，"门户开放政策"是19世纪末列强掀起瓜分中国狂潮时，美国提出的侵略中国的政策。这个政策的目的，是维护列强在华特权，缓和争夺中国的矛盾，并以机会均等、利益均沾原则，使美国在与各国的争夺中，保持中国市场对美国商品的自由开放。然而，在《美国外交政策史》中却被认为是"代表一种审慎发展而且成熟的国际政策，一方面旨在保证缔约各国在华及对华的各种权利与利益，另一方面又保证中国人民得有最完满的机会，不受骚扰，以发展其主权与独立，而符合世人所维持的现代文明的标准"[1]。这种混淆是非的历史描述告诉我们，科学地揭示历史矛盾运动的本质内容，仅仅有档案文献是不够的，没有建立在科学世界观基础上的价值判断，是无法认识客观历史真理的。

---

[1] ［美］莱丹:《美国外交政策史》，王造时译，商务印书馆1937年版，第768—769页。

1948年7月定稿的张铁生（1904—1979）著《近代国际关系史》，1949年9月由生活·读书·新知三联书店出版。本书由资本主义胜利时期的国际关系、帝国主义时期的国际关系两大部分组成。书中所涉及的内容，始于法国资产阶级革命前的欧洲形势，下限为世界帝国主义大战，从第一次世界大战爆发到战争结束，巴黎和会的召开。这是因为作者认为"近代国际关系史是和近代史同时开始的，近代史乃以法国资产阶级革命爆发而开端，以世界帝国主义大战告终而结束。所以近代国际关系史也始于1789年，而终于1918年"。[①] 作者将近代国际关系的历史分为两个阶段进行探讨。第一个阶段为1789—1871年；第二个阶段为1871—1918年。"第一个阶段是资本主义胜利的时期，而第二个阶段则为帝国主义的时期。从19世纪最后二十五年的第一年起，资本主义衰退的时期或资产阶级走下坡路的时期就开始了，这时资本主义的生产关系更加迅速地成为生产力发展的障碍。"[②] 上述基本思想贯穿于全书15章，使这部著作在新中国诞生前夜，表现出鲜明的时代特点。研究近代国际关系是为了更清醒地认识现代的国际关系，而要做到这一点，确如作者在"自跋"中所言，"非用新观点来写不可"，即站在人民大众的立场上来写，而不是相反。

关于中外关系史方面的著作，应该是专门史中的一个特殊情况。和外国政治史、经济史、文化史方面的著作相比，我国学者在中外关系史的研究中，大量使用了中国的典籍和历史文献。20世纪上半期，中国世界史研究总体上表现为"译介"的特点，但是一些研究成果也往往表现出自身明显的特点。例如，张星烺的一些著作即是如此。

张星烺（1889—1951），字亮尘，江苏泗阳人，其父张相文，清末民国初年著名地理学家。早年曾在上海南洋公学、天津北洋

[①] 张铁生：《近代国际关系史》，生活·读书·新知三联书店1949年版，第3页。
[②] 同上书，第165页。

大学就读。1906年后先后在美国哈佛大学、德国柏林大学学习化学。辛亥革命爆发后回国，欲以科学报国，但始终没脱离史地学习和研究。1923—1924年，他曾翻译《马可·波罗游记导言》14章90节，而且在翻译过程中不是消极地照译，而是参照中国典籍的记载，订正其中的谬误。书中的"张星烺补注"，实际上是他的研究成果，有不少重要内容，这为他日后完成《马哥孛罗》一书奠定了基础。一般认为，从1925年夏起，张星烺开始专门从事史地研究。这一年的8月，他在给陈垣的信中写道："烺在青（岛）已将三年，所编之书（《中西交通史料汇编》）亦将告成，对于理工技术无多大兴味，拟回京择一相当学校有史地学门者，仍从事学术。"①1926年暑期开学后，先后在厦门大学、辅仁大学等校任教，同时在北京大学、燕京大学、清华大学等校兼课，讲授"中国外交史""中西交通史""南洋史地"等课程。

张星烺著《欧化东渐史》，1934年商务印书馆初版，后多次再版。《欧化东渐史》由"欧化东传之媒介""有形欧化即欧洲物质文明之输入""无形之欧化即欧洲思想文明之输入"三章组成。欧洲物质文明的输入，包括军器事业、学术事业、财政事业、交通事业、文教事业；欧洲思想文明的输入，则包括宗教思想、伦理思想、政治思想、学术思想和艺术思想等。关于欧化之各种媒介物，作者认为主要是由欧洲商贾、游客、专使及军队之东来，由宗教家之东来，由中国留学生之传来。欧洲文化的输入，侵蚀和改变着中国的旧有文化，旧文化日趋式微。中西有形文化即物质文化之间的差距极其明显，而无形文化即思想文明则因民族性的不同而难判高下，故不能盲目仿效。

本书在论述欧化东渐时简明扼要，研究思路清晰。作者探讨西方的政治思想、政治制度时，往往结合中国的现实加以比较。

---

① 《陈垣来往书信集》，上海古籍出版社1990年版，第201页。

作者写道："共和政治、总统首相,由人民投票选举,四年或七年一任,下野后与平民侪伍,中国自有史以来所未见也……中华民国第一任大总统可以代表中国人也。既充终身总统,而又复欲为皇帝。一生所作所为,一举一动,皆为自私自利,以遂其家天下之欲。"在进行比较时,也有言辞过激之处。例如,作者认为"中国四千年家天下之历史,即足以证明中国人为世界上最自私自利之民族也。……以世界上最自私自利之民族,而欲行人类进化极轨,大同世界,至公无私之共产主义,焉得成功"。[①] 作者在这部篇幅不长的史学作品中,表现出对当代世界现实的关注,人们可以看到"共产主义勃兴";意大利、德国、日本"法西斯主义";斯大林指挥下,俄国"第一五年计划""第二五年计划";英国麦克唐纳内阁;美国新总统富兰克林·罗斯福"在银行大恐慌之际"就职等重要内容。

张星烺在学术上的最大贡献,在于他编注的《中西交通史料汇编》,此书于1926年脱稿。1930年作为《辅仁大学丛书》第一种出版,8编6册,字数超过百万。此书在20世纪50年代曾多次重印。1977年中华书局约请朱勤杰先生校订后再版。该书内容主要是17世纪中叶(明末)以前,中国与欧洲、非洲、亚洲西部、中亚、印度半岛等国家和地区往来关系的史料摘录,被公认为中外关系史研究的基本参考书。

《中西交通史料汇编》全书6册:1—2册为上古时代中外交通,即汉武帝之前的中外交通。中国与欧洲交通,由两汉、六朝、隋唐、宋、元、明6部分组成。3—4册,为古代中国与非洲交通,由汉及六朝、唐、宋、元、明5部分组成。此外还有古代中国与阿拉伯之交通;古代中国与亚美尼亚之交通;古代中国与犹太之交通;古代中国与伊兰(伊朗)之交通。5—6册,为古代中国与

[①] 张星烺:《欧化东渐史》,商务印书馆2000年版,第108页。

西部土耳其斯坦之交通、古代中国与印度之交通。作者认为,"欲述古代中西交通史,固不可仅以欧罗巴一洲概之也"①,尽管欧洲的世界历史影响甚大,中国与欧洲的关系十分重要。

张星烺在该书的《自序》中,曾对中国国内的诸多问题,"由洋人且来代吾清理,吾则安得不学他人"的状况大加感慨,所以他自己十分重视搜求中外史料,特别是古代中西交通史料,"凡朝廷通聘,商贾游客,僧侣教士之记载,东鳞西爪,可以互证者,无不爬罗剔抉,分门别类,汇次为书"②。以"西人研究与吾国史书互相参证",是张星烺的基本研究方法。他认为,如果中国的典籍记载,能证外国事实;或外国记载能证中国事实,这样的事实则是可信的。为此,他研读了中外著作286种之多,其中外文书籍达35种。③ 这自然就要求他在中西学术方面都要有精深的造诣,事实正是这样,这在《中西交通史料汇编》中都有具体的体现。

这些丰富的资料是从大量中外史籍中辑录的,多数是中文史籍,还有相当一部分是英、法、德、日等文字的史籍。在编排体例上,以地区和国家分类,按时间顺序先后排列,每个朝代前都有一节总叙,提纲挈领说明主要内容。编者还对其中的一些重要地名和史实做了必要的考释。《中西交通史料汇编》为古代中外关系史研究提供了基本的资料线索和研究框架,至今仍有重要的参考价值。张星烺每辑录一段原文后,都要对这段话作注释和考证,所涉及的内容十分丰富。对事件、人物、民族、民俗、天文、地理、年代、动植物,以及海陆交通路线等,都究其渊源,有较详尽的阐述。此外,史料真伪的考辨多见注释;专题考证多见附录,书后还有征引的中外文书目。这些都为读者学习或研究相关问题,

---

① 张星烺:《中西交通史料汇编》,辅仁大学图书馆1930年版,第6页。
② 同上书,第4、5页。
③ 由于统计方法不同,一说研读数目为259种,其中外文书为35种,没有将第1—8编之外的27种参考书列入。例如,1977年朱杰勤校订、中华书局出版的《中西交通史料汇编》即是。

提供了十分有益的内容和便利的条件。

1930年，冯承钧（1887—1946）在《地学杂志》第4期撰文，对刚刚出版的《中西交通史料汇编》加以评述，认为以前"此类的出版物莫能与之伦比。分析内容，其基本材料，大致有四：［一］史籍中外国列传行纪等等。［二］Henry Yule 原撰 Henri Cordier 补订之《契丹路程》（Cathay and Way Thither）译文。［三］Beal 之《西域记》译本及 Wattere 之考证。［四］Laufer 撰之《支那伊兰》（Sino—Iranica）节译"①。本书内容十分丰富，包括上古时代的中外交通，即汉武帝以前的中外交通；古代中国与欧洲的交通；古代中国与非洲的交通；古代中国与阿拉伯的交通；古代中国与亚美尼亚的交通；古代中国与犹太的交通；古代中国与伊兰的交通；古代中国与中亚的交通；古代中国与印度的交通等。所有这一切，确实"皆非专攻中史之旧学者，或专攻西史之新学者所能几及，此非余一人之瘐言，国内外史学家，皆当为之心服者也"。②《中西交通史料汇编》不仅对中国学者，而且对外国学者研究中外关系或其他中西问题，都是十分有益的。著名英国学者李约瑟在撰写《中国科学技术史》时，也较多地参考了这部著作。

1933年，向达汲取外海研究的新成果编著成《中外交通小史》，由商务印书馆出版。向达，字觉明，湖南溆浦人，土家族。1924年毕业于南京高等师范学校，先后任职于商务印书馆、北平图书馆，撰有《唐代长安与西域文明》（1933年刊于《燕京学报》专号），奠定其在学术界的地位，受北京大学历史系之聘，讲授

---

① 冯承钧：《评〈中西交通史料汇编〉》，参见张星烺《中西交通史料汇编》第四册，中华书局2003年版，第2281页。1930年10月13日，冯承钧还在《大公报》发表文章《评〈中西交通史料汇编〉》，认为该著作为"出版界之一巨刊也。此书搜集关系中西交际材料之多，从前此类出版物莫能与之伦比也"。

② 朱希祖：《中西交通史料汇编·序》，见张星烺《中西交通史料汇编》第一册，中华书局2003年版，第2页。

"明清之际西学东渐史"。1935年秋赴欧洲，先在牛津大学，不列颠博物馆东方部，巴黎、柏林、慕尼黑等地科学院、博物馆考察。1938年秋，携带数百万字资料返国。返国后，先后任浙江大学史地系、西南联大历史系教授，兼北京大学文科研究所导师。新中国成立后任北京大学历史系教授、图书馆馆长。

在《中外交通小史》这部著作中，向达较系统地梳理了中国和希腊罗马、中亚、阿拉伯、印度等国家和地区的政治、经济文化交流。1934年3月，向达著《中西交通史》由中华书局出版，阐述了中国与欧洲各国两千余年的交流，主要内容包括古代中西交通概况，景教、天主教东来，元代的西征，马可波罗的东来，18世纪的中国与欧洲，鸦片战争与中国的开放等。《中西交通史》每章一个题目，于每一个题目中提示事迹的梗概，书末附《中西交通大事年表摘要》予以补充。

傅运森著《外族侵略中国史》，商务印书馆1934年版，也可视为中外关系史研究的成果之一。本书由《古代编》《近代编》和《民国编》三部分组成，具体阐述自古至今外族对中国侵略的概况。三编之前有一节专门探讨"本书之定义"，回答"外族"的具体内涵是什么。书中写道："本书所云外族，当然指本国民族以外诸族而言：古之民族，大抵单纯，惟其后，较优之民族，必有外族混合于其中，虽有自愿加入者，然亦因彼此侵略而反成结合，于世界历史上固数见之。结合既久，言语、风俗、血系，皆互相错杂，而成一新民族，更同心协力以抵御新来之外族焉。夫如是：历史虽古，而民族长新，侵略者虽强，而抵抗之力亦愈劲，我中国民族史之状况，亦不能外是矣。"[①] 作者认为，近代以来外族对中国的侵略日益加深，非往昔所能比，不仅有武装侵略，而且还有经济侵略和文化侵略。"经济侵略，而我民族之衣食住，咸

---

① 傅运森：《外族侵略中国史》，商务印书馆1934年版，第1页。

将仰鼻息于外人；有文化侵略，而青年遂不惜自弃其国粹"，① 对此，人们必须提高警惕，这种认识不仅在当时，而且在今天，仍有一定的现实意义。

20 世纪 40 年代，阎宗临在中西交通历史研究方面，有不少重要成果问世。其主要内容有：《古代中西文化交流略述》《近代中西交通之研究》《中国与法国 18 世纪之文化关系》《中国文化西渐之一页》《元代西欧宗教与政治之使节》《从西方典籍所见康熙与耶稣会之关系》《康熙使臣艾若瑟事迹补志》等。包括上述文章在内，阎宗临将近 30 篇文章合集《中西交通史》出版，② 《中西交通史》，是一部内容丰富的中西文化交流史文集，深入探讨了"中学西渐"的问题，特别是 18 世纪欧洲人如何学习中国文化。这些内容从两个方面展开：一是近代欧洲文化的特性及其生成过程，二是中国文化对近代欧洲文化特性的影响。这些讨论无疑具有重要的学术意义和现实意义。

有关外交史和中外关系史的著作，除了上面已经提及的之外，在当时还有一些著作或译作有一定影响。这些著作主要是：野村浩一著、湖南编译社译《东亚外交史》，中国留学生会馆 1906 年版；胡秋原著《近代百年来中外关系》，中国文化服务社 1943 年版；陈博文撰述《中俄外交史》，商务印书馆 1928 年版；何汉文著《中俄外交史》，中华书局 1935 年版；罗曼诺夫著、民耿译述《帝俄侵略满洲史》，商务印书馆 1937 年版；陈博文撰述《中日外交史》，商务印书馆 1928 年版；李季《二千年中日关系发展史》，广西学用社 1938 年版；朱杰勤译《中西文化交通史译粹》，中华书局 1939 年版；许公武著《中印历代关系史略》，独立出版社 1942 年版；王婆楞著《中缅关系史纲要》，正中书局 1944 年版。

---

① 傅运森：《外族侵略中国史》，商务印书馆 1934 年版，第 3 页。
② 阎宗临：《中西交通史》，广西师范大学出版社 2007 年版。

帝国主义侵华史是重要内容之一，这方面的主要著作有：高尔松、高尔柏《帝国主义与中国》，青年政治宣传会1925年版；刘彦《帝国主义压迫中国史》2册，上海太平洋书店1927年版；黄克谦、孙季武《帝国主义侵略中国史》，上海真美书社1927年版；于树德《帝国主义侵略中国史》，国光书店1927年版；萧楚女著《帝国主义侵略中国史》，中央军事政治学校政治部宣传科1927年版；黄孝先《帝国主义侵略中国史》2册，商务印书馆1928年版；陈彬和《帝国主义侵略中国史》，世界书局1928年版；唐守常《帝国主义侵略中国痛史》，上海大东书局1928年版；国民外交丛书社《中国交通与外国侵略》，中华书局1928年版；王敬等《帝国主义侵略中国史》，上海新智书店1929年版；高守一《帝国主义压迫中国史》，上海北新书局1929年版；蒋坚忍《日本帝国主义侵略中国史》，上海现代书局1931年版；漆树芬《帝国主义铁蹄下的中国》，上海光华书局1932年版；朱寿田《帝国主义侵略中国小史》，中华书局1934年版；荣赫鹏著、孙煦初译《英国侵略西藏史》，商务印书馆1934年版；张觉人《日本帝国主义侵略中国史》，重庆青年书店1939年版。

专门史译介的内容十分丰富，并不仅限于政治、经济、文化和外交诸领域，这在当时一些较有影响的世界史译著中也可看出，如加藤玄智著、铁铮译《世界宗教史》，商务印书馆1934年版；布拉恩著、倪秀章译《犹太民族史》，商务印书馆1934年版；马克劳德著、吴泽霖等译《印第安人兴衰史》，商务印书馆1947年版。

值得一提的还有程登科（1902—1991）著《世界体育史纲要》，于1945年由商务印书馆出版。程登科，湖南衡山人，中国近代体育史上的著名体育教育家，早年在国立东南大学体育系学习，受教于美国体育家查尔斯·哈罗德·麦克乐（Charles Harold McCloy）。1929年，留学德国，考入柏林国立体育大学，把中国式的健身体操《八段锦》介绍给该校副校长、国际奥林匹克委员会组织委员会主席卡尔·迪姆（Carl Diom），并被卡尔·迪姆收入《世界各国体操》一书中。《世界体育史纲要》在当时，甚至在今天都是不多见的一本专著。

程登科在《导言》中明确指出，"我们研究体育史就是要探讨古来各国的体育起源，发达，变迁等的因果关系，来做我们现在体育实施的借镜"。"我们应该知道，现在的体育，都是过去体育的一切结果，所以倘若能够明了体育的来源及其演进，就可以知道将来的趋势。……研究体育史的最大责任，就是把以往的体育来定出将来的方针。"[1] 作者在书中提出了一个十分重要的问题，那就是体育的发展并不是孤立的，"都是与各国的政治、教育、风俗、习惯、宗教以及社会思想的来源和发展互相呼应着，而有深切关系的"[2]。应该说，在当时能有这样的认识还是应该肯定的。《世界体育史纲要》大体体现了上述思想。各编的主要内容是各种运动的种类及其演进；体育传播线（从古代希腊、罗马到中国、日本）；古代体育史略；中西各国体育史略；世界各国体育特史等。这是一部名副其实的"世界"体育史，而非打着"世界"招牌的"西方"体育史。关于中国自上古以来的体育发展，放在世界体育发展的广阔背景下加以介绍，在当时，对中国体育的这种世界眼光，应该说是难能可贵的。

---

[1] 程登科：《世界体育史纲要》，商务印书馆1945年版，第1页。
[2] 同上书，第2页。

第三编

用唯物史观重新认识世界史的开端

第一章　唯物史观广泛传播和世界史编纂的新阶段

一　马克思主义在中国的早期传播及影响

早在19世纪70年代，马克思主义学说即已开始了在中国的传播过程。对唯物史观和马克思主义的理解，当时主要是通过日本社会主义者的著作介绍到中国来。但是直至俄国十月革命前，马克思主义输入到中国的内容较为零散，没有系统，而且十分肤浅，甚至有不少误读误解。从整体上看，中国社会各阶层对马克思主义的了解并不多，因而，马克思主义对中国社会发展的影响也不大。但是，包括唯物史观在内的马克思主义学说，毕竟开始了在中国的传播。仅这一事实，无论对中国历史学，还是对整个中国社会历史进程所产生的影响，都是不可低估的。

当1871年巴黎公社革命开始了无产阶级革命的世界历史进程时，香港的《华字日报》《中外新报》等报纸，最早对巴黎公社的斗争进行了报道。这时，从欧洲归来的王韬和精通外语的张宗良，写了大量的文章，交给这些报纸发表。同年，王韬将关于巴黎无产者斗争的文章汇集在一起，编成《普法战纪》14卷，由中华印务总局在1873年出版。

1873年至1882年，上海江南制造局不定期出版《西国近事汇编》，介绍当时欧美工人运动和社会发展中的主要事件，成为人们了解世界的重要窗口。社会主义思想被译述为主张"欧罗巴大同""贫富适均"等。在这些汇编中，也报道有关国际社会主义运动的消息。1877年5月，美国传教士林乐知写道："美国费拉特尔费亚省来信，谓美有数处民心不靖，恐康密尼人乱党夏间起事，……今乱党以体恤工人为名，实即康密尼党唆令作工之人与富贵人为难。去年工人滋闹，尚无头绪，今有数处康密尼人练演为兵，此种人为教训约束所不及，须用武以制之，或用教会以开导之。""康密尼人乱种，非可行于美国，美国断不容也。"这里所说的"康密尼人"，即是根据英语发音转译的"共产主义者"或"共产党人"。由此可以看出当时美国工人运动的发展，以及统治阶级的恐惧，准备用武力镇压等手段来对付社会主义运动。

创刊于19世纪60年代末，由传教士主办的《万国公报》（当时称《中国教会新报》），也有关于马克思学说的介绍，如《大同学》①第一章《今世景象》在简述了18世纪以来的阶级斗争后写道，"其以百工领袖著名者，英人马克思也。马克思之言曰：纠股办事之人，其权笼罩五洲，实过于君相之范围一国，吾侪若不早为之所，任期蔓延日广，诚恐总地球之财币，必将尽入其手。然万一到此时势，当即系富家权尽之时，何也？穷黎既至其时，实已计无复之，不得不出其自有之权，用以安民而救世"。② 这里误将马克思说成是"英人"，但文中所述马克思的思想却基本无误。在《大同学》第三章《今世景象》中，再次提及马克思："今世之争，恐将有更甚于古者。此非凭空揣测之词也。试稽近代学派，有讲求安民新学之一家。如德国之马客偲，主于资本者也；美国之爵而治，主于救贫者也；美洲又有柏辣弥，主于均富者也；英

---

① 《大同学》，在《万国公报》第121—124册（时称《中国教会新报》）连载。光绪二十五年（1899）正月到四月。

② 《万国公报文选》，生活·读书·新知三联书店1998年版，第614—615页。《大同学》，系由英国传教士李提摩太、中国文人蔡尔康根据英国社会学家本杰明·颉德著《社会进化论》一书编译而成。当时，"颉德"译作"企德"。

国之法便,尤以能文著,皆言人隶律法之下,虽皆平等,人得操举官之权,亦皆平等(君主之国无此权也),独至贫富之相去竟若天渊。语语翔实,讲求政学家,至今终无以难之。"① 在我国,正是这篇《大同学》最早提到了马克思的名字。

1900年,中国留日学生在东京成立了"译书汇编社",该社出版的《译书汇编》,系留学生最早出版之月刊,被认为是"留学生界杂志之元祖",1900年12月创刊。1901年1月,《译书汇编》第2期,译载了日本有贺长雄著《社会党镇压及其社会政策》一文,对社会主义有如下定义:"西国学者,悯贫富之不等,而为佣工者,往往受资本家之制,遂有倡均贫富制恒产之说者,谓之社会主义。"文中还提到1862年、1866年第一国际伦敦会议和日内瓦会议,以及"麦克司(马克思)自为参事会长,总理全体"②。将马克思、社会主义和国际工人运动联系在一起介绍给中国读者,以前并不多见。此外,《译书汇编》还先后发表了有贺长雄著《近世政治史》《近世外交史》和酒井熊三郎著《十九世纪欧洲政治史论》等,对欧洲的革命运动多有介绍。

1902年,梁启超在《新民丛报》发表《乐利主义泰斗边沁之学说》,在国内最早介绍了功利主义。梁启超在文中谈到了"麦喀士(马克思)之社会主义",文中写道:"麦喀士谓今日社会之弊,在多数之弱者,为少数强者所压服。"当时马克思主义学说已经诞生,但还没有传入中国。

19世纪末,随着日本资本主义的迅速发展,工人运动和社会主义思潮兴起。一些知识分子试图用社会主义思想解决日益尖锐的社会矛盾。1898年10月,日本"社会主义研究会成立",主要成员有村井知至、幸德秋水(1871—1911)、片山潜(1859—

---

① 《万国公报文选》,生活·读书·新知三联书店1998年版,第620—621页。
② 参见林代昭、潘国华编《马克思主义在中国——从影响的传入到传播》,清华大学出版社1983年版,第62—63页。

1933）和安部矶雄（1865—1949）等。不断发展的日本社会主义运动，对中国留日学生产生了深刻的影响。20 世纪初，一批日文宣传社会主义的著作，由留日学生陆续译成中文出版。这些著作主要有：幸德秋水的《二十世纪之怪物帝国主义》《广长舌》《社会主义神髓》、村井知至的《社会主义》、福井准造的《近世社会主义》、西川光次郎的《社会党》、久松义典的《近世社会主义评论》、岛田三郎的《社会主义概评》、矢野龙溪的《新社会》等。这些著作对于马克思主义在中国的传播，起着积极的促进作用。

1902 年，幸德秋水著成《广长舌》，它是一部宣传包括唯物史观在内的科学社会主义基本原理的通俗读物，阐述了社会主义产生的原因，它的内容、目标，以及实现社会主义的历史必然性。作者强调革命是社会进化、发展、进步的必然途径。这部著作在日本拥有广大读者，并产生较为广泛的影响。同年底，该书由中国国民丛书社译成中文出版。商务印书馆总发行所在为该书所做的广告中说："中江兆民先生，日本法国学派之第一人也，有东方卢梭之目，门下众多，而幸德秋水为其首出。是书即为幸德原著。全卷三十二篇，凡当今时势上最重要之问题，包括无遗。欲知吾人今日世界之主眼，不可不读是书；欲探世界将来之影响，不可不读是书。本馆特请国民丛书社译出，以饷我中国有志之士。"[①] 幸德秋水对唯物史观的通俗介绍，对唯物史观在中国的早期传播，有积极的推动作用。

1903 年 3 月，上海广智书局出版了赵必振的译著《近世社会主义》，原书作者是日本福井准造。这是日本早期系统介绍社会主义思想发展史、了解各国社会主义运动的重要著作。书中有一段对于《共产党宣言》的译文，多被认为是最早的中文译文。幸德

[①] 商务印书馆：《广长舌》广告，《外交报》1902 年 11 月 4 日。

秋水著《社会主义神髓》，1903年7月初版。① 这是幸德秋水的代表作，也是近代以来，日本阐释科学社会主义的重要著作之一。最早的中文译本与日文原版书的问世相隔不过两个多月，中国达识译社译，1903年10月初由《浙江潮》编辑所出版发行。20世纪初，还有另外两种中文译本：其一，署名"创生"的译本，东京奎文馆书局1907年版；其二，署名"蜀魂"的译本，中国留学生会馆社会主义研究社1906年版。作者依据《共产党宣言》和《社会主义从空想到科学的发展》等经典著作中的基本内容，分析了资本主义社会的矛盾，以及劳动者贫困的原因和社会主义必将代替资本主义的必然性。作者还从理论与实践的结合上，阐释了唯物史观的基本原理，如书中说："社会主义之祖师凯洛·马尔克斯（卡尔·马克思）者，为吾人道破所以能组织人类社会之真相者，曰：'有史以来，不问何处何时，一切社会之所以组织者，必以经济的生产及交换为根底。即如其时代之政治及历史，要亦不能外此而得解释'。"② 此书不仅在日本，而且在中国也广为流行。

1902年，日本社会主义研究会会长村井知至著、罗大维译《社会主义》的中文本，由上海广智书局出版。作者分析了空想社会主义和科学社会主义的异同，以及它们的本质区别。作者强调，科学社会主义是资本主义的对立物。"贫富之所以悬隔，实基于私有资本。固必废革此制度，而为共有资本之制度。"这就是说要消灭私有制，实现公有制。③ 该书还对马克思的革命生涯，以及马克思主义的基本原理，特别是对剩余价值理论进行了

---

① 除幸德秋水《社会主义神髓》外，《东方杂志》自1912年第8卷第11号起，开始连载高劳著《社会主义神髓》。作者认为，社会主义是"救世主义"，是"世界中爱平和重幸福希进步之志士仁人起而努力方向"。参见《东方杂志》1912年第9卷第3号。

② 商务印书馆：《广长舌》广告，《外交报》1902年11月4日。

③ 《中国现代政治思想史资料丛书》第3辑，《五四运动前马克思主义的介绍与传播》，湖南人民出版社1986年版，第52—53页。

介绍。

1903年2月，留日学生马君武发表《唯物论二巨子说》《社会主义与进化论比较》，主要通过唯物史观和进化论的比较，指出了马克思主义和达尔文主义的本质区别。文中写道："自达尔文发明天择物竞生物进化之理，直扶世界事物发达之源，马克司（马克思）之徒遂指出社会主义与达尔文主义相同之点，谓是二主义实相与有密切之关系。……马克司者，以唯物论解历史之人也。马氏尝谓：阶级竞争，为历史之钥。""虽然，达尔文所谓发达，与社会主义所谓发达，固不同也。达氏以为：物种竞争，最宜者存；社会党人以为，人群当共同和亲，利益均享；其异甚矣。"在这篇不长的文章中，除马克思和达尔文之外，还涉及了佛礼儿（傅立叶）、鲁意伯龙（路易·勃朗，Louis Blanc，1811—1882）、布鲁东（蒲鲁东）、拉沙勒（拉萨尔，Ferdinand Lassalle，1825—1864）、马尔泰司（马尔萨斯）等人。作者指出："社会主义，诚今世一大问题，最新之公理皆在其内，不可不研究也。"[1] 马克思恩格斯在《共产党宣言》中写道："共产党人不屑于隐瞒自己的观点和意图。他们公开宣布，他们的目的只有用暴力推翻全部现存的社会制度才能达到。让统治阶级在共产主义革命面前发抖吧。无产者在这个革命中失去的只是锁链。他们获得的将是整个世界。"[2] 这段话最早出现于福井准造著、赵必振译的《近世社会主义》中。在1903年上海广智书局出版的《近世社会主义》中文本中，这段话是这样表述的："同盟者无隐瞒其意见与目的，宣布吾

---

[1] 《译书汇编》1903年第11期。在此之前，马君武在1901年译成达尔文《物种起源》第3章，以《达尔文物竞篇》为名与《斯宾塞女权论》合并在一起，作为《少年中国新丛书》合刊之一出版。1902年，马君武又译成达尔文《物种起源》第4章"自然选择"，以《达尔文天择篇》名出版。1919年，马君武将《物种起源》全书译成中文，以《达尔文物种原始》名出版。这是达尔文著作的第1部中文全译本。该书在中国学术界受到广泛关注，到1936年已经重印12版。

[2] 《马克思恩格斯选集》第1卷，人民出版社2012年版，第435页。

人之公言,以贯彻吾人之目的,惟向现社会之组织,而加一大改革,去治者之阶级,因此共产的革命而自警。然吾人之劳动者,于脱其束缚之外,不敢别有他望,不过结合全世界之劳动者,而成一新社会。"①《近世社会主义》有一章为《加陆马陆科斯(卡尔·马克思)及其主义》,介绍了马克思的生平、学说和《共产党宣言》的基本内容,该书是最早介绍《共产党宣言》的中文出版物。

1905年11月,革命党人朱执信(1885—1920)在同盟会机关刊物《民报》中撰写《德意志社会革命家小传》《德意志社会革命家列传》②,在介绍马克思恩格斯的生平事业时,高度评价《共产党宣言》和《资本论》。朱执信,笔名有蛰伸、县解、前进、民意、琴生等,1885年10月,生于广东番禺一书香门第之家,其父朱启连曾在两广总督张之洞幕府任职,有多种著述问世。朱执信在其父影响下研读传统学术,同时爱国主义情怀潜滋暗长。1895年中日甲午战争后,他为中国战败签订丧权辱国的《马关条约》失声痛哭。1900年八国联军侵华签订《辛丑条约》后,他在悲愤中认识到为挽救中华民族"覆亡之祸",必须推翻已沦为西方列强走卒的清政府。

1904年,朱执信以第一名的成绩考取广东省官费赴日留学资格,与胡汉民、汪兆铭、古应芬等联袂东渡,翌年结识孙中山,加入中国同盟会。1906年6月,朱执信以优等成绩毕业于东京法政大学法政速成科,回国先后受聘于广东高等学堂、广东法政学堂、两广方言学堂等新式学堂,在教学的同时积极从事革命活动。1911年4月,他在黄花岗起义中,血染战衣,身先士

---

① 姜义华编:《社会主义学说在中国的初期传播》,复旦大学出版社1984年版,第166页。

② 蛰伸:《德意志社会革命家小传》,《民报》1905年第2号;蛰伸:《德意志社会革命家列传》,《民报》1906年第3号。

卒，始终不渝追随孙中山，直至1920年9月壮烈牺牲，时年35岁。孙中山痛惜执信忽然殂折，使"我如失左右手"，使"我党失此长城"。

19世纪末20世纪初，西方政治学思潮在中国广泛传播，朱执信在大量研读《物种起源》《天演论》《原富》等近代西方思想名著的同时，开始研究马克思主义学说，他是在中国介绍马克思主义的主要代表人物之一。他认为马克思的学说重在实行，不是空中楼阁，因此对中国有重要的镜鉴作用。何香凝称他是介绍社会主义思想最积极的人。毛泽东论及马克思主义在中国早期传播史时，也充分肯定了他的贡献。①

在《德意志社会革命家小传》中，朱执信主要介绍了马克思和拉萨尔，同时还介绍了恩格斯和倍倍尔（August Bebel, 1840—1913）。他认为"社会的运动，以德意志为最，其成败之迹足为鉴者多"。"社会主义学者于德国独昌，于政治上有大势力，而政党乃却顾失势抑其欤援焉。"朱执信较多地介绍了马克思的阶级斗争学说："马尔克（马克思）之意，以为阶级争斗，自历史来，其胜若败，必有所基。""故其宣言曰：'自草昧混沌而降，至于吾今有生，所谓史者，何一非阶级争斗之陈迹乎？'……今日吾辈所处社会，方若是于此，而不探之其本原以求正焉，则掠夺不去，压制不息，阶级之争，不变犹昔，则中级社会与下级社会改善调和之方，其又将于何而得求之也。"朱执信还对《共产党宣言》的深远影响作了介绍，指出它对当时的欧洲革命，特别是法国革命、德国革命的影响尤其深刻，"家户诵之"②。朱执信接受了马克思的学说，开始用历史唯物主义的观点观察世界，如在阐释人

---

① 参见何香凝《回忆孙中山与廖仲恺》，中国青年出版社1957年版，第24页；中央档案馆《中共中央文件选集》第15册，中共中央党校出版社1991年版，第94—95页。

② 《民报》1905年第2号。

民群众的历史作用时写道:"今后革命,固不恃会党,顾其力亦必不出于豪右,而出于细民,可预言者也。"因此,"千万不要看不起人民",而要"接纳人民的主张"①。不难看出,朱执信的思想虽然属于旧民主主义革命的范畴,但却也孕育着新民主主义革命思想的胚胎。

1906年6月,宋教仁在《民报》撰文《万国社会党略史》,这篇文章是根据日本《社会主义研究》杂志上的文章编译而成。文章在介绍第一国际、第二国际历史和革命活动的同时,介绍了马克思主义的阶级斗争学说。文章认为,现代世界已经出现了两大阶级:"掠夺阶级与被掠夺阶级",即"富绅与平民"。两者的生活有"天堂"和"地狱"之分,因此阶级对立不可避免地会产生阶级斗争,"旗鼓堂堂,为执戈立矛"②。这种贫富悬殊和阶级对立的状况,也完全符合中国的状况。

1908年1月,《〈共产党宣言〉恩格斯1888年英文版序言》由民鸣译成中文,发表在《天义报》第15卷。同年,《天义报》1908年春季增刊(第16—19卷)发表了民鸣所译《共产党宣言》的前言和第一章《绅士与平民》(即《资产者与无产者》)。编译者在文前的"按语"中写道:"《共级(产)党宣言》,发明阶级斗争说,最有稗于历史。此序文所言,亦可考究当时思想之变迁。欲研究社会主义发达之历史者,均当从此入门。"刘师培为其写了《序》,称马克思、恩格斯是"社会主义大师",并评价《共产党宣言》说:"观此宣言所叙述,于欧洲社会变迁纤悉靡遗,而其要归,则在万国劳民团结,以行阶级斗争,固不易之说也。""欲明欧洲资本制之发达,不可不研究斯编。复以古今社会变更均由阶级之相竞,则对于史学发明之功甚巨;讨论史编,亦不得不奉为圭臬。"刘师培充分肯定用马克思主义的阶级

---

① 《朱执信集》(上),中华书局1979年版,第64、475页。
② 《民报》1906年第5号。文章当时署名"勥斋"。

学说研究历史，这从一个侧面反映了马克思主义在中国的影响正在不断扩大。

"增刊"还发表了齐民社同人译英国社会党主席哈因秃曼（即H. M. 海因德曼，或 H. M. 汉德曼，1842—1921）的《社会主义经济论》首章。译者在文前《中译者序》中，高度评价了唯物史观：近世言社会主义者，必推阐历史事实，研究经济界之变迁，以证资本制度所从生。自马尔克斯（马克思）以为古今各社会均援产业制度而迁，凡一切历史之事实，均因经营组织而殊，惟阶级斗争，则古今一轨。自此谊发明，然后言社会主义者始得所根据。因格尔斯（恩格斯）以马氏发现此等历史，与达尔文发现生物学，其功不殊，诚不诬也。译者还依据上述唯物史观基本原理，对照比较了当时中国史学界的现实，认为今中国言史学者，鲜注意经济变迁，不知经济变迁实一切历史之枢纽。随着唯物史观的广泛传播和影响不断扩大，中国史学的这种情况在 20 世纪上半期开始发生深刻变化。

1911 年 10 月，辛亥革命取得了胜利；1912 年 1 月，中华民国成立。中国结束了几千年的封建专制统治，进入民国时期。在此前后，由于资产阶级革命派的推动，社会主义思潮在中国有了更大的影响。1911 年 8 月，《东方杂志》发表《社会主义与政策》，文中写道："近世社会主义之开山，咸推德人揩尔·麦克（卡尔·马克思）。其《资本论》所述，意在集土地、资本于社会，以经营共和的生产事业，所谓社会民主主义是也。"[①] 1911 年 11 月至 1912 年 4 月，《东方杂志》停刊半年。1912 年 4 月第 8 卷第 10 号复刊后，还曾发表多篇宣传、介绍社会主义的文章。当时出版的"新智识丛书""马克思研究丛书""社会丛书""新时代

[①] 参见林代昭、潘国华编《马克思主义在中国——从影响的传入到传播》，清华大学出版社 1983 年版，第 287 页。

第一章　唯物史观广泛传播和世界史编纂的新阶段　545

丛书"等，也出版了有关社会主义的著作①。1911 年 8 月 9 日，在江亢虎（1883—1954）的领导下，以研究广义的社会主义为宗旨的"社会主义研究会"在上海成立。11 月 5 日，在辛亥革命的鼓舞下，江亢虎在上海成立中国社会党②，并得到社会党国际的承认。他在《社会主义研究会开会宣言》《社会主义商榷案——社会主义商榷之商榷》《社会主义演说词》《社会主义学说》等文章中，阐述了对社会主义的理解。江亢虎所倡导的社会主义与科学社会主义有质的区别，不过是中国传统社会的"大同思想"、欧美社会改良主义、单税社会主义和国家社会主义的拼盘。19 世纪末 20 世纪初，社会主义是一十分庞杂的社会思潮，据不完全统计有 200 多个。

辛亥革命后，孙中山也对社会主义表示赞同，热情宣传社会

---

① 《东方杂志》上的这些文章主要有：君实：《俄国社会主义之变迁》，第 15 卷第 4 号（1918 年 4 月 15 日）；君实：《社会主义之真诠》，第 16 卷第 7 号（1919 年 7 月 15 日）；君实：《社会主义之检讨》，第 16 卷第 9、10、11 号（1919 年 9 月 15 日、10 月 15 日、11 月 15 日）；昔尘：《边悌之社会主义》，第 17 卷第 4 号（1920 年 2 月 25 日）；昔尘：《社会主义之未来国家》，第 17 卷第 11 号（1920 年 6 月 10 日）；景藏：《民主国与社会主义》，第 17 卷第 12 号（1920 年 6 月 25 日）；P.L：《社会主义与人生问题》，第 17 卷第 16 号（1920 年 8 月 25 日）；愈：《社会主义与自由主义》，第 17 卷第 18 号（1920 年 9 月 25 日）；鸣白：《日本社会主义运动史》，第 17 卷第 19 号（1920 年 10 月 10 日）；丹卿：《社会主义发达的经过》，第 17 卷第 24 号（1920 年 12 月 25 日）；潘公展：《近代社会主义及其批评》，第 18 卷第 5、6、7 号（1921 年 3 月 10 日、3 月 25 日、4 月 10 日）；王世杰：《议院制与社会主义》，第 18 卷第 8 号（1921 年 4 月 25 日）；陈嘉异：《社会主义与进化论之关系》，第 18 卷第 9 号（1921 年 5 月 10 日）；望道：《社会主义底意义及其类别》，第 18 卷第 11 号（1921 年 6 月 10 日）；昔尘：《农业之社会主义化》，第 18 卷第 13 号（1921 年 7 月 10 日）。"新智识"等丛书的主要著作有：伊黎著，黄尊三译：《近世社会主义论》（1923）；拉尔金著，李风亭译：《马克斯（马克思）派社会主义》（1926）；格雷西著，刘建阳译：《社会主义之意义》（1923）；高岛素之著，夏丐尊、李继桢译：《社会主义与进化论》（1922）；山川菊荣著，祈森焕译：《妇人和社会主义》（1923）等。

② 江亢虎（1883—1954），原名绍铨，江西弋阳人。1921 年曾列席共产国际第 3 次代表大会，1924 年重组中国社会党，后改名中国新社会民主党。1940 年参加汪伪政权，任伪考试院院长。抗日战争胜利后，被判无期徒刑。主要著作有《新俄游记》《江亢虎文存初编》等。

主义，认为自己是一名"社会主义家"。1912年10月，他在上海发表《社会主义派别及批评》的讲演时，认为社会主义存在四种主要的派别，即共产社会主义、集产社会主义、国家社会主义和无政府社会主义。他认为共产社会主义虽然是"社会主义之上乘"，但是对国民道德素质要求极高，中国尚不具备这方面的条件，所以只适宜实行集产社会主义，具体说就是"土地铁路收归国有，不为一二资本家所垄断渔利，而失业小民，务使各得其所，自食其力"。在孙中山看来："社会主义者，人道主义也"，"博爱、平等、自由，社会主义之真髓"。这样，就可以"和平解决贫富之激战"，避免"战乱之祸"。[1] 孙中山对社会主义的这些认识，在当时有一定的代表性，有广泛的影响。

辛亥革命后，孙中山一度乐观地认为，民族主义和民权主义的问题已经解决，只余下发展民生的问题。他说："我党二十年来，持三民主义奔走海外，以谋中国之大革新。幸今日时机已熟，人心不死，自武汉起义，不三月间而全国底定，五族共和，民族、民权目的已达。今后欲谋国利民富，其进行之方针，惟有实行提倡民生主义耳。"[2] 但是辛亥革命后中国的现实是，帝国主义列强依然横行无忌、军阀统治暗无天日，还有袁世凯（1859—1916）洪宪帝制、张勋（1854—1923）复辟等政治丑剧，他十分失望，不得不发动"二次革命""护国运动""护法运动"以挽救共和制度。1919年他在《三民主义》一文中，开始重提民族主义，认为中国的民族主义有"消极目的"和"积极目的"的区分。推翻了清王朝仅仅是完成了消极目的；而积极目的则是使中华民族"驾美迭欧而为世界之冠"，[3] 因此。国人当要继续努力奋斗。辛亥革

---

[1] 参见林代昭、潘国华编《马克思主义在中国——从影响的传入到传播》，清华大学出版社1983年版，第367—368页。

[2] 《孙中山全集》第2卷，中华书局1982年版，第354页。

[3] 同上书，第188页。

命后中国与世界的联系,愈来愈加密切;解决中国国内的政治经济问题,不可能关起门来,脱离世界历史与现实这一广阔的背景。孙中山的思想,具体反映了这一事实。时代和中国社会发展的需求,为中国世界史编纂,以及世界历史学科的建立和发展,创造了有利的条件。

二　十月革命和马克思主义在中国影响的扩大

　　1917年俄国十月革命的胜利,是人类历史上第一次成功的无产阶级革命,社会主义从一种崇高的信仰、理想变成现实的社会制度。世界社会主义运动、社会主义的生产关系,从一开始就不是单纯的所谓"欧洲现象",而具有世界历史性的意义;十月革命的道路,是全人类发展的共同的光明大道。毛泽东指出:"十月革命一声炮响,给我们送来了马克思列宁主义。十月革命帮助了全世界的也帮助了中国的先进分子,用无产阶级的宇宙观作为观察国家命运的工具,重新考虑自己的问题。"① 在十月革命的影响下,李大钊等具有初步共产主义思想的知识分子,终于找到了马克思列宁主义,开始在中国传播马克思主义,进一步扩大了唯物史观在中国的影响,使其在古老的中国扎下了根。在这个过程中,李大钊(1889—1927)等先进分子也完成了从革命民主主义者到马克思主义者的转变。

　　20世纪初,马克思主义在中国得到广泛传播不是偶然的,这"是因为中国的社会条件有了这种需要,是因为同中国人民革命的实践发生了联系,是因为被中国人民所掌握了。任何思想,如果不和客观的实际的事物相联系,如果没有客观存在的需要,如果不为人民群众所掌握,即使是最好的东西,即使是马克思列宁主义,也是不起作用的"②。1917年俄国十月革命后第三天,上海《国民日

---

① 《毛泽东选集》第4卷,人民出版社1991年版,第1471页。
② 同上书,第1515页。

报》就对此进行了报道。同年,《太平洋》《劳动》和《东方杂志》《申报》等也对此进行了介绍。但是,这些报道多是新闻角度的报道,只是一些对于过程的描述,或一些具体的历史场景的介绍,或局限在俄国自身历史发展的范畴内,并没有认识到这场革命的世界意义和深远的历史意义。真正理解十月革命的世界历史意义,并进行科学阐释的是中国共产党创始人之一的李大钊。

1918年7月1日,李大钊在《言治》第3册发表了《法俄革命之比较观》,这是中国人民热情歌颂十月革命的第一篇文章。李大钊对俄国革命与法国大革命进行比较后明确指出:"俄罗斯之革命是20世纪初期之革命,是立于社会主义上之革命,是社会的革命而并著世界的革命之采色者也。时代之精神不同,革命之性质自异,故迥非可同日而语者。"① 李大钊从法国大革命是世界近代历史开端这一事实出发,指出十月革命是新的世界历史潮流。他从世界历史矛盾运动不可逆转的趋势来评价十月革命。他说:"俄罗斯之革命,非独俄罗斯人心变动之显兆,实二十世纪全世界人类普遍心理变动之显兆。……此非历史家故为惊人之笔遂足以耸世听闻,为历史材料之事件本身实足以报此消息也。吾人对于俄罗斯今日之事变,惟有翘首以迎其世界新文明之曙光……"② 同年11月15日,李大钊在《新青年》第5卷第5号发表《庶民的胜利》和《布尔什维主义的胜利》,③ 热情歌颂十月革命的胜利,认

---

① 《李大钊选集》,人民出版社1959年版,第102页。
② 同上书,第104页。
③ 1918年11月,李大钊《庶民的胜利》和《布尔什维主义的胜利》的发表,表明李大钊实现了进化论到阶级论的转变。他在此之前曾是进化论者。1916年9月,李大钊在《青春》中写道:"由历史考之,新兴之国族与陈腐之国族遇,陈腐者必败;朝气横溢之生命力与死灰沉滞之生命力遇,死灰沉滞者必败;青春之国民与白首之国民遇,白首者必败,此殆天演公例,莫或能逃者也。"国际国内的现实,使李大钊对进化论逐渐产生怀疑。因为"优胜劣败、弱肉强食"的思想,只能成为帝国主义以"文饰侵略之材料,奖励战争之口实,以有今日之惨祸"。以上见《李大钊选集》,人民出版社1959年版,第70、84—85页。

为"一九一七年的俄国革命,是二十世纪中世界革命的先声"。布尔什维主义"虽为俄人所创造,但是他的精神,可是二十世纪全世界人类人人心中共同觉悟的精神。所以 Bolshevlsm(布尔什维主义)的胜利,就是二十世纪世界人类人人心中共同觉悟的新精神的胜利","试看将来的环球,必是赤旗的胜利!"[①] 李大钊的这些论述对于帮助人们透过表面现象,认识十月革命的世界历史意义是十分有益的。

"1917 年十月革命后,马克思主义传到了东方,引起北京青年和学术、思想界的震动。从十月革命到五四运动,经过了一年半时间。这个思想在中国汹涌澎湃,不可抵抗,犹如江河决口,沛然莫御!"[②] 1919 年 4 月,距十月革命胜利不到两年的时间,亦即"五四"前夜,陈独秀结合当时的世界与中国的现实,在《每周评论》撰文论述了十月革命的历史意义。他说:"美英两国有承认俄罗斯布尔扎维克政府的消息,这事如果实行,世界大势必有大大的变动。十八世纪法兰西的政治革命,二十世纪俄罗斯的社会革命,当时的人们都对着他们极口痛骂,但是后来的历史家,都要把他们当作人类社会变动和进化的大关键。"[③] 在陈独秀看来,1917 年俄国十月革命和 1789 年的法国大革命,都有划时代的世界历史意义。陈独秀将十月革命与法国革命相提并论自有其深意,如果说法国大革命开辟了资产阶级革命的新纪元,那么十月革命则开辟了无产阶级革命的新纪元,在中国,五四运动的爆发,则揭开了中国社会历史发展的崭新一页。

1919 年 3 月,共产国际(第三国际)在苏维埃俄国莫斯科成

---

① 《李大钊选集》,人民出版社 1959 年版,第 111、117、118 页。
② 罗章龙:《五四运动和马克思学说研究会》,载《五四运动亲历记》,中国文史出版社 1995 年版,第 46 页。
③ 《陈独秀著作选编》第 2 卷,上海人民出版社 2009 年版,第 80 页。

立。出席第一次代表大会的有来自21个国家的35个政党和团体的代表，中国、朝鲜以及其他东方国家无产阶级的代表作为观察员列席大会。共产国际的重要任务之一，是广泛宣传和实践马克思主义学说。共产国际一大通过的《共产国际宣言》指出："72年前，共产党就已经向世界宣布了自己的纲领（即《共产党宣言》），即无产阶级革命的最伟大的预言家卡尔·马克思和弗里德里希·恩格斯所写的宣言"，聚集在苏维埃莫斯科的共产主义者们，欧洲、美洲和亚洲各国的革命无产阶级的代表，感到并意识到自己是72年以前就已公布了纲领的那一事业的继承者和实现者。[①] 共产国际的成立，对于马克思主义学说在中国的广泛传播，有重要的推动作用，中国社会大众对马克思学说和苏维埃俄国有了越来越多的了解。

十月革命后，我国集中出版了一批有关十月革命和苏维埃俄国历史和现实的专著。先进的中国知识分子，通过十月革命进一步了解了马克思主义学说，推动了唯物史观的广泛传播。这些著作主要有：张冥飞辑译《劳农政府与中国》，汉口新文化共进社刊印、上海泰东图书局1920年版；邵飘萍编著：《新俄国之研究》，日本东瀛编译社1920年版；《俄罗斯苏维埃联邦社会主义共和国宪法》，上海《民国日报》1919年7月刊登，1920年出版单行本；瞿秋白（1899—1935）《新俄国游记》，商务印书馆1922年版。李达（1890—1966）《译述劳农俄国研究》，商务印书馆1922年版。在该书第一章"俄国革命小史"中，李达介绍了革命前的农民和劳动者、二月革命、资产阶级共和国之出现、第二次临时政府（阶级的对立之发展）、第三次临时政府（克伦斯基执政）、十月革命，以及一切权力都归劳农会。在第二章论述劳农政治的特质时，重点分析了无产阶级专政与民主主义。第三章则具体分析了苏俄的劳农

---

① 参见［匈］贝拉·库恩编《共产国际文件汇编》第1册，生活·读书·新知三联书店1965年版，第83页。

政治。无论是李达的著作,还是其他人的著作在宣传苏维埃俄国的同时,也介绍了包括唯物史观在内的马克思学说的。广大中国人民,正是通过苏维埃俄国这一具体的形象,开始认识、熟悉、研究和接受马克思学说的。在他们看来,十月革命的胜利,就是马克思主义的胜利,列宁领导的十月革命,就是现时代马克思主义的具体体现,宣传十月革命和苏维埃俄国,就是宣传马克思主义。

十月革命胜利后,朱执信结合中国的现实,从中国革命要"以俄为师"的基本认识出发,以极大的热情投入到宣传和研究苏维埃俄国的工作中,仅在1920年,他就先后发表了《倒叙的日俄战争史》(上海《民国日报》1920年3月3日)、《匈俄苏域政府的兵》(《建设》第2卷第2号,1920年3月)、《兵底变态心理》(《星期评论》劳动纪念号,1920年5月1日)、《兵的改造与其心理》上、下(《建设》第2卷第5号、第3卷第1号,1920年6—8月)等多篇文章。朱执信写道:"主义就是人生所以能够成为有意义的原因。……没有主义的兵,和有主义的兵的战斗的力量相差的太远了。从前俄国和德国打仗的时候,所有的兵都不禁打的,一下子就败下来,……这三年间,差不多赤卫军是战无不胜。""都是一样的俄国人,何以前头就望风奔溃,后头却所向无敌呢?不是有主义和没有主义的分别吗?"[①] 朱执信还举例说,"中国的军队是腐败极了,当兵的似乎都要不得",但是俄国赤卫军中的中国士兵却英勇奋战,世所罕见,这再次说明"不堪一战的兵得了一个主义,就立刻可用,不避水火的人失了一个主义,就萎靡无用"。总之,"求兵队能打仗,最好令他成为有主义的兵"。[②] 朱执信这里说的"主义",显然是指马克思主义。他以军队为例,介绍苏俄革命的经验,形象生动地说明了马克思主义学说的生机和力量,

---

[①] 《中国近代思想家文库·朱执信卷》,中国人民大学出版社2015年版,第485—486页。

[②] 同上书,第486页。

有助于中国人民通过事实了解和接受马克思的学说。

　　1922年初，日本社会主义者山川均（1880—1958）著《列宁传》，经张亮译，由人民出版社出版。① 这是我国第一部关于列宁生平的单行本。这部《列宁传》是根据俄共（布）早期领导人、列宁的战友季诺维也夫（Григорий Евсеевич Зиновьев，1883—1936）在1918年发表的关于列宁的演讲写成，多有季诺维也夫自己的经历和感受，所以有一般的《列宁传》所不具备的特点。全书16章，主要内容为：列宁诞生和他的学生时代、参加学生运动和工人运动、西伯利亚流放、《火花（火星）报》、1905年革命、欧洲大战和"第二国际"的破灭、"第三国际"的勃兴、亡命瑞士、彼得格勒武装起义、"一切权利都归劳农会"、列宁被暗杀，以及俄罗斯革命和列宁等。作者高度赞扬列宁是拯救彼得格勒、拯救莫斯科、拯救共产党、拯救革命运动的无产阶级革命领袖。同年4月，《广东群报》曾转载了《列宁传》，扩大了这部著作的影响。

　　辛亥革命后，帝国主义列强继续加紧对中国的侵略。1915年，日本帝国主义提出灭亡中国的"二十一条"；沙皇俄国公然开策划分裂中国的活动；英国为取得在华的更大利益，极力煽动"西藏独立"。1818年召开"巴黎和会"时，西方列强无视中国人民的正义要求，粗暴践踏中国的主权，要把德国在山东掠夺中国的权益全部"让予"日本，北洋政府在列强面前的卖国嘴脸也暴露得一遗无余。这些直接导致了"五四运动"的爆发。"外争国权，内惩国贼"成为爱国学生和民众的普遍要求，有力地促进了中华民族民族意识的提升和民族觉醒。瞿秋白在其名著《饿乡纪程》

---

① 人民出版社是中国共产党在1921年9月创办的第一个出版机构。1921年7月中国共产党成立后，为加强对马克思主义理论的宣传，以适应革命发展的需要，中央局于1921年9月1日，在上海创办人民出版社，由中央局宣传主任李达主持工作。1921年9月1日发行的《新青年》第9卷第5号刊登了人民出版社《成立通告》，述及了该社的宗旨与任务："近年来新主义新学说盛行，研究的人渐渐多了，本社同仁为供给此项要求起见，特刊行各种重要书籍，以资同志诸君之研究。"

中写道："中国民族几十年受剥削，到今天才感受到殖民地化的况味。帝国主义压迫的切骨的痛苦，触醒了空泛的民主主义的噩梦。学生运动的引子，山东问题，本来就包括在这里，工业先进国的现代问题就是资本主义，在殖民地上就是帝国主义，所以学生运动倏然一变而倾向于社会主义，就是这个原因。"[1] 历史上蕴含在人民心中的爱国主义情怀，表现出新的时代精神，开始和社会主义的选择自觉地联系在一起。

"五四"之后，马克思主义得到更广泛传播，在中国社会生活的各个领域日益产生着更加重要的影响，而这种传播首先是从介绍唯物史观开始的。1919年5月，北京的《晨报》副刊刊登了陈博贤译自日本河上肇（1879—1946）的《马克思的唯物史观》一文。该文指出，唯物史观是马克思主义的两大根底之一。其主要内容是社会结构和社会制度变迁的根本原因，在于"社会上经济事情的变迁"，社会生产力在历史进程中发挥着决定性的作用；经济基础和上层建筑的关系，以经济上的关系为基础，而定法律上政治上的关系。一般认为，这是标志着唯物史观在中国开始传播的第一篇文章。此后，《觉悟》副刊、《新青年》《每周评论》等刊物宣传、介绍唯物史观的文章日渐增多，而且一些著作和译著相继出版，出现了宣传唯物史观的高潮。唯物史观对20世纪中国社会和中国史学的发展，产生了无可替代的重要影响。陈独秀、李大钊、蔡和森、李达、瞿秋白、恽代英等中共早期领导人等开始用唯物史观分析中国和世界的历史。在唯物史观理论的指导下，人们对中国和世界历史的认识，进入了一个新的阶段。

1919年5月11日，《新青年》出版了"马克思主义研究专号"，刊载了李大钊的《我的马克思主义观》（附《哲学的贫困》《共产党宣言》摘译，《〈政治经济学〉导言》）、顾兆熊的《马克思学

---

[1] 瞿秋白：《俄乡纪程》，载蔡尚思主编《中国现代思想史资料简编》第1卷，浙江人民出版社1982年版，第656页。

说》、陈启修（1886—1960）的《马克思的唯物史观与贞操问题》、渊泉译日本河上肇的《马克思唯物史观》、刘秉麟的《马克思传略》等。1920年4月，日本马克思主义者河上肇著有《近世经济思想史论》，对亚当·斯密以来的经济思想分三讲进行了简明扼要的阐述。同年6月，陈望道将其中的第二讲《马克斯（马克思）底唯物史观》译成中文在《民国日报》副刊《觉悟》分三次刊出。文章从"序论""社会进化论"和"阶级争斗说"等方面，介绍了唯物史观的基本原理，"简括地说，我们正可把亚细亚的、古代的、封建的及现代资本家的生产方法，看作社会经济的组织进步底阶段。内中，资本家的生产关系，便是社会的生产方法底最后对敌形态"①。这从另一个侧面表明了，十月革命后，马克思主义学说在中国是如何得到广泛传播的。

1922年11月7日，即十月革命爆发5周年的日子，北京数千名学生、工人和市民举行集会，高呼"打倒国际资本帝国主义在中国的压迫！""中俄联盟万岁"等口号。同日，山西、湖北、湖南和上海，也都举行了纪念苏俄革命爆发五周年的集会，与会者要求"承认俄罗斯"，加强被压迫民族中国与苏俄的联合。全体留日学生也通电全国，要求无条件承认苏维埃俄国。

1924年1月25日，孙中山在列宁逝世后四日，在国民党第一次全国代表大会上发表了《关于列宁逝世的演说》。他说："俄国革命在中国之后，而成功却在中国之前，其奇功伟绩，真是世界革命史上前所未有。其所以能至此的缘故，完全由其首领列宁先生个人之奋斗，及条理与组织之完善，故其为人，由革命观察点看起来，是一个革命之大成功者，是一个革命中之圣人，是一个革命中最好的模范。"②孙中山结合学习列宁和列宁领导的苏俄革命，提出改组国民党的问题，他说："本总理把个人负担的革命重

---

① 《陈望道全集》第7卷，浙江大学出版社2011年版，第41页。
② 《孙中山选集》（下），人民出版社2001年版，第629页。

大责任,分之众人,希望大家起来奋斗,使本党不要因为本总理个人而有所兴废,如列宁先生之于俄国革命党一样。这是本总理的最大希望。"① 孙中山深信"苏维埃联邦共和国以推翻强暴帝国主义、解除弱小民族压迫为使命"。

1925年3月11日,孙中山在逝世前一天的《致苏联遗书》中,重申苏联"是不朽的列宁遗产与被压迫民族的世界之真遗产"。他写道:"亲爱的同志,当此与你们诀别之际,我愿表示我热烈的希望,希望不久即将破晓,斯时苏联以良友及盟国而欣迎强盛独立之中国,两国在帮助世界被压迫民族自由之大战中,携手并进以取得胜利。"② 在20世纪20年代的中国,"列宁""十月革命""苏联"是和马克思主义学说联系在一起的,中国社会大众正是通过这些历史人物和历史事件来了解、学习或接受马克思主义的。从孙中山的演说和《遗书》中,不难看出马克思主义对中国社会的影响日渐加深。正是在这一广阔的社会历史背景下,近代以来中国对世界历史的认识,酝酿着揭开崭新的一页。

三 中共早期领导人对人类历史的新认识

1915年陈独秀主编的《青年杂志》在上海创刊。1916年9月,第2卷第1号出版时,改名《新青年》③。1917年陈独秀应邀出任北京大学文科学长,开始在北京编辑《新青年》。在《青年杂志》创刊号上,陈独秀撰有发刊词《敬告青年》,对青年一代

---

① 《孙中山全集》(下),人民出版社2001年版,第630—631页。
② 同上书,第1034—10351页。
③ 《青年杂志》(《新青年》),新文化运动时期著名的思想启蒙刊物,1915年9月15日在上海创刊,陈独秀任主编。初期主要宣传民主和科学,反对封建和迷信。俄国十月革命后,开始宣传马克思主义,成为我国最早介绍科学社会主义和共产主义的刊物。从1920年9月第8卷起,成为上海共产主义小组的机关刊物。中国共产党成立后,曾一度为党的机关刊物。1922年7月暂时休刊,1923年6月复刊。到1926年7月终刊时,历时11年,计出刊11卷63期,其中前9卷为月刊,第10卷为季刊,第11卷为不定期刊。

提出希望和要求。① 陈独秀表示，中国的希望寄托在新的青年一代身上，而新青年，应该是"自主的而非奴隶的"，"进步的而非保守的"，"进取的而非退隐的"，"世界的而非锁国的"，"实利的而非虚文的"，"科学的而非想象的"。他在论及"新青年"所应具备的进步精神时，选择用世界历史知识来说明这一点。例如，他在谈到进步、进取，而非保守和退隐时说："吾宁忍过去国粹之消亡，而不忍现在及将来之民族，不适世界之生存而归消灭也。""呜呼！巴比伦人往亦，其文明尚有何等之效用耶？……世界进化，骎骎未有已焉，其不能善变而与之俱进者，将见其不适环境之争也，而退归天然淘汰已耳，保守云乎哉！"

陈独秀，字仲甫，安徽怀宁人，中国共产党创始人之一。五四运动后，陈独秀先后发表《谈政治》《社会主义批评》《答蔡和森》《马克思学说》等，宣传唯物史观，并以唯物史观为武器，对封建主义、唯心主义的历史观进行批判。

陈独秀从坚持历史运动进步趋势出发，批判资本主义。资本主义"就是自己不一定劳动，利用自己占有的资本雇用别人劳动而生产而得利益。资本是社会的劳动力所积成的。是社会上最重要的东西，没有人能反对资本的，我们所反对的乃是个人占有这资本利用这资本增加他私有财产的资本主义"。② 工业革命所产生的后果之一，是社会生产力发展，剩余价值的增多，这不仅带来了资本主义的强盛，而且也给其带来了致命的危机。只有用社会主义的方法，才能彻底解决资本主义生产方式所产生的危机。中国应该采用社会主义的生产分配方式。在中国实现社会主义不仅是必要的，而且也是可能的。因为资本主义已经表现出必然崩溃的趋势，中国不应再走这条路。

陈独秀强调生产力和社会经济结构在社会历史进程中的作用，

---

① 《青年杂志》1915年第1卷第1号。《敬告青年》一文的引文，均见于此。
② 《陈独秀文章选编》（中），生活·读书·新知三联书店1984年版，第87页。

认为社会制度及其他一切制度的变化，都有赖于社会经济制度的变化。这就是说："（一）一种经济制度要崩坏时，其他制度也必然要跟着崩坏，是不能用人力来保守的；（二）我们对于改造社会底主张，不可蔑视现社会经济的事实；（三）我们改造社会应当首先从改造经济制度入手。"① 这种认识完全符合唯物史观的基本原理，陈独秀还认为社会经济制度的变化是不会自发实现的，无产阶级改造社会必须通过无产阶级专政去完成。1920年9月，陈独秀在《新青年》发表《谈政治》，他在批判无政府主义、改良主义和第二国际的错误理论时，阐述了自己对于马克思主义无产阶级专政学说的理解。他认为，只有通过无产阶级专政，才能消灭不合理的经济制度。"若是不主张用强力，不主张阶级战争，天天不要国家、政治、法律，天天空想自由组织的社会出现；那班资产阶级仍旧天天站在国家地位，天天利用政治、法律。如此梦想自由，便再过一万年，那被压迫的劳动阶级也没有翻身的机会。"② 为了真正做到坚持无产阶级专政，就必须批判第二国际反对无产阶级革命、反对无产阶级专政的错误思潮。议会选举和议会政治是与无产阶级革命背道而驰的，陈独秀强调，"用革命的手段建设劳动阶级（即生产阶级）的国家，创造那禁止对内外一切掠夺的政治、法律，为现代社会第一需要"，③ 否则，资产阶级将永远掌握政权，并使其政权成为统治劳动阶级的武器。

1922年7月，陈独秀在《新青年》发表了《马克思学说》。这篇文章对唯物史观的阐述，强调了阶级斗争在历史进程中的革命性作用，对当时中国社会各阶层了解唯物史观理论中的阶级斗争学说，起了积极的启蒙作用。

陈独秀认为，马克思对资本主义制度的剖析，是建立在"经

---

① 《独秀文存》，安徽人民出版社1987年版，第837页。
② 《陈独秀文章选编》（中），生活·读书·新知三联书店1984年版，第4页。
③ 同上书，第9页。

济的历史观察"和"唯物的历史观察"基础之上的,"剩余价值学说"基于唯物史观的基本原理,是科学的革命理论。但是,这一理论又从不脱离人类历史的事实。从这一认识出发,陈独秀认为《共产党宣言》的精髓,是依据唯物史观说明阶级斗争的必然性和必要性。其要义主要表现为以下两个方面:"(一)一切过去社会的历史都是阶级斗争的历史。例如在古代有贵族与平民,自由民与奴隶;在中世纪有封建领主与农奴,行东与佣工。这些压制阶级与被压制阶级自来都是站在反对的地位,不断的明争暗斗。封建废了,又发生了近代有产者与无产者这两个阶级新的对抗,新的争斗。(二)阶级之成立和争斗崩坏都是经济发展之必然结果。……近代有产阶级乃是长期发达和生产及交换方法迭次革命结果。由此可知作为有产阶级基础的生产和交换的方法,是萌芽在封建社会里面。这种生产和交换方法发展到一定地步,封建社会的生产和交换制度(即农业手工封建的制度)便不能和那已经发展的生产力适合,这种制度便成了生产力的障碍物,便必然要崩坏,结局果然崩坏了,封建的制度倒了,自由竞争的制度代之而兴,适合这自由竞争的社会及政治制度也就跟着出现,有产阶级底经济及政治权力也就跟着得到了。"[1] 但是,"有产阶级"的政治、经济统治并不是永恒的。当资本主义的生产关系,成为社会生产力发展的障碍时,资本主义社会制度也必然会崩坏。无产阶级和资产阶级的冲突,从罢工运动发展到暴力革命。这样,"近代产业发达,……有产阶级所造成的首先就是自身的坟墓,有产阶级之颠覆及无产阶级之胜利,都是不能免的事"。[2] 从陈独秀的上述论述可以看出,在阶级社会里,阶级斗争是不以人的意志为转移的客观存在,阶级斗争是历史发展的动力。将阶级斗争理论作为唯物史观的重要内容来介绍,对当时处在三座大山压迫之

---

[1] 《陈独秀文章选编》(中),生活·读书·新知三联书店1984年版,第195—196页。
[2] 同上书,第196—197页。

下的中国人民说来,不但有重要的理论意义,尤其有重要的现实意义。

1923年,为了适应革命的需要,国民党和共产党联合创办上海大学,由于右任(1879—1964)任校长、邓中夏任校务长,直接主持校务工作。它虽是国共合办,但"由共产党为主主持。它是党培养干部的学校,前所未有的传播马克思主义的教育园地、反帝爱国运动的堡垒"。上海大学被视为"东方红色大学""上大的精神,与普通的学校不同。它不是一个学院式的清高学府,而是一个革命战士养成所"。[①] 中国共产党的早期领导人瞿秋白、蔡和森、张太雷(1898—1927)等在该校任教,李大钊曾四次在上海大学演讲。[②]

蔡和森,湖南湘乡人,早年在湖南与毛泽东等建立"新民学会",创办《湘江评论》,宣传马克思主义和唯物史观。1919年底赴法勤工俭学,研究马克思主义和西欧工人运动,曾在1920年8月13日、9月16日两次致函毛泽东,主张在中国正式成立共产党。蔡和森于1921年底回国,参加中国共产党。1923年,他在上海大学主讲《社会进化史》。蔡和森在法国留学期间,曾经认真研读过恩格斯的《家庭、私有制和国家的起源》,他1921年归国后,参阅摩尔根《古代社会》等世界历史文献资料,汲取马克思主义经典作家《劳动在从猿到人转变过程中的作用》《共产党宣言》《资本论》《社会主义从空想到科学的发展》《财产及其起源》等著作中的重要观点,写成《社会进化史》。这部著作是1922年蔡和森在上海大学任教的讲义,也是中国人以马克思主义唯物史观写成的第一部社会发展史。1924年8月,该书由上海

---

① 参见瞿秋白生平和思想研讨会组织委员会编《瞿秋白百周年纪念》文集,中央文献出版社1999年版,第108、108—109页。

② 李大钊的这四次演讲是《演化与进步》(1923年4月15日)、《社会主义释疑》(1923年117日)、《史学概论》(1923年11月中旬)、《劳动问题的祸源》(1923年12月4日)。1924年5月,李大钊在《史学概论》演讲的基础上,出版了《史学要论》。这是我国第一部以唯物史观为理论指导,研究史学基本理论的著作。

民智书局出版，到1929年，再版5次，在阐述唯物史观方面曾产生了重要影响。

《社会进化史》以唯物史观为理论指导，对人类社会发展的历史过程及未来趋势，通过对家庭、私有制和国家的起源，进行了简明的阐述。在《绪论》中，作者探讨了"有史以前人类演进之程序"。在以后的三篇中，分别阐述了"家族之起源与进化""财产之起源与进化"和"国家之起源与进化"。

蔡和森认为人类社会的基本历程包括三个阶段：野蛮时代、半开化时代、文明时代。这和恩格斯所引用的摩尔根的分期法似有不同，然而，在实质内容上并没有什么不同。蔡和森依次分析了原始社会解体之后，人类所经历的血统家族、伙伴家族、对偶家族和一夫一妻制家族和介于对偶家族和一夫一妻制家族之间的宗法家族。"宗法家族"是蔡和森对中国社会历史进行科学分析所提出的。蔡和森还认为，社会制度的变化，是和生产力的发展，以及生产方式的变更密切地联系在一起的。例如，母系制度建立在原始共产制的基础上。而父系制度则建立在私有制的基础上。就两性关系说来，也"是随着生产方式之变更而变更的。每个时代有每个时代的生产方法，即每个时代有每个时代的婚姻制度。所以群体婚姻为野蛮时代的特征；对偶婚姻为半开化时代的特征；而一夫一妻制为文明时代的特征"[①]。总之，无论是婚姻形式还是家庭制度，都是和社会生产力的发展水平相适应的。婚姻形式和家庭制度是社会关系的具体内容之一，它们的变化反映了社会生产力的变化。

蔡和森还依据唯物史观的基本原理，通过分析私有制的产生和演变，论述了资本主义的灭亡和社会主义、共产主义的胜利同样是不可避免的这一唯物主义原理。他说，私有制的产生经历了

---

① 《蔡和森文集》下卷，湖南人民出版社1978年版，第27页。

一个过程。资本主义产生后迅速地建立资本主义世界市场,极力将全世界纳入资本主义世界经济体系中去。"自十五世纪末,印度航路和美洲发现后,墨西哥和秘鲁的金子流入欧洲,因此创立一种太平洋上的商业,而使土地财产的价值日益跌落,并且给资本主义的生产以决定的动力。由此遂开一近世的大革命和阶级争斗的新纪元。"当资本主义急剧膨胀,"这样伟大的生产力一从封建的束缚中解放出来掀天揭地的发展之后,魔术师似的资本家再也不能驾驭或调节这种莫可思议的势力。由此,商业恐慌和工业恐慌定期而来,如瘟疫一般,起于一隅,即要轮流传染全世界"。尽管资本主义有过进步的历史作用,但在这种情况下,资本主义开始走向自己的反面。"于是人类的历史又朝着共产主义的方向前进了。"① 随着资本主义开始走向灭亡,社会主义不断发展壮大。社会主义、共产主义是人类社会发展不可逆转的必然趋势。

蔡和森以唯物史观为理论指导,分析了国家的产生和本质。国家的产生是和私有制的出现联系在一起的。国家的基本特征是"以地属民"和"建立公共武装组织","国家乃是在经济地位上极占优势的阶级的机构。这个阶级藉着国家的设立又成为政治上的支配阶级,并且由此又造成一些掠夺被压迫阶级的新工具"。关于国家的本质,蔡和森写道:"国家完全不是社会以外的强制权力;更不如黑智儿(黑格尔)所说是一种'道德理想的实践'或'理性的实现与想象';他乃是社会进化到一定程度的产物。当社会分裂为几个不可调和的阶级抵抗与经济上发生利害冲突的时候,社会自身不能克制或医治这些冲突与抵抗;然而这些冲突与抵抗决不能自作自息;社会无穷的罹受这些无益的争斗,便自然而然要求一种显然统治社会的势力来平息各种冲突而纲维一切于'秩

---

① 《蔡和森文集》下卷,湖南人民出版社 1978 年版,第 89、91—92 页。

序'的界限之内。这种势力是由社会产生的，但是建立在社会上面，并且渐渐与社会隔离。这种势力是什么呢？就是国家。"① 然而，国家也并不是永恒的，它将随着阶级的消亡而消亡。国家消亡前的最终形式是"无产阶级民主国家"，它是由无产阶级建立并取代资产阶级国家的一种新型的国家形式。

蔡和森运用唯物史观论证了"资本主义社会必然崩溃"，而且还将这一结论与第一次世界大战后欧洲的政治经济形势结合起来，从一系列具体的事实出发，进一步论证了资本主义社会必然崩溃的历史趋势。蔡和森特别注意到了战后工人阶级的新觉醒、新变化。他认为这种变化表明，"社会革命必然要一天一天扩大，一天一天成熟：不仅在各大工业国内有农人阶级中等阶级及资产阶级的落伍分子和进步分子为之呼应，而且有全世界殖民地和半殖民地的国民革命运动为之呼应。世界革命的成功，只是时间迟早的问题"。② 从理论与实践的结合上论述唯物史观的基本原理，对于在中国更广泛地扩大唯物史观的影响，无疑是有益的。

李达，字永锡，湖南零陵人。中国共产党主要创始人之一，中国著名的马克思主义启蒙思想家、哲学家，马克思主义理论家。曾任中共一大、二大和八大代表，一大当选为中央局成员，分管宣传工作，历任湖南大学校长、武汉大学校长。1913年留学日本时开始研究马克思主义，翻译有《唯物史观解说》《马克思经济学说》等。1918年回国后积极参加爱国学生运动。1920年在上海参加共产主义小组，1921年在中国共产党第一次全国代表大会上，当选为中央宣传主任，中国共产党创始人之一。20世纪20年代初，李达先后在湖南自修大学、湖南公立政法学校、湖南大学、湖南第一师范学校系统讲授唯物史观，同时将唯物史

---

① 《蔡和森文集》下卷，湖南人民出版社1978年版，第166、167页。
② 同上书，第187页。

观的基本原理与中国社会发展的实际相结合,将唯物史观在中国的传播推进到了一个更加深入的阶段。1921年,李达主持设在上海自己寓所内的人民出版社,在一年内出版了《共产党宣言》《工资、劳动与资本》《马克思资本论入门》等著作,为在中国传播马克思主义唯物史观做出了重要贡献。李达结合当时中国革命的形势研究和宣传唯物史观,主要代表作有《现代社会学》《社会之基础知识》《社会学大纲》《经济学大纲》和《社会进化史》等。

1921年5月,中华书局出版了荷兰社会民主党左派领袖郭泰(格尔曼·果特)著、李达翻译的《唯物史观解说》,该书被认为是当时传播唯物史观的集大成者,是"新文化丛书"之一。这是一部深入浅出地阐释唯物史观的优秀著作,到1932年共发行14版,在研究、宣传和普及唯物史观的基本原理方面做出了重要贡献。李达在《唯物史观解说》的"译者附言"中,指出这部作品是郭泰为荷兰的劳动者作的解释唯物史观的要旨,说明社会主义必然发生的根源。这自然也符合中国劳动者的需求。除考茨基撰写的序言外,该书的主要内容由14章组成:本书之目的、历史的唯物论与哲学的唯物论、唯物史观的主要内容、实例之说明、科学、智识和学问、发明、法律、政治、习惯与道德、宗教与哲学、艺术、结论、真理之力和个人之力。为了帮助中国读者更好地理解唯物史观,李达撰写了《马克思唯物史观要旨》,作为该书的附录,词义浅显并准确系统地介绍马克思唯物史观的基本原理,1926年6月,李达著《现代社会学》由湖南现代丛书社出版,这是作者在长沙自修大学、湖南公立法政学校、湖南大学、湖南第一师范学校的讲义,也是一部系统阐释唯物史观的科学社会主义著作,在唯物史观传播的历史上具有重要的地位。该书1926年出版后,在1928—1933年,重版13次。李达在"自序"中指出:马克思"所创之唯物史观学说,其在社会学上之价值,实可谓空前绝后。彼不仅发现社会组织之核心,且能明示社会进化之方向,提供社会改造之方针,其贡献之功实有不可磨灭者"。他特别强调,撰写这部著作的目的,就是"用唯物史观改造社会科学之一尝试"。"学者苟循此以求之必了然于国计民生之根本,洞悉其症结之所在,更进而改造之不难也。"① 李达在这部著作中,较系统地阐述了生产力和生产关系、经济基础和上层建筑、阶级与国家、社会革命、社会意识,以及个人在历史上的作用等唯物史观的基本原理。他特别强调"人类一旦发明新劳动手段,即能获得新生产力,一旦获得新生产力,则必改造新生产关系。生产关系改造,则社会基础之改造,则社会之全部建筑随而根本改造"。② 显然,李达是将唯物史观作为改造旧中国的锐利武器而加以宣传的。

《现代社会学》计18章,二分之一以上的内容是社会发展史的内容,通过对历史的回溯探究人类社会的历史演变,具体内容有社会之起源、社会之发达、家族、氏族、国家、社会意识、社会之变革、社会之进化等。这部著作和早先问世的蔡和森《社会进化史》、瞿秋白《现代社会学》《社会科学概论》相比,不仅反映出中共马克思主义理论水平的提高,也表现出中国马克思主义史学在社会实践中迅速成长,为人们科学认识中国社会发展的历史、现实和未来,开辟了现实的道路。

此外,李达还翻译了马克思的《政治经济学批判》、河上肇的《马克思主义经济学基础理论》、西洛可夫等著的《辩证法唯物论教程》、考茨基的《马克思经济学说》、高畠素之的《社会问题总览》等。这些著作论述了马克思主义的三个组成部分,也涉及了唯物史观的基本原理。李达在自己的著作中,从生产力与生产关系、经济基础与上层建筑、阶级和国家、社会革命、社会意识以

---

① 《李达文集》第1卷,人民出版社1980年版,第237页。
② 同上书,第246页。

及群众和个人在历史上的作用等方面，系统阐释了唯物史观的基本原理。1935年，李达著《社会学大纲》，由上海笔耕堂书店出版。这本著作的主要内容是论述了辩证唯物论与历史唯物论的基本原理，以及两者之间的关系，将辩证法引入历史认识领域，并将辩证唯物论和历史唯物论作为一个整体加以论述。他还特别强调，辩证唯物论和历史唯物论是包括史学在内的一切学科唯一科学的理论和方法论，对中国马克思主义史学理论的建设，产生了积极的影响。

李达认为，社会生产力在人类社会历史进程中起决定性作用。现代社会学就是唯物史观的社会学，即在唯物史观的理论指导下，说明社会本质的学说。而社会的本质可认为是社会的持续发展，首先是生产力的发展。"人类发明枪斧等物之后，其他种种发明相继而出，人类生活乃大生变化。人类生活既生变化，则其意识作用亦随而发生变化。新生活产出新意识，新意识又能发明新器具，人类脱出动物之进化，殆如是乎。"生产力在历史发展中的决定性作用，不仅体现在远古时期，体现在人类的童年时期，而且贯穿于整个人类社会发展的各个阶段，这是一个普遍的规律。"社会之发达云者，即社会生活复杂，社会范围扩大之谓。社会生活之复杂，由于生产关系之复杂；社会范围之扩大，由于生产及交换范围之扩大。而促成生产关系之复杂与生产及交换范围之扩大者，实由于生产力之发达有以致之，即谓社会之发达为生产力之发达可也。"[1]"社会之发达"，既包括物质的、经济的内容，也包括道德、宗教、科学、艺术、哲学等上层建筑的内容。生产力的发展必将导致社会变革，这是因为生产力发展到一定程度时，便会与原来它所依赖的生产关系发生冲突，而发生社会变革。这种变革往往是通过社会革命完成的。

---

[1]《李达文集》第1卷，人民出版社1980年版，第261页。

李达说："社会革命者何，即社会全体超升一进化阶级之谓，换言之，即社会由旧而且低之生产关系进至新而较高之生产关系，并变更其上层建筑之全部者是也。故社会革命，可分为经济革命及政治革命两方面观察之。经济革命即社会基础之变革，政治革命即社会上层建筑之变革。"[1] 李达在论述发生社会革命的条件时，引用马克思主义经典作家的有关论述加以说明。这主要有两方面的内容：一是我们判断一个变革时代不能以它的意识为根据，"相反，这个意识必须从物质生活的矛盾中，从社会生产力和生产关系之间的现存冲突中去解释。无论哪一个社会形态，在它所能容纳的全部生产力发挥出来以前，是决不会灭亡的；而新的更高的生产关系，在它的物质存在条件在旧社会的胎胞里成熟以前，是决不会出现的"[2]。二是"人们自己创造自己的历史，但是他们并不是随心所欲地创造，并不是在他们自己选定的条件下创造，而是在直接碰到的、既定的、从过去继承下来的条件下创造"[3]。在论述社会革命时，李达在分析了当代资本主义生产力和生产关系的矛盾后，论证了资本主义必定为社会主义所代替的历史必然性。

李达深入地探讨了生产力与生产关系、经济基础和上层建筑之间的辩证关系。他认为"社会进化的原动力，实为生产力"，"社会之发达为生产力之发达可也"，[4] 充分肯定了生产力在人类历史进程中的革命性、决定性作用。他认为社会由经济基础和上层建筑两部分构成，"两者互相调和，则社会之基础安定；两者不相调和，则社会之基础动摇"。一方面，经济基础决定上层建筑，上层建筑随着经济基础的变化而变化；另一方面，上层建筑对于

---

[1] 《李达文集》第1卷，人民出版社1980年版，第268页。
[2] 《马克思恩格斯选集》第2卷，人民出版社2012年版，第3页。
[3] 《马克思恩格斯选集》第1卷，人民出版社2012年版，第669页。
[4] 《李达文集》第1卷，人民出版社1980年版，第344页。

经济基础也有重要的影响。"社会之政治的、法律的上层建筑及其意识形态，皆依据经济关系而成立，复有维持经济关系之作用。"①李达强调"社会存在决定社会意识"这一唯物史观的基本原理，除了在《现代社会学》中的阐述外，他在《社会学大纲》中有更集中的分析。所谓社会存在，是指人们的生产方式、现实的社会生活；社会意识是指人们的思想观念。社会意识为社会存在所决定，这是"因为意识是存在的反映，没有存在就没有意识；同样，社会意识是社会存在的反映，没有社会存在，也就没有社会意识"。但是，在现实生活中，社会存在和社会意识之间的关系，往往表现得更为复杂，"因为社会的存在，是比较它所显现的那样更为丰富、更为生动、更为复杂，我们的社会意识，决不能无条件的、完全的、正确的、一次的把社会的存在都摄取出来。所以社会意识虽能反映出社会的存在，而这种反映，至多也只是近似于正确的反映"②。李达强调，任何一种社会意识都是统治阶级的意识，都体现了他的意志和利益，是为了维护他的统治服务的。

李达在《现代社会学》中，较全面地论述了唯物史观的"社会革命"理论。革命是社会发展的动力，也是社会发展的规律性内容，是历史前进的火车头。革命的形式主要有渐进的经济革命和飞跃的政治革命。但是，单独的任何一种革命，都不足以完成社会革命。只有两种形式的革命齐头并进，才有可能最终完成社会革命。关于近代社会革命的性质，他认为主要分资本主义革命和社会主义革命两类，前者实现资本主义，而后者实现社会主义。李达依据唯物史观的基本原理去分析革命发生的根本原因，在于生产关系阻碍了生产力的发展。对任何一场社会革命，只能从社会物质的变革去分析原因，而不能从社会意识中去寻找。李达认为，社会革命不会自发地实现，需要物质条件和个人的主观

---

① 《李达文集》第1卷，人民出版社1980年版，第246页。
② 《李达文集》第2卷，人民出版社1981年版，第568、571页。

努力。离开了生产力这个物质条件,革命难以成功,即使是"成功"了,也仅限于政治革命的成功,而不是完整意义上的"社会革命"的成功。因此,共产主义应该以充分发展生产力为前提,如果不具备这个条件,则人类无论如何提倡共产主义,共产主义决不会实现。

李达在阐释社会革命理论时,还从唯物史观的基本原理出发,分析了"英雄"、"伟人"在历史进程中的作用。他认为,"英雄"、"伟人"虽能创造历史,但是不能随心所欲地创造历史,而必须顺应历史的潮流和时代的要求。即使如此,他们在历史中的影响,也受到生产关系的约束和社会生产力的制约。那种盲目夸大或彻底否定"英雄"、"伟人"在历史发展中作用的理论,都是以偏概全的"一偏之论"。

李汉俊(1890—1927),湖北潜江人。中国共产党第一次代表大会代表。早年留学日本,接受马克思主义,回国后积极宣传马克思主义,为中国共产党成立做出了卓越贡献。1922年1月23日和31日,李汉俊在上海《民国日报》副刊《觉悟》,用4个版面发表了长篇论文《唯物史观不是什么》。这篇文章实际上是对恩格斯著《社会主义从空想到科学的发展》第2章哲学部分的解读,对推进唯物史观在中国的早期传播,具有重要的意义。李汉俊在文章中强调:唯物史观是"辩证法的思索法和唯物论的观察法"的"巧妙的结合"。他还具体分析了唯物史观与黑格尔的辩证法、费尔巴哈的唯物论的联系与本质区别;澄清了唯物史观与近代唯物论、诡辩论、经济史观、机械唯物论的原则界限;在批判社会上各种对唯物史观的歪曲和诋毁同时,作者特别强调了上层建筑的反作用,特别是在经济落后的国家,"新主义、新思想"就愈益显得重要。李汉俊认为,要不断加强马克思主义的灌输。中国是世界的一部分,随着世界历史潮流的进步,中国也将不断发生变化。

1921年7月，中国共产党成立。① 中共一大通过的《中国共产党纲领》，规定了党的奋斗目标是：以无产阶级的革命军队推翻资产阶级，建立无产阶级专政，废除私有制，直至消灭阶级差别。大会还通过了《关于党的任务的决议》，确定党成立后的中心任务是组织工人阶级，领导工人运动。"一个政党的发生，必然有其阶级的、政治的、经济的背景的。"蔡和森从"中国产业的发展""自然的罢工运动""五四运动与上海的罢工""十月革命的影响与先进分子的形成""党的形成及其初步的工作"等五个方面，分析了中国共产党产生的背景。蔡和森还从历史与现实出发，科学地阐述了中国的社会性质和革命性质。他依据列宁的《民族和殖民地问题提纲》并结合中国的国情，指出："中国共产党的政治环境是资产阶级德莫克拉西（'民主'的英文音译）尚未成功，而是半殖民地半封建的中国，共产党不仅负有解放无产阶级的责任，并且负有民族革命的责任。"② 他不仅最早指明了中国处在半殖民地半封建社会，正在进行的是资产阶级民主革命，而且第一次区分了中国民主革命的两个阶段，即五四运动以前的"旧阶级"和五四运动以后的"新阶段的革命运动"，为尔后形成中国共产党的新民主主义革命理论奠定了一块基石。

这些都写在1925年底、1926年初蔡和森在苏联为中山大学旅

---

① 1921年7月23日，中国共产党第一次全国代表大会在上海法租界望志路106号（今兴业路76号）正式开幕。由于法国密探的干扰，会议最后一天也就是7月31日，会场移至浙江嘉兴南湖的游船上继续进行。一大的召开标志着中国共产党的正式成立。所以，中国共产党正式成立的时间应该是1921年7月23日。出席中国共产党第一次全国代表大会的各地代表共12人，他们是：上海小组的李达、李汉俊，武汉小组的董必武、陈潭秋，长沙小组的毛泽东、何叔衡，济南小组的王尽美、邓恩铭，北京小组的张国焘、刘仁静，广州小组的陈公博，旅日小组的周佛海。共产国际派马林（荷兰人）和赤色职工国际代表尼克尔斯基（俄国人）出席了会议。建党时，无产阶级尚未占有领导地位，但却已明确：无产阶级应是各种势力之组织者、领导者，他应该领导中国革命到底，并去完成中国无产阶级的解放事业。

② 《蔡和森的十二篇文章》，人民出版社1980年版，第10页。

俄支部所作的《中国共产党史的发展（提纲）》的报告中，这是第一部中共的党史著作。蔡和森的报告充分表明，唯物史观是马克思主义学说的重要组成部分之一。先进的中国知识分子接受马克思主义后，开始用唯物史观分析中国和国际社会的现实，也开始以唯物史观来解释中国和世界的历史。中国共产党的成立，催生了中国的马克思主义史学。20世纪以来中国历史学的发展，与中国共产党人息息相关，中国共产党人推动了马克思主义史学在中国的产生和发展。

如果说，中国共产党的早期领导人在传播唯物史观方面做出了杰出的贡献，可以被认为是俄国十月革命后，唯物史观在中国传播的一个重要特点；那么，这一时期的另外一个特点，即是马克思主义经典作家的著作，开始被大量地译成中文出版。除了前面已经提及的之外，在20世纪二三十年代出版的经典著作还有恩格斯的《社会主义从空想到科学的发展》（当时用的书名为《社会主义的发展》），译者为朱镜我（1901—1941）。朱镜我，浙江省鄞县人，1901年出生，1927年在日本获得文学学士学位。1927年10月朱镜我回到上海，加入创造社，主编《文化批判》月刊，批判资本主义文化和思想，宣传马克思主义文艺理论，提出无产阶级革命文学的口号。1928年5月加入中国共产党。朱镜我译《社会主义的发展》，1928年由上海进步团体创造社出版，这是我国最早出版的恩格斯名著的全译中文单行本。1928年5月，《流沙》特刊号发表了李一氓（1903—1990）编译的《唯物史观原文》，以纪念马克思诞辰110周年。该文收录了《〈政治经济学批判〉序言》《共产党宣言》和《资本论》中有关唯物史观的论述。1929年6月，全译本的恩格斯《家庭、私有制和国家的起源》，经杨贤江翻译，由上海新生命书局出版。同年，马克思的《哲学的贫困》，由杜竹君从法文译成中文，由上海水沫书店出版。

1920年8月，陈望道（1891—1977）译《共产党宣言》，由又新印刷所出版,这是《共产党宣言》的第一个中文版全译本,此书是"社会主义研究小丛书"之一,在共产国际的资助下以社会主义研究社的名义出版。因印刷出版仓促,书名《共产党宣言》误印成《共党产宣言》,同年9月《共产党宣言》再版时改正。本书的作者署名是马格斯(马克思)、安格尔斯(恩格斯)。各章节的内容是:第一章《有产者和无产者》;第二章《无产者和共产党》;第三章《社会主义及共产主义的著作》,本章的具体内容是"复古的社会主义""保守的社会主义(资本家的社会主义)""批评的空想社会主义和共产主义";第四章《共产党和在野个党底关系》。《共产党宣言》结束语"全世界无产者联合起来",陈望道当时将其译作"万国劳动者团结起来呵!"①

1930年,华岗(1903—1972)继陈望道之后重译的《共产党宣言》,由上海社会科学研究社(华兴书局)出版。同年,李一氓编《马克思论文选译》第一集,由上海社会科学研究社出版,该书收入马克思《哥达纲领批判》《雇佣劳动与资本》等9篇文章。1930年,刘曼译《政治经济学批判》(当时用的书名为《经济学批判》),由上海乐群书店出版。1931年,郭沫若译的《政治经济学批判》,由上海神州国光社出版。1930年11月,吴黎平(吴亮平,1908—1986)翻译了恩格斯的《反杜林论》,由上海江南书店出版。1932年8月,恩格斯的《自然辩证法》经杜畏之(1920—2004)翻译,由上海神州国光社出版。马克思的《黑格尔哲学批判》,经柳若水翻译,1935年3月由上海新垦书店出版。1930年3月,上海昆仑书店出版了陈启修等翻译的《资本论》第1卷。1938年8月,《资本论》全书3卷由郭大力(1905—1976)、王亚南(1901—1969)译出,上海读书生活出版社出版。这些比较完整的马克思主义经典作家著作的中译本,对于中国人民系统

---

① 《陈望道全集》第7卷,浙江大学出版社2011年版,第30页。

地学习、研究马克思主义学说，加快唯物史观在中国更广泛的传播，无疑有重要的意义

除了上述中国共产党早期领导人对唯物史观的研究和阐释，以及将马克思主义经典作家的相关作品译成中文公开出版外，俄国十月革命后唯物史观在中国的加快传播，也表现在具体的学术研究领域中。例如，北师大史地部同学组织的"史地学会"，在1920年6月印行《史地丛刊》，到1922年6月，共发行4期，每期载文16篇。1920年李荫清在《史地丛刊》第1期发表《唯物的历史观与科学的历史》，较系统地介绍了唯物史观的基本原理。

四 李大钊史学思想和马克思主义史学理论建设

十月革命后，马克思主义在中国得到更广泛传播，李大钊在《新青年》等刊物发表《唯物史观在现代史学上的价值》《马克思的历史哲学》《史观》《研究历史的任务》《物质变动与道德变动》《由经济上解释中国近代思想变动的原因》等文章。李大钊对史学的一系列基本理论问题初步进行了唯物主义的概括，奠定了中国马克思主义史学理论的基础。他认为："凡一时代，经济上若发生了变动，思想上也必发生变动。换句话说，就是经济的变动，是思想变动的重要原因"，[①]"发明历史的真义的是马克思"[②]；史学的主要任务是批判旧史观，建立新史观。马克思主义学说是"改造世界的原动力的学说"，以唯物史观为理论指导，根据新史料，把旧的历史一一改作，这是现代历史学家的责任和使命。

早在1916年9月，李大钊在《新青年》撰文《青春》，文章揭露封建制度给中国带来的危害，从个人、家庭，到国家、民族，努力唤醒人们的"青春"意识。他说："由历史考之，新兴之国族与陈腐之国族遇，陈腐者必败；朝气横溢之生命力与死灰沉滞

[①]《李大钊选集》，人民出版社1959年版，第295页。
[②]《李大钊文集》（下），人民出版社1984年版，第678页。

之生命力遇，死灰沉滞者必败；青春之国民与白首之国民遇，白首者必败，此殆天演公例，莫或能逃者也。"李大钊强调要寄希望于"青春中国之再生"；号召青年"冲决历史之桎梏，涤荡历史之积秽，新造民族之生命，挽回民族之青春"，"本其理性，加以努力，进前而勿顾后，背黑暗而向光明，为世界文明，为人类造幸福"①。

1918年4月到5月，李大钊在《新青年》又先后发表《今》和《新的！旧的！》，对《青春》所阐释的唯物主义历史观点进行进一步丰富和完善。李大钊认为"宇宙进化的机轴，全由两种精神运之以行，正如车有两轮，鸟有两翼，一个是新的，一个是旧的。但这两种精神活动的方向，必须是代谢的，不是固定的；是合体的，不是分立的，才能于进化有益"。②解决社会发展"新旧"矛盾和冲突最好的方法，就是用"新"的去取代"旧"的，并在此基础上去创造新的生活。"今"是十分宝贵的，那种"厌今"，脱离今天的现实，而只是回忆过去、梦想未来的做法不可取。

1919年，李大钊在《新青年》第5、6号上发表了《我的马克思主义观》。在该文第四、五两节中，对唯物史观做了较为系统的阐释，特别是马克思主义关于生产力与生产关系、经济基础与上层建筑的基本原理。"历史的唯物论者观察社会现象，以经济现象为最重要。因为历史上物质的要件中，变化发达最甚的，算是经济现象。故经济的要件是历史上唯一的物质的要件。"但是，"于经济以外的一切物质的条件，也认他于人类社会有意义、有影响。不过因为他的影响甚微，而且随着人类的进化日益减退，结局只把他们看作经济的要件的支流罢了"。③为了准确地阐释马克思主义唯物史观的要点，李大钊大段地引用了《哲学的贫困》

---

① 《李大钊选集》，人民出版社1959年版，第70—71、76页。
② 同上书，第97页。
③ 同上书，第178页。

《共产党宣言》《〈政治经济学批判〉序言》的原文。例如，马克思在《〈政治经济学批判〉序言》中关于唯物史观的经典表述是这样写的："人类必须加入那于他们生活上必要的社会的生产，一定的、必然的、离于他们的意志而独立的关系，就是那适应他们物质生产力、一定的发展阶段的生产关系。此等生产关系的总和，构成社会的经济的构造——法制上及政治上所依以成立的、一定的社会的意识形态所适应的真实基础——物质的生活的生产方法，一般给社会的、政治的及精神的生活过程，加上条件。不是人类的意识决定其存在，他们的社会的存在反是决定其意识的东西。社会的物质的生产力，于其发展的一定阶段，与他从来所在那里面活动当时的生产关系，与那不过是法制上的表现的所有关系冲突。这个关系，这样由生产力的发展形式变而为束缚。于是乎社会革命的时代来，巨大的表现构造的全部，随着经济基础的变动，或徐、或激，都变革了。"① 李大钊早年的这段译文，是根据日本河上肇的译文转译的，和现在通行的译文相比较，虽然不是十分准确，但基本上表述了马克思的原意。

李大钊认为，通过对经典作家原文的引述，人们"可以略窥马克思唯物史观的要领了"。这就是"一切社会上政治的、法制的、伦理的、哲学的，简单说凡是精神上的构造，都是随着经济的构造变化而变化"。经济基础"决定人类的精神、意识、主义、思想，使他们必须适应他的行程"。社会生产力在世界历史进程中起着决定性的作用。"手臼产出封建诸侯的社会，蒸汽制粉机产出产业的资本家的社会。"随着社会生产力的不断发展，则"与那不能适应他的社会组织间的冲突愈迫，结局这旧社会组织非至崩坏不可。这就是社会革命"②。李大钊同时还认为，唯物史观是历史的产物，"与时代环境有莫大的关系"。李大钊在文章中设问，唯

---

① 《李大钊选集》，人民出版社1959年版，第184页。
② 同上书，第185—186页。

物史观为什么不在19世纪以前产生,也不在20世纪初产生,而偏偏在马克思所生活的时代产生呢?这是因为"当时他的环境,有使他创立这种学说的必要和机会。十八世纪以前的社会政治和宗教的势力,比经济的势力强。所谓社会势力从经济上袭来的很少。……到了英国产业革命后的机械生产时代,人类脱离自然而独立,达到自营自给的经济生活,社会情形为之一变,宗教政治的势力全然扫地,经济势力异军苍头特起支配当时的社会了。有了这种环境才造成了马氏的唯物史观;有了这种经济现象,才反映以成马氏的学说主义"。① 李大钊对马克思主义产生的社会历史背景的分析,使唯物史观作为一门科学,能为更多的人所理解和接受,为其20世纪初叶在中国的影响日渐扩大,为三十年代中国马克思主义史学的产生,奠定了基础。

1920年3月31日,在李大钊主持下,邓中夏、罗章龙、黄日葵、何孟雄、刘仁静等19人,联名发起组织北京大学马克斯(马克思)学说研究会,后来成员发展到120多人。这是中国最早传播和研究马克思主义的团体之一,② 对于宣传唯物史观,做出了重要贡献。

1920年7月,李大钊出任北京大学史学系主任,时年31岁。10月初,他在北京大学开课讲授"唯物史观研究",每周2个学时;后又开设"史学思想史"等课程,每周3个学时。这是中国国立大学第一次开设有关马克思主义的课程,李大钊是在中国高等学校讲授唯物史观的第一人。他将马克思主义理论与中国历史

---

① 《李大钊选集》,人民出版社1959年版,第194—195页。
② 关于马克思学说研究会的成立时间,有多种不同的说法,如1918年底、1919年7月、1920年12月。国内学者较普遍的看法是:1920年3月,李大钊在北京大学成立了马克思学说研究会。1921年11月17日,该研究会在《北京大学月刊》公开刊登启事:"本会叫做马克思学说研究会,以研究关于马克思派的著述为目的",其研究的主要方法是:"(1)搜集马氏学说的德、英、法、日、中文各种图书;(2)讨论会;(3)讲演会;(4)编译刊印《马克思全集》和其他有关的论文。"

学研究实践结合起来,通过用唯物史观分析中国社会的经济状况,分析帝国主义列强侵略中国的原因,分析近代中国思想发生变动的根本原因,广泛宣传唯物史观的基本原理。

李大钊曾明确指出:"后世科学日进,史学界亦渐放曙光。康德之流已既想望凯蒲拉儿(Kepler)、奈端(Newton)其人者诞生于史学界,而期其发现一种历史的法则,如引力法则者然。厥后名贤迭起,如孔道西,如桑西门,如韦柯,如孔德,如马克思,皆以努力以求历史法则之发现为己任而终能有成,跻后起的历史学、社会学于科学之列,竟造成学术界一大伟业。"李大钊认为,"自有马氏的唯物史观,才把历史学提到与自然科学同等的地位。此等功绩,实为史学界开一新纪元"。① 在这里,李大钊主要强调的是社会历史发展的规律性问题。只有在唯物史观的指导下,才能揭示"历史之法则",使其成为历史学开辟一新纪元的标志。

李大钊十分重视历史观问题,因为历史观如何,直接决定着对历史哲学诸基本问题的认识和判断,这和他坚定地信仰唯物史观是完全一致的。在李大钊的《史学思想史》讲义中,《史观》一文列为篇首。李大钊指出,历史上的伟人的历史观、圣贤的历史观、王者的历史观、英雄的历史观、道德的历史观、教化的历史观等,均与神权的历史观、天命的历史观有密切相依的关系。后随着社会的发展、科学的进步,"史学界亦渐放曙光",由"神权的历史观进而为人生的历史观,由精神的历史观进而为物质的历史观,由个人的历史观进而为社会的历史观,由退落的或循环的历史观进而为进步的历史观",② 李大钊认为,后者可被称为"新的、进步的历史观"。以进步的史观为指导,历史的认识不断深化,"事实是死的,一成不变的,而解喻则是活的,与时俱化的"。

---

① 《李大钊选集》,人民出版社1959年版,第288、294页。
② 李守常:《史学要论》,河北教育出版社2000年版,第294页。

第一章　唯物史观广泛传播和世界史编纂的新阶段

历史认识中的"与时俱化"即是随着时代的前进，人们对历史过程和历史现象的研究不断深化，进而在科学世界观和历史观的指导下改写历史。他说："历史不怕重做，且必要重做。实在的事实，实在的人物，虽如滔滔逝水，只在历史长河中一淌过去，而历史的事实，历史的人物，则犹永永生动于吾人的脑际，而与史观以俱代。……根据新史观、新史料，把旧历史一一改做，是现代史学者的责任。"① 李大钊提出的不断"重做"历史的重心，强调的是要不断用唯物史观重新认识和撰写历史。只有在新史观——唯物史观的指导下，人们才有可能逐步接近历史的客观真理。

1923年11月29日，李大钊在《民国日报》副刊《觉悟》上发表《研究历史的任务》，他明确指出：马克思主义揭示了研究历史的真谛，一是"整理事实，寻找它的真确的证据"；二是"理解事实，寻出它的进步的真理"。他强调："记录是研究历史的材料。历史是整个的、有生命的、进步的东西；不是固定的、死的东西。历史学虽然发源于记录，而记录决不是历史。"② 不仅在当时，而且直至今天，这些观点都有鲜明的现实意义。

1924年5月，李大钊著《史学要论》在商务印书馆出版。全书六目，四万余言。他立足中国的历史与现实，在唯物史观指导下，广泛汲取了西方史学理论研究的新成果，这是马克思历史理论中国形态构建的重大成果。李大钊首先明确提出"活的历史"和"真的历史"的问题。他说："什么是活的历史，真的历史呢？简明一句话，历史就是人类的生活并为其产物的文化。因为人类的生活并为其产物的文化，是进步的，发展的，常常变动的；所以换一句话，亦可以说历史就是社会的变革……今欲把历史与社会的概念弄得明明白白，最好把马克思（Karl Marx）的历史略述一述。马克思述他的历史观，常把历史和社会关联在一起；纵着

---

① 李大钊：《史学要论》，河北教育出版社2000年版，第295—296页。
② 李大钊：《李大钊史学选集》，河北人民出版社1984年版，第193页。

看人间的变迁，便是历史；横着看人间的现在，便是社会。马克思的历史观，普通称为唯物史观。"在这里，李大钊将"活的历史""真的历史"同唯物史观联系在一起。反之，与唯心史观联系在一起的，只能是"死历史"或"伪历史"。因为以唯心史观为指导的史学家，"欲单从社会的上层说明社会的变革，——历史，——而不顾社会的基址；那样的方法，不能真正理解历史。社会上层，全随经济的基址的变动而变动，故历史非从经济关系上说明不可"[1]。李大钊坚持社会存在决定社会意识这一唯物史观基本原理，力主在历史研究中"以经济为中心"，这对于中国马克思主义史学理论的建立和健康发展，对中国世界历史学科的建设，具有重要的理论意义和现实意义。正是在唯物史观的理论指导下，中国马克思主义历史学派在批判、改造旧史学，建立新史学，重新认识中国和世界的历史过程中得到迅速发展。

李大钊明确提出历史研究的任务，是通过探究一个个事实的真相，进而寻求历史发展的规律，即寻求历史的"普遍理法"。他说："今日历史的研究，不仅以考证确定零零碎碎的事实为毕乃能事，必须进一步，不把人事看作片片断断的东西，要把人事看作一个整个的、互有连锁的东西去考察他，于全般的历史事实的中间，寻求一个普遍的理法，以明事实与事实之间的相互影响与感应。在这种研究中，有时亦许要考证或确定片片断断的事实，但这只是为于全般事实中寻求普遍理法的手段，不能说这便是史学的目的。"总之，"以研究古今东西全般历史的事实，为一般的解释，明普遍的理法，正为史学家的要务"[2]。

李大钊重视历史研究的理论分析和概括。强调历史研究要和马克思主义史学理论建设结合在一起。在他看来，没有理论也就没有历史科学，历史学作为一门科学，必须有正确理论的指导和

---

[1] 李守常：《史学要论》，商务印书馆1999年版，第76—77页。
[2] 同上书，第88、90页。

支持。他强调:"今日的历史学,即是历史科学,亦可称为历史理论。史学的主要目的本在专取历史的事实而整理之,记述之;嗣又更进一步,而为一般关于史的事实之理论的研究,于已有的记述历史之外,建立历史的一般理论。严正一点说,就是建立历史科学。此种思想,久已广布于世间,这实是史学界的新曙光。"①李大钊将建立以唯物史观为核心内容的马克思主义史学理论,作为义不容辞的责任和使命。他说:"吾侪治史学于今日的中国,新史观的树立,对于旧史观的抗辩,其兴味正自深切,其责任正自重大。吾愿与治斯学者共策勉之。"② 李大钊不仅是中国马克思主义史学的开拓者和奠基人,而且是具体的实践者。

除了上述著作外,还有不少著作或译著在传播唯物史观方面做出了有益的贡献。首先,一批苏联学者的著作在 30 年代被译成中文出版,以普列汉诺夫(Георгий ВалентиновичПлеханов,1856—1918)的著作最多,主要有《论一元论历史观之发展》《战斗的唯物论》《马克思主义的哲学问题》《从唯心论到唯物论》《近代唯物论史》,此外还有布哈林(Николай ИвановичБухарин,1888—1938)的《历史唯物主义理论》,德波林(Abram Moiseevich Deborin,1881—1963)的《唯物辩证法入门》《哲学与马克思主义》《近代哲学史》,M. B. 米丁(Mark Borikovich Mitin,1901—?)主编的《新哲学大纲》《辩证唯物论与历史唯物论》等。此外,日本学者的一些马克思主义哲学著作,如河上肇的《唯物史观研究》、德永直(1899—1958)和渡边顺和的《新哲学纲要》、永田广志(1904—1947)的《现代唯物论》和《唯物史观讲话》,以及大森义太郎(1898—1940)的《唯物辩证法读本》等,也都有中文本出版。西方国家的一些有影响的阐述唯物史观的著作也都译成中文出版,如德国梅林(Merlin Ambrosius,1846—1919)的《历史

---

① 李守常:《史学要论》,商务印书馆 1999 年版,第 87 页。
② 同上书,第 6 页。

的唯物主义》、德国狄慈根（Joseph Dietzgen，1828—1888）的《新唯物论的认识论》、法国保尔·拉法格（Paul Lafargue，1841—1911）等著的《在历史观中唯物主义与唯心主义》等。

此外，在 40 年代还有一些著述结合历史研究的实践，就唯物史观在历史研究中的指导地位进行了分析。这些文章与当时中国史学发展的关系更为密切。如潘梓年的《社会历史的研究怎样变成科学》，《读书月报》1940 年第 2 卷第 1 期；王抱冲的《中国历史科学化》，《大学》1942 年第 1 卷第 7 期；马浚的《论中国历史观的科学化》，《大学》1942 年第 1 卷第 9 期；华岗的《历史为什么是科学和怎样变成科学》，《群众周刊》1942 年第 7 卷第 14、15期；邓初民（1889—1981）的《历史、历史记载、历史科学》，《中华论坛》1945 年第 1 卷第 1 期。

如果说这些著述只是从理论上分析，那么还有一些著作则从理论与研究实践的结合上，来传播唯物史观，这主要指已译成中文的一些苏联历史学家的著作，如同一著作还有两种不同中文译本：波查洛夫、约尼西亚合著，许伦音等从日文翻译的《世界史教程——封建社会史》，骆驼丛书出版部刊行①1934 年版；波卡洛夫、雅尼夏尼合著，方天白从俄文翻译《唯物史观世界史教程》（5—15 世纪，第 2 册，从封建制度发生至成熟），神州国光社 1936 年版；柯斯铭斯基编辑、王易今译《中世世界史》，开明书店印行 1947 年版等。

波查洛夫等著《世界史教程——封建社会史》的中文本，系根据 1933 年 8 月日本白杨社早川二郎的日文本译出。在该书中文本的序言中，陈伯陶简明地阐明了唯物史观对历史研究的指导意

---

① "骆驼丛书出版部"隶属于北平全民报馆，《世界史教程——封建社会史》系骆驼丛书第 2 种，与其有关的著作还有《世界史教程：布尔乔亚革命史》《世界史教程：资本主义发展史上》《世界史教程：资本主义发展史下》等，分别属于骆驼丛书第 6、7、8 种。

义及伟大贡献。他说:"过去的大多数历史家,因为不能从生产力发展这种见地去把握历史,不能从社会经济基础结构和社会上层建筑之辩证法的这种见地去把握历史;所以第一,只是考察人类历史活动之心理的思想的动机,不研究引起这些动机的社会根源,不能把握社会发展的客观法则——离开人的意志而独立发展的法则;第二,不能理解民众活动的各种条件,不能把握支配构成历史内容的民众活动的法则,只是片段地观察现象的表面,罗列历史的事实,记述英雄的故事。"他强调,现在"汗牛充栋的已存在的封建社会史,都不能具体分析封建社会的经济机构,不能正确把握封建社会的发展法则,不能正确指出构成封建社会史内容的民众活动之各种条件"。而波查洛夫等人的这部著作,则不仅仅是收集、叙述和罗列史料,而是在说明历史的事实,阐明历史发展的规律性内容。中文本序中还提出,这部著作对于"封建制度还相当残存着的中国"有更为重要的意义。因为"中国的封建制度虽然具有其独特的特性,然而,要了解中国封建制度的特殊性,非先了解封建制度的一般性不可!特别是在中国社会史的论战尚在展开着的现在,一般封建制度之正确的认识,更迫切地要求着每一个现代的中国人"。① 由此不难看出,波查洛夫等著《世界史教程——封建社会史》的意义,远远超出封建社会史研究本身,而是从理论与研究实践的结合上,宣传马克思主义唯物史观的基本原理,以及马克思史学方法论的实际应用。

---

① [苏]波查洛夫、约尼西亚:《世界史教程——封建社会史》,许仑音等译,骆驼丛书出版部1934年版,第1—2页。

第二章　用唯物史观重新研究世界历史

一　唯物史观在现代史学上的价值

中国马克思主义史学自诞生之日起，就同社会生活保持着密切的联系，自觉地回答中国社会发展中提出的一系列现实的甚或尖锐的问题。李大钊、郭沫若、吕振羽、翦伯赞、范文澜、侯外庐等堪称中国马克思主义史学的优秀代表。他们自觉接受唯物史观，努力将马克思主义唯物史观理论与中外历史研究实践相结合，不仅在科学理论指导下重新研究中外历史，而且为丰富、发展和完善中国马克思主义史学的理论，做出了重要的贡献。

1920年12月，李大钊在《新青年》第8卷第4号发表《唯物史观在现代史学上的价值》。李大钊认为，在18世纪和19世纪前半期的历史学家，多是从政治上、外交上来叙述人类的历史，或者是以"伟人说""时代天才说"来解释历史。"Lessing在他的《人类教育论》与Herder在他的《历史哲学概论》里所叙述的，都过受神学观念的支配，很与思想界的新运动以阻力。像Herder这样的人，他在德国与Ferguson在苏格兰一样，可以说是近代人类学研究的先驱；他的思想，犹且如此，其他更可知了。康德在他的《通史概论》里，早已窥见关于社会进化的近代学说，是Huxley与许多德国学者所公认的，然亦不能由当时的神学思想完全解放出来,而直为严正的科学的批评。到了 Hegel 的《历史哲学》,达于历史的唯心的解释的极点,但是 Hegel 派的'历史精神'观,于一般领会上究嫌过于暧昧,过于空虚。"① 因这一切都是建立在历史唯心主义的立场上,不可能科学地解释历史。用唯心史观撰写的史书,"简直是权势阶级愚民的器具,用此可以使一般人民老老实实地听他们的掠夺"②。

为寻求历史的真理,就"不得不另辟一条新路。这就是历史的唯物的解释。这种历史的解释方法不求其原因于心的势力,而求之于物的势力,因为心的变动常是为物的环境所支配"。这样,从唯物史观出发,人们就可以对人类社会的历史有全新的理解,即"我们要晓得一切过去的历史,都是靠我们本身具有的人力创造出来的,不是那个伟人圣人给我们造的,亦不是上帝赐予我们的。将来的历史,亦还是如此。现在已是我们世界的平民的时代了,我们应该自觉我们的势力,快赶联合起来,应我们生活上的需要,创造一种世界的平民的新历史"③。这种对世界历史的唯物主义阐述,是对以往占统治地位的神学史观、精神史观等唯心史观的彻底否定,从而为科学地认识人类生动、丰富、复杂的历史奠定了坚实的理论基础。不言而喻,唯物史观的目的是得到全部的历史真实,而不是供统治阶级愚民的工具。

李大钊高度重视唯物史观在现代史学上的价值,他依据唯物史观基本原理,强调"经济的变动,是思想变动的重要原因",使人们能够循着一条正确的历史认识路线,去阐释"人类生活的开幕"。在他看来,人类历史起源于"欧罗西亚"。所谓欧罗西亚是欧亚两大陆的总称。由自然地理等因素的影响,东西横亘的山脉,南北交通阻隔,使"人类祖先的分布移动,遂分为南道和北道两条

---

① 李大钊:《史学要论》,河北教育出版社 2000 年版,第 190 页。
② 同上书,第 192 页。
③ 同上书,第 191、194 页。

进路，人类的文明遂分为南道文明——东洋文明和北道文明——西洋文明两大系统"。

李大钊具体指出了南道文明（东洋文明）的要路是：中国、日本、印度支那、马来半岛诸国、俾露麻、印度、阿富汗尼什坦、俾而齐士坦、波斯、土耳其、埃及等；而北道文明的要路则是蒙古、满洲、西伯利亚、俄罗斯、德意志、荷兰、比利时、丹麦、士坎迭拿威亚、英吉利、法兰西、瑞士、西班牙、葡萄牙、意大利、奥士地利亚、巴尔干半岛等。李大钊进而分析了南道文明和西洋文明（北道文明）两大文明体系的主要内容、特点，以及两大文明体系有重大差异的原因。这一切都不是偶然的，而有着深刻的历史背景，而这些只能运用唯物史观的原理，才能得到科学的说明。李大钊说："南道的民族，因为太阳的恩惠厚，自然的供给丰，故以农业为本位，而为定住的；北道的民族，因为太阳的恩惠薄，自然的供给啬，故以工商为本位，而为移住的。农业本位的民族，因为常定住于一处，所以家族繁衍，而成大家族制度——家族主义；工商本位的民族，因为常转徙于各地，所以家族简单，而成小家族制度——个人主义。前者因聚族而居易有妇女过庶的倾向，所以成重男轻女一夫多妻的风俗；后者因转徙无定，恒有妇女缺乏的忧虑，所以成尊重妇女一夫一妻的习惯。前者因为富于自然，所以与自然调和，与同类调和；后者因为乏于自然，所以与自然竞争，与同类竞争。简单一句话，东洋文明是静的文明，西洋文明是动的文明。"① 李大钊对东方文明、西方文明特点的概括是否准确，作为一个学术问题可以继续深入讨论。但是，李大钊抛弃了神学和所谓"内在精神"的唯心史观的说教，而坚持历史唯物主义原理，从经济上和生产力发展水平上来探讨

---

① 李大钊：《史学要论》，河北教育出版社2000年版，第180页。关于东洋文明和西洋文明的差异，及其原因，李大钊还撰有《东西文明根本之异点》，1918年7月发表在《言治》季刊第3册。

这个问题，对于科学地认识世界的历史，揭示世界历史矛盾运动的一般规律和特殊规律，则是十分有意义的。

李大钊还从唯物史观出发，论述了人类历史不可逆转的进步趋势。他之所以要探讨这个问题，是和当时"怀古"思想盛行，认为"今人不如古人""今不如昔"的思潮有密切的关系。1922 年到 1923 年，李大钊先后在《晨报副刊》和《社会科学季刊》发表了两篇《今与古》。文章指出，这种争论在 17 世纪"起于意大利，传至法兰西、英吉利，前后凡百余年"。在历史学上，主要表现为进化、退化之争。一种观点主张"黄金时代说"，"人类初有历史的时期，叫做黄金时代，以后逐渐退落，而为银时代、铜时代、铁时代，世道人心，如江河之日下云云者以此"。总之，人类的历史是倒退的，现今的一切"都是黑暗、堕落、恶浊、卑污，一切今的，都是恶的，一切古的，都是好的，政治、法律、道德、风俗、诗歌、文学等等，全是今不如古"。李大钊对此观点持否定意见，坚持认为社会是不断进化的，人类社会的进步趋势不可改变。他说："人类历史演进，一盛之后，有一衰，一衰之后，尚可复盛，一起之后，有一落，一落之后，尚可复起，而且一盛一衰，一起一落之中，已经含着进步，如螺旋式的循环。"他强调，人类历史的前进虽然有曲折，有反复，有矛盾，但历史毕竟是依着不以人的意志为转移的规律不断地向前发展。"历史是循环不断的，我们承古人的生活，而我们的子孙，再接续我们的生活。我们要利用现在的生活，而加创造，使后世子孙得有黄金时代，这是我们的责任。"① 这里所说的子孙的"黄金时代"，乃是人类未来的美好生活、美好前景。

在阐述人类未来光明的历史趋势时，李大钊不仅坚持唯物史观的立场，而且在阐述的过程中，广泛地引用了近代以来世界著名思想家，例如鲍丹、培根、笛卡儿（René Descartes，1596—1650）等

---

① 李大钊：《史学要论》，河北教育出版社 2000 年版，第 220、222—223 页。

人的有关论述,加以引申和发挥,使文章内容厚重充实,有很强的逻辑力量和说服力。李大钊说:"我们很高兴写这一篇崇今派荣誉的战史,我们很感谢崇今派暗示给我们的乐天努力的历史观人生观,我们不要学着唱那怀古派'前不见古人,后不见来者,念天地之悠悠,独怆然而泣下'的诗歌,应该朗诵着耶马孙的名言:'你若爱千古,你当爱现在,昨日不能唤回,明日还不确实,你能确有把握的,就是今日,今日一天,当明日两天',为今人奋力,为来者前驱。"[1] 这是一种积极的、乐观向上的人生观、历史观,它和唯物史观对人类未来充满信心和希望的科学精神完全一致。这种精神不仅可以使人们真实地认识过去,而且能清醒地认识现实,科学地预示未来。瞿秋白以唯物史观为理论指导,深入地论述了世界历史矛盾运动的规律性问题,对于科学地认识世界历史有着重要的指导意义。瞿秋白生于江苏常州的一个书香之家,曾受克鲁泡特金无政府主义、托尔斯泰泛劳动主义影响,又由民主主义转而憧憬社会主义。1919年积极参加五四运动,1920年参加马克思主义学说研究会,10月,应《晨报》聘请作为特派记者赴苏俄考察。在苏俄两年,写有五六十篇旅俄通讯,确立了对列宁主义和社会主义的信仰。1921年5月,经张太雷介绍加入联共(布),次年转为中共党员。主编《新青年》季刊、《前锋》月刊,参与编辑《向导》周报,1923年6月,起草中共党纲、修正党章,出席三大,力促中共与国民党合作。瞿秋白曾任中共中央驻共产国际代表团团长、中央政治局常委,并主持中央工作,是中国共产党早期领导人之一。1935年2月瞿秋白在福建长汀转移途中被捕,同年6月18日慷慨就义,时年36岁。

二 世界历史发展的规律性

1924年,瞿秋白在上海大学执教时,曾先后发表了《社会哲

---

[1] 李大钊:《史学要论》,河北教育出版社2000年版,第238页。引文中的耶马孙(Emerson,1803—1882),系美国哲学家、诗人。今译爱默生。

学概论》《现代社会学》《社会科学概论》《唯物论的宇宙观概论》等著作。在这些著作中，他坚持唯物史观的基本原理，批判唯心史观，阐述了人类历史进程中的一些规律性内容和历史发展规律性等问题。

《社会哲学概论》系瞿秋白主编的《社会科学讲义》四册中的一册，撰写于 1923 年，1924 年初由上海书店印行。全书由"绪言：哲学中之唯物论""唯物哲学与社会现象"两部分组成。瞿秋白强调"因为精神现象发生于物质现象，而物质是可以实际去按察的。——这就是唯物主义。研究社会现象的时候，尤其应当细细的考察这唯物主义的，互辩律的（Dialectique，今通译为辩证法）哲学，——他是一切社会科学的方法论"。瞿秋白从这一基本认识出发，科学地阐释了资本主义在世界历史进程中的"暂时性"。他写道"旧时的乌托邦主义，虽然批评资本主义社会，然而不能解释明白他，所以亦没有办法可以颠覆它；他们只能一味的否认资本主主义说他不好。新的宇宙观却给了科学的确定的结论：资本主义制度与以前的种种经济阶段一样，仅仅是一期间的现象，——生产力的发展及进步的阶级斗争必定使他败亡。资本主义制度的秘密发露于剩余价值论，——那是他经济结构里的根基；从此现存制度的'所以不好'，便得有根本上的分析解释"。① 瞿秋白特别强调，唯物史观对历史发展奥秘的科学解析，使社会主义从乌托邦变成科学。同样，这也是科学认识世界历史发展规律的理论基础。

瞿秋白的《现代社会学》，深受曾任联共中央政治局委员、共产国际主席团成员布哈林著《历史唯物主义理论》的影响。《现代社会学》的第一、四章，就直接取材于《历史唯物主义理论》的第二、五章。布哈林这部著作 1921 年底问世时，瞿秋白恰在苏维埃俄国。《历史唯物主义理论》拥有广泛的读者，被公认为是"马克思

---

① 《瞿秋白文集》第 2 卷，人民出版社 2013 年版，第 328、333 页。

主义社会学的通俗教材",布哈林也被认为是马克思主义理论的"创新者"。在当时的苏维埃俄国和以后的苏联,"马克思主义社会学"是历史唯物主义的同义词,《历史唯物主义理论》导论的最后一节,即是专门论述"历史唯物主义理论是马克思主义的社会学"。包括中文在内,该书当时约有 20 种文本。新中国成立前,该书的中文本至少有四五种,[1] 如梅根、依凡合译的《历史的唯物论》,由普益出版社 1930 年出版。但这些著作现多不易见到,1983 年人民出版社出版了李光谟等人的新译本。

布哈林在《历史唯物主义理论》中,以较多的篇幅分析了历史的规律性和历史的必然性和偶然性。这些在瞿秋白的《现代社会学》中,也都可以见到。瞿秋白明确指出:"人类的社会生活,不论它怎样复杂怎样各不相同,始终我们能考察得一定的规律",而科学研究的责任就是要"发现这种规律性,而使人类对于宇宙社会一切现象的概念脱离'混沌的现象'"[2]。这就是说,人类社会和自然界一样,都是有一定的规律可循的。社会历史发展的规律同自然规律一样,不以人的意志为转移。

在社会历史进程中,经常会表现出历史的偶然性问题。如何认识历史的偶然性问题,是唯物史观和唯心史观交锋的热点问题之一。瞿秋白强调,所谓"偶然性",只是一种表面的现象,在其背后实际上是有因果关系,或因果联系的。或者可以说,偶然性中存在着必然性,不存在抽象的、绝对的偶然性。只不过是人们往往看不到或忽视了偶然性中的必然性。但历史中的"偶然"有时也有别种意义,瞿秋白举例说:"世界资本主义的发展,必然引起帝国主义战争,而奥太子被杀却是偶然的现象。此处所谓偶然便是另一意义,帝国主义战争的必然性是说在社会发展中有极重要的原因足以引起战争。战争自身又是极重要的事迹大足以影响

---

[1] [苏联]尼·布哈林:《历史唯物主义理论》,人民出版社 1983 年版,第 2 页。
[2] 瞿秋白:《现代社会学》,上海书店 1924 年版,第 16、17 页。

于社会命运的将来，而且是决定性的影响。所以说奥太子被杀是偶然正是说历史演变中无足轻重的事实，即是没有这种事，社会现象的进展亦未必有多大变动。"①

瞿秋白关于历史的偶然性和历史的必然性两者关系的分析，是和对历史运动规律性的认识密切联系在一起的。他强调，历史的必然性，是人类历史发展客观规律所决定的"必然"，而不是出于某种"愿望的必要"所人为制造出来的"必然"，他以18世纪末的法国资产阶级革命为例引申说："譬如法国革命是一种历史的必然——因为封建制度时城市经济的发展必然引起第三阶级的革命；同时，法国革命是历史的必要——因为没有它资本主义便不能充分发展。俄国的农民解放也是如此。社会主义之为历史必要，正是这样的意义——没有社会主义，社会便不能往前发展。所以社会主义是一种必要的条件；马克思恩格斯称为社会的必要性。同时社会主义又是社会发展之必然的结果，所以又可称之为社会的必然性。"②在这里，我们可以清楚地认识到：在人类漫长的历史进程中，资本主义代替封建主义、社会主义代替资本主义是历史发展的客观规律所决定的，这是一个不可逆转的世界历史发展趋势。

瞿秋白在分析世界历史运动规律时，注意到了克服机械唯物主义的倾向，不是把历史唯物主义等同于"经济唯物主义"，或片面地认为经济因素是唯物史观的一切，是唯物史观的全部内容，而是重视历史的辩证法，将辩证法纳入唯物史观的历史认识中，从而使其在分析世界历史进程时，更加全面和更加有说服力。他强调社会现象是"变动的""相互联系的"，因此要具体地认识和分析每一社会经济形态，不能从现成的公式出发，将复杂的社会历史现象简单化。"不可以一概的，笼统推想一切时代，一切社会。不可以混淆好坏、农奴、无产阶级、'穷人'当他们是同等的

---

① 瞿秋白：《现代社会学》，上海书店1924年版，第42—43页。
② 同上书，第50页。

性质。应当看出希腊的奴隶主、俄国的奴隶主、资本主义的工厂主、中国的官吏（士）和军阀（强盗）之间的差别，奴隶制度、农奴制度、军阀制度、资本制度各有各的'自性'。将来的共产主义亦是如此。过渡期间的无产阶级独裁制亦有特别的性质。每种社会的特性应当多加研究，只有如此，我们才能明了'变动的历程'。"从当时中国所处的具体社会历史背景出发，瞿秋白对世界各国的革命问题充分重视，并给予了历史唯物主义的解释。在他看来，在阶级社会中"革命"的发生是不可避免的。"因为客观上发展的结果，必定要经过革命。英国的革命，法国大革命，1848年的欧洲革命，1917年的俄国革命——都是实际的事实。"[1] 革命是社会历史发展过程中的突变，但是在革命发生之前，社会发展的客观要求，已经和社会结构之间存在着矛盾，当矛盾尖锐冲突到一定程度的时候，革命便到来了。

1924年，瞿秋白的《社会科学概论》由上海书店出版。当时，上海学生联合会、复旦大学、南洋大学、东吴大学等高校联合举办"夏令讲学会"，瞿秋白应邀前往演讲，这部约20万字的书稿，就是根据当时的演讲稿修改而成。这部《社会科学概论》，由"总论""社会之意义""政治""经济""法律""道德""宗教""风俗""艺术""哲学""科学""社会现象之联系"等内容组成。

瞿秋白通过以上内容，较系统地介绍了唯物史观的基本原理。如他述及人类社会"原始共产制、宗法社会制、奴隶或农奴制度（封建）、资本主义及共产主义五种经济关系之社会制度"时，强调"每一制度不过是整个儿的历史过程里之一阶段；各阶段内既有许多小阶段，各阶段之间又有种种过渡形式：譬如资本主义之内有商业资本、工业资本、财政资本三阶段。其中商业资本是封

---

[1] 瞿秋白：《现代社会学》，上海书店1924年版，第61、71页。

建制度与资本主义之间的过渡形式;财政资本(帝国主义)是资本主义与共产主义之间的过渡形式"。瞿秋白特别强调:每一大的历史阶段(社会形态)的更迭不会自发实现,因此"每一大阶段之终了及开始时,社会制度必需经过一种突变(革命),所以革命的突变是各大阶段之间的界线"①。由此可以看出,瞿秋白对唯物史观基本原理不是一般性的泛述,而是密切关注到了帝国主义时代的"世情"和反帝反封建的"国情"。

瞿秋白从上述认识出发,努力做到理论与实践相结合,具体地分析了所有社会历史现象。瞿秋白指出:生产力是人类从事于经济行为之物质基础,所以生产力的状态变,经济关系也就变。社会制度是表现经济关系的形式,所以经济关系变更,社会制度也就变更。瞿秋白认为:阶级斗争是争政权之斗争,目的总在于取得政权以改造经济关系;因经济发展到一定的程度,新阶级便非取得政权不能往下发展。因此,一切部分的日常生活里的小斗争,直接的间接的是阶级斗争。瞿秋白赞同唯物史观提出的,从阶级和阶级斗争的角度看待以往政治史的方法,他说:"各阶级虽同处于一社会内,而目的和利益各不相同,于是不免要发现阶级斗争。"在现实生活中,"社会里仅仅占有生产资料及工具而不工作的一阶级(现代便是资产阶级)决不愿意轻轻放弃特权;那仅仅使用工具而丧失生产资料及工具的一阶级(现代便是无产阶级)便不得不反抗",②阶级斗争是不可避免的。

《社会科学概论》出版后,对于人们如何科学认识世界历史产生了重要的影响。特别是他用唯物史观的基本原理分析人类社会历史现象,给人们留下了深刻的印象。鉴于《社会科学概论》的广泛影响,1939年初,上海霞社再次校订出版。1949年6月,上海平凡书店又以《社会科学十二讲》为书名出版。

---

① 《瞿秋白文集》第2卷,人民出版社2013年版,第549页。
② 同上书,第543页。

瞿秋白十分重视通过具体的历史事例，来阐述历史规律性。1924年1月21日，列宁逝世。同年3月9日，上海《民国日报》有"追悼列宁大会特刊"，瞿秋白在特刊上撰写了《历史的工具——列宁》。他写道：人们都竭力崇拜伟人，以为伟人是天才，有神一般的奇智，可以斡旋天地，变改历史的趋向。"其实每一个伟人不过是某一时代、某一地域的历史工具。历史的演化有客观的社会关系，做他的原动力，伟人不过在有意无意之间执行一部分的历史使命罢了。"① 瞿秋白以第一次世界大战为例，阐述了世界资本主义在20世纪初进入了帝国主义阶段后，为了争夺殖民地而挑起战争，乃是"历史的必然"。列宁的伟大，"不仅在于他的共产主义理想，而在于他能明悉社会进化的趋向，振作自己的革命意志，指示出运用客观的环境以达人类的伟大目的之方法"。② 通过纪念列宁，瞿秋白从理论与实践的结合上，生动具体地表明列宁的精神并没有死，世界无产阶级革命运动，东方各国受压迫者的革命运动，仍将继续发展。

针对有些人鼓吹"东方文化的特殊性"和"东西方文化的差异"，以否定历史规律性，否定马克思主义学说对中国革命的指导意义，瞿秋白明确指出：探究各个民族文化发展的历程及表现，是一个十分复杂的问题，但是，"一切所谓'特性''特点'，都有经济上的原因，东方和西方之间，亦没有不可思议的屏障"。这是因为"人类社会之发展有共同的公律，所以东方文化与西方文化有相异之处；这却是由于彼此共有同样的主要原因，仅因此等原因之发展程度不同，故有差异的结果，并非因各有各的发展动力，以至于结果不同"。瞿秋白特别强调，"此处的异点正足以表示其同点"。③ 瞿秋白还分析了一些人坚持否认社会历史发展规律

---

① 《瞿秋白选集》，人民出版社1985年版，第137页。
② 同上书，第138页。
③ 同上书，第9页。

性的原因，他认为，这不是一般学术认识的方法问题，而是"反对社会主义之策略"①。但是，历史的前进方向不会改变，社会主义的历史进程是不可遏止的。

1927年，苏联哲学家和历史学家郭列夫（戈尔德曼）（B. I. Goreff, 1874—1937）的代表作之一《无产阶级之哲学——唯物论》，经瞿秋白译注，由新青年社出版。该书内容丰富，其中有专章《唯物论的历史观》，高度评价唯物史观的历史规律性科学原理。作者写道："最新科学的宇宙观之发展里，马克思的姓名正可以和哥白尼、达尔文的姓名相并立。第一个科学上的革命家哥白尼，规定我们对于天体中地球位置的正确概念，就此开始科学的唯物的宇宙公律之观察；第二个科学上的革命家达尔文，发现物种变化生存竞争的原理，就此开始科学的唯物的生物世界公律之观察；第三个科学上的革命家马克思，发现社会进化阶级斗争的原则，就此开始科学的唯物的社会历史公律之观察。马克思是将历史变成真正科学的第一人。历史里的重要时势，也是很严格的遵循着科学的规律，亦可以用统一的唯物论的观点来解释；所以历史也和其他科学一样，可以有科学的预言，对于将来的先见。"②作者强调，生产力的发展，是历史发展的"主动力"，此为唯物史观的第一要义；而生产关系的发展，遵循着客观的社会公律，则为唯物史观的第二要义。在阐释这些原理时，作者注意联系人类历史进程中的重要史实，因此有助于读者真切理解唯物史观是无产阶级解放人类的思想工具。

三 从世界历史看中国社会和中国革命的性质

中国马克思主义史学诞生之后，迫切需要回答的问题是中国历史上究竟经过了那些社会经济形态，迫切需要回答中国社会的性质

---

① 《瞿秋白选集》，人民出版社1985年版，第9页。
② 《瞿秋白文集》第8卷，人民出版社2013年版，第400页。

和中国革命的性质。而要科学地回答这些问题，又是同如何科学地认识世界的历史，认识世界历史矛盾运动的一般规律紧紧联系在一起的。它涉及中国和世界各国有无共同的发展规律等重大理论问题。这不仅有重要的学术意义，而且具有重要的现实意义。

1928年，中国共产党六大在莫斯科召开，大会总结了第一次国内革命战争的经验教训，分析了当时中国社会的政治经济状况，明确指出中国现在的地位是半殖民地；中国现在的政治经济制度仍然是半封建制度；中国近代社会是半殖民地半封建社会，而不是什么亚细亚生产方式。如果认为现代中国社会经济制度，完全是从亚洲生产方式进于资本主义之过渡的制度，那是错误的。中国革命的基本问题是反对帝国主义和反对封建主义，推翻它们的反动统治。中共六大，并没有否定"亚细亚生产方式"，问题在于应该如何理解这一概念，如何理解马克思主义经典作家对这一问题的论述。1930年4月，《新浪潮》杂志出版"中国经济研究专号"，潘东周（即潘文郁，1906—1935）、吴黎平、向省吾、李一氓和王学文等著文，以唯物史观为指导认识和分析中国社会的性质，揭开了中国社会史论战的序幕。这场论战进一步扩大了唯物史观在中国的影响，加快了它在中国的传播。

关于"亚细亚生产方式"的讨论和争论，是中国社会史论战的重要问题之一。[①] 1857年，马克思在《〈政治经济学批判〉导言》中写道："资产阶级经济学只有在资产阶级社会的自我批判已经开始时，才能理解封建的、古代的和东方的经济。"一年多以后，他在《〈政治经济学批判〉序言》中又写道："大体说来，亚

[①] 关于"亚细亚生产方式"的论争，最早是由马扎亚尔引起的。1928年，苏联中国问题研究所出版了马扎亚尔的《中国农村经济研究》一书。作者在书中提出，帝国主义列强在中国所破坏的，乃是马克思所说的亚细亚生产方式。该书的编辑者在《序言》中表明，他们不同意马扎亚尔的意见。他们认为，中国历史上虽然有过以土地国有为基础的亚细亚生产方式，但商业资本的发展，早已使这种生产方式解体。以上参见林甘泉等《中国古代史分期讨论五十年》，上海人民出版社1982年版，第23页。

细亚的、古希腊罗马的、封建的和现代资产阶级的生产方式可以看做是社会经济形态演进的几个时代。"① 如何理解马克思所说的"东方社会"和"亚细亚生产方式"？世界"东方"和"西方"的社会历史发展进程有无差别，差别又在哪里，成为人们关注的问题。

20世纪20年代末30年代初，苏联学者普列汉诺夫、瓦尔加 (Евгений Самуило-вич Варга, 1879—1964)、马扎亚尔 (Л. Мадьяр)、杜博洛夫斯基、约尔克、哥德斯、斯特鲁威、科瓦列夫、雷哈德等提出了不同的观点。日本学者森谷克己、伊藤藏平、佐野利一、羽仁五郎、伊豆公夫、平野义太郎、相川春喜、早川二郎等也提出了多种不同的观点。这些观点在20世纪30年代陆续被介绍到中国来，在中国史学界同样引起了激烈的反响。

1928年，郭沫若在《诗书时代的社会变革与其思想上之反映》中②，较早地涉及了这个问题。他针对马克思在《〈政治经济学批判〉序言》中的有关论述指出，马克思所说的"亚细亚的"，是指古代的原始共产社会，古典的是指希腊罗马的奴隶制。1930年3月，郭沫若的《中国古代社会研究》问世，他认为，"（这）本书的性质可以说就是恩格斯的《家庭、私有制和国家起源》的续编"，③ 他不仅研究了中国古代社会，而且以马克思主义唯物史观为指导，分析了中国历史的全过程。郭沫若将中国古代历史作了如下的勾勒：大体在西周以前就是所谓"亚细亚"的原始共产社会，西周与希腊罗马的奴隶时代相当，东周以后，特别是秦以后，才真正进入了封建时代。他认为，社会历史发展的根本原因是生产方式的变化，近代以前中国古代的历史，是原始社会、奴隶社会、封建社会几种生产方式有规律地递替的历史，强调社会

---

① 《马克思恩格斯选集》第2卷，人民出版社2012年版，第706、3页。
② 参见《郭沫若全集——历史编》第1卷，人民出版社1982年版，第90—186页。
③ 同上书，第9页。

经济形态的更迭是一自然历史过程。

1933年，杜博洛夫斯基著、吴清友译《亚细亚生产方式、封建制度、农奴制度及商业资本之本质问题》，由神州国光社出版。杜博洛夫斯基，曾任苏联莫斯科国际农业问题研究所所长，他的这部著作原版于1929年问世。他对苏联东方学家马扎亚尔"独特的亚细亚生产方式论"，持激烈的反对意见。他认为：在亚洲的不同时代及不同区域中，曾经有过不同的社会形态，不同的社会结构要素。杜博洛夫斯基强调从封建剥削关系中来理解亚细亚生产方式，他认为，对农民以封建的及一部分农奴式的剥削，构成亚细亚社会基础。这决定了亚细亚社会中统治与被统治的关系。他认为，马扎亚尔所代表的"亚细亚派"所讲的作为"亚细亚生产方式"特征的土地国有及灌溉制度，只是某一种生产方式所附有的特殊表征，至于小农业和家庭手工业的统一，则是在社会发展的一定阶段上的国际性的生产方法。杜博洛夫斯基的观点，在国内有一定的影响。

1930年，马扎亚尔在苏联共产主义学院农业研究所召开的一次会议上，声明放弃"帝国主义在中国所遇到的是亚细亚生产方式"，但是继续坚持亚细亚生产方式是人类社会发展的特定阶段这一观点。他坚持认为马克思一直到生命的终结时，始终没有改变对于东方社会的见解。从"人类社会历史上存在亚细亚社会；亚细亚生产方式先于封建制"这一认识出发，马扎亚尔认为亚细亚生产方式的特征表现为以下四点：1. 没有土地私有，土地私有财产不存在。2. 人工灌输是耕作的主要条件，人工灌输之必要，阶级社会的发生与人工灌溉有密切的关系。3. 农村公社。4. 专制政体为国家的形式。马扎亚尔还认为，这些特征是认识亚细亚生产方式的关键。[①]

[①] 参见柯岑《中国古代社会》的马扎亚尔所撰写的《序言》，岑纪译，黎明书局1933年版。

1936年，郭沫若在《社会发展阶段之再认识》中，再次阐释了对亚细亚生产方式的认识，认为这是指"家长制"或"氏族财产形态"，而古代的生产方式便明确地指示着希腊罗马的奴隶制。亚细亚生产方式的特征，是"分工在这阶段上尚未发达，仅是家族中所有的自然生长的分工之更进一步的延展。因而社会的编制也仅仅是家族形态之延长，有家长式的族长，其下是族员，最后是奴隶"。"马克思是在这儿发现了在奴隶制以前的一个社会史的阶段，这种阶段当然不限于古代希伯来人，在希腊罗马人的较古的时代也必然是经过了的。……但在十数年后，马克思关于族长制社会的智识是更加丰富了，古代印度的资料，古代中国的资料，都和他接近了。资料一丰富，族长制的内容，便自然有所扩充。大约在马克思的意识中已觉得由古代希伯来传说所得来的概念不能涵盖一切，或者觉得族长那个名词不足以为奴隶制以前一个阶段的特征，故而放弃了'族长制'的那个名词，而采取了东洋的社会或亚细亚的生产方式这样混含的用语。"① 总之，郭沫若把"亚细亚生产方式"看作是奴隶社会以前的一个发展阶段。如果把"亚细亚生产方式"理解为东方封建社会的一种特殊的形态，显然不符合马克思的原意。

　　1945年，侯外庐在《中华论坛》第1卷第7、8期合刊发表《我对于"亚细亚生产方式之答案"与世界历史家商榷》。作者在《附记》中写道："作者对于亚细亚生产方法这一问题，从苏联学者论战以来，就列在我的研究课程表之中。十余年来，这个恼人的问题无时不在材料继续提供之下，思索又思索，考核又考核，一方面是理论原则的材料整理，他方面是原则引用于东方古代史上的决定说明，阙一不可能解答这一问题。这正是一种博古通今的课题，谈何容易。我初步寻求出答案来是在战前一年，但并不

---

① 参见郭沫若《社会发展阶段之再认识》，人民出版社1984年版，第312页。

敢贸然把自己的'理论延长工作'贡献出来，和世界学者商榷。就在我写《中国古代社会史论》的时候，虽然大体上根据自己的研究，说明中国古代史的发展律，而并没有从原则上全盘地拿出来的。因此就有几位朋友或面询或函问我为什么保留系统的说明呢？其实我亦不安的。此文是我在两年半以前，用了一个月工夫写出来，更兴奋的是在我写完时，又发现了理论大师的遗著，佐证了我的假定。然而，我慎重着，率不发表到如今。期间我把此稿送交过几位朋友预先征求批评，但都没有否定的商榷，故初稿写竟，在此二年多的时间，我也没有修改过。现因《中华论坛》编者再三敦促，重读一遍，决意把它发表，深望爱好历史理论的专家给我以严正的批评。"由此《附记》可以看出，侯外庐对于"亚细亚生产方式"进行了长期且深入的研究，所得出的结论也不是一蹴而就的。即使得出一些结论，也是初步的，供大家讨论。

《我对于"亚细亚生产方式之答案"与世界历史家商榷》，后经作者修改，编入侯外庐的专著《中国古代社会史论》第一章。第一章的标题是《亚细亚古代社会规律的研究》，主要内容是"亚细亚生产方式"论争中各派的意见、亚细亚生产方式究竟是什么？关于亚细亚古代的马克思主义文献、东方文明与西方文明起源之差别性。和1945年时发表的原文相比较，侯外庐对亚细亚生产方式的研究，汲取了国内外的一些新的研究成果，内容更加充实和丰富，观点也更为明确。侯外庐认为，"研究历史，首先要知道生产方式，根据特定的生产方式来区别某一社会的经济构成（或译经济形态），因为生产方式决定着社会性质，生产方式对于人类历史的发展规律的关系，和种差对于生物的发展规律的关系是相类似的"[1]。侯外庐指出，什么叫"亚细亚生产方式"，世界各国学者至今没有共识，主要有以下不同的观点：认为亚细亚生产方式是东方史里一种独

---

[1] 侯外庐：《中国古代社会史论》，人民出版社1955年版，第13页。

特的社会构成；认为它是世界历史发展中的一般的社会构成；认为它是东方奴隶社会的构成；认为它虽是一种社会构成，但只是历史发展上的一种过渡形态或混同形态，处在农村公社到古代奴隶社会的转化过程中。侯外庐认为，这些不同的观点，为科学认识亚细亚生产方提出了不同的认识路径，他认为，亚细亚生产方式所支配的社会构成，是"早熟"和"维新"的古代东方国家。它和"古典的"虽然出现有先后，但在本质上却属于同一类型，只是路径有些差别。[①] 关于对"亚细亚生产方式"的理解，直接关系到如何理解马克思主义社会经济形态理论，以及如何理解世界历史发展的一般规律和东方社会历史发展的特点。

郭沫若对"亚细亚生产方式"的理解，在学术界和社会思想界引起了广泛的论争。王亚南、何干之（1906—1969）、李季、杜畏之、胡秋原（1910—2004）、王宜昌等，都从不同的历史观出发撰有专文，提出了不少值得重视的观点。在关于"亚细亚生产方式"，以及中国历史上有没有奴隶社会阶段，如何认识"商业资本主义社会"或"前资本主义社会""专制主义社会"等的论争中，马克思主义史学家积极捍卫唯物史观的基本原理，在唯物史观的指导下，对包括中国在内的东方社会的本质特征，进行了更加深入的探讨。马克思主义关于社会历史发展规律的学说更加深入人心，产生了更为广泛的影响。

四 研究世界历史是为了开创中国的未来

1925年，李大钊在《大英帝国主义者侵略中国史》的演讲中指出，帝国主义是"资本主义发展之结果。因为它要向海外找殖民地作它自己的贸易场和原料地，因为又要保护，便要武装起来，所以武装之资本主义就是帝国主义"。[②] 李大钊首先回顾了15世纪

[①] 侯外庐：《中国古代社会史论》，人民出版社1955年版，第32页。
[②] 《李大钊史学论集》，河北人民出版社1984年版，第337—338页。

末以来，西欧资本主义产生、发展，以及英国资本主义侵略中国的历史。

"中英鸦片战争之近因，为林则徐焚烧鸦片，其远因盖在英国必欲在中国打开一门户，然后借条约限制，以保护彼之商人，得行其经济侵略政策。"李大钊认为，太平天国运动的爆发，是鸦片战争后英国侵略者"长驱直入，打进中国来"，使社会政治、经济矛盾急剧加剧的结果。英国与清室相勾结，"用新军火加入中国军队，在江南一带，大破太平天国，终而灭之，自是轰轰烈烈之民族运动，遂屈服而消灭于大英帝国主义势力之下！而英人遂得操纵清室在中国任意横行矣"。李大钊结合当时中国的社会现实强调指出，"自此以后，帝国主义者之侵略中国，盖完全采此手段，——即利用反革命势力以压制革命，中国革命之所以至今不能成功者，此即其大因"。李大钊还从世界历史发展的现实出发，将中国的未来与世界的未来联系在一起，他认为中国的问题，"非仅中国之问题，乃世界之问题也，帝国主义已至一定程度，将来中国革命成功之一日，即世界革命成功之一日"①。由于李大钊对世界历史矛盾运动的特点和时代的特征有清醒的认识，所以才对中国的历史和现实有科学的分析。

1926年5月，李大钊在《政治生活》上发表了《马克思的中国民族革命观》。李大钊以较长的篇幅，在文中全面译述了马克思的论文《中国及欧洲的革命》。马克思认为，发生在中国的革命，将会影响到英国，并通过英国影响全欧洲。李大钊认为，马克思的论文清楚地揭示了"中国国民革命是世界革命一部分的理论和事实。……中国国民革命运动的扩大，就是英国帝国资本主义销售商品的市场的缩狭；这个缩狭，可以促起普遍危机的迫近，加速世界革命的爆发"。李大钊对于马克思关于欧洲和东方的革命运

---

① 《李大钊史学论集》，河北人民出版社1984年版，第341—343页。

动互相联系互相影响的结论，进行了精辟的分析和概括："这种英国帝国主义对于中国的压迫，造成了中国革命；中国革命更以其影响还答于英国，经由英国还答于欧洲，造成了英国革命、欧洲革命，乃至世界革命的关系。在马克思生存的时代，就是太平天国动乱的时代，是如此；即在今日，中国全国爆发了反帝国主义运动的时代的，亦还是如此；直到世界革命完成的那一天为止，总是如此；不过这种关系的暴露，一天一天的明显，由中国革命以趋于世界革命的倾势，一天一天的逼近罢了。"[①]李大钊在这篇论文中的一些科学预见，已经为历史的事实所证实，而且他联系到当时蓬勃发展的中国革命，进一步深化对唯物史观基本原理的认识，将历史感和时代感有机地结合起来，这一切对于科学认识20世纪殖民地、半殖民地国家人民的解放斗争，具有普遍的意义。

李大钊作为马克思主义革命家和历史学家，热情歌颂了世界无产阶级革命运动和民族解放运动，在《"五一"May Day 运动史》（1920年5月1日）、《俄罗斯革命之过去、现在及将来》（1922年3月21日）、《列宁》（1921年7月1日）、《胶济铁路略史》（1922年3月5日）、《马克思与第一国际》（1922年5月6日）、《一八七一年的巴黎"康妙恩"》（1923年2月）、《工人国际运动略史》（1923年5月1日）、《从印度航路发见以至辛丑条约帝国主义侵入东方大势年表》（1925年9月9日）中将被颠倒的世界的历史再颠倒过来。

李大钊高度评价俄国十月社会主义革命的世界意义，说"俄国革命起于一九一七年，惹起世人的注意，并非单是一国政治变更，实在是世界的革命，是平民阶级对资本阶级的战争"。"俄国这次大革命，不是独独代表俄国精神，是代表人类共同的精神。……此次俄国革命，足以表示全世界人类共同的精神。他底办法，虽然不

[①] 李大钊：《史学要论》，河北教育出版社2000年版，第377—378页。

能认为终极的理想境界,但他是革命的组织,是改造必经的阶段,自由的花是经过革命的血染,才能发生的。"① 距巴黎公社运动半个世纪之后,李大钊撰写了巴黎公社的历史——《一八七一年的巴黎"康妙恩"》,"康妙恩"是"Commune(公社)"的音译。该文的副标题是"五十年的回顾 社会革命的先声"。李大钊对巴黎公社的伟大意义给予了高度评价,认为法国人民正是在"巴黎公社"的旗帜下,"开始了一个自由的新时代"。巴黎公社的实质,是"劳动者的共和国",无产阶级掌握了国家政权对于资产阶级是"危险"的,但却为"历史所记忆"。李大钊还认为,巴黎公社运动虽然被反动势力绞杀,但无产阶级革命的精神和原则却是永存的。50余年后,巴黎公社的火种"又在Volga(伏尔加)河流域放了灿烂的鲜花,得了光荣的胜利!"② 俄国十月社会主义革命的胜利,是巴黎公社所开创的无产阶级世界革命的胜利。

19世纪80年代,实验主义产生于美国,后成为20世纪初流行于欧美的一种哲学思想,在美国思想界占有举足轻重的地位。根据杜威的解释,观念必须在实验中锻炼,只有经过实验证明,在实践上能解决实际问题的观念,才是"有价值的观念"。胡适信奉杜威的"实验主义",他认为"实验主义"是科学的产物。知识思想是应付环境的工具,他坚持认为实验是检验真理的唯一试金石。要培养创造的思想力,就要以怀疑为起点,找到新知识来解决这疑难。所以,胡适不仅竭力从理论上宣扬"大胆的假设,小心的求证"的实验主义方法,而且还将其付诸具体的学术研究当中。胡适在介绍欧美思想时,重视用西洋的思想方法,来整理中国古代思想,所以学术影响颇大。

1940年5月,翦伯赞针对上述情况撰文《中国历史科学与实

---

① 《李大钊史学论集》,河北人民出版社1984年版,第283页。
② 同上书,第307、310、316页。

验主义》，在重庆生活书店《读书月报》第2卷第3期发表。翦伯赞明确指出：以胡适为代表的实验主义思想，是西方的一种粗俗的思想。它全盘否定中国的传统文化，这是非常可怜的愚笨。对于马克思主义，实验主义则采取极力诬蔑的态度。在历史观方面，实验主义将历史看成可以任意摆布的大钱，任意装扮的女孩，否认历史的客观性；在历史发展方面，实验主义信奉进化论，只承认点滴的进化，否认革命性的变革。翦伯赞还认为，实验主义的历史学方法，是"因果律论"和"明因求果"方法，即只"要抓住了一个事实的因果，则这个事实就会自明了"。这种方法，否认历史社会历史现象之间的内在联系，否认整体性而致力于对个别历史现象的孤立考察。此外，实验主义史学还极端夸大个人的历史作用，否定大众的历史创造作用，夸大历史的偶然性，认识不到历史的偶然，并不消灭历史发展之必然的规律，只有将偶然性和必然性统一起来看，才能正确地理解个人对历史的作用。实验主义史学观，照抄照搬西方资产阶级的学术观点，受到了马克思主义历史思想的批判。

针对实验主义的历史观和史学方法，翦伯赞严肃地指出：实验主义的"历史家""专门一点一滴的磔割中国的历史，他们无批判地否定一切，同时又毫不迟疑地涂改一切。这样，就形成了五四运动以来中国历史科学上的大割裂、大混乱与大曲解"。实验主义史学的主要问题是："第一、是从主观观念论出发，因而否定历史发展之客观的规律性。第二、是以陈旧的进化论为中心，因而否定社会经济在历史发展中有任何质的突变。第三、是以机械的因果律代替历史发展之一般的全面性，因而他只能看到个个的零碎的现象，而在现象之间，无力建立起联系。第四、他强调历史发展中之主观的创造作用，而无视客观条件对主观作用之制约性或规定性。第五、他强调历史的偶然性，并且把偶然性提高到必然性的地位，因而他们以为整个的历史，都是偶然事件碰巧的凑合。"① 翦伯赞基于马克思主义唯物史观基本原理，在指出实验主义对中国历史科学的危害的同时，也从理论与实践的结合上，宣传了唯物史观，扩大了唯物史观的影响，扩大了中国马克思主义史学的影响，这在20世纪40年代，无疑是十分有意义的。

1949年，神州国光社出版了邓初民著《社会进化史纲》第四版。② 学术界对这部著作介绍说："本书是用新社会科学家的立场来解说社会进化的历程，将社会史的发展，加以科学的分析，将每个阶段的特质及其形态作明白的说明。"③ 这里所说的"新社会科学家的立场"，就是唯物史观的立场。作者通过"史前时代""原始共产社会""奴隶制的古代社会""农奴制的中世封建社会""近代资本主义社会""社会主义社会"各篇，以不同的社会经济形态为标志，探讨了社会进化的历史，即人类社会不断进化的历史，具体内容是"记述人类社会生活（包括经济的、政治的、精神的各种生活）发展之过程，并阐明贯通其进化的全阶段的客观法则之科学"。

经济的发展过程、政治的发展过程、精神的发展过程，又都不是孤立的，而是互相联系、互相制约的。作者还以唯物史观为指导，对"社会进化史"的各阶段进行分期，"我们可以列举亚细亚的，古代的，封建的，及近代资产者的生产方式，作为经济的社会形态之进行阶段——社会形态之史的发展阶段"。这样，人类历史"约略分为如下几个阶段：（1）原始共产社会，（2）奴隶制的古代社会，（3）农奴制的中世封建社会，（4）近代资本主义

---

① 翦伯赞：《中国历史科学与实验主义》，参见翦伯赞《中国史论集》合编本，中华书局2008年版，第23—24页。

② 邓初民：《社会进化史纲》，神州国光社1931年10月初版。出版后受到欢迎，1932年9月再版，到1949年8月，已经出版了4版。1940年11月，邓初民《社会史简明教程》，由重庆生活书店出版，内容与本书基本相同。

③ [苏联] 库斯聂：《社会形式发展史教程》，高素明译，上海言行出版社1940年版，第568页后出版广告。

社会,(5)社会主义社会",而这种分期的标准,"乃是每一社会的生产力及其生产关系。因为每一社会形态,是以每一社会的生产关系为其内容的。而决定这一生产关系的,又是生产力。所以生产力及其生产关系,正是每一社会的界碑"①。

在具体阐述社会进化的各个社会经济形态时,作者明确表示要从"唯物史观的公式"出发,而且在分析社会经济形态的具体内容时,引用了不少马克思主义经典作家的名著加以说明,如马克思的《资本论》《神圣家族》,恩格斯的《家庭、私有制和国家的起源》《德意志农民战争》《社会主义从空想到科学的发展》《反杜林论》,列宁的《国家与革命》等。因时代、理论素养和研究条件的限制,作者在论述社会进化的历史过程及这一过程所表现出的某些规律性内容时,难免有不妥之处,但却可以看出作者努力使自己的论述符合唯物史观的基本原理,而实际上,这部著作确实也较集中反映了唯物史观研究和运用在当时所能达到的水平。

关于"社会主义社会",作者认为苏联"只是走上了社会主义建设之路",所以作为一种社会经济形态的"社会主义",显然还是"一个未来的东西"。尽管如此,作者强调"历史是可以预言的"。他说:"我们在这里所写的社会主义社会,是根据资本家的生产方法很显明的事实,来推论社会主义社会的必然性的。……只是根据现存的经济秩序被科学分析出来的显著事实,成立科学的预见。在这种意义上的预见,不但不违反科学的精神,而且正是科学之必然的结论。因为所谓科学的认识,就是认识某种现象所遵循的规律,所谓某种现象所遵循的规律,就是这一现象与别一现象的因果关系。知道原因以后,就可以预知结果。"② 因此,在社会经济形态更迭,以及社会进化中社会主义的产生,则是必然的结论。

20世纪以来,随着马克思主义在中国的广泛传播、唯物史观

---

① 邓初民:《社会进化史纲》,神州国光社1949年版,第5、15页。
② 同上书,第339页。

在历史研究中的影响不断扩大，研究世界历史与开创中国的未来愈来愈加密切地联系在一起，中国世界史编纂的学术功能与社会功能不断在新的水平上实现辩证统一，中国传统史学在新世纪汲取新的社会内容，焕发出新的生机与活力。

中国是一个史学十分发达的国家，梁启超说："中国于各种学问中，惟史学为最发达；史学在世界各国中，惟中国为最发达。"①黑格尔也认为，"中国'历史作家'的层出不穷，继续不断，实在是任何民族比不上的。其他亚细亚人民虽然也有远古的传说，但是没有真正的历史"。②述及如何继承和发扬中国传统史学的优良传统，有论者主要提出以下四点：（1）"究天人之际，通古今之变，成一家之言"，体现了古代优秀史家进步历史观的博大胸怀。（2）以史为镜，"述一代兴旺之由，明一代成败之迹"，是古人治史的主要目的。（3）忠于史实，"直书实录"，将真实的历史传之后世，是古人治史的原则。（4）"德""才""学""识"兼备，是古人对良史的要求。提出并明确"良史"的标准，是古人留给我们的宝贵遗产。③

毫无疑义，这四点是完全正确的，但同时也需要指出的是，在不同的历史时代、不同的历史条件下，这些在历史研究中的具体体现，往往有一致但又有区别的具体内容。就20世纪以来中国的世界历史编纂而言，则具体表现为"研究世界历史是为了开创中国的未来"，即强调研究外国是为了中国；研究历史是为了现实。总之，铭记历史不是怀念过去，更是为了开辟未来。这是中国传统史学"求真求实、经世致用"在新的历史时期的体现，同时又赋予其新的时代内容。

---

① 梁启超：《中国历史研究法》，东方出版社1996年版，第11页。
② ［德］黑格尔：《历史哲学》，王造时译，生活·读书·新知三联书店1956年版，第161页。
③ 参见王思治、刘凤云《中国史学的回顾与历史研究的革新》，载张立文等主编《传统文化与现代化》，中国人民大学出版社1987年版，第168—173页。

人名索引

A

阿丹士（亚当斯） 278
阿格 466
阿鲁浑 515
阿英 132
艾儒略 48，99，104
艾约瑟 72，73，81-84
爱德华·贝拉米 65
爱迪生 386
安部矶雄 538
安斯坦（爱因斯坦） 344
岸本能武太 246
奥古斯丁 319
奥田竹松 265，266
奥文（欧文） 467

B

巴贝夫 500
巴格力 459，460
巴克尔（邈克尔、伯古路、白格尔、勃克鲁） 255，284，500，502-505
巴斯加尔 305，306
白河次郎 501，502
白黎许 506
白利兰 52
白寿彝 194
柏格森 330，355
柏拉图 343，487
拜伦 453
班兹（巴恩斯） 292
坂本建一 182
半粟 475
棒时 262
保尔·拉法格 580
鲍瓦 326
卑科夫斯基 377
北村三郎 160，161，390
贝德士 393，394
倍倍尔 542
本多浅志郎 397

比黎格里（伯里克利） 382

彼得一世（彼得、大彼得、彼得大帝） 58，64，145，173

彼脱拉克 220

俾丘林 427

俾士麦（俾斯麦） 457

毕方济 98

裨治文（高理文） 275

边理庭 429

边沁 154，453，489，537

滨田耕作 511

波查洛夫 580，581

波德莱尔 306

波多野乾一 518

波卡洛夫 580

波克洛夫斯基（博克老夫斯基） 377

波里士珂夫斯基 377

波利比奥斯 487

波特来尔 305

伯伦汉（伯恩海姆、班海穆） 249

勃朗 34

博丹（鲍丹） 334，487

博克尔 309

补庐 435

不才 146

布哈林 579，587，588

布拉恩 530

布勒志 363，364

布雷斯福德 475

布列 364，369

布鲁东（蒲鲁东） 540

布伦奇利 1

布施胜治 475

C

蔡畅 318

蔡锷 354，506

蔡尔康 67，68，71，75

蔡恭晟 515

蔡国昭 276

蔡和森 553，556，559-562，564，569，570

蔡绍基 34

蔡咏裳 474

蔡元培 38，172，189，322，417，444，494，515

曹剑光 372

曹绍濂 390，490

曹位康 184

曹仪孔 385

曹颖龙 354

曹曾涵 71

曹佐熙 304

查尔斯·哈罗德·麦克乐 530

查理曼大帝（查理曼） 209

查士骥 434

柴春霖 235

柴四郎 158

长谷川诚也 402

长濑凤辅 156

长野薫合 518
常乃悳 423
陈宝箴 378
陈彬和 530
陈伯陶 580
陈博文 529
陈博贤 553
陈昌浩（程浩） 483
陈澹然 139
陈独秀 12, 13, 158, 172, 188, 403, 486, 491, 549, 553, 555 – 558
陈敦常 472
陈黻宸 310
陈复光 515
陈恭禄 425, 431, 432
陈翰笙 183, 185, 322
陈衡哲（陈莎菲、莎菲） 184, 203, 219 – 224, 290, 319, 386, 508
陈建民 364, 385, 461, 508, 510
陈君衍 162
陈礼颂 426
陈立廷 185
陈亮 402
陈伦炯 98, 105
陈佩常 116
陈溥贤 508
陈其可 372
陈崎 167
陈启修 554, 571
陈去病 172

陈铨 345, 349 – 351, 354
陈石孚 292
陈时夏 385
陈寿彭 372
陈受颐 185, 191
陈叔谅（陈训慈） 418, 481
陈韬 219, 323
陈廷璠 509
陈同燮 185
陈望道 554, 570, 571
陈贻范 169
陈毅 193
陈寅恪 284, 285
陈映璜 184
陈裕菁 434, 435
陈垣 183, 194, 328, 329, 524
成吉思汗 399, 427, 436
程登科 530
程树德 161
程中行 480
痴庵者 164
池田辰次 397
崇厚 112
创生 539
慈禧 146, 156
崔述 311, 313
村井知至 537 – 539

D

达尔文 124, 147, 154, 243, 244, 248, 359, 376, 380, 394, 453,

492，540，544，593

大森义太郎　579

大院君　146，434

戴彬　142

戴斌　182

戴东原　38

戴季陶　431，434

但丁　220，487

岛田三郎　538

道光（道光皇帝）　78，91，94，100，103，107，109

德巴利　372

德庇时　41

德波林　579

德斐　385

德罗伊森　401

德永直　579

邓初民　580，604

邓独（丹东）　263

邓廷桢　24

邓中夏　366，559，575

狄爱士（迪亚士）　261

狄葆贤　266

狄慈根　580

狄尔哥（杜尔哥）　492

狄考文　54，72

迪野　270

荻原由之　135

笛卡儿　154，333，585

地尔洼　41

丁日昌　116

丁韪良　52，72

丁文江　162，207

丁晓萍　353

董鸿炜　171

董之学　292

独头山熊　163

杜博洛夫斯基　595，596

杜尔阁　347

杜赫德　305

杜克展　389

杜课园　172

杜里舒　330，355

杜洛斯基（托洛茨基）　474

杜威　319，330，331，487，602

杜畏之　571，599

杜亚泉　491

杜竹君　570

杜佐周　474

渡边顺和　579

顿尼·阿尔　521

多桑　427

E

鄂裕绵　519

恩格斯（昂格思、安格尔斯）　2，16，24，26，33，36，367，376，377，405-407，420，484，486，490，500，540-544，599，560，566，570，571，589，595，605

耳汾华盛顿（欧文·华盛顿）　276

F

法兰克林（富兰克林、富兰克令、佛兰克林） 74

法显 216

法伊夫 82

樊炳清 44，135，193，396

范均之 364

范文澜 194，582

方豪 372

方天白 580

房龙 409，410，421

非立啡斯弥士 157

非乌特 386

菲特烈·赫尔斯坦 341

菲希德（费希特） 429

腓特烈 461

费尔巴哈 568

峰岸米造 138，182

冯秉正 427

冯承钧 409，427，527

冯桂芬 29

冯品兰 422，453

冯雄 510

冯友兰 229

佛那特斯基（佛那次基） 443，444

佛尼威尔 477

弗里曼 254，319

弗利克 386

弗洛伊德 309

伏尔泰（福尔特尔、伏尔丹、芙德尔） 35，73，255，262，292

服部宇之吉 182

浮田和民 131，249-254，284

福井准造 537，539

福利德尔 510

福山义春 277

福田久松 501

福泽谕吉 501

傅彬然 372

傅东华 286，287

傅泛际 98

傅兰雅 32，72，114，116

傅斯年 183，229，297，324-326，504

傅铜 235

傅彦长 411

傅岳棻 401，402

傅运森 204，322，371，400，528

富利耶（傅立叶、傅利耶、佛礼儿） 420，468

G

伽地纳 451

噶苏士（科苏特） 154

甘地 429

冈本监辅 90，116，134，274，381

冈千仞 115，116，120，273

钢和泰 186

高尔柏 530

高尔松 530

高峰 8，490

高黎贡（李根源） 164
高桑驹吉 327
高山林次郎 139，493
高尚缙 143
高守一 530
高畠素之 564
高旭 172
高一涵 486，487
高一志 98
高仲洽 420
戈·埃·哈威 435
戈公振 31
戈特沙尔克 456
哥白尼 593
哥德斯 595
哥伦布 44，56，85，86，164，273，357
哥罗采（克罗齐） 391
哥修士孤（科希秋什科） 165
歌德 306
格剌斯 471，472
格坚勃斯 273
格莱科夫（格列科夫） 449，450
格劳秀斯 487
格林（葛耳云） 256
格麟 451
葛达德 344
工藤武重 157
公有栖川 64
龚自珍 17，38
共丕耶达吗銮拉查奴帕 435

古柏尔 415
古赤（古奇） 295
古尔诺 339
古朗治（古朗士、古朗日、库朗热） 304
古同资 139，434
古应芬 541
顾德隆 420
顾谷宜 415
顾颉刚 183，229，231，303，361
顾树森 474-476
顾燮光 139
顾炎武 15，19，105，314
顾兆熊 553
顾志坚 472
关天培 12
光绪（光绪皇帝） 18，68，78，80，83，90，112，122，127，128，132，142，148-150，152，153，159，165，175，178，179，197，198，202，268，380，434，516，536
桂文灿 110
郭斌佳 293，295
郭斌宁 337
郭大力 571
郭汉鸣 477
郭列夫（戈尔德曼） 593
郭沫若 35，352，354，361，449，450，571，582，595，597，599
郭实猎 56-60，85

郭泰（格尔曼·果特） 563

郭湛波 336

国府种德 501, 502

H

哈图维 435

哈因秃曼（H. M. 海因德曼，H. M. 汉德曼） 544

海尼士 325

海珊 521

海斯（卡尔顿·约·亨·海斯、海士） 370, 373, 387, 388, 390, 490

海脱斯赖 495-497

韩呐 477

汉武帝 15, 19, 105, 314

汉钟 474

杭苏 512

何炳松 183, 184, 189, 203, 206-212, 214-216, 218, 230, 231, 233, 234, 285-290, 293-295, 297, 310-322, 372, 386

何大庚 39

何干之 599

何汉文（何雪山） 435-437, 529

何鲁之 385

何孟雄 575

何秋涛 107-109

何香凝 542

何永佶 346, 350, 353, 354

何用斯 385

和马（荷马） 81

和田万吉 364

河津佑之 266

河上肇 553, 554, 574, 579

河野通之 193, 273

贺良朴 167

贺麟 229, 350

贺绍章 364

贺益兰 495, 498

赫德 82, 305

赫尔德 330, 342, 343

赫胥黎 242-245, 309, 453

黑智耳（黑格尔、黑额尔、黑智儿） 490

亨德·伟良 161

亨利·皮雷纳 464

亨利·约翰生（亨利·约翰逊） 207

衡如 289

洪涤臣 427

洪仁玕 72

洪业 229

侯世绾 251

侯外庐 194, 449, 450, 582, 597-599

胡道静 290, 291

胡汉民 541

胡景伊 138, 193

胡明 435

胡庆育 475

胡秋原 529, 599

胡绳 352

胡适 189，207，219，222，223，286，290，322，325，331，361，465，487，602，603

胡苏民 420

胡锡年 427

胡伊默 465

胡源仁 157

胡肇椿 503

胡哲敷 319

胡宗懋 402

花之安 72

华敦 521

华耳司雷 116

华岗 571，580

华蘅芳 32

华汝成 244，245

华盛顿（佐治·华盛顿） 56，61，86，102，105，107，206，271，273，276，277，395，461，520－522

华忒（瓦特） 74

滑达尔 41，98

黄公觉 319

黄节 301

黄可垂 98

黄克谦 530

黄乃裳 273

黄庆澄 65

黄人望 326，327

黄日葵 575

黄绍绪 322

黄慎之 390

黄维荣 372

黄文山 185

黄孝先 530

黄宗羲 15，16，38

黄遵宪 42，43，120，122，123－128，149，153，197，378，431，434

黄佐廷 370

货尔兑奈斯 162

霍布斯 487

霍伦德 495

J

基洛夫 447，448

基特 477

箕作元八 138，182

吉备西村 163

吉丁斯 245

吉朋斯 344

季诺维也夫 552

寄生（汪东） 266

加富尔 154

加里波的（加里波第、区黎波的） 154

加藤玄智 530

加田哲二 472

家永丰吉 201，492

甲克孙（杰克逊） 415

驾尔布勒志 363

人名索引

翦伯赞　360，361，582，602－604
江亢虎　545
江兴若　287
姜立夫　327
姜宁　277
蒋方震（蒋百里）　506，508
蒋国炎　475
蒋坚忍　530
蒋剑人　276
蒋介石　405，439，476，487，506
蒋孟引　515
蒋梦麟　191，285，331，465
蒋廷黻　183，235
蒋友仁　99
蒋镇　390
焦敏之　383－385
杰姆森　302
颉德　380
今西龙　186
金果永　490
金岳霖　229
金兆梓　286，372，418，419
景昌极　358－360
久米邦武　249，250
久松义典　277，538
酒井熊三郎　537
瞿秋白　550，552，553，559，564，586－593
蕨山生　171
爵福累（乔弗罗）　492

K

卡尔·迪姆　531
卡莱尔　453
凯末尔　429，430
凯蒲拉儿（开普勒）　576
阙斐迪　115，168
康柏内拉　489
康道赛（魁奈）　73
康德　253，336，576，582
康选宜　302，303，457
康有为　30，32，42－44，65，80，133，146，148－152，157，165，174，242，267－269，272，354，378，501
考茨基　508，563，564
柯岑　596
柯林武德（卡林渥德）　77，340
柯斯铭斯基　580
科瓦列夫　595
克赖顿　83
克乐诗　171
克里生（戴克里先）　151
克林威尔（克伦威尔）　154
克鲁泡特金　355，456，586
克伦斯基　550
克洛特　377
孔德　330，339，355，357，492，576
孔朵绥（孔多塞）　492
孔繁霱　185，324，342
孔子　10，14，114，289，350，501，

511

堀经夫 472

L

拉克伯里 137

拉沙勒（拉萨尔） 540

拉维特尼卡斯 377

莱丹 520

赖川秀雄 400，401

赖德烈 51

兰克（兰凯、兰该、朗开） 74，138，140，206，232，249，253，278，294，295，309，319，323－325，340，345，398，400，413，461，495，500，525

兰普雷希特（兰普勒希特） 319

蓝诗玲 51

郎醒石 270

朗格诺瓦（朗格罗亚） 292，296，297，299，310，328

雷哈德 595

雷海宗 345，347－349，351，352，354，366，512

黎东方 185，292，339

黎汝谦 276

李长传 415

李长之 490

李崇厚 372

李达 550，551，553，562－568

李待琛 475

李焘 313

李德 87

李飞生 185

李光谟 588

李光忠 466，467

李汉俊 568，569

李浩生 251－253

李鸿章 33，68，72，75，80，82，110，114，133

李璜 185，304

李季 270，326，327，361，372，412，529，599

李季谷 326，327，372，412

李济 9，235

李佳白 72，275

李嘉图 489

李尚春 372

李昰应 434

李守常（李大钊） 319

李思纯 296－298，344，345

李斯伧白 71

李泰棻 204－207，309，310，372，385，386，403，412

李提摩太 52，53，64，72，75，76，80，370

李维 305，306，318

李维汉 318

李锡禄 186

李孝义 326

李心传 313

李一氓 367，570，571，594

李玉书 256

人名索引

李约瑟　450，527

李则纲　319

李泽彰　477

李芝圃　163

李志纯　427，428

李贽　15

李寿仪　402

李宗文　469

李宗五　185

理查孙　522

理恺尔（李凯尔特）　336

利兰　301

利玛窦　47，104

梁柏年　402

梁敦彦　34

梁方仲　229

梁寒操　437

梁焕均　397，398

梁敬錞　184

梁龙　235

梁启超　1，6，18，29，30，42，44，
　　45，72，80，85，90，120，124，
　　128，130，131，133，134，137，
　　140－143，146，152－155，157，
　　162，163，165，170，174，175，
　　194，201，242，246－248，252，
　　254，257，269，271，272，276，
　　283－285，297，310，330，354，
　　364，378－380，397，466，491，
　　493，506，508，537，606

梁启勋　137

梁思成　183，185，207，364

梁廷枏　60，101－103

梁文坛　372

梁植　85，86

廖淦亭　364

列夫·托尔斯泰　260

列宁（列宁主义）　2，365，377，
　　392，393，415，440，442，443，
　　445，448，483，485，488，490，
　　547，551，552，554，555，569，
　　586，592，601，605

林长民　166

林举岱　389

林肯　273

林乐知　45，54，62，67－73，132，
　　170，274，536

林纾　181

林廷玉　503

林同济　345，348，349，351，354

林獬（宣樊子）　279

林秀　476

林旭　378

林则徐　12，18，19，24，40－42，
　　91，93－95，101，107，109，133，
　　272，600

林宗素　172

铃置仓次郎　44

呤唎　268

刘宝书　475

刘秉麟　418，485，554

刘炳黎　474

刘炳荣　494

刘崇鋐　185，342

刘崇杰　251

刘崇铉　303

刘大猷　135

刘谷　490

刘鉴　139

刘坤一　68

刘曼　571

刘启戈　370

刘仁静　575

刘师培　95，137，172，543

刘叔琴　372

刘陶　501

刘文海　235

刘彦　530

刘揆黎　252

刘镇华　235

刘知几　187，307，310，311，313，314

柳岛生（杨贤江）　364，366

柳克进　515

柳弃疾　172

柳若水　571

柳亚子　165，172，267，268

柳诒徵　252，284，326，327

龙章　510

娄壮行　422，423

卢明德　186

卢骚（卢梭）　73，262，263

卢绍稷　252，318

卢文迪　382，383，422，458

卢哲夫　377，378

鲁滨逊　207-209，211，220，221，284，286-293，299，301，309，319，459

鲁迅　15，166，189，194，235，306，354，450

鲁意伯龙（路易·勃朗）　540

鲁意德（罗兰）　263

陆而奎　204

陆懋德　165，319，324，327，328

陆磐斯培尔（罗伯斯比尔）　263

陆游　19

路德维希·利斯　253

路易十三　255

路易十四　255，305

路易十六　149，266

鹭江寄迹人　107

吕思勉　137，319，320

吕振羽　360，361，582

罗伯特·弗林特（洛卑耳特·胡南隉）　337

罗伯特·麦肯齐（马恳西、麦肯西、马肯西、麦肯尼）　76-78

罗伯雅　143

罗大维　251，539

罗家伦　303，324

罗马教皇　209，401，495

罗曼·罗兰　306

罗曼诺夫　424，436，529

罗念生　183，186

人名索引

罗普（罗孝高） 139

罗斯福 72，365，386，525

罗素 289，330，508

罗学瓒 318

罗元鲲 317，318

罗章龙 575

罗振玉 44

洛克 253，487

骆介子 462

M

马迪厄 270，454 – 457

马丁·路德 209

马尔萨斯（马尔泰司） 468，540

马基雅维利 487

马吉士（玛吉士） 98，99

马君武 245，258，540

马浚 580

马考莱 453

马可·波罗 59 – 61，85，87

马可尼 31

马克劳德 530

马克思（马克司、马客偲、麦克司、麦喀士、凯洛·马尔克斯、加陆马陆科斯、马尔克、揩尔·麦克、马克斯、马格斯） 2，9，10，12，24 – 26，36，39，130，179，256，268，308，310，316，331，332，335，336，338，360，361，362，366，368，369，376，377，392 – 394，405 – 408，419，420，440 – 442，444，448，450，467 – 469，473，475，483 – 490，500，508，535 – 544，547，549 – 551，553 – 566，568，570 – 579，581，582，586 – 589，592 – 601，603 – 605

马克斯·比尔 489

马礼逊 34，55，98

马林 73，256

马隆 342

马叙伦 183，283

马幼渔 364

马扎亚尔 595，596

马宗融 270

玛志尼（马志尼） 154，173，280

迈尔 370

麦鼎华 158，159，169

麦都思 59 – 61，113

麦克慕来 521

麦克唐纳 525

麦孟华 157

麦唐纳 510

麦仲华 246

毛乃庸 163，164

毛泽东 317，366，542，547，559

毛准（子水） 187

梅根 588

梅公毅 435

梅林 579

梅贻琦 303

蒙森 401

蒙文通　387
孟德斯鸠　73,262-264,309,332,
　　334,487,492
孟森　183
米丁　579
米开朗基罗　306
米刻烈（米细勒）　492
米怜　55
米纳尔　87
米修林（米舒林）　383
宓落浦（米拉波）　263
密尔　453
民耿　529
民鸣　543
闵妃　146,434
明治天皇　149
缪凤林　286,287,381,414
摩尔　521
摩尔化　200
摩勒　385
末广重雄　519
莫泊桑　260
莫尔　500
莫尔甘（摩尔根）　376
墨子　11
默尔化　402
慕瑞　41,98
慕维廉　72,86-88,115
穆恩（帕克·托马斯·穆恩）
　　370
穆拉维约夫　170

穆湘瑶　261
穆彰阿　100

N

拿破仑·波拿巴（波利稔、拿破
　　仑、拿破仑三世）　60
那顿　262
那珂通世　328
奈端（牛顿）　576
南怀仁　48,99,101,105
内田繁隆　472
内田康哉　518
尼布尔（牛布尔）　324,398,400,
　　495
尼采　309,348,349
尼古拉二世　146
尼赫鲁　428,429
尼林　373,474
倪受民　510
倪秀章　530
聂鑫　185

O

欧阳钧　246

P

潘承珠　164
潘东周（潘文郁）　594
潘光旦　303
潘汉年　367
潘既闲　440-442

人名索引

潘佩珠　163
潘文鸿　441
潘梓年　352，580
庞迪我　47
培瑞　98，99
裴德儿　326
裴文中　375
佩弦生　157
彭迪先　470
皮名举　186
片山潜　537
平心　481，482
平野义太郎　595
坪井九马三　200，249，250，253，254，283，309，319，327
泼士塞（鲍修埃）　492
蒲雷　68
普兰克（普朗克）　500
普列汉诺夫　579，595

Q

漆树芬　530
齐思和　183，186，396
奇吕（以得加·基内）　492
崎正治　434
启功　194
钱大昕　313
钱段森　451
钱穆　183，229
钱瑞香　161
钱维骥　184

钱玄同　194
钱智修　491
钱锺书　222，229
潜地道人　156
秦瑞阶　402
秦嗣宗　262
秦毓鎏　265
秦元弼　166
青锐　338
清河　279
丘守愚　427
屈维廉（屈勒味林）　295，451，452

R

让·波丹（姜伯坦，冉·波丹）　309
任保罗　69，70，73
任廷旭　161，170
任一民　142
任以都　222
任以书　222
日丹诺夫　447–449
荣赫鹏　530
容庚　229
容闳　34，111
容肇祖　229
茹科夫　435
儒莲（茹理安）　115

S

萨默维尔　87

塞利格曼　284，292
塞内加　487
三条实美　64
桑戴克　495，509－511
桑西门（圣西门、桑西磨、圣西蒙）
　　322，333，576
桑原骘藏　135，137，182，193，396
色诺芬　404
涩江保（羽花生）　165
瑟诺博司（塞诺波）　284，292，296，
　　297，299，304，309，310，328，
　　495，508
森谷克己　595
沙比罗　390，391
沙耳列·拉波播尔　338，339
沙厘曼　64
沙力第五　64
莎士比亚　260
山本利喜雄　169
山川均　468，552
山根之助（立庵）　155
山口正太郎　472
山下德治　474
商承祚　229
商鞅　350
上田茂树　364，366，367，369
邵希雍　201
邵飘萍　286，550
邵循正　515－517
邵元冲　478
绍特韦尔　293－295，390

舍斯达科夫　447，448
神武天皇　135
沈从文　350
沈光沛　469
沈兼士　303
沈康寿　29
沈炼之　270，454，498
沈清尘　415
沈惟贤　143
沈性仁　420
沈自元　372
圣西蒙（圣西门）　420
盛宣怀　68
师姜　283
施亨利　292，339，477
施罗塞尔　401
施密特　427
施耐德　18，19
什之　476
石川利之　369
石川一郎　440
石村贞一　135，193
史迁宾　476
矢野龙溪　538
市村瓒次郎　193，291
寿龄　270，420
叔本华　349
舒新城　382，421
蜀魂　539
束世澂　515
司格特·尼林　475

司各特　453
司马光　313
司马迁　14，15，240，315，356
斯宾格勒　330，343－345，347，354
斯宾塞　124，141，142，241－245，254，255，309，330，453，500
斯大林（史达林）　2，365，415，447－449，474，525
斯蒂文司　521
斯密司夫人　474
斯密兹　373
斯特鲁威　385，595
斯温　495，498－500
松平康国　137，157，182，277
宋桂煌　496
宋教仁　173，543
宋君荣　427
宋小宋　86，273
苏格拉底　253
苏柯罗夫　474
孙宝瑄　65
孙季武　530
孙家鼐　29，68，80，179
孙科　436－438
孙煦初　530
孙中山　12，27，28，35，143，248，258，259，281，478，541，542，545－547，554，555

T

泰利埃　305

覃必陶　372
谭嗣同　65，146，147，257，266，378
谭延闿　317
汤朝华　291
汤睿　133
汤若望　98，101
汤象龙　229
汤因比　343，354，480
汤用彤　229
唐宝锷　130
唐才常　147，148，155，266
唐道海　385
唐国安　34
唐庆增　515
唐人杰　138
唐绍仪　34
唐守常　530
唐幼峰　372
唐虞世　270
唐钺　322
陶成章　172
陶森　457
陶希圣　183，303，361
陶樾　443
特赖奇克　401
特勒味连　461
藤柱　420
提德庐（狄德罗）　73
田波烈　302，303
田口卯吉　435，501－503

铁铮 530
托马斯·阿奎那 487
托马斯·米尔纳 87
托米克拉舍夫斯基 450

W

瓦尔加 595
万福曾 227
万国鼎 471
万良炯 488
汪大洲 98
汪荣宝 249，250，254，276
汪有龄 157
汪郁年 162
汪兆铭 541
王抱冲 580
王炳堃 132
王炳耀 132
王昌谟 372
王充 311，313
王纯一（杨匏安） 405-408，411
王大海 98
王敦书 344
王尔德 508
王尔敏 341
王夫之 15
王光祈 345
王国维 44，136，138
王辑五 186
王季同 172
王建祖 503

王敬 530
王鸣盛 313
王念孙 313
王婆楞 529
王任叔（巴人） 435
王绳祖 340，393，394，510，515
王师尘 492
王树枏 380
王泰 477
王韬 42，43，113-121，535
王桐龄 183，185，235，413，414
王文韶 68
王文彝 423
王先谦 139
王孝鱼 510
王心石 412
王岫庐 204
王学文 594
王迅中 427
王亚南 571，599
王宜昌 599
王易今 580
王又申 435
王云五 133，320，322，417，444，461
王芸生 434，515，517，519
王造时 520
王徵 189
威·豪伊特 39
威尔逊 143，284
威廉·布洛斯 270

威廉·马洛 521

威廉·孟宁 521

威廉·斯因顿 369

威廉一世 118

韦尔斯（威尔斯） 207，364－366，369，371，373

韦柯（维科） 335，576

韦兰（约翰·威·韦兰） 370，388

韦廉臣 55，62，72

维多库潺（维克多·库赞） 492

卫仁山 439，474

伟良 64

伟烈亚力 55，61

伟斯德 65

蔚利高 273

魏嗣銮 345

魏野畴 459

魏易 181，503

魏源 18，28，40，43，59，60，66，91－99，101，106，107，120，133，142，172，275，276，280

温浩斯 520

温儒敏 353

文天祥 19

翁同龢 68

翁文灏 322

吴葆诚 402

吴长庆 435

吴承仕 194

吴道存 390

吴迪 426

吴晗 229

吴建常 245

吴敬恒（吴稚晖） 417，475

吴黎平（吴亮平） 571

吴宓 229，235，344

吴清友 415，596

吴绳海 422，423，427

吴祥麒 185，409

吴仰曾 34

吴虞 354

吴渊明 200

吴泽霖 530

吴正华 186

伍纯武 472

伍德里奇（伍德布里奇） 286，287

伍尔玉（韦尼奥） 263

伍光建 402

伍瑶光 415

伍蠡甫 385

武田丰四郎 510

物集高见 501

X

西奥多·罗斯福 72

西川光次郎 538

西洛可夫 564

西塞罗 487

希庵（西哀士） 262

希路卡拉塔士（赫拉克利特） 350

希罗多都（希罗多德、黑陆独都、赫洛德） 59，85
希特勒 352，458
奚尔恩 415
奚礼尔 60
洗红厂主 145
细川广世 157
下山宽一郎 44
夏清馥 161
夏清贻 230
夏曾佑 370
闲闲君（卢天牧） 146
咸丰（咸丰皇帝） 100，102，106，107，109，110，123
相川春喜 595
向达 186，292，301，364，422，435，459，527，528
向省吾 594
萧伯纳 260
萧楚女 530
萧赣 415
萧令裕 39，40，95
萧三 318
萧一山 319
萧友梅 322
小川银次郎 182，193，396
小林良正 472
谢德风 390
谢康 411
谢卫楼 88，90，273
谢之群 385

邢鹏举 412
幸德秋水 537－539
熊得山 468
熊三拔 47
熊遂 185
休谟 255
修昔的底斯（修昔底德、脱克底提） 321
徐光启 49
徐汉臣 472
徐继畬 43，60，86，87，98，103－107，142，275，276
徐建寅 111，122
徐苣臣 71
徐景罗（稷臣） 168
徐孔僧 434
徐六几 508
徐仁铸 257
徐寿 32，111，420
徐维则 72，80
徐渭津 184
徐文波 477
徐彦之 324
徐有成 138
徐则陵（徐养秋） 412，413
徐中舒 229
徐宗泽 49，50
许炳汉 322
许公武 529
许伦音 580
许啸天 472

宣樊子　146，279
玄奘　216，284
薛澄清　292
薛福成　111，123，132，133
薛蜇龙（公侠）　165

Y

雅裨理　104
雅尼夏尼　580
亚搭尔·葆尼　469
亚当斯蛮（亚当·斯密）　489
亚克拉得（卡特莱特）　74
亚勒腓　64
亚哩士多帝利（亚里士多德）　59
亚力山大（亚历山大）　226
亚美利哥·韦斯普奇　85
亚诺得　373
严复　42，78，111，124，146，180，
　　239-244，354
严谷孙藏　182
严璩　181
岩仓具视　65
阎宗临　305，306，384，512-515，
　　529
颜斯综　95
阳翰笙　450
杨东莼　376
杨栋林　184
杨度　7
杨光弼　327
杨鸿烈　252，307-309

杨绛　222
杨錬　510
杨人梗　224-226，270，372，455，
　　456，498
杨适夷　189
杨贤江　364，366，367，570
杨幼炯　427，446，447，481，490
杨毓麟　251，277，493
养浩斋主人　171
姚从吾（姚士鳌）　186
姚际恒　313
姚楠　435
姚绍华　422，461
姚锡光　132
姚莘农　387
姚莹　91，98-101，107
耶马孙（爱默生）　586
野村浩一　398，529
野村兼太郎　477
叶瀚　364
叶锦清　159
叶启芳　489
叶云瑞　372
叶钟进　39
叶钟奇　98
伊壁鸠鲁　487
伊豆公夫　595
伊藤博文　66，197
伊藤藏平　595
依凡　588
祎理哲　98

义佐（基佐） 492
佚名 491
易家钺 508
奕劻 123
奕䜣 110
意斯门 474
殷格兰 385
殷祖英 372
引田利章 164
永田广志 579
有贺长雄 141，142，246，266，537
于树德 530
于右任 559
余家菊（余子渊） 452
余楠秋 290，291
余协中 409，411
余又孙 435
俞松笠 377
俞正燮 38，39，98
羽仁五郎 595
羽田亨 510
玉瑟斋主人 158
渊泉 554
元良勇次郎 201
袁世凯 546
袁通丰 515
袁同礼 302
远藤隆吉 246
约尔克 595
约翰·霍布森 36
约翰生 207，208，233，234，320，321
约尼西亚 580
岳飞 291
恽代英 366，367，553
Y. X. C. 生 171

Z

臧启芳 477
早川二郎 385，580，595
曾国藩 110，111，133
曾宗巩 181
斋藤奥治 166
詹姆士 508
詹姆斯·汤普逊 347
詹天佑 34
詹文浒 387
占部百太郎 385
张百熙 176
张伯伦 386
张成清 164
张德彝 112，113
张定夫 472
张东荪 508
张辅良 322
张贵永 324，341-343
张国人 270
张国仁 512
张继 265
张健 185
张锦光 372
张居正 386

张觉人　530

张君劢　345，428，429

张昆弟　318

张立志　415

张亮　552

张冥飞　550

张穆　108

张仁普　262

张世禄　418，419

张太雷　559，586

张铁生　523

张廷休　479

张通谟　167

张闻天　366，409－411

张相　369，397，523

张孝年　184

张星烺　76，83，185，418，523－526

张学良　506

张勋　546

张耀翔　286

张荫麟　227－230，297，344

张元济　159，160

张在新　370

张之洞　29，72，75，80，110，130，174，177，541

张忠绂　186，515

张仲和　404，411

张仲琳　386，387

张仲实　447

张宗良　118，119，535

张宗文　292

章起渭　159，400，403

章士钊　403

章太炎　246，251，268，272，330

章学诚　307，310，311，313－315

章宗祥　506

章宗元　277

赵必振　160，257，492，538，540

赵兰坪　490

赵兰生　245

赵如光　63，88，273

赵伸　164

赵天骥　263

赵惟熙　72

赵文锐　184

赵翼　314

哲勿逊（杰斐逊）　278

贞德（若晏）　61

郑斌　418，475

郑寿麟　423

郑元芳　510

中国同时伤心人　262

中江笃介（中江兆民）　262

中西牛郎　501

钟敬文　194

钟叔河　151

仲遥　200

重野安绎　434

周炳琳　186

周伯棣　422

周传儒　372，477

周鲠生　490，515

周谷城　363，372－375

周世钊　318

周维翰　142

周宪文　474

周新　444

周幼海　433

周作人　166，431，434

朱公振　394

朱光潜　340，341

朱鸿禧　372

朱经农　204，320

朱镜我　367，570

朱启连　541

朱谦之　303，354－357，504

朱勤杰　525

朱寿田　530

朱希祖　189，191，285，287，288，290

朱翊新　372

朱应会　474

朱枕薪　490，508

朱执信　541－543，551

猪谷善一　472

竺可桢　322

住谷悦治　468

祝康　474

祝震　402

宗白华　345

宗方小太郎　266

邹容　261

邹宗孟　184

祖倍根（培根）　154

左舜生　422

左宗棠　110

佐藤弘　171

佐野利一　595

中外人名对照表

A

艾约瑟 Oseph Edkins
艾儒略 Jules Aleni
爱德华·贝拉米 Edward Bellamy
爱迪生 Thomas Alva Edison
阿丹士（亚当斯）John Adams
安斯坦（爱因斯坦）Albert Einstein
奥文（欧文）Robert Owen
奥古斯丁 Aurelius Augustinus
阿格 Fredcric Austin Ogg

B

彼脱拉克 Francesco Petrarca
彼得一世（彼得、大彼得）Пётр Великий
毕方济 Francesco Sambiasi
伯伦汉（伯恩海姆、班海穆）Ernst Bernheim
比黎格里（伯里克利）Pericles
勃朗 S. R. Brown
巴克尔（邈克尔、伯古路、白格尔、勃克鲁）Henry Thomas Buckle
班兹（巴恩斯）H. Elmer Barnes
巴斯加尔 Blaise Pascal
波德莱尔 C. Pierre Baudelaire
鲍丹（博丹）Jean Bodin
博克尔 Henry Thomas Buckle
柏格森 Henri Bergson
波克洛夫斯基（博克老夫斯基）Pokrovsky
波利比奥斯 Polybius
贝德士 Bei Deshi Miner Searle Bates
拜伦 George Gordon Byron
巴格力 William C. Bagley
巴贝夫 Francois Noël Babeyf
柏拉图 Plato
边沁 Jeremy Bentham
博丹 Jean Bodin
布鲁东（蒲鲁东）Proudhon Pierre-Joseph
保尔·拉法格 Paul Lafargue

倍倍尔 August Bebel

伯伦汉（伯恩海姆、班海穆）Ernst Bernheim

布哈林 Николай Иванович Бухарин

布伦奇利 J. K. Bluntschli

C

查尔斯·哈罗德·麦克乐 Charles Harold McCloy

查理曼大帝（查理曼）Charles the Great

D

丁韪良 W. A. P Martin

达尔文 C. R. Darwin

多桑 C. d'Ohsson

杜威 John Dewey

杜里舒 Hans Driesch

杜赫德 Jean Baptiste du Halde

德罗伊森 Johann Gustav Droysen

但丁 Dante Alighieri

狄慈根 Joseph Dietzgen

狄考文 Calvin Wilson Mateer

狄尔哥（杜尔哥）Anne-Robert-Jacques Turgot

笛卡儿 René Descartes

德波林 Abram Moiseevich Deborin

E

恩格斯 Friedrich Von Engels

F

伏尔泰（福尔特尔、伏尔丹、芙德尔）Voltaire François-Marie Arouet

傅兰雅 John Fryer

法伊夫 C. A. Fyffe

法兰克林（富兰克令、富兰克林）Benjamin Franklin

傅泛际 Francois Furtado

弗洛伊德 Sigmund Freud

佛那特斯基（佛那次基）George Vernadsky

菲希德（费希特）Johann Gottlie Fichte

腓特烈 Frederick the Great

房龙 Hendrik Willem Van Loon

富利耶（傅立叶、傅利耶、佛礼儿）Jean Baptiste Joseph Fourier

G

哥伦布 Christopher Columbus

郭实猎 K. F. August Gützlaff

郭列夫（戈尔德曼）B. I. Goreff

高一志 Alfonso Vagnoni

阚斐迪 Frederick Galpin

哥修士孤（科希秋什科）Tadeusz Kosciuszko

格林（葛耳云）John Richard Green

古赤（古奇）George Peabody Gooch

歌德 J. Wolfgang von Goethe

G. 古朗治（古朗士、古朗日、库朗

热）Fustel de Coulanges
格剌斯 Gras
格劳秀斯 Hugo Grotius
哥白尼 Nikolaj Kopernik
格莱科夫（格列科夫）Б. Д. Греков
古尔诺 Cournot

H

华盛顿 George Washington
赫德 Sir Robert Hart
花之安 Ernst Faber
华忒（瓦特）james watt
和马（荷马）Homer
赫胥黎 Thomas Henry Huxley
亨德伟良（亨德·伟良）Hunter William
海斯（卡尔顿·约·亨·海斯）C. J. H. Hayes
贺益兰 J. S. Hoyland
霍布斯 Thomas Hobbes
黑智耳（黑格尔、黑额尔、黑智儿）Georg Wilhelm Friedrich Hegel
赫尔德 J. Gottfried Herder
亨利·皮雷纳 Henri Pirenne
亨利·约翰生（亨利·约翰逊）Henry Johnson

J

加富尔 Camillo Benso Cavour
颉德 Benjamin Kidd
蒋友仁 P. Michael Benoist

季诺维也夫 Григорий Евсеевич Зиновьев
基洛夫 Сергеей Мирбнович Киров
加里波的（加里波第、区黎波的）Giuseppe Garibald
凯蒲拉儿（开普勒）Johannes Kepler

K

康道赛（魁奈）Francois Quesnay
康德 Immanuel Kant
康柏内拉 Tommaso Campanella
柯林武德（卡林渥德）R. C. Collingwood
克赖顿 M. Creighton
克伦斯基 Alexander Fyodorovich Kerensky
克林威尔（克伦威尔）Oliver Cromwell
哥罗采（克罗齐）Bendetto Croce
克鲁泡特金 Пётр Алексéевич Кропóткин
克里生（戴克里先）G. A. Valerius Diocletianus
孔朵绥（孔多塞）Condorcett Marquis
考茨基 Karl Kautsky
卡尔·迪姆 Carl Diom
卡莱尔 Thomas Carlyle
孔德 Auguste François Xavier Comte

L

拉沙勒（拉萨尔）Ferdinand Lassall

拉克伯里 Terrien De Lacouperie
罗素 Bertrand Russell
兰克（兰凯，兰该、朗开）Leopold Von Ranke
路易十三 Louis XIII
路易十四 Louis XIV
路易十六 Louis XⅥ
鲁意伯龙（路易·勃朗）Louis Blanc
鲁滨逊 J. H. Robinson
卢骚（卢梭）Jean-Jacques Rousseau
蓝诗玲 Lovell, J.
李斯伦白 John Lambert Rees
李佳白 Gilbert Reid
李约瑟 Joseph Terence Montgomery Needham
李提摩太 Timothy Richard
列夫·托尔斯泰 Лев Николаевич Толстой
朗格诺瓦（朗格罗亚）C. V. Langlois
林肯 Abraham Lincoln
林乐知 Young John Allen
利玛窦 Matteo Ricci
罗曼·罗兰 Romain Rolland
罗马教皇 pope
罗伯特·弗林特（洛卑耳特·胡南隈）Robert Flint
罗伯特·麦肯齐（马恩西、麦肯西、马肯西、麦肯尼）Robert Mackenzie

理恺尔（李凯尔特）Henrich Rickert
兰普雷希特（兰普勒希特）Karl Lamprecht
李维 Titus Livius
利兰 W. G. Leland
卢文迪俾耳德（比尔德）BEARD Charles Austin
呤唎 F. A. Lindley
赖德烈 Latourette Kenneth Scott
洛克 John Locke
李嘉图 David Ricardo
列宁 Ле́нин, Влади́мир Ильи́ч Улья́нов

M

马克思 Karl Heinrich Marx
马可尼 G. M. Marconi
马丁·路德 Martin Luther
马可·波罗 Marco Polo
马林 Willams Edwards Maclin
马礼逊 Robert Morrison
麦都思 Walter Henry Medhurst
麦克唐纳 James Ramsay MacDonald
米丁 Mark Borikovich Mitin
米怜 William Milne
慕瑞 Hugh Murray
慕维廉 william muirhead
孟德斯鸠 Baron de Montesquieu
蒙森 Christian Matthias Theodor Mommsen

马吉士（玛吉士） Martins-Marquez
玛志尼（马志尼） Giuseppe Mazzini
马迪厄 Albert Xavier Emile Mathiez
莫泊桑 H. R. Albert Guy de Maupassant
莫尔 St. Thomas More
穆拉维约夫 Николáй Николáевич Муравьёв-Амýрский
米开朗基罗 Michelangelo Buonarroti
马隆 G. B. Malone
迈尔 Philip. Van. N. Myers
穆恩（帕克·托马斯·穆恩） P. T. Moon
密尔 John Stuart Mill
马考莱 Thomas Babington Macaulay
马尔泰司（马尔萨斯） Thomas Robert Malthus
马基雅维利 Niccolò Machiavelli
莫尔甘（摩尔根） Thomas Hunt Morgan
马扎亚尔 Л. Мадьяр
梅林 Merlin Ambrosius

N

南怀仁 Ferdinand Verbiest
拿破仑·波拿巴（拿破仑、拿破仑三世） Napoléon III, Napoléon Bonaparte
奈端（牛顿） Newton
尼采 F. lhelm Nietzsche
尼古拉二世 Николай II

Александрович

P

裨治文（高理文） Elijah Coleman Bridgman
培根 Francis Bacon
璞鼎查 Sir Henry Pottinger
庞迪我 Jacques de Pantoja
普列汉诺夫 Гéоргий Валентинович Плеханов

Q

屈维廉（屈勒味林） G. Macaulay Trevelyan

R

让·波丹（姜伯坦、冉·波丹） Jean Bodin
儒莲（茹理安） Stanislas Julien
日丹诺夫 Владимир Жданов

S

斯大林（史达林） Иосиф Виссарионович Сталин
斯宾塞 Herbert Spencer
斯温 J. E. Swain
施耐德 Axel Schneider
莎士比亚 William Shakespeare
桑戴克 Edward Lee Thorndike
绍特韦尔 James Thomson Shotwell
塞利格曼 E. R. Anderson Seligman

苏格拉底 Socrates
斯宾格勒 Oswald Spengler
桑西门（圣西门、桑西磨、圣西蒙）comte de Saint-Simon
叔本华 Arthur Schopenhauer
施罗塞尔 August Ludwig von Schlozer
瑟诺博司（塞诺波）C. Seignobos
沙比罗 Jacob Slwyn Schapiro
司各特 Scott Walter
塞内加 Lucius Annaeus Seneca
施亨利 Henri Se
色诺芬 Xenophon
沙耳列·拉波播尔 Charles Rappoport

T

杜洛斯基（托洛茨基）Лев Давидович Троцкий
托马斯·阿奎那 Thomas Aquinas
托马斯·米尔纳 T. Milner
田波烈 H. Temperley
泰利埃 P. Le Tellier
特勒味连 George Otto Trevelyan
特赖奇克 Heinrich von Treitschke
提德庐（狄德罗）Denis Diderot
汤若望 Johann Adam Schall von Bell
汤因比 Arnold Joseph Toynbee

W

威尔逊 Thomas Woodrow Wilson
威·豪伊特 William Howitt
威廉一世 William I, Wilhelm Friedrich Ludwig
伟烈亚力 Alexander Wylie
韦廉臣 Alexander Williamson
韦柯（维科）Giambattista Vico
韦尔斯（威尔斯）Herbert George Wells
韦兰（约翰·威·韦兰）J. W Wayland
伍德里奇（伍德布里奇）J. E. Woodridge
瓦尔加 Евгений Самуило-вич Варга

X

奚礼尔 Charles Batten Hillier
谢卫楼 Davelle Z. Sheffield
西奥多·罗斯福 Theodore Roosevelt
黑陆独都（希罗多德、希罗多都、赫洛德）Herodotus
希路卡拉塔士（赫拉克利特）Heraclitus
修昔的底斯（修昔底德）Thucydides
休谟 David Hume
萧伯纳 G. Bernard Shaw
西塞罗 Marcus Tullius Cicero
熊三拔 Sabbathin de Ursis

Y

亚里士多德 Aristotélēs
亚美利哥·韦斯普奇 Amerigo Vesppuci
雅裨理 David Abeel

亚当·斯密（亚当斯蛮）Adam Smith
约翰·霍布森 John M Hobson
耶马孙（爱默生）Emerson
伊壁鸠鲁 Epicurus
亚搭尔·葆尼 M. A. Birnie
约翰生 Henry Johnson
义佐（基佐）François Pierre
Guillaume Guizot

Z

哲勿逊（杰斐逊）Thomas Jefferson
张伯伦 Arthur Neville Chamberlain
贞德（若晏）Jeanne d'Arc，或 Jeanne la Pucelle

后　　记

　　这是一部关于近代中国世界历史编纂史的著作，起讫时间为鸦片战争前后到中华人民共和国成立前夜。在这两个重要的时间节点上，分别产生了在中国世界史学术发展史上具有里程碑意义的著作：林则徐的《四洲志》（1840）和周谷城的《世界通史》（1949）。从林则徐到周谷城生活的时代，是中国和世界发生剧变的一个多世纪，正是近代中外的历史大变局催生了并发展着中国的世界历史编纂。这是中国世界史学科宝贵的遗产，无论是历史的启迪、经验或教训，都值得我们认真地总结和研究。

　　2011年，"世界史"成为和"中国史""考古学"并列的一级学科，这是中国世界史学界的一件大事。人们在兴奋之余自然会想到，"世界史"和任何一个一级学科一样，除了有自身的理论方法论、研究队伍、传世的精品力作和标志性的重大课题，以及广泛的学术和社会影响之外，还应该有自己清晰、完整的学术史，而我们在这方面却是相对薄弱的。因此，称加强中国世界史学科的学术史研究，将世界史学科的史学史研究提上日程可谓是当务之急，并不过分。

　　有一种观点认为：中国的世界史研究，在民国时期处于准备和草创时期。当时只是介绍或翻译西方世界史方面的著作，编写一些世界史方面的教材和入门著作。高校中的外国史课程大多集中于西洋史，即西欧和北美，亚洲史、非洲史、拉丁美洲史、大洋洲史，乃至东欧史基本是空白状态。真正建立起世界史学科，是在新中国成立之后。至于民国前的中国世界史编纂，则更无从谈起。这种观点本是一家之言，但经过报刊的介绍特别是写入教科书后却似已成定论。笔者以为，现在做出这样或那样的"定论"为时尚早，因为许多问题有待继续深入讨论。这部近六十万字的著作，即是笔者对"似成定论"进行的再讨论。这些"讨论"建立在实证研究基础上，相信各界读者阅读后会从史实出发，尊重事实，对中国世界史研究的一些基本问题，做出自己更加实事求是的判断。

2019年3月下旬，我完成了《近代中国世界历史编纂（1840—1949）》的初稿，经审批后得到中国社会科学院的出版资助，与中国社会科学出版社签订了该著作的《图书出版合同》，但因各种事务缠身，身不由己，这部书的最后定稿却一拖再拖（因为这毕竟是属于个人的"私事"），直至2020年1月25日（庚子年正月初一）才开始着手修订，马不停蹄地忙到3月底基本完成。这段时间彻底宅在家里，时间虽然充裕，但每天却因疫情揪心不已，虽然今天本土疫情的传播已经基本阻断。2020年冬春之际，新型冠状病毒从武汉扩散到全国，确诊患者有8万多人，中国遭遇到1949年以来最大的一次突发性公共卫生事件。在这场群防群治、抗击疫情防控的人民战争中，自己能做些什么呢？我以为除响应、落实国家的各项号召外，即是静下心来，从自己的实际出发做些实事，如努力完成这部书的定稿工作。

2012年，我曾撰有《当代中国世界历史学研究（1949—2009）》，由中国社会科学出版社出版。2019年，该书的修订版《当代中国世界历史学研究（1949—2019）》，作为"当代中国学术思想史丛书"之一，由中国社会科学出版社再版，向中华人民共和国成立70周年献礼。现在的《近代中国世界历史编纂（1840—1949）》，在某种意义上可视为《当代中国世界历史学研究（1949—2019）》的姊妹篇。历史不能也不可能割裂，学术史也如是。这两部著作分别阐述了1949年新中国成立前后的中国世界史的学术发展史。两部著作合并在一起，有助于人们较完整地了解自19世纪中叶以来，中国世界历史学在时代风云的变幻中，从萌生、产生、成长到迅速发展的不平坦的历程。

  限于时间、研究条件，特别是笔者的学识，本书存在不尽如人意之处在所难免，诚恳地希望学界同仁和广大读者朋友不吝赐正以为日后修订。笔者愿在诸友人的帮助下继续努力，为不断丰富、完善中国世界史的学术史研究，提高其学术水平贡献自己的绵薄之力。本书的撰写和出版，得到中国社会科学院离退休干部工作局、中国社会科学院世界历史研究所、中国社会科学出版社领导和同事们的大力支持和帮助，特别是责任编辑张湉博士为本书的顺利出版不辞辛劳，默默无闻地做了许多艰苦的工作，付出大量的时间和精力，使拙著避免了一些可能出现的疏误。这些令笔者十分感动，难以一一尽述，在此向张湉博士等一并表示真诚的感谢和崇高的敬意！

于 沛

2020 年 3 月 28 日